人民文库 第二辑

中国近代经济史

（1937—1949）

中册（一）

刘克祥｜主编

人民出版社

出 版 前 言

1921年9月,刚刚成立的中国共产党就创办了第一家自己的出版机构——人民出版社。一百年来,在党的领导下,人民出版社大力传播马克思主义及其中国化的最新理论成果,为弘扬真理、繁荣学术、传承文明、普及文化出版了一批又一批影响深远的精品力作,引领着时代思潮与学术方向。

2009年,在庆祝新中国成立60周年之际,我社从历年出版精品中,选取了一百余种图书作为《人民文库》第一辑。文库出版后,广受好评,其中不少图书一印再印。为庆祝中国共产党建党一百周年,反映当代中国学术文化大发展大繁荣的巨大成就,在建社一百周年之际,我社决定推出《人民文库》第二辑。

《人民文库》第二辑继续坚持思想性、学术性、原创性与可读性标准,重点选取20世纪90年代以来出版的哲学社会科学研究著作,按学科分为马克思主义、哲学、政治、法律、经济、历史、文化七类,陆续出版。

习近平总书记指出:"人民群众多读书,我们的民族精神就会厚重起来、深邃起来。""为人民提供更多优秀精神文化产品,善莫大焉。"这既是对广大读者的殷切期望,也是对出版工作者提出的价值要求。

文化自信是一个国家、一个民族发展中更基本、更深沉、更持久的力量,没有文化的繁荣兴盛,就没有中华民族的伟大复兴。我们要始终坚持"为人民出好书"的宗旨,不断推出更多、更好的精品力作,筑牢中华民族文化自信的根基。

人民出版社

2021 年 1 月 2 日

目 录

———— 中 册 ————

第二篇 抗日后方和国民党统治区的
半殖民地半封建经济

第十章 抗日战争和解放战争时期的经济体制及其调整 ………… 1501

第一节 抗日战争时期战时经济体制的建立……………… 1502

一、经济形势的严峻化 ……………………… 1503

二、战时经济体制的建立 …………………… 1504

第二节 经济统制的推行 …………………… 1508

一、金融统制和通货膨胀政策 ……………… 1509

（一）严厉的金融统制 ………………… 1509

（二）日益恶化的通货膨胀 …………… 1512

（三）战时外汇、金银政策 …………… 1516

二、物价和物资统制……………………… 1520

第三节 解放战争时期的经济体制及其变化……………… 1526

一、敌伪资产的接收 ………………… 1527

二、官僚资本的膨胀 ………………… 1535

三、实行通货膨胀政策、限价政策及其恶果 …………… 1540

    (一)不断增发法币 ………………………………… 1540

    (二)发布《财政经济紧急处分令》 ……………… 1543

    (三)取消限价与滥发金圆券 ……………………… 1546

    (四)有关恶果 ……………………………………… 1547

第四节　台湾经济体制变化 ………………………………… 1549

一、光复前日本对中国台湾经济的统制及战争对中国台湾经济的

    破坏 ………………………………………………… 1549

二、台湾光复、经济接收与处理 …………………………… 1560

三、光复初期经济问题与"二·二八事件" ……………… 1567

四、"二·二八事件"后台湾经济的调整 ………………… 1574

第十一章　抗日战争和解放战争时期的工矿业 ……………… 1581

第一节　国民党政府的工矿政策和工矿业的兴衰变异 …… 1584

一、抗日后方和国民党统治区的矿业调整与发展 ……… 1585

    (一)战前的有限准备与战时工矿业西迁 ……… 1585

    (二)后方矿业的大发展 …………………………… 1590

二、抗战胜利后中国的矿业 ……………………………… 1620

    (一)沦陷区矿业接收和全国矿业生产的恢复 …… 1620

    (二)战后矿业萧条与南撤 ………………………… 1626

第二节　抗日后方和国民党统治区的重化工业 ………… 1633

一、机械工业 ……………………………………………… 1635

    (一)抗日后方机器制造业的迁入和兴办 ……… 1636

    (二)国民党统治区机械工业的复员与消长变化 …… 1644

二、电力和电机、电器工业 ……………………………… 1654

    (一)抗日后方电力和电机、电器工业的迁入和兴办 …… 1654

    (二)国民党统治区电力和电机、电器工业的复员与消长变化 …… 1663

三、水泥制造业 …………………………………………… 1668

    (一)抗日后方水泥工业的迁入和兴办 ………… 1668

    (二)国民党统治区水泥工业的复员与消长变化 …… 1672

四、有色金属冶炼工业 ··· 1674

　　（一）抗日后方有色金属矿冶业的办理 ················· 1674

　　（二）国民党统治区有色金属矿冶业的消长变化 ····· 1684

五、化学工业 ··· 1686

　　（一）抗日后方化学工业的迁入和兴办 ················· 1686

　　（二）国民党统治区化学工业的复员与消长变化 ····· 1695

第三节　抗日后方和国民党统治区的轻工业 ················· 1698

一、抗日后方和国民党统治区的棉纺织业 ················· 1699

　　（一）战争初期租界棉纺织业的畸形繁荣 ············· 1700

　　（二）沿海各厂内迁 ··· 1703

　　（三）第二次世界大战后棉纺织业的曲折发展 ······· 1708

二、面粉工业 ··· 1724

　　（一）抗日后方的机器面粉工业 ·························· 1725

　　（二）抗战胜利后国民党统治区的机器面粉工业 ····· 1728

三、火柴工业 ··· 1733

　　（一）抗日后方的火柴工业 ································· 1733

　　（二）抗战结束后国民党统治区的火柴工业 ··········· 1738

四、卷烟工业 ··· 1741

　　（一）抗日后方的卷烟工业 ································· 1741

　　（二）抗战胜利后国民党统治区的卷烟工业 ··········· 1746

第十二章　抗日后方和国民党统治区的农业及农村经济 ·········· 1754

第一节　农户阶级结构和土地占有状况及其变化 ·············· 1757

一、农民的普遍贫困化和"宝塔型"的农户阶级结构 ········· 1758

二、土地类别和土地占有状况及其变化 ···················· 1795

　　（一）官地旗地民地化进程的基本完结和公共土地的继续存留 ·· 1796

　　（二）地主的地权兼并与地权的分散及集中 ··········· 1816

　　（三）土地改革前夕的地权分配状况 ···················· 1837

第二节　租佃关系和地租剥削 ······························· 1862

一、租佃范围的扩大和租佃形式多样化 ······················ 1863

 (一)租佃范围的波浪式扩大 ····························· 1863

 (二)租佃形式多样化 ································· 1875

二、租户佃户结构多元化和佃农贫农雇农化 ··············· 1887

 (一)租户佃户结构多元化 ····························· 1888

 (二)佃农贫农雇农化 ································· 1909

三、地租剥削的恶性加重 ······························ 1922

 (一)超经济强制的强化和地主空前凶残化 ············· 1923

 (二)地主增租夺佃普遍化、经常化和地租新高度 ········· 1940

四、佃农收支和家庭经济状况 ··························· 2007

第三节 抗日战争后方和战后全国的农业生产和农村经济 ··· 2019

一、国民党政府的农业政策、推广措施及其影响 ············· 2021

 (一)土地和租佃政策 ································· 2022

 (二)土地开垦和农田水利方面的政策措施 ············· 2026

 (三)农业推广和农业改良的政策措施 ················· 2034

 (四)战后国民党政府在台湾地区推行的农业政策措施 ····· 2050

二、农业经营及其变化 ······························ 2057

 (一)农户个体经营状况及其变化 ····················· 2058

 (二)各式农场的发展变化和经营状况 ················· 2073

三、抗日战争后方农业局部及不平衡发展和战后农业的整体衰萎 ··· 2096

 (一)抗日战争后方农业的局部及不平衡发展 ············· 2097

 (二)战后全国农业的急速衰萎和濒临崩溃 ············· 2113

第十三章 抗战后方和国民党统治区的手工业 ··············· 2143

第一节 手工业概况 ································· 2145

一、手工业的广泛分布 ······························ 2145

 (一)作为农家副业的手工业 ························· 2145

 (二)涵盖多种行业的手工业 ························· 2146

 (三)与工厂对比的作坊工场手工业 ················· 2150

二、各地手工业的兴衰 ·· 2154

第二节　主要手工业 ··· 2160

一、棉纺织业 ··· 2161

（一）手工棉纺织业的生产特点 ······································ 2163

（二）各地的手工棉纺织业 ·· 2166

二、蚕丝业 ··· 2183

（一）四川的生丝生产 ·· 2183

（二）四川的丝价、制丝成本 ··· 2186

（三）四川等地的丝织业 ··· 2191

三、制盐业 ··· 2193

（一）四川盐业地位的上升 ·· 2194

（二）川盐的增产和减产 ··· 2195

（三）川盐的生产特点 ·· 2198

（四）其他 ··· 2200

四、制糖业 ··· 2200

（一）四川 ··· 2201

（二）江西、福建、广西 ··· 2213

（三）其他 ··· 2216

五、制茶业 ··· 2217

（一）浙江 ··· 2218

（二）安徽、福建、江西等 ·· 2222

六、造纸业 ··· 2225

（一）手工造纸业的生产特点 ··· 2226

（二）手工造纸业的短暂发展 ··· 2228

（三）其他 ··· 2235

七、卷烟业 ··· 2236

（一）河南、四川 ··· 2238

（二）安徽、江西、湖南 ··· 2241

（三）广西、贵州、云南 ··· 2242

（四）浙江、福建、广东 ··· 2244

八、手工业者工资管窥 ·· 2248

第十四章　抗日战争后方和国民党统治区的交通业 ··········· 2250

第一节　抗日后方国民党政府交通统制的确立 ············· 2253

第二节　抗日后方的航运业 ··· 2265

第三节　抗日后方的公路交通 ····································· 2273

一、以国际运输通道为中心的战时公路建设 ············· 2274

二、战时公路运输 ··· 2280

（一）国际通道的战时运输 ································· 2282

（二）战时国营和商营汽车运输 ························· 2295

三、穿行于峻岭、险滩和荒漠中的驿运 ················· 2310

第四节　抗日后方的铁路交通 ····································· 2315

一、战时铁路建设 ··· 2316

二、战时铁路运输 ··· 2323

第五节　抗日后方的民用航空运输和邮政电信 ············· 2336

一、民用航空运输 ··· 2336

二、邮政电信 ··· 2347

（一）邮政和储汇 ··· 2347

（二）电信 ··· 2356

第六节　解放战争时期国民党统治区的铁路和公路交通 ····· 2359

一、铁路交通 ··· 2360

二、公路交通 ··· 2371

（一）公路机构的变化和公路交通设施的恢复 ········· 2372

（二）公路运输由恢复迅速走向衰落 ··················· 2379

（三）台湾光复后的公路运输 ····························· 2383

第七节　解放战争时期国民党统治区的民用航空运输和

邮政电信 ··· 2386

一、民用航空运输 ··· 2386

二、邮政电信 ··· 2395

第八节　解放战争时期国民党统治区的轮船航运业 ………… 2403

一、抗战胜利后对日本和汪伪政权轮船和产业的接收 ………… 2403

二、寻求美援和购船活动 ………………………………… 2408

（一）10 艘 N3-S-A2 型旧船的购买与运华 ………… 2409

（二）购买 16 艘旧船 ………………………………… 2410

（三）4 艘油轮的购运 ………………………………… 2411

（四）美国国外资产清算委员会小型船只项目 ………… 2411

（五）四批船舶借款的签订 ………………………… 2412

三、战后航运政策及对民营航运的影响 ……………… 2418

第十五章　抗日战争和解放战争时期的对外经济关系 ………… 2429

第一节　抗战时期国民党统治区的对外经济关系 ………… 2430

一、战时外贸统制政策的演变 ………………………… 2431

二、战时国民党统治区进出口贸易 …………………… 2436

（一）出口贸易 …………………………………… 2436

（二）进口贸易 …………………………………… 2443

（三）贸易对象国的变化 ………………………… 2444

三、战时国民党统治区的外债 ………………………… 2448

（一）中苏易货借款 ……………………………… 2448

（二）向法国借款 ………………………………… 2450

（三）向美国借款 ………………………………… 2452

（四）向英国借款 ………………………………… 2458

四、战时美英对华租借关系 …………………………… 2462

第二节　解放战争时期的对外经济关系 ……………… 2467

一、战后国民党统治区对外经济关系背景变化 ………… 2468

二、进出口贸易的变化 ………………………………… 2473

三、美援与外国在华投资 ……………………………… 2481

（一）美援 ………………………………………… 2481

（二）战后外国在华直接投资 …………………… 2484

(三)战后国民党统治区的外债 ·················· 2486

第十六章 抗日后方和国民党统治区的商业流通与国内市场 ······ 2492

第一节 抗战时期国民党统治区的商业贸易状况 ············· 2493

一、国民党政府的商业统制政策 ················ 2494

(一)商业统制政策 ···················· 2494

(二)商业统制机构 ···················· 2496

二、国民党统治区的商业状况 ················ 2500

(一)国民党统治区的商业发展 ············ 2500

(二)主要商品的流通状况 ··············· 2508

三、国民党统治区与沦陷区的经济关系 ········ 2518

(一)国民党统治区与沦陷区的走私活动 ········ 2518

(二)国民党统治区与沦陷区的封锁与反封锁 ········ 2522

四、国民党统治区的通货膨胀与物价上涨 ········ 2526

(一)国民党统治区的通货膨胀 ············ 2526

(二)国民党统治区的物价上涨和人民生活恶化 ········ 2529

第二节 抗战后的商业流通和国内市场 ················ 2533

一、战后国内商业和市场的短期恢复 ········ 2534

(一)民间商业资本的复兴 ··············· 2534

(二)国家资本对商业的垄断 ············· 2537

二、美国对中国市场的独占 ················ 2542

(一)战后中美经济关系 ··············· 2542

(二)美国对华投资和对中国市场的独占 ········ 2545

三、国内商业的虚假繁荣和国内市场的崩溃 ········ 2550

(一)国内商业的虚假繁荣 ··············· 2550

(二)国内市场的崩溃 ··················· 2552

第十七章 抗日战争和解放战争时期的金融业 ················ 2558

第一节 战时环境下的金融业 ················ 2558

一、《非常时期安定金融办法》的出台 ……………………… 2558

二、四联总处的成立与三次改组 …………………………… 2559

　　（一）四联总处的成立 ………………………………… 2559

　　（二）四联总处的三次改组 …………………………… 2561

三、中央、中国、交通和中国农民四家银行的分工和中央银行地位的

　　加强 ……………………………………………………… 2569

四、抗战时期国民党统治区的农村金融 …………………… 2574

　　（一）国民党政府自上而下强行推行合作社和合作金库建设 …… 2575

　　（二）国民党统治区农村金融状况 …………………… 2582

　　（三）农村金融的资金来源与贷款去向 ……………… 2588

第二节　战后国民党统治区金融的崩溃 ……………………… 2594

一、国民党在金融方面的接收和集中外汇黄金 …………… 2594

二、战后法币的恶性通货膨胀 ……………………………… 2597

三、战后的币制改革及其破产 ……………………………… 2602

四、私营金融业的衰败 ……………………………………… 2607

第三节　战后外资金融业的变化 ……………………………… 2612

一、战后各国在华金融势力的演变 ………………………… 2613

二、外国在华金融势力的撤退 ……………………………… 2617

第十八章　国民党政府的战时和战后财政 …………………… 2621

第一节　抗战时期国民党政府的战时财政 …………………… 2624

一、国民党政府战时财政的起源 …………………………… 2624

　　（一）"战时财政"研究思潮的兴起 …………………… 2624

　　（二）国民党政府对战时财政的初步探索 …………… 2627

二、国民党政府战时财政政策的全面实施 ………………… 2632

　　（一）适时调整财政收支政策 ………………………… 2632

　　（二）逐步规范地方财政 ……………………………… 2645

第二节　战后国民党政府财政的短暂过渡 …………………… 2673

一、战后国民党政府的财政接收 …………………………… 2674

二、战后过渡时期国民党政府财政体系的规划与重建 ·············· 2679

三、过渡时期的财政状况与通货膨胀 ···························· 2682

第三节 战后国民党政府的财政穷途末路 ······················ 2685

一、战后财政末路及其表现 ································ 2686

（一）三级财政体制的建立与瓦解 ······················ 2686

（二）财政困难的具体表现 ···························· 2689

二、战后财政危机之穷途 ································ 2694

（一）加征捐税 ·································· 2699

（二）举借内外债 ·································· 2701

（三）金圆券改革和限价政策失败 ······················ 2708

第四节 1937—1949 年国民党政府财政收支 ···················· 2710

一、1937—1945 年国民党政府财政收支概况及其结构 ·············· 2712

二、1937—1945 年国民党政府支出内容与收支平衡 ·············· 2716

三、1946—1949 年国民党政府收入与支出情况 ················ 2721

（一）1946—1949 年国民党政府的收入情况 ·············· 2721

（二）1946—1949 年国民党政府的支出情况和收支平衡 ············ 2724

中册图表索引 ···························· 2726

第 二 篇

抗日后方和国民党统治区的
半殖民地半封建经济

第 十 章

抗日战争和解放战争时期的
经济体制及其调整

　　1937年"七七事变"爆发的次日,中共中央通电全国,号召实行全面抗战;数日后蒋介石也在庐山发表宣言,表明了国民党政府准备抗战的态度。国共两党实现第二次合作,共赴国难,领导人民开始了艰苦卓绝的全国抗日民族解放战争。国民党当局把经济战线的斗争放在至关重要的地位,进行了全国经济总动员,对经济政策进行了一系列调整,运用国家力量迅速发展大后方国防工业、重工业、能源工业以及交通运输业,实行包括工矿、交通、金融、贸易、物价、物资等方面内容的战时经济统制以及田赋征实等重大举措,实现了国民经济体制由平时向战时的转轨;战时西南农村成为国民党政府"军民衣食所倚,易货偿债物资所出"的主要来源地,国民党政府采取了一系列扶助农业发展的措施。这些措施促进了战争初期后方工农业生产的发展,加强了大后方经济建设,为坚持长期抗战提供了物质保证。

　　为了支持抗战,保证国防耗费以及国计民生的最基本要求,国民党政府陆续颁布了一系列战时经济统制的法令,依靠行政和法律手段,对大后方经济生活,从生产、流通到分配、消费等各个环节,实施了越来越严厉的经济统制。

　　由于国民党当局缺乏长期抗战准备,总是对英美的外援寄予过高的期望,这对国民党统治区财政、金融、产业等政策造成了不良影响。国民党政府因战时财政困窘而实行通货膨胀政策,导致国民党统治区物价飞涨,社会经济更加混乱。国民党的吏治腐败给抗战期间国民党统治区经济带来巨大的腐蚀和破坏,以致一些本来有利于抗战的经济政策,在实行过程中走样变形,弊端丛生,被贪官污吏用以发国难财。

日本占领时期,殖民当局对台湾人民政治上进行压迫,经济上进行剥削。日本资本家依仗侵略特权,从金融、工业、农业和贸易等多个方面对台湾经济进行严格控制。他们力图使中国台湾经济发展转向为日本帝国主义全球扩张战略服务的轨道。

台湾光复后国民党政府通过对日产的接收和处理,将台湾的工业、农业、矿业、商业、交通运输业和金融业基本上都置于国民党政府控制之下,并设立专卖局和贸易局,由原来日本人在台湾的统制经济转变为国民党政府在台湾的统制经济。这个经济统制带来了严重弊端,引发台湾"二·二八事件"。"二·二八事件"后,台湾地区行政改制,经济统制有所松动。

第一节 抗日战争时期战时 经济体制的建立

"七七事变"后,日军对中国关内沿海沿江工业城市狂轰滥炸,使关内社会经济遭到了严重破坏。"七七事变"前中国东部富庶地区是国民党政府财政收入的主要来源地,这一收入来源地区沦陷使国民党政府财政收入迅速减少,而战时军费开支却大大增加,财政赤字庞大;抗日战争爆发后国民党统治区现代工业薄弱,军需民用物资缺乏,国民党政府面临的经济形势严峻化。为了实行向战时经济的转轨,国民党政府颁布了一系列经济法令和条例。1942年春颁布的《国家总动员法》,5月,将行政院经济会议进行改组为"国家总动员会议",成为综理、推动国家总动员事宜的最高统制机构。从此国民党统治区战时经济体制完全确立。

一、经济形势的严峻化

1931 年"九一八事变"后,国民党政府对日本帝国主义侵略战争已有所警觉,曾制定(并在国民党五届一中全会通过)《确定国民经济建设实施计划》,规定:"在目前国际情况下,凡基本工业之创办,重大工程之建筑,均须择国防后方之安全地带而设置之",并从反侵略战争的需要出发,提出"调整原有生产组织,统制社会经济行动"等主张。[①] 但是国民党政府内部也存在着以对日妥协退让换取和平的幻想,蒋介石等"攘外必先安内"政策占了上风,因此对于日本在华北等地嚣张的侵略活动,备战行动不力。直至 1937 年,中国有限的工矿业约有 80% 以上集中于东部沿海和沿江城市,在国民党政府实业部登记注册的全国 2435 家工厂中仅上海一市就集中了 1186 家。上海、天津、无锡、武汉、广州这 5 个城市集中了全国工厂的 60%。1937 年"七七事变"后,日军对中国关内沿海沿江工业城市进行狂轰滥炸,使关内工业遭到了严重破坏。上海一地仅在"八一三淞沪会战"中,完全被日军炸毁工厂就达 905 家,损失总额达 15576.4 万元。苏、锡、常各城及津浦线南段、沪宁线一带各城镇损失都十分惨重,仅工业设备就损失约一半。总计战时关内被毁工厂 2370 家,损失总额 53440 万余元。[②]

在全面抗战后,国民党政府才匆忙将上海等地厂矿内迁,尽管做了很大努力,但是在仓促混乱中上海民营工厂只迁出 146 家,其余绝大部分工厂陷入日军控制之中。天津工厂全被日军所占,河北省仅运出材料一批,未能迁出厂矿;苏州、无锡、常州、广州以及山东等地也只迁出少数几家工厂,中国工业经济遭到十分沉重的打击。[③]

---

① 浙江省中共党史学会编:《中国国民党历次会议宣言决议案汇编》第 2 分册,浙江省中共党史学会 1980 年版,第 246、295 页。

② 陈真、姚洛合编:《中国近代工业史资料》第 1 辑,生活·读书·新知三联书店 1957 年版,第 78—86 页。

③ 陈真:《中国近代工业史资料》第 4 辑,生活·读书·新知三联书店 1961 年版,第 17 页。

东部富饶区的沦陷,使中国农业损失也十分沉重。首先,耕地大面积缩小。抗战初期所丧失的大片国土,多为"著名膏腴之地",或是"特产殷阜之区",据统计全国粮食种植面积损失约 1/3,棉花种植面积损失约 2/3 以上。其次,农业劳动力和耕畜的损失也很大。如果以 1936 年农作物产量指数为 100,则 1938 年的指数分别为:稻谷 81、小米 20、小麦 45、大豆 34、高粱 23、棉花 29。① 可见,农业减产是非常惊人的。

"七七事变"前,中国东部经济较发达地区是国民党政府财政收入的主要来源地。"七七事变"后,中国东部地区很快沦陷,使国民党政府财政收入迅速减少,1937 年 8—12 月每月财政收入平均只有 1600 万元,比"七七事变"前减少了一大半;而战时军费开支却大大增加,抗战前两年国民党政府每年财政支出已增至 10 亿多元,而 1937 年下半年和 1938 年这一年半间财政支出迅速增至 32.9 亿元,与这一时期 7.6 亿元的财政收入相抵,亏短 25.3 亿元。②

日军切断和破坏国民党统治区海路和陆路、空路对外运输线,实行经济封锁,阻挠国民党政府获取外援。日伪政权还用掠夺来的法币大量套购国民党政府银行的外汇,对国民党政府实行激烈而复杂的货币战、贸易战和物资战。凡此种种,使得全面抗战爆发后国民党统治区现代工业薄弱,军需民用物资缺乏,财政赤字庞大,国民党政府面临的经济形势很快严峻化了。

二、战时经济体制的建立

1937 年前,国民党政府逐步强化国家垄断资本的力量,并初步形成了国家资本对全国财经命脉的控制③,为全面抗战爆发后大后方迅速进入战时状态并进而实施国民党政府全面统制经济奠定了一定基础。

---

① 石柏林:《凄风苦雨中的民国经济》,河南人民出版社 1993 年版,第 271 页。
② 杨荫溥:《民国财政史》,中国财政经济出版社 1985 年版,第 102 页。
③ 刘克祥、吴太昌主编:《中国近代经济史(1927—1937)》,人民出版社 2010 年版,第 118—142 页。

　　日本全面侵华战争不断紧逼,国民党统治区域陷于混乱之中。国民党政府不得不采取一些应变措施,较重要者包括在上海等地采取了安定金融的措施,在经济行政机构方面做了较大的调整,组织与发动了沿海沿江厂矿内迁运动等。但是这些仍然不够,急需对经济统制作全面调整,实现国民经济体制由平时向战时的转轨。

　　1937年8月,国民党对党政最高决策系统进行了初步调整,成立了国防最高会议,由蒋介石任主席,对党政军一切事项可"不依平时程序,以命令为便宜之措施"。原国民党中央政治委员会所属财政、经济、交通等专门委员会均由国防最高会议节制,使之实际成为抗战初期最高的经济决策机构。10月,蒋介石发布训令,于军事委员会下设工矿调整委员会、农业调整委员会、贸易调整委员会以及水陆运输联合办事处,"对各项事业加以严密的组织,适当的调整,给以有力的援助"①。同时,军事委员会设第三部管理国防工业,第四部管理民用工业和粮食、贸易,第六部管理交通运输事业。原属军事委员会的资源委员会职能也有所扩大,既要承担战略物资的统制,又要负责组织厂矿向后方迁移。这些措施使得军委会的经济行政职能大大加强。

　　"八一三淞沪会战"开始后,国民党政府为了进一步建立和强化其战时金融垄断体制,由中、中、交、农四大银行在上海组成"四行联合办事处"。1937年11月,该处迁往武汉,改名为"四行联合办事总处"(以下简称"四联总处"),并先后在国内各重要城市设立50多个分处。"四联总处"随着战局变化再迁至重庆,并于1939年9月按照国民党政府颁布的《战时健全中央金融机构办法纲要》进行了改组,由一个联合机构改组为统一的中央集权机构,并扩大组织,提高职权,使其担负起筹划与推行国民党政府战时金融经济政策的任务。

　　上述机构的设置,是蒋介石等为适应抗战初期形势变化需要而采取的应变措施,但是又增加了国民党政府经济管理体制上的混乱,属于军事

---

　　①　重庆市档案馆编:《抗日战争时期国民政府经济法规》上册,档案出版社1992年版,第51—57页。

委员会系统的各专业经济统制机构与原经济行政机关同时行使职权,权限不清,号令不一。为此,1938 年 1 月国民党政府颁布《调整中央行政机构令》,再作调整:(1)将原实业部、建设委员会、全国经济委员会之水利部分、军委会第三和第四两部、资源委员会,工矿、农业的两调整委员会都并为经济部,使之成为主管全国经济行政事务的中央机关;(2)将原铁道部、全国经济委员会管辖之公路处、军委会所辖之水陆运输联合办事处并为交通部,统管全国国有铁路、公路、电信、邮政、航政的规划、建设和经营等,并负责监督公有及民营交通事业;(3)贸易调整委员会易名为贸易委员会,改隶财政部,并将国际贸易局改归贸易委员会管辖,使之负责进出口物品的管制,推动对外贸易的发展,管理外汇、借款和易货偿债,向国外购货,对敌封锁及抢购敌占区物资等,统一了对外贸易的事权。① 通过这次调整,使原来重叠分散的经济行政机构相对集中起来,改变了过去系统纷杂、政出多门的状况,加强了战时经济事权的统一性。

国际战争的残酷性迫使国民党政府必须动员一切人力、财力、物力为战争服务,为此要求国家机关对国民经济实行全面的控制。1938 年 3 月,国民党临时全国代表大会强调由国家控制经济,经济建设必须以军事为中心。大会通过了《抗战建国纲领》,其中"经济章"提出"经济建设应以军事为中心",要"实行计划经济,奖励海内外人民投资,扩大战时生产";要"以全力发展农村经济,奖励合作,调节粮食,并开垦荒地,疏通水利";要"开发矿产,树立重工业基础";等等。大会通过了《非常时期经济方案》,提出战时一切经济设施"应以助长抗战力量,求取最后胜利为目标","以期集中物力、财力";对于战时的生产事业,"应以供给前方作战之物资为其第一任务"。《非常时期经济方案》还从农业、工矿、交通、金融、贸易、财政等方面对《抗战建国纲领》做了阐述和具体化。② 通过这次大会,国民党统治区战时经济方针初步确立。至此,国民党政府在战略防

---

① 刘大禹:《抗战时期国民政府行政院的机构调整与改革》,《抗日战争研究》2009 年第 3 期。

② 秦孝仪主编:《中华民国经济发展史》第 2 册,近代中国出版社 1983 年版,第 604—611 页。

御阶段中,由刚开战时的手忙脚乱到初有章法,开始了向战时经济的转轨过程。

在抗战进入战略相持阶段后,随着局势不断变化,国民党政府对经济行政机构又陆续进行了一系列调整。经济行政主管层自 1938 年调整后变动不大,只是一些局部调整,如 1939 年将经济部农林司独立出来成立农林部,1940 年设全国粮食管理局等。而这一时期经济最高决策层屡经变动。1939 年 1 月成立国防最高委员会,行使原国民党中央政治委员会和国防最高会议的职权,后者即行撤销。国防最高委员会委员长仍然由党总裁(蒋介石)担任,对党政军一切事务,得不依平时程序,以命令为便宜之措施,一切大权都集中在蒋介石一人手中。1940 年 10 月,国民党成立中央设计局,隶属于国防最高委员会,"主持全国政治、经济之设计及审核"。两个月后,1940 年 12 月又在行政院内设"经济会议",由行政院院长及有关部委负责岗位组成,以蒋介石为主席,每周开会一次,讨论有关经济事宜。经济会议对于强化政府经济统制"致力尤多"。政府战时经济一切设施均由经济会议审定,其议决案以行政院命令行之。①

1941 年,日本帝国主义为压迫国民党政府投降,加强了对国民党统治区的经济封锁,国民党政府的经济问题日益紧迫。为了加强对敌经济斗争和克服面临的困难,国民党于这年 3 月在重庆召开了五届八中全会,蒋介石在开幕词中指出:"今后抗战的胜负,一方面固然仍要取决于军事,但另一方面还要取决于军事以外之经济战争";"就现代战争的特质而言,我们毋宁说今后敌我成败的决定力,经济要占七分,军事仅占三分"。五届八中全会通过了《积极动员人力物力财力确立战争经济体系案》,指出"国家在战时,其经济力之能否持久,为最后胜利之关键。而经济力之能否配合军事之发展,又有赖于其机关之健全独立以及灵活运用",要求积极动员全国人力、物力、财力,加强战争经济体系,"以求生产之增加,分配之公允,并厉行消费节约,务使一切经济之力量,得收全盘控

────────────

① 重庆市档案馆编:《抗日战争时期国民政府经济法规》上册,档案出版社 1992 年版,第 59—60 页。

制之运用"。为此,国民党五届八中全会制定了《战时经济体系基本纲领》,提出了建立战时经济体系的基本方针,决定调整经济机构,严厉对敌经济斗争,全面实行统制经济。根据经济形势的变化,这次全会还议决在行政院添设粮食部和贸易部。① 五届八中全会对于实现战时经济全面转轨有积极意义。

1941 年 12 月 7 日太平洋战争爆发后,国民党立即召开五届九中全会,讨论在国际形势发生急剧变化后,重新检讨有关经济政策等问题,并通过了《加强国家总动员实施纲领》,推进了国民党政府的战时经济统制。② 此后又于 1942 年 3 月颁布《国家总动员法》,进一步对全国实行战时全面统制。1942 年 5 月 1 日,根据《国家总动员法》将行政院经济会议进行改组为"国家总动员会议",成为综理、推动国家总动员事宜的最高统制机构。③ 从此国民党战时经济最高决策机构相对稳定下来,经济机构的战时调整任务宣告完成,战时经济体制完全确立。

1944 年年底,中美两国联合组建战时生产局,以指挥监督及联系中国公私生产机构。④ 这对于增进中国战略物资的生产,防止抗战后期国民党统治区经济崩溃有一定积极意义,也使国民党统治区战时经济体制出现了新的变化,美国势力越来越深地渗入国民党统治区战时经济体制之中。

第二节 经济统制的推行

1939 年 1 月,国民党召开五届五中全会,提出要加紧后方经济建设,

① 荣孟源主编:《中国国民党历次代表大会及中央全会资料》下册,光明日报出版社 1985 年版,第 667—675 页。
② 荣孟源主编:《中国国民党历次代表大会及中央全会资料》下册,光明日报出版社 1985 年版,第 745—747 页。
③ 段瑞聪:《蒋介石与抗战时期总动员体制之构建》,《抗日战争研究》2014 年第 1 期。
④ 重庆市档案馆编:《抗日战争时期国民政府经济法规》上册,档案出版社 1992 年版,第 70—73 页。

增强持久抗战能力,宣布要根据战争的实际情况,"分别轻重,斟酌缓急,实行统制经济"。并具体指出:为"调节物质之生产消费,举凡抗战必需之重工业、矿业、民生日用必需之轻工业、手工业,急要之铁道、航空线、公路等,应竭力之所能,努力兴举。更以巩固币制,流畅金融,促公私产业之发展,他如农、林、畜、牧之改进,内地蕴藏之开发,后方各省生产能力之增加,尤当合政府人民一切资本技术之力,切实加紧推行"[①]。

为了实行向战时经济的转轨,国民党政府颁布了一系列经济法令和条例,例如1937年12月国民党政府公布了《战时农矿工商管理条例》,次年10月又修正为《非常时期农矿工商管理条例》。[②] 据此条例,经济部可以呈准行政院,对一些重要矿产及其制品、棉丝麻毛及其制品、粮、油、茶叶、糖、主要燃料和一些基本工业品以及生产经营这些物资的企业进行统制。为了支持抗战,保证国防耗费及国计民生的最基本要求,国民党政府还陆续颁布了其他许多有关战时经济统制的法令,依靠行政和法律手段,对后方经济生活,从生产、流通到分配、消费等各个环节,实施了越来越严厉的经济统制。

一、金融统制和通货膨胀政策

(一) 严厉的金融统制

国民党政府非常重视金融统制在经济统制中的地位。1939年9月,国民党政府公布"呈奉委座亲加核正"[③]的《巩固金融办法纲要》[④]和《战时健全中央金融机构办法纲要》,明确规定四联总处"负责办理政府战时

---

① 荣孟源主编:《中国国民党历次代表大会及中央全会资料》下册,光明日报出版社1985年版,第563—564页。

② 重庆市档案馆编:《抗日战争时期国民政府经济法规》上册,档案出版社1992年版,第78—82页。

③ 重庆市档案馆、重庆市人民银行金融研究所合编:《四联总处史料》上册,档案出版社1993年版,第66页。

④ 重庆市档案馆编:《抗日战争时期国民政府经济法规》上册,档案出版社1992年版,第77页。

金融政策有关各特种业务"。10 月 1 日,四联总处完成改组,蒋介石任理事会主席,中央银行总裁孔祥熙,中国银行董事长宋子文和交通银行董事长钱永铭为常务理事,凡国家金融经济大计及四联总处业务方针的确定,四行业务及其机构的调整,各种章程制度的核定,发行、贴放、内汇和外汇等重要款项的核拨,均由理事会决定。这样,确立了蒋介石在战争期间对四行具有直接指挥权。10 月 2 日,蒋介石主持召开了第一次理事会会议,会议通过《中央中国交通中国农民四银行联合办事总处组织章程》①。四联总处理事会下设战时金融委员会、战事经济委员会和农业金融设计委员会,负责审议战时金融经济政策及各有关重要问题。改组后的四联总处内部组织得到了充实,性质上也有了很大变化,不仅中、中、交、农四大银行的业务均由其统一管理,而且全国举凡战时与金融有关的重大经济政策也都纳入它的工作范围之内。尽管四联总处职责以金融为主,但后来的事实证明,改组后四联总处的性质,由一个联合办事机构转变为金融经济管制机构。蒋介石终于在战争的背景下,通过改组四联总处,并赋予其管制金融经济的权力,才实现了直接管制金融经济的夙愿。四联总处已成为战时国民党政府实行金融统制和经济统制的指挥和监督机构,战时通货膨胀政策也是它决定实行的。蒋介石认为四联总处是指挥"经济作战之大本营"②。1947 年 2 月 27 日,蒋介石在四联总处第 338 次理事会上说:"在八年抗战中,我们中国金融经济之所以能免于崩溃,大部分是由于各行局能够同心一德,照四联总处之计划,努力推行的结果。"这证明蒋介石认识到了四联总处在抗日战争中、后期的重要作用。③

1942 年 5 月,四联总处理事会根据蒋介石"关于加强统制四行"的手令,制定了《修正中央中国交通中国农民四银行联合办事总处组织章程》④

---

① 重庆市档案馆编:《抗日战争时期国民政府经济法规》上册,档案出版社 1992 年版,第644—646 页。

② 重庆市档案馆、重庆市人民银行金融研究所合编:《四联总处史料》上册,档案出版社1993 年版,第 66 页。

③ 伍野春、阮荣:《蒋介石与四联总处》,《民国档案》2001 年第 4 期。

④ 重庆市档案馆编:《抗日战争时期国民政府经济法规》上册,档案出版社 1992 年版,第642—644 页。

及《中中交农四行业务划分及考核办法》①,重新划分了中、中、交、农四行各自的业务范围,规定:(1)所有法币之发行统由中央银行集中办理,中国、交通、中国农民三银行以往所发行的法币及准备金全数移交中央银行;(2)中央银行还负责收存所有公私银行的存款准备金,统筹外汇收付,独家经理国库,调剂金融市场,集中办理票据交换和重贴现等;(3)中国银行主要负责经理政府国外款项之收付,发展与扶助国际贸易并办理有关事业之贷款与投资,受中央银行委托经办进出口外汇及侨汇业务,办理国内工商业汇款,办理储蓄信托业务等;(4)交通银行主要负责办理工矿交通及生产事业之贷款与投资,办理仓库及运输业务,经募或承受公司债及公司股票,办理储蓄信托业务等;(5)中国农民银行主要负责办理农业生产贷款与投资,办理土地金融业务,办理合作事业贷款,办理农业仓库、信托及农业保险,办理储蓄存款等。这一办法的实施,使当时金融方面最为重要的货币发行权和外汇管理权都集中于中央银行,加强了中央银行对国民党统治区金融的垄断权力。中央银行总裁孔祥熙也由四联总处理事会常务理事之一提升为理事会副主席。国民党政府又颁布了《公库法》《统一发行办法》②等,使中国、交通、中国农民三大行头寸的调拨受制于"中央银行",经营业务等亦受"中央银行"控制,国民党政府官僚资本的垄断性进一步增强。货币发行权集中于"中央银行"一家手里,为国民党政府推行无限制的通货膨胀政策,搜刮人民财富,扩张官僚资本,提供了更加便利的条件。

四联总处迁至重庆后,四行两局官僚资本金融体系的重心也随之转移到重庆。金城、大陆、中南、浙江兴业、上海、中国通商、中国实业、四明等商业银行纷纷来到重庆,英资汇丰银行、麦加利银行、美国的花旗银行及法国的东方汇理银行等也来此设立分支机构,重庆很快成为战时大后方的金融中心。国民党政府以重庆为中枢,加强了对整个大后方的战时

---

①　重庆市档案馆编:《抗日战争时期国民政府经济法规》上册,档案出版社 1992 年版,第 644—649 页。

②　重庆市档案馆编:《抗日战争时期国民政府经济法规》上册,档案出版社 1992 年版,第 75—77 页。

金融统制。

国民党政府于 1938 年 4 月颁布了《改善地方金融机构办法纲要》①，设法增强后方各地方金融机构资力，以调剂后方农工各业发展所需的资金。1940 年 1 月公布《县银行法》，规定县银行资本总额要在 5 万元以上，其中商股不得少于半数；县银行不得买卖不动产，不得买卖有价证券等，该法规虽然对县级银行做了许多严格规定，但也对推动县级银行发展，扩大地方金融网起了一定作用。1940 年 8 月，国民党政府又公布了《非常时期管理银行暂行办法》②，规定私人银行不得兼营商业，不得囤积货物及代客买卖等，试图杜绝商业银行的违法投机活动；该办法还规定一般银行须将其存款总额的 20% 作为准备金，转存中、中、交、农四行（后改为独存于"中央银行"），使"中央银行"的财力更加充实。由于上一办法执行不力，许多商业银行仍然公开设立商行，从事囤积投机，国民党政府又于 1941 年 12 月颁行《修正非常时期管理银行暂行办法》，主要是限制商业银行的新设，禁止银行职员利用行款经商，实行普遍检查银行和钱庄的业务等。这一办法的实施，特别是对银行实行普遍检查，对限制银行的投机活动，加强国民党政府战时金融统制，起到了一定作用。

从 1942 年 12 月起，国民党政府又在成都、西安、兰州、桂林、昆明、贵阳等 17 个城市设立"银行监理官"，负责审核管辖区银行和钱庄的放款用途，检查管辖区银行和钱庄的有关账目等。以后又陆续颁行划一银行会计科目；不准各商业银行在限定的 25 个城市添设分支机构；禁止各银行和钱庄接受金类押款等法令。③ 总的来说，在抗战期间，国民党政府对地方银行和商业银行的管制越来越严格。

（二）日益恶化的通货膨胀

抗战之初，由于各行局货币发行权不统一，加之各省地方银行及部分

---

① 重庆市档案馆编:《抗日战争时期国民政府经济法规》上册,档案出版社 1992 年版,第 642—644 页。

② 重庆市档案馆编:《抗日战争时期国民政府经济法规》上册,档案出版社 1992 年版,第 652—654 页。

③ 洪葭管主编:《中国金融史》,西南财经大学出版社 1993 年版,第 366—367 页。

地区仍拥有钞券、本票的发行权,致使中央银行对于全国货币流通及其他银行信用能力无法进行有效监管。1942 年 3 月,蒋介石发布"加强统制四行"手令,其中特别注重"限制四行发行钞票、改由中央统一发行","此为最急之要务,须限期完成"。国民党政府并加强省地方银行发行钞券的监管。这些举措的目的在于维持战时金融经济运行的稳定,强化"中央银行"职能,以保障战时国家财政经济的金融需求。①

但是因战时财政收入大减而军费支出大增,财政赤字问题日益严重,国民党政府为了维持其军政机构运行,实行通货膨胀政策,不断增加法币的发行。法币发行量在 1937 年时为 16.4 亿元,到 1942 年时已达 344 亿元(见表 10-1),1945 年更达 10319.3 亿元,比 1937 年增长了 628 倍多。通货膨胀政策必然带动物价上涨。1940 年农业歉收更使物价上涨速度超过法币发行量增长速度。至 1945 年 8 月,重庆批发物价指数比 1937 年增长了 1792 倍,比 1941 年增长了 90 多倍。实行通货膨胀政策是国民党政府推行经济统制的重要内容。但是由此造成的发钞与物价赛跑的局面一直困扰着抗战期间大后方社会经济生活,使社会经济混乱,国民经济几乎崩溃。

表 10-1　法币发行额及其指数(1937—1945 年)

项目 年月	法币发行额(亿元)	指数(1937 年 6 月 = 100)
1937 年 6 月	14.1	100
1937 年 12 月	16.4	116
1938 年 12 月	23.1	164
1939 年 12 月	42.9	304
1940 年 12 月	78.7	558
1941 年 12 月	151	1071
1942 年 12 月	344	2440

---

① 王红曼:《"四联总处"对战时货币发行的法律监管》,《中国社会经济史研究》2008 年第 3 期。

续表

年月 \ 项目	法币发行额(亿元)	指数(1937年6月=100)
1943 年 12 月	754	5348
1944 年 12 月	1895	13440
1945 年 12 月	10391.3	73187

资料来源:据洪葭管:《中国金融通史》第4卷,中国金融出版社2008年版,第464页表及许涤新、吴承明主编:《中国资本主义发展史》第3卷,人民出版社2003年版,表4-15改编。

　　通货膨胀对社会各阶层收入分配产生了巨大影响。根据物价指数分析,工农产品价格"剪刀差",以及农民购买价与出售价的差距日益加大(见表10-2)。田赋征实使农民收入逐年恶化。丝绸、茶叶、桐油、猪鬃和后期棉花、蔗糖的统购价格都低于市价,甚至低于生产成本。农民成为国民党通货膨胀政策的最大牺牲者。工人、服务业者、公务员和教师的实际收入都由于通货膨胀而下降。士兵的货币兵饷1944年的购买力只有战前的5%。而国民党政府是通货膨胀最大的受益者。豪门资本、投机资本、商业资本也都从通货膨胀中获得好处。①

表 10-2A　后方通货流通量和物价指数(1937—1945 年)

年份 \ 项目	(1)法币发行额(亿元)	(2)银行活期存款(亿元)	(3)通货流通量(亿元)	上海批发物价	重庆批发物价
1937	16.4	19.9	36.3	106	100
1938	23.1	25.1	48.2	116	99
1939	42.9	31.6	74.5	185	129
1940	78.7	43.0	121.7	465	938
1941	151	81.5	232.9	1002	1938
1942	344	174.5	518.1	2902	4440
1943	754	262.4	1016.2	10179	12588

---

　　① 许涤新、吴承明主编:《中国资本主义发展史》第3卷,人民出版社2003年版,第475—479页。

续表

项目 年份	（1）法币 发行额 （亿元）	（2）银行 活期存款 （亿元）	（3）通货 流通量 （亿元）	上海 批发物价	重庆 批发物价
1944	1895	870.3	2764.9	77658	42821
1945	10319.3	4755.1	15074.4	1590272	130791

注:1. 上海批发物价:1937 年 1—6 月 = 100;重庆批发物价:1937 年 = 100。2. 法币发行额为年底数。3. 据四联总处统计的国家银行活期存款占全部存款的比重,从全部银行(国家银行、省市银行、私营银行)存款总数中推出。4. (3) = (1) + (2)。

资料来源:据许涤新、吴承明主编:《中国资本主义发展史》第 3 卷,人民出版社 2003 年版,表 4-15 改编。

表 10-2B 重庆批发物价和工资指数(1937—1944 年)

(1937 年 1—6 月 = 100)

项目 年份	制成品	半制成品	原料	工资
1937	120	110	90	100
1938	230	150	90	140
1939	510	250	140	230
1940	1300	630	450	350
1941	2820	1750	1330	600
1942	14140	6040	3700	1060
1943	39810	16940	11400	1970
1944	133350	50410	38390	3840

资料来源:据许涤新、吴承明主编:《中国资本主义发展史》第 3 卷,人民出版社 2003 年版,第四章第五节二有关表格改编。

表 10-2C 后方工农产品物价(1937—1945 年)

项目 年份	后方七城市物价指数		四川四个县价格指数	
	农产品	工业品	农民出售价	农民购买价
1937	97	105	100	100
1938	95	145	103	118
1939	135	253	142	167
1940	340	298	429	530

项目 年份	后方七城市物价指数		四川四个县价格指数	
	农产品	工业品	农民出售价	农民购买价
1941	1079	1403	1615	1729
1942	2998	4782	3595	4007
1943	8466	17973	10149	11755
1944	29456	64906	38538	43658
1945	124618	241766	—	—

注:后方七城市物价指数,以 1937 年 1—6 月＝100;四川四个县价格指数,以 1937 年＝100。

资料来源:据许涤新、吴承明主编:《中国资本主义发展史》第 3 卷,人民出版社 2003 年版,第四章第三节三有关表格改编。

(三) 战时外汇、金银政策

全面抗战爆发后,国民党政府财政捉襟见肘,"财政金融当局渴盼的是能够维持法币对外汇价和能够购买军需民用物资的外汇"[1]。全面抗战前夕,国民党政府手中约有 2.5 亿美元的外汇储备。抗战起,国民党政府决定维持原来 1 元法币合 1 先令 2.5 便士或 30 美分的汇率,为此必须由中央银行无限制供应外汇,以致资金大量外逃。1937 年 7 月 7 日至 8 月 12 日一个多月时间估计售出外汇 750 余万英镑,合 1.2 亿元法币,比上半年平均每月供应数增加了 5 倍。11 月中旬沪宁杭相继沦陷,逃汇之风更加强大,中、中、交三行 11 月下半月售出外汇从每周 50 万英镑猛增至每周 150 万英镑。[2] 到 1938 年 3 月,国民党政府已损失外汇 0.9 亿美元,"尤其是,这时上海已沦陷敌手,中国银行仍然在租界供应外汇,令人莫解"[3]。

---

[1] 洪葭管:《中国金融通史》第 4 卷,中国金融出版社 2008 年版,第 395 页。

[2] 中国银行行史编辑委员会编著:《中国银行行史(1912—1949)》,中国金融出版社 1995 年版,第 526 页。

[3] 许涤新、吴承明主编:《中国资本主义发展史》第 3 卷,人民出版社 2003 年版,第 472—473 页。

　　国民党政府于 1938 年 3 月 12 日颁布《购买外汇请核办法》①,指定中央银行办理外汇请核事项,停止无限制供给外汇,开始对外汇买卖实行统制。外商银行不满,遂于月底撕毁协议,自行开价买卖外汇,以汇丰银行的挂牌为标准,上海的外汇黑市也就由此产生。② 中国银行也只得调整官价。国民党政府采取审核外汇用途和维持外汇市场两大方策来统制外汇,虽然通过外汇统制减缓了法币汇率下跌之势,对于稳定法币币值起到了一定的作用,但是日伪势力用他们掌握的法币到租界大量套取中国的外汇,上海租界的中国银行处于极为被动的局面,到 1939 年年初外汇已枯竭,只好向英、美乞援。1939 年 3 月,成立中英平准基金,在上海、香港供应外汇。基金很快被消耗,不得不两次停售,调整官价。1939 年 9 月,欧洲大战爆发,英镑跌价 1/3,平准基金得以购入若干英镑,维持至 1941 年年初。1939 年 9 月,四联总处改组后担负起决定外汇政策的任务,原属财政部外汇审核委员会的审核工作移交四联总处办理,凡政府机关、事业单位和商人申请外汇,经四联总处核定后,送交财政部填发通知书再行结汇。1941 年 4 月,由美政府贷款 5000 万美元,英政府贷款 500 万英镑,中国政府拨款 2000 万美元,重组中美英平准基金,继续出售外汇。

　　1941 年 7 月,英、美、荷宣布冻结日本人和中国人在该国存款,有助于防止资金外逃,使官价汇率得以维持在一定水平,中国统制外汇进入第二阶段。法币汇价过死,又使中国在日本侵略势力发动的货币战中遭到很大损失。尽管如此,国民党政府仍然竭力维持法币的外汇官价。其间由于国内外局势变化,外汇黑市逐渐消灭,外汇审核日趋严密。太平洋战争爆发后,中英美平准基金委员会内移,四联总处除继续发挥政策指导作用外,具体审核外汇的工作,则移交行政院下属的外汇管理委员会接管。法币与美元的官定汇价更是长期不动。此后,外汇官价与市价出现战时

————————

　　①　重庆市档案馆编:《抗日战争时期国民政府经济法规》上册,档案出版社 1992 年版,第 670—680 页。
　　②　中国银行行史编辑委员会编著:《中国银行行史(1912—1949)》,中国金融出版社 1995 年版,第 527 页。

特有的变化(见表 10-3)。

表 10-3　美元汇率(1937—1945 年)　　　(1 美元=法币数)

时间 ＼ 类别	官价	市价
1937 年 12 月	3.42	3.42
1938 年 6 月	5.40	5.39
1938 年 12 月	6.40	6.40
1939 年 6 月	6.40	7.51
1939 年 12 月	8.51	14.14
1940 年 6 月	—	18.18
1940 年 12 月	—	17.75
1941 年 6 月	—	19.05
1941 年 12 月	18.8	18.93
1942 年 6 月	18.8	—
1942 年 12 月	18.8	—
1943 年 6 月	18.8	59
1943 年 12 月	20.0	84
1944 年 6 月	20.0	192
1944 年 12 月	20.0	570
1945 年 6 月	20.0	1705
1945 年 8 月	20.0	2185

资料来源:据许涤新、吴承明主编:《中国资本主义发展史》第 3 卷,人民出版社 2003 年版,第四章第三节二有关表格改编。

　　法币发行过量,牵动了后方物价飞涨。而法币汇价过死,又使中国在日本侵略势力发动的货币战中遭到很大损失。1942 年,孔祥熙曾经透露:国民党政府为了维持汇价在货币战中损失约"1 亿英镑"(合 4 亿美元)。[①] 尽管如此,国民党政府仍然竭力维持法币的外汇官价,能买到官价外汇的主要是少数有权势的达官贵人,人们多在黑市上炒买炒卖外汇,这样更助长了外汇黑市的活跃,到 1945 年 7 月重庆黑市美钞 1 元要

――――――――

　　① 姚遂主编:《中国金融史》,高等教育出版社 2007 年版,第 345 页。

卖 2889 元法币,是官价的 140 多倍! 国民党官僚利用外汇投机大发国难财,蒋、宋、孔、陈等特权家族在美国的 10 亿美元存款,大部分是用这种办法掠夺来的。①

国民党政府还用一部分美国财政援助借款做基金,从 1942 年 4 月发行"美金节约储蓄建国储蓄券"。由于法币日益贬值,美元黑市价格逐渐上升为官价的数倍,买美金公债等成为有厚利可图的事情。1943 年 10 月,明明还有 3000 多万元美金公债尚未售出,孔祥熙等政府要员即宣布债券售完,停止发行,私分了剩余公债。这样一来,引起舆论大哗,国民参政会也有人频频提出质询。到 1945 年,身兼"行政院"副院长、"财政部"部长、四联总处理事会副主席、"中央银行"总裁等要职的孔祥熙,在一片指责声中不得不辞职下台。②

金银政策也是国民党政府战时金融政策的重要内容。战争初期,国民党政府先后颁布《金类兑换法币办法》《监督银楼业办法》《限制私运黄金出口及运往沦陷区域办法》等,加强收兑民间金银;1939 年又公布《取缔收售金类办法》和《加紧中央收金办法》,规定由中、中、交、农四行统收民间金银,禁止黄金自由买卖,强制收兑金店、银号、银楼等所存金银,严惩违规藏匿金银者。但是国民党政府收兑民间金银的效果甚微,到 1940 年年底拢共不到 70 万两。③ 国民党政府还加强了对民营金矿的统制。④

从 1943 年 6 月起,国民党政府为遏制后方物价不断上涨之风,宣布准许黄金自由买卖,并用美国提供的"财政援助借款"从美国进口大量黄金,由"中央银行"随行市出售。"中央银行"所规定的黄金官价不断上升,如 1943 年 11 月 8 日每两黄金官价为 1.2 万元,12 月 3 日上升为 1.3 万元,1944 年 2 月 1 日上升为 1.5 万元,8 天后很快上升为 2.15 万元。黄金市价也跟着涨得更高,例如 1944 年 11 月 16 日每两黄金官价为 2.4

---

① 许涤新:《官僚资本论》,南洋书店 1947 年版,第 75 页。
② 洪葭管主编:《中国金融史》,西南财经大学出版社 1993 年版,第 362—363 页。
③ 许涤新、吴承明主编:《中国资本主义发展史》第 3 卷,人民出版社 2003 年版,第 474 页。
④ 中国人民银行总行参事室编:《中华民国货币史资料》第 2 辑,上海人民出版社 1991 年版,第 400—410 页。

万元,当月黄金市价为3.6万元;1945年6月8日每两黄金官价又升为5万元,这个月黄金市价涨至每两18.2万元。每次黄金官价要变动时,一些有条件探悉内情的达官贵人和奸商们总是设法在投机市场上"搅浑水",大发其财。1945年3月28日,国民党政府内定从次日起提高金价,每两黄金从2万元陡升到3.5万元。这个绝密的事却很快被泄露,重庆几十家公私银行、大公司及官僚富商连夜哄抢黄金,酿成"重庆黄金风潮",这是由于国民党政府内部腐败官员利用职权谋私造成的金融风潮。对这一事件,国内大小报纸争相报道,要求彻查严办;国外舆论也纷纷指责。国民党政府不得不将"中央银行"业务局局长、"财政部"总务司司长等几人分别判处3年、2年轻刑以作搪塞,对其余达官贵人则未加追查。[1]

1943年8月,四联总处理事会还决定开办黄金存款,以吸收民间资金,回笼货币,稳定币值。存户可按照当时黄金牌价以法币折合黄金存入,到期时银行用黄金付还原本,用法币支付利息。据统计,截至1945年6月,用这种办法共回笼800多亿元法币,折算黄金约200余万两。一些中小商人、中小财主等为了保值,在买不到黄金现货时,常常购买黄金存款。不料,到1945年7月国民党政府突然宣布存户都要捐献所存黄金的40%,这样不择手段地搜刮民财,激起民愤。国民党政府还借口来不及分铸,规定存户必须凑足整块金砖的数额(400两)才能兑取黄金,以此来限制存户提取黄金,受到损害的多为中小资产者。这年年底,四联总处理事会又宣布按官价以法币支付到期的黄金存款本息,这大大损害了存户的利益,也使国民党官僚资本银行的信誉更为下降。[2]

二、物价和物资统制

1936年,国民党政府资源委员会在各省设立钨、锑、锡、汞、铍、钼等

---

[1] 中国人民银行总行参事室编:《中华民国货币史资料》第2辑,上海人民出版社1991年版,第416—432页。

[2] 中国人民银行总行参事室编:《中华民国货币史资料》第2辑,上海人民出版社1991年版,第422—427页。

特矿统制机构,负责管理和统制各地特矿生产、收购、运输和销售事宜。这是国民党政府物资统制的重要举措,当时取得重要成效。[①] 这类物资统制的重要举措在全面抗战时期继续实行,促进了中国特矿业的发展,对于支持大后方军事工业及经济建设起到了积极作用。为了易货偿债、进口军需物资的需要,国民党政府除了由资源委员会对钨、锑、锡等特种矿产实行统购统销,后又由贸易委员会统制桐油、猪鬃、茶叶的收购出口,继而又将统制范围扩大到羊毛和蚕丝。

抗战时期,国民党政府撤退到西部区域。由于这里人口猛增而物资相对匮乏,而且国民党政府实行通货膨胀政策,物价涨势加剧,投机活动日益猖獗。因此,国民党政府经济部于 1939 年 2 月颁布《非常时期评定物价及取缔投机操纵办法》,要求在各地由地方主管官署会同当地有关机关、商会或经营日用必需品之同业公会等设立平价委员会,以办理当地日用必需品平价事宜;平价委员会由地方主管官署所派委员为主任委员,商会或同业公会推派委员不得超过委员总数之半数;由各地平价委员会以生产者与消费者双方兼顾原则议定当地各类商品价格;各地平价委员会评价标准为:"一、凡物品质生产及运销成本未受战时影响或影响甚微者,以战前三年或一年之平均价格为标准。二、凡物品质生产及运销成本受战时影响者,以其在战后之成本再加相当之利润为标准。三、凡物品质成本不易计算者,以及经营所需之资本总额再加相当之利润为标准。前项第二款、第三款之利润由平价委员会酌拟,呈请地方主管官署核定之,并呈报上级官署转报经济部备核。"[②]从此,国民党政府开始实施对大后方物价的管制。1939 年 12 月,国民党政府颁布《日用必需品平价购销办法》,决定由经济部设立平价购销处,主持办理西南、西北各省日用必需品的平价购销事宜;购销处营运资金由四联总处分期拨付,其会计独立,

① 郑友揆等:《旧中国的资源委员会——史实与评价》,上海社会科学院出版社 1991 年版,第 252—253 页;刘克祥、吴太昌主编:《中国近代经济史(1927—1937)》,人民出版社 2010 年版,第 383—387 页。
② 重庆市档案馆编:《抗日战争时期国民政府经济法规》上册,档案出版社 1992 年版,第 93—95 页。

直接受四联总处之稽核监督。① 但是各地物价仍然不断上涨,囤积居奇、投机倒把活动猖獗。国民党政府又于1941年年初颁布了《非常时期取缔日用重要物品囤积居奇办法》,规定取缔囤积居奇的重要物品为四大类(包括米、面粉、玉米、高粱等粮食类,棉花、棉纱、棉布、麻布等服用类,煤炭、木炭等燃料类,食盐、菜油、纸张等日用品类),对囤积居奇做了明确的界定,规定了严厉的惩罚条款,强化地方主管官署在取缔囤积居奇方面的责任,并对各地同业公会在取缔囤积居奇方面的作用提出了更严格的要求。②

在战时物资统制中,粮食占有重要地位。抗战爆发后,国民党政府即认识到粮食问题的重要性,为加强对粮食的管理和监督,于1937年8月31日颁布《食粮资敌治罪暂行条例》,规定:"凡以食粮供给敌军者,处死刑";私运禁止出口食粮10万斤以上者,以资敌论;私运禁止出口食粮未满10万斤者,处无期徒刑或7年以上有期徒刑。③ 处罚力度很重。

至1940年,从战区迁至大后方的人口达5000万之众,对粮食的需求激增。此时因国际路线和国内交通节节受阻,重庆及鄂西军粮民食均须依赖川省接济,加之当年四川省春寒夏旱,秋收荒歉,一时供求失调,民情惶恐,囤积居奇之风渐盛,致使川省粮价骤然高涨。1940年7月8日,成都市米价每石售价100元,9日涨至108元,10日又涨至115元,至10月1日每石涨至200元。到1941年6月重庆米价较1937年上半年平均价格(每市斗1.32元)增长约31倍,达每市斗41.87元,形势日趋严重。④

1940年7月30日,国民党政府为统筹全国粮食之产销储运,调节其供求关系,设立全国战时粮食管理局,直隶于行政院,负责管理有关粮食

---

① 重庆市档案馆编:《抗日战争时期国民政府经济法规》上册,档案出版社1992年版,第95—97页。

② 重庆市档案馆编:《抗日战争时期国民政府经济法规》上册,档案出版社1992年版,第99—102页。

③ 重庆市档案馆编:《抗日战争时期国民政府经济法规》上册,档案出版社1992年版,第185页。

④ 抗日战争时期国民政府财政经济战略措施研究课题组编写:《抗日战争时期国民政府财政经济战略措施研究》,西南财经大学出版社1988年版,第29页。

的生产、储藏、运输、价格及各地粮食市场改进、粮食品质改良等事宜。① 1941年年初,国民党统治区粮食问题日益尖锐,粮价暴涨,时有抢米风潮发生。4月,国民党政府制定《非常时期粮食管理法(草案)》②;5月,国民党政府颁布《非常时期违反粮食管理治罪条例》,规定"凡非经营商业之人或非经营粮食业之商人购囤粮食营利者、经营粮食之商人购囤粮食不遵粮食主管机关规定出售者,粮户或粮商之余粮经粮食主管机关规定出售而规避藏匿者,均以囤积居奇论",对囤积居奇、哄抬粮价、违反粮食管理者规定了严惩办法。③ 同时,国民党政府将田赋收归中央接管,并征收实物,以此掌握了大量粮食,这对于稳定后方粮价起到了很大作用。1941年7月4日,国民党政府又设立粮食部,掌理全国粮食行政事宜。④

太平洋战争爆发后,港沪大量游资进入后方,而国际通路隔断使进口来源断绝,后方出现严重的物资缺乏,加上社会心理预期物价必涨而导致的抢购风、囤积风,使后方物价重又腾涨。国民党政府不得不强化物价和物资统制,于1942年年初决定实行盐、糖、火柴、烟类四项物品专卖制度,以期通过政府专卖,掌握实物,稳定物价,并兼收增加财政岁入之效。1942年3月,国民党政府颁布《国家总动员法》,明确规定国家总动员物资包括:"一、兵器、弹药及其他军用材料;二、粮食、饲料及被服品料;三、药品、医药器材及其他卫生材料;四、船舶、车马及其他运输器材;五、土木建筑器材;六、电力与燃料;七、通信器材;八、前列各款器材之生产、修理、支配、供给及保存上所需之原料与机器;九、其他政府临时指定之物资";对于国家总动员物资,政府于必要时得对其生产、贩卖、使用、修理、储藏、消费、迁移或转让及交易价格、数量等方面加以指导、管理、节制或

---

① 重庆市档案馆编:《抗日战争时期国民政府经济法规》上册,档案出版社1992年版,第35—37页。

② 中国第二历史档案馆编:《中华民国史档案资料汇编》第5辑第2编,财政经济(9),江苏古籍出版社1997年版,第323—327页。

③ 《革命文献》第110辑,(台北)"中央"文物供应社1987年版,第295—297页。

④ 重庆市档案馆编:《抗日战争时期国民政府经济法规》上册,档案出版社1992年版,第40—43页。

禁止,进一步对全国实行战时物资统制。① 1942 年 11 月 2 日,国民党政府行政院正式颁布《加强管制物价方案》,规定国家总动员会议常务委员会为管制全国物价最高决策机关,各省、市、县以及乡均设置物价管理机构。该方案规定了管制物价的 10 条措施:(1)实施限价;(2)掌握物资;(3)增进生产;(4)节约消费;(5)便利运输;(6)严密组织;(7)管理金融;(8)调整税法;(9)紧缩预算;(10)宽筹费用。② 这 10 条措施以实施限价为中心。而粮价是整个物价至关重要的一环,自然要遵照《加强管制物价方案》并与其他物资限价密切配合进行。为此,粮食部制定了《加强管制物价方案实施办法(粮食部分)》,提经国家总动员会议通过后,于 12 月通饬各省施行。粮食限价的具体办法主要有:(1)粮食管制,在点(即粮食市场)由粮食机关负责,在面(即广大粮食生产地区)由地方行政机关办理。(2)粮食之限价先从都会、各省省会及重要的粮食消费市场开始,逐渐推广。(3)粮食之限价以稻谷、大米、小麦、面粉四种主要食粮为主。其他次要食粮,在都会由粮食部于必要时指定公告;在省会及市场由省政府斟酌各地情形下,于必要时间、分别指定,报由粮食部核定公告。(4)开始实行的初期定价以各该地 1942 年 11 月 30 日的市价为标准,由当地粮食业同业公会议定,报经核定施行。(5)核定公告之定价,为各个地区粮食交易的最高限价。各地粮食之限价,非因产销状况发生特殊变化,经同业公会申请,粮食部及省政府核准,不得变更。(6)实施限价各地点,在限价之前应在管理须有充分准备。(7)粮食采购、运销、加工等业务,无论在点或面,均以民营为主,官营为辅。(8)都会、省会及第一期指定的重要市场,均于 1943 年 1 月 15 日起实施限价。③ 1943 年 1 月 15 日,粮食限价在整个大后方铺开。此后,国民党政府陆续颁布《限价议价物品补充办法》《取缔违反限价议价条例》;国民党五届十二中全会于

① 段瑞聪:《蒋介石与抗战时期总动员体制之构建》,《抗日战争研究》2014 年第 1 期。
② 重庆市档案馆编:《抗日战争时期国民政府经济法规》上册,档案出版社 1992 年版,第113—117 页。
③ 重庆市档案馆编:《抗日战争时期国民政府经济法规》上册,档案出版社 1992 年版,第117—124 页。

1944 年 5 月通过《加强管制物价紧急措施方案》;1944 年 8 月,国家总动员会议又通过《各省管制物价物资及实施纲要》,这些法令规章的颁布,为加强战时物价物资统制提供了法律依据。为了进一步控制粮食,除了田赋征实以外,国民党政府又采取定价随赋征购余粮的办法,1943 年又将征购改为征借,从农民手中又获取了大量粮食,以保证军粮的调拨、公教人员食粮的配给和民食的供应,进而起到充裕国家财政、平抑粮食市价的作用。限价政策在一定程度上缓解了通货膨胀的压力,基本上保障了军粮民食的供给,稳定了军心、民心,对于坚持持久抗战具有积极意义。

国民党政府于 1942 年后实行"以花控纱,以纱控布,以布控价"政策,强化了对花、纱、布的统制。在这一年政府又公布了《管理工业材料规则》《管理钢铁材料实施办法》《管理工业机器规则》等,实施了对战时工业器材的全面统制。花、纱、布统制曾经由经济部农本局管理,1942 年 12 月经济部颁布《加强管制物价方案实施办法》,对棉花、棉布、棉纱、煤焦、食油、纸张 6 项日用必需品限价政策的实施作出较具体规定。① 但是花、纱、布统制改由财政部管理,农本局改隶财政部。财政部于 1943 年 2 月将农本局改组为花纱布管制局,继续沿用"以花控纱,以纱控布,以布控价"的政策,对花、纱、布进行全面管制。其办法是这样的:各厂自有存棉,全部由花纱布管制局征购,仍存原厂使用、作为局方供给的原料,生产所需机物油料及工资开支等,仍由厂方自行负责,所产棉纱,全部交给局方,局方按件支给厂方生产工缴费用,局方派员分驻各厂,管理原棉与棉纱仓库,办理拨花、收纱工作,监督生产,并随时审查各项项目。工缴费用,先由各厂分别报送开支计算明细表,经局审核后求取各厂的平均数值,再加 20% 的利润。花纱布管制局第一次核定 20 支纱每件的工缴费为 8000 元,加 20% 的利润合计为 9600 元。② 1944 年,花纱布管制局又制定

① 重庆市档案馆编:《抗日战争时期国民政府经济法规》上册,档案出版社 1992 年版,第 124—131 页。

② 中国人民政治协商会议全国委员会文史资料研究委员会编:《工商经济史料丛刊》第 4 辑,文史资料出版社 1984 年版,第 194 页。

了《管理小型动力纱厂花纱交换办法》,规定由该局向各厂供给棉花,工厂按数交换棉纱。对西北各厂机纱,则规定其所产全部棉纱必须由该局收购,再行核配。对纺户织户,则规定必须一律领花交纱,领纱交布,以彻底掌握他们手中的原料来源和产品出路。花纱布管制局通过加强对棉花、棉纱、布匹的生产、收购、运销的严格控制,掌握了大量的棉花、棉纱、布匹,并优先供应军需,保证了花、纱、布的供应,对于安定社会,支援前线抗战发挥了一定的作用。

为了抢购沦陷区物资,以及开展对敌经济反封锁,国民党政府还设有战时货运管理局,亦隶属财政部。另外,行政院还设有一液体燃料管理委员会,为专司汽油、酒精、柴油等液体燃料管理事宜的机关。中枢方面主持整个战时物资管制的,则有 1940 年设立的行政院经济会议,该会议于 1942 年 4 月改组为国家总动员会议,其决议由行政院以命令颁行,为战时管制全国物资之最高决策机构。1942 年 11 月、12 月,国民党政府先后颁行《加强管制物价方案》和《限价实施办法》,实行限价。当时称这一重大措施为"限政"。虽然粮价上涨势头因为实行田赋征实和限价政策得到遏制,但是其他物品价格仍然涨势很猛。综合下来,按照"经济部"统计,如果以 1937 年 1—6 月物价指数为 100,则零售物价指数 1942 年 12 月为 5829,1943 年 12 月为 17340,1944 年 12 月为 48035,1945 年 12 月为 93328。①

第三节　解放战争时期的经济体制及其变化

经过多年艰苦奋斗,中国人民的抗日战争终于取得全面胜利。大战过后,百废待兴。国民党政府加紧接收敌伪资产,使国民党国家垄断资本

---

① 中国第二历史档案馆编:《中华民国史档案资料汇编》第 5 辑第 2 编,财政经济(9),江苏古籍出版社 1997 年版,第 285 页。

膨胀加剧,也由于接收变成"劫收"使得民心丧尽。

经受了巨大的战争创伤,中国百废待兴。但是,以蒋介石为首的国民党反动派,在美帝国主义支持下,又把中国拖入内战的旋涡。由于内战规模不断扩大,国民党政府的财政赤字日趋庞大,对美援、对外债的依赖也越来越大。

第二次世界大战后,苏联的力量逐渐加强,成为美国的主要对手。美国从它的全球战略考虑,在西欧推行"马歇尔计划",援助西欧各国经济复兴,以对抗苏联;在亚洲主要援助中国国民党政府,希望国民党能够消灭共产党以"统一中国",成为美国在亚洲的"伙计"。

但是国民党反动派发动全面内战的行径,遭到全中国人民的反对。蒋介石等耗费了巨大的军费开支,结果国民党军队非但没能"统一全国",反而在与人民解放军作战中连连败北。到 1947 年 7—9 月,人民解放军已由战略防御转为战略反攻,刘邓、陈谢、陈粟三路大军南下作战,将战争引向国民党统治区。在这以后,国民党政府统治的地域不断缩小,这对其税源、对其发行纸币流通的范围都有很大影响。由于国民党反动派大打内战以及通货膨胀政策的作用,国民党统治区正常的经济秩序逐渐被破坏,城乡经济都出现严重的衰退,加速了国民党统治区半殖民地半封建经济的总崩溃。

一、敌伪资产的接收

国民党政府对于收复区(原沦陷区)敌伪资产的接收,早有预案。1942 年 1 月 1 日,国民党政府就公布了《敌产处理条例》,强调可供军用的敌国公产(包括动产和不动产)"得扣押使用或没收之。但教堂、学校、病院、美术馆、历史纪念物、图书馆、艺术馆及其珍藏品,应妥为管理,不得转让或毁坏","敌国人民私有财产应予尊重。其足以供敌国攻守上之用者,得扣押或阻其移动,但因军路(事)上之必要时,得破坏之"等。[①] 1944

---

① 重庆市档案馆编:《抗日战争时期国民政府经济法规》上册,档案出版社 1992 年版,第 200—201 页。

年 8 月 10 日,国民党政府修正公布《敌产处理条例条文》,与 1942 年《敌产处理条例》相比,减去了"教堂、学校、病院、美术馆、历史纪念物、图书馆、艺术馆及其珍藏品,应妥为管理,不得转让或毁坏""敌国人民私有财产应予尊重"等词句,增加了"敌国公有及敌国人民私有财产,均应举行登记"等内容①,反映了国民党政府在长期残酷战争条件下对敌国公私资产采取更加严厉的态度。

当 1945 年 8 月 15 日日本天皇通过广播宣布日本投降后,国民党政府于 1945 年 8 月 29 日规定:"凡敌国在中国之公私事业资产及一切权益,一律接收由中国政府管理或经营之","凡与敌人合办之事业,不论公营或私营一律由中国政府派员接收,分别性质。应归国营者移交国营事业机关,应归民营者移交正当民营事业组织接办"。②

国民党政府于 1945 年 9 月 5 日成立由陆军总司令何应钦任主任委员的党政接收计划委员会,又于 11 月 1 日成立由"行政院"副院长翁文灏任主任委员的行政院收复区全国性事业接收委员会等机构负责接收事宜,并设立苏浙皖、河北平津、粤桂闽、山东青岛等区"敌伪产业处理局",形成了由陆军总司令部负责接收军事,行政院收复区全国性事业接收委员会负责全国性政治、经济接收,各地区敌伪产业处理局负责接收各省市地方性事业的三条接收渠道。国民党政府又把全部收复区分为京沪(包括南京、上海市及苏浙皖,驻上海),辽吉黑(驻沈阳),冀鲁察热(包括平津青岛等市,驻青岛),晋豫绥(驻太原或郑州),鄂湘赣(包括汉口市,驻汉口),粤桂闽(驻广州),台湾(驻台北)7 区,"遴选高级干员派为财政金融特派员,处理各区内一切有关财政金融复员之紧急事项"。③ 国民党政府的战后经济接收表面来看职责分明,但是在实际上,国民党军队与政府、中央与地方同时插手接收,各地接收机构林立。北平一地,仅中央各

---

① 重庆市档案馆编:《抗日战争时期国民政府经济法规》上册,档案出版社 1992 年版,第 200—201 页。

② 中国第二历史档案馆编:《中华民国史档案资料汇编》第 5 辑第 3 编,财政经济(1),江苏古籍出版社 2000 年版,第 1—2 页。

③ 中国第二历史档案馆编:《中华民国史档案资料汇编》第 5 辑第 3 编,财政经济(1),江苏古籍出版社 2000 年版,第 2—6 页。

接收机构就有"教育部""经济部""社会部""农林部""交通部"等 13 个部门派出的机构,连同其他系统的接收机构共有 29 个;在天津有天津党政接收计划委员会、河北平津敌伪产业处理局、天津汉奸财产调查委员会和资源委员会驻津特派员办公室等 23 个机构;其他城市的接收机构,杭州有 28 个,上海竟多达 89 个。军政接收机构之间,政府各部门接收机构之间,矛盾重重,往往要抢先接收发横财。例如,军政部在徐州抢先接收了烟草公司和酱油厂等民用企业,还强词夺理地说因当兵的要抽烟吃酱油,这些企业也属军用等;其他一些地方,也由于国民党军队首先到达,军队把关于"军用品"的概念肆意扩大,抢先接收了很多企业。国民党政府一些部门在接收中,也争先恐后,能抢则抢,"一时间封条满天飞,甚至一个工厂大门上竟同时贴有几个封条"。[1] 海南岛本应由农林部接收的 25 个农业单位,被经济部抢接了 16 个。[2] 诸如此类事例很多,以致蒋介石不得不承认,这次接收"系统紊乱,权责不明,有利相争,遇事相诿,形成无组织状态"。[3]

经过一番乱哄哄地抢夺,到 1946 年年底,国民党政府对敌伪资产的接收处理工作,除东北外,基本完成。除交通运输各部门外,国民党政府接收到手的工厂矿场、商业、房地产和家具、仓库码头、金银外币、车船、各种物资(不包括国防用品和其他军用品)的资产分别按接收时当地的物价指数折合战前共 232456 万元法币,其分区情况可见表 10-4。

---

① 张鹏:《天津冶金工业史略》,见《天津文史资料选辑》第 51 辑,天津人民出版社 1960 年版,第 66 页。

② 陆仰渊、方庆秋主编:《民国社会经济史》,中国经济出版社 1991 年版,第 727—731 页;陈真编:《中国近代工业史资料》第 3 辑,生活·读书·新知三联书店 1957 年版,第 747—752 页。

③ 陆仰渊、方庆秋主编:《民国社会经济史》,中国经济出版社 1991 年版,第 731 页。

表 10-4A　国民党政府接收的敌伪资产估值统计
(1945 年 11 月—1947 年 8 月)

项目 地区	接收产业总额		其中:工矿业资产			折合战前币值			
	估价 年月	价值总额 (亿元)	单位数	法币 (亿元)	工矿业 占总额比 重(%)	物价指数		产值总额 (万元)	工矿业 (万元)
						地区	指数		
苏浙皖区①	1946 年 1 月	14973.38	478	6503.17	43.4	上海	1603	93408	40569
山东青岛区②	1946 年 1 月	2269.69	215	800.74	35.3	青岛	3216	7057	2490
河北平津区③	1946 年 6 月	9404.30	2838	1627.30	27.6	华北	4129	14300	3941
粤桂闽区④	1946 年 12 月	15514.53	163	5651.73	36.4	广州	5611	27650	10073
武汉区⑤	1946 年 1 月	2215.84	158	773.84	34.9	汉口	2609	8493	2966
河南区⑥	1946 年 12 月	—	30					373	373
东北区	1947 年 8 月	12578.90	4188	9239.46	73.5	沈阳	3787	33216	24398
台湾地区	1945 年 11 月	台币 109.91	1275	台币 71.64	65.2	台北	23.6	45658	29759
总计	—	—	9345	—	—			232465	114569

注:①敌伪产业处理局报告原注系 1946 年 12 月计算数字,唯查对同年 3 月及 5 月之其他资料,显系
　　该年 1 月之估算,故不按 12 月指数折算(相差 2 倍以上),其中有德产 82.75 亿元,逆产 1000
　　亿元无分类,兹以半数为工矿业资产。
　　②产业总额中有德产 14.55 亿元无分类,兹以半数为工矿业资产。
　　③工矿资产中包括有少量商业单位的财产,无法剔除。
　　④产业总额中有土地及逆产 4000 亿元无细 19 目,不列入工矿业资产。
　　⑤产业总额中有德产 500 亿元、逆产 150 亿元无分类,兹以半数为工矿业资产。
　　⑥原报告无估值,仅列有工厂 30 单位,兹参考其他地区按每厂战前币值 12.43 万元估算。
资料来源:简锐:《国民党官僚资本发展的概述》,《中国经济史研究》1986 年第 3 期。原表主要据中
　　　　　国第二历史档案馆所藏资料,折战前法币时,原值以万元为单位,指数 1936 年为 100。

　　表 10-4A 中接收的 8 个地区中,东北、台湾两个地区,与关内沦陷区
不同,日本侵占、蹂躏时间更长,东北是日本发动全面侵华战争的"根据
地"和"后方基地",已成为日本"不可分离"的一部分;台湾自 1895 年后,
不仅被日本占领了整整 50 年,而且被并入了日本疆域,更是日本全面侵
华战争的"战略后方",日本在占领期间,除了劫夺、破坏,亦有基于侵华
战争和更深层考虑的投资"建设"。东北是日本投资最多的地区,并有巨
额伪满"国有"资本,据统计,日伪投资折合战前 122.59 亿元法币,其中
工矿业 66.71 亿元,占 54.42%。后因战争末期盟军轰炸,尤其是 1945 年
8 月苏联进军东北,将大部分工矿和交通运输设备拆除运往苏联。关于

苏联拆走的设备,有两个估计:一个是美国政府战争赔偿顾问鲍莱 1945 年 11 月的调查;另一个是 1946 年中国政府委托日侨善后联络处留华专家所作。现将两个估计合为表 10-4B。

表 10-4B　苏联军队撤走的东北工矿和交通机器
设备价值估计（1946 年）

（单位:万美元/折合法币万元*）

项目 行业	美国鲍莱调查团估计			日侨善后联络处专家估计		
	万美元	折合法币 万元*	占生产能 力百分比 （%）	万美元	折合法币 万元*	占生产能 力百分比 （%）
电力	20100	68136	71	21954	74420	60
钢铁	13126	44495	50—100	20405	69169	60—100
煤矿	5000	16949	90	4472	15159	80
铁路	22130	75017	50—100	19376	65681	50—100
机器	16300	55254	80	15887	53854	68
液化燃料	1138	3858	75	4072	13803	90
化工	1400	4746	50	4479	15183	33
水泥	2300	7797	50	2319	7861	54
非铁金属	1000	3390	75	6081	20614	50—100
纺织	3800	12881	75	13511	45800	50
纸及纸浆	700	2373	30	1396	4732	80
交通	2500	8475	20—100	459	1556	30
食品	—	—		5905	20017	50
总计	89503	303371	—	120316	407849	—

注:* 美元折合法币汇率:战前 1 元法币=0.295 美元。
资料来源:据许涤新、吴承明主编:《中国资本主义发展史》第 3 卷,人民出版社 2003 年版,第 607 页
　　　　统计表改编。表中美元折合法币的相关数据,系转录者计算编制,部分数据亦经复算
　　　　核正。

两项调查估计,近一半的数据(包括占生产能力百分比)相当接近,但亦有部分数据高低悬殊。总体而言,后项估计数据相对较高,亦较具体、详细,应该是经过了较为严肃认真地调查、评估、计算,可能比较接近实际。依前项估计,苏军拆走的设备,除铁路部分外,共值 6.737 亿美元,

折合战前 22.84 亿元法币。依后项估计,苏军拆走的设备,除铁路部分外,共值 10.094 亿美元,折合战前 34.24 亿元法币。参照以上两个估计,日本投降之初,东北原本存余的敌伪产业约为战前 26 亿—38 亿元法币。

经历苏军大规模拆运、破坏,实际上留给国民党政府接收并有经济价值的日伪资产,数量十分有限。日本投降后,中国人民解放军迅速解放了东北大部分地区。1946 年 1 月以后,国民党军队进入东北城市,9 月起接收日伪产业,至 1947 年 8 月,接收了辽宁、辽北、吉林 3 省和长春、安东两市及热河境内铁路沿线的敌伪产业;当时东北的其他 5 省和大连、哈尔滨 2 市不在接收之列。据东北接收委员会负责人称,接管产业共值东北流通券 1181.12 亿元,按东北流通券每元折 10.65 元法币计算,即为工矿业产值战前 2.44 亿元法币,仅相当于上揭东北存余敌伪产业战前 26 亿—38 亿元法币的 6.4%—9.4%。

关于台湾敌产,日本在 1895 年割据台湾后,因限于财力,在相当长一段时间并未着力开发。到 20 世纪 20 年代,平均每年投资 3300 余万日元,1931 年"九一八事变"以后着重经营东北,年均输台日资减至 550 万日元。据战争赔偿委员会调查,1945 年 8 月 1 日日本在台湾的产业共值 18.9 亿美元,其中企业资产 10.6 亿美元,折成战前为 27.51 亿元法币。其中工业约占 63.9%,矿业占 4%,共合战前 18.68 亿元法币。

表 10-4 的统计是不完全的,在混乱中破坏浪费的部分,私吞盗卖的部分,都难以稽查。不过,从表 10-4 中仍可以看出,敌伪工矿企业资产占经济接收的比重很大。

按照国民党政府颁布的《收复区敌伪产业处理办法》,处理敌伪产业有三种基本形式,即发还、移转和标卖;分别按下列原则:(1)"产业原属本国、盟国或友邦人民,系由日方强迫接收者",应发还原主;(2)对于"产业原属华人与日伪合办者"和"产业原为日侨所有或已为日伪出资收购者",收归中央政府,根据产业性质或作移转处理——"甲,与资源委员会所办国营事业性质相同者,交该会接办;乙,纱厂及其必需之附属工厂交纺织管理委员会接办;丙,面粉厂交粮食部接办";规模较小或不在甲乙丙范围内,予以标卖;(3)"韩侨之产业,如无助虐行为或非法取得情形,概可发还";(4)对德侨产业,"除一有间谍嫌疑或行动者,二有帮助日军企图或行动者外,一概暂予保管,俟对德和约签订后再行处理"。国民党政府所接收敌伪工矿企业的具体处理情况可见表10-5。

表 10-5　接收敌伪工矿企业的处理情况(1946 年 12 月—1947 年 12 月)

A　各区敌伪产业处理情况(单位数)

地区	处理或报告时间	接收单位数	发还	移转	标卖	待处理
苏浙皖区	1946 年 12 月	478	109	86	226	57
山东青岛区	1946 年 4 月	215	31	66	101	17
河北平津区	1947 年 1 月	2838	131	278	1680	749
粤桂闽区	1947 年 2 月	163	28	33	102	—
武汉区	1947 年 5 月	158	15	106	32	5
河南区	1947 年 5 月	30	5	8	—	17
东北区	1947 年 8 月	4188	—	3413	—	775
台湾地区	1947 年 2 月	1275	—	551	724	—
总计		9345	319	4541	2865	1620
占总数百分比(%)		100	3.4	48.6	30.7	17.3

B　"经济部"敌伪产业处理情况(单位数)

项目	处理总数	发还	移转	标卖	保管
工厂	1489	236	508	439	306
矿场	61	7	28	9	17
电厂	32	20	9		3
公司行号	511	35	253	30	193
总计	2093	298	798	478	519
占总数百分比(%)	100	14.2	38.1	22.8	24.8

资料来源:据许涤新、吴承明主编:《中国资本主义发展史》第 3 卷,人民出版社 2003 年版,第 610 页表改编。

抗战胜利之初,中国企业家无不欢欣鼓舞,希望通过接收庞大的敌伪产业来弥补战时损失,复兴中国工业。久受日本纱厂压抑的棉纺界尤为兴奋,由纱厂联合会要求将日伪纱厂委托民厂代营,它们也完全有此能力。"行政院"院长宋子文曾一度允诺,很快又反悔。纺织界要求收购,宋子文也不肯,而将接收之纱厂等用以扩大国家资本企业。从表10-5可以看出,国民党政府对敌伪产业的处理,发还者比重很小,多数产业被直接移转给国家资本了,标卖者也有不少被国家资本企业凭借优越地位和信息得标买去。①

对敌伪财政金融机构财产的接收,直接关系到国家财政经济命脉。被国民党政府接收的敌伪金融机构,连同其分支机构等,共944个单位。据国民党政府"财政部"统计,其中,伪"中央储备银行"被接收时,有黄金55万多两,白银近764万两,银元37万多枚,550万美元;伪"中国联合准备银行"被接收时,有黄金17万两,1020万美元,英镑26544镑;伪"满洲中央银行"有黄金8万两,白银31万两,银元24万枚。被接收的敌伪金融机构其他动产和不动产则更多。据统计,仅苏浙皖区共接收黄金51176.9万两,白银857101万两,另外还有大量外汇、有价证券和不动产等。这些敌伪金融资产大多由国民党政府金融机构"四行两局"来接收。例如,在敌伪金融机构较为集中的上海、南京地区,国民党政府财政部就规定:"朝鲜银行"、伪"中央储备银行"、伪"华兴银行"、伪"满洲中央银行"在南方的分行及伪省市地方银行等由中央银行接收;"横滨正金银行"和"德华银行"由中国银行接收;"台湾银行"由中国农民银行接收,"住友银行""上海银行株式会社""汉口银行株式会社上海支店"等由交通银行接收,三菱银行、帝国银行及其附属企业机关、伪"中央信托局"、伪"中央保险公司"、伪"中央储蓄会"等由中央信托局接收;伪邮政储金汇业局和伪"中日实业银行"、伪"中国实业银行"等由伪"邮政储金汇业局"接收。国民党政府金融机构"四行两局"因接收敌伪金融机构而迅速扩张,成为最大的国家垄断资本集团。②

① 许涤新、吴承明主编:《中国资本主义发展史》第3卷,人民出版社2003年版,第609—611页;简锐:《国民党官僚资本发展的概述》,《中国经济史研究》1986年第3期。
② 陆仰渊、方庆秋主编:《民国社会经济史》,中国经济出版社1991年版,第732页。

国民党政府的经济接收以工矿、金融这两个方面最为重要,另外也接收了大量日伪在商业、交通、农业等方面的资产。

国民党政府官员在接收敌伪资产时,趁乱贪污中饱,受贿抢夺成风,人民怨声载道。据广东省参议员反映,该省接收有"三部曲":先是"瓜分",其次是"盗卖",到不能交代时,就一把火了之。就是这样,"行政院"院长宋子文还认为"广东接收还算好",其他地方更坏。老百姓讥讽那些在接收中暴富的国民党官员是"五子(即房子、车子、金子、料子、婊子)登科"。美国学者费正清在其回忆录里揭露国民党官员在接收时把"所得的战利品塞进了自己的腰包,所到之处,民心丧尽"①。另外,有许多接收的粮食和物资等由于保管不善,变质损坏数量惊人。一些接收过来的工厂机器设备,因偷盗拆卸、锈蚀失修,致成废物。在接收过程中,社会生产力遭到严重破坏。由于各地有关揭发检举报告很多,国民党政府于1946年8月曾派出"清查团"到各地清查接收情况,但是这种"清查"因时间紧阻力大,仅能是"抽查"而已。"清查团"成员目睹种种流弊,亦觉"殊堪痛恨"。曾任接收大员之一的邵毓麟向蒋介石进言:"像这样下去,我们虽已收复了国土,但我们将丧失人心!"他预言,"在一片胜利声中,早已埋下了一颗失败的定时炸弹"。②

二、官僚资本的膨胀

由于接收了大量敌伪资产,国民党官僚资本体系迅速膨胀,并在国民经济的要害部门占据了垄断地位。1946年8月,国民参政会第四届第二次大会曾经通过"建议严厉清除官僚资本"案,指出"官僚与资本家已结成既得利益集团","官僚资本往往假借发达国家资本、提高民生福利等似是而非之理论为掩护,欺骗社会",提出清除官僚资本八条原则。当时

---

① ［美］费正清:《费正清对华回忆录》,陆慧勤等译,知识出版社1991年版,第375页。
② 陈真编:《中国近代工业史资料》第3辑,生活·读书·新知三联书店1957年版,第747—759页;陆仰渊、方庆秋主编:《民国社会经济史》,中国经济出版社1991年版,第742—746页。

"行政院"院长宋子文令交各主管机关"采择施行"。① 但是官僚资本体系的扩张却变本加厉。

在金融业,官僚资本已经形成了高度垄断。国民党政府的"四行两局"金融垄断资本体系除了接收大量敌伪金融资产外,还利用清理敌伪钞票之机,对原沦陷区人民进行了一次大洗劫。战争期间敌伪在沦陷区强制发行军用票、"中储券""联银券""蒙疆券"等,战争胜利后对这些敌伪钞票理应进行清理。但是国民党政府所规定的法币对各种伪币的收兑比率很不合理,例如法币对"中储券"的收兑比率定为 1:200,法币在大后方正处于不断贬值,购买力很低,根据多种因素的计算,法币对"中储券"的收兑比率应为 1:80,而国民党政府定的比率极大地压低了"中储券"的价值,使居民持有的"中储券"几乎成为废纸。据计算,国民党政府仅从兑入的 41401 亿元的"中储券"中,就赚取了黄金 30 万两。国民党政府规定法币对"联银券"的收兑比率定为 1:5,这也大大压低了"联银券"的价值。这是国民党政府对沦陷区人民的一次大"劫收",国家金融垄断资本因而急剧膨胀。1946 年 11 月,国民党政府又宣布成立"中央合作金库",其资本 6000 万元,其中由国库拨付 3000 万元,中、中、交、农四行共拨给 2000 万元,各省市政府、各县市合作金库共认购 1000 万元。其总库设在南京,各市、县设立分金库,经营存、放、汇款等业务。它在 1948 年春加入四联总处后,还可以随时得到办理抵押款的便利。中央合作金库成立后,国民党金融垄断资本体系扩充为"四行两局一库",合作金库的分支机构遍布各县市,更有利于这一金融资本体系把势力渗入到城乡每一个角落,使国民党金融垄断资本体系发展到了顶点。据 1946 年 12 月的统计,在国民党统治区银行分支机构中,国家垄断资本性质的银行及其分支机构约占总数的 70%;"四行两局"的分支机构存款总额约占全国银行存款总额的 92%;至 1947 年 6 月,在国民党统治区本国银行货币资本中,国民党官僚资本占据了 93.3% 的比重,民族资本金融业只占

---

① 中国第二历史档案馆编:《中华民国史档案资料汇编》第5辑第3编,财政经济(1),江苏古籍出版社 2000 年版,第 37—38 页。

6.7%。由上述统计可见,这时全国货币资本已高度集中到国民党金融资本手中,而且其集中的程度非常惊人。[1]

国民党金融垄断资本利用其所集中的巨大货币资金,竭力扩大放款,扩大对工商业的投资,以控制整个国家的社会经济生活。"中央银行"在中国国货银行、四明银行、中国实业银行、中国通商银行、中国农民银行等银行中都有股份。中国银行在战后组建的纺织工业垄断企业"中国纺织建设公司"中占有40%的股份,并在新华银行、广东银行、中国保险公司、中国棉业公司、南洋兄弟烟草公司、中国国货联营公司、扬子电气公司、淮南矿路公司等85个厂矿企业中都有投资。交通银行投资的厂矿企业也有52家。中国农民银行、中央信托局、邮政储金汇业局等战后也增加了对一些厂矿企业的资金投放。"四行两局"通过放款投资方式控制了相当大的一部分社会经济力量。[2]

在资源、能源和重工业等方面,国民党政府资源委员会的垄断地位也大大加强。截至1946年年底,资源委员会共接收敌伪产业29个单位,技术和管理人员近3000人,资产折合战前币值3.36亿元,使得资源委员会实力大大扩张。资源委员会由此设立多家专业公司或局,管理相关厂矿。如电力,设东北、冀北、台北等公司;钢铁设华北、华中、鞍山、本溪、海南等公司;金属矿设华中、东北、台铜、台铝等公司。又设中国石油公司,除甘肃油矿、四川天然气矿外,接收抚顺炼油厂和本溪、鞍山油母页岩厂,以及规模巨大的台湾高雄炼油厂;同时设中国油轮公司,有油轮23艘;酸碱、水泥设有天津酸碱、台湾制碱、台湾肥料、台湾水泥等公司;作为新辟事业的台湾糖业公司,有42个厂、2.6万名职工,并有蔗田和专用铁路;天津、辽宁、台湾3个纸浆造纸公司辖有11个厂、近4500名职工。到1947年年底,资源委员会已辖有电力、钢铁、石油等11个生产部门、96个管理机

---

① 杨荫溥:《五十年来之中国银行业》,《五十年来之中国经济》,中国通商银行1947年版,第44、54页;洪葭管主编:《中国金融史》,西南财经大学出版社1993年版,第374—376页;吴承明:《中国近代资本集成和工农业及交通运输业产值的估计》表1,《中国经济史研究》1991年第4期。

② 陆仰渊、方庆秋主编:《民国社会经济史》,中国经济出版社1991年版,第764—765页。

构、291个厂矿、223775名职工(8月最高峰时有261038名职工)。① 这一年,资源委员会所属企业生产的钨、锑等特矿及石油制品都占全国产量的100%,发电量占全国的54.9%,钢材产量占全国的51.8%,煤产量占全国的28.9%,其他如机车、货车、电线、变压器、化肥等产品的产量在全国也占重要地位。就生产能力而言,资源委员会所属企业所占比例更大。②

在轻纺工业方面,国民党政府也大力扩展国营企业的势力,其中以中国纺织建设公司的建立和势力扩张最为引人注目。中国纺织建设公司是在战后接收敌伪的112个纺织、印染及有关机械等企业基础上建立的官僚资本垄断纺织工业的组织,拥有国民党政府给予的低息贷款、取得官价外汇、优先分配美援棉花等特权。国民党政府接收这些企业后进行了改组,在上海、天津、青岛等地分设棉纺厂38个,毛麻绢纺和针织厂9个,印染厂7个。1947年时,中国纺织建设公司按开工数计,纱线锭占全国纱厂的39.7%,布机占60.1%,已经居于垄断地位。③

国民党官僚资本其他系统在工矿业的势力也有所扩张。从表10-6可见,1947年国民党官办厂矿企业的钢铁、机械、电力、煤炭等主要产品,已占据了国民党统治区总产量的绝大部分。再结合表10-7有关工矿业各类资本的比较,战前国民党官僚资本在国民党统治区工矿业中只占10.5%,民族资本占44.7%,外资企业占44.8%;而到1947—1948年国民党统治区工矿业资本中,民族资本和外资企业的比重分别下降到40.0%和16.9%,国民党官僚资本的比重上升至43.1%,说明国民党官僚资本已经在国民党统治区工矿业中占据了垄断地位。相继组建的国家资本集团公司还有:中国植物油料厂("中植")、中国粮食工业公司("中粮")、中国蚕丝公司("中蚕")、中国盐业公司、齐鲁企业公司、恒大公司、中国

① 许涤新、吴承明主编:《中国资本主义发展史》第3卷,人民出版社2003年版,第615、616页。
② 郑友揆等:《旧中国的资源委员会——史实与评价》,上海社会科学院出版社1991年版,第188页。
③ 许涤新、吴承明主编:《中国资本主义发展史》第3卷,人民出版社2003年版,第629—630页。

农业机械公司、淮南矿路公司、扬子电气公司等。

表 10-6　官办厂矿企业若干产品占国民党统治区总产量的比重（1947 年）

产品	占国民党统治区百分比（%）	产品	占国民党统治区百分比（%）	产品	占国民党统治区百分比（%）
钢铁	98	锡	100	烧碱	65
机械	72	汞	100	纺锭	60
电力	78	石油	100	机制糖	90
煤	80	水泥	67	漂白粉	41
钨	100	机制纸	50	肥料	67
锑	100	硫酸	80	出口植物油	70

资料来源：据陈真编：《中国近代工业史资料》第 3 辑，生活·读书·新知三联书店 1957 年版，第
　　　　1446 页表改编。

表 10-7　产业资本比较（1936 年、1947/1948 年）

（单位：1936 年币值万元）

项目	1936 年关内			1947/1948 年国民党统治区		
	外资企业	官僚资本	民族资本	外资企业	官僚资本	民族资本
A.工矿业	145128	34034	144839	62446	159874	148492
制造业	84486	15937	117043	26052	—	116261
公用事业	39699	8847	16796	27552	—	19471
矿冶业	20943	9250	11000	8842	—	12760
B.交通业	50796	164891	14905	10968	260205	13007
铁路	15714	100993	3786		151490	
公路	—	52435			62240	
轮船	33516	3778	11119		26130	
民航	1566	1300	—		7175	
邮电	—	6385			13170	
产业资本总计	195924	198925	159744	73414	420079	161499

资料来源：据吴承明：《中国近代资本集成和工农业及交通运输业产值的估计》，《中国经济史研究》
　　　　1991 年第 4 期，表 2。

在交通运输业方面,战前国民党官僚资本已占有很大比重,战后国民党统治区的铁路、公路运输和邮电,基本上被国民党官僚资本所包揽;轮船运输和民航中,国民党政府也占很大优势;在1947—1948年整个交通运输业资本中,国民党官僚资本的比重已占到91.6%,而外资企业和民族资本的比重分别为3.8%和4.6%,国家资本已占压倒性优势。从表10-7中也可以看出,在1947—1948年国民党统治区整个产业资本中,外资企业和民族资本的比重加在一起才1/3,而国民党官僚资本已占到近2/3的比重,其垄断程度显然已很高。

三、实行通货膨胀政策、限价政策及其恶果

(一) 不断增发法币

抗战胜利后,国民党政府急于发动全面内战,其财政危机不仅没有因此减轻,反而更加严重了。由于内战军费开支的不断增长,使得国民党政府的财政赤字在抗战结束后不但没有消除或者减少,反而每年都在成倍增加,1945年近11067亿元的赤字,到1946年增至46978亿元,为1945年的4倍多;1947年猛增至293295亿元,又是1946年的6倍多;1948年的赤字则更大,仅前7个月就已经超过434万亿元,是1947年全年的14倍还多!赤字占财政支出的比率也从1945年的47.1%,逐年上升为1946年的62%及1947年的67.5%。[①] 财政赤字不断增加,是国民党政府发动全面内战所造成的一大恶果。

为了弥补不断增加的财政赤字,国民党政府采取了一系列措施,如出售战后所接收的部分敌伪资产,举借内外债,加征赋税,出售政府储备的黄金和外汇等。但是,到1946年年底,将敌伪资产出售给公众所得的5000亿元,很快被浩繁的军费开支消耗殆尽,后来又因政治、经济局势不稳,私人对于固定资产的购买已不感兴趣;所借外债,多被债权国指定购

---

① 许涤新、吴承明主编:《中国资本主义发展史》第3卷,人民出版社2003年版,第691页。

买该国的船只、设备和原料等,对减少财政赤字作用不大;内债的发行也因公众的抵制而越来越困难。加征苛捐杂税,使得民怨沸腾,社会动荡;恢复田赋征实和征借,使农民们对国民党政府越来越反感。而所增税收经层层截留,并不能弥补庞大的财政赤字。

尽管国民党政府的财经智囊们绞尽脑汁,想尽了种种办法,但是由于国民党政府的财政部部长"对军费开支的需要是无法拒绝的",财政赤字仍然越来越庞大。自1947年以后,国民党政府的财政赤字几乎全部靠滥发纸币来弥补。每年的赤字都是靠向中央银行借款来支付。到1947年年底,由于国民党政府向银行借款过大,以致银行停止了一切对私营企业的贷款。银行垫款后的亏空,则基本上靠增加纸币的发行进行弥补。

从表10-8中可以看出,国民党政府实行通货膨胀政策,不断增发法币的大致情况。1946年钞票增发额为26942亿元,已经远远超过了当年出售敌伪资产及黄金、外汇等所得;1947年钞票增发额又比上一年增加了10倍多;到1948年,钞票发行额更是大大增加,该年1—7月钞票增发额就已达到3415737亿元,比1947年全年又增加了10.6倍。法币的发行总量,1937年6月时为14亿元,经过八年抗战,到1945年8月时达到5567亿元;而战后才三年,到1948年8月时,已达6636946亿元!是战前的470705倍,简直成了天文数字。[①]

表 10-8　财政赤字和钞票增发统计(1946 年至 1948 年 1—7 月)

(单位:法币亿元)

时间	财政赤字	中央银行垫款	钞票增发额
1946 年	46978	46978	26942
1947 年	293295	293295	294624
1948 年 1—7 月	4345656	4345656	3415737

资料来源:张公权:《中国通货膨胀史(一九三七——一九四九年)》,杨志信译,文史资料出版社1986年版,第110页。

由于法币发行量不断迅速地增加,使得钞票的印制和运输竟然成为

---

① 中国近代金融史编写组:《中国近代金融史》,中国金融出版社1985年版,第298页。

令国民党政府财经官员们头痛的大问题。各地中央银行的分行,特别是重庆、昆明、西安等距上海较远地方的分行,常因库存钞票告罄,纷纷以"十万火急"电向总行告急。为了避免舆论指责,中央银行不敢印制更大面额的大钞,就多印 2000 元面额的关金券(相当于 4 万元法币),与法币同时流通。① 这实际上是变相印制大钞来救急,已经预示着法币制度的崩溃。

恶性通货膨胀必然引起市场物价的恶性上涨。上海的批发物价从 1946 年 5 月至 12 月上涨了 50%,同期重庆的批发物价也上涨了 43%。国民党政府面对 1946 年物价的涨势,于 1947 年 2 月又重新拿出抗战时期使用过的老办法,规定对日用必需品(如面粉、棉纱、布匹、燃料、食盐等)实行限价,并对工资实行限额等。这一措施实行不久就宣告失败。物价进一步飞涨,其涨幅甚至超过了纸币发行增长的幅度,上海的批发物价 1947 年 12 月比 1946 年 12 月上涨了 14 倍多,同期重庆的批发物价上涨了近 15 倍;上海的批发物价 1948 年 8 月又比 1947 年 12 月上涨了近 60 倍! 同期重庆的批发物价也上涨了 38 倍多(见表 10-9)。

表 10-9 国民党政府的纸币发行与物价指数(1937 年 6 月—1948 年 8 月)

(指数:1937.6=1)

时间 项目	法币发行额 (亿元)	发行指数	对上一个月 环比(上个 月为 100)	上海批发 物价总指数	重庆主要商品 批发物价总 指数
1937 年 6 月	14.1	1	—	1	1
1945 年 8 月	5569	395	120	86400	1795
1945 年 12 月	10319	732	114	885	1405
1946 年 12 月	37261	2642	113	5713	2688
1947 年 9 月	169181	12020	124	43253	18658

---

① 中国人民银行总行参事室编:《中华民国货币史资料》第 2 辑,上海人民出版社 1991 年版,第 531—536 页。

续表

时间 ＼ 项目	法币发行额（亿元）	发行指数	对上一个月环比（上个月为100）	上海批发物价总指数	重庆主要商品批发物价总指数
1947 年 12 月	331885	23537	123	83796	40107
1948 年 7 月	3747622	265789	191	2606000	1325000
1948 年 8 月	6636946	470705	（21 日止）	4927000	1551000

资料来源:据中国近代金融史编写组:《中国近代金融史》,中国金融出版社 1985 年版,第 298 页统
　　　　计表改编。

（二）发布《财政经济紧急处分令》

在严重的财政金融危机面前,蒋介石于 1948 年 8 月 19 日以总统名义发布《财政经济紧急处分令》,其要旨为:(1)自即日起,以金圆券为本位币,废止法币;(2)"限期收兑人民所有黄金、白银、银币及外国币券,逾期任何人不得持有";(3)"限期登记管理本国人民存放国外之外汇资产,违者予以制裁";(4)"整理财政并加强管制经济以稳定物价,平衡国家总预算及国际收支"。同日,国民党政府还公布了《金圆券发行办法》《人民所有金银外币处理办法》《中华民国人民存放国外外汇资产登记管理办法》《整理财政及加强管制经济办法》,作为蒋介石紧急处分令的组成部分。[1] 这些法规的实质就是国民党政府为了支撑危局,依靠强权加欺骗,以更大程度地掠夺人民。

金圆券与法币相比,1 元等于 300 万元,面值大大提高,100 元面值的金圆券等于过去 3 亿元的法币。因此,所谓金圆券"币制改革",说穿了就是变相发行大钞,进一步实行通货膨胀政策。为了全面推行金圆券,蒋介石的《财政经济紧急处分令》还规定,全国各种商品和劳务价格,均冻结在 1948 年 8 月 19 日各该地价格的水平(要折合成金圆券),由各地方主管官署严格监督执行。同时,国民党政府还以取缔囤积为名,规定各

---

①　中国人民银行总行参事室编:《中华民国货币史资料》第 2 辑,上海人民出版社 1991
年版,第 574—580 页。

种货物的存期不得超过 3 个月,并进行突击检查,将超过 3 个月存期的货物一律没收。国民党政府还强行收兑民间金银等,规定人民持有的黄金、白银、银币及外币,必须在 9 月 30 日前,按黄金每两兑换 200 元,白银每两兑换 3 元,银币每元兑换 2 元,美元每元兑换 4 元的比例兑换金圆券,凡违反规定在限期内不兑换者,其金银外币等一律没收。

国民党政府财政部部长王云五为了顺利推行金圆券“币制改革”,也曾希望美国能拿出 5 亿美元的贷款来做后援。为此,王云五于 1948 年 9 月下旬以参加国际货币基金董事会的名义专程赴美,向美国总统杜鲁门乞求援助。但是美国人对蒋介石已失去了信心,王云五空手而归。美国《华盛顿邮报》还尖锐地指出,“由于内战关系,军队的人数日增,任何方式的币制改革,在此时提出,都将注定失败的命运”[1]。

蒋介石等却迷信强权。他们为了贯彻《财政经济紧急处分令》,动用了警察、宪兵、特务等专政工具,还专门成立了经济管制委员会,并将几个主要的大城市划为经济管制区,委派俞鸿钧(时任中央银行总裁)、蒋经国到上海,宋子文到广州,张厉生到天津担任经济督导专员。上海是全国经济中心,蒋介石把其“太子”蒋经国派往上海这一重要城市以督导专员身份去实施强权管制,希望能以上海经济管制的成功来带动全国。

蒋经国把他的旧部调至上海充当其实施强权管制的主干队伍。他还可以随时调动上海各种警备、稽查甚至包括宪兵在内的武装力量,武力镇压一切反抗管制者。他一方面迫令上海各界上缴金银外币,另一方面严格实行限价政策。为了逼缴金银,他在上海摆下“鸿门宴”,抓住金融界、工商界头面人物不放,金融大亨钱永铭、周作民、李铭、戴立庵等,工商巨头荣氏兄弟、刘鸿生、杜月笙等,都曾被蒋经国传去训话,逼迫他们交出金银外币。他的威逼,取得了一定的效果,如刘鸿生回去后对他的下属说:“今天蒋太子满脸杀气……不敷衍不行啊,要防他下毒手!”刘鸿生只好忍痛交出了 8000 两黄金、数千枚银元、230 万美元。上海各大银行在头面人物的“带动”下,交出了大量黄金、白银和外币。上海市民们迫于强

权压制,有不少人也交出了自己原打算作为保命钱或棺材本的硬通货。①

除上海以外,国民党政府还在全国设立了 60 多个汇兑点,强迫人民用金银外币等兑换金圆券。在 1948 年 9 月 30 日,政府又将兑换金银外币期限延长到 10 月 31 日。在国民党政权的高压统治下,到 10 月底止国民党统治区人民被迫上缴给中央银行的金银外币(其中上海交出的约占 60%—70%)总共有:黄金 167.7 万盎司,白银 888.1 盎司,银元 2356.1 万元,美钞 4985.2 万美元,港钞 8609.7 港元,外币存款 1069.8 万美元,连同其他外币等合计值 17961.2 万美元。按照国民党政府行政院的估计,这次搜刮到的金银外币,约占国内金银外币存量的 20%弱。② 这是国民党政府对人民的又一次大洗劫。人们在上缴金银外币后所兑换到的金圆券,不几个月即成为一堆废纸。

蒋经国等在实行限价方面的声势也很大。蒋介石《财政经济紧急处分令》颁布后第三天,蒋经国就调动上海六个军警单位的人员全部出动到上海各市场、库房、码头、车站等地突击检查,对违背《财政经济紧急处分令》者,"商店吊销执照,负责人送刑庭法办,货物没收"。蒋经国在上海各处布岗检查,设点接受告密,成立"经检大队"收集情报等,并下令枪决了破坏经济管制、贪污受贿的上海宪兵大队长、稽查大队长、警备司令部科长、与孙科有关的林王公司经理等人,逮捕了青帮头目杜月笙的儿子和管家、申新纱厂老板等 60 余人。

用强权进行"限价"只能维持一时,不能长久。一般老百姓都鉴于以往法币贬值的沉痛教训,宁愿多买些物品以保值。特别是当国民党政府宣布延长兑换金银期限后,人们更加怀疑金圆券的信誉了,自 1948 年 10 月 2 日起,人们"见物即购,尽量将金圆券花去,深恐一夜之间币值大跌致受损失"。有关当时居民抢购商品的报道很多,例如,在上海,"南京路一带著名绸布店和河南路的呢绒店,开门后人群潮涌而入,架上货物顷刻卖

---

① 全国政协文史资料委员会编:《法币、金圆券与黄金风潮》,文史资料出版社 1985 年版,第 61—80 页。

② 张公权:《中国通货膨胀史(一九三七——一九四九年)》,杨志信译,文史资料出版社 1986 年版,第 208 页。

空";"小菜场上鲜肉绝迹,蔬菜又贵又少,食油抢购一空";在全国性的抢购风中,全国 40 多个城市发生抢米风潮,参加抢米的群众约在 17 万人以上。而商人们却尽量把到手的生活必需品藏起来,待价而沽。表面上市场物价没有变化,却是有市无货。"很多商店的橱窗、货架上已没有什么物品,像大水冲过一样空空洞洞"。①

(三) 取消限价与滥发金圆券

面对全国性的抢购风潮,国民党政府手忙脚乱。立法院开会讨论经济危机时,"主张立即取消限价,维持市面,不要只顾面子,不肯承认失败"。于是,1948 年 11 月初经立法议决,决定取消限价,允许人民手中持有金银外币。

金圆券的发行总额在 1948 年 11 月时就已经超过了原定 20 亿元的限额,此后有如决堤之水,一泻千里,到 1949 年 1 月已达 200 多亿元,1949 年 3 月时已近 2000 亿元,4 月时高达 51612 亿元,5 月时更达 679458 亿元,比原定 20 亿元的限额高出了 33970 多倍!金圆券的面额也越发越大,1949 年 3 月发行 5000 元券和 1 万元券,4 月发行 5 万元券和 10 万元券,5 月发行 50 万元券和 100 万元券。"中央银行"还印制了 500 万元券,但来不及发行,上海就被中国人民解放军解放了。② 结果物价不过缓和了月余,然后再度一泻千里,在接下来半年多的时间里,金圆券贬值与物价上涨如同赛跑冲刺,市场经济秩序已经完全崩坏。国民党政府滥发纸币的程度及国民党统治区物价上涨的程度见表 10-10。

表 10-10 法币、金圆券发行指数及物价指数

时间	法币、金圆券发行指数	上海物价指数	白米批发价指数
1937 年 6 月	1	1	1
1948 年 8 月	470704.4*	5714270.3	5279034

---

① 洪葭管主编:《中国金融史》,西南财经大学出版社 1993 年版,第 388 页。
② 洪葭管主编:《中国金融史》,西南财经大学出版社 1993 年版,第 389—390 页。

时间	法币、金圆券发行指数	上海物价指数	白米批发价指数
1949 年 5 月	144565531914.9[**]	36807692307691.3	47601809864252

注：[*] 法币；[**] 金圆券折合成法币。

资料来源：据洪葭管：《在金融史园地里漫步》，中国金融出版社 1990 年版，第 318 页改编。

表 10-10 前两栏数据都是根据国民党政府官方的统计材料计算的，已经是非常惊人的天文数字了，而后一栏粮价上涨的倍数还要大。从表 10-10 可以看出，自 1937 年 6 月至 1949 年 5 月这 12 年间，国民党政府纸币发行额增长了 1445 亿倍，上海批发物价指数上涨了 36 万亿倍，粮价上涨了 47 万亿倍，分别比纸币发行倍数超过 248 倍和 324 倍，这最强有力地表明了国民党统治时期通货膨胀以及纸币购买力急剧下降的惊人程度；特别是在金圆券发行时期，9 个月间纸币发行额增长了 30.7 万倍多，上海批发物价指数上涨了 644.1 万倍多，粮价上涨了 901.7 万倍多，这在世界通货膨胀史上也是极为罕见的。

（四）有关恶果

国民党政府的限价政策刚刚取消，市场物价就开始上升。随着金圆券不断滥发，物价也如同脱缰野马一样疾飞。例如，白米每石限价时为 23 元，取消限价后才一个多月就涨到 1800 元，再过五个月已飞涨到 44 万元，如果每石米以 320 万粒计，则买一粒米就要金圆券 137 元。所以在当时老百姓中间流传着这样一首顺口溜："粒米一百元，寸布十五万，呜呼蒋介石，哪得不完蛋！"[①]著名评论家、时任《观察》社长和主编的储安平在社评中绝望地悲叹："过去一个月真是一场噩梦！在这一个月里，数以亿计的人民，在身体上、在财产上都遭受到重大的痛苦和损失。人民已经经历到他们从未经历过的恐怖的景象。""这次，又复失了他们多年劳动的积蓄，并更进一步被迫面临死亡。每天在报上读到的，在街上看到的，无

---

① 桑润生：《简明近代金融史》，立信会计出版社 1995 年版，第 188 页。

不令人气短心伤。饥馑和怨恨,笼罩了政府所统治着的土地。"他大喊:"七十天是一场小烂污,二十年是一场大烂污! 污烂污烂,二十年来拆足了烂污!"①储安平的"二十年是一场大烂污",其实是否定了国民党政府20年的统治。

由于金圆券声誉扫地,连一些国民党的地方政府也公开拒用,台湾、广东、四川、云南等地明令限制金圆券入境,国民党军队发饷也直接使用黄金或外币。原始的以物易物的交换方式在越来越多的地方盛行起来。

1949年4月,解放军百万雄师过大江,原国民党政府首都南京宣告解放。国民党政府仓皇出逃广州。为了做垂死挣扎,广州国民党政府于1949年7月4日宣布改行银圆券,规定每1元银圆券兑换5亿元金圆券,也可以兑现银元1元,兑现地点被限定在广州、重庆、福州、成都、昆明、桂林、衡阳、兰州、贵阳等9处,其他各地则只能以平汇或委托代兑等办法处理。银圆券出台不久,新华社就受命发表短评,宣布今后在新解放区只收兑银元,拒绝兑换银圆券及一切国民党地方政权发行的货币。这一声明给了银圆券致命的一击,使银圆券发行不到10天就发生了挤兑风潮。

这时,国民党在大陆的统治已摇摇欲坠。大约数百万两黄金及大量白银和外汇已转移到台湾去了,广州国民党政府能控制的一小部分黄金直接用于军事开支,最后剩下的白银储备已不多。广州政府的财政赤字数倍于财政收入,亏空仍然要靠发行银圆券来填补,银圆券的前途充满了危机。由于银圆券不能保证随时随地兑现,更难以取信于民,群众的挤兑风潮不断发生。由于各地群众普遍拒用,国民党政府原来幻想依靠2000万银元发行1亿元银圆券,但实际流通的只有广东、重庆两地各1000万元。虽然银圆券才出生不多久,其寿命的终结已是指日可待的事了。1949年10月,广州解放,银圆券随即崩溃。②

---

① 储安平:《一场烂污》,《观察》1948年第5卷第11期。
② 中国人民银行总行参事室编:《中华民国货币史资料》第2辑,上海人民出版社1991年版,第657—683页。

第四节　台湾经济体制变化

中国抗日战争胜利后,按照《开罗宣言》以及《波茨坦公告》的规定,台湾由中国收回。国民党政府对台湾地区的经济接收及恢复台湾民生,是在收复前日本对中国台湾经济的控制及战争破坏基础上进行的。

一、光复前日本对中国台湾经济的统制及战争对中国台湾经济的破坏

日本依仗《马关条约》侵占中国台湾后,台湾总督府代表日本宗主国的国家权力强力介入台湾殖民经济的所有部门。

日本殖民势力立即着手控制台湾的货币金融,掠夺台湾的银币和黄金。台湾总督府为支付军费等开支,运进一大批日本银行券(即日本银行纸币)和一元银币及辅币投入流通,从而加深了台湾通货制度的混乱。日本殖民势力先由日本银行在中国台湾发行大量兑换券强制兑换台湾人民手中的金银,又相继设立"台湾银行""彰化银行""台湾储蓄银行""三和银行""台湾商工银行""华南银行""日本劝业银行"等,这些银行的资本"半数以上是在日本人手中",还有所谓"住在台湾者"的投资额最大部分也是属于侨居台湾的日本人。这些银行成为日本控制中国台湾经济命脉、进行经济掠夺的重要工具。随着台湾殖民地化的加深,这些银行的资金、货币发行量、盈利、放款的总额都大大增加。[1]

1897 年 10 月,日本国内颁布"货币法",实施金本位,以适应日本资本主义走向国际市场的需要。当时鉴于台湾对中国大陆贸易仍然是用白银计算,台湾人民多年来习惯用银币,日本银行券在当时难以被台湾人接

---

[1]　周宪文编著:《台湾经济史》,台湾开明书店 1980 年版,第 912—914 页。

受等情况,故在台湾实际采用的通货还是原来的银币以及银币兑换券。至于金元与银元或白银的兑换比价,则由总督府参照伦敦、上海和香港等地金银汇兑市场的行情决定后予以公布实施。1899 年,日资在台湾设立"台湾银行",发行银元钞票以吸收台湾现行银元和银两。1901 年以后,国际市场金银汇兑比价不但变动频繁,而且汇率变动也大。于是台湾总督府于 1904 年实行台湾币制改革,允许"台湾银行"发行金币兑换券,除纳税之外,强行禁止银元流通。1908 年,以银元纳税也在禁止之列,并规定银元的收兑期限至 1909 年 4 月末,银元兑换券的收兑期限为 1909 年 12 月末。这一整顿过程完结以后,即于 1911 年 4 月在台湾施行"货币法",完全与日本国内金本位制度相统一。① 过去在台湾流通的银元及银币兑换券在 1909 年 12 月末作为流通手段而绝迹,代之而起的是"台湾银行"发行的金币兑换券。这种兑换券,台湾人民将其称为"金票"。

1941 年,日本政府修改台湾银行券发行制度以后,由于其最高发行限额由大藏大臣决定,因此台湾银行券的发行增速如火箭式上升。从 1937 年的 1.15 亿台元②增至 1941 年的 2.9 亿元,1944 年年末更增加到 7.96 亿元,1945 年高达 29.08 亿台元。③ 通过滥发纸币,实行恶性通货膨胀政策,对台湾人民进行赤裸裸的掠夺。

日本殖民当局于 1895 年发布了"官有林取缔令",规定"凡无足以证明其所有权的地契或其他确证的山林原野,均为官有"。④ 日本殖民当局又于 1898 年 7 月颁布了"台湾地籍令"和"台湾土地调查令",对台湾土地进行调查。其时台湾能证实土地所有权的文件少,即使持有证件者中也有因害怕被征重税或不懂衙门的一套繁杂的"呈报"手续,未向日本殖民当局登记。因而在日本人清查台湾土地时,查出大量未报的"隐田"。

---

① 史全生主编:《台湾经济发展的历史与现状》,东南大学出版社 1992 年版,第 59 页。

② 战前台元与日元等值。

③ 邹建华:《简述日本占领台湾时期的通货问题》,《中山大学学报(社会科学版)》1995 年第 1 期;史全生主编:《台湾经济发展的历史与现状》,东南大学出版社 1992 年版,第 137 页。

④ 东嘉生:《台湾经济史研究》(日文版),(台北)印刷公司 1944 年版,第 98 页。

例如,台湾西部土地调查前所报地亩面积为 361447 甲①,土地调查后地亩面积为 777850 甲,清查出的面积大大超过原报地亩面积。② 1904 年,日本殖民当局在台湾进行"大租权"整理,以公债作为补偿金,将所有大租户的土地全部没收为台湾殖民政府所有。③ 再加上没收大量未经登记的土地,以及直接掠夺农民的土地,这样就在台湾培植起一个新的日本大地主阶层。仅各新式制糖公司(事实上都为日本人资本家所支配)至 1926 年时共占土地达 103838 甲,超过台湾耕地总面积的 1/8。另有"台湾拓殖会社""日本拓殖农林会社""台湾合同凤梨会社""南隆农场""日本拓殖会社"等 10 家日资农业企业共占土地达 145200 甲,超过台湾耕地总面积的 17%。④

日本侵占中国台湾后,殖民势力加紧建设基隆港、高雄港、花莲港、新高港等,修筑机场、公路等,并在台湾设立"台湾铁道株式会社"修筑铁路。在第二次世界大战时,全台公私营铁路总计有 9042 公里。台湾的重要交通设施,都被日本殖民当局所控制。

在生产领域,日本殖民势力在不同时期对台湾工农业生产的重点要求有所变化。

在日本占领初期,日本国内糖的消费量很大,而台湾盛产砂糖,台糖这一重要特产早已引起日本侵略者的垂涎。日本侵台后即抓紧控制砂糖这一重要财富,先使台湾完成供应砂糖基地的任务。日本糖业资本家来台湾受保护关税的优待,又得到台湾总督府的资助。自 1902 年至 1915 年,总督府发给日本糖业资本家的补助金达 1290 万日元。日本糖业资本家依仗台湾总督府的行政暴力,以低廉价格强制收购台湾人民的土地和蔗园,如前所述,日资制糖公司霸占了台湾大量土地以种植甘蔗。日本在

---

① "甲"是台湾计算田土面积的特有基本单位,每甲折合面积约为内地 11 亩 3 分 1 厘,换算成公制为 9699 平方米,即 0.9699 公顷。

② 台湾银行经济研究室编:《台湾经济史》第 10 集,(台北)中华书局 1966 年版,第 68 页。

③ 台湾银行经济研究室编:《台湾经济史》第 10 集,(台北)中华书局 1966 年版,第 69—70 页。

④ 周宪文编著:《台湾经济史》,台湾开明书店 1980 年版,第 467—468 页。

中国台湾大力发展新式制糖工艺。日资新式糖厂所产的糖在 1902 年仅占台湾总产量的 2%,到 1937 年则占总产糖量的 98%,而在同一时期的中国旧式糖房的产量比重则由 97.9% 降至 0.94%。在 1903 年,台湾年产将近 5 万吨砂糖,到 1932 年后台湾砂糖年产量增至近 100 万吨。自 1940 年后,日本糖业资本更加集中,除了"大日本制糖公司"和"帝国制糖公司"以外,还有"台湾制糖公司""日糖兴业公司""明治制糖公司""盐水港制糖公司"四大公司,这六家又占新式糖厂产糖量的 97%,或占台湾总产糖量的 95%。① 换句话说,即是由三井、三菱、铃木等日本财阀垄断了台湾的制糖业,把台湾所产的砂糖绝大部分运往日本,从中牟取暴利。

台湾地区在 20 世纪 20 年代中期以后又被加上供给日本米谷的任务。自 1921 年以后,米的产品总值在台湾地区各类农产品中占据第一位,但是台湾地区米总产量的一半要输往日本。日本殖民者强迫台湾农民广种为日本人所喜欢吃的"蓬莱米",而台湾人要食用外米。② 在台湾殖民地形成了"糖米经济"特色。

到 20 世纪 30 年代后半期以后,日本殖民当局更要求台湾不仅要发展"糖米经济",还要供给更多的军需品。尤其是 1937 年抗日战争全面爆发,日本实施所谓"高度国防国家建设"。中国台湾在日本全球扩张战略地位上急速提高,因此台湾的殖民经济由糖米为中心的农业本位经济开始转向以军需工业为重点。1941 年太平洋战争爆发后,中国台湾成为日本南进的主要根据地。这些重要的负担是日本军国主义发展过程中"所衍生的新问题,而转嫁给殖民地来解决"。面对这些负担,台湾的殖民经济就不能限定于单一商品作物,而变成了更加复杂的经济结构,台湾经济"进入另一个崭新的局面"。③

1937 年,日本帝国主义发动了全面侵华战争,为了适应扩大侵略战争的需要,在台湾加强对工矿业的统制,兴办"台湾化学曹达公司""南日本

---

① 周宪文编著:《台湾经济史》,台湾开明书店 1980 年版,第 492—493、548—558 页。
② 周宪文编著:《台湾经济史》,台湾开明书店 1980 年版,第 628、632 页。
③ 翁嘉禧:《台湾光复初期的经济转型与政策》,台湾高雄复文图书出版社 1998 年版,第 48 页。

化学工业株式会社""台湾制盐株式会社""钟渊曹达株式会社""橡皮公司""造船公司"等,加速发展军事工业、钢铁工业、燃料工业等;又加紧搜刮战争物资,成立"台湾煤炭公司"和其他机构,大力开采煤、石油、金、铜、硫磺等。台湾全岛计有台湾船渠、大日本海事、高雄造船等13家船业株式会社,具有相当可观的造船能力。1941年太平洋战争爆发后,日本对工业制品需求更为迫切,对台湾之寄望更殷切,因此陆续召开"台湾经济审议会""东亚经济恳谈会",陆续推动第二次生产力扩充计划,"大多着重在军需工业之扩充"①。台湾此种工业化有以下主要特征:(1)它是以台湾总督府为中心的官治式工业化,是由上而下垂直贯彻的;(2)它是配合日本扩大海外侵略过程的需要,因而台湾的工业化内容即是沿着侵略这条线,以化学工业为代表、军需工业为中心的工业化;(3)此种工业化事实上是日本资本主义向战时经济整编转换的一个环节而已,大部分的统治措施是与日本国内的措施相配合,而不是台湾殖民地经济发展过程中独自产生的工业化;(4)它是以台湾本地人的牺牲来完成的。在工业发展过程中,日本资本愈加膨胀,而台湾本地人的资本适得其反。在遭受严重的压迫下,本地资本不得不退缩。"为了配合日本军国主义的战争,则台湾工业就必大幅度偏重于军需工业,并迫使台湾经济的殖民地畸形发展更加严重"②。

1919年7月,"台湾总督府"合并各公民营发电所,采半官半民营,成立台湾电力株式会社。利用埔里盆地西缘观音山下南港溪溪水,兴建拦水堤堰与压力钢管,利用50米的落差,将溪水带动水轮机来发电,称为"北山坑水力发电所",发电量为1800千瓦,以提供日月潭水力发电工程施工所需电力。1929年3月27日,日本议会通过日月潭工程再兴案,1930年1月12日,松木干一郎担任"台湾电力株式会社"社长。1931年10月1日,日月潭水力发电工程再度动工,将全部的土木工程区分为七个工区,委由鹿岛组、大林组、大仓土木株式会社、今道组、高石组等营建

① 翁嘉禧:《台湾光复初期的经济转型与政策》,台湾高雄复文图书出版社1998年版,第51页。

② 翁嘉禧:《台湾光复初期的经济转型与政策》,台湾高雄复文图书出版社1998年版,第52页。

会社分段施工兴建。1934 年 6 月 30 日竣工。10 万千瓦的日月潭第一水电站建成,标志着台湾开始进入电力时代,电力事业发展很快,1935 年又进行了日月潭第二水电厂的修建,利用第一电厂尾水发电。截止到 20 世纪 50 年代,日月潭水电系统发电量仍然占台湾总发电量的 70%。"台湾电力株式会社"修建总长 350 公里(一说为 370 公里)的 154 千伏的输电线路,南到高雄,北到台北、基隆。分为西部电网和东部电网,两路干线在新竹和山上有两个开闭所,西部电网共有 15 个水电厂、总容量 21 万千瓦。东部电网有 11 个水电厂、总容量 5.5 万千瓦,另外还有火电厂 8 个,一共 5.4 万千瓦,枯水期补充水力发电的不足。以松山和高雄火电厂为最大。以前台湾的电力系统的特点是以水电为主,火电辅助。这也是台湾电价低廉的原因之一。1943 年为终战前台湾电力最发达的时候,全年收入 3300 万日元,最高负荷 17 万千瓦,发电量超过 10 亿度,用户总量 42 万户。最大用户为日本铝业工业。

台湾有丰富的石灰石矿藏。日资经过多方筹划,于 1915 年开始建设高雄水泥厂,1917 年建成投产,到 1926 年,高雄水泥厂水泥年产量达到 127060 吨,较之刚刚投产时产能增加了十倍。1929 年,高雄水泥厂开工建设第二条生产线,装备 φ3.15/3.45×59.8m 的干法中空回转窑,熟料每小时产量 17 吨。1931 年 7 月,第二条生产线竣工,此时全高雄水泥厂年产水泥 24 万吨。1937 年"七七事变"之后,出于军事及侵略需求,高雄水泥厂建设起第三条生产线,此时高雄水泥厂水泥年产量达到 41 万吨。此后,日资"台湾化成工业株式会社"苏澳工厂于 1942 年 3 月建成投产,"南方洋灰株式会社"竹东工厂于 1942 年破土建厂。

经过半个多世纪的积累,日本在中国台湾占据的经济资源相当可观。据估计,当时日本人的公私产业占中国台湾产业的 80% 以上。日本人的公有与私有地占台湾土地的 70% 以上。日本人的房产占台北所有房产的 30% 以上。[①] 台湾工业公司资本基本上属于日本人(见表 10-11)。

---

① 翁嘉禧:《台湾光复初期的经济转型与政策》,台湾高雄复文图书出版社 1998 年版,第 56 页。

表 10-11 台湾工业公司资本来源分析（1938—1941 年）

A 实缴资本 20 万—500 万元公司

项目 年份	资本总额 （千元）	日本人 占比（%）	中国台湾人 占比（%）	其他人 占比（%）
1938	72076	59.6	38.5	1.9
1939	80588	62.0	36.3	1.7
1940	93433	67.7	30.9	1.4
1941	117619	72.7	25.5	1.8

B 实缴资本 500 万元以上公司

项目 年份	资本总额 （千元）	日本人 占比（%）	中国台湾人 占比（%）	其他人 占比（%）
1938	302184	96.2	3.6	0.2
1939	325811	96.6	3.1	0.3
1940	361810	96.7	3.0	0.3
1941	414210	96.9	2.8	0.3

资料来源：据周宪文编著：《台湾经济史》，台湾开明书店 1980 年版，第 546 页表改编。

从表 10-11 可以看出，1938—1941 年台湾工业公司资本不断增加；在实缴资本 20 万—500 万元工业公司资本中，日本人占比逐年增加，中国台湾人占比逐年减少；实缴资本 500 万元以上较大工业公司资本中这种态势更为明显，至 1941 年日本人占比已达 96.9%，中国台湾人占比只有 2.8%，工业公司基本上被日本人所控制。

在流通领域，自 1898 年起，日本殖民当局先后把鸦片、食盐、樟脑、烟草、酒类、火柴、石油等划为专卖品，由殖民当局垄断经营。

日本殖民当局明里禁止吸食鸦片，暗地里委托地方种植罂粟，制造和贩卖鸦片。据不完全统计，台湾人吸食鸦片者，在日本人占据中国台湾后迅速增加，1897 年有 5 万多人，1900 年增至 16.5 万多人。[①] 后来殖民当

---

① 周宪文编著：《台湾经济史》，台湾开明书店 1980 年版，第 584 页。

局统计的台湾烟民人数有所减少,但是这"主要由于死亡,少数由于停吸"。[1] 殖民当局在台湾的鸦片专卖事业既毒害台湾人,又能牟取厚利,增加当局财政收入。日本殖民当局在台湾鸦片专卖事业的收入,1910 年为 482 万日元,1918 年增加为 660 万日元,1920 年猛增为 1700 余万日元。[2]

食盐本是人民生活必需品。1899 年,台湾总督府把台湾食盐列为专卖品。起初,台湾总督府允许台湾民间制盐,但是要经过当局许可,所生产的食盐由当局定价收购,再由当局转卖给居民或出口。殖民当局在实际操作中,以专卖的名义,千方百计压价收购,高价出售。20 世纪 20—30 年代,台湾总督府食盐专卖事业年收入大约 1000 台元。[3] 1931 年"九一八事变"后,因为食盐关系到军事,当局着意奖励所谓"大工业化之综合性独占企业",台湾食盐生产渐渐被"台湾制盐株式会社""南日本盐业株式会社""南日本化学工业株式会社""钟渊曹达株式会社"等日资大企业垄断,台湾食盐年产量也从 1931 年的 8.55 万吨增至 1943 年的 46.52 万吨。[4]

中国台湾是世界樟脑主要产地。中国台湾樟脑年产量往往占世界总产量的 70%—80%。1899 年,台湾总督府颁布律令,把樟脑列为专卖品。起初是规定樟脑生产者必须以低价卖给殖民当局,到 1907 年则由殖民当局经营樟脑生产,并委托"三井物产会社"负责贩卖。从 1920 年起,台湾樟脑生产被日资"台湾制脑株式会社"垄断,运销仍然委托"三井物产会社"负责经营。樟脑的专卖给殖民当局带来了丰厚的收入,1920 年这项收入达到 1189.2 万台元。[5]

台湾烟的专卖始于 1905 年。起初规定台湾农民种植烟草须经官府

---

① 台湾银行经济研究室编:《台湾经济史》第 10 集,(台北)中华书局 1966 年版,第 141 页。
② 史全生主编:《台湾经济发展的历史与现状》,东南大学出版社 1992 年版,第 88 页。
③ 史全生主编:《台湾经济发展的历史与现状》,东南大学出版社 1992 年版,第 89 页。
④ 周宪文编著:《台湾经济史》,台湾开明书店 1980 年版,第 599—604 页。
⑤ 史全生主编:《台湾经济发展的历史与现状》,东南大学出版社 1992 年版,第 89 页。

许可,收获后将烟草烘干由官府收购;官府统制烟草加工及运销。1912年,"台湾总督府"专卖局开始直接经营制烟业。专卖局于台南、台北设立烟厂,用机械制造烟丝、纸烟。台湾烟的专卖既为总督府增加了收入,又抵制中国福建烟的入口。台湾烟的专卖收入大致呈增长趋势,1905年为148万多台元,到1930年增至1604.8万台元。酒类专卖是从1922年开始实行的。酒类专卖收入到1930年达到1431.8万台元。①

从历年台湾"总督府"岁入分析来看,各项专卖收入占比,1896—1904年鸦片为第一位,次为樟脑、食盐;1905—1920年樟脑为第一位,次为鸦片、烟草、食盐;1921—1931年烟草为第一位,次为酒类、樟脑、鸦片、食盐。②

日本占领台湾时期,日资企业利用各种特权和雄厚资本控制了台湾的对外贸易。例如稻米、茶叶和砂糖等进出口交易,逐渐都被日本"三井物产公司""三菱公司"等日资企业所控制,成了日本资本家所垄断的事业。

1939年5月,"台湾总督府"公布"台湾米谷出口管理",以比市价便宜23%—25%的公定价格强行收购米谷出口。再根据与日本农林省达成的协定,将米出售给日本米谷会社。后来因日本出现米荒,于是又公布"台湾米谷等紧急措施令"(1941年12月),实行食米配给制,实施米的公定价格制。③ 这样,日本殖民势力不仅控制了台湾米谷的贸易,还控制了台湾岛内米谷的消费,以保障日本战时的经济需要。

台湾为重要的产茶地区,主要生产红茶、乌龙茶等,1896年茶叶出口值占全台总出口值的51.37%。1910年,日资"日本台湾茶株式会社"成立,主要生产红茶向俄国推销。该企业后来又合并于"台湾拓殖制茶株式会社",为台湾制茶业巨头。1928年,"三井合同会社"成立新式工场,也制造红茶。台湾种茶以及销售等事业主要是控制在日本资本家的手中。

---

① 史全生主编:《台湾经济发展的历史与现状》,东南大学出版社1992年版,第89页。
② 台湾银行经济研究室编:《台湾经济史》第8集,(台北)中华书局1966年版,第128页。
③ 翁嘉禧:《台湾光复初期的经济转型与政策》,台湾高雄复文图书出版社1998年版,第49页。

除红茶外,销售于美国的乌龙茶和销售于南洋的为华侨嗜好的包种茶也是台湾茶叶出口主要商品。台湾茶叶出口常居台湾总出口值的首位,成为日本赚取外汇的重要商品。1941年,"台湾茶业同业组合"成立,凡属茶馆、茶商、茶业经纪人等均须加入。该组合加强了日本势力对中国台湾茶业的控制。[①]

从贸易商品结构分析来看,中国台湾对日本的输出,主要以砂糖、米、洋纸、香蕉、煤、樟脑(包括油)、酒精等为贸易的大宗,而从日本输入中国台湾的东西,主要是肥料、纺织品、机械、汽车、自行车、各种罐头、香烟、煤油、肥皂、火柴等日本工业品。[②] 日本资本家竭力搜刮中国台湾原料、大米和特产品,又向中国台湾扩大推销日本工业品,这样既把中国台湾变为日本宗主国提供农产品和原料的附庸,同时又把中国台湾变成了日本商品的销售市场和投资场所,日本商品在中国台湾市场上兴风作浪,既破坏了中国台湾原有的手工业和家庭副业,又瓦解了台湾地区农村自给自足的经济基础。这种贸易商品结构也能揭露出中国台湾经济的殖民地性质。

综上所述,日本占领时期,殖民当局对中国台湾人民政治上进行压迫,经济上进行剥削。日本资本家依仗侵略特权,从金融、交通、工业、农业和贸易等多方面对中国台湾经济进行严格控制。他们力图使中国台湾经济发展转向为日本帝国主义全球扩张战略服务的轨道。

中国台湾在光复之前,受日本帝国主义的统治,在第二次世界大战中,中国台湾成为日军"南进基地",中国台湾经济被绑上了日本帝国主义对外扩张侵略的战车,使得中国台湾经济发展受到一定的钳制。在第二次世界大战中,日本空军曾经从中国台湾的基地发起进攻,轰炸菲律宾美军等。盟军为了对日作战,也对中国台湾进行了连番大规模轰炸。根据中央设计局台湾调查委员会调查,美国飞机对台轰炸次数在1万架次以上。美国空军对中国台湾展开大轰炸,集中袭击机场、军火库、军营,以

---

① 周宪文编著:《台湾经济史》,台湾开明书店1980年版,第508、649页。

② 周宪文编著:《台湾经济史》,台湾开明书店1980年版,第628—673页。

及海港、工厂、铁路交叉点等。大轰炸致使中国台湾各地弹痕累累,原有的生产设施遭到了毁灭性的破坏。以造船业为例,由于战争破坏,中国台湾的许多造船株式会社都受到严重损害。其中位于基隆的"台湾船渠株式会社"受损最为严重,已经完全陷于停顿状态;"高雄造船株式会社"的铁工厂及造船类设施也已经完全被毁坏。在战争中,盟军为了破坏在台日军的抵抗能力,对台湾铁路实行重点轰炸,使得台湾铁路破坏严重。第二次世界大战对于台湾其他各业的破坏也十分严重。在农村,农田水利设施及农民住房损失最为严重。在城市,全台各大中小城市都受到了美国飞机的轰炸。基隆、高雄、新高、马公等港口城市受到严重损坏,船坞、工厂等毁坏大半。冈山已经成为一片废墟。其他如台南、台中、新竹、淡水、台北、嘉义、台东等也有很大损害,工厂的建筑物、设备等都有不同程度的损坏。台湾糖业工厂被炸毁者有34处,甘蔗种植面积大幅衰减,全台湾1938年糖最高产量为141.8万吨,1945年糖产量降为32.7万吨,大幅下降。由于糖为台湾争取不少外汇,糖产量大幅减少必然影响政府财政收入。全台所有火力、水力发电站,输电线甚至电缆均有不同程度的损坏。1944年前,全台湾已完成发电厂装置容量311千瓦,最高负载创77千瓦,美军大轰炸后全台发电装置容量降为275千瓦,最高负载降为33千瓦。[①]

由于生产设施损失殆尽,再加上战时经济政策的影响,到第二次世界大战末期,台湾除了军工生产勉强维持以外,有关民生的工农业生产基本上已呈现停滞状态,生活物资十分匮乏。1944年以后,因为:(1)战争扩大,军需浩繁,大部分民生物资被疑为军用保质民生必需品缺乏;(2)美国空军的大轰炸和美军海上封锁。大部分生产设施遭受摧毁,人力,物力损失惨重,生产锐减,外来经济资源的输入预告断绝;(3)大轰炸使台湾行政效率与社会治安变坏,人心浮乱,物价与明显浮动,台湾物价受多方面因素冲击,犹如脱缰之野马。如果台湾生产指数以1937年为基期,则

---

① 史全生主编:《台湾经济发展的历史与现状》,东南大学出版社1992年版,第139—141页;翁嘉禧:《台湾光复初期的经济转型与政策》,台湾高雄复文图书出版社1998年版,第59—62页。

1940 年左右达到最高峰,当战争趋于激烈后,1945 年生产指数仅为 24.04,不及最高峰时的 1/4;1945 年农业产量仅及最高峰的 1/3。尤其是稻米的供需不平衡,造成严重米荒。到了光复初期,台湾市面连粮油等食品也不能正常供应,人民生活朝不保夕。①

二、台湾光复、经济接收与处理

1941 年 12 月 9 日,中国政府发布《中华民国政府对日宣战布告》:"昭告中外,所有一切条约协定合同,有涉及中日间之关系者,一律废止。"因此,1895 年签订的《马关条约》属于废止之列,日本对中国台湾及其附属岛屿和澎湖列岛的统治,从是日起即失去凭借。1943 年 11 月 26 日,美、英、中三国签署的《开罗宣言》规定:战后东北、台湾及其附属岛屿和澎湖列岛应归还中国。1944 年 4 月,中国政府为接管台湾行政预做准备,委由中央设计局成立"台湾调查委员会",并任命对日本与中国台湾的有关情况均较为熟悉,时任"行政院"秘书长兼全国总动员会议主任的陈仪②为主任委员。台湾调查委员会就接管台湾工作进行了艰苦的准备。其主要任务是,调查台湾实际状况,编辑有关台湾的资料刊物,研究有关台湾问题的意见及方案;训练台湾行政、普察、银行、教育等干部、专业人员;规划未来台湾行政体制及各种机构接收办法。至 1944 年年底,台湾调查委员会分类编辑了有关台湾各类概况的资料集 13 种,包括行政制度、财政金融、贸易、交通、教育、卫生、户政、社会、事业、警察制度、农业、林业、矿业等;并分类翻译了台湾总督府的各类法令,包括民政、财政

---

① 史全生主编:《台湾经济发展的历史与现状》,东南大学出版社 1992 年版,第 141 页;翁嘉禧:《台湾光复初期的经济转型与政策》,台湾高雄复文图书出版社 1998 年版,第 63- 64 页。

② 陈仪(1883 年 5 月 3 日—1950 年 6 月 18 日),字公洽,号退素,浙江绍兴人。日本陆军大学毕业。中华民国陆军二级上将,曾经担任福建省主席。第二次世界大战结束后,曾任台湾地区行政长官兼台湾地区警备总司令部总司令,主持台湾日产接收。任内发生台湾历史悲剧"二·二八事件",为事件中最受争议政治人物之一。1948 年 6 月任浙江省政府主席,11 月释放浙江省警保处处长毛森报批枪决的 100 多名共产党员。1949 年年初,陈仪被免去浙江省主席职务,以"勾结共党,阴谋叛乱"罪被捕。1950 年 6 月 18 日于台北市被枪决。1980 年 6 月 9 日,中共中央统战部、中共中央调查部追认陈仪先生是"为中国人民解放事业贡献出生命的爱国人士"。

金融、司法、农林渔牧、工商交通、教育 6 大类。① 1945 年 7 月 26 日,美、英、中三国签署的《波茨坦公告》,再次确定了台湾和澎湖列岛等应归还中国,国际社会表明了支持中国方面诉求的一致立场。1945 年 8 月 15 日,日本宣布无条件投降,世界反法西斯战争取得了最后胜利,被日本强占达 50 年之久的台湾可以重回中国怀抱。台湾调查委员会对台湾接管拟订计划,制定了各主要行业的具体接管计划草案,如《台湾地政接管计划草案》《台湾土地问题研究会报告书》《台湾金融接管计划草案》等,这些接管计划草案比《台湾接管计划纲要》更为具体,具有直接的可操作性。例如《台湾金融接管计划草案》对接管台湾金融业的步骤、各银行的接收单位、台湾银行券的处理等,均有详细设计,《台湾地政接管计划草案》对战后台湾地籍、地价、地权分配、土地重划等事宜,均作出了明确规定。台湾调查委员会还起草并呈"行政院"于 1945 年 9 月通过了《台湾地区行政长官公署组织大纲》。蒋介石原本准备成立台湾政府。但是陈仪认为,台湾收复之初应政治与军事相辅治理,因此必须有一权力较大的临时机构作为过渡体制。1945 年 8 月,蒋介石接受了这个建议,成立了台湾地区行政长官公署,任命陈仪为台湾地区行政长官兼台湾地区警备总司令,负责从日本人手中接管台湾,并有权发布命令,集军政、立法大权于一身。"台湾地区行政长官拥有远高于内地其他省政府主席的高度集中的个人权力"。② 《台湾地区行政长官公署组织大纲》则成为战后陈仪赴台组建台湾地区行政长官公署的直接依据。此外,台湾调查委员会还积极推动成立了"台湾重建协会"。该协会旨在集中熟悉台湾事务的专家,重点研究战后台湾重建过程中可能出现的各种问题,为台湾重建献计献策、为战后台湾地区署(府)及时拟订重建政策,提供了一些参考。③

　　台湾光复包括接受日军投降和中国恢复对台湾行使主权两个方面。国民党政府任命陈仪出任台湾地区行政长官兼台湾地区警备总司令,根据《开罗宣言》《波茨坦公告》和日本正式签署的投降条款等国际法律文

---

① 白纯:《简析抗战时期的台湾调查委员会》,《江海学刊》2005 年第 1 期。
② 白纯:《台湾省行政长官公署论析(1945.10—1947.4)》,《历史档案》2003 年第 2 期。
③ 白纯:《简析抗战时期的台湾调查委员会》,《江海学刊》2005 年第 1 期。

件,开始了收复台湾的最后实施阶段工作。1945 年 10 月 2 日,台湾地区行政长官公署暨警备司令部前进指挥所在台北成立,处理日军集中及受降各事。17 日及 22 日,中国陆军第七十军、第六十二军分别在基隆港和高雄港登陆。1945 年 10 月 25 日,中国战区台湾地区受降典礼在台北市公会堂(今中山堂)举行。日本原台湾总督兼第十方面军司令官安藤利吉大将向台湾受降主官陈仪将军递呈投降书。然后,陈仪发布广播演说,宣布:"从今天起,台湾及其附属岛屿及澎湖列岛正式重入中国版图,所有一切土地人民政事皆已置于中华民国国民党政府主权之下。这种具有历史意义的事实,本人特报告给中国全体同胞及世界周知"。日本侵占中国台湾地区 50 年的历史到此结束。

受降典礼同日,台湾地区行政长官公署正式运作。陈仪作为中华民国台湾地区行政长官公署长官,主持接收台湾及其附属岛屿、澎湖列岛的领土、人民、治权、军政设施及资产。此举又属恢复行使主权。中国政府接收班子以陈仪领导的原"台湾调查委员会"为基础,另从各地抽调干部加以充实,并指定陆海空军有关部队参与。鉴于内地接收机关叠床架屋,接收人员趁机渔利,陈仪在赴台之前便与蒋介石达成谅解,台湾岛内一切接收事宜,概由长官公署统一办理,以期事权统一。[1] 陈仪等人从事的台湾战后接收任务是在这一前提下进行的。

1945 年 11 月 1 日,台湾地区行政长官公署暨警备司令部接收委员会组成,陈仪兼主任委员。作为台湾全省接收日产工作的最高领导机关,凡关于接收法律的执行事项、接收手续的拟议、审核事项,接收证件的颁发,接收封条的颁发,查核、汇报接收清册等等,概由接收委员会统一办理。为了便于接收工作的进行,接收委员会按日产所属部门分成民政、财政金融商业、教育、农林渔牧、粮食、工矿、交通、警务、文化、司法、总务 11 组,分别接收台湾总督府及日本帝国政府各机关所属财产。[2] 接收日产除公有财产外,还有企业财产和私有财产。财产类包括房屋、土地、仓库

---

[1] 史全生主编:《台湾经济发展的历史与现状》,东南大学出版社 1992 年版,第 145 页。
[2] 史全生主编:《台湾经济发展的历史与现状》,东南大学出版社 1992 年版,第 145 页。

及码头、运输设备、船舶、车辆、森林、矿产、粮食、牲畜、机器设备、原料及成品、固体及液体燃料、未完成的工程及设备、图书仪器、标本及模型、家具、器皿、现金、金银及饰物、有价证券、票据及应收款等项。鉴于在台日本人私产数量多,内容繁杂,1946 年 1 月接收委员会又于其下成立"日产处理委员会",内有秘书、会计两室,调查、审核、处理三组,作为全台处理日产之总枢纽。为便利业务进行,该会于 1946 年 2 月在台湾 17 县市成立分会。日产处理委员会负责核定相关日产的处理方式,包括接收公产、移交公产、管理机关接管、拨归公用、官商合营、拨归公营、出租民营、发还原业主及标售民营等各种方式,"除了处理台湾地区接收委员会所接收的日产中的公有财产外,其主要工作侧重于接收日人私有财产"①。由于接收日产之标售及债权债务清算事务相当复杂,该委员会因而于其下另设日产标售委员会及日产清算委员会,以管理接收日产之估价标售事宜,并进行日台人民合资企业及金融机构一切债权债务之清算。日产处理委员会于 1947 年 5 月废止,改置"日产清理处"以处理残余的原日人私有财产。②

　　由于一些重要的生产企业数量及规模庞大,国民党政府一时没有足够的接收人员可以经营管理。因此,大企业的正式接收工作稍有耽误,至 1946 年 5 月才大概就绪。在过渡期(被设定为监理期间)由日本管理人员和技术人员留任原职,国民党政府派遣监理委员以维持企业的运营。因此,主要企业的接收工作是在 1946 年后半年才开始真正进行的。留任原职的日本管理、技术人员也在这一时期开始回日本。③

　　以台湾糖业日产接收为例,当时台湾全省制糖工业基本上为日本人控制,日籍技术人员及管理人员近 5000 人,大多数为生产经营方面的骨干,如果立即把他们遣返日本,台湾糖业的生产经营就会受到严重影响。1945 年 11 月,接收委员会成立"台湾糖业监理委员会"。其主要工作为:(1)调查各单位股东人数、糖工状况、人事变动情形及最近两年的工作状

---

①　史全生主编:《台湾经济发展的历史与现状》,东南大学出版社 1992 年版,第 146 页。
②　刘进庆:《台湾战后经济分析》,王宏仁等译,(台北)人间出版社 2012 年版,第 35 页。
③　刘进庆:《台湾战后经济分析》,王宏仁等译,(台北)人间出版社 2012 年版,第 34 页。

况;(2)调查至日本投降以后的物资移动及保管状况;(3)监督各单位继续维持原有业务;(4)计划修复被破坏部分,以期恢复生产能力。"台湾糖业监理委员会"一方面继续留用日籍技术人员及管理人员;另一方面尽量培训本省员工,大力选拔"本省员工能力经验均符标准者",并公开登报约聘技术人员及管理人员,凡条件较优经过考试合格者,均予聘任。此外,监理委员会还在各制糖工厂中,根据工人文化程度的高低,举办各种不同形式的训练班,对工人进行业务训练,以提高整个台湾糖业工人的整体素质。在完成了上述一系列准备工作以后,才正式接收台湾糖业。"台湾糖业监理委员会"宣告撤销,新成立的台湾糖业股份有限公司(资源委员会与台湾地区行政长官公署合办)正式接收了台湾的全部制糖工厂。①

至 1947 年 2 月底,国民党政府在台湾接收日本企业财产 1295 件,计台币 71.64 亿元;个人财产 48968 件,共 8.88 亿元;公务机关财产 593 件,共计 29.3850 亿元,合计共 110 亿元台币(土地价未计入)。这些日本人财产都被称为"敌产"而全部国有化。② 另有一统计如下:至 1947 年,据国民党政府行政院向参政会报告称,在台湾接收日本企业财产台币 71.64 亿元,个人财产 8.88 亿元,办公场所财产 29.39 亿元,共计台币 109.91 亿元。时台北物价指数为 2360(1936 年=100),依此折战前台币共 4.66 亿元。③ 两个统计相比较,大致接近。不过,后一统计者又指出:"按台湾的日产是全部由省政府接收的,虽战争末期受盟军轰炸较烈,损失较大,但亦不应如此之小。"又 1945 年台湾 695 家日资工业会社的公称资本即达 9.23 亿日元(大多为战前币值);省政府接收企业 1275 家,仅合战前 2.98 亿元法币,未免偏低。④

---

① 史全生主编:《台湾经济发展的历史与现状》,东南大学出版社 1992 年版,第 145—146 页。

② 刘进庆:《台湾战后经济分析》,王宏仁等译,(台北)人间出版社 2012 年版,第 34—35 页。

③ 许涤新、吴承明主编:《中国资本主义发展史》第 3 卷,人民出版社 2003 年版,第 619 页。

④ 许涤新、吴承明主编:《中国资本主义发展史》第 3 卷,人民出版社 2003 年版,第 620 页。

关于台湾地区接收日产的工作,有专家认为:从组织接收机关、制定接收法令,直到接收后日产的处理,大体能够做到统筹安排、有条不紊。国民党政府吹嘘说:"台湾的接收工作,在大体上说来,远较内地任何收复省市做得好","为台湾留下了珍贵的资产"。①

但是在台湾地区接收过程中,也屡屡出现了一些官吏的贪污行为。例如,李卓之系行政长官公署秘书长葛敬恩之女婿,在任台湾地区纸业印刷公司总经理时把几部大机器(当时价值千万元台币)廉价标卖,自己暗中以 40 万元台币买下来。迄改任台北市专卖局长时被继任总经理查出,拼命向他追索,李不得已行贿 5 万元台币。后任收下后,连同 5 万元贿款送交长官公署。事情被葛敬恩知悉,把 5 万元贿款批令缴交金库,报告则按下不办。陈仪知道后,仅骂了他一顿,仍准他做局长。又如,台北县县长陆桂祥曾传贪污 5 万万元台币。长官公署原说要派大员彻查,不料台北县政府起了一场怪火,把会计室的账簿单据烧得精光,令人无从查起。此外还有不少贪污超过千万元的大案。②

台湾地区所接收的这些"敌产"企业处理办法有公营化、拍卖、出租及官商合营 4 种。但是判定用何种方式处理的准则就十分暧昧:仅有一项规定较具体,在本国人所占资本达半数以上的企业(较小),原则上拨售给该企业股东。其他的情况并没有明确的规定,实际上变成为由当时的资源委员会及台湾地区行政长官公署再判断决定。③ 在 1945 年 6 月 27 日台湾调查委员会党政军联席会第一次会议上,陈仪一再强调,台湾是一个比较富饶的地区,公营事业一定更容易发展,并确信在台湾"制造国家资本主义,并不是一件困难的事"等。较大"敌产"企业在接收后,在"实验民生主义""发展国家资本"的理念之下公营化,又按企业的性质、设备及规模分为几种类型。通过不同类型的接收和处理,台湾的工业、农业、矿业、商业、交通运输业和金融业基本上都置于国民党政府控制之下,

① 史全生主编:《台湾经济发展的历史与现状》,东南大学出版社 1992 年版,第 147—148 页。

② 李祖基:《台湾光复初期的经济问题》,《台湾研究集刊》1998 年第 4 期。

③ 刘进庆:《台湾战后经济分析》,王宏仁等译,(台)人间出版社 2012 年版,第 35 页。

形成了严密的经济统制。

由于第二次世界大战期间台湾遭遇的猛烈轰炸,岛内各项交通设施均遭到不同程度的破坏,铁路部分中断,公路严重损失,港口因沉船阻塞,机场也陷入瘫痪,交通事业处于停顿状态。光复初期必须立即在接收基础上进行交通设施的修复与整治,重建台湾交通的新秩序。铁路和公路是战后重建的重点。台湾地区铁路局与台湾地区公路局统制全岛铁路、公路建设与运营。到1946年年底铁路客运量达到4494万人,货运量达306万吨;公路局客运量达196万人。1946年7月,台湾航业公司成立,积极疏通基隆、高雄等港口的航道,捞修战时被炸沉的日轮,扩充船舶,开辟海上航线。台湾交通事业经过光复初期的恢复与重建,逐步从瘫痪和混乱状态中摆脱出来,台湾地区的交通事业朝着"民利其行,货畅其流"的目标迈进。

在这个统制网中起重要作用的还有专卖局和贸易局。台湾的专卖制度始于日本占领时期,专卖的物品为烟、酒、火柴、食盐、樟脑及度量衡等生活必需品,其实质是一种消费税,它通过官方垄断的形式,提高价格,获得厚利,来增加财政收入。陈仪对日本人的专卖制度极为欣赏,光复后遂如法炮制,在长官公署下设专卖局,专管台湾地区烟、酒、火柴、樟脑、度量衡物品的专卖。这五种物品的原料,"无论系人民自种,抑系由人民领有公地代种,其所生产之收获物,均须照官定之低价如数卖与该局,否则农民便遭处罚。但经过专卖局制造之后,便以高价卖出"。就是省外运来的烟、酒、火柴等专卖品,也要经专卖局的转手才能买卖。专卖局下设台北、台中等11个分局,澎湖、埔里两个办事处,台北酒厂、台北烟草厂等8个工厂,监理樟脑精制、监理啤酒等10个公司。为进一步加强专卖品的生产和管理,完备和强化专卖机构,专卖局下还设有查缉室,各分局增设查缉股,"专管查缉私货之事"。①

贸易局是陈仪主台后新设立的机构,其宗旨为"统筹调剂物资供需,借以改善人民生活,促进经济建设",业务范围为办理指定物资之进口、

① 李祖基:《台湾光复初期的经济问题》,《台湾研究集刊》1998年第4期。

出口及其配销事项。同时,严格规定商品的进出口办法,凡出口物资,政府禁止同省的,以登记方法,由贸易局按照公平市价收购;属于专卖物品,专卖局以余额交由贸易局出口运销;一般商品,由贸易局向市场收购,分批出口。凡进口物资,由贸易局以本省出口物品与内地所需该物品的机关、商人以货易货;或由贸易局直接向国内外生产机构订购,或委托该业商人代购。陈仪给贸易局确定的经营原则是:"根据本省供求实际情况,调剂全省物资之盈虚","顾及民生需要并完成各生产交易所委托之使命","推销本省生产品,使外来物资价格降低"。贸易局专管与省外的贸易,贸易局买来省外商品卖给台湾民众;台湾的产品需要出口,也经由贸易局输运出口。自贸易局开门后"独占生产事业,垄断市场,包办进出口,举凡有利可图的事业,均不容商人企业插足其间"①。

这实际上是由原来日本人在台湾的统制经济转变为国民党政府在台湾的统制经济。

三、光复初期经济问题与"二·二八事件"

如前所述,在日本殖民当局统治的最后时期,台湾市面连粮油等食品也不能正常供应,人民生活朝不保夕。台湾光复之后,除了接收敌产之外,国民党政府立刻就面临以下必须解决的主要经济问题。

第一,币制与通货膨胀问题。台湾光复后使用何种货币?国民党政府在《台湾接管计划纲要》中曾规定台湾"接管后,应由中央银行发行印有台湾地名之法币,并规定其与日本占领时代的货币(以下简称旧币)之兑换率及其期间"。国民党政府当时拟议台湾光复后使用法币,尽管是"印有台湾地名"。1945 年 10 月下旬,国民党政府公布了《台湾地区银行钞票及金融处理办法》,希望将"台湾地区的银行钞票,由政府分别面额、定额分期收换,其定价及收换期间,由财政部公告。台湾地区内敌人设立之金融机关,由政府指定国家行局接收清理"。但是陈仪为了避免台湾

---

① 李祖基:《台湾光复初期的经济问题》,《台湾研究集刊》1998 年第 4 期。

如同大陆各省那样法币泛滥成灾,物价暴涨,反对在台湾用法币,他主张维持台币及台湾金融机构使其自成系统。他向蒋介石建议"为了保证台湾不受大陆通货膨胀的影响,中央、中国、交通、农业四大银行暂不插足台湾,仍运用原来的台湾银行管理金融"。陈仪关于台湾暂不用法币及使台湾金融机构自成系统的建议得到蒋介石的核许。国民党政府同意台湾地区"目前币制仍应照陈长官所拟办理"。① 之后,陈仪便在台湾采取了以下三方面举措:(1)调整改组金融机构,将台湾银行加以接收及改组,使其成为光复后台湾地区经营金融机构总枢纽,其他银行一面接收改组一面继续营业;(2)由改组的台湾银行发行新台币换旧台币,同时收缴日本占领时期所发行的各种债券、库券,从而统一台湾币制;(3)限止法币在台流通,颁布《办理中央驻台机关部队及本公署所属各机关内地法币收付暂行办法》,严格控制法币来台的各种渠道。经过陈仪的一番努力,在光复初期,台湾形式上维持了独立的台币制度,其目的在于使台币形成一道"金融防波堤",以隔绝大陆通胀的影响。但国民党政府财政部对此十分不满。"中央银行"利用调整币值比率的机会将台币比价压低,规定法币与台币为比值10∶1,为大陆豪门资本套取台币制造机会。至1946年9月初大陆金钞波动时,"中央银行"又将比值调整为40∶1,致使台币大幅贬值。其后这一比值不断调整,调整幅度越来越大,使得台币不断贬值。大陆的恶性通胀通过汇兑形式波及台湾,使得当时台湾货币政策呈现"高度不稳定性",其"解决金融危机的功能亦大打折扣"。②

当时大陆恶性通胀波及台湾的直接结果是促使台湾通货膨胀。1947年3月,《台湾地区行政长官公署关于台湾"二·二八"暴动事件报告》坦言:"二月间上海美钞及黄金风潮发生后,各地物价飞涨,台湾自不能例外。"造成台湾通货膨胀的根本原因还在于战后各项事业的重建需要大量经费,台湾当局预算有巨额赤字,不得不依赖台湾银行垫款,而台湾银

---

① 史全生主编:《台湾经济发展的历史与现状》,东南大学出版社1992年版,第148—151页。

② 李祖基:《台湾光复初期的经济问题》,《台湾研究集刊》1998年第4期;翁嘉禧:《台湾光复初期的经济转型与政策》,台湾高雄复文图书出版社1998年版,第138—139页。

行则不得不靠增加台币的发行量来弥补。通货膨胀又造成物价飞涨。如果以1845年8月台湾物价指数为100,1946年年底这一指数达214,1947年年底这一指数已达825,上涨很快。但是台湾物价指数上涨幅度比大陆国民党统治区小得多。①

第二,新统制经济弊端严重。国民党政府台湾地区行政长官公署通过对日产的接收和处理,把台湾的工业、农业、矿业、商业、交通运输业和金融业基本上都置于其严密控制之下,形成了新的经济统制。行政长官公署下属的专卖局和贸易局可以说是实行新统制经济的两根柱子。1947年3月28日,白崇禧对台湾地区参议员发表的训词坦言:"台省行政经费预算总数为四十亿,专卖及贸易局收入约占二分之一。"当时"台湾是中国第一个没有受中央财政补助的省份",战后台湾重建遭遇严峻的财政困难使陈仪不得不充分利用专卖局和贸易局的收入以维持正常的行政运转。

虽然台湾地区行政长官公署通过专卖局和贸易局较为成功地增加了财政收入,但是实行不久,皆引起台湾民众的普遍反感。台湾地区行政长官公署仿照日本占领时期的专卖制度,对樟脑、烟草、酒、火柴、度量衡器等物资流通实行官府专卖。这五类产品"无论系人民自种,抑系由人民领有公地代种,其所生产之收获物,均须照官定之低价如数卖与该局,否则农民便遭处罚","就是省外运来的烟、酒、火柴,也要经过专卖局的转手,才能买卖,否则就算报了关,纳了税,也依然被视为私货,被检查没收"。专卖局出品的专卖物资质量低劣,给民众生活造成不便。关于台湾煤炭经销,行政长官公署组成了燃料调剂委员会,所有炭场产炭,一律按照官方规定的价格卖给调剂委员会,不得自行买卖。调剂委员会低价收购,高价卖出,其中差价即中饱私囊。如1946年冬季收购私人石炭每吨价格1000元台币,而卖给上海市燃料委员会,价格则为30万元,即此一项获利即达2亿—3亿台币。再如食糖也由政府统治专卖,定价不及成本,许多蔗农因此把蔗田犁毁。长官公署完全废止私人经营烟酒,台湾

①　史全生主编:《台湾经济发展的历史与现状》,东南大学出版社1992年版,第179页。

人以前所存的烟酒也不准私卖,必须到专卖局登记。另外,印刷、毛笔、文具、教科书等,一律规定由政府专卖。专卖局在缉私方面处处与小商业者为难,结果大宗走私未能遏制,小商业者的生活则愈益艰难。这不但继续增添了人民的生活负担,更为重要的是,因为经办官员上下其手,专卖制度成为贪污舞弊之渊薮,也断绝了台湾众多民间企业生路。①

贸易局本应为调剂民生进行省内外物资的配销,实际运营中经常为了垄断利润,不考虑任何后果,如以"公营事业的东西如果不涨价亏本"为由,配销物资经常涨价在商人之前,甚至还在岛内暗中大量收购民生物资,导致物价飞涨。另外,由于专卖商品太多,以致"一般小本商人无法生存"。"专卖与贸易两局就像两支牢牢的铁钳,紧紧钳住台湾人民的喉管,连喘息的机会也没有。又像两支吸血管,拼命地吸取压榨台湾民众快枯干的血"。②

第三,粮荒严重。台湾素有"粮仓"之称,一年三熟,据说只要一次的稻收就可供台湾一年的粮食。然而国民党为了打内战,把大量台米运往苏北、华北充军粮,台湾的米仓空了。所以进入1947年后,台湾的米价不仅没有稳定下来,反而如断线的气球般飘然上升。1月每斤十四五元的米价到2月飞涨到二十七八元到三十元左右。当上海的米价卖到七万元(指法币)一担的时候,台湾却早已涨到十四五万元一担了。面对如此突飞猛涨的米价,一般的老百姓和公教人员无不叫苦连天。公务员、市民均以番薯为主食。台湾行政长官公署不得不采取紧急措施,派宪兵四处搜查米店,并于1947年2月13日发布紧急通令,颁布指定最高米价办法,以限制米价。米谷限价之后,粮商米贩均避不出售,市场上的米全没有了,统统改在黑市里交易,米价涨至每斤四十元台币左右。许多城市出现了"有钱无米买"的严重米荒,贫苦百姓因饥饿难耐而全家自杀的惨剧时有所闻,全台震动。台北市也出现了署名"台湾民众反对抬高米价行动团"的警告性传单,宣称"为生活之驱使,为全台民众之生命争阋,决集全

---

① 李祖基:《台湾光复初期的经济问题》,《台湾研究集刊》1998年第4期;翁嘉禧:《台湾光复初期的经济转型与政策》,台湾高雄复文图书出版社1998年版,第168页。

② 李祖基:《台湾光复初期的经济问题》,《台湾研究集刊》1998年第4期。

台之无产民众,向各该社会吸血鬼反击,以积极手段实施行动"。严重的通货膨胀和米荒已使台湾社会陷入岌岌可危的境地。[①]

第四,失业问题严重。日本占领后期,为了将台湾作为南进的据点,日本曾对台湾的农业、工业、水利、交通等积极经营,并已具有相当的建设规模,特别是为了补给战争紧缺,台湾的生产一直处于加足马力的状态,"台人都有工可做,他们可以维持最低限度的生活",因此失业问题并不显著。但光复之后,台湾生产萎缩惊人,失业问题骤然突出。据上海《侨声报》驻台湾特派员的实地调查,台湾光复十个月后复工的工厂,除去"只开了 8 天工"的台湾糖厂和"在修复中"的铜矿厂与炼铅厂之类的工厂不算,竟还不及 2/10。又据唐贤龙的调查,"二·二八事件"时台湾尚有 1/2 的工厂未开工。即使有的已复工,但开工程度也不足,原来 100 人的工厂,现在只用二三十人,许多原来在工厂做工的台湾人都失了业。光复后,国民党政府对台湾实施经济统制致使许多工厂、商店停业关门,断绝了台湾众多民间企业的生路。以糖业为例,日本占领时期,日糖、台糖、明糖、盐糖四大糖业会社垄断的 40 余家糖厂,年生产能力为 130 余万吨,而 1946 年仅生产 10 余万吨,生产萎缩惊人。其他如煤炭、电力、造纸、纺织、化学、油脂、肥料、水泥、制碱、玻璃等工业,都有不同程度的萎缩。另外据不完全统计,在战争期间被日本征调去当兵的台胞人数约有 30 万人,其中除了几万人早已做了日本的炮灰之外,其余 20 余万人在日本投降后,便做了临时"日俘",受尽苦难。后来这些人又慢慢地从日本、南洋群岛、澳洲、关岛、缅甸、越南、中国香港及我国东北等地被陆续遣送回台。此外许多旅居省外的台胞在战后也纷纷回到台湾,这些人回乡后一时找不到工作,便一起加入了失业的大军。据 1946 年召开的失业问题座谈会的估计,当时全台湾失业人数总共约六七十万人,也就是说每十人当中,就有一个失业者。日本占领时期绝迹的乞丐也开始在台湾各大车站码头以至通衢大道上大批出现。为了生活,许多失业女性沦落风尘,成为变相妓女;男人们有的则不得不干起了小偷小摸甚至抢劫的勾当,社会犯罪率

---

①　李祖基:《台湾光复初期的经济问题》,《台湾研究集刊》1998 年第 4 期。

急剧攀升。抢劫者甚至还散发"我们没做官,不得揩油,没饭吃,好惨!"的小纸条。台胞失业人数骤增,"百业停顿凋落,失业工人已在20万左右",社会呈动荡趋势。民众因失业贫困而产生的不满与愤怒就像一颗危险的"定时炸弹",成为社会动乱的潜在因素。严重的失业引起了社会各界的普遍关注,长官公署如能予以足够的重视,及时采取有效的措施,如将从日本人手中接收的公有地暂时放租给失业者垦种,使他们能够填饱肚子,以解燃眉之急(按:当时从日本人手中接收过来并掌握在政府手中的公有地占台湾耕地总面积的66%),当可使失业问题有所缓解,至少也可使失业造成的影响降到较低程度。然而国民党台湾地区当局所表现出来的态度和行为恰恰相反,不仅对战时被日本人征召后又被遣返的台胞不闻不问,让其自生自灭,而且还千方百计掩盖工业复原缓慢、人民大量失业等社会问题,甚至对报道这类问题的新闻媒体,如上海《侨声报》等兴师问罪。其结果自然是使这一问题的严重性有增无减,随后出现的物价暴涨及米荒等经济危机无疑又把众多的失业者推入了更惨的境地。生活的绝望使他们对政府的不满也达到了极点,致使"二·二八事件"发生时,众多的失业者,尤其是那些被日本人征召,战后又被遣返的失业者有相当一部分成了这场事变的主角。[①]

台湾光复,台湾人民曾经欢天喜地迎国军。但是台湾回归祖国后,国民党在大陆大打内战,大陆的经济危机也波及台湾,岛内通货膨胀,物价飞涨;台湾中小企业在国民党官僚资本的劫夺下,纷纷破产倒闭;加之农业歉收,致使当时台湾600多万人口中,有近2/3的人贫困交加,饥寒交迫,老百姓怨声载道。他们跟大陆人民一样,"想中央,盼中央,中央来了更遭殃"。这种由欢迎变为失望,最后成为仇恨的情绪,由一件偶然的事情,点燃了台湾群众反抗国民党政府的怒火。1947年2月28日约有四五百名群众来到行政长官公署,向行政长官陈仪请愿。卫兵事先未经警告即向手无寸铁的群众开枪,当场死伤数十名。于是事态迅速扩大,警备总司令部武装人员闻讯赶来,驱散集结群众,并在长官公署四周严密布岗

① 李祖基:《台湾光复初期的经济问题》,《台湾研究集刊》1998年第4期。

警戒。群情激愤，一怒之下占领电台。陈仪随即宣布实行戒严，派出大批军警在全市大街小巷巡逻。愤怒民众通过电台向全省广播，控诉军警的暴行，号召人民起来反抗。越来越多的愤怒民众围攻行政长官公署、警察局、日产处理委员会、电台等机关，放火烧掉台北专卖分局，甚至开始抢劫军用仓库，释放狱中囚犯，与军警不断发生流血冲突。台湾各地民众闻风而动，群起响应，围攻所在地国民党机关部门，很快控制了除高雄、基隆以外的所有地区，国民党对整个台湾地区的形势已失去控制。在动乱中，有些台湾本省人不仅反抗国民党公署，也有殴打伤害外省人之事。[①] 史称其为"二·二八事件"。[②]

1947 年 3 月 2 日，台北市民众成立"二·二八事件处理委员会"，并随后在各地成立分会，代表民众就事件处理和台湾的政治改革与行政长官公署交涉。陈仪也派人参加了这个委员会。1947 年 3 月 8 日，委员会通过其"宣传部"部长王添丁起草的"三十二条要求"，包括实行地方自治、保障人民基本权益、废除专卖制度、减免苛捐杂税等条款，基本反映了台湾各界人士要求民主和自治的合理愿望。但是在反抗队伍中也混进了一些与日本关系密切的地方绅士和流氓，他们将三十二条扩大为四十二条，增加了一些不切实际甚至错误的主张，例如要求接管行政长官公署等。这四十二条使陈仪怒而撤出了派往委员会的代表，并加紧部署镇压行动。蒋介石与国民党要员商量，认定"二·二八事件"是"暴乱"，为防止事态扩大，必须采取果断措施，进行镇压。蒋介石立即电令驻守上海的21 军国民党国防部长白崇禧率领下火速乘船起赴台湾镇压。3 月 8 日中午，21 军先头部队在基隆登陆，随即血洗基隆。9 日，国民党主力部队进驻台北，与驻守在台湾南部地区的国民党"高雄要塞司令"彭孟缉联手，对反抗群众进行大规模镇压。人批台湾市民、学生及社会知名人士包括

_____

① 由于台湾光复初期，外省人大多居于主管或等级较高的职位，在长官公署的科股长、专员以上的 316 名中层官员中，也只有 17 名台籍人士，其余 299 名都是外省人或极少数的半山仔。因此在动乱中有人将腐败官僚赶出政府的诉求转变成为打倒外省人的行动，甚至扩大事端以致最后伤及无辜外省人。

② 白纯：《台湾光复后的民众心态与"二·二八"事件》，《民国档案》2000 年第 3 期。

教授、作家、医生遭到屠杀,确凿死亡人数难以计算①,此外,还有不少人被捕、逃亡和失踪。"二·二八事件处理委员会"也被当作非法组织遭取缔,委员会成员也遭逮捕杀害。3月,国民党还在台湾进行了大规模的收缴枪支和肃清"暴乱"分子活动。1947年4月24日,国民党政府撤销台湾行政长官公署,成立台湾当局,陈仪被撤职,魏道明出任台湾地区首任主席。②

关于"二·二八事件"的经济方面原因,有学者认为战后台湾经济领域存在四大矛盾,即台湾与大陆两种不同经济体制的矛盾、国民党政府高度经济统制政策与台湾民间资本家要求复苏发展的矛盾、国民党政府日益膨胀的财政支出与省内生产锐减的矛盾、国民党政府转移法币危机与台湾人民要求维持台币币值的矛盾等。这四大矛盾,"除一部分为客观因素外,大多数由国民党政府主管政策造成","内战毁灭了人民的资财和对和平的渴望,最终导致了台湾'二·二八'起义的爆发"。③

四、"二·二八事件"后台湾经济的调整

"二·二八事件"过后,台湾行政长官公署被撤销,陈仪被撤职,但是台湾生产受到严重破坏,物资奇缺、民生困苦等经济难题仍然必须解决。又有许多大陆民众陆续随国民党官兵到台湾,导致岛内人口急剧增加。根据统计,在1946年即台湾岛内总人口为610万人,到了1948年便激增为680万人,1950年则增至790万人。另有60万人溃逃至台湾的国民党官兵及未申报户口的随军家属和其他大陆来台民众尚未计算在内。这对当时的岛内经济来说,是何等重大的压力。虽然部分大陆迁台民众给岛内带来了一些物资,包括黄金美钞、生产设备及少量物资,但远不足以负担由大陆来台的200多万军民的生活。这种结果自然导致岛内物价飞

---

① 伤亡者数目长期有所争议。有的说是数百人,也有的说是数万人。

② 中国第二历史档案馆编:《台湾"二·二八"事件档案史料》,档案出版社1991年版,第135、230—235页。

③ 陈正卿:《试析台湾"二·二八"起义前的四大经济矛盾》,《民国档案》1987年第2期。

涨。据官方统计,自 1946 年至 1949 年,台北市批发物价上涨了 1000 倍。1947 年,时任台湾地区领导人的魏道明对以往诸多经济政策进行了调整,如撤销专卖局,缩小专卖物资的范畴;撤销贸易局,调整贸易政策;扩大民营事业的范围,加大对民营企业的扶植;扩大社会救济范围;扩大对台籍员工的征用比例等。有学者认为,“二·二八事件”后为缓和矛盾,国民党高层开始检讨在台湾推行的公营经济政策的利弊得失,转而鼓励发展台湾的民营事业。[①] 国民党台湾当局不得不又采取以下经济调整措施。

第一,努力稳定台湾金融。台湾生产萎缩、物价上涨所造成的另一恶果是对外收支不平衡,导致外汇极度短缺。那时台湾国民党当局所谓“中央银行”尚未复业,对外收支均由台湾银行代为处理。到 1950 年,台湾银行外汇存底已完全枯竭,不得不向民航空运公司借用 50 万美元以应急。陈仪之后的台湾当局为了避免台湾出现当时大陆恶性通货膨胀的波及,仍然顶住国民党政府“财政部”等压力,继续实行陈仪的维持台币及力主台湾金融自成体系的政策。当时对于台币盯住法币政策,非经国民党中央核可,不得变更。而自 1947 年起,大陆通货膨胀加剧,法币贬值相当厉害,台币兑法币汇率无法随市场调整,对台币是不公平的,且对台湾经济冲击更大。因此,白崇禧曾建议台币与法币汇率自 1∶35,逐步调高到 1∶50 以资补救。台湾当局成立后,随即在 1947 年 5 月 16 日公布汇率调整为 1∶44。以后几乎各月皆有所调整。到 12 月 24 日,已跳到 1∶90。然而,上海物价从 1947 年年底再度狂飙,台湾的定期调整汇率做法,已难适应市场的变化。为了遏制汇率不当所引发之物价剧烈波动,台湾当局乃呈请国民党中央准予自 1948 年 1 月 13 日起,依照市场行情,逐日挂牌采取机动性调整。此一政策自采取到 8 月 19 日实施金圆券改革,总计台币与法币汇率共调整 72 次之多,此比率从 1∶92 提高到 1∶1635。可见变动相当频繁,而且幅度很大。[②] 这一措施对于稳定台湾金融起到了一定作用。台湾当局又于 1949 年 6 月颁布《新台币发行办法》,实行币

① 褚静涛:《陈仪与台湾公营事业的初步建立》,《南京社会科学》2003 年第 4 期。
② 翁嘉禧:《台湾光复初期的经济转型与政策》,台湾高雄复文图书出版社 1998 年版,第 182—183 页。

制改革,规定旧台币 4 万元折新台币 1 元,每 5 元新台币折 1 美元,发行总额限定为 2 亿元新台币,十足准备,希望借此建立民众对币制的信任和稳定物价。在改革币制的同时,台当局还陆续颁行了许多直接管制物价措施,包括军公教人员及眷属的实物配给、民生必需品的定价定量配售、重要商品及劳务的限价、当局供应物资机构及粮食主管部门对重要物资及粮食的掌握与抛售。①

第二,改良农业生产技术,实行"三七五"减租与开展公地放领。台湾发展农业有得天独厚的自然条件。台湾光复初期农民仍然占台湾总人口的比例达 60%以上。台湾当局认识到无论为安定社会,提高民众生活水准及为工业发展所需资金与市场铺路,都要优先发展农业,所以无论是陈仪主政时,还是陈仪之后,当局都把修建农田水利等作为经济建设的大事,还努力改良农业生产技术,调整农业生产关系。

陈仪之后的台湾当局为了提高台湾农业生产力,还由"中国农村复兴联合委员会"②及"台湾地区政府农林厅"与其所辖机构负责推行改良农业生产技术项目,其中包括改良作物品种、增加化肥使用、指导栽培方法、防治病虫害、改良农具、引进新产品、实施间作轮作轮灌、施用农药、引进新渔业技术、充实渔业设施等。增加化肥使用,是当时台湾农业生产技术改良的一个重要举措。台湾当局千方百计进口化肥,并在接收日资化肥工厂的基础上成立了国省合营的台湾肥料股份有限公司,改建高雄硫酸铵厂及花莲铝厂,兴建新竹硫酸铵厂等,努力增加本省化肥产量。台湾当局掌握较多化肥之后,又以化肥换取农民的米谷。③

所谓"三七五"减租,其主要内容有:(1)减轻租额负担。佃农对地主缴纳地租,一律以不超过主要作物正产品全年收获总量的 37.5%为准。

---

① 刘进庆:《台湾战后经济分析》,王宏仁等译,(台北)人间出版社 2012 年版,第 45—47 页;翁嘉禧:《台湾光复初期的经济转型与政策》,台湾高雄复文图书出版社 1998 年版,第 144 页。

② 简称"农复会",1948 年 4 月由中美两国共同设立的一个联合组织,以推行中国农村建设计划,其经费由美援资金提供。

③ 史全生主编:《台湾经济发展的历史与现状》,东南大学出版社 1992 年版,第 154—156、193 页。

原租约中超过此一规定者,一律减为此数;不及此数者,不得增加。其他预收地租等一切额外负担全部取消。其因灾害歉收时,照受灾成数减免。(2)保障佃农权利。规定耕地租约一律以书面形式签订,租佃时间不得少于 6 年,非因法定事故地主不得将租约中止。土地所有权转让,租约不受影响。租约届满后,除因具备法定要件收回自耕外,仍应续订租约。同时,规定佃农应按期缴纳地租,积欠地租达两年的总额时,地主可终止租约,以保障地主的利益。自 1949 年 4 月台湾当局公布上项办法后,就从 5 月起即在全省展开换订租约工作,至 6 月中旬止,所有农业佃租契约均已登记换订完成。实行"三七五"减租是由于当时台湾岛内佃农约占农户总额的 68.8%,佃权不定,租无定期,地主可以随时撤佃。租佃在新竹地区高达 70%,根据全省抽样调查结果,平均佃租高达收获量的 56.8%,不仅在全台湾,即使在整个东亚地区也属极高。此外,尚有所谓"地头"(即批租地主的土地转租给耕户的中间人)从中盘剥,使得绝大多数岛内佃户生活陷于困境,而农民不满情绪之深亦可想而知。台湾当局鉴于上述情形,并总结以往在大陆失败的教训,决心在岛内推行"三七五"减租政策。[①]

　　台湾岛内所有公有耕地均来自台湾光复后接管日本殖民时期各地政府公有及日本人私自占有的耕地,据统计此项公地共有 181490 甲,占当时台湾耕地总面积的 21% 以上。台湾当局为使此项公地得到充分利用,并扶植自耕农取得耕地所有权,实现"耕者有其田",自 1948 年起实施"公地放领"计划。台湾当局于 1948 年公布了《台湾公有耕地放租办法》及其细则,将公有耕地大部分放租给合作农场经营,零散部分放租给自耕农。当时目的在于开垦荒地,救济农民。但是,由于在实行过程中,合作农场的纠纷太多,困难较大。后来,台湾当局决定把公有耕地直接放领给农民。"公地放领"计划在 1951 年以后成为台湾土地改革的重要内容。[②]

---

　　①　史全生主编:《台湾经济发展的历史与现状》,东南大学出版社 1992 年版,第 184—185 页。

　　②　翁嘉禧:《台湾光复初期的经济转型与政策》,台湾高雄复文图书出版社 1998 年版,第 104 页;史全生主编:《台湾经济发展的历史与现状》,东南大学出版社 1992 年版,第 186—187 页。

　　所有这些农业改良措施实行后效果明显,导致台湾农业产量大幅提高,农民生活得到改善。台湾稻谷年产量从 1945 年的 63.8 万吨,增长到 1947 年的 99 万吨、1948 年的 106.8 万吨、1949 年的 121.4 万吨;甘薯年产量从 1945 年的 116.65 万吨,增长到 1947 年的 178.29 万吨、1948 年的 200.28 万吨、1949 年的 216.6 万吨。[①]

　　第三,发展台湾工业生产。无论是陈仪主政时,还是陈仪之后,台湾当局都要发展台湾工业生产。1948 年 10 月,蒋介石为安排后路,委派陈诚担任台湾地区领导人,开始注重经营台湾,首要任务是恢复岛内工业生产,另外要重建由大陆迁台的部分公营事业,于同年 6 月成立"台湾地区生产事业管理委员会",负责在台公营及省营各生产部门的策划、配合、督导推进工作。该机构成立后即确定了发展工业生产的两大方向:(1)凡从事生产下列各项物资的企业,应予增产:军事需用及生活必需品,外销物品,进口货的代用品;(2)凡生产下列各项物品的企业,应予停止或限制生产:非必要的消费品,足以影响必需品正常供应的产品,销路无把握的产品。以上两大方向,实际上成为台湾以后若干年工业发展的基本路线。

　　糖和米,可谓台湾传统经济的两大支柱。战后台湾经济的恢复与发展仍然离不开这两大支柱。在糖业日产接收基础上,1946 年 5 月 1 日,国民党资源委员会与台湾地区行政长官公署合作成立了台湾糖业股份有限公司,资源委员会还提出恢复台糖年产 100 万吨的目标。台湾糖业股份有限公司为了提高蔗农的生产积极性,提出了"分糖法",即蔗农将所收获的甘蔗出售给台湾糖业股份有限公司,公司以一定比例(1947 年后为50∶50)付还蔗农砂糖。"分糖法"实施后,蔗农的生产积极性大为提高,全台湾甘蔗种植面积从 1946 年的 3.19 万公顷增加到 1949 年的 12.04 万公顷。[②] 台湾糖业股份有限公司十分重视各制糖工厂生产设备的更新及培养技术和管理人才。1947 年,公司和美国通用技术公司签订技术合

---

　　① 史全生主编:《台湾经济发展的历史与现状》,东南大学出版社 1992 年版,第 164 页。
　　② 史全生主编:《台湾经济发展的历史与现状》,东南大学出版社 1992 年版,第 163—164 页。

同,聘请美国顾问到台湾指导台糖生产,并在美国接洽贷款以购买制糖机器。在资源委员会和台湾当局的扶助下,台湾糖业生产在极其艰难的条件下开始复苏,台湾糖产量历年均有提高,并已超过《台湾三年经济计划》中所预定的目标。[①]

台湾电力工业遭受到战争破坏,美军大轰炸使电力工业蒙受了重大损失。由于工业生产必须依赖充足的电力供应,因此光复后台湾当局将电力工业发展列为优先考虑。在日产接收基础上,1946 年 5 月 1 日,国民党资源委员会与台湾地区行政长官公署合作成立了台湾电力股份有限公司。该公司的宗旨为:"开发台湾全省电力资源,供应全省用电,促进台湾全省电气化。"公司将所有战时遭受破坏的设备重新修复,并将原有一些设备迁移合并,这工作至 1950 年完成。在供应全省用电方面,由于部分发电设备重新修复,部分发电恢复了发电能力,1947 年年底,全台发电力已达 21.3 万多千瓦。电力工业包括发电、输电、变电、配电等环节。电能的生产过程和消费过程是同时进行的,既不能中断,又不能储存,需要统一调度和分配。电力工业可谓资金密集型自然垄断行业,需要政府资金支持,但是到了 1948 年,资源委员会资金吃紧,无力拨款支持台湾电力工业的发展,加上台湾物价猛涨,发电成本提高,台湾电力股份有限公司经营一度陷入困境。后来在台湾当局与台湾银行的扶助下,公司得以惨淡经营。至 1949 年 10 月,日月潭两个发电所的修复工程基本完工,新装置的 14.3 万千瓦发电设备全部启用,台湾电力工业至此有了一定的起色。[②]

在日产接收基础上,1946 年 5 月 1 日,国民党资源委员会与台湾地区行政长官公署合作成立了国省合营的台湾水泥股份有限公司,对台湾水泥实施统制生产。该公司所接管的工厂分别更名为台湾水泥有限公司高雄厂、台湾水泥有限公司苏澳厂、台湾水泥有限公司竹东厂、台湾水泥

---

① 史全生主编:《台湾经济发展的历史与现状》,东南大学出版社 1992 年版,第 164 页。

② 翁嘉禧:《台湾光复初期的经济转型与政策》,台湾高雄复文图书出版社 1998 年版,第 108 页;史全生主编:《台湾经济发展的历史与现状》,东南大学出版社 1992 年版,第 165—166 页。

有限公司台北水泥制品厂。该公司成立后,积极修复战时遭受破坏的设备,恢复台湾水泥生产。台湾回归之初,大小城市断壁残垣,工矿企业满目疮痍,各行各业百废待兴,急需大量水泥供应。然而日本留下的水泥企业内设备陈旧,工人多怠工,工厂要运行非常艰难。台湾水泥股份有限公司从招聘人才和募集资金入手,首先从大陆聘请化学专家汤大伦、施昌辉;电机专家李文光、陈厚封;机械专家李睿源等,这些专家不仅是台湾水泥恢复阶段的技术力量,企业此后快速发展,日后台湾水泥技术进步都与这些大陆专家密不可分。该公司还争取到联合国农村复兴基金的贷款支持,使得水泥生产有较大发展。至 1950 年,台湾水泥总产量达 33.19 万吨,超过了日本统治时期的最高生产量。[①]

台湾光复后,在日产接收基础上,成立了国省合营的台湾机械公司(下辖有高雄机器厂、基隆铸造厂、高雄船舶厂等)和省营的台湾地区工矿股份有限公司机械分公司(下辖有 8 家机械厂)。这两家企业是台湾光复后机械工业的主体。台湾机械工业在全省修复战时遭受破坏的工业设备方面发挥了较大作用,光复初期本身业务也有一定发展。但是 1947 年后,由于通货膨胀也使机械工业企业经营陷入困境。之后,随着国民党政府迁台,大批内地机械技术人员涌入台湾,台湾地区机械工业技术力量大大增加,全省机械工业规模有明显发展。[②]

20 世纪 40 年代后期台湾这些主要工业行业仍然被国民党官僚资本所控制。台湾民营工业的明显发展还是 50 年代以后的事情。

[①] 翁嘉禧:《台湾光复初期的经济转型与政策》,台湾高雄复文图书出版社 1998 年版,第 108 页;史全生主编:《台湾经济发展的历史与现状》,东南大学出版社 1992 年版,第 167 页。

[②] 史全生主编:《台湾经济发展的历史与现状》,东南大学出版社 1992 年版,第 166—167 页。

第十一章

抗日战争和解放战争时期的工矿业

　　近代战争的基础是工业,处于工业弱势地位的中国,在政府组织下将主要工矿企业迁入西南大后方,为持久抗战做好物资准备。与东部沿海地区相比,大后方工业基础相对薄弱,对战争缺乏有力的支撑,属于后发国家的落后地区。在初步具备近代化特征的国民党政府干预下,西南地区工业化获得跳跃性发展,有力增强战争潜力之时,自身经济基础获得质的跨越。当然,西南地区战时的变化建立于战争的特殊环境。一方面,受战局影响,大后方工业出现马鞍形变化,抗战后期已经出现局部下滑趋势;另一方面,抗日战争胜利的喜悦却掩饰了大后方工业的衰退。

　　受抗日战争胜利刺激和日伪财产接收因素影响,国民党控制区工业出现较快增长,部分行业盈利空前增加。然则,国民党政府自身的局限性成为工业复苏的潜在隐患。在其一意孤行的内战政策下,工矿业恢复性增长昙花一现,并且构成(国民)政府掠夺和不当作为的受害对象。因通货膨胀、美货泛滥,国民党统治区工矿业迅速衰退,产量、产值快速下滑,甚至出现历史性低谷。国民党统治区工矿业的发展趋势是后发国家近代化政府作用重要性的良好诠释。

　　"九一八事变"后,国民党政府预感中日战争一触即发。面对日本巨大的军事压力,国民党政府决定将西南地区作为战略后方,在东部进行逐次抵抗后退守西部,以空间换取时间。为增强战争潜力,中国政府成立资源委员会等部门专门负责战时工矿业问题。

资源委员会从战争需要出发,有计划地将部分工业西迁后方,并根据战争需要有针对性地发展部分产业。矿业是工业的基础,东部矿区逐步失守情况下,资源委员会在西部地区进行广泛的调研与开发,为即将内迁的工厂做好原料基础。尽管全面抗日战争爆发比较突然,资源委员会等部门依然将大部分矿业企业迁入后方。西迁只是持久抗战的物资基础,在战争压力下,国民党政府加强对经济干预,将战略资源列入国家专卖范围,形成对重要矿产的全面掌控。在政府干涉下,西南、西北地区采矿技术、资源产量获得较大提高。

矿业是工业基础,重工业则是现代战争的必要支撑。近代中国工业基础比较薄弱,且多分布于东部,应对战争能力较弱。西南、西北广大地区重工业更加落后,难以支持工业化战争。国民党政府以政府力量强行干预重工业搬迁与发展,为大后方工业化发展起到重要作用。"八一三事变"后,东部重工业内迁速度加快。但是因为缺乏制空权和重工业重型机械过多,部分企业遭到日军破坏或被迫炸毁,重工业产值迅速减少。从重工业投资大、周期长的特点出发,国民党政府以政府力量投资重工业,官营比重持续增加,成为大后方重工业主要特点。电力、机械等重要领域国有企业实现对民营的完全超越。资本需求相对较少的化学工业中,政府虽然大力支持民营企业,但民间资本依然出现小型化趋势,仅能承担中下游产业链。

轻工业对战争重要性相对较低,然则其与后方民众生活、军队后勤建设存在较大关联。中国政府为保持战争潜力,依然重视轻工业搬迁。大后方轻工业虽然存在起点低、基础薄弱等不足,但在国民党政府努力下依旧取得较沦陷区更大的成就。在资源委员会等机构组织下,棉纺织业、面粉业主要企业设备大部分迁入后方。受条件限制,西迁工厂大部分改组为小厂,但依然基本满足军民需要。大中华等卷烟厂的内迁帮助西南地区实现烟草生产的新突破。

尽管西迁工业为抗日战争作出较大贡献,有力推动西部开发,然而,受战争环境影响,其成效相对有限。一方面,为满足战争需要,国民党政府对工业、矿业实行统制政策，以较低价格收购原料或产品，客观造成大部分企业只能勉强经营，且愈加困难；另一方面，大后方持续走高的通货膨胀进一步加剧企业危机，引起工厂长期处于非正常状态下生产。与此同时，战局变化对工矿业产生消极作用。1944 年，豫湘桂战役失利，日军逼近西南地区，大后方部分企业被日军破坏或被迫再次迁移，引起工业产值的进一步下降。日军投降后，西迁企业纷纷回迁东部，大后方工矿业生产逐渐衰落。

抗日战争胜利后，战胜的刺激和日伪财产的接收为国民党统治区工矿业恢复性增长创造良好条件，部分行业盈利率扶摇直上，甚至打开新的国外市场。但是，短期的恢复性增长并未成为国民党统治区工矿业的常态。伴随国民党政府内战政策确立和与之伴生的通货膨胀、美货泛滥、国家管制，最终造成国民党统治区工矿业由盛转衰。

国民党政府以自身利益为导向，接收日伪财产之时以国营企业为核心，甚至成立新公司专职接收和经营日伪产业，中纺公司、中国建设银行公司等企业相继取得相关领域主导权。民营资本因缺乏政策话语权所得甚少，至于日军战时掠夺民间工厂原值归资本家，增值部分收归国家所有，国民党政府的做法无异于变相掠夺。大型国有企业公司的建立则进一步减少民营企业生存范围，为此后经济衰退埋下隐患。

解放战争爆发后，国民党政府坚持以军事需要为核心的财政、货币政策，资源委员会等分管工矿业机构实际掌控资金逐渐减少。为维持内战需要，资源委员会将有限资金用于少数战略资源，引起部分金属矿产量锐减。随着战争失利，国民党政府政策呈现劫掠特点，对民营企业管制日渐加强，引起各工厂资不抵债，纷纷破产。国民党为挽救危机寄希望于美国干涉。经济部门为增加美军干预概率，在法律、制度层面对美货入华打开方便之门，造成美国商品泛滥，民族工业生存空间日渐缩小。与此同时，财政赤字货币化引发的通货膨胀成为压垮国民党统治区工矿业生存空间的最后一根稻草。此后，国民党统治区工矿企业将注意力转向投机，以囤积原料、炒卖期货为盈利手段，生产退居其次。

总之，在长期战乱情况下，国民党统治区工矿业虽然出现短期繁荣，但其总体趋势是不稳定和逐渐衰退的。其发展走势受制于战争情况、政府政策等诸多因素。国民党统治区工矿业走势表明在后发国家政府对产业发展具有决定性作用,初步近代化的国民党政府难以承担经济近代化的历史使命。

第一节　国民党政府的工矿政策和　　　　工矿业的兴衰变异

　　工矿业是近代战争的核心与基础,当东南沿海地区沦陷后,西南地区矿产资源对于维持战争具有中流砥柱作用。尽管全面抗战的爆发对于备战工作比较突然,国民党政府依然将部分工矿企业迁入后方。在政府干预下,国民党统治区工矿业获得较快发展,为抗日战争胜利提供了重要基础。

　　抗战胜利后,国民党政府通过接收日伪财产有力推动工矿业恢复性增长。然而,伴随全面内战的爆发和以军需为核心的财政、货币政策出笼最终导致矿业投资逐渐减少,造成工矿业生产萧条和投机盛行。

　　"九一八事变"后,国民党政府决定将对日备战提上日程,作为战略资源的工矿业成为应有之义。国防设计委员会、资源委员会等部门在国民党政府统治区内广泛进行矿产调研与开发,为即将到来的抗日战争做好物资基础。根据既定计划,资源委员会将东部重要工矿企业陆续迁入西南地区。

　　在组织西迁基础上,资源委员会等部门对工矿业实行直接干预政策,以行政权力统筹战时工矿业。资源委员会在西南、西北地区进行矿产探测,先后发现大型天然气等重要矿藏。为提高采矿效率,资源委员会以国家力量为前提组建科研院所解决技术困难。在国家力量介入下,大后方工矿业获得跨越式发展。

　　抗日战争胜利后,资源委员会等部门为避免接收出现混乱局面,制订比较完善的计划。然而,因国民党政府制度不足和战争到来,工矿业发展依然出现诸多问题。在国民党政府以财政、军事需要为核心的货币政策形成对工矿业的束缚,最终导致其走向萧条。

在政府不当作为下,资源委员会等分管工矿业机构自身陷入入不敷出的困境。为节约资金,资源委员会将少数战略资源作为投资重点,造成大部分金属产量锐减。伴随战争失利,国民党政府为美国资本进入打开政策之门,企图利用经济利益增加美国干涉概率。在国民党政府以自身利益为出发点的政策压制下,国民党统治区工矿业产量纷纷剧烈下滑。

一、抗日后方和国民党统治区的矿业调整与发展

(一) 战前的有限准备与战时工矿业西迁

"九一八事变"后,国民党政府深感中日战争不可避免,决定加强资源控制,尤其是战略性矿业资源,作为维持持久抗战的物资基础。1932年9月25日,全国经济委员会成立,在"谋国民经济之发展,以裕民生,而厚国基"[1]名义下进行战备工作,与军事工业相对密切的矿业生产成为经济建设的重点。

1932年11月,国民党政府建立隶属于参谋本部的国防设计委员会。蒋介石亲任委员长,翁文灏、钱昌照等要员名列其中。国防设计委员会初期作为秘密机关,主要负责调查和统计机构,对具体经济事务涉及较少。国防设计委员会下设8个部门,因部分职能为军事机关负责,其他机构难以涉足。因此,国防设计委员会"致力最多者,尤为原料及制造(矿产工业)"[2]。

国防设计委员会派出专人进行广泛的调研,为国民党政府战争准备提供重要资料。伴随备战工作深入和政府对经济控制力加强,国防设计

---

① 李学通:《翁文灏年谱》,山东教育出版社2005年版,第161页。
② 陈真编:《中国近代工业史资料》第3辑,生活·读书·新知三联书店1957年版,第837页。

委员会职责开始发生变化,对经济介入开始加深。1933 年,国防设计委员会在陕北发现油田,成为抗日战争中起重要作用的延长油田。虽然工程后来停顿,但为玉门油田开发做好器械准备。

1935 年,国防设计委员会更名为资源委员会,隶属于军事委员会。与国防设计委员会相比,资源委员会任务相对明确。根据新规定,资源委员会军事功能削弱,统制经济职能逐步彰显,主要职责进一步明确为"国防经济之调查、统计、研究工作……期有益切于直接建设及资源动员计划之用"①,对经济事务"开始实际建设"。根据制度设计,资源委员会对矿业在调查权之外具有计划、统筹、专卖等权力。

据统计,战前中国煤炭储量 2460 亿吨,位居世界第三。1933 年产量 2800 万吨,居世界第 8 位。主要产区以靠近前线的河北、山东和后方的湖南、四川为主。西南后方各省总产量约 600 万吨,其中四川 270 万吨、湖南 140 万吨。石油潜在蕴藏量约 36 亿桶,但日本控制下的抚顺拥有全国 53% 的潜力,达到 19 亿桶。国民党政府控制区仅分布玉门油田等少数油矿。四川、新疆等地虽然勘测较早,所获却以天然气为主。如及时开发,产量可达到每年 400 万加仑,"对(未来)战争供应,已属伟大贡献"②。钨矿为制造武器必需品。20 世纪 30 年代,全球钨产量 14000 吨,中国约占 50% 份额。在可预计时期内,钨砂产量可提高至 12500 吨。即使日军封锁部分出海通道,江西南部钨砂亦可通过西北陆路运入苏联,以帮助政府"债信始终维持,造成国际良好之声誉"③。

锑、锡战略价值低于钨等矿产,但因产地集中于西南后方,对维持外贸平衡,输入战略物资具有重要作用。因此,资源委员会将其纳入重要统计项目。锑矿主要分布于靠近后方的湖南等省。1937 年产量为 14600 吨,接近世界产量 50%。但是锑价格较低,短时期内"输出颇不经济"。

① 陈真编:《中国近代工业史资料》第 3 辑,生活·读书·新知三联书店 1957 年版,第 838 页。

② 国民党政府教育部:《战后新中国》,中华书局 1946 年版,第 99 页。

③ 浙江省中共党史学会编:《中国国民党历次会议宣言决议案汇编》第 2 分册,浙江省中共党史学会 1980 年版,第 377 页。

中国锡矿集中于个旧,矿石品质较佳,矿质与美国并驾齐驱。但是个旧经济相对落后,造成采掘成本过高,传统矿厂因获利微薄,"遂致日渐衰落",亟待政府介入整顿。

调查表明,西南大后方矿产资源存在较大潜力。然而,在地区经济相对落后影响下,战略资源或特有矿产潜力未能有效发挥。如天然气、钨矿开发进展缓慢或仅探明储量。战争的压迫和落后生产力呼吁政府介入,以达到化资源潜能为战争动能的良性循环。因此,资源委员会在军事委员会支持下对钨、锑实行统制政策。

钨矿、锑矿属重要战略资源,中国为世界主要产区。尤其是江西南部钨矿为世界瞩目,一度成为中国军队取得德械的主要交换物资。钨、锑矿因长期由商人经营,产量有限难以满足国防需要。资源委员会从国家战略角度出发,决定对钨、锑实行统制政策,以国家力量推动矿业发展,"统制所得利益,则均归国防及重工业建设用途"[1]。1936 年 1 月,资源委员会在长沙建立锑业管理处。同年 2 月,钨业管理处成立于南昌。两家机构先对矿产出口进行管理,随后在政府资金支持下进行生产方法改良和产品深加工,提高附加值。因钨为德国所急需,委员会在江西创建钨铁厂,就地利用钨砂加工钨铁,"使加工收入归我国所有"[2]。然而,因资金有限和迫于战争压力的急于求成,造成商人与政府博弈,甚至一度影响矿业生产。

为弥补资金缺口,资源委员会决定采用外资突击性发展中国矿业,以实现矿产换武器目标。在新的世界大战一触即发的 20 世纪 30 年代,中国储量较大的钨矿、铁矿成为西方国家急需战略物资。经济委员会根据国际形势制订矿业三年计划:(1)加快钨、锑矿生产,建立钨铁厂,确保年产 2000 万吨。(2)开发茶陵、灵乡铁矿,年产 30 万吨。(3)新开大冶、阳新、彭县铜矿。(4)开发水口山、贵县铅锌矿和高坑、天河、谭家山、禹县

① 陈真编:《中国近代工业史资料》第 3 辑,生活·读书·新知三联书店 1957 年版,第 838 页。
② 陈真编:《中国近代工业史资料》第 3 辑,生活·读书·新知三联书店 1957 年版,第 837 页。

煤矿年产分别达到 5000 吨、150 万吨。(5)开发延长油田和巴县油矿,年产 2500 万加仑。各项筹划共需资金约 2.3 亿元,除国库支付 7200 万元,其余皆为外资。在中央政府支持下,资源委员会与英、美、德等国开展技术合作和以货易货。1935 年,国民党政府派顾湛然为特使,与德国签订贷款合同和以货易货贸易协议。协议规定德国政府向中国提供武器装备和工业器材,中国向德国输出钨、锑等战略资源。在德国帮助下,资源委员会获得油田和钨矿加工设备,先后建立四川油矿和江西钨铁厂。资委会与德国合步楼公司签订共同开发江西钨矿合同,双方共建日产 6.5 吨钨铁厂。合步楼公司负责勘探新矿、提供设备和培训人员。1936 年夏,中德双方开始修建厂房,虽因战争爆发被迫中止,但部分设备运入中国,为后期钨铁厂建设提供技术支持。史实证明,如不"事前向外国接洽好贷款,(部分项目)根本无法推动"①。

在国民党政府努力下,虽然矿业备战工作存在诸多不足。但放在战争压迫和资金短缺的历史背景下,诸多政策存在无奈与苦涩。同时,在政府介入下矿业取得较快发展,为不远的战争做好资源支持。1936—1937 年,资源委员会在战略后方筹建天河煤矿、四川油矿、灵乡铁矿、水口山铅锌矿、青海金矿、四川金矿等 10 处矿产,邵阳、湘潭、萍乡、高坑、谭家山等重要煤矿实现国有化,矿业备战取得较大成就。但放置于长时段分析,国民党政府战前矿业政策在剥削工商之外,对战争爆发预计不足,造成"七七事变"后矿业西迁短暂的混乱与被动。

全面抗战爆发前夕,国民党政府将东部工矿企业相继迁入湖南、湖北等地,减少战事突起对工矿业冲击。卢沟桥事变发生后,国民党政府为避免东中部矿业资敌和保护持续抗战能力,决定将矿业设备立刻迁往湖北、四川等地,以期"设法保全,俾能继续生产,以应要需"②。1937 年 7 月 28

---

① 时事问题研究会编:《抗战中的中国经济》,中国现代史资料编辑委员会 1957 年版,第 135 页。

② 国民党中执委宣传部编:《抗战建国纲领宣传指导大纲》,衡阳区书刊供应处 1938 年版,第 27 页。

日,国民党政府内部会议决定"把工厂迁移到内地去"①,并派林继庸等人立刻前往上海着手内迁,成为"迁厂的发轫"。"八一三事变"前夕,资源委员会、财政部、军政部、实业部合作成立厂矿迁移监督委员会,工厂内迁进入高潮。为确保重点矿业企业内迁,委员会派出专员分赴各厂家要求提前做好迁移准备,随时应对政府搬迁工作。经济部接管迁移工作后,将邻近战区上海、江苏、河南等地矿业企业器材设备相继拆迁运往武汉。行政院颁布《工厂迁移协助办法》,对重点矿业企业迁移给予迁移补贴、定期免税、政府担保经营、无息贷款等优惠。普通矿产则拥有"免税、免验、便于运输、代征地亩等之便利"②。

在政府组织下,抗日战争初期迁入内地工厂140家,器械2万余吨,山东中兴煤矿、安徽淮南煤矿,河南中福、江西萍乡等煤矿器械相继迁入西南、华中地区,"以为开采湖南、四川等省新矿之用"。部分车间充分利用空余时间,见缝插针临时开工,为战争生产急需工业品。1938年10月,武汉失守后,国民党政府将各厂矿企业再次迁入四川、贵州等省。为减轻企业家负担,西迁费用由政府负担。资源委员会以提供贷款,帮助招工等方式扶持工厂发展,愿意随工厂西迁者,政府支付旅费和安家费。同时,"经济部"对迁入厂矿生产进行督导,确保与战争需要相配合。1939年,迁入西南地区企业410家,与矿业相关的电工、机械、钢铁等企业达到200余家,技术工人7000人,器械2万吨。为弥补资金不足,国民党政府特指出鼓励民营企业涉足工矿业西迁和建设。因政府力量薄弱和战争消耗,"建设事业,非政府单独力量所能完成"③。除与国防"密切关系之工矿业率先创办外",其余行业,提倡民营企业参与其中,以解决资金困难和加快建设步伐,矿业属于资金密集型和资源密集型企业,国民党政府号召民间资本和海外侨胞以供应材料、加入官股和协助运输方式帮助政府。

---

① 陈真编:《中国近代工业史资料》第2辑,生活·读书·新知三联书店1958年版,第87页。

② 唐凌:《开发与掠夺抗战时期的中国矿业》,广西师范大学出版社2000年版,第25页。

③ 曹必宏主编,中国第二历史档案馆、海峡两岸出版交流中心编:《中国国民党历次全国代表大会暨中央全会文献汇编》第14册,九州出版社2012年版,第299页。

国家对国营、民营企业一视同仁,"努力促其发展"。

因战局持续扩大,内迁工作于 1937 年 7 月开始直至 1940 年年底方告结束,"完成中国有史以来第一次工业大移动"。伴随空间换取时间战略实施,资源委员会西迁工作逐渐占据主动。在武汉会战中,国民党政府准备充分,"附近厂矿之拆迁,比较彻底"①。大冶铁矿内迁物资达到 57000 余吨。与矿业相关的汉阳钢铁厂、六河钢铁厂亦基本完成拆迁。内迁工业中矿业机器虽然仅占 1.78%,但与矿业相关机械工业占比达到 40.4%。西迁设备为大后方矿业发展创造良好物资基础,在中福煤矿支持下,四川第一大煤矿天府煤矿成功出煤,三才生、富源等矿得到设备补充。资源委员会新建华安、华银等煤矿设备"不少是以内迁矿厂的设备和技术为基础的"②。

但是,因资源委员会等机构对局势估计不足,导致西迁工作出现局部混乱,对矿业发展产生消极影响。邻近战区各矿"迁移的迁移,停顿的停顿"③,江苏、河北等地厂矿大部分未能及时迁出,仅河南焦作煤矿迁移机器 2000 余吨。1938 年 8 月,江西钨铁厂设备安装完成,拟投入生产。但战争逼近不得不将器材转移至安全地带。湘潭炼钢厂德国机器安装成功,但因战局变化,所有器械被迫西迁,"完成时间,不得不延长"。天河、高坑煤矿则被迫停工。湖北大冶铜矿、水口山铅锌矿"只好暂时放弃"。时人总结西迁的失误在于"主持者的能力经验都有限……抗战后在比较紊乱的环境中,更不免有不合理的地方,不经济的地方"④。

(二) 后方矿业的大发展

抗日战争爆发后,为整合全国之力抗击日军侵略,国民党政府决定强化经济统制,承担维持物资进口和战略资源的矿业成为重要方面。为统

---

① 唐润明主编,重庆市档案馆编:《抗战时期大后方经济开发文献资料选编》,重庆大学建大印刷厂 2005 年版,第 621 页。
② 唐凌:《开发与掠夺抗战时期的中国矿业》,广西师范大学出版社 2000 年版,第 28 页。
③ 钱昌照:《两年半创办重工业之经过及感想》,《新经济》1942 年第 7 卷第 6 期。
④ 钱昌照:《两年半创办重工业之经过及感想》,《新经济》1942 年第 7 卷第 6 期。

一战时经济管理,1938 年 1 月,国民党政府成立"经济部",下辖"实业部"、建设委员会、全国经济委员会之水利部分、军事委员会第三部、军事委员会第四部、军事委员会资源委员会、军事委员会工矿调整委员会、军事委员会农业调整委员会等部门。工矿调整委员会后改为工矿调整处,强化行政权力。"实业部"中设矿业司专管全国矿业事务。军事委员会资源委员会原属采矿室、冶金室特别划出成立矿冶研究所,并总体负责统筹战时中国工矿业。

　　资源委员会成立基本目的即"发展全国资源,经办国防工矿事业"①。为有效统制矿产资源,资源委员会于重要产地设立管理机构,如锑业管理处、钨业管理处、锡汞管理处。各管理机构一方面自主开采,另一方面帮助民营各矿改进技术、补充资金,实现增产、稳产。在世界战争背景下,矿业作为重要战略物资,为工业落后的中国"维持国外债信于不坠"②起到重要作用。战争爆发后,国民党政府组织专业部门对后方矿业勘测工作,在采掘业相对落后的西南、西北各省区的丰硕成果,充分体现出后发地政府干预重要性。在中央地质调查所、矿冶研究所、资源委员会矿产测勘处、油矿探勘处、采金局等专业技术机构努力下,各省"探勘发现之新矿甚多"③(见表 11-1)。

表 11-1　资源委员会矿厂统计

矿产	矿区
铝矿	云南安宁、昆明
	贵州修文、贵筑

　　① 陈真编:《中国近代工业史资料》第 3 辑,生活·读书·新知三联书店 1957 年版,第854 页。
　　② 中国国民党中央委员会党史委员会编印、秦孝仪主编:《中华民国重要史料初编·对日抗战时期》第 2 编,作战经过(3),中国国民党中央委员会 1981 年刊本,第 609 页。
　　③ 中国第二历史档案馆编:《国民政府抗战时期厂企内迁档案选辑》中册,重庆出版社2016 年版,第 640 页。

续表

矿产	矿区
石油	甘肃河西
	青海
	新疆乌苏
磷矿	云南昆明、昆阳
铁矿	西康宁属盐边
	贵州威宁、水城
煤矿	云南永仁昭通
	湖北西部
锰矿	贵州遵义
天然气	四川巴县、隆昌
钨矿	江西赣南
汞矿	湘黔川边区
锡矿	云南个旧
	广西富贺钟
锌矿	西康会理
铜矿	云南东川
铁矿	陕西凤县、留坝、略阳
	宁夏中宁、中卫
煤矿	内蒙古蹬口
	甘肃永登、皋兰
盐矿	四川岷江、五通桥
钨矿	云南、新疆
石油	新疆

资料来源:章伯锋、庄建平主编:《抗日战争》第5卷,四川大学出版社1997年版,第249页。

　　限于技术与资金,部分矿区仅进行勘探,取得重要数据尚未进行开采。但是在战争特殊环境下,矿产资源的探查对战争部署、增强抗战能力具有积极作用。伴随持久战争战略的实现,大后方矿产资源战略地位逐渐突出,大部分已探明矿藏陆续得到开发,在平衡收支、供应工业等方面发挥重要作用。

1936 年后,尽管国民党政府统治区有所缩小,但主要矿产品出口依然保持较快增速。在世界大战引发矿产涨价情况下,矿产出口价值呈现波折增加走势。1936 年,战略资源中仅外销钨矿 2488 吨,出口价值近百万美元。此后,锑矿、锡矿、汞矿相继实现出口创汇。1941 年,主要矿产品销售实现 22247464 美元,为以货易货换取国际物资起到中流砥柱作用(见表 11-2)。

表 11-2　资源委员会运出及交付出口矿产
数量价值统计(1936—1941 年)

品名 量值 年份	钨		锑		锡		汞		总计	
	数量 (吨)	约值 (美元)	数量 (吨)	约值 (美元)	数量 (吨)	约值 (美元)	数量 (吨)	约值 (美元)	数量 (吨)	约值 (美元)
1936	2488	997488	—	—	—	—	—	—	2488	997488
1937	11595	10528836	9191	2279368	185	148740	—	—	20971	12956944
1938	7248	5881180	10462	1978938	1058	901398	—	—	18768	8761516
1939	6567	5943949	4870	1124889	1795	1918993	—	—	13232	8987831
1940	6962	7145171	8390	2261978	6979	7848887	130	742296	22461	17998332
1941	10272	13169728	1185	208039	7463	8209711	120	659986	19040	22247464
总计	45132	43666352	34098	7853212	17480	19027729	250	1402282	96960	71949575

资料来源:程玉凤、程玉凰编:《资源委员会档案史料初编》上,国史馆出版 1984 年,第 123 页。原始表格中的总计数据有误,本表已订正。

资源委员会主要以开发矿业、发展电力、工业为主要任务,主要目标在于增强持久抗战潜力,满足国防需要。因战局变化过快,工矿业发展受较大影响。然而资源委员会"仍不避艰险,突破困境、勉力奋斗,于八年抗战中,次第创办各种工矿事业"[1]。为提高矿产使用效率,资源委员会设立矿冶研究所,主要负责采矿研究、选矿试验、冶炼技术打磨。经试验,该所炼铁厂及试验洗焦厂技术均有所提高。提炼锑、铝、铜试验以及白云

---

[1]　章伯锋、庄建平主编:《抗日战争》第 5 卷,四川大学出版社 1997 年版,第 315 页。

石制造镁砖试验均告成功。除陵江炼铁厂科研之外,对矿产调查亦较为重视,帮助各矿解决技术困难。

从矿业层面而言,资源委员会首先开发煤矿,确保军队和电力使用。其次,加速油田、天然气、酒精等资源开采步伐。在日军对华封锁日益加强情况下,汽油、酒精产业的快速增长,基本确保"供应西南、西北公路之交通"。在抗日战争最艰苦的时期,大后方"陆路运输所需之液体燃料,仍可执行生产,勉能自给"[1]。各种金属矿产则以就近开采和加强统制为核心,以矿产偿还外债,购买军火。据统计,1945年,国民党政府"战时之生产单位119个",矿业部分占38个,仅次于工业部门,矿区分布于云、贵、川、滇、康、甘、新等省,涉及电力、煤、电工、非铁金属、化工等8大类,产品达到数百种(见表11-3)。

表 11-3 资源委员会战时经办各事业主要
产品生产量(1936—1945 年)

产品类别、单位		年份	1936	1937	1938	1939	1940	1941	1942	1943	1944	1945
电力类	电力	千度	—	1553	3840	7045	10992	17301	24402	34776	51683	70136
煤焦类	煤	千吨	—	20	504	192	306	517	746	758	753	625
	焦	千吨	—	—	4	4	18	40	70	54	52	44
石油类	汽油	千加仑	—	—	—	4	73	209	1896	3219	4048	4305
	煤油	千加仑	—	—	—	4	32	113	597	559	2158	1654
	柴油	千加仑	—	—	—	7	62	141	53	50	155	270
	天然气	千立方公尺	—	—	—	—	—	27	233	267	733	237
金属类	净钨砂	公吨	8806	11926	12556	11509	9542	12392	2897	8973	3225	—
	锑	公吨	—	14597	9464	11988	8471	7991	3510	429	204	—
	精锡	公吨	—	—	—	2501	17416	16589	14003	10800	5102	2704
	精汞	公吨	—	—	—	—	124	95	148	108	121	63
	精铜	公吨	—	9	580	582	1415	779	693	613	898	623
	精铅	公吨	—	—	—	262	326	277	94	94	161	106
	精锌	公吨	—	—	—	40	13	20	189	231	258	243
钢铁类	铁砂	公吨	—	6313	14942	55446	57668	38243	60275	80670	35253	42594

资料来源:章伯锋、庄建平主编:《抗日战争》第5卷,四川大学出版社1997年版,第320页。

---

① 章伯锋、庄建平主编:《抗日战争》第5卷,四川大学出版社1997年版,第315页。

在政府干预和实际控制范围缩小的情况下,大部分矿业资源产量保持较快增长,甚至实现从无到有的突破。山西等重要产区失守后,因贵州等西南新产煤区得到开发,煤、焦产量分别实现 31 倍和 11 倍增加。石油加工业起点较低,汽油、煤油增速较快,其中汽油增加 1075 倍,为各种资源产量中增加最快的部分。部分金属矿区距离战场较近,尤其是豫湘桂战役失败直接引起少数矿厂被毁。尽管锑矿等矿产下降加快,但总体而言虽然金属矿遭到较大冲击,但依旧保持增长态势。矿业产量增加之时,政府介入的加强和矿业本身特点,资本结构发生变化,与轻工业相比,矿业中政府占有相对优势(见表 11-4)。

表 11-4　矿厂产权结构情况　　　　（单位:%）

工业类别＼产权	公营部分	民营部分
水电工业	89	11
冶炼工业	90	10
金属品工业	3	97
机器制造工业	73	27
电器制造工业	89	11
木材及建筑工业	4	96
土石品工业	49	51
化学工业	75	25
饮食品工业	23	77
纺织工业	49	51
服饰品工业	8	92
文化工业	16	84
杂项工业	6	94

资料来源:国民政府经济部统计处:《后方工业概况统计》,《统计界简讯》1943 年第 23 期。

表 11-4 显示,在冶炼、机器、化学等矿业或矿业相关行业中,国营经济占据绝对优势。民营经济主要集中于轻工业领域,如饮食、木材、文化、

杂项等部门。国营、民营经济成分在矿业和轻工业的差异既是矿业本身特点的反映,亦构成后发地区近代化需要政府积极干预的本质。

　　抗日战争前夕,国民党政府即关注后方石油潜力,经实地勘测陕西延长永平油矿等油田相继出油,并在四川巴县设立四川油矿探勘处,在巴县等地寻找油田,但"虽间有兴作用,终鲜成效"。"七七事变"后,中国依旧属于"毫无石油生产之国",持久抗战受到资源制约。因日军推进过快,中国出海口相继受到封堵,仅有的陆路交通线因首先优先供应武器运输而压力骤增。石油虽然属于重要战略物资,却难以有效运入后方,形成"油料来源几濒断绝"[1]的危境。随着国民党政府西迁,石油供求矛盾进一步加剧。在战争消耗下,中国军队"对于石油生产,刻不容缓"。为维持军需,资源委员会决定在距离战场较远,已探明石油资源比较丰富的甘肃、新疆、四川开发石油。虽然四川探勘得油较少,新疆因政局变动"中经顿挫",但甘肃玉门油田取得较大成就,一度成为战时中国石油来源的中流砥柱。纵向分析,抗日战争期间,石油工业获得较快发展,资委会在报告中称"能有今日之成效者,实缘抗战所促成"[2]。

　　战争爆发后,日军封锁中国海港,加之工业西迁、外国援华物资输入国内,汽油供求日益失衡。同时,四川勘测尚未取得明显成效。在各种因素共同作用下,资源委员会决定组建甘肃油矿筹备处,选派专业人员远赴荒漠探测石油。因玉门与陕甘宁边区距离较近,周恩来亲自批准将边区延长油田设备运交国民党政府,以加快玉门油田开采速度。经过各方面努力,4个月后玉门油田开始产油,"虽油量不多,但予人鼓励至大"[3]。

　　因玉门油田地理位置相对偏僻,开发初期"地下藏量未能判断",经

---

[1]　何葆善:《十年来之石油事业》,见谭熙鸿主编:《十年来之中国经济》上册,中华书局1948年版,第h6页。

[2]　玉门石油管理局史志编纂委员会编:《玉门油矿史(1939—1949)》,西北大学出版社1988年版,第10页。

[3]　郭可诠:《抗战八年来之油矿经营记实》,《资源委员会季刊》1946年第6卷第1—2期。

济委员会"未敢遽斥巨资,大量开发"①,仅在西北处安置小型蒸馏锅。1938 年,玉门油田勘探进入攻坚阶段。次年,甘肃油矿筹备处在石油河等地发现原油,并少量出产,遂决定于东西两岸进行探采,预计储量"为数甚丰"。1939 年 4 月,油井打通浅油层,虽获油较少,但油田潜力得到证明。消息传开后,国民党政府立即修建矿区公路,使其与甘青公路连接,并架设直达酒泉电话线。同时,在矿区修建房屋,改善施工人员生活条件。

随玉门油田产油逐渐增加和探勘对其潜力评估的乐观。资源委员会制订大规模开发计划,向国外订购新式开采设备,确保尽早出油。在采用陕北旧机器基础上,从高坑、湘潭、萍乡煤矿运入采煤钻探机,化解国外机器尚未运入造成的动力危机。为提高玉门油田政治地位,简化行政管理,甘肃油矿局取代甘肃油矿筹备处,成为正式政府机构。当年打通油井 7口,平巷 3 处,经简单加工可产少量汽油。1941 年,美国钻机、抽油机、油管套管及其他炼油设备相继运到,筹备处亦改组为甘肃油矿局。在新设备支持下,玉门油田开井 8 口,其中 2 井深入 400 余米发现大油层。因石油储量过于丰富,部分钻井发生井喷现象。油田技术人员感叹"原油自喷而出,不须抽取,尤具经济价值"②。其余各井虽然深度较浅,但亦钻入浅油层,堪称"陕北最佳之井"。玉门石油工业虽有起色,但探勘效果有限。资源委员会拟继续扩大玉门油田生产,加快冶炼厂建设,以供空军与陆军运输部队需求,争取 3 年中产量增至 1340 万加仑。

太平洋战争爆发后,日军攻击英美在东亚、东南亚殖民地,客观造成玉门油田订购美式器材计划终止。国民党政府尝试向苏联、英国订购石油器械,遭到两国拒绝。外援断绝造成玉门油田"开发工作,几至难以为

① 何葆善:《十年来之石油事业》,见谭熙鸿主编:《十年来之中国经济》上册,中华书局1948 年版,第 h9 页。
② 郭可诠:《抗战八年来之油矿经营记实》,《资源委员会季刊》1946 年第 6 卷第 1—2 期。

继"。1942 年成为"甘肃油矿史最暗淡时期"①。鉴于外国器械难以入华,石油供求缺口日益扩大的压力,国民党政府决定在国内尽可能搜罗设备援助玉门煤矿。采油方面除以延长油田旧设备继续施工外,将四川探勘机器搬入一部,以图"整理凑集",增加钻井能力。实践证明,四川油田器材"对甘肃油矿之采探,裨助不少"②。在各地设备云集的情况下,玉门油田打深井 3 口,最旺 1 口日出产量 500—600 桶,全矿日产石油 500—600 桶,汽油近 200 万加仑。原油产量增加客观引起炼油能力不足。玉门油田每年可产汽油 10 万桶,但因器材限制,炼油成分仅为 20%。玉门油田所产原油含蜡量较高,冬季易冻结。因此,采炼过程中需架设恒温设备,客观引起炼油成本增加。为应对新情况,资源委员会在大后方各省加快收购步伐,帮助玉门油田自制设备,确保炼油能力"与原油产量配合"。炼油设备日益改进,由最初锅式蒸馏炼炉向管状蒸馏炉过渡。在新设备支持下,矿方以裂化法炼油,使提炼汽油比例增加同时在井场与炼厂之间铺设油管,避免石油凝结,有效降低炼油成本。

虽然玉门油田地理位置较偏僻,运输困难,造成设备缺乏和原油囤积。但是在政府干预下,经矿局努力经营,"已有各项成绩","虽在战期艰苦之中,已能年出汽油数百万加仑"③。为克服交通困难,玉门油田计划筹建玉门至兰州输油管道,建成之后即可在兰州建设炼油厂,"以利供应"。抗日战争期间,玉门油田生产汽油 30 余万桶,煤油、柴油 10 余万桶,产品运销后方多数省市。大部分地区"凡所用油,皆赖其供应"④。因战时特殊情况,玉门油田所产汽油多为军用,其次为交通和建设事业。煤油则为民间消费(见表 11-5)。

---

① 郭可诠:《抗战八年来之油矿经营记实》,《资源委员会季刊》1946 年第 6 卷第 1—2 期。

② 郭可诠:《抗战八年来之油矿经营记实》,《资源委员会季刊》1946 年第 6 卷第 1—2 期。

③ 中国第二历史档案馆编:《国民政府抗战时期厂企内迁档案选辑》中册,重庆出版社 2016 年版,第 637 页。

④ 郭可诠:《抗战八年来之油矿经营记实》,《资源委员会季刊》1946 年第 6 卷第 1—2 期。

表 11-5　玉门油田产量(1939—1945 年)　　　　(单位:吨)

年份 ＼ 产品	原油	汽油	煤油	柴油	石蜡
1939	128784	4160	4101	7393	505
1940	414702	73463	32335	61535	5044
1941	3635109	209321	112590	141125	5180
1942	14262330	1895724	596935	53090	5440
1943	18769785	3036594	558458	28468	3627
1944	21202450	4047940	2157657	155374	13395
1945	20253960	3766347	1654197	270292	13540
总计	78667120	13033549	5116273	717277	46731

资料来源:陈真编:《中国近代工业史资料》第 4 辑,生活·读书·新知三联书店 1957 年版,第 942 页。

学术界从理论出发指出四川"具有产油之希望,须待时机钻探,定其价值"①。1936 年,资源委员会划定巴县石油沟、达县、税家槽为矿区,订购德国器械,并于矿区附近修筑公路等基础设施。由于战争爆发,外购机器暂时难以运入,直至 1938 年油矿方开始钻井。资源委员会设立四川油矿探勘处,技术人员首先于石油沟一带打井 1 口,深度虽达 1400 公尺,但"仅略见油花"。虽然石油所获较少,该矿"产天然气甚富"。伴随广州失守,美制器械难以按时运输入川,资源委员会鉴于资金不足、暂停巴县等地石油勘测,转而在威远臭水河、隆昌圣灯山一带打井取油。1940 年 7 月,威远钻井 1402 米,两处"均未见油,仍产天然气",却发现盐矿与天然气。1943 年 5 月,隆昌打井 350 米,未发现石油,却意外获得日产 100 余

①　郭可诠:《抗战八年来之油矿经营记实》,《资源委员会季刊》1946 年第 6 卷第 1—2 期。

万立方米的天然气富矿。四川油田勘探虽然探油成果相对较少,但"以天然气而论,已证实可大量生产"①。

四川探油进展较慢,但发现"大量之天然气",且"已证实可得利生产"。隆昌县经勘探发现"有储油之希望",石油产量相对有限,但该地"发行丰富之天然气,其生产能力5倍于巴县"②,经压取即可获得汽油,"效率与汽油相近"。经济部决定在四川境内"更从事探勘工作"。

抗日战争前夕,中国已勘煤矿多集中于东北、华北。因距离日军前锋较近,主要产煤区陆续丢失。西部各省已开发煤矿相对较少,"大多数均是土法开采"③,且受制于基础设施"煤业基础幼稚"。国民党政府西迁后,重要工厂相继迁入大后方,交通和工业用煤激增,"煤焦之需要,极感迫切"④。煤是基本燃料,不仅为民众生活所需,而且是军队运输基本需求。为满足战争和群众需要,"经济部"要求3年中煤产量由5万吨增至800万吨,主要增产来源于三方面:(1)大力开发满足军工生产和工业需要的如天府煤矿、石燕煤矿、嘉阳煤矿、威远煤矿。(2)重点发展铁路专用煤矿,如供应湘桂铁路的祁零煤矿、宜山煤矿,粤汉铁路煤炭来源的湘南煤矿等。(3)增加焦煤产量以应钢铁工业或其他冶炼部门需要。如大渡口铁厂重要煤炭来源之南桐煤矿、云南钢铁厂之宣明煤矿等。

资源委员会从西部矿业设备较少情况出发,在战场西移之前从河南、湖北、湖南等地搬迁部分煤矿机器进入西南地区。河南中福煤矿迁入四川后,为四川第一大煤矿——天府煤矿提供技术与器械支持。湖北大冶利华煤矿机器转让于裕华纱厂,虽然不再用于矿业,却在纺织领域继续发挥作用。湘潭煤矿入川后改组为嘉阳煤矿。内迁矿业工厂在大后方技术、资金薄弱历史环境下发挥举足轻重作用(见表11-6)。

---

① 何葆善:《十年来之石油事业》,见谭熙鸿主编:《十年来之中国经济》上册,中华书局1948年版,第h10页。
② 郭可诠:《抗战八年来之油矿经营记实》,《资源委员会季刊》1946年第6卷第1—2期。
③ 林继庸:《战时后方民营工业动员——林继庸在中行经济研究处经济讲座演词》,《大公报(重庆)》1942年5月13日。
④ 谢学锦等主编:《谢家荣文集》第4卷,地质出版社2008年版,第115页。

表 11-6　内迁矿业统计

项目 业别、厂名	原设 地点	负责人	内迁 地点	主要 产品	备注
煤矿业 中福煤矿公司	河南	孙越崎	川东	煤	与天府煤矿合作
利华煤矿	大冶	黄师让	重庆	煤	机器转让给裕华纱厂，未复工
湘潭煤矿	湖南	孙越崎	川西	煤	改组为嘉阳煤矿
湘江煤矿	湖南	陆苞吾	川东	煤	部分机器迁川
民生煤矿	河南观音山	张伯英	陕南	—	—

资料来源：章伯锋、庄建平主编：《抗日战争》第 5 卷，四川大学出版社 1997 年版，第 299 页。

　　资源委员会针对煤炭供应紧张情况，采取开发新矿、扩展旧矿，鼓励民营资本开采等有力措施。针对大后方国营煤矿、民营煤矿并存，缺乏统制的现实，资源委员会简化贷款手续，垫付部分开发资金，并协助各矿充实设备。同时，调整收购价，确保煤矿合理盈利。经过调整，后方煤矿管理与协调体制基本达到责任到位，有效减少因制度设计不合理造成的拖沓之风。1943 年后，因成本提高，劳动力参军引起人力不足，产运皆受到冲击。同时，大后方经济整体萧条进一步诱发煤炭业不景气。"经济部"为挽救困境，申请四行联合办事总处接洽借款，向各矿及时注入资金，帮助其更新设备、获得流动资金尽快走出危机。据统计，1938 年后，在资源委员会协调、支持下国民党统治区煤产量逐步提高，除 1944 年因豫湘桂战事减产外，其余年份保持稳定增长（见表 11-7）。

表 11-7　后方煤炭产量（1938—1944 年）　　　　（单位：吨）

年份	产量
1938	4700000
1939	5550000

续表

年份	产量
1940	5700000
1941	6000000
1942	6313697
1943	6617000
1944	5502000

资料来源:中国国民党中央委员会党史委员会编印、秦孝仪主编:《中华民国重要史料初编·对日抗战时期》第2编,作战经过(3),中国国民党中央委员会1981年刊本,第601页。

　　另据统计,1937年,后方各省产煤约19808吨,1945年达到75万吨①,增长近40倍。在资源委员会等机构干预下煤矿产量"逐渐增加,后方各省有冶炼交通航运以及各种工业与城市需用煤焦,得以勉强供应"②。1945年,大后方重要省份基本存在煤矿分布。以往产煤较少的贵州、甘肃等省成为支撑抗日战争重要原料产地。

　　贵州长期处于地方军阀控制,煤矿开采相对缓慢。抗日战争爆发后,因贵州距离战场较远,且探明储量丰富,逐渐成为大后方重要煤炭来源区。1938年,为满足钢铁工业需求,兵工署与"经济部"合办钢铁厂迁建委员会、南桐煤矿筹备处。两企业筹划开采贵州桐梓县、重庆南川县交界的桃子荡煤田,以供应重庆大渡口钢铁厂需要。

　　1941年,贵州企业公司主持成立贵州煤矿公司,接办巫峰山筑东煤矿。同年12月,贵州煤矿公司将辖区内土窑统一收购,成立沙河办事处,以实现先进技术和规模经济优化组合。1944年,因黔桂铁路抵达贵阳,资源委员会增设黔西煤矿处,开发都匀煤矿,"以资救济"。公司积极开发林东煤矿专供黔桂路燃料。巫峰山筑东矿场处于西南煤海中心区位,具有较好开采前景,虽然巫峰山、沙河煤矿储备量约200万吨,尚属中等,

---

① 章伯锋、庄建平主编:《抗日战争》第5卷,四川大学出版社1997年版,第317页。
② 张伯颜:《抗战八年来之煤矿业》,《资源委员会季刊》1946年第6卷第1—2期。

但其他各矿"储量甚丰,煤质亦较佳"[①]。巫峰山筑东矿场主要煤层生产能力为日出百吨。沙河办事处仍然采用手工业方法,每日生产约为30吨。与广西、江西相比,贵州煤矿距离消费区较近,运输成本低廉。巫峰山筑东矿场位于贵阳东门外,沙河办事处则处于贵阳老城区之红边门,两矿"运销贵阳,均甚便利"。

广州失守后,海路运输基本断绝,以云南为枢纽的西南国际线路价值逐渐提高,英美援华物资通过滇缅公路源源不断进入中国,运输量增加之时,对煤矿资源需求有所提升,云南矿业面临较大挑战。资源委员会以公路、铁路为核心将云南供煤区域分为三大块:(1)滇越铁路及川滇、滇缅两路靠近昆明之一段;(2)川滇东北段;(3)滇缅西段。[②] 后因滇缅公路暂时中断和滇越铁路被法军封闭,主要用煤区局限于川滇一部分,但总体需求依然较大。

1938年,叙昆铁路动工,为满足建设需要资源委员会在宣威打锁坡、观音塘等处开辟国营煤矿。云南省财政厅亦成立宣威煤矿筹备处,协助资源委员会开采煤矿。1939年,双方协商决定合资开采,并决定组建宣明煤矿筹备处,将工作面延伸至嵩明。打锁坡煤田分三层,平均厚度1.5米,均为含硫量较低优质煤,适合冶金等战略工业使用,预计储备量668万吨。后因战区扩大,叙昆铁路中断,矿方将剩余煤炭炼制冶金焦煤,运销昆明等地钢铁厂。同时建设炼焦炉等设备,先后建成炼焦炉60座、洗煤台1处,日可洗煤32吨。另有手工洗炼池2个,昼夜出煤8吨,炼焦土炉100余个,每炉产焦煤600公斤,焦油3—4加仑,氨水5—7加仑,粗苯0.5加仑。

湖南煤矿资源相对丰富,境内原有湘南、醴陵、观音滩三座煤矿。资源委员会进入湖南后,根据战前调研材料在原有基础上进行扩建开发。1939年9月,湘南煤务局先后探采永兴、耒阳等处白煤矿、资兴烟煤和汝城、宜章钨、锰、锡等金属矿。受矿区分散影响,煤务局下设一、二、三、

---

①　李应元:《成渝铁路与四川经济》,《四川月报》1937年第1期。

②　张伯颜:《抗战八年来之煤矿业》,《资源委员会季刊》1946年第6卷第1—2期。

四厂。

湘潭地区煤炭储量比较丰富。1937年9月,资源委员会与中福两公司组成办事处,利用中福西迁设备在湘潭谭家山开发煤矿,以供粤汉铁路和中央钢铁厂所需燃料。因战争迫近,次年迁入四川。1938年7月,为满足湘黔铁路燃料需求,资源委员会特设恩口煤矿局,与中兴煤矿公司签约成立湘乡恩口煤矿公司。仅仅4个月,受制于破路计划,矿场器材被迫转运云南交由明良公司继续经营。政府机构之外,其他资本对湘潭煤业投资逐渐增加。1943年7月,江湘煤矿公司与金城银行签约组建湘江矿业公司,以扩充湘潭杨嘉桥煤矿以供应粤汉、湘桂铁路燃料为主要目标。经勘测,煤层分为上下两层,上层厚7尺,下层厚4.4尺,煤质优良,储量约3000万吨。虽然因矿山与湘河码头之间10公里距离依靠人工挑运,但矿方开始着手修建铁路直达湘江码头"一俟完成,即可大规模开采"①。

武汉、广州失守后,湖南煤矿重要性进一步突出,永州、怀化等距离战场较远地区新矿相继开发。1938年10月,以湘桂铁路为主要供应点的祁零煤矿筹备处成立。筹备处以原茂胜煤矿为基础,采用直井口开凿技术深入开挖煤层。1939年10月,正式产煤,经探明矿场蕴藏年约为8949000吨。

1938年8月,辰溪煤业办事处成立办事处在整理旧矿、添设配套设施之时对新矿探勘投入相当精力。1938年10月,办事处与大冶源华煤矿公司合作,利用西迁机器组建辰溪煤矿公司,承租辰溪桐湾溪等处矿区。矿分布地区较广,公司先后开挖炭口坡、松林坡、王家桥等矿井。因矿井靠近河床,部分采煤区受地下水冲击难以开采,旋即停工。所以产量相对有限,仅可由辰溪煤业办事处负责销售。

国民党政府西迁重庆后,四川地区工厂林立,需煤骤增。尽管民营煤矿如雨后春笋般涌现,但与极速扩大的需求相比依然杯水车薪。为增强战争潜力,资源委员会决定大力开发四川资源,支持内迁工业。武汉会战之际,平汉路北段煤矿相继失守。"经济部"抢先将中福煤矿拆迁机器运

---

① 张伯颜:《抗战八年来之煤矿业》,《资源委员会季刊》1946年第6卷第1—2期。

入四川开发天府煤矿、嘉阳煤矿,后陆续投入威远煤矿、石燕煤矿建设。四川旧有的三才生、宝源、江合、东林等煤矿则进一步扩充设备,扩大生产。另外,资源委员会以注资、贷款等方式先后成立华安、华银、全济、华昌、义大等公司。在"经济部"帮助下,四川煤矿获得较快发展。1938年,全省产煤约140余万吨,1940年增至279万吨①,增幅约100%。

1939年,为供应岷江流域各县和重庆钢铁厂用煤,资源委员会、中福两公司联合办事处、民生公司等部门合资成立嘉阳煤矿公司。公司采用湘潭煤矿公司器械、人员为基础勘探犍为、屏山地区芭蕉沟地区,并于该地设厂开矿。6月,芭蕉沟煤矿正式产煤,所出煤矿由燃料管理处统筹,交由岷江办事处分配各用户。后燃料管理处停止垫付款项,该矿转由自行经营。矿方于朱石滩设营业处,宜宾、重庆等地设办事处,负责煤炭销售和管理。

芭蕉沟煤矿虽然仅拥有1层煤层,且相对较薄(厚度约0.65米),但储量达到2500万吨,日产煤500吨。因运输条件限制,煤矿潜力未能得到充分发挥。嘉阳煤矿公司修建矿山至马厅溪轻便铁路,并购进翻斗车150辆。为方便重庆往来运输,公司在朱石滩销售处购置木船70余艘,雇佣商船30余艘,总载重量约5000吨。

1939年,自贡盐场用煤逐渐增加,盐务总局决定开发黄荆沟煤矿局。因积水过深,排水设备功率较小而被迫放弃。次年,资源委员会与中福两公司联合办事处将其改组为威远煤矿公司。威远煤田仅一层,厚度约0.7米,但含硫量较低,煤质较好。公司成立后,利用盐务总局废弃矿井排水、采煤,实现日均产能300余吨,所产焦煤专供威远铁厂和自贡盐场。

为弥补政府资金缺口,资委会吸纳部分民间资本参与四川煤业公司,形成资源委员会、四川省政府和民间商人合办的官商企业。公司下辖江北县桶井镇煤矿、广元县杨家岩煤矿,并收购璧山钢厂。桶井镇煤矿预计储量超过200万吨,矿业设备比较成熟,共有开平巷4道,均已产煤。

---

① 中国国民党中央委员会党史委员会编印、秦孝仪主编:《中华民国重要史料初编·对日抗战时期》第2编,作战经过(3),中国国民党中央委员会1981年刊本,第602页。

　　1945 年,受到豫湘桂战役影响,部分煤矿沦陷。国民党政府出台嘉陵江区春节前后增加产运煤斤办法,"施行以来,颇见成效"①。1—3 月,各矿产量均有所增加。1944 年,四川嘉陵江地区 11 月、12 月煤产量分别为 5 万吨、5.8 万吨。1945 年 2 月,在生产周期较短情况下出煤 6.4 万吨,外加运往重庆销售部分,共计 70267 万吨②。3 月,各矿上缴煤炭 72059 吨,超过 1944 年平均每月 5 万吨水平。

　　两广地区因部分已沦陷敌手,且已发现煤矿相对较少,截至抗日胜利,两省仅拥有较大型煤矿各一座。广西境内多为贫矿,仅合山煤矿具有较大潜力,全省用煤"大部分是湘煤接济"③。1938 年 7 月,矿务局与广西省政府筹设平桂矿务局,将西湾煤矿纳入管理。因日军轰炸,电厂遭到破坏,动能断绝、矿内积水,一度停产。为维持广西仅有煤炭生产力,厂方调入柴油机、蒸汽机各一部附带发电设备。经整顿和扩大,1 日产煤达到 200 吨,除供应锡矿和民用之外,向梧州等地销售。总体而言,西湾煤矿存量较少,约为 200 万吨。就地理而言,该矿沿贺江至梧州,虽有水路相通,"但为浅水区,不得不限制生产"。1944 年,资源委员会对广西合山煤矿提供贷款,帮助其修建运道、增加产量。平桂矿务局以西湾煤矿为核心,主要供应省内电厂和锡矿之用。

　　1941 年 1 月,"经济部"和广东省政府合组工矿理事会,经营乳源八字岭煤矿,因运输困难,产量偏少。1944 年,资源委员会主办煤矿,拟修建矿区到港口轻便铁路,受豫湘桂战役影响作罢。尽管因煤矿靠近战区,开采进度较慢,但乳源八字岭煤矿储藏量达到 7000 万吨,足以供应粤汉铁路南段地区。

　　除西南后方煤矿相继开发之外,江西等省区虽然临近战区,甚至部分地区沦为战场,但自然资源丰富,部分煤矿依然得到开发。1936 年,为供应中央钢铁厂需要,国民政府筹建高坑煤矿,开凿大井 2 口。抗日战争爆

---

　　① 《战时生产局工作——翁兼局长于招待记者时报告》,《中央日报(重庆)》1945 年 3 月 13 日。
　　② 章伯锋、庄建平主编:《抗日战争》第 5 卷,四川大学出版社 1997 年版,第 269 页。
　　③ 张伯颜:《抗战八年来之煤矿业》,《资源委员会季刊》1946 年第 6 卷第 1—2 期。

发后,主要煤产区为日军控制。武汉、重庆等地煤炭供应缺口逐渐增加,江西作为煤矿重镇地位逐渐突出。1937 年 2 月,资源委员会与江西省政府筹建天河煤矿筹备处,以旧隆煤矿产煤供应浙赣铁路。1938 年,矿方动工开凿双山新井,旋因战事迫近暂时停工。次年 7 月,战局相对稳定,筹备处鉴于江西工业有所发展,煤炭需求量增加,决定继续开挖双山新井,“以谋大量开采”。天河煤矿煤质较佳,且厚达 7 尺,“煤质颇合工厂之用”[1]。为应对新形势,“经济部”将筹备处升格为局,大力整理既有各矿,以供各地需求。1939 年南昌失守,煤矿成为前线被迫暂停开采,重要设备运往湖南祁零煤矿。伴随战局稳定,高坑煤矿逐渐恢复生产,并生产焦煤供应湘桂铁路。

江西部分地区属战区,矿业发展受到较大限制。高坑煤矿潜力较大,煤层达到 4 层,平均厚度超过 6 米,估计储量 2000 万吨以上,且煤质较好“适合冶金焦之用”。然因其距离战场较近,受到较大影响。长尾塘本有大井 2 口,但因战争迫近,被迫停开,“尚未见煤”。白马庙煤厂本有 7 公里重轨铁路,因战争迫近被迫拆除。此后矿方采用手推车运输至码头,由船运至渌口改装火车。萍乡属于富矿,长期供应汉阳铁厂等重要企业。抗日战争前夕,资源委员会专设萍乡煤矿整理局,以萍矿为主要开采对象。平汉路被日军切断后,武汉用煤多依靠该矿。但受战争冲击,萍乡煤矿“未及多量产煤”,增天河煤矿“亦因战事关系……第二步扩充计划未能实行”[2]。

抗日战争时期,供电能源以火力与水力为主。因水电站投入成本较高,地理因素涉及复杂,所以,火力发电成为首选。武汉会战前,国民党政府设有 7 个电力单位:(1)川鄂区电厂工程处负责长江和陕甘一带电厂建设。下辖武昌电厂、汉中电厂、宜都电厂、兰州电厂、万县电厂。(2)湘黔电厂工程处,设于长沙,负责湘西电厂、贵阳电厂、萍乡电厂。(3)云南电厂工程处,位于昆明城西滇池向石嘴村。(4)龙溪河水力发电厂,设于

---

①　张伯颜:《抗战八年来之煤矿业》,《资源委员会季刊》1946 年第 6 卷第 1—2 期。

②　中国第二历史档案馆编:《国民政府抗战时期厂企内迁档案选辑》中册,重庆出版社 2016 年版,第 635、636 页。

四川长寿县。(5)湘江电厂,1938年投产。(6)西京电厂,位于长安,是大后方最早供电电厂。(7)安庆电厂,因安庆失守停用。此后,伴随采煤业发展和政府干预力度加强,抗日战争胜利前夕已建成火力发电单位18个,除上述保存部分电厂外,湘西、贵阳、柳州、汉中、宝鸡等工业相对落后地区亦出现电厂。

20世纪30年代,中国属于经济、工业相对落后的农业国,中国政府缺乏足够的工业能力和外汇储备应对全国性战争。特有矿产成为换取先进武器和平衡外汇支出的重要交换品。锑、钨、锡、汞主要产区分布于西南各省。钨矿以江西南部为主要产区,广东北部、广西等省亦有所分布。钨属于战略物资,中国武器制造业相对落后,需求量较小。抗日战争前夕,中国政府以钨矿为主要原料换取德国军火。钨矿以江西、湖南和广东为多。河北、福建、广西等省虽有出产,但数量较少。湖南省钨矿集中于汝城、桂东、临武、宜章、资兴、郴州、茶陵等县,其中资兴县矿苗较旺。广东省钨矿以翁源县和乐昌县为主,从化县和珠三角的梅县、东莞县亦有所分布。河北迁安、福建长乐、霞浦和广西宾阳县有少量钨矿。江西钨矿分布于赣南17个县,以大余县西华山、会昌县米田、安远县仁风山、赣县黄婆地、龙南县龟尾山为主要矿区,"综计全省矿苗,纵横达千里,广东、湖南的矿脉都由此而分出"①。

为更好统筹全国资源,国民党政府加强对矿业控制。"经济部"统一管理国民党统治区煤、铁、铜、锌、钨、锡、汞、锑、石油等战略矿产开采和加工工业。1938年,国民党政府公布《非常时期农矿工商管理条例》,将金、银、铜、铁、铝等矿产及其制品纳入统制范围,针对各种金属矿不同特点,"分别专设机关执行管理事项",主要涉及:(1)生产或经营之方法;(2)原料之种类及存量;(3)工作时间及劳工待遇;(4)品质及产量存量;(5)生产费用;(6)运销方法;(7)售价及利润。② 资源委员会先后开发江西西华、大吉,广东八宝山等地钨矿,广西桂平、湖南江华、江西洪水寨等

---

① 杨德惠:《中国的钨矿业及贸易现状》,《商业月报》1936年第16卷第8期。
② 《非常时期农矿工商管理条例》,《四川经济月刊》1938年第10卷第4—5期。

地锡矿,湖南、贵州边疆三雀湾等处汞矿。钨矿属生产武器重要资源,资委会对钨矿控制力度较大。20世纪40年代,国民党政府实业部统计钨矿开采87区,其中国营6区49059130公亩,民营81区165558.91公亩。江西省6区490591.30公亩,湖南31区165588.91公亩,广东省3区641765公亩,四川省2区314380公亩①,除江西省外,其余为民营矿。

从矿业属于资源密集型和资金密集型特点出发,"经济部"要求"关于战时必需之各矿业"②转由政府经营。企业职工薪水根据各地情况统筹发放。企业罢工或擅自停工属于违法行为,因战争停业者由主管部门批准后限期复工或组织迁移。未经"经济部"批准罢工或蛊惑停工,判处7年以下有期徒刑,并课以1000元以下罚金,怠工者处1年以下有期徒刑。企业技术或管理遇有困难之处,上报"经济部"解决,如不服从指挥,则由"经济部代管"。企业技术革新先报告"经济部"核定,由该部决定保密或试验。所得成果"收归政府利用,或由政府投资合办"③。同时,为维持企业正常发展,"经济部"在资金、材料、规划、设备、技术、能源、销售、用工等方面进行帮助,确保战略资源生产稳定。

伴随抗日战争进入相持阶段,战局相对稳定。为增强持久抗战能力,国民党政府制定国防工业三年计划大纲,加快军事工业建设和武器进口。为实现既定目标,国民政府制定7项规划,其中矿业涉及三项,即:(1)加速促进兵工所需原料及制品之生产,以应军事需要。(2)积极增加出口物资换取外汇。(3)建设基本工矿事业,以奠定工业化之基础。④ 锑、钨等战略资源既需供应战争需要,亦担负"易货及债信关系,自应积极增加产额"⑤,3年后钨砂产量23800吨,锡和锑分别增至18600吨和12000吨。

---

① 杨德惠:《中国的钨矿业及贸易现状》,《商业月报》1936年第16卷第8期。
② 《非常时期农矿工商管理条例》,《四川经济月刊》1938年第10卷第4—5期。
③ 《非常时期农矿工商管理条例》,《四川经济月刊》1938年第10卷第4—5期。
④ 浙江省中共党史学会编:《中国国民党历次会议宣言决议案汇编》第3分册,浙江省中共党史学会1986年版,第121页。
⑤ 重庆市档案馆、重庆师范大学合编:《中国战时首都档案文献·战时工业》,重庆出版社2014年版,第27页。

资源委员会统制矿产品之时,亦注重产品生产,以政府力量干预矿业发展。为确保矿业政策生产,"经济部"制定特别政策对矿业生产进行适当保护和鼓励,以投放贷款、矿工免兵役,甚至采取黄金购锡等手段确保生产稳定。国民党政府在西部各省综合考虑燃料、运输条件等因素选定新的工业中心。而矿场所需能源尤其是石油与煤炭则"由政府设立电厂,开发煤矿,以资供给"①。在资源委员会帮助下,中国矿业发展"为一般商力所不及"。

为扩大国外市场,资源委员会在上海设立国外贸易事务所,并在海防、仰光、纽约、兰州等地开设分所。抗战初期,贸易事务所在香港出售矿产品,并负责与美苏等国进行物物交换,每年交易数额达 13000—28000 吨。后虽因战场扩大,部分线路堵塞,但中方基本保证按约履行义务。为了满足矿产外销需要,资源委员会利用驼峰航线美国空军返程之际运输矿产。

在资源委员会努力下,"美苏两方,对我国艰困中履行信约之精神,均表深切满意"②。因处于战争时期,各种矿产量与战争局势、外国需求息息相关,形成波动状态。钨属于军工业重要物资,钨矿需求持续走旺,"产量又日见其高",产量稳定于 9000—10000 吨。1937—1940 年,锑矿维持 8000 吨以上,主要出口美国。太平洋战争爆发后,锑矿外运受阻。美国以墨西哥锑矿取代中国锑为主要原料,造成锑生产"不得不从事减低"(见表 11-8)。

表 11-8　钨锑锡汞产收后外销数量总计(1937—1945 年)　　(单位:吨)

产销 年份	产收					外销				
	钨	锑	锡	汞	总计	钨	锑	锡	汞	总计
1937	11927	14597	—	—	26524	14057	8583	—	—	22640
1938	12556	9463	—	—	22019	7985	11112	—	—	19097
1939	11509	12017	1840	169	25535	7801	5482	208	—	13491

---

① 章伯锋、庄建平主编:《抗日战争》第 5 卷,四川大学出版社 1997 年版,第 12 页。
② 郑洪泉、常云平总主编:《中国战时首都档案文献·战时科技》下册,西南师范大学出版社 2017 年版,第 1801 页。

续表

年份＼产销	产收					外销				
	钨	锑	锡	汞	总计	钨	锑	锡	汞	总计
1940	9543	8469	16497	91	34600	2915	873	1947	137	5872
1941	12372	7989	6994	120	27475	14276	8041	6459	128	28904
1942	11897	3510	8087	163	23657	7402	89	3601	195	11287
1943	8973	428	4418	118	13937	10320	—	7260	96	17676
1944	3226	204	1570	103	5103	7707	—	6460	88	14255
1945	—	—	1878	62	1940	3393	1567	1756	23	6739
总计	82003	56677	41284	826	180790	75856	35747	27691	667	139961

资料来源:杨景炳:《抗战八年来之钨锑锡汞业》,《资源委员会季刊》1946 年第 6 卷第 1—2 期。原始表格中的总计数据有误,本表已订正。

　　矿业承担初级产品交换援华物资使命。因此,出口运输成为矿业重要组成部分。出口运输分为两个阶段,即产地至集中地和集中处至出海口。抗战前夕,矿产品出口线路为产区汇集于所在地省会,由南昌、广州等省会城市运至香港、上海等重要港口出口。战争爆发后,上海失守,长江航线出口功能减弱。锑、锡等重要矿产出口途径屡次因战争变更,即使国内运输线路亦受到较大影响。伴随战线西移,各产区集中地由南昌、广州等国内主要城市变为赣县、南雄、衡阳、镇远、桂林等距离战场较远、社会秩序相对稳定的地区。出口线路受战争影响较大,以沦陷区范围变化分为 3 期,标志性事件分别为广州失守、日军攻占越南和太平洋战争爆发。

　　日军攻占广州之前,中国矿业主要出口基地为香港。江西钨矿、湖南锑经由南雄、曲江、广州进入香港。广东钨砂则直接由广州,通过广九铁路运入香港。广州丢失后,长江水运线路中断,国民政府在桂林开设钨锑联合运输处,以桂同线为干线,经桂林、柳州、南宁、越南同登和海防出口。此阶段,战线西移造成国内运输线路进一步复杂。

　　随着法国在欧洲战败,日军控制法属越南,海防、同登运输线为日方控制。为规避日军骚扰,中国政府将运输线路转移至贵阳,逐渐形成以贵阳为中心,滇缅路为纽带,香港、仰光为出口的新线路。干线为衡阳、桂林经柳州、三合、贵阳以至于昆明、畹町直达腊戍、仰光或香港。上期支线大部分保留,另开辟赣县之福州新线路。因日军掌握制海、制空权,中国矿业运输遭到劫掠,"运量不多,时运时辍",损失较多且"成就甚微"①。此时,中苏关系进一步密切,国民党政府为争取苏援,开辟由贵阳、重庆、广元直达兰州、猩猩峡(今星星峡)的对苏贸易线路。

太平洋战争爆发后,英美东南亚殖民地陆续丢失,香港、仰光为日军攻占,滇缅公路一度被切断。受制于战局,此段时期中国对外出口矿产局限于两条线路。第一条为西北线,在上期基础上加大对苏交易数额。其次即利用驼峰航线返程机遇在昆明运输出口,或经贵阳运往苏联。尽管此时运输成本较高,但"外运数量与前数期均能达到预期,美苏俱表示满意"。

与农业文明战争不同,抗日战争已处于工业时代,重工业对战争潜力的发挥和战争能力的强弱起决定性作用。而矿产资源拥有或调动能力则对工业发展发挥重要作用。中国虽然军工业相对落后,在战争倒逼下亦因"兵工资源需要迫切"不得不全力开发金属矿业,西南地区经济相对落后,但金属矿集中分布较多,为矿业发展提供有力物资基础。资源委员会从战略角度出发,"积极探勘,并设厂制炼,帮扶旧有铅锌矿厂并经济部协助增产"②。"七七事变"爆发后,为统筹战略资源,资源委员会对铜、铅等金属矿制订较详细计划。③

同时,资委会对铜、铅、锌等与兵器工业相关程度较高的金属矿予以重点探勘,先后出台调查勘探管制收购及生产精炼等计划。虽受基础设施落后等客观因素限制,未能完全实现既定目标,但既有的开发为抗日战争提供较大帮助,并为日后开采做好基础准备。为落实计划,资源委员会决定与地方政府合作成立专门机构同时推进4项计划。资委会与云南省

① 章伯锋、庄建平主编:《抗日战争》第5卷,四川大学出版社1997年版,第422页。
② 中国第二历史档案馆编:《国民政府抗战时期厂企内迁档案选辑》中册,重庆出版社2016年版,第638页。
③ 胡祎同:《抗战八年之矿业:铜铅锌》,《资源委员会季刊》1946年第6卷第1—2期。

合资组建滇北矿务局、昆明电冶厂,中央直辖或参与电化冶炼厂、川康铜铅锌矿务局等机构。重庆、昆明冶炼厂为精炼工艺,滇北矿务局、彭县铜矿筹备处、川康管理处肩负勘探、生产和收购工作。

　　滇北矿务局以东川铜矿为基础,以开发勘探和收购云南旧铜为主要铜源。1939 年,资源委员会派三组技术人员赴云南考察。

　　1940 年,东川铜矿每年可产粗铜 200 余吨,勘测储量 170 万吨,"经济部""正在筹备扩充选矿及冶炼设备"[1]。在实际工作中,资源委员会将云南矿区分为普通区和主要区。东川铜矿属于主要区,为首先开发地带。1942 年,资源委员会与中央研究院物理探矿团赴东川进行物理勘探。次年,在中央研究院地质调查组帮助下,探明东川落雪一处铜储量达到 35 万吨,东川地区铜矿储量"当近百万吨"。铜矿开采需要燃料较多,为应对大规模开发造成的燃料短缺,资源委员会在矿区附近尝试搜寻煤矿。虽然西洋沟等地陆续发现煤矿,但产量有限。煤矿不足造成东川铜矿以电力为主要动能。

　　1944 年,"经济部"派员赴美讨论共同开发东川铜矿。根据资料和技术能力,纽约惠勒顾问工程公司为东川铜矿作出具体规划。美方计划因地制宜,以水力发电为主要动力。矿区内采用轻便轨道、高线索道和公路为主要运输手段,生产、运输等环节实现半机械化,以提高效率。在此基础上,将产量提高到日产电铜 40 吨,矿砂 1000 吨。美方预计,规划首先需要投入约 1500 万美元,周期为 2.5 年,电铜生产成本约为每磅 1 角零 7 厘美元,尚属有利可图。尽管因基础设施落后,美国筹划未能完全实现,但为东川铜矿开发做好一定基础。8 年中,滇北矿务局虽因基础设施落后造成既定计划未能如期完工。然而在政府介入下依然取得较大成绩[2]。

　　因东川铜矿产量不稳定,开采时间过长。1940 年后,滇北矿务局铜产量逐渐下滑,由 300 余吨降至不足 200 吨,仅 1944 年勉强产铜 206 吨,

---

　　① 中国第二历史档案馆编:《国民政府抗战时期厂企内迁档案选辑》中册,重庆出版社 2016 年版,第 639 页。

　　② 胡祎同:《抗战八年之矿业:铜铅锌》,《资源委员会季刊》1946 年第 6 卷第 1—2 期。

7年总产量不足 1600 吨,甚至低于清朝时期(见表 11-9)。虽然铜矿因历史原因出产较少,但锌矿生产却取得较大成效。尽管早期锌矿生产出现波折,一度降至 13 吨。然而从 1942 年开始,滇北矿务局锌产量稳步增加(见表 11-10),在豫湘桂战役失利和滇西大反攻,云贵部分地区陷入战场的情况下,锌产量突破 90 吨,达到历史最高水平。

表 11-9　滇北矿务局粗铜产量(1939—1945 年)　　　(单位:公吨)

年份 / 生产事业	1939	1940	1941	1942	1943	1944	1945	7 年总计
滇北矿务局	313	338	167	176	194	206	182	1576

资料来源:章伯锋、庄建平主编:《抗日战争》第 5 卷,四川大学出版社 1997 年版,第 415 页。

表 11-10　滇北矿务局净锌产量(1939—1945 年)　　　(单位:公吨)

年份 / 生产事业	1939	1940	1941	1942	1943	1944	1945	7 年总计
滇北矿务局	40	13	20	60	47	73	95	348
总计	40	13	20	181	188	264	243	949

资料来源:胡祎同:《抗战八年之矿业:铜铅锌》,《资源委员会季刊》1946 年第 6 卷第 1—2 期。

　　1938 年,川康铜业管理处成立,因矿产增加改为川康铜铅锌矿务局。该局初期注重管理工作,以收购、统制金属矿为中心,兼顾探勘、开发。川康铜铅锌矿务局以宁雅两地为主要勘察对象,辖区北起金汤荣经,南至会理通安"延绵 800 余里"。因辖地过大,管理处分为宁属方面和雅属方面。宁属方面下设宁属分处、大铜矿厂、通安探矿队、地质勘测队。雅属方面则包含雅属分处、岩后矿厂、二郎矿厂、松林探矿队。受基础设施运力限制,川康矿产难以运往内地,转而致力于铅、锌生产。

　　国民党政府颁布《川康铜业管理规则》后,两省大至铜生活用品,小至铜元、制钱皆归该部门管辖。1939 年,两省实现收集旧铜 760 吨。其后虽然受到战争影响,但依然达到 500 吨以上,直至 1943 年共收集铜料 2600 吨。1942 年,伴随器材陆续运到矿区,矿务局决定以会理天宝山铅锌矿为主要开采对象,设炼厂于益门。天宝山矿床丰厚,益门一带拥有煤矿,内部运输较为便利,在"三者配合"情况下,"产量自易增进"①,采矿初期每月即出产锌15吨(见表11-11)。

表11-11　川康净锌产量(1939—1945年)　　　　(单位:公吨)

生产事业 ＼ 年份	1939	1940	1941	1942	1943	1944	1945	7年总计
川康铜铅锌矿务局	—	—	—	121	141	191	148	601

资料来源:胡祎同:《抗战八年之矿业:铜铅锌》,《资源委员会季刊》1946年第6卷第1—2期。

彭县铜矿筹备处成立之初即以勘探、冶炼为主要业务。然而当地矿砂含量较低,且内含硫、铁杂质。如不经过浮选则冶炼程序较多,成本过高加重企业经营困难,被迫等待美国设备输入后,方可正式冶炼。受战争环境影响,浮选设备难以及时运入,资源委员会鉴于该矿"生产极为困难",被迫放弃。彭县铜矿生产期间年产量50吨。

后方各矿多集中于采矿,冶炼技术相对落后。工业时代战争客观要求冶炼业快速发展。为满足战争需要,国民党政府在昆明、重庆分别成立昆明电冶厂和重庆电化冶炼厂。

因战时需要多为精铜,国民党政府在重庆、昆明设立炼铜厂,皆以电解法提炼精铜。重庆炼铜厂随后在綦江设立分厂,两厂日产精铜6吨。昆明炼铜厂产能稍逊,每日约2.5吨,但可附带产铝300公斤。1944年后受战争影响,粗铜来源减少,产量降至833吨,仅可满足兵工厂和电力事业使用。

昆明电冶厂前身为中央炼铜厂,由长沙迁至昆明,主要任务为冶炼滇北矿务局所产粗铜以供电工厂生产电线。成立初期,滇北矿务局输送纯铜500吨,基本满足日产4吨生产计划。后因东川铜矿产量减少,年产量降至200—400吨。1939—1945年昆明电冶炼厂共产电解铜3000吨。

重庆电化冶炼厂为新设厂矿,1939年4月正式投产,以电炼川康两省铜料,维持军需生产为主要目标。原计划日产电铜3吨,后因川康铜业

① 胡祎同:《抗战八年之矿业:铜铅锌》,《资源委员会季刊》1946年第6卷第1—2期。

管理处供应不足,产量降至 200—300 吨。1941—1945 年,产铜 2500 吨。

抗战前夕,湖南水口山铅锌矿得到初步开发,每月可产铅砂 400—600 吨,锌砂 800—1200 吨。铅砂由矿方自行冶炼,锌砂则运销出口。资源委员会以水口山潜力较大,运进新式设备,使其采冶均为机械,成为战争时期"吾国铅锌之主要矿区"[①]。1938 年,长沙大火造成水口山矿产市场减少和器材输入短缺,产量有所降低。1943 年,水口山矿区铅砂产能降至 100 余吨,锌砂难以外运,堆积如山。1944 年豫湘桂战役失利,日军攻入湖南腹地,矿厂机器被迫迁入内地,生产完全停顿,部分机器被损坏。

大后方资源开发受到基础设施限制。湖南水口山、川康矿务局、滇北矿务局虽然产量较大,但因场地距离市场较远,交通运输成本过高造成"工作上大部分困难,往往由于交通阻滞而来",时人感叹"今后开发内地资源,当首谋外围交通之建设"[②]。

为应对战争消耗,"经济部"对金、铜矿开采相对重视,在大后方以及相对稳定的河南、江西部分地区相继发现金矿。与战略资源相比,国民党政府对金矿控制相对宽松。1938 年,资源委员会在西南地区和河南等省设立采金局。采金局对各省金矿分布与主要矿区进行详细调查,获得重要资料。中央地质调查所每年分区派专员调查各省矿产,并与各省地质调查所和其他科研机构合作勘探重要矿区。次年,"经济部"成立采金局,统筹金矿开采。为鼓励民间采金,"经济部"与四行制定增加金产办法和加紧中央收金办法,免除部分税收,"并予人民以提早施工之便利"[③]。采金局则订立民营金矿业监督办法、招商包采金矿和招募人民采金办法,为民间资本进入采金业准备法治基础。在政府带动下,1939—1940 年,国营、民营金矿产量达到 50 万两以上。采金局遂决定在金矿丰富地区设立采金处,各省分设探勘队,并与地方政府合作,组建西康、四

---

① 胡祎同:《抗战八年之矿业:铜铅锌》,《资源委员会季刊》1946 年第 6 卷第 1—2 期。

② 章伯锋、庄建平主编:《抗日战争》第 5 卷,四川大学出版社 1997 年版,第 417 页。

③ 中国第二历史档案馆编:《国民政府抗战时期厂企内迁档案选辑》中册,重庆出版社 2016 年版,第 637 页。

川、湖南金矿局。

在政府干预下,各地金矿局相继取得不同程度进展。1937 年 7 月,青海省政府与"经济部"合作成立青海采金办事处,办事处设于西宁,先后投入 15 万元勘测金矿。1937 年,四川松潘区采金处建立,"经济部"投入资本 8 万元作为开发经费。次年,西康金矿局成立,注册资本达到 50 万元,负责经营康定区金矿。1938 年 7 月,"经济部"于河南淅川县建立河南金矿局,专项开采河南淅川县金矿,公司资本 15000 元。不久,豫陕鄂边区采金处成立,资本达到 75 万元。湖南于 1939 年 1 月和 4 月分别成立沅桃采金处和沅陵柳林议资利金矿股份有限公司,后者日产金 10—30 两。除较大金矿外,采金局还与商人合办国福公司、富康公司、国大公司、国新公司、兴华公司等。

钢铁工业为兵器制造业重要材料。因此,国民党政府较为重视铁矿开采,以其与冶炼业相配合,增强持久抗战能力。铁矿开采属于资金密集型行业,政府以国家投入为主要形式,对 2 公顷以下小矿则批准民众开采。

四川铁矿以菱铁矿为主,储量较少。仅綦江、涪陵、彭水等地为赤铁矿,潜力较大。然而,彭、涪区域道路不便,运输成本较高,不便开采。为满足战争需要,资源委员会对赤铁矿区相继予以开采。綦江铁矿和涪陵、彭水铁矿各划定 5 处矿区,以钢铁厂迁建委员会、渝鑫钢铁厂、资渝钢铁厂为少,其中綦江铁矿日产量最高达到 400 吨。邻近四川的西康省铁矿资源相对丰富,除已开采的冕宁、会理两处外,攀枝花、倒马坎等处亦发现富矿。资源委员会一度组织西康钢铁厂筹备处。但西康省多为山地,交通困难,铁矿难以外运。"经济部"被迫将西康划入康黔钢铁事业筹备处,"俟战后再为相机办理"[1]。

云贵两省作为后方重要组成部分,铁矿储量相对丰富。贵州西部威宁、水城两县"铁矿甚优"。水城一地,蕴含铁矿石 1 亿吨以上,加之附近

① 中国第二历史档案馆编:《国民政府抗战时期厂企内迁档案选辑》中册,重庆出版社 2016 年版,第 636 页。

焦煤产量丰富,形成良好的钢铁工业发展基础。资源委员会专设康黔钢铁事业筹备处,就地勘测矿量,以备将来设厂,云南省易门、安宁两县铁矿丰而易采。资源委员会特组建易门铁矿局,从事开采,云南钢铁厂即主要来源于该地。

抗日战争时期,在"经济部"、资源委员会努力下,后方矿业取得较大成就。据统计,西南后方共计生产粗铜 1714 吨,电铜 5500 吨,铅 1338 吨,锌 949 吨,收集旧铜 4500 吨。在日军攻克缅甸部分地区,滇越铁路、滇缅公路被切断,液体燃料运输日益艰难危急时刻,玉门油田产量有所增加,有效弥补石油供应缺口。在工业化战争时期,大后方矿业的发展为持久抗战提供较好物质基础。资源委员会认为抗日战争时对矿业管理,虽未能满足"关心该业所期望",然而在战争特殊环境下和百业凋敝的历史背景中,对矿业帮助"实已尽其最大之心力"①。

尽管资源委员会全力生产以满足战争需要,但受各种因素制约,成效不尽如人意。在日军封锁日益加剧和基础设施滞后条件下,属于技术、资金密集型的矿业发展困难重重。时人总结"交通之艰阻,经费之困难,人工器材之缺乏,以及战局不时之变化,在影响既定计划之完成"。铜铅锌生产"虽尽量生产,究难期全应需要"。煤炭则"工艰费巨、运输困难、建设需时难以应急"②。国民党政府对经济的过严管制亦形成部分副作用。"广西八步的矿区,云南个旧的矿区,江西锑钨区,烟筒不冒烟了,工人失业了,工厂关门了,血迹斑斑"③。整体而言,"距预期目标与实际需求量相差远甚"④。勘探工作虽然取得较大成就,却因机器工业落后和外来设备输入不足,以至于既定计划难以实现。战时矿业发展困难较大。

---

① 郑洪泉、常云平总主编:《中国战时首都档案文献战时科技》下册,西南师范大学出版社 2017 年版,第 1801 页。
② 重庆市档案馆、重庆师范大学合编:《中国战时首都档案文献·战时工业》,重庆出版社 2014 年版,第 132 页。
③ 陈真等编:《中国近代工业史资料》第 3 辑,生活·读书·新知三联书店 1957 年版,第 733 页。
④ 胡祎同:《抗战八年之矿业:铜铅锌》,《资源委员会季刊》1946 年第 6 卷第 1—2 期。

（1）基础设施建设滞后。中国西南、西北明清之后即属于经济相对落后地区，近代以来大多数省份处于军阀割据状态。在经济基础薄弱和中央政府难以介入的情况下，多数省基础设施建设成效不佳，最终成为当地经济增长的瓶颈。在日军封锁历史环境下，运输条件恶劣的影响在部分领域被持续放大。矿业属于重工业，生产过程复杂烦琐，且对机器要求较高。即使在工业化程度相对较低的近代"采选炼各项工程，莫不需要大量器材与优良技术"。西南地区矿藏虽然丰富，但多集中于高山深谷之中，运输条件较为恶劣，部分矿厂附近"运输内外线均因经济所限，未能建设"①。滇北、川康矿区为重要金属矿来源。矿区建成后，虽然潜力较大，但是，矿区外交通环境较差造成外围器械难以运入矿场，所产矿砂无法及时外运，形成原料堆积和动力不足的恶性循环。受制于交通局限，部分矿区被迫采用人力搬运造成成本增加、生产迟缓，加之先进设备难以及时运入，部分矿采用手工业方法生产，不仅产量较少，还引起生产下降。

（2）劳动力短缺。西部各省人口较之东中部偏少，部分地区甚至地旷人稀。战争压迫和工业基础较弱导致中国军队需要以人力资源取得数量优势，客观引起征兵压力较大。同时，交通环境较差，新式机器短期内难以投入使用。矿区"每一工程……（需要）集中人力"。在抓兵、征粮情况下，本地居民已不堪其扰。征集外地民工则住宿、饮食需预先筹备，增加企业负担。以致"较大工程，即无人力举办"②。

（3）通货膨胀冲击企业正常经营。在财政危机压力下，国民党政府实行财政赤字货币化政策，引起物价持续上涨。矿业因机器不足，仰仗人力开发，造成人工费占生产成本的80%以上。随着通货膨胀率逐步提高，工资和生活必需品价格居高不下，导致矿厂成本形成水涨船高之势。同时，部分矿产属于政府统制范围，以限定价格收购。为维护政府利益，订购价格涨幅落后于通货膨胀率，进一步增加企业压力。

---

① 章伯锋、庄建平主编：《抗日战争》第5卷，四川大学出版社1997年版，第419页。
② 胡祎同：《抗战八年之矿业：铜铅锌》，《资源委员会季刊》1946年第6卷第1—2期。

二、抗战胜利后中国的矿业

(一) 沦陷区矿业接收和全国矿业生产的恢复

抗日战争胜利后,国民党政府安排各部门针对性接收沦陷区矿业。为避免混乱局面,有关部门颁布一系列政策,对收复工作进行规范和指导。然而,因监督缺乏和战争导致的清贫生活,制度落实存在偏差。同时,由于国民党政府致力于内战,导致矿业恢复发展较慢。

1945 年年初,抗日战争已初露胜利曙光。"经济部"等部门在战局明朗之时即成立收复区工矿事业整理委员会,专项负责对日矿业企业接收工作。

1945 年 8 月 15 日,日本接受《波茨坦公告》,宣布无条件投降。国民党政府立刻将接收日本财产作为重要工作。沦陷区本属于中国经济核心,在日军以战养战政策推动下,工矿业获得进一步发展。抗日战争前夕,日本在华(除东北、台湾等地区)投资总额达到 15.7 亿日元,东北地区为 30 亿日元左右①。战争爆发后,日本加快沦陷区资源掠夺,开设华北开发公司、华中振兴公司等企业。以华北开发公司为例,1941 年年末,投资总额近 7 亿日元,下辖矿业公司 7 家,位于各业之冠。华中振兴公司和蒙疆特殊公司分别拥有 244313000 日元和 170200000 日元资产。另外,日本商人在华投资数额亦达到 80 亿日元,虽然以贸易公司居多,矿业亦占据部分份额。沦陷区丰厚的经济资源,成为清贫生活中国民党政府官员觊觎的重要财富。

国民党政府对日伪矿业进行分部门接收,"经济部""军政部""交通部""农林部""粮食部""联勤总司令部""海军总司令部"负责具体事务,其中"经济部"起主要作用,对专项接收之外的矿业进行接盘,成为接纳矿业企业最多的部门。根据"接收务尽,运用务速"原则,"行政院"成立收复区全国性事业接收委员会,在北京、上海、广州等地设立敌伪产业处

---

① 张一凡:《收复区整理工作的检讨》,《新中华》1947 年第 3 期。

理局专项负责日伪资产统筹。矿业部分由"经济部"负责。"经济部"将全国分为七大区：(1)苏浙皖区；(2)闽粤区；(3)湘鄂赣区；(4)东北区；(5)台湾地区；(6)冀热察绥区；(7)鲁豫晋区，每区分别设立特派员办公处。依据所有权沦陷区矿业分为三大类：(1)敌人在华资产部分；(2)我国原有工矿设备被掠夺部分；(3)敌人掠夺后增加设备部分。[①] 第2项物归原主，第1、3项由"经济部"和敌伪产业处理局分拨各个机关接管或销售。伴随恢复重建事务增加，资源委员会内部分工进一步明确，矿业为石油、金属矿、煤等矿业资源分为专门部门，"以期各能关注"。同时，为加强各单位联系和集中办理接收等事宜，资源委员会在部分地区建立办事处，上海、台湾、重庆皆建立办事处。矿业因事关战略全局，资源委员会特设专门管理机构。煤矿设煤业总局。钨、锑、锡战略资源与铜、铅等金属矿，设金属矿业管理处。石油亦为专业公司管理。尽管形式合理，计划严密，但因国民党政府内部错综复杂的矛盾和缺乏监督的机制，实践与初衷逐渐背离。

1945年10月，伴随国民党政府军队陆续进入沦陷区，资源委员会将接收日伪矿产作为重要任务。资源委员会将工作分为三个阶段：(1)后方矿业调整与发展；(2)收复区日伪财产接收；(3)接办敌伪企业。根据进入时间和区域特点，资源委员会将沦陷区划分为内地、东北和台湾三大块。

内地主要指山海关以内不包含台湾之沦陷区。因关内沦陷区资源较多，辖区较大，造成矿业数量众多和分布广泛。经济比较发达的苏浙皖区，接收工矿业工厂642处，其中日军强占为194家，敌厂448家。资源委员会根据地理距离和产业特点将部分企业"化整为零，督促复工"，煤矿为9个单位，经改组后分别为井陉煤矿公司、淄博煤矿筹备处和大同煤矿。石油企业则全部交由中国石油公司管理。安徽、浙江、江苏等地铁、铜、硫等矿产专设华中矿务局。

---

① 张一凡：《收复区整理工作的检讨》，《新中华》1947年第3期。

台湾为较早沦陷地区,"日人经营工矿事业颇有基础"①。虽然战争中台湾工矿业受损 30%—50%,但规模依然较大。台湾地区中矿冶厂 35 所,资本 22955000 日元,产值 28276000 日元。② 台湾石油公司设备修复90%,可日产油 16000 桶。台湾铝业公司机械基本修复,每年产铝 8000 吨。台湾金铜公司日产金矿砂 300 吨和沉淀钢 45 吨。台湾长官公署设立后,资源委员会立即与其签署台湾地区工矿事业合作大纲。根据协议,石油、金铜矿、铝业为资源委员会独办。资源委员会立即着手成立台湾金铜矿、台湾铝厂、中国石油公司高雄炼油厂等 3 家企业。

东北地区沦入日本控制 14 年,且资源储量相对丰富,成为矿业接收重点地区。据行政院统计,东北三省应接办厂矿 57 家。煤矿方面,资源委员会统筹建立抚顺煤矿局、阜新煤矿有限公司、本溪湖煤铁有限公司、西安煤矿有限公司、北票煤矿有限公司和营成煤矿筹备处。石油企业则统一由中国石油有限公司责成组建东北炼油厂。

为战后矿业繁荣,资源委员会积极争取美援和拆迁日本赔偿机器。从战后实际出发,资源委员会将原有 100 余个工矿单位进行分类处置。第一类为适应战争需要者,应予以停止。第二类规模较小,以供应当地市场为主体。此类矿业尽可能转售于地方政府或民营企业,以节省财力,"致力于其他工矿事业之建设"③。第三类为矿产品,虽有经济价值,但市场减少,产能过剩者。第四类为国防战略资源,应予以扩大和维持者。矿业因属于资金密集型和资源密集型企业,并且分类比较复杂,因此,矿业主要集中于第一类、第二类、第四类。其中较大型油田和煤矿构成第四类企业核心部分。经过合并整理,继续经营企业中矿业占据 18 个,与电力并驾齐驱。暂时停工 11 家企业中矿业为 4 家。转交地方政府仅为 1 家煤矿。全部停工 22 家企业中煤矿、非金属矿分别为 3 家和 2 家。同时,资源委员会对后方和沦陷区矿场进行合并和整理。因战争关系矿场分布

① 重庆市档案馆编:《战后方冶金工业史料》,重庆出版社 1988 年版,第 805 页。
② 张一凡:《收复区整理工作的检讨》,《新中华》1947 年第 3 期。
③ 陈真编:《中国近代工业史资料》第 3 辑,生活·读书·新知三联书店 1957 年版,第863 页。

与生产规模各不相同,形成"有些仅包括一厂一矿者,有些所属厂矿分布数地者",造成管理成本虚高和浪费。资源委员会根据各生产单位情况,对既有厂矿与接收矿区进行整合,尝试"使较小之生产机构合并为一个单位"[1],以便统一调度和管理,并从规模经济理论出发,尽可能组成公司。

　　经过接收日伪企业和全国范围内矿场的优化组合,资源委员会支配矿业厂家数量出现明显增长,煤矿、石油等战略性资源企业增速明显。1944 年,资源委员会下辖 2 家石油工业和 18 家煤矿。次年,抗日战争胜利之时总量变动较小,仅煤矿增加 1 处。接收工作基本结束的 1947 年,煤矿矿场达到 43 家,石油工业企业增至 40 个,较之 1944 年分别增长 2.25 倍和 19 倍。有色金属矿在略有减少之后依然出现猛增,由 1944 年的 14 家增至 1947 年的 50 所,增幅达到 2.5 倍。值得注意的是,1944—1947 年中国依然处于战争状态,1947 年已是解放战争转折点,在统治区减少,工矿业实际投资有所减少的情况下,矿场数量较之统计数据局限于国民党统治区的 1944 年呈现翻倍增加,可见收复工作之作用(见表 11-12)。

表 11-12　资源委员会支配的矿业企业(1944 年、1945 年、1947 年)

(单位:家)

年份 类别	1944	1945	1947
金矿	—	2	—
煤矿	18	19	43
石油工业	2	2	40
有色金属矿	14	13	50
铁和锰矿	4	—	—
矿产勘探处	2	1	—

资料来源:陈真编:《中国近代工业史资料》第 3 辑,生活·读书·新知三联书店 1957 年版,第 867 页。

　　抗日战争局势逐渐明朗的 1945 年 5 月,资源委员会成立驻美代表办

---

　　① 《翁委员长在本会第一届委员会议开会辞全文(三十六年八月四日)》,《资源委员会公报》1947 年第 13 卷第 2 期。

事处,负责工矿产品外销事宜。次月,办事处即奉命与美方签约,利用美国资本和技术协助中国工矿业发展。伴随抗日战争胜利,资源委员会先后订购台湾炼油设备与万桶炼油机件,由美国弗吉尼亚军部仓库代为进口。资源委员会邀请美国专家赴华实地勘测矿业。美国专家帮助资源委员会拟定石油法草案,并对中国钨、锑、锡、铜等矿产提出改造建议。为弥补技术不足,国民党政府决定利用部分日本技术人员。但因日本人员身份敏感,美国特使魏德迈指出日籍人员只可暂时雇佣,且"上级之日籍管理员应予除去,使日人无从继续控制此项实业"[1]。在美援和技术人员逐步到位的基础上,国民党政府在对矿业接收基础上进行局部恢复和发展。

抗日战争胜利初期,国民党政府继续在西部地区开采和探勘石油。除玉门油田继续产油外,四川境内隆昌、巴县、江油等处相继发现油田。随着沦陷区接收和台湾光复,日本在中国沦陷区与殖民地石油产业为国民党政府接收,进一步扩大中国石油产业规模。

中日甲午战争后,日本即在中国台湾探采石油,苗栗等地相继发现油矿,并钻井250—260口。但多数油井产油较少,并因战争受到较大影响。抗日战争胜利后,产油油井约为70口,日产原油40桶。该矿天然气产量丰富,日产10余万立方米[2],足够附近地区工业与民用。

日本作为工业化国家,炼油与储油设备较多,虽因战争冲击部分工程未能及时完工,然产量亦较为可观。日方留下炼油设备主要集中于辽宁锦西与台湾高雄。辽宁锦西炼油厂日产量3000桶,锦州、四平、永吉等处亦有少量炼油设备。台湾高雄炼油厂未能完全竣工,台湾光复后,国民党政府继续施工,于1947年4月投产,日炼原油7000桶,后增至15000桶。

国民党政府为供应军需,曾大力开发东川铜矿,但"开发量是微不足道的"[3]。抗日战争胜利后,资源委员会下属3个铜矿企业:东北金属矿

---

① 陈真编:《中国近代工业史资料》第3辑,生活·读书·新知三联书店1957年版,第914页。

② 秦浩:《中国的铜》,《申报》1948年11月22日。

③ 秦浩:《中国的铜》,《申报》1948年11月22日。

业公司、台湾金铜矿务局、滇北矿务局。东北金属矿业公司是主要由日伪在东北金属矿企业合并形成。整体而言，金、银、铜、锌、钼、镁等矿皆有分布，但因受时局影响，仅沈阳冶炼厂投入使用。因战争冲击，厂内部分设备出现损坏，经修复 1947 年 2 月开工，每月产粗铜 120 吨，电解铜 90 吨。公司产品如电解铜、黄铜皮、紫铜皮、黄铜棒等"在市场上备受欢迎"[1]。电解铜质量与加拿大 T 字铜相近，且价格较低，占领国内部分市场。

台湾金铜矿务局的前身是日本矿业株式会社。1946 年 5 月，资源委员会接收后改为台湾铜矿筹备处，次年改组为资源委员会台湾金铜矿务局。台湾属于日本早期殖民地，工业基础较为雄厚。公司选矿设备居于远东前两名，采矿全用架空索道和吊车运输，"当初规划得是相当周密的"[2]。可惜多为贫矿，金矿每吨含金量约为 3 克，铜矿砂每吨含金量 0.7%，"未免太贫薄"。尽管受限于地理环境，然而在职工努力下，生产逐渐恢复，部分产品数量甚至超过日占时期。日占期间，年均产量 2400 吨（其中含铜 1200 吨）。1946 年恢复开工后，2 年内产沉淀铜 2861497 公斤，含铜量 1672391 公斤。粗铜 1165353.5 公斤，精铜 747714.5 公斤，电解铜 237947.5 公斤。1948 年每月约产粗铜 130 吨，阳极铜 105 吨，电解铜 70—80 吨，"成分亦都合乎标准"[3]。

与抗日战争之前相比，此段时期矿业恢复与发展呈现出较强的政府干预特征。经过整顿日伪矿业和大后方产业继续经营，资源委员会在矿业中占据相对优势地位。1947 年，资源委员会掌握石油产量 100%，煤矿 25%。铜矿产业中除山西保存 3 万吨冶炼能力外，"其余均属于本会，约每年产 20 万公吨"[4]。

---

[1]　秦浩：《中国的铜》，《申报》1948 年 11 月 22 日。

[2]　秦浩：《中国的铜》，《申报》1948 年 11 月 22 日。

[3]　陈真编：《中国近代工业史资料》第 4 辑，生活・读书・新知三联书店 1961 年版，第 963 页。

[4]　陈真编：《中国近代工业史资料》第 3 辑，生活・读书・新知三联书店 1957 年版，第 862 页。

(二) 战后矿业萧条与南撤

后发国家现代化建设需要政府介入,但是不当干涉与过度干预将起到适得其反的作用。抗日战争胜利后,矿业领域国家力量的加强虽然在一定程度上满足经济发展需要,然而政府出发点却是维护自身利益与维持战争需要,对矿业成长形成新的约束,最终导致其步入萧条。

为了维持内战军费,国民党政府出售敌伪工矿企业目标在于维持财政需要,对工矿发展关注较少,在民族资本主义较薄弱历史背景下,部分工厂"因标价太贵售不出去,便长期关起来,任其锈烂"①,造成财政与矿业两败俱伤。全面内战爆发后,矿业重建陷入困境。日伪矿业投资多集中于较早入侵的东北、华北和台湾。华中、华南地区因部分地区为中国军队控制或失守较迟,日本矿业企业较少。国民党政府拟扩建、重建的矿业公司因日本赔款到位迟缓和战争消耗,难以满足"所拟筹建之事业"消耗。因此,资源委员会被迫将矿业建设中心集中于基础相对较好的东北等地。然则,伴随中国人民解放军势如破竹的攻势,矿业公司"在时局安定以前,颇难积极恢复",资源委员会感叹在战争环境瞬息万变情况下,矿业建设"不能不注重安全区域之复兴与建设"②。

在军事优先、通货膨胀历史背景中,资源委员会自身亦陷入入不敷出的困难处境中。资源委员会资金主要来源于国家拨款、银行贷款和外汇。资源委员会成立后仅2年,全面抗日战争爆发,此后十余年战乱频仍。国民党政府为应对军费开支对资源委员会拨款较少。长期以来,资源委员会资金占政府预算比例较小,年平均为1%—2%。1936—1947年,以1936年币值计算仅为1.3亿元。"财政部"为缓解压力,将经费平均分摊于12个月中,造成资金规模效应减弱。1946年后,恶性通货膨胀初显端倪,物价以日甚至按小时计算涨幅。政府拨款每"多逾1月⋯⋯资金效用

① 张一凡:《收复区整理工作的检讨》,《新中华》1947年第3期。
② 陈真编:《中国近代工业史资料》第3辑,生活·读书·新知三联书店1957年版,第862页。

遂无形更为减弱"[1]。

受制于资金限制,资源委员会对矿业投入相对有限。为满足战争和经济发展需要,资源委员会将有限资金投入最迫切部门,且随局势变化不断调整,呈现逐渐被动与混乱局面。1945年,以电力、石油、钢铁为主要投资领域,金属矿、煤炭投资较少。次年度资金流向电力、煤、钢铁项目,金属矿、石油较少,1947年,全面内战进入决战时刻,军需紧急,资源委员会将电力、煤、机器和钢铁作为重点,金属矿投入锐减。

为弥补资金缺口,资源委员会向银行贷款作为扩大生产流动资金。1946年,资源委员会向国家银行贷款351亿元法币,东北流通券18亿元和台币22亿元。次年,贷款增至法币1780亿元,流通券164亿元,台币88亿元。为确保军队需要,仅有的贷款大多数流向与军需相关矿业部门。1946年,借款法币部分煤炭占30%,石油为7%,其余矿业部门"均较少"。东北流通券贷款中煤矿比例达到39%。1947年,煤炭比重在东北流通券中依然占据首位,分别达到29%和44%,其他矿业比重较低,甚至未能进入统计范围。

全面内战爆发后,资源委员会用于重工业(包括矿业)建设经费占国家预算比重与实际价值逐渐下降,并随着军事需要变化,不断冲击既有规划。据统计,包括矿业在内的重工业投资额占国家预算比重约为1%。

表11-13显示,资源委员会经费占国家预算比重在1943—1945年间低于1%。抗日战争胜利的1945年降至战争爆发后的历史最低点,仅为0.7%。虽然伴随内战爆发拨款总额有所增加,1947年比重升至2.6%,但也未能达到历史最高峰1940年的2.8%,处于微不足道的地位。资金的匮乏必然引起非主要产业投入的减少,在确保军需所用的煤炭等战略矿产后,其他矿业的衰落和政策性掠夺不可避免。

---

[1]　陈真编:《中国近代工业史资料》第3辑,生活·读书·新知三联书店1957年版,第888页。

表 11-13　资源委员会预算在国家总预算内所占百分比数暨折合
战前币值数额情况统计(**1936—1947 年**)　　（单位:千元）

项目 年份	本会 预算数	国家 预算总数	本会预算占 总预算百分比 （%）	该年物价为 战前的倍数	折合战前 币值数
1936	5493	1334873	0.4	1.0	5403
1937	18632	1511293	1.2	1.1	16984
1938	9998	963321	1.0	1.5	6665
1939	23615	1892269	1.2	3.0	7892
1940	74058	2600000	2.8	8.0	9257
1941	232300	10732584	2.2	21.0	11062
1942	454060	28283312	1.6	64	7095
1943	508300	57400000	0.9	249	2041
1944	1344339	149300000	0.9	773	1739
1945	9251073	1363600000	0.7	2565	3607
1946	90971150	7022700000	1.3	7163	12700
1947	1161106169	42582100000	2.6	89840	12956
总计	1263999239	51222417652	—	—	97491

注:第一栏为初次预算数。1938 年系半年预算数。国家预算总数总计系截至 1948 年 2 月 6 日的已核定数。

资料来源:陈真编:《中国近代工业史资料》第 3 辑,生活·读书·新知三联书店 1957 年版,第 892 页。

与此同时,金属矿投入减少与部门利益相关联。资源委员会虽然掌握特矿(部分金属矿)管理权,但多数产品作为对苏贸易和偿还美债,"本会并无收入"。剩余外销部分中,所得货款归"中央银行"所有,资源委员会仅可获得 20% 的业务费用,伴随全面内战爆发,"中央银行"压力逐渐增大,将业务费用比例逐步降低。1948 年,业务费用比重降至 2%,"尚不足国外经常办公经费"[1]。从政府内部分配体制出发,金属矿开发与资源委员会收入关联度较小。因此,金属矿成为资金注入的边缘环节。

---

① 陈真编:《中国近代工业史资料》第 3 辑,生活·读书·新知三联书店 1957 年版,第 888 页。

受资金短缺影响,即使资源委员会重点投资的煤、石油等领域,同样出现捉襟见肘的局面。为减少经费缺口,国民党政府采取压低收购价、强化管制等措施,对民营煤矿形成变相掠夺,进一步加快煤矿产业衰落。

从经济规律出发,物品供应与价格呈反方向运动。全面内战爆发后,在军队用煤逐渐增加和日益严峻的通货膨胀形势下,煤价应有所提高。国民党政府却以行政手段干涉经济,导致煤价与成本、物价逐渐脱节,形成官价与黑市失调,生产者亏损日益扩大,投机倒卖行为逐步猖獗的恶性循环。

政府以行政手段压低煤价在造成企业亏空之时,诱发投机倒把、官商勾结,进一步恶化经济秩序。以至于时人惊呼"煤荒的形成,管制政策是不能不负相当责任的"①。

从管理学理论出发,政府管制目标在于维持价格稳定、减少垄断投机和合理分配。但是在国民党政府施政措施中,"多一个机关就多一种弊病,理论与事实背道而驰"②,甚至出现"得到管制利益的太少,受到管制损害的人反而多"的怪现象。从体制分析,管理机关控制煤炭分配,将产煤方与用煤方隔离,形成管理机构主持分配,用煤方需要申请,矿方负责生产的新格局。管理机关以政府利益为重,将煤炭优先供应铁路、军队和电厂,民众则属于计划外群体,群众为取暖被迫忍受黑市宰割。

国民党政府对煤价行政管制证明弊大于利。一方面,在通货膨胀压力下,管制价格形成工矿业发展的另一大障碍。有关部门以行政手段把"官价定价为黑市四分之一以下,又无力管制物价,客观上窒息了煤矿的生产者",形成旧矿难以维持和新矿无法开采的恶性循环。另一方面,国民党政府对煤炭流通过度控制造成煤矿生产新的制约。在统制体制下,煤炭由政府统筹运输与销售。使用者需要千里迢迢赶赴平津地区办理核准手续,然后恳求铁路局批复准运证。烦琐的审查手续徒增煤炭销售时间成本,政府"转运烟煤,却可获厚利"。在价格、运输、销售环节压制下,

---

① 潘惠楼编:《京煤史志资料辑考》,燕山出版社 2007 年版,第 479 页。
② 陈真编:《中国近代工业史资料》第 3 辑,生活·读书·新知三联书店 1957 年版,第 732 页。

煤炭生产奄奄一息,煤矿厂主指责政府"不能太顾到自己的利益,而忘掉了民众的利益"①。

经过抗日战争,中国"工(矿)业已是千疮百孔",国民党反动派"无情的内战更打掉了最后的一线希望"。由于矿业生产减少,中国工业发展受到严重影响。全面内战爆发的 1946 年,国民党政府统治区"十分之八的工厂即因原料、电力等影响而停顿"②,经济中心苏浙皖区开工率不足 40%。

在战争压力和国民党政府不当施政下,石油产业在短暂恢复性增长后呈现逐渐衰落景象。1947 年,国民党统治区进口原油 1218 万加仑,消耗外汇 2075 万美元。③ 1948 年,全国每月汽油消耗量(含航空用油)1500 万加仑,而产油量却仅为 112 万加仑,不足 10%。为弥补缺口,国民党统治区每天进口石油 5 万桶,以每桶 1.52 美元计,全年耗费 91 万美元外汇。柴油每月进口 7.8 万吨,以国际价格每吨 37 美元计算,柴油进口则需外汇 3463 万美元。润滑油每月进口 31140 桶,以每加仑 6.6 角美元计,消耗外汇 1069 万美元。以上共计应投入外汇 6698 万美元④,如另加运费、关税、仓库报关费则数额更巨。

大后方仅存东川等铜矿区,供应日显不足。滇北矿务局原为云南东川铜矿,是明清以来的老铜矿。云南东川铜矿具有含量高(40%)、品质优良等优点。1939 年,中央政府直接控制铜矿。受制于战争环境,先进机器难以运入云南,被迫采用手工业做法炼铜,"因此始终未能大量开发"⑤。抗日战争胜利后,铜矿变为保管处,产量减少 20%。每月产粗铜约为 10 吨,难以满足云南生产需要。尽管获得部分日伪铜矿,但中国铜

---

① 陈真编:《中国近代工业史资料》第 3 辑,生活·读书·新知三联书店 1957 年版,第 733 页。

② 陈真编:《中国近代工业史资料》第 3 辑,生活·读书·新知三联书店 1957 年版,第 752 页。

③ 陈真编:《中国近代工业史资料》第 4 辑,生活·读书·新知三联书店 1961 年版,第 951 页。

④ 陈真编:《中国近代工业史资料》第 4 辑,生活·读书·新知三联书店 1961 年版,第 951 页。

⑤ 秦浩:《中国的铜》,《申报》1948 年 11 月 22 日。

"虽有相当的产量,但是离实际需要量尚远,故仍有一部分须仰给国外"①。1948 年 1—6 月,国民党政府统治区进口黄铜 24218 公担、紫铜 58374 公担,价值法币 834081936000 元。②

全面内战爆发后,铜作为战略物资,进口由国民党政府统一管理。一般企业进口铜需向输出入管理委员会申请,核准后再取得外汇,方可获得进口铜产品资格。国民党政府管制政策对铜产业发展产生消极影响。

以工业重镇上海为例,全市规模以上铜加工业为上海市铜锡商业同业公会与上海市铜料工业同业公会。前者以销售铜产品为主,后者则以加工、制造为主业,且可以官价获得外汇进口粗铜。因无法获得进口粗铜权力,铜锡商业同业公会被迫以收购市场废铜,如物资供应局、倒闭纱厂机器部件为主要原料来源,客观限制生产发展和加剧铜产品供应危机。

伴随国民党军队由攻势转为防御,逐渐处于被动局面,国民党政府提出"军事北上、经济南下"策略。宋子文接受抗日战争初期仓促西迁的教训,决定将投资重点转向江南地区。1947 年 2 月,中国建设银公司购买新乐公司下属鄱乐煤矿,改为江南煤矿公司。中国建设银行公司以资金为后盾,逐步改造传统开采方法,采用机器采煤方式,有效增加产量。该矿下辖的鸣山、洪门口两矿拥有职工千余人,日出煤 60—100 吨,主要供应长江、浙赣铁路。

1948 年 1 月,资源委员会主任翁文灏赶往广州会见宋子文,专门讨论广东工业建设问题。经过会晤,国民党政府作出重点建设广东工业和矿业中心南移决定。为保证战争潜力,资源委员会决定将海南铁砂出口美国,以所得外汇作为新办钢铁厂资金。同时,资源委员会抽调部分技术人员加快广东狗牙洞煤矿开发。广东省政府与粤汉铁路局负责短期内修筑粤汉路狗牙洞支线,解决运输问题,以便大量开采。

1948 年年末,辽沈战役进入攻坚阶段后,东北地区资源委员会 15 个

---

① 秦浩:《中国的铜》,《申报》1948 年 11 月 22 日。
② 秦浩:《中国的铜》,《申报》1948 年 11 月 22 日。

工矿企业因交通线被切断,生存"已成莫大困难"①。10多万名职工与家属生活物资基本依靠空投。面对危局,资源委员会决定发展华南、台湾工矿业,及时整顿华中地区事业,并将部分技术人员与家眷南撤。为稳定战略后方和满足战争需要,国民党政府决定矿业南迁战略:(1)谋求台湾岛内资源自给自足。在既有基础上以外债促进其矿业发展,谋本身之扩充。(2)充分开发华中地区资源,集中力量开发湖南、江西煤矿。与此同时,加快株洲工业区建设。(3)与广东省政府协商扩大南岭煤矿生产规模,加速海南岛铁砂采掘进度。

投资中心南迁之时,国民党政府加快资金外逃速度。因矿业运输成本较贵,不易外迁,相关机构采取就地销售、变现外逃方针。1948年,资源委员会与国防部将钨砂、锡矿共计1000吨以及大批汽油等石油产品运往香港。中央信托局两个月中即外运矿产、桐油、猪鬃价值1亿港元。资金外逃与投资重点南移虽然有利于国民党政府经济利益,但在动荡不安与资金匮乏的社会环境中,对维系工矿业生存客观上起到釜底抽薪的作用,加快了矿业衰退。

特殊的历史背景造就特殊的行为政策。在加速资本外逃之时,国民党政府却努力引进美国资本投资矿业。1947年,国民党政府决定引进部分外资进入工矿业投资。7月30日,国民党政府宣布不歧视外商,尤其是欢迎美国企业投资中国工矿业。行政院院长张群表示,除国营行业和矿业外,外商皆可单独投资或中外合资。国营工矿业则以中外合资为主。合资企业中外商比例无硬性要求。政府以股东地位行使对合资公司业务和经营的管理权。外商独资企业所得利润可自由汇回本国。根据国民党政府界定,大规模石油矿等矿企皆可"与民资外资合办"。在民营资本相对薄弱的中国,此类政策事实目标是与美资合作。

在美国顾问魏德迈建议下,国民党政府决定在东北失利之时,全力开

① 陈真编:《中国近代工业史资料》第3辑,生活·读书·新知三联书店1957年版,第865页。

发华南矿产,请求"美方在利益均等下投资"①。为配合投资南迁与引进美资,国民党政府派宋子文出任广东省主席,集中力量开采海南岛铁矿。经过行政院、广东省政府协商,宋子文与翁文灏联合发表声明,表示中美在电力、煤矿、糖业、钢铁四方面进行全面合作,其中海南铁矿具有重要地位。除海南之外,台湾、湖南、贵州、云南、福建等西南、华南省份亦划入资源开发范围,其中台湾因地理因素居于特殊地位。国民党政府明确指出"能充分利用台湾的资源,政府的经济是可以稳如泰山的"②。在美国支持下,国民党开始与美商讨论开发台湾等省煤、铁、硫黄等资源。为取得美国支持,宋子文拒绝资源委员会动用日本留在海南50余万吨铁砂的要求,转将其50%售予美国以引诱"美方来台投资"。

国民党政府引进美国资本投资中国矿业除"需要外援",以华南补偿华北之外,另一个重要因素在于以经济手段加深与美国联系,"以造成美国在维护其本身利益时,必须自动援华之种种条件"③,尝试仿效抗日战争时期,以经济利益影响美国对国民党政府政策,加大美军干涉中国内战可能性,即所谓"今后之美援必有良好影响"④。

第二节　抗日后方和国民党
统治区的重化工业

抗日战争是近代工业的较量,尤其是重工业的竞争。与日本相比,中

---

①　陈真编:《中国近代工业史资料》第3辑,生活·读书·新知三联书店1957年版,第721页。

②　陈真编:《中国近代工业史资料》第3辑,生活·读书·新知三联书店1957年版,第721页。

③　陈真编:《中国近代工业史资料》第3辑,生活·读书·新知三联书店1957年版,第722页。

④　陈真编:《中国近代工业史资料》第3辑,生活·读书·新知三联书店1957年版,第722页。

国在重工业等领域处于劣势，大后方工业基础更加薄弱。因此，大后方重工业建设对抗日战争具有举足轻重的作用。在战争压迫下，国民党政府采取统制政策，以国家力量介入重工业发展和搬迁。虽然因缺乏军事力量掩护等原因损失较大，但大后方重工业的建设为争取战争胜利发挥了重要作用，同时为西南地区改变落后面貌起到了积极效果。

抗日战争胜利后，战争胜利的刺激和敌伪资产的接收为国民党统治区重工业注入新的活力。然而，伴随国民党政府坚持全面内战政策和战争后期通货膨胀货币制度确立，造成重工业迅速衰退。总而言之，在长期战争的历史环境下，大后方和国民党统治区重工业长期处于波动发展和整体衰落走势。

抗日战争全面爆发后，国民党政府立刻开始内迁计划和重工业整合行动。在资源委员会、"交通部"等部门合作下，官营机械工业成为后方工业的核心部分。与此同时，国民党政府对民营工业亦进行帮助搬迁，重庆、四川一带成为工业新集中地区。昆明、贵阳等相对落后地区获得较快发展。

电力、水泥和化学工业内迁较少，大部分企业受到日军破坏。电力工业集中于东南沿海地区，战争爆发后除华中地区少数电厂内迁外，基本被日军掠夺。戚墅堰、上海、浦东等大型电厂机器悉数为日军所得。杭州电厂、广州电厂设备为中国军队炸毁。1937年，国民党统治区发电量减少90%以上。水泥制造业中除湖北大冶华记水泥公司和重庆水泥公司因距离战场较远得以保全外，主要水泥厂多被日军侵占。在日军破坏下，国民党统治区水泥年产量降至数万吨。化学工业良好发展趋势被打断，沿海主要工厂被日军轰炸，永利南京硫酸铔厂等主要企业设备为日军抢劫。大后方化学工业虽然厂家数量超过战前，但是产量却不及战前一家大型工厂。

在战争客观要求下，国民党政府加强对工业干预，将国家力量注入具体行业中，国营经济控制力逐渐增强。为发展电力工业，国民党政府积极整理原有电厂和筹备新电厂。资源委员会大力发展后方发电工业，在政府介入下，西康、云南等落后省区获得新式发电厂。国家介入的另一方面影响即国营力量有所扩大。抗战初期，国营发电量不足50%，此后保持30%以上的增速，最终实现对民营电厂的完全超越。国民党政府对民营化学工业内迁给予大力支持,帮助主要企业选址重建。政府掌握 4 个化学工业核心企业。民营企业呈现小型化趋势,资本薄弱,技术滞后。多数民营企业处于产业链中下游,不构成化学工业支柱。

抗日战争之前资源委员会对钨矿、锑矿等重要矿产实行国家专卖,并成立炼铜厂、锡矿工程处加快大后方矿产探测。抗日战争爆发后,国民党政府将战略资源销售环节进一步严格控制,对走私行为进行严厉打击,形成政府对重要资源的全面掌控。在政府支持下,大后方矿产产量相对稳定,冶炼技术取得较大进步。

抗日战争胜利后,国民党政府接收日伪财产和日本赔款,重工业得到一定程度的复兴,官营资本力量有所增强,民营工业则因缺乏话语权而难以分得胜利果实。国民党政府将日伪经营企业划归资源委员会、中纺公司等国有企业经营。日伪掠夺民族工商业虽然发还原主,但增值部分为国家所有。国民党政府的做法无异于变相掠夺民间财富。

随着战局失利,国民党政府在分配掠夺民营企业之时,通货膨胀的恶化进一步减少民营和官营机械制造企业的生存空间。全面内战爆发后,重工业产品持续下降,甚至降至战前产量的 10%—20%。电力企业在获得东北和台湾设备后,亦只能勉强维持。大后方民营化学工业基本停工,1949 年全国化工产品产量仅相当于美国一家小型工厂。

一、机 械 工 业

机械工业到抗战时期已有半个世纪的发展历史,战前 1936 年中国关内地区有较大规模的机械工厂 753 家,资本总额 1342.7 万元,工人 2.7 万人,年产值 1571 万元。机械工厂大都集中在沿海沿江城市,上海、天津、青岛、济南、武汉、广州、北京、无锡、杭州和太原等 10 个城市,有机械厂 652 家,占全国总厂数的 87%,资本 1107.4 万元,占全国总额的 82.3%。上海作为全国工业的中心,机械工厂数占到全国总数的 1/3,资本额则占总额的近 1/2。其他如华北的天津、华中的武汉和华南的广州,也成为地区性的机械工业中心。西南、西北等地分布稀少、发展落后。

(一) 抗日后方机器制造业的迁入和兴办

1937 年"七七事变"发生后,有人出于保全生产能力以支持长期抗战的考虑,提出拆迁机器工厂,以较少代价换取更大效益。8 月 10 日,行政院会议通过拆迁上海工厂的计划,9 月,设立工矿调整委员会,开始了工厂内迁的大规模行动。国民党政府组织工厂内迁时提供金融支持,受援助工业类有:(1)制造军用工业品的,诸如金属、机器、皮革、橡胶等制造工厂;(2)制造日用工业品的,诸如棉、绒物、糖、纸等制造工厂;(3)制造供内地生产及制造所用的物品的,如燃料、水泥、酸类、苏打、酒精等制造厂。贷款分三类,迁移费 80 万元、建筑及购机器 570 万元、流动资金 235 万元,共约 885 万元,其中 400 万元出自政府,其余由政府向银行担保贷款。[①]

1. 战争损失与工厂内迁

日军全面侵华,致使关内机械工业直接损失总计 250281000 元,如表 11-14 所示。

表 11-14　日本全面侵华战争致中国机械工业直接损失

(单位:1937 年法币元)

类别	项目	原送估计数	修正数
机械工业	机器	45529900	141059800
	五金	23476300	96952600
	翻砂	2134300	12268600
	总计	71140500	250281000

资料来源:1. 据国民党政府"经济部"1937 年 7 月至 1945 年 8 月统计数字编制。金额法币按 1937 年 7 月时价折算。见于彤:《抗战时期中国工业损失状况部分统计》,《历史档案》1990 年第 2 期。

2. 中央党史研究室、第一研究部等:《国民政府档案中有关抗日战争时期人口伤亡和财产损失资料选编》第 1 册,中共党史出版社 2014 年版,第 448—449 页。

3. 表内数值不包括东北地区、台湾地区,不包括中国共产党控制的根据地。

---

① 沈春雷、陈禾章等编著:《中国战时经济志》,世界书局 1941 年版,第 66 页。

上海 1937 年年内迁出工厂达 146 家,其中顺昌、上海、新民等机器工厂计 66 家,占 45%①,表明机械工业在保全工业基础和生产能力方面的主要地位,也的确成为往后战时后方工业体系的支柱。上海之后,杭州、苏州、无锡、常州、青岛、太原等工业集中城市也进行了机器工厂的拆迁。据战后的研究统计,各地前后内迁的工厂有 343 家,分为机械、化工、电力电器、冶炼、纺织、食品、服装及文教用品等类别,分别迁至四川、贵州、云南、陕西、广西、湘西、鄂西等地。其中,机械工业工厂有 181 家数量居首,迁至湘西者 50 家、广西 14 家、陕西 8 家、鄂西 3 家、贵州 2 家、云南 1 家;内迁技术工人 5986 人。② "经济部"部长翁文灏报告《抗战三年制经济建设》,1939 年内迁工厂达 418 家,其中机械工厂 168 家、民营电器工厂 28 家、化学工厂 54 家、纺织工厂 92 家。③ 工厂内迁为抗战后方机械工业的起步发展提供了基础。

2. 官营机械工业

战时官营机械工业主要由资源委员会、"交通部"和地方政府办理。资源委员会 1935 年改建,1938 年由隶属军事委员会改隶属"经济部"并大有扩展,设有机电工业资金会,其独资经营、参与经营并主办有机械工业 6 个厂,中央机器厂是其中一家独大的代表性企业。该厂 1936 年 11 月开始在湖南湘潭筹建,1938 年被迫迁至昆明,正式成立中央机器厂。下设 5 个分厂,一分厂设计制造(生产)蒸汽轮机及相关器材,二分厂生产蒸汽锅炉及相关器材,三分厂生产内燃机及相关器材,四分厂生产发电机及相关器材,五分厂生产自动车辆及相关器材。1942 年增设第六、第七分厂,分别生产纺织机械、农业机具。

中央机器厂资金由政府资源委员会重点投资和补助,后来也来源于产品销售利润。生产技术则引自美国、瑞士,后依靠改良和自

① 林继庸:《民营厂矿内迁纪略》,新新出版社 1942 年版;中国人民政治协商会议全国委员会文史资料研究委员会编:《工商经济史料丛刊》第 2 辑,文史资料出版社 1983 年版。
② 谭熙鸿主编:《十年来之中国经济》上册,中华书局 1948 年版,第 F5—F6 页;林继庸:《民营厂矿内迁纪略》,新新出版社 1942 年版,附表。技工人数见经济部《经济统计月报》第 4 期(1940 年年底统计),1947 年版。
③ 沈春雷、陈禾章等编著:《中国战时经济志》,世界书局 1941 年版,第 65 页。

主开发。① 资金和技术的结合给予中央机器厂发展源源不断的动力，"只要有一个合适的价钱，我什么都能做"；对于技术人才的选拔和培养，总经理王守竞也有高远谋划，"有个指导思想：中央机器厂以训练人才为主，不是单纯搞生产。他支持技术人员搞试制、钻研技术，以便抗战胜利后发挥更大的作用"。② 中央机器厂生产出 2 套 2000 千瓦成套火力发电设备(装备了四川泸州电厂、云南昆湖电厂)；其产品中的大型机械、精密机器等为后方工业提供了工作母机，生产了锅炉、发电机、柴油机、蒸汽机、煤气机等动力设备和纺织机、碾米机、抽水机、榨油机等生产机器，以及炼油、制碱等化工设备。③ 其生产的分厘卡、铣刀、齿轮、飞机起落架等属国内首创，还有数量较多的军工产品。1943 年鼎盛时期，中央机器厂成为大后方唯一的全能型机械工厂，云集了近 300 名工程技术人员；拥有工具机 300 部，当年国营各厂共 760 部、民营各厂共 3432 部④；产品产值由 1939 年的 410771.53 元增至 1942 年的 27816257.18 元，1943 年上半年即达 3920 余万元，半年比 1939 年全年增长 94.5 倍。⑤ 产品大量供应军事、交通、学校等机关，资委会和云南省政府所属厂矿以及民营工厂，对支持抗日战争起到了很大作用。

资源委员会所属的中央电工器材厂的第四厂，由原建设委员会电机厂接收而来，生产民用发电机、变压器、电动机等。由于电机工业也可视为机械工业一部分，因此资源委员会所属机械工业应有 7 个厂。"交通部"所属交通机械修造厂，生产机床、蒸汽机、汽车配件等，有 7 家。官营机械工业还包括中央工业试验所的机械制造实验工厂、中国植物油料厂

---

① 邵俊敏：《抗战工业史上的奇葩——资源委员会中央机器厂研究》，《兰州学刊》2012年第 3 期。

② 严鹏：《战争与工业：抗日战争时期中国装备制造业的演化》，浙江大学出版社 2018 年版，第 195 页。

③ 全国政协西南地区文史资料协作会议编：《抗战时期内迁西南的工商企业》，云南人民出版社 1989 年版，第 85 页。

④ 中国第二历史档案馆编：《中华民国史档案资料汇编》第 5 辑第 2 编，财政经济(6)，江苏古籍出版社 1997 年版，第 301 页。

⑤ 余少川：《机械工业的拓荒者王守竞》，云南大学出版社 1999 年版，第 162 页。

铁工厂、农本局工具厂、国立中央工校机械厂、中国兴业公司经销部[①]，以及兵工署所属第一、第十、第五十兵工厂等 14 家兵工厂，专事生产军火器械，航空署所属 3 个制造厂和大定发动机制造厂等。

同属官营机械工业的还有地方政府经营的企业，如贵州企业公司成立于 1939 年，所属 28 个单位中有与资源委员会合办的贵州中国机器厂，生产农业机械。类似情况还有位于四川的湖北省建设厅机械厂、广西纺织机械厂、广西大学机械厂、广东粤北铁厂、湖南公路局修车总厂、陕西新记西北实业公司、西京机器厂、甘肃机器厂等。官营机械工业概况见表 11-15。

表 11-15　抗战时期后方官营机械工业概况

项目 厂名	成立 年份	地址	资本额 （万元）	职工人数 （人）	隶属及 产品
中央机器厂	1936	昆明	—	769	资源委员会；各种机械设备
江西车船厂	1940	泰和	—	—	资源委员会；车船、机械
江西机器厂	1941	泰和	—	—	资源委员会；机械设备
宜宾机器厂	1941	宜宾	—	—	资源委员会；机械设备
甘肃机器厂	1941	兰州	—	—	资源委员会；机械设备
四川机械公司	1942	成都	—	—	资源委员会；机械设备
中央汽车配件制造厂	1938	重庆	2000	—	交通部；汽车配件等
广西柳江机器厂	1939	柳江	1100	413	交通部；机床、各种汽车零件
广西全州机器厂	1938	全州	—	533	交通部；铸造、机械加工
桂林器材修配厂	—	桂林	1000	486	交通部；铁路电信器材、汽车配件
重庆钢铁配件厂	1940	重庆	130	195	交通部；电信器材、钢铁配件
桂林器材修配厂	1940	桂林	1000	—	交通部；机床、蒸汽机、抽水机
国营招商局机器厂	1939	重庆	—	74	交通部；机器修造
贵州企业公司贵州中国机器厂	1939	贵阳	20	—	贵州省政府与中国银行等合办；农业机械

资料来源：《资源委员会公报》第 10 卷第 3—4 期；"交通部"各机器修配厂，见陈真编：《中国近代工业史资料》第 3 辑，生活·读书·新知三联书店 1957 年版，第 923—926 页。

---

① 顾毓瑔：《三十年来之中国工业》，见吴承洛主编：《三十年来之中国工程》，中国工程师学会 1948 年，第 41 页。

3. 民营机械工业

内迁民营工厂中机器厂是搬迁和抢救的重点,共有机械工业工厂181家迁往大后方,分布在湘西、广西、陕西、鄂西、贵州和云南等地,计有机器设备10余万吨,技术工人万余人。它们构成了后方民营机械工业的基础,机械工业也成为后方得到最大发展的一类民营工业。据统计,1944年后方国民党统治区的民营工厂有4764家,资本总额312530万元(合战前币值31610万元),工人数254597人,其中机器厂965家占20%、资本41870万元(合战前3240万元)占13%、工人33425人占13%,五金厂326家、资本11010万元(合战前1190万元),工人11178人。① 五金机械工厂二者合计厂数占27%、资本约占17%、工人约占18%,这就是后方民营五金机械工业的概况。又以1938年、1939年投资规模较大,缘于多数是内迁五金机械大小工厂355家申请复工,此后厂数增加而资本规模缩小,1942年以后困难重重。统计数中包括了一些资本不足1万元或工人不到30人的工厂。机械工厂分布见表11-16。

表 11-16   国民党统治区机械制造业的地区分布(1943 年)

地区	厂家	地区	厂家
重庆	394	江西	9
安徽	3	四川	70
浙江	22	贵州	16
福建	6	云南	26
广东	2	陕西	49
广西	91	甘肃	18
湖南	236	河南	5
湖北	1	总计	948

注:重庆、四川分开计。按战时修改《工厂法》,凡有工人30人以上或使用动力,或资本在1万元以上者均可作工厂登记,故以上厂数中包括了一些30人以下的小厂。

资料来源:谭熙鸿主编:《十年来之中国经济》上册,中华书局1948年版,第F12—F13页。

---

① 李紫翔:《大后方的民营工业》,《经济周报》第2卷第7期,1946年2月。

四川包括重庆是工厂最为集中的地区,有工厂464家。战时有"工业之家"重庆和"工业中心"昆明之说。① 其他湖南、陕西等十余省均有分布。较大的民营机械厂,有重庆的恒顺机器厂,1943年资本达500万元;民生机器厂是最大的造船厂,设有5个分厂;其他如上海机器厂、新民机器厂、大中机器厂、公益面粉机器厂、义昌机器厂、中华铁工厂机械厂、五通桥永利化学公司机械厂、六河沟制铁公司机器厂、华成电器厂、新中工程公司、亿中实业公司机器厂、申新纱厂细纱机制造厂等②,大都可以制造整台机械。其他数百家小厂则从事机械配件和工具的制造和修理业务。

表11-17中机器电器业中民营厂产值占总值的比重,可见民营厂与官营厂之间的消长变化。

表11-17　后方机器电器业产值与民营厂的产值(1938—1945年)

(单位:万元)

产值　　　　年份	1938	1939	1940	1941	1942	1943	1944	1945
总产值	567	1418	2214	3531	4071	4176	3465	2891
其中,民营厂产值	472	995	1374	1841	1832	1830	1367	987
民营百分比(%)	83.2	70.2	62.1	52.1	45.0	43.8	39.5	34.1

注:机器电器业产品,含动力机、工具机、作业机、发电机、电动机等机械,以及变压器、交换机、收发报机、电子管、灯泡和电池等电器。产值按1933年不变价格计。

资料来源:吴太昌:《抗战时期国民党国家资本在工矿业的垄断地位及其与民营资本比较》,《中国经济史研究》1987年第3期。

由表11-17可见,后方机械工业中官营与民营厂是荣损与俱的,民营厂1941年达到峰值,官营厂1943年达到鼎盛;民营厂在机械工业产值中的比重,呈现逐年下降的态势,由初期占83.2%减少至1945年的34.1%。民营机械工业在后方恶性通货膨胀和物资统制政策中,经营条件处于明显劣势,工厂规模和生产能力等方面逐步落后。

―――――――――

① 沈春雷、陈禾章等编著:《中国战时经济志》,世界书局1941年版,第68—70页。

② 马冠雄等:《后方民营机器工业过去及现在概况》,《西南实业通讯》1943年第8卷第1期。

4. 生产与损益情况

在武汉失守、湘桂战役等日渐危急的战局中,后方机械工业在资金、技术、人员、装备等方面排除万难,获得了宝贵的发展。官营中央机器厂的负责人王守竞、民营恒顺机器厂厂长周茂柏、上海机器厂创办人颜耀秋、新民机器厂和大中机器厂创办人胡厥文、顺昌机器厂经理马冠雄、公益铁工厂创办人薛明剑等实业家对机械工业作出了杰出贡献。沈鸿独具胆识,把利用五金厂迁往延安。历经艰险、艰难创业的后方近千家机械制造、修理、五金铸造工厂,生产出后方奇缺的工业机械及部件,发挥了机械工业作为工业之母、高端装备工业的功用。技术上从引进、改良到自主创新,能够设计制造动力机械、作业机械、交通机械、精密工具和试验仪器,大型机械工厂和部分产品实现了从无到有。1938 年至 1944 年,有 113 件机械与工具获得实业部和经济部核准的设计专利,涉及多种类机械的设计和改进。民国时专家总结中国工业的发展阶段,谓同治元年(1862 年)开始初创时期,民国廿年(1931 年)开始仿照时期,民国廿六年(1937 年)进入创造时期。[①] 实现技术进步的同时,适应了战时军用和后方民用的特殊需要,比如煤气炉和节油器的发明、锅炉和纺织机的小型化;工业标准化在战前开始之后继续得以推行,制定了统一的机械基本标准。生产情况见表 11-18。

表 11-18　后方国民党统治区机器工厂重要产品产量(1938—1944 年)

(单位:部)

年份 机械产品	1938	1939	1940	1941	1942	1943	1944
蒸汽机	—	559	2949	4476	3491	2788	3608
内燃机	550	831	2910	3885	3933	2788	2754
发电机	223	163	2788	4144	4001	3552	5158
电动机	84	8703	12449	21890	10359	11451	6178

---

① 吴承洛主编:《三十年来之中国工程》,中国工程师学会 1948 年。

年份 机械产品	1938	1939	1940	1941	1942	1943	1944
工具机	332	679	984	1220	1121	1729	1392
变压器	4575	3758	5850	10846	16136	12486	11200
纺纱机	—	—	—	—	248	266	440
面粉机	—	—	—	—	11	25	60
球磨机	—	—	—	—	8	19	12
蒸汽抽水机	—	—	—	—	439	143	694
起重机	—	—	—	—	20	25	6
其他	—	—	—	—	1725	1556	2068

资料来源:谭熙鸿主编:《十年来之中国经济》上册,中华书局1948年版,第F13页。

同时期生产指数见表11-19。

表 11-19　后方国民党统治区机械工业生产指数(1938—1942年)

年份 项目	1938	1939	1940	1941	1942
总指数	100	130.7	185.8	243.9	302.1
轻工机械	100	129.6	181.1	230.6	272.1
机床	100	204.5	296.3	367.5	340.6
蒸汽机	—	100.0	492.3	747.2	581.1
内燃机	100	151.0	529.1	726.3	715.1
发电机	100	711.8	1217.4	1869.6	1447.1
电动机	100	10360.2	14802.2	26059.5	12332.1

资料来源:吴承洛主编:《三十年来之中国工程》,中国工程师学会1948年,第41页。

反观抗战前后五金机械工业工厂的损益统计,如表11-20所示。

表 11-20　抗战前后全国五金机械工业工厂
损益(1936 年、1946 年 1—6 月)

年月、项目　　类别	1936 年				1946 年 1—6 月			
	厂数	资本(战前币值千元)	职员	工人	厂数	资本(战前币值千元)	职员	工人
工矿业工厂总计	13100	1734276	106720	1464914	9949	127987278 373141	76154	614420
机器工业	986	26913	3812	35186	1033	1514035 4414	8168	47437
五金工业	272	441465	1654	12600	257	469748 1370	2249	10898

注:资本数 1946 年为时值,按照编者折算币值办法,战争时期各年平均物价指数 343 倍为二者比例
　　(《国民政府档案中有关抗日战争时期人口伤亡和财产损失资料选编》第 2 册,中共党史出版社
　　2014 年版,第 579 页),表中 1946 年资本数值应除以 343 以折合为 1936 年数值看待损益情况。
资料来源:《国民政府档案中有关抗日战争时期人口伤亡和财产损失资料选编》第 2 册,中共党史出
　　　　版社 2014 年版,第 580 页。原表说明:表列数字包括民营与国营;东北地区、台湾未包括
　　　　在内。

由表 11-20 可见,1936—1946 年抗战前后工矿企业数量、资本规模和厂均资本、职员和工人人数全面减少。其中,五金机械工业的工厂数基本持平,十年间工厂职员人数、工人人数有一定的增加,但是工厂的资本规模按可比币值计则大幅减少。机器厂厂均资本 1936 年为 27.30 千元、1946 年上半年为 4.27 千元;五金厂厂均资本同期分别为 1623.03 千元和 5.33 千元。表明日军侵华给中国机械工业造成惨重损失,虽艰苦创业、竭力弥补却难以恢复。

(二) 国民党统治区机械工业的复员与消长变化

抗日战争胜利后,国民党统治区的机器制造业,因接收敌伪产业和取得日本赔偿物资,官营机器工业得以随国家垄断资本而一度体量大增,民营机器工业则难以分享胜利成果而相形见绌、陷入窘境。

1. 官营机器工业

1945 年年底,国民党政府行政院设立收复区全国性事业接收委员会,制定《收复区敌伪产业处理办法》;陆续设立苏浙皖区、山东青岛区、河北平津区、粤桂闽区、东北区敌伪产业处理局,并附设处理敌伪产业审

议委员会;在武汉区、河南区设立处理敌伪产业特派员办公处,湖南、江西由省政府设处理机构,台湾地区由地区行政长官公署设立日产清理处。敌伪金融机构、交通设施和作战物资则由国民党政府国家银行、交通部和军事部门负责接收。敌伪产业包括日本在华的和伪满、汪伪等伪政权和汉奸机构的公私财产。至 1946 年年中接收基本结束。据统计,上述 8 个区共接收敌伪产业 9345 个单位,按各地物价指数折算,接收总值估计为战前 23.02 亿元法币,其中工矿业资产 11.46 亿元[1],占比近 50%。由于东北地区苏军拆迁、共产党军队迅速解放,台湾地区金融业资产一并接收需剔除等特殊、复杂情形,8 个区合计接收敌伪产业中工矿业资产所占比重应达到一半以上。还应说明,苏军在中国东北拆运回国的工矿业设备,据 1945 年美国政府战争赔偿顾问鲍莱的调查、1946 年日侨善后联络处的估计,总值约 9 亿—10 亿美元,其中机器工业约占 1.6 亿美元,折合战前约 4.3 亿元法币。占东北地区机器制造业生产能力的 68%—80%。[2]

对接收敌伪产业工矿业部分的处理,按照《收复区敌伪产业处理办法》规定,基本上有四种方式:发还、移转(移管)、标卖(标售)和保管。[3]上报经济部的各区处理报告,以企业单位为统计项目而无资产数值,据此得出处理情况如表 11-21 所示。

表 11-21 接收敌伪工矿企业单位的处理(1946—1947 年)

地区 \ 项目	接收总数	发还	移转	标售	保管待处理	其他
苏浙皖区	478	109	86	226	57	—
河北平津区	2838	131	278	161	749	1519
山东青岛区	215	31	66	88	17	13
粤桂闽区	163	28	33	70	—	32

---

[1] 简锐:《国民党官僚资本发展的概述》,《中国经济史研究》1986 年第 3 期。

[2] 许涤新、吴承明主编:《中国资本主义发展史》第 3 卷,人民出版社 1993 年版,第 606—607 页。

[3] 谭熙鸿主编:《十年来之中国经济》,中华书局 1948 年版,第 V99—V101 页。

项目 地区	接收 总数	发还	移转	标售	保管待 处理	其他
武汉区	158	15	106	15	5	17
河南区	30	5	8	—	17	—
东北区	4188	—	3413	—	775	—
台湾地区	1275	—	551	724	—	—
总计	9345	319	4541	1284	1620	1518
占总数比重(%)	100	3.41	48.6	13.73	17.34	16.92

注:其他方式主要是拆卸零部件出售。
资料来源:简锐:《国民党官僚资本发展的概述》,《中国经济史研究》1986年第3期。

由表11-21可见,移转是主要处理方式,单位数占总数近50%,就是将企业划归资源委员会、中纺公司、中蚕公司等政府部门接办。待处理(保管)则是特派员办公处暂行保管、留待成立相应的官营单位来接办。所以,向政府部门和单位转移的接收敌伪工矿企业数量是主要部分,占到66%。发还(原主)企业是指敌伪占用和投资改建的原华商企业,其增值部分由原业主购买或收归国有,在这种条件下,发还企业数量仅占3.4%。标售和其他方式(拆零部件出售)的企业,占30%。表11-21不反映资产数据,但从战后国营工矿企业兴建情况看,接收的大中型企业大都归于移转和保管。进入标售的工矿企业,包括接收的商业企业和房地产,少数较有价值的都被倚仗权势的官商资本抢先获得,仅有拆件零卖的小厂矿面向商民而已。庆祝抗战胜利的同时,迁川工厂联合会、纱厂联合会等民族工商业者团体,强烈期待发还被日军强占的企业、代营和收购敌伪棉纺织工厂,向政府提出复员和借机复兴本国实业的政策请求。但是,敌伪产业的处理方式无疑与这种愿望背道而驰,它首先促成了国营工矿业的急剧膨胀和扩张。

日本赔偿物资。战后美国政府派战争赔偿顾问鲍莱等人调查,经盟国远东委员会决定,中国可得到日本赔偿物资135万吨,但由于所需运费、建厂安装费代价高昂加之财政困难,国民党政府申请拆运48.785万吨,约值2250余万美元。1948年1月至1949年9月,共派船22次运回赔偿物资12504箱,"计35912.76重吨,容积57171.60呎吨"[1],约值1300万美元,折合战前3346万元法币。由于美国驻日盟军总司令部1948年转向扶持日本、抑制苏联的政策导向,赔偿数量远未达到预期。中国分得物资中最大最好的吴港成套发电设备和起重机,终被剔除在外。赔偿物资主要是拆卸54家日本工厂的机器设备,资源委员会获得其中17个完整工厂和4700台机器,合28.785吨,占总数的59.7%;国防、经济、交通等部门获得其余物资,再由经济部分配少量机器设备给民营工厂。[2] 此外,至1948年9月,从日本运回战时中国被抢劫物资约值2774万美元,折合战前币值7200万元。除金属币、贵金属、图书、古物和轮船、车辆外,其中南京硫酸铔厂、广东省营造纸厂原厂、西北实业建设公司、南华铁工厂等的机器设备,计机器2545件又1套,约值220余万美元,是归还物资中属于工业类的部分。

国民党政府资源委员会至1946年年底接收敌伪产业293个单位,原有的后方生产单位93个收拢为47个。原来后方的机械工厂基本上收缩和移交:中央机器厂缩小组织,中央无线电器材厂局部结束(衡阳厂结束),宜宾机器厂、威远铁厂改组为四川钢铁厂,江西机器厂、江西车船厂等移交省营,甘肃机器厂准备租让民营。至1947年8月,资源委员会凭借接收11478亿元(合战前币值3.36亿元)资产,加上政府大量拨款和贷款,规模达到历来最大,下辖生产部门11个,管理机构96个,经营厂矿单位291个,职工达26万余人。1945—1947年,其机械制造业产品产量,动力机由1618马力增至2369马力,工具机由161部增至960部,作业机由102部增至492部。机械工业产品产值,东北1622亿元、华北(含西北)190亿元、华中(含四川)79亿元、华南(含西南)88亿元、台湾599亿元,合计2578亿元。[3] 资委会1944年至1947年支配的291家工矿业单位见表11-22。

---

① 《文史资料选辑》第72辑,文史资料出版社1980年版。
② 《资源委员会接收日本先期拆迁赔偿物资概述》,中国第二历史档案馆藏档廿八。
③ 国民党资源委员会编:《复员以来资源委员会工作述要》,1948年印行,第16—17页。

表 11-22　资源委员会支配的工矿业单位(1944—1947 年)

年份 业别	1944	1945	1947	年份 业别	1944	1945	1947
钢铁业	9	9	8	有色金属矿	14	13	50
机械业	6	7	10	铁和锰矿	4	—	—
电工业	5	5	14	金矿	—	2	—
化工业	20	37	48	矿产勘探处	2	1	—
电力业	22	27	38	国内外贸易处	2	2	—
石油业	2	2	40	国内办事处	—	6	0
食品业	—	—	40	总计	105	130	291
煤矿	18	19	43				

资料来源:《资源委员会工作述要》《资源委员会沿革》《资源委员会工矿产品展览会提要》等材料,
见陈真编:《中国近代工业史资料》第 3 辑,生活·读书·新知三联书店 1957 年版,第
882 页。

资源委员会 1947 年年底支配的机械制造业单位 6 个,管辖 10 个单位,共有员工 9015 人(见表 11-23)。

表 11-23　资源委员会支配的机械制造业单位(1947 年 12 月)

项目 单位名称	地址	附属 单位数	员工 人数	职员人数		工人人数	
				技术 人员	管理 人员	技术 工人	普通 工警
沈阳机车车辆制造公司	沈阳	3	2464	171	182	1514	597
中央机器有限公司	上海	5	3895	233	288	2326	1048
中央造船有限公司筹备处	上海	—	98	34	26	8	30
通用机器有限公司筹备处	上海	—	185	25	41	52	67
中央汽车配件制造厂	重庆	—	121	9	20	45	47
台湾机械造船有限公司	基隆	2	2252	131	202	1102	817
总计	—	10	9015	603	759	5047	2606

资料来源:国民党资源委员会编:《复员以来资源委员会工作述要》,1948 年印行,第 2—17 页;
陈真编:《中国近代工业史资料》第 3 辑,生活·读书·新知三联书店 1957 年版,第 875—
876 页。

此外,中国农业机械公司 1943 年由农林部、中国农民银行和贵州企业公司在重庆发起成立,1946 年迁至上海,由中国银行、交通银行、中央信托局和新中工程公司增资改组,1948 年增资至 800 亿元,设 18 个分厂。中国农业机械公司隶属于行政院善后事业保管委员会,承担联合国救济总署的设厂制造农具计划。[①] 中国纺织机器制造公司,战后原由接收敌伪机械厂而在上海设立,隶属中国纺织建设公司,1947 年分离出来改为官商合办,资本 60 亿元。商股占六成,由 74 家民营纱厂入股。设 2 个分厂,生产纺织机及其零件。[②] 以上 2 家,连同交通部所属机车修造厂,也是战后官营机械制造业的组成部分。

2. 民营机器工业

民营机器工业在后方为抗战出力,却没能分享胜利果实。300 家工厂分配区区 38 亿元复员贷款,可谓"当年艰难辛苦而去,今日倾家荡产而回"[③]。敌伪产业处理中,只有 29 个敌伪工厂供 22 家复员民营厂参与标售。赔偿物资中,仅有原永利南京硫酸铔厂设备运回返还,其他标售物资民营厂方面并无成交。在 1945 年经济部后方工业生产指数中,第四季度生产猛降,以机器生产较第二季度下降 56% 而首当其冲。[④] 沦陷区机器工厂在 1945 年至 1946 年年初也不景气,据上海工商辅导处调查,上海1947 年有机器工厂 643 家、五金工厂 196 家、翻砂厂 212 家,此前约 1/3陷于停顿状态。[⑤] 发诸报端的走访也披露了机器工厂小型化和艰难维持的情形。[⑥]

到 1946 年年底,后方不但官营机器厂减产停工,民营厂也大多歇业。上海等沿海城市到 1947 年迎来人员和资金的涌入,物价随之回升,老厂

[①]　江南问题研究会编:《官僚资本各工业单位》,江南问题研究会 1949 年印行,第 76 页。

[②]　上海市文献委员会编:《上海市年鉴 1948》,上海市文献委员会 1948 年印行,第 N17—19 页。

[③]　李烛尘:《工业危机在成因与挽救》,成都《工商导报》1946 年 7 月 25 日。

[④]　李紫翔:《胜利后的中国工业》,《中央银行月报》新 1 卷第 9 期,1946 年 9 月。

[⑤]　谭熙鸿主编:《十年来之中国经济》上册,中华书局 1948 年版,第 F16 页。

[⑥]　闲客:《在风雨中挣扎的机器业》,《商报》1949 年 5 月 20 日;陈真编:《中国近代工业史资料》第 4 辑,生活·读书·新知三联书店 1961 年版,第 870—871 页。

复业而新厂踊跃开设。从 14 个可比产品上看此消彼长,1947 年电力、煤、铁、酸、棉布、火柴和纸产量产值超过了 1936 年的战前水平,而面纱、面粉、碱、水泥等原民营工业主力呈现衰退之势,钨、锑、锡、铜等有色金属则仅及战前一二成。从产值总额的估计上看,1947 年比战前 1936 年小幅增加 6.5%[①],这是许多行业达到战后峰值的年份。

1947 年,国民党政府经济部工业司进行"三十六年度民营生产及输出事业生产能力评估",这里选取评估的 37 类产品中确为工业品且有可比性的面粉、榨油、制盐、制糖、毛纺织、染料、丝织、针织、造纸、制革、肥皂、火柴、橡胶、水泥、煤、电力、机械、酸碱肥料和酒精共 19 类产品,与战前相应产量进行对比(见表 11-24)。

表 11-24 民营工业生产能力估计及与战前对比(1947 年)

产品 \ 项目	单位	战前产量	1947 年估计产量	1947 年占战前百分比(%)
面粉	袋	77191340	77191340	100.0
榨油	担	1160518	850000	73.2
制盐	担	52165000	42851000	82.1
制糖	吨	34109	25000	73.3
毛纺织	码	1317900	16089420	1220.8
染料	吨	8968	8968	100.0
丝织	匹	385630	385630	100.0
针织	万打	2500	1800	72.0
造纸	吨	74842	59842	80.0
制革	张	1870320	1870320	100.0
肥皂	万箱	900	650	72.0
火柴	大箱	1133550	95000	8.4
橡胶	吨	267	300	112.4
水泥	桶	5547132	6213723	112.0
煤	万吨	3200	1700	53.1

① 许涤新、吴承明主编:《中国资本主义发展史》第 3 卷,人民出版社 1993 年版,第 646—647 页表 5-10。

项目 产品	单位	战前产量	1947年估计产量	1947年占战前 百分比（%）
电力	千瓦	431850	308500	71.4
机械	部	47147	8000	17.0
酸碱肥料	酸吨	29398	22123	22.7
	碱吨	67853		
酒精	加仑	1492500	5000000	335.0

注：酸碱肥料产量1947年未分开，按一种产品估计。造纸、制革、火柴产量按原表第一种数值计算。
资料来源：谭熙鸿主编：《十年来之中国经济》，中华书局1948年版，第V154—V155页。

表11-24中，19类工业品产量1947年较战前有4类增加：毛纺织增至12.2倍、酒精增至3.35倍、水泥和橡胶均增至1.12倍，4类估计持平：面粉、染料、丝织和制革，7类恢复至七成余：榨油、制盐、制糖、针织、造纸、肥皂和电力，4类剧减：煤减至53.1%、酸碱肥料减至22.7%、火柴减至8.4%、机械减至17.0%。

各地民营机械工业情形。前述上海工商辅导处调查1947年上海有机器工厂643家、五金工厂196家、翻砂厂212家。其中643家机器厂的设备规模见表11-25，每厂平均有工具机15部，工具机在40部以上的工厂有34家，65%以上工厂只有1—9部工具机，属于机修小工厂见表11-25。

表11-25 战后上海机械工厂设备规模

工具机数量（部）	机器工厂数（家）	工具机数量（部）	机器工厂数（家）
100	9	40—49	8
90—99	1	30—39	17
80—89	4	20—29	44
70—79	2	10—19	128
60—69	7	1—9	420
50—59	3	—	—

资料来源：谭熙鸿主编：《十年来之中国经济》上册，中华书局1948年版，第F16页。

武汉经"经济部"汉口工商辅导处调查,有机器翻砂工厂 15 家。共有车床 167 部、刨床 40 部、钻床 34 部、冲床 4 部、镗床 1 部,总计 246 部。主要的 11 家机器厂设备和产品情况见表 11-26。

表 11-26　战后汉口机械工厂设备与产品

厂名　　　　　　　设备	工具机（部）	产品
湖北省机器厂	29	柴油机、轧花机、铁道道钉、修理船舶
恒顺机器厂	17	内燃机、蒸汽机、抽水机、鼓风机、纺织机、工具机
毓蒙联华驻汉总厂	5	弹棉机
建国工业社机器厂	15	碾米机、面粉机
三北机器造船厂	21	修理船舶
渝汉机器铸造厂	15	面粉机、轮船机件、纺织机件
顺昌机器制造厂	7	工具机、修理船舶
冠昌机器厂	13	机件、修理机器
民生机器铁工厂	7	柴油机、蒸汽机、起重机、抽水机、印刷机、切面机
新华实业机器厂	9	印刷机、工具机、抽水机
森记周义兴机器厂	8	柴油机、面粉机

资料来源:谭熙鸿主编:《十年来之中国经济》上册,中华书局 1948 年版,第 F20—F23 页。

广东广州,据广州工商辅导处调查,共有机器工厂 152 家,因燃料困难、资金短缺而规模小、产量低。广西南宁有机器工厂 8 家,每家仅 1—2 部工具机,从事汽车修理;桂林有机器工厂 8 家,西兴和机器机工厂有工具机 26 部,制造碾米机、榨蔗机、抽水机和工具机,又宝泰机器厂有工具机 17 部,制造道钉、螺丝及零配件。梧州、荔浦、靖西都算上,广西共有 21 家。以上是实地调查。

四川机器厂约余存 50 家,重庆据调查约余 200 家。湖南经过湘桂战役,236 家机器厂损失殆尽,约余 20 家。估计江苏 150 家、浙江 50 家、安徽 10 家、江西 15 家、福建 15 家、云南 15 家、陕西 30 家、甘肃 10 家、青岛 50 家、天津 200 家。以上是据战时情况和战后变化的估计。总的看来,全国除东北、台湾外,1947 年约有机器工厂 2000 家,有工具机 1.8 万至 2

万部。①

3. 机械工厂数量、分布与设备

又据国民党政府全国经济调查委员会调查报告,包括东北和台湾的全国机械工厂、五金工厂数量见表11-27。

表 11-27 全国主要城市机器工厂、五金工厂数量和分布(1947 年)

(单位:家)

地区 \ 工厂	机械厂数	五金厂数	地区 \ 工厂	机械厂数	五金厂数
南京	58	44	广州	24	42
上海	543	430	兰州	4	—
北京	34	11	福州	25	—
天津	218	34	昆明	16	3
青岛	8	11	贵阳	11	
重庆	73	35	长沙、衡阳	39	2
沈阳	52	19	南昌、九江	24	
西安	8	1	台湾	178	29
汉口	190	21	总计	1505	682

注:上海机械厂数、五金厂数,上海工商辅导处 1947 年年底调查分别为 643、196 家,还有翻砂厂 212 家。二者有所不同。

资料来源:陈真编:《中国近代工业史资料》第 4 辑,生活·读书·新知三联书店 1961 年版,第 839 页。

以上 2187 家五金、机械工厂,拥有的机床设备见表 11-38。

表 11-28 全国主要城市机械工厂、五金工厂的机床设备(1947 年)

机床名称	机械厂拥有数(部)	五金厂拥有数(部)	总计(部)
车床	6569	1014	7583
刨床	940	155	1095
钻床	2296	440	2736
铣床	513	68	581

① 谭熙鸿主编:《十年来之中国经济》上册,中华书局 1948 年版,第 F20—F23 页。

续表

机床名称	机械厂拥有数(部)	五金厂拥有数(部)	总计(部)
冲床	1257	409	1666
磨床	396	128	524
其他工具机	32	1557	1589
总计	12003	3771	15774

资料来源:陈真编:《中国近代工业史资料》第 4 辑,生活·读书·新知三联书店 1961 年版,第840 页。

1505 家机械厂拥有机床 12003 部,682 家五金厂拥有机床 3771 部,总计 2187 家机器制造业工厂拥有机床设备 15774 部。以上工厂数、城市分布和设备数,基本上反映了战后国民党统治区机器制造业的情况。

二、电力和电机、电器工业

(一) 抗日后方电力和电机、电器工业的迁入和兴办

抗日战争全面爆发前,1936 年全国电厂 460 家,发电容量 631165 千瓦,发电度数 1724305 千度,投资总额 30773 万元,人均年用电 4.98 度。电厂数、发电容量和度数等以江苏为最,其次则浙江、广东、福建、湖北、山东等省,可见电力工业多分布于沿海沿江。截至 1937 年 9 月,全国电力工业发电设备,上海市、南京市、广州市和江苏、浙江、台湾等 19 省和东北区,500 千瓦规模以上电厂有上海电力公司、首都电厂等 62 家,发电容量1255413 千瓦,9 月份发电度数 284702332 度,发电设备中锅炉共 214 座,原动机共 231 座,发电机共 242 座。[①]

"七七事变"和"八一三"上海抗战以后,中国沿海沿江通商大埠和重要城市的电业工厂相继沦陷。戚墅堰电厂以及上海、华商、闸北、浦东等较大的电厂,输电杆线和发电设备等尽表敌手,被日军拆迁挪用。杭州电

---

① 谭熙鸿主编:《十年来之中国经济》,中华书局 1948 年版,第 J15 页《抗战前一年之电业概况表》,第 J36 页《全国电业发电设备概况表》。

厂和广州电厂的发电设备,则由国民党军队在撤退时主动炸毁。战前有所发展的电力工业遭受重创,仓促中仅有汉口、沙市、宜昌、长沙、湘潭和常德等地的部分设备迁至后方,其发电容量为 25470 千瓦。以至于全面抗战初期的 1937 年,后方各电厂的总发电量仅 50826 千瓦,发电度数仅 5992 万度,足见损失巨大。

国民党政府在后方对电力工业的发展主要采取了以下两方面的措施。

第一,整理原有电厂。1940 年,陷入燃料、设备短缺而停业的原电厂有 48 家。各地采取修配改装等方式,促使其恢复生产。浙江省办理的浙东电力厂包括了金华等 7 个厂,江西省办理的吉安等 4 个厂,福建省办理的永安等 5 个厂,都将废旧机器收集修配,勉强利用。在四川、贵州、陕西等省,则有较大规模的企业公司投资电厂,改进和扩充设备、增加发电量。

电力工业关系到国防军需,又与轻重工业的生产密切相关,所以对于一些较具规模的民营电厂,如重庆、成都、昆明等电力公司,政府出面予以协助。首先在资金上协助,如重庆电力公司拆运机器的协助款,加装保护设备和修理设备的担保借款,对营业亏损的补贴补助费,又如成都启明公司的迁机借款,昆明耀龙电力公司的治湖费等。其次是在人力上协助,因水陆交通遭到封锁,机器设备的运输只有依赖空运吨位的分配。各电厂修建所需的机件器材,都由政府协助购运,还派员督导。同时,将重庆附近各大工厂的自用动力厂设法修复,通过架设线路将余电供给公用之急需。

第二,筹设新电厂。由于运输受阻,新建电厂困难重重。电厂机器设备的来源,有内地迁来工厂自制的水轮机,有少数从海口抢运到内地装配的新机器,其他就是东拼西凑的旧机器了。生产急需所迫,筹建新电厂主要由资源委员会来承担,所以后方新建电厂多为省营、国营,基本上没有新设民营电厂。

抗战期间,后方新建电厂有 19 个单位 27 个电厂,发电容量为 27899 千瓦。新电厂中由资源委员会独资办理的有 13 个单位 11 个厂,计有:四川龙溪河电厂、泸县电厂、岷江电厂、宜宾电厂,陕西汉中电厂,甘肃天水电厂,湖南衡阳电厂、湘西电厂(沅陵厂、辰溪厂),广西柳州电厂,云南昆明电厂,西康西昌电厂等。中央和地方合资办理的有6个单位16个厂,计有:四川万县电厂、灌县电厂、自流井电厂,陕西西京电厂(包括宝鸡分厂),甘肃兰州电厂,青海西宁电厂,贵州贵阳电厂和浙江浙东电厂(包括碧湖、丽水、金华、松阳、龙泉、大港头、云和、小顺等8厂)等。这些电厂分布在10个省份,新增发电容量27899千瓦。其中龙溪河、万县2家是水电厂,灌县、贵阳2个厂正在勘测水力,这是电力工业开辟水力发电方式的开端。①

　　到1945年年底,资源委员会经营的与电力、电机、电器工业有关企业,如表11-29所示。

表 11-29　抗战时期资源委员会所属电力工业单位

项目 厂名	成立年月	厂址	经营	职员	工人	附注
西京电厂	1936年9月	陕西西安	参加经营并主办	80	265	陕西省银行及中国银行参加经营
贵阳电厂	1938年7月	贵州贵阳	参加经营并主办	67	190	贵州企业公司参加经营
龙溪河水力发电厂	1938年7月	四川长寿	独资经营	98	221	—
兰州电厂	1938年8月	甘肃兰州	参加经营并主办	65	220	甘肃省府参加经营
万县电厂	1938年8月	四川万县	参加经营并主办	62	189	四川省府参加经营
湘西电厂	1939年1月	湖南沅陵	独资经营	59	141	—
昆湖电厂	1939年6月	云南昆明	独资经营	133	372	—
岷江电厂	1939年7月	四川犍为	独资经营	108	384	—
浙东电力厂	1939年7月	浙江金华	参加经营不主办	26	42	浙江省府参加经营

---

　　① 谭熙鸿主编:《十年来之中国经济》,中华书局1948年版,第J23—J24页《战时后方新建电厂概况表》。

续表

项目 厂名	成立年月	厂址	经营	职员	工人	附注
汉中电厂	1939 年 11 月	陕西南郑	独资经营	25	59	—
自流井电厂	1940 年 11 月	四川自贡	参加经营并 主办	72	192	四川盐务局参加经营
西宁电厂	1940 年 11 月	青海西宁	参加经营并 主办	24	31	青海省府参加经营
泸县电厂	1941 年 1 月	四川泸县	独资经营	57	176	—
西昌电厂	1941 年 5 月	西康西昌	参加经营并 主办	23	43	西康省府参加经营
湖南电气公 司	1941 年 7 月	湖南长沙	参加经营并 主办	—	—	湖南省府及商股参加经 营
宜宾电厂	1941 年 9 月	四川宜宾	独资经营	96	352	—
天水电厂	1942 年 9 月	甘肃天水	参加经营并 主办	30	43	甘肃省府参加经营
柳州电厂	1942 年 11 月	广西柳州	参加经营并 主办	—	—	广西省府参加经营
王曲电厂	1943 年 2 月	陕西王曲	独资经营	—	—	—
天水水力发 电厂工程处	1943 年 11 月	甘肃天水	独资经营	31	246	—
西宁水力发 电厂工程处	1944 年 1 月	青海西宁	独资经营	15	18	—
修文河水力 发电厂工程 处	1944 年 3 月	贵州修文	独资经营	5	51	—
全国水力发 电工程总处	1945 年 7 月	四川长寿	独资经营	—	—	—
汉中水力发 电厂工程处	1945 年 4 月	陕西南郑	独资经营	23	126	—
都江电厂	—	四川灌县	独资经营	—	—	—
安庆电厂	—	安徽安庆	独资经营	—	—	—
巴县工业区 电力厂	—	四川巴县	参加经营不 主办	—	—	—
富源水力发 电公司	—	四川北碚	参加经营不 主办	—	—	商股参加经营

中国近代经济史(1937—1949)

续表

项目 厂名	成立年月	厂址	经营	职员	工人	附注
中央电瓷制造厂	1937年12月	四川宜宾	参加经营并主办	84	131	交通部参加经营,有贵阳分厂
中央无线电器材厂	1938年4月	云南昆明	参加经营并主办	850	729	辖重庆、昆明两分厂,昆厂停顿
中央电工器材厂	1939年7月	云南昆明	独资经营	664	2072	—
华亭电瓷厂	1941年8月	甘肃华亭	独资经营	—	—	1945年12月结束
江西电工厂	1942年7月	江西泰和	参加经营并主办	—	—	江西省府参加经营结束

资料来源:《资源委员会公报》10卷第3—4期,并参与其他资料补充,见许涤新、吴承明主编:《中国资本主义发展史》第3卷,人民出版社1993年版,第502—505页。

抗战时期国民党统治区官营、民营电厂的发展概况,如表11-30所示。

表11-30 抗日战争时期大后方电厂发展概况(1936—1946年)

项目 年份	发电容量(千瓦)			发电度数(千度)		
	官营	民营	总计	官营	民营	总计
(1936)	(28352)	(602813)	(631165)	(61239)	(1663066)	(1724305)
1937	62	50764	50826	1533	58389	59922
1938	2340	33165	35505	4056	69566	73622
1939	8970	31406	40376	9609	81885	91494
1940	10536	30186	40722	11117	100814	111931
1941	10988	33325	44313	17517	109785	127302
1942	12657	37169	49826	24618	112232	136850
1943	17424	46707	64131	35208	111229	146437
1944	21170	48747	69917	52115	102105	154220
1945	23821	49756	73577	70568	126127	196695
(1946)	(947864)	(333315)	(1281179)	(2146352)	(1478302)	(3624654)

资料来源:谭熙鸿主编:《十年来之中国经济》,中华书局1948年版,第J24—J25页第六表。

　　表11-30中加入抗战前一年（1936年）和抗战结束后一年（1946年）的数值，以为对比。由表11-30可见，1937年，国民党统治区发电容量与度数数值锐减，发电容量减少91%、发电度数减少96%，足见战争损毁与时艰程度。1937—1945年，发电度数的年平均增长率为11%。战前全国发电设备与产量以民营电厂为主，战时国民党统治区发电容量民营电厂在1937—1940年基本处于停滞不前甚至退步，从1942年起官营、民营电厂均有明显增长，民营厂数值较高而二者差距逐渐缩小。1937—1945年发电容量方面，官营厂的年平均增长率达39.3%，民营厂的年平均增长率为6%。抗战胜利后的1946年数值因加入"光复区"及"收复区"接收电厂量值而陡增，10年以来，已较战前电力工业水平增加一倍，且官营厂远超民营厂。

　　抗日战争前，中国民族资本电厂集中于城市，资本规模小、设备简陋，远远落后于外资电厂。首都电厂在国营电厂中经营较好。闸北电厂是最大的民营电厂，都在日军侵略中遭受损失。抗战期间，后方电力工业原动机中仍以汽轮机为最多。但是因条件所限与战前不同，一是已日趋淘汰的蒸汽机又被关注装用，二是柴油机所需燃料多用植物油替代，三是小型柴油机及煤气机被大量使用，四是水力发电开始引起政府的注意。后方能源紧张，而水力资源丰富，水力发电所需投资大、效益高。资源委员会开始注重中小型水电开发，战时共建成水力发电容量约1.3万千瓦。水电工程由中国人自己设计、建造，一部分设备出自后方机械制造厂。建设委员会在战前颁布了《电压频率标准》，但未及实施战端已开。抗日战争期间，主要注重于发电设备，在输电、配电方面进步有限。其他如发电机、变压器、电动机、电表、灯泡等各种设备还是缺乏统一规格。[①]

　　电器制造业。随着电力工业和电讯事业的发展，电机和电器需求与日俱增。电器制造业在中国相对于机械制造业出现较晚。中国人最早创办的电器制造工厂是叶有才于1916年创办的华生电器制造厂，甚至早于美国摩根财团1917年开办的"奇异安迪生电器公司"。到1936年，全国

------

　　① 李代耕：《中国电力工业发展史料》，水利电力出版社1983年版，第140、141页。

有电器工厂超过 200 家,大部分集中在上海。抗日战争期间,电机电器业有所发展,尤其是军用电器大有发展。从创办之始到抗战结束,中国的电机电器工业有了相当发展。1947 年,全国的年产量发电机达 2.5 万千瓦,电动机为 5 万千瓦,变压器为 14.67 万千伏安。技术水平上发电机最大单机容量达 200 千瓦,电动机为 132 千瓦,变压器为 2000 千伏安。电器生产的范围已经扩大到全套中短波无线电台、电话机、电线电缆、收音机等产品。

电机制造,以上海华生电器制造厂为中国代表性企业,最先于 1916 年开始制造限制表、自动开关、配电板等小型电力设备,随后制造变压器、电熨斗、电火炉。20 世纪 20 年代中期开始制造电风扇、交流发电机,1936 年成为中国最大的电风扇生产企业。20 世纪 30 年代开始制造火车轮轴发电机及有关车用电器、2000 千伏安变压器、200 千瓦交流发电机。在技术方面,该厂走仿制加改良的路线。抗日战争时期,该厂一部分内迁至重庆继续生产,余部迁入租界。

1937 年后,中国资本电机业共有 16 家工厂。除华生电器制造厂外,上海益中机器瓷电公司于 1922 年创设,资本为 50 万元。创办人是周琦、杨景时、刘锡麟 3 位留美学生。20 世纪 30 年代,变压器及电瓷料为主要产品。华通电业机器厂创办于 1919 年,创办人为姚德甫,曾任外资上海电力公司的技工。20 世纪 30 年代,以开关设备产品驰名市场,兼制电炉、电扇、变压器、电炉电灶、铁路行车电讯设备等产品。华成电器制造厂创办于 1932 年,主要生产交流感应电动机,功率从 360 瓦到 73.5 千瓦。抗战时期,全厂由南翔迁至汉口再迁衡阳,生产电动机兼制工具机。以上是较具规模的 4 家民营企业,其他规模很小。

国营企业中,建设委员会电机制造厂位于上海高昌庙,原来主要生产无线电机,1933 年以后增制电动机及变压器,数量较少。山西省太原的西北实业公司,也制造电动机和电风扇,规模不大。

抗战时期,中央电工器材厂、中央无线电器材厂、中央电瓷厂是资源委员会电器工业的三大企业。中央电工器材厂筹建于 1936 年 7 月,分为四厂:第一厂是电线厂;第二厂是管泡厂;第三厂是电话机厂,与德国西门子公司技术合作,制造有线电话器材;第四厂是电机厂,为接收建设委员会电机制造厂扩充而来。第四厂专门制造电力机器,内设电机、变压器、开关设备等3个车间。工厂主要在昆明,分部设于桂林。中央电工器材厂是后方最大的电器制造厂,产品产值约占资源委员会电器工业的75%,占后方电器工业的60%以上。中央无线电器材厂、中央电瓷厂也是后方同行中的最大企业。产品主要供应军用和交通运输业,很少供应民用产品。昆明中央机器厂则以200千瓦煤气发电机为其主要电机产品。

电子工业,在近代工业中是具有最高技术难度和知识密集度的行业,最早从事电子工业的企业迟至20世纪20年代中期才开始创办,集中于上海一地且因私营而规模有限。20世纪30年代,国民党政府有关部门开办了一批无线电厂。到1937年,中国资本开办的较具规模的电子工业企业主要有:建设委员会无线电厂、军政部电机修造厂、大华无线电公司、湖南电器制造厂、中国无线电业公司、中华三极铣电公司、中国无线电研究社、亚美股份有限公司、亚洲无线电公司、湖南电器制造厂、中雍无线电机厂、华昌无线电厂、亚尔电工社等。其中既有政府部门办理的,也有民间企业,主要情况如下。

(1)上海亚美股份有限公司,是最早由民间资本创办的电子工业企业,1924年10月成立并设制造厂,从仿制无线电零配件到组装电器整机,从组装矿石机到制造五灯收音机。公司还设立无线电广播电台、设立零配件门市部、编辑出版书刊,向社会传播普及无线电科技知识。中国无线电研究社对于无线电学的普及推广也有贡献。

(2)中国无线电业公司,是相对技术先进、产品高端的民营企业。1927年由留美学生胡光麃在天津创办,1931年迁入上海。该厂能制造军用无线电收发报机,无线电发射台和短波无线电话机。其制造的无线电广播电台设备在上海、汉口、南昌、桂林、重庆等地投入使用。抗战期间,工厂内迁到重庆,随后合并入中国兴业公司,改制各种电器。

(3)中央无线电机制造厂,在政府部门办企业中规模较大,由资源委员会与湖南省政府合办。开办基础是创设于1936年的长沙湖南电器制造厂,抗战爆发后迁至桂林,更名并扩大规模,在昆明、重庆等地设立分厂。该厂主要生产军用发报机,兼制无线电话机、广播发射机和收音机等。抗战期间再改名为中央无线电器材厂。战后迁往南京,即后来的南京无线电厂。

(4)建设委员会上海无线电机制造厂创办于1926年,1928年由建设委员会管理,制造无线电收发报机、电动机、变压器、干电池和电线等。20世纪30年代,发展成为全国资金、规模、生产能力和技术力量首屈一指的电子工业企业,几乎包办了各地所设28个短波无线电台的器材设备。

国营企业和民间工厂在技术方面各有侧重,国营厂主要制造军用无线电设备,生产若干种的收发报机、无线电话机、大功率广播电台发射机。民营厂主要制造无线电零配件、电话机和电子管收音机等民用产品。除上海亚美股份有限公司以外,华昌无线电厂、中雍无线电机厂、亚尔电工社都是电子管收音机主要生产厂,1937年开始曾出口泰国。电话机、电报机的生产有天津中央电机厂、南京交通部电信机件修造厂、中央电工器材厂昆明第三厂,还有上海中国电气公司、上海国际电话制造厂等。上海国际电话制造厂在1938年首次研制成功墙桌两用磁石式电话机。

抗战初期,内迁工厂中机电工业企业占了较大比重,1942年至1943年机电工业产值达到峰值。虽然受制于高端设备、原材料供应等条件,资源委员会大力促进了后方机电工业的发展。抗战时期后方及解放战争初期,机电工业产值按照战前价格估算见表11-31。[1]

表11-31　国民党统治区机电工业产值估计(1938—1947年)

(单位:法币千元)

项目 年份	机械业		电器业		产值 总计	其中	
	产值	其中资源 委员会	产值	其中资源 委员会		国营 企业产值	民营 企业产值
1938	4050	162	1620	543	5670	948	4722
1939	10128	684	4051	2714	14179	4234	9945
1940	15493	2324	6197	4524	21690	8397	13743

---

① 吴太昌:《国民党政府资源委员会垄断活动述评》,《中国经济史研究》1986年第3期。

续表

项目\年份	机械业		电器业		产值总计	其中	
	产值	其中资源委员会	产值	其中资源委员会		国营企业产值	民营企业产值
1941	25223	5296	10089	8071	35330	16899	18431
1942	29075	8243	11630	9304	40705	22388	18317
1943	29830	9695	11931	9545	41761	23460	18301
1944	24230	8481	10419	8856	34649	20980	13669
1945	19936	8234	8971	8074	28907	19039	9868
1946	74303	14861	33437	10031	107742	32323	75419
1947	161831	16183	72824	14563	234655	46931	187724

注:其中1941年产值总计数据分项数值做了调整。
资料来源:根据国民党政府经济部、资源委员会有关统计和档案资料,参照巫宝三《中国国民所得》
　　　　中1933年主要机电产品价格进行估算。包括非军工企业代加工的军工产品产值。

由表11-31可见,第一,抗战时期机电工业有较为明显的发展,1942年、1943年是产值高峰,抗战结束时的1945年生产减退;第二,资源委员会在机电工业中,特别是电器业中居于支配地位;第三,国有企业产值,抗战时期比重加大、逐渐占有主要地位。

（二）国民党统治区电力和电机、电器工业的复员与消长变化

1945年8月15日抗战胜利后,国民党政府经济部将全国分为8个区,即东北、河北平津、山东青岛、苏浙皖、河南、武汉、粤桂闽和台湾8个区,派员接收电力事业。资源委员会接管经营日伪电业,被日伪强占的民营和外资电厂,接收后发还原业主经营。资源委员会对接收企业进行了改组和合并,在电力事业上组建骨干机构和企业,设立东北电力总局、冀北电力公司、台湾电力公司,以及青岛电厂、广州电力有限公司、鄂南电气股份有限公司等。原沦陷区日伪电厂,发电容量达120万千瓦,加上发还的私营电厂,1946年,全国发电容量达160.1万千瓦,其中公营电厂发电容量为136.78万千瓦,占85.4%;私营电厂发电容量为23.3万千瓦,占14.6%。

资源委员会接收下来的各地电厂概况如表11-32所示。以东北九

省居首,发电容量有41.76万千瓦,占全部接收电厂的34.8%;台湾地区发电容量其次,为32万千瓦,占26.7%;上海的电厂发电容量是15万千瓦,占12.5%。这120.3万千瓦发电容量,是指已经"复员"即恢复正常运行的设备容量。接收而尚未复工的大量电厂不在其中,如苏军从东北地区拆走已投入运行的设备97.3万千瓦,未安装的设备35.6万千瓦,使得东北地区发电设备仅残余约60万千瓦,资源委员会接收其中41.76万千瓦。到1947年,中国共产党军队在东北地区占领和控制的电厂设备,总计达30.3万千瓦。[1] 1946年,全国的发电容量160.1万千瓦只是设备存余,与实际发电生产情况尚有差距。

表 11-32　抗战胜利后资源委员会接管的电厂分布
(1936—1944 年)

地区　　　容量	发电设备容量(千瓦)	地区　　　容量	发电设备容量(千瓦)
上海市	150000	浙江省	20876
江苏省	65458	安徽省	2800
湖南省	1190	北平市	30000
天津市	61500	河北省	27000
湖北省	16650	青岛市	35000
福建省	8843	山东省	17200
广州市	28000	东北地区	417650
广东省	788	台湾地区	320000
广西省	644	总计	1203599

注:台湾发电容量32万千瓦,该地区电厂中的民族资本已极少,故全部算入接管范围。
资料来源:谭熙鸿主编:《十年来之中国经济》,中华书局1948年版,第J26—J27页《收复区复员电
　　厂概况表》。

平均每月耗电量指数,从一定程度上反映各地电力工业生产的复工情况。从1945年1月至1947年上半年各地区平均每月工业耗电量指数表(见表11-33)可见,前国民党统治区恢复缓慢,新收复区中台湾地区恢

---

[1]　谭熙鸿主编:《十年来之中国经济》,中华书局1948年版,第J29—J30页。

复明显,关内地区恢复较快,而东北地区逆向而行,从 1946 年起工业耗电量暴跌。表 11-33 以日本投降时为基数,由于东北地区战时耗电量巨大,1945 年 9 月仍有 8025 万度,占全国的近 73%,因此随着日本投降后东北地区电力与工业生产的急剧下降,其月工业耗电量至 1946 年月均仅及基数的 35.9%,1947 年上半年月均仅及 38.6%。由此也抵消了关内、台湾地区的回升,将全国指数拉低至 1946 年月均仅占基数的 84.3%,即反而不如抗战时期水平,至 1947 年上半年才略微超过。全国电力工业的恢复情况,也是同样的格局和趋势。

表 11-33　各地区平均每月工业耗电量指数(1945 年 1 月—1947 年上半年)

(1945 年 9 月=100)

年月、耗电量 地区	1945 年 9 月实际耗电量(万度)	1945 年		1946 年 1—12 月平均	1947 年 1—6 月平均
		1—8 月	1—12 月		
前国民党统治区	467	110.7	108.7	105.9	113.9
新收复区	10531	248.7	197.0	83.4	105.3
其中:关内	1691*	161.6	152.8	264.5	357.7
东北	8025	262.4	202.5	35.9	38.6
台湾	815	289.4	232.2	175.4	239.1
全国	10998	242.9	193.3	84.3	105.6

注:* 为包括 1945 年 10 月武汉地区的耗电量 27.7 万度。
资料来源:根据资源委员会经济研究所收集的原始数据计算而得,见郑友揆:《中国的对外贸易和工业发展》,上海社会科学院出版社 1984 年版,第 213 页。

与东北地区相反而引人注目的是关内新收复区的较快复苏。特别是沪宁地区,战后月工业耗电量逐年上升。由 1945 年的月均 2700 万度,到 1946 年的 4500 万度,1947 年上半年至 6000 万度,占全国比重由战时的 10.2%增加到 1946 年的 48.2%和 1947 年上半年的 52.0%[1],用电量和电力工业的恢复,表明沪宁地区乃至江浙地区又恢复了在中国工业分布首屈

---

[1]　郑友揆:《中国的对外贸易和工业发展》,上海社会科学院出版社 1984 年版,第 215 页。

一指的地位。台湾地区工业耗电量的回升,得益于国民党政府接收日伪"台湾电力株式会社"的电业,共计水电厂26处约27万千瓦,火电厂8处约5万千瓦,并于1946年成立台湾电力有限公司经营。至1947年10月,设备容量已达145.5万千瓦,发电量达3892409千度,官营电业约占七成。

1947年以后的两年,由于政治、军事和经济形势的急剧变化,国民党政府无暇顾及恢复拆毁损失,遑论进行新的电力投资建设。电力工业步履维艰,停滞不前。东北地区的发电设备容量到1949年年底只有68万千瓦,主要电厂未能完全恢复生产。1949年年初,中国大陆发电设备容量为184.86万千瓦,台湾地区在145万千瓦以上(见表11-34)。

表11-34 全国发电设备容量的地区分布(1949年年初)

地区 \ 项目	火力(万千瓦)	水力(万千瓦)	总计(万千瓦)
北平市	7.4	—	7.4
河北省(包括天津市)	21.17	—	21.17
山西省	3.91	—	3.91
内蒙古	1.73	—	1.73
辽宁省	27.77	—	27.77
吉林省	11.11	12.15	23.26
黑龙江省	13.38	3.60	16.98
上海市	29.85	—	29.85
江苏省	9.52	—	9.52
浙江省	3.71	—	3.71
安徽省	1.43	—	1.43
江西省	0.95	—	0.95
福建省	0.55	—	0.55
山东省	13.56	—	13.56
广东省	7.21	—	7.21
广西省	0.88	—	0.88

续表

项目\地区	火力（万千瓦）	水力（万千瓦）	总计（万千瓦）
湖北省	4.15	—	4.15
湖南省	1.53	—	1.53
河南省	0.93	—	0.93
四川省	4.73	0.47	5.20
云南省	1.37	0.08	1.45
贵州省	0.26	—	0.26
陕西省	1.24	—	1.24
甘肃省	0.18	—	0.18
总计	173.56	16.30	189.86
台湾地区 1947 年 10 月数据	—	—	145.50

资料来源:李代耕编:《中国电力工业发展史料》,水利电力出版社 1983 年版,第 28 页。台湾地区见同书第 27 页,因性质特殊,不与大陆总计。总计与各省市分项之和稍存出入,是因为青海、宁夏、新疆、西藏电力容量极少,故未列入。

电器制造业。由表 11-33 还可见,战后机电工业迅速恢复并在战后两年有大发展。由 1936 年的长沙湖南电器制造厂在抗战中改组成的中央无线电机制造厂,再改名为中央无线电器材厂,战后迁往南京改称南京无线电厂。战后资源委员会的机电工业系统有中央电工器材厂（辖上海、汉口、天津、沈阳、抚顺等分厂）、中央无线电器材厂即南京无线电厂有四个公司（辖 4 个分厂）、中央有线电器材有限公司及中央绝缘器材公司等骨干企业。1947 年年底管辖单位共 14 个,有员工共 4697 人（见表 11-35）。受益于资产的急剧膨胀,仍然在发展。美国商品充斥市场,以前的骨干机电企业甚至成为美国企业的装配厂或代销商,因此产量下降而产值反有增长。[1]

———————

[1]　资源委员会档案(28)5984 卷,电工部门近况;《资源委员会公报》第 14 卷第 1 期,生产要闻栏。

表 11-35　资源委员会支配的电器工业单位(1947 年 12 月)

单位及地址	项目	附属单位数	员工人数	职员人数		工人人数	
				技术人员	管理人员	技术工人	普通工警
中央电工器材厂	南京	7	2893	378	378	1202	935
中央无线电器材厂筹备处	上海	4	960	176	127	470	187
中央有线电器材有限公司	南京	1	122	54	17	28	23
中央绝缘器材有限公司	南京	2	722	56	117	275	274
总计	—	14	4697	664	639	1975	1419

资料来源:国民党资源委员会编:《复员以来资源委员会工作述要》,1948 年印行,第 2—17 页。陈真编:《中国近代工业史资料》第 3 辑,生活·读书·新知三联书店 1957 年版,第 875—876 页。

战后中国机电工业经过短暂的迸发式发展,便很快归于衰落。政治军事形势的剧变,使得国民党政府无暇顾及投资工业建设与生产。随着以日本赔偿和拆运机器设备补偿中国工业设想的落空,美国大量剩余物资和商品来华的冲击,以及金融形势的恶化,资源委员会国有企业各部门的生产走向停滞和衰退。相对而言,电力工业还不是最差的,免于崩溃而勉强维持。

三、水泥制造业

(一) 抗日后方水泥工业的迁入和兴办

抗日战争时期,原有的华商水泥厂遭到战火摧残,损毁严重,有的被日军拆迁改建,或被强占生产。在全国 8 家大的水泥公司中,唐山启新洋灰公司、南京中国水泥公司、上海龙华上海水泥公司、太原西北水泥公司和济南致敬水泥公司等沦陷,湖北大冶华记水泥公司拆迁至湖南沅陵,仅重庆的重庆水泥公司保持原样。与日占区的东北、华北、华中等地区相比,国民党统治区水泥产量明显萎缩,最高的 1940 年仅 5 万余吨。1943 年是 1932—1945 年间全国水泥产量的峰值年,达 196 万余吨。其中日占区水泥产量达到 191 万吨(包括东北地区),远远超过国民党统治区的

3.5万吨,详情见表11-36。

表11-36　水泥年产量(1936—1948年)　　　(单位:吨)

年份＼地区	国民党统治区	东北日占区	华北日占区	华中、华南日占区	总计
1936	664360	580000	—		1244360
1938	21498	1012646	181500	595000	1810644
1939	48794	1018360	233686	380800	1681640
1940	50479	1001207	328673	—	1380359
1941	25429	1029717	290315	—	1345461
1942	39843	1393302	339812	—	1772957
1943	35088	1618067	292141		194529[*]
1944	40644	1273131	260974	—	1574749
1945	42230	—	—		42230
1946	957000	—	—		957000
1947	725585	—	—		725585
1948	720120	—	—		720120

注:原表缺1937年数值。此处数据原表总计数值为1963296,比分项数值相加多18000,未知依据,
　　此处为更正数值。

资料来源:陈真编《中国近代工业史资料》第4辑,生活·读书·新知三联书店1961年版,第
　　731页。

　　抗战期间,后方的水泥工业仅有四川水泥公司幸免于战火,后方军事、工业、交通和水利建筑等军民用事业建设的需要促使了水泥工业的创办。昆明、辰溪、贵阳、兰州等地先后开办了9家较具规模的水泥厂,见表11-37。

表11-37　人后方水泥厂　　　(单位:吨)

厂名	厂址	年生产能力
华中水泥厂	湖南辰溪	30000
广西水泥厂	广西桂林	15000
昆明水泥厂	云南昆明	7500
江西水泥厂	江西天河	5000

续表

厂名	厂址	年生产能力
嘉华水泥厂	四川乐山	7500
贵州水泥公司	贵州贵阳	2500
陕西水泥厂	陕西西安	2500
甘肃水泥公司	甘肃兰州	1500
湖南水泥厂	湖南零陵	2500
总计		74000

资料来源:陈真编:《中国近代工业史资料》第4辑,生活·读书·新知三联书店1961年版,第719页。

后方水泥厂设备简单,其中沅陵的华中水泥厂由湖北大冶华记水泥公司设备拆迁建成,连同广西水泥厂2家使用旋窑生产,其余厂均使用直窑设备烧制。华中水泥厂在1940年遭到日军6次轰炸,经济部贷款建设的广西水泥厂刚建成就遭逢桂林失守,机器设备全部陷落敌手。昆明水泥厂于1940年开工生产,初期产量较小。1941年,资源委员会在贵阳合办贵州水泥厂、在西安开办陕西水泥厂、在兰州合办甘肃水泥公司。国民党政府还在四川乐山建成嘉华水泥厂,新建江西水泥厂等。昆明水泥厂1942年与华中水泥厂合并组成华新水泥公司,后逐步拥有辰溪、昆明、大冶3厂,成为后方水泥工业主要企业。1940—1943年大后方的水泥产量详情见表11-38。

表11-38 大后方各省官营、民营厂水泥生产(1940—1943年)

年份、数量、类别 \ 地区			四川	贵州	云南	湖南	陕西	甘肃	总计
1940	厂数	官营	—	—	—	—	—	—	—
		民营	1	—	1	1	—	—	3
		总计	1	—	1	1	—	—	3
	产量:桶	官营	—	—	—	—	—	—	—
		民营	187714	—	230	99302	—	—	287246
		总计	187714	—	230	99302	—	—	287246

续表

年份、数量、类别		地区	四川	贵州	云南	湖南	陕西	甘肃	总计
1941	厂数	官营	—	1	—	—	—	—	1
		民营	2	—	1	1	1	—	5
		总计	2	1	1	1	1		6
	产量:桶	官营	—	232	—	—	—	—	232
		民营	109367	—	10133	46136	930	—	166566
		总计	109367	232	10133	46136	930		166798
1942	厂数	官营	—	1	—	—	—	—	1
		民营	2	—	1	1	—	—	4
		总计	2	1	1	1			5
	产量:桶	官营	—	2432	—	—	—	—	2432
		民营	145012	—	17714	65006	—	—	227732
		总计	145012	2432	17714	65006			230164
1943	厂数	官营	—	1	—	—	1	1	3
		民营	4	—	1	1	—	—	6
		总计	4	1	1	1	1	1	9
	产量:桶	官营	—	2340	—	—	3706	10000	16046
		民营	138096	—	17734	63430	—	—	219260
		总计	138096	2340	17734	63430	3706	10000	235306

注:1943年产量是上半年产量与下半年"可能产量"的总计。

资料来源:国民党政府经济部统计处编印:《后方重要工矿产品第二次统计》,1944年印行,第45页分表(15)。

由表11-38可知,1940年水泥产量287246桶,1941年降至166798桶,1942年和1943年恢复至23万桶以上。水泥厂由3家增至9家,3家官营厂产量小,后方水泥主要由民营厂生产。[①]

----

① 另据《经济部关于战时后方化学工业概况的报告》,水泥产量统计略有不同:1938年为120460桶,1939年为278024桶,1940年为296940桶,1941年减至149584桶,1942年为233487桶,1943年为209169桶,1944年为243951桶,为1938年产量的1.88倍。见中国第二历史档案馆编:《中华民国史档案资料汇编》第5辑第2编,财政经济(6),江苏古籍出版社1998年版,第310页。

（二） 国民党统治区水泥工业的复员与消长变化

抗战胜利后,沦陷区的中国、上海、西北、西村等水泥厂发还给原厂主并恢复生产。江南水泥厂设备战时被日军拆走,华新水泥公司抗战结束后拟在大冶建立新厂,都向国外购置新机器以建成生产。华新的大冶厂年产量高达 36 万吨。后方四川、贵州等地水泥厂继续生产。资源委员会接管了东北、华北、台湾各地日资日占水泥厂。在华北的有华北水泥公司(合并北京、锦西两家水泥厂)、蒙疆水泥公司口泉水泥厂。在东北的有"关东洲小野田洋灰制造株式会社"(小野田水泥公司)的山东水泥公司以及大连、鞍山、泉头、小屯、哈尔滨、牡丹江、庙岭工厂,"满洲盘城洋灰株式会社"(盘城水泥公司)的本溪、安东、辽阳工厂和本溪分厂,"满洲浅野洋灰株式会社"(浅野水泥公司)的吉林、锦州、抚顺工厂。在台湾的有浅野水泥公司的高雄、苏澳、竹东工厂。接收的日伪工厂,资源委员会分别组成辽宁水泥公司、华北水泥公司和台湾水泥公司管理和经营。

据国民党政府工商部统计,1948 年全国有水泥工厂 24 家,其中国营厂 7 家,政府有投资的厂 3 家,民营厂 14 家;生产能力每月近 8.6 万吨,最高月产量 24.4 万吨;机器设备有旋窑 43 座,方立窑 12 座以及轧石机、原料磨、水泥磨等。[①] 国营厂由资源委员会控制,7 厂分属于辽宁水泥公司(2 厂)、华北水泥有限公司(2 厂)和台湾水泥有限公司(3 厂)。[②] 另据水泥工业同业公会全国联合会统计,1948 年全国 8 个地区 19 家公司的 25 家水泥厂,总的年产量达到 279 万吨,居世界各国第 6 位。[③] 水泥工业工厂的地区与产能分布,相较于其他重化工业部门,全国各地尚属比较均衡,或与水泥的原材料、产品用途均较为广泛,生产设备多样、生产工艺较为简易相关。详情见表 11-39。

---

① 陈真编:《中国近代工业史资料》第 4 辑,生活・读书・新知三联书店 1961 年版,第 732 页。

② 陈真编:《中国近代工业史资料》第 3 辑,生活・读书・新知三联书店 1957 年版,第 877 页。

③ 陈真编:《中国近代工业史资料》第 4 辑,生活・读书・新知三联书店 1961 年版,第 735—736 页。

表 11-39　中国水泥工厂的地区分布和生产能力（1948 年）

地区	公司名称	属下工厂	年生产能力（万吨）	公司年产能力（万吨）	地区年产能力（万吨）
上海市	上海水泥公司	上海龙华厂	12.24	12.24	16.81
	天祥实业公司	上海新闸桥厂	11.16	2.16	—
	顺昌公司	上海长宁路厂	1.44	1.44	—
	大陆水泥公司	上海梵皇渡厂	0.84	1.44	—
	光华水泥厂	上海闸北厂	0.13	0.13	—
江苏省	中国水泥公司	江苏龙潭厂	27.00	27.00	54.00
	江南水泥公司	江苏栖霞山厂	27.00	27.00	
辽宁省	辽宁水泥公司	辽宁本溪厂	28.00	38.00	59.60
		辽宁小屯厂	10.00	—	
	华北水泥公司	辽宁锦西厂	21.60	39.60	
河北省、山东省	启新洋灰公司	河北唐山厂	30.00	30.00	48.36
	华北水泥公司	河北琉璃河厂	18.00	39.60	
	致敬洋灰公司	山东济南厂	0.36	—	
湖南省、湖北省、云南省、贵州省、广州市	华新水泥公司	湖北大冶厂	36.00	40.68	48.86
		湖南辰溪厂	3.60		
		云南昆明厂	1.08	—	
	贵州水泥公司	贵州贵阳厂	0.26	0.26	
	西村士敏土厂	广州西村厂	7.92	7.92	
四川省、成都市	四川水泥公司	四川重庆厂	5.40	5.40	6.30
	嘉华水泥公司	四川乐山厂	0.90	0.90	
山西省、甘肃省	西北公司	山西太原厂	9.00	9.00	9.30
	甘肃水泥公司	甘肃永登厂	0.30	0.30	
台湾地区	台湾水泥公司	台湾高雄厂	28.00	36.00	36.00
		台湾苏澳厂	6.00	—	
		台湾竹东厂	2.00	—	

资料来源：陈真编：《中国近代工业史资料》第 4 辑，生活·读书·新知三联书店 1961 年版，第 735—736 页。

四、有色金属冶炼工业

(一)抗日后方有色金属矿冶业的办理

铜矿、铅锌矿、钨锑锡矿等有色金属矿产的采冶,以国民党政府统治的大后方为主。资源委员会主管这些重要矿业,采取了矿产管制和商业垄断经营的政策。抗日战争全面爆发前,1935 年资源委员会成立不久,1936 年就成立了锑业管理处、钨业管理处、彭县铜矿筹备处。钨业管理处与江西省政府合办钨矿工程处,开办江西钨铁厂,成立阳新大冶铜矿探勘队;1937 年,在湖南常宁设立水口山铅锌矿探勘队,成立中央炼铜厂、重庆炼铜厂,成立云南锡矿工程处,成立青海金矿办事处和四川金矿办事处。[①] "七七事变"后,原设于湖南、江西的厂矿内迁,中央炼铜厂由长沙迁往昆明,改称昆明炼铜厂。1938 年资源委员会由军事委员会改隶经济部,旨在办理重要矿业。随着管制范围由湘赣、钨锑向粤桂、锡汞的扩大,1939 年资源委员会成立锡业管理处,1941 年成立汞业管理处。钨锑锡汞由 1939 年经济部《公布矿产品运输出口管理规则》,列为甲种矿品,1940 年公布《非常时期查缉处罚私贩私运甲种矿产品暂行办法》。资源委员会相关企事业单位见表 11-40。

表 11-40 资源委员会所属有色金属冶炼工业
企事业单位(1945 年年底)

项目 行业、单位名称		成立年月	地点	经营方式	说明
铜铅锌铁矿业	滇中矿务局	1939 年 2 月	云南易门	参加经营并主办	云南省府参加经营
	滇北矿务局	1939 年 3 月	云南会泽	参加经营并主办	——

---

① 许涤新、吴承明主编:《中国资本主义发展史》第 3 卷,人民出版社 1993 年版,第 111—112 页。

续表

行业、单位名称 ＼ 项目		成立年月	地点	经营方式	说明
铜铅锌铁矿业	康黔钢铁事业筹备处	1943 年 6 月	贵州威宁	独资经营	—
	川康铜铅锌矿务局	1944 年 7 月	四川成都	独资经营	—
钨锑锡汞矿业	锑业管理处	1936 年 1 月	湖南零陵	独资经营	—
	钨业管理处	1936 年 3 月	江西大庾	独资经营	辖湖南及广西两分处
	国外贸易事务局	1938 年 9 月	四川重庆	独资经营	辖纽约分所
	平桂矿务局	1938 年 10 月	广西八步	参加经营并主办	广西省府参加经营
	锡业管理处	1939 年 2 月	广西桂林	独资经营	辖湖南分处
	云南出口矿产品运销处	1939 年 11 月	云南昆明	独资经营	云南省府及中国银行参加经营
	云南锡业公司	1940 年 9 月	云南昆明	—	—
	锑品制造厂	—	贵州贵阳	独资经营	—
	汞业管理处	1941 年 5 月	湖南晃县	独资经营	—
	新疆钨矿工程处	1944 年 7 月	新疆伊宁	独资经营	已停顿
其他矿业	矿产勘测处	1942 年 10 月	四川重庆	独资经营	—
	湘黔金矿局	1944 年 4 月	湖南洪工	独资经营	—
	西康金矿局	1944 年 4 月	西康康定	独资经营	—

资料来源:许涤新、吴承明主编:《中国资本主义发展史》第 3 卷,人民出版社 1993 年版,第 503—504 页。

　　资源委员会的矿产统制和商业垄断经营,始于抗日战争全面爆发前,源于国民党政府推行的易货偿债外贸政策。国民党政府 1935 年与德国政府签订了《中德经济合作条约》,并由资源委员会负责与德方签订 1 亿马克的信用贷款合同。中方用钨、锑、桐油、猪鬃等农矿产品来支付购买德国的军火、兵工厂和重工业设备的借款本息。其中矿产品的收购和运交由资源委员会负责办理,同时宣布对钨、锑等农矿产品实行贸易管制。苏联出于对钨砂等军事工业原材料的急需,1938 年至 1939 年先后与国民党政府签订了三个贷款易货协定,苏联贷款总额 2.5 亿美元给中方以购买苏联工业产品,中方以钨、锑、锡、汞、桐油、丝、茶等农矿产品各半偿付本息。为此,经济部 1939 年宣布对锡、汞实行贸易管制。英国继 1938 年取得中国的钨砂外销代理权之后,1939 年与中方签订借款合同,中方以农矿产品各半偿付本息。美国对有色金属矿产品需求最大,1940 年至 1941 年先后与中方签订了中美"华锡借款合约""钨砂借款合约""金属借款合约",中方以钨、锑、锡矿产品依照纽约市场价格结算,借款购买美国工业品。

资源委员会于 1936 年在上海、汉口设立国外贸易事务所(1938 年迁往香港),抗战时期在有色金属矿产品的产销方面,基本上是专门办理对美、英、苏的易货偿债贸易事宜。一方面,随着美国大量购置军需矿产,其对国际矿产贸易实现了全面控制,特别是产生了纽约市场与国际自由市场价格间的极大差异。这导致了中方在与美、英、苏的易货偿债贸易期间,数以亿元计的损失。另一方面,资源委员会的矿产管制和商业垄断,又带给它大量的垄断利润。据钱昌照记载,1936 年 7 月至 1939 年 3 月,它以钨锑贸易盈余直接转作工业投资,数量达到 840 万元,占到资源委员会拨付工业建设经费总额的 30%[1],易货贸易展开后利益更为可观,如钨业管理处在 1936 年至 1940 年 6 月的总盈余年达到 5900 多万元,是该处同期总支出的两倍以上。[2] 这种国内的垄断利润强化着国民党政府的矿产管制机构,支撑着它的外销偿债政策。[3]

资源委员会在生产方面并无更多作为。从有关生产单位来看,特种

---

[1] 钱昌照:《两年半创办重工业经过及感想》,《新经济》第 2 卷第 1 期。
[2] 曹立瀛、陈锡暇:《江西之钨业》,油印本。
[3] 吴太昌:《国民党政府的易货偿债政策和资源委员会的矿产管制》,《近代史研究》1983 年第 3 期。

矿产的铜、铅、锌等的生产方面,以接收原有企业为主,生产方法和技术的改进并不显著,年产在数十吨至数百吨之间起伏不定。钨、锑、锡、汞等的生产方面,勉强生产少量汞、钼、铋和纯锡,其他依赖与地方政府合办的矿业公司。出于外销偿债的需要,在各类矿产品的复炼提纯方面则取得了技术性的进步。

抗战时期后方的有色金属生产,铜、铅、锌、汞全部官营,钨、锑全部民营,锡有官营有民营。抗日战争时期,国民党统治区几种主要矿产的生产情况如下。

(1)钨、锑矿。资源委员会的锑业管理处、钨业管理处在战前的1936年就已成立,抗战时期钨、锑矿等重要军工原材料列入甲种矿品,依照1940年《非常时期查缉处罚私贩私运甲种矿产品暂行办法》实行严厉的统制。钨、锑、锡、汞等矿产品,战前用于与德国,战时全部用于与美国、苏联、英国易货偿债贸易,用于偿付军工设备和工业产品。

钨矿产地,集中在江西、广东、湖南三省,以江西省出产最多,常占全国总产量的65%—70%。1928—1933年的6年间,中国钨矿年产量在2180—9708吨,总产量39618吨。6年间年比重在36%—71%,平均占世界钨矿总产量79876吨的50%,占有非常重要的地位。抗战前有国营钨矿6家,民营钨矿30余家。钨矿产品由于产地采治方法落后,多以钨砂出口,又以第一次世界大战期间出口数量最大。[1] 赣南17个县的钨矿生产,采取家庭作业制、合伙制、棚主制、小贩制、雇工制等生产组织制度,各制度之间或有混合。钨矿的生产方法分为采矿、洗选两大部分,均以手工土法进行。[2] 抗战时期,钨砂主要用于易货偿债贸易。国民党统治区钨砂产量1937年为14212吨,1939年减至11505吨,1943年为8973吨,1944年仅为3226吨,呈现递减之势,与战时运输成本高昂及美国抑制国际市场价格有关。抗战期间中国钨砂产量见表11-41。

---

[1] 陈真编:《中国近代工业史资料》第4辑,生活·读书·新知三联书店1961年版。
[2] 陈真编:《中国近代工业史资料》第4辑,生活·读书·新知三联书店1961年版,第977页。

表 11-41　抗战时期国民党统治区钨砂年产量(1937—1944 年)

(单位:吨)

年份	1937	1938	1939	1940	1941	1942	1943	1944
产量	14212	13682	11505	9532	12915	11885	8973	3226

资料来源:谭熙鸿主编:《十年来之中国经济》,中华书局 1948 年版,第 K4 页。

锑矿。1936 年资源委员会锑业管理处总处设于湖南长沙,在柏林、纽约、伦敦、汉口等地设立分处,对湖南锑业进行整理。1937 年实施湘锑专营,所有锑矿产品由管理处定价、收买,由该处统制卖出。后因锑商反对而修改了专营办法。

锑矿产地,集中在湖南省,矿山分布于 28 县,尤以新化县锡矿山开采最早产量最大,广东、广西等省份有少量出产。1924 年中国锑产量占世界产量的 91%,1932 年年产 13675 吨占 74%,1936 年年产 17035 吨占 49%。其中又以湖南省产量占 90% 以上。[①] 新化县锡矿山所产锑品质最高,纯度常在 99% 以上,通称为新化锑。锑矿产品有纯锑、生锑和锑养(氧化锑),统计时折合为纯锑计算。1916 年至 1935 年,全国出口量合纯锑 373429 吨,湖南产锑合纯锑 340813 吨,超过 90%;自清光绪年间至 1940 年,湖南各锑矿总产量估计在 48 万吨,新化县锡矿山占 3/4。锑矿的生产以土法为主,仅湖南益阳板溪采用机器新式方法。锑矿开采采用包工制,有拌砂、收砂、收锑 3 种形式;锑矿冶炼的炼厂设立,有专设、独立和附设 3 个种类。锑矿贩运,在锡矿山有锑业商业同业公会的交易所,炼商与贩运商交易达成后,锑产品即运往长沙。[②]

抗战时期锑矿产品全部与美、苏等国的易货偿债贸易,锑矿产品的产量见表 11-42。

---

① 陈真编:《中国近代工业史资料》第 4 辑,生活·读书·新知三联书店 1961 年版,第 982 页。

② 陈真编:《中国近代工业史资料》第 4 辑,生活·读书·新知三联书店 1961 年版,第 984—991 页。

表 11-42　抗战时期国民党统治区锑矿品年产量（1937—1944 年）

（单位：吨）

年份	1937	1938	1939	1940	1941	1942	1943	1944
产量	14597	9463	12017	8469	7989	3510	428	204

资料来源：谭熙鸿主编：《十年来之中国经济》，中华书局 1948 年版，第 K7 页。

由表 11-42 可知，抗战时期锑矿产量呈现逐年下降之势，是由于战时中国出海交通阻断，陆路绕道昆明至越南海防或缅甸仰光出海，或空运至印度出口，运费昂贵。锑业管理处收购待运出的纯锑超过 2 万吨，采取了限产措施。1944 年豫湘桂战役，湖南矿区陷于停顿，产量剧减。

锑矿的生产受限，矿产品的复炼提纯等技术则有进展。经济部矿冶研究所和资源委员会锑业管理处合作改进冶炼技术，在湖南零陵冷水滩设立精炼厂，发明了纯锑精炼的去砒技术，锑品纯度提高至 99.8%，含砷量降至 0.01% 以下，适应了国际市场的要求。后来该厂迁建于重庆童家溪。

（2）锡矿。云南个旧是锡矿主要产区，广西贺县钟山等地、湖南江华临武等地、广东电白揭阳等县，以及江西的钨矿矿区，均有锡矿出产，当时探明储量约为纯锡 60 余万吨。资源委员会设立云南锡矿工程处，开凿深井试探个旧老厂锡矿。1935 年以后，锡矿品产量由 7000 吨增至 11000 吨，云南个旧开设炼锡公司，采冶配套并直接外销。经济部 1939 年公布了《锡业管理规则》，指定资源委员会办理锡品的收购运销事宜，资源委员会与广西省政府合办平桂矿务局，与湖南省政府合办江华矿务局，与云南省政府、中国银行合资经营云南锡业公司。在广西桂林设立锡业管理处，江西设立分处，云南设立出口矿产品运销处。

平桂矿务局经营望高锡矿，附设有选矿设备和精炼厂，出产精锡纯度高，超过美国市场标准，成为平桂锡品牌。锡业管理处江西分处成立洪水寨、溧塘、仙鹅塘、下垅锡矿工程处 4 个单位，以新法探采。云南锡业公司在锡矿精炼方面采用加油结晶法、低熔法及加铝法，出产滇锡纯度超过 99.95%。1943 年至 1944 年，因太平洋战争爆发后运输困难和国际锡价

中国近代经济史(1937—1949)

低落,个旧锡业衰落,仅少量空运出口。后美国改以黄金易锡提高收价,个旧锡业乃稍见起色。抗战期间后方锡产量见表11-43。

表 11-43 抗战时期国民党统治区锡矿品年产量(1937—1945 年)

（单位：吨）

年份	1937	1938	1939	1940	1941	1942	1943	1944	1945
产量	12075	14261	12530	9685	6949	8037	4422	1670	3344

资料来源：谭熙鸿主编：《十年来之中国经济》,中华书局 1948 年版,第 K11 页。

（3）汞。产地主要集中在贵州铜仁、玉屏、八寨、三合,湖南晃县、凤凰、辰溪,四川酉阳、秀山,云南保山,均为产汞区域。贵州铜仁万山司汞矿开采早规模大,有省营万山砾砂局,以土法采掘冶炼水银,汞的年产量为数十吨。1939 年,资源委员会管理特种矿产汞,统管贵州、湖南、四川汞业,1941 年合并贵州矿务局、湖南汞业管理处和四川分处,在湖南晃县成立汞业管理处。资源委员会接收了贵州省营万山砾砂局,设立茉莉坪三八等矿厂,接收湖南凤凰猴子坪汞矿,接收酒店塘汞矿设立为三雀湾矿厂,收购云南保山汞矿所产水银。在三省统一采收运销,收购或自采矿砂提炼为水银以铁罐装运,作为易货偿债贸易矿品销往国外。抗战时期汞产量见表11-44。

表 11-44 抗战时期国民党统治区汞年产量(1937—1945 年) （单位：罐）

年份	1937	1938	1939	1940	1941	1942	1943	1944	1945
产量	1755	638	4901	2639	3480	4727	3422	2978	1733

资料来源：谭熙鸿主编：《十年来之中国经济》,中华书局 1948 年版,第 K13 页。

（4）铜矿。铜的集中产地有云南巧家等地,西康会理等地,湖北大冶等地,四川彭县,贵州威宁,吉林磐石等地。为开采以云南东川、四川彭县、湖北大冶阳新和湖南省等地的铜铅锌矿,资源委员会 1936 年成立了彭县铜矿筹备处、阳新大冶铜矿探勘队,1937 年设立了长沙中央炼铜厂和重庆炼铜厂。战时中央炼铜厂迁至昆明,扩充为设备完善的昆明炼铜厂。1939 年设立滇北矿务局、滇中矿务局,统制云南省的铜铅锌矿、管制其生产和运销。1938 年成立川康铜业管理处,1944 年改为川康铜铅锌矿务局,勘探和开采川康地区铜铅锌矿产资源。

与铜矿采冶有关的厂矿情况:

(1)滇北矿务局。1939 年由资源委员会和云南省政府合办,接收原东川矿业公司并加以整理。厂矿位于云南会泽、巧家,主要经营云南东川铜铅锌矿采冶与运销。其勘探业务有汤丹铜矿厂、落雪铜矿厂等单位,并收买巧家、永北、易门等地土矿产铜。以土法开采铜矿砂并冶炼粗铜,后在东川自建 12 吨反射炉,也提炼少量精铜。所属会泽精炼厂 1942 年改由昆明炼铜厂接办。1944 年产量为粗铜 200 余吨,还生产净锌、净铅及副产品,是战时后方主要铜业厂矿。

(2)川康铜铅锌矿务局。1938 年资源委员会成立川康铜业管理处,1944 年改为铜铅锌矿务局,位于四川成都。经营川康境内的铜矿采冶,其厂矿有荥经的聚坝铜矿、会理的炉厂铜矿、越嶲的芍药槽铜矿。彭县铜矿筹备处于 1940 年设立临时炼铜厂,年产粗铜约 40 吨,后交由川康铜铅锌矿务局接管。

(3)昆明炼铜厂。原为 1937 年资源委员会开设的长沙临时炼铜厂(中央炼铜厂),战时迁至云南昆明,改为昆明炼铜厂。初收购废旧铜币、存铜加以复炼,后接办滇北矿务局东川铜矿所属会泽精炼厂,以矿务局所产粗铜为原料炉炼精铜,还生产纯锌、纯铅等。设备较为先进完备,其机械化电炼技术设备标志着近代有色金属矿冶业水平。

(4)电化冶炼厂第一厂。原资源委员会设立重庆炼铜厂,收购川康一带废旧存铜加以复炼,位于重庆綦江。1942 年扩充改组为电化冶炼厂第一厂,生产炉炼精铜、电炼精铜以及纯锌及其副产品。

以上主要铜厂矿战时的生产土法为主、困难重重,但也为军工企业提供了原材料,国民党统治区铜产量见表 11-45。

表 11-45　抗战时期国民党统治区铜矿品年产量(1937—1946 年)

(单位:吨)

产品 ＼ 年份	1937	1938	1939	1940	1941	1942	1943	1944	1945	1946
精铜、粗铜	202	447	1230	1078	894	616	500	185	454	100
电解铜	—	—	437	1240	697	566	533	534	556	91

资料来源:谭熙鸿主编:《十年来之中国经济》,中华书局 1948 年版,第 K18 页。

　　日占区的日资铜矿,日军在东北地区建立一些掠夺性的铜矿和冶炼厂,有吉林天宝山铜矿、吉林磐石铜矿等。安徽铜官山铜矿也沦落日军之手。日军在台湾地区占据金瓜石铜矿,建造了齐备和先进的选矿与冶炼设备。日本占领时期达到 3578—6954 吨的铜产品年产量。[①]

　　铅锌矿。主要产地有湖南长宁水口山,西康会理天宝山,云南会泽矿山厂等地。铜铅锌矿常相伴而生,因此战时资源委员会设立的滇北矿务局、厂矿铜铅锌矿务局、昆明炼铜厂、重庆炼铜厂等也都有铅锌矿开采和矿产品冶炼生产。

　　铅锌矿主要矿厂情况:

　　(1)湖南常宁水口山铅锌矿,1906 年最早采用机械生产,民国时期产量较大。1940 年遭受日军飞机轰炸,2 年后恢复生产。水口山铅锌矿矿石含铅锌和银,在湖南本地设炼铅厂和炼锌厂加以冶炼,出产纯铅、纯锌和银、金、铜等副产品。产量见表 11-46。

表 11-46　抗战时期湖南常宁水口山铅锌矿品年产量(1937—1942 年)

矿产品 ＼ 年份	1937	1938	1940	1941	1942
纯铅(吨)	2452.82	1203.03	1011.03	1145.07	1074.57
纯锌(吨)	756.96	470.13	110.60	207.55	196.26
银(市两)	120825.51	77862.67	—	73744.42	35396.96

---

　　①　陈真编:《中国近代工业史资料》第 4 辑,生活·读书·新知三联书店 1961 年版。

续表

年份 矿产品	1937	1938	1940	1941	1942
金(市两)	81.20	67.23	—	—	—
纯铜(吨)	0.44	—	—	—	—

资料来源:谭熙鸿主编:《十年来之中国经济》,中华书局1948年版,第K20—K21页。1939年因迁址建厂停工无产量。

(2)西康会理天宝山锌矿。川康铜铅锌矿务局前身铜业管理处,1938年接收西康会理天宝山锌矿,与西康市政府合营。该矿原以产白银著称,后开采锌砂,运至益门炼厂以土法提炼净锌,纯度达99.8%以上。净锌产量,1942年118吨,1943年141吨,1944年162吨,1945年上半年92吨。

(3)云南东川矿山铅锌矿。滇北矿务局所属东川铜矿也设有铅锌矿冶炼设备,出产净锌、净铅及密罗僧、白银、硫黄等副产品见表11-47。

表11-47　抗战时期云南东川矿山铅锌矿品年产量　　（单位:吨）

年月 产品	1939年 3—12月	1940	1941	1942	1943	1944	1945年 1—6月
净铅	267	100	260	94	183	161	55
净锌	43	11	12	60	44	72	61

资料来源:谭熙鸿主编:《十年来之中国经济》,中华书局1948年版,第K22页。

辽宁锦西杨家杖子铅矿、安东北井子铅矿,热河五家子铅矿等位于东北地区,"九一八事变"后由日本占据和开发经营。

铝矿。铝是制造飞机等其他的工业原料,主要产地有山东淄川、博山,云南昆明、安宁,贵州贵筑、修文,产铝矾土;辽宁复县产铝黏土;河北滦县产铝页岩。浙江平阳、安徽庐江,产明矾。抗战时期昆明炼铜厂和矿冶研究所,已经能够提炼纯铝,1944年产纯铝300公斤。山东淄博、河北滦县和辽宁复县、抚顺的铝矿矿区,落入日军之手,遭受采冶掠夺。

金矿。抗战时期后方金矿的经营,是在国民党政府黄金管制政策下进行的。经济部公布了《非常时期采金暂行办法》《增加金产办法》《加紧收金办法》等法规,成立国营金矿公司,颁布《协助民营金矿办法》《监督民营矿办法》等法规,促进民营金矿开采。1939 年经济部设立采金局,中、中、交、农四行设立收兑金银处。采金局筹划后方各省金矿的开采,重点在四川、西康、湖南和青海四省并推广到其他省份,设有采金处、矿产勘测处或勘探队。资源委员会成立了青海金矿办事处、四川金矿办事处、湘黔金矿局、西康金矿局。成立的金矿公司有四川的国福公司,西康的富康、木里公司,湖南的国新、国安公司。

1938 年后方各省金矿产量为 983 公斤,1939 年猛增至 9844 公斤,1940 年为 8348 公斤。从 1941 年起因物价上涨、金价官定,产量减少至 2630 公斤,1942 年更缩减至 300 余公斤。1943 年取消《买卖黄金法令》,1944 年采金局裁撤并由资源委员会接管,试图鼓励民间经营、促进金矿开采复苏。国民党政府的矿业政策措施,重在管制和收兑,金矿生产的手工土法程度没有改进。其他有色金属矿产的采冶中也有一些金银贵金属的副产品。

（二）国民党统治区有色金属矿冶业的消长变化

抗日战争结束后,国民党政府在东北、华中和台湾等地接收和控制多数的有色金属矿冶企业。民营矿业则一落千丈、丧失殆尽。

钨锑矿。国民党政府收复江西、广东等省矿场,制定《钨锑收购条例》,资源委员会和经济部会同呈准取消锡、汞管制,相关矿产管理机构调整为第一、二、三区特种矿产管理处,分别管辖江西、湖南和广东、广西四省境内的钨锑矿。对江西、广东钨矿积极恢复,1947 年可产钨砂五六千吨。经济部中央地质调查所派人调查湖南、广西、广东、江西钨矿,在江西南丰发现钨矿,并划定河北东部各县的钨矿区为国营保留区。

资源委员会第二特种矿产管理处在湖南省展开整顿,扩充国营锑矿,收买民营矿区以集中开采。同时筹建共用排水设施,便利民营矿区。在新化锡矿山筹办 2 家炼锑厂,就地收购锑矿砂,改进纯锑提炼方法,以适合国际市场标准。经济部还将长沙岳麓山锑矿划归国营,接收经营广东乳源县 4 个矿区。1947 年湖南的锑产量恢复到 2000 吨以上。①

锡矿。国民党政府取消锡矿管制,云南锡业公司和个旧锡矿陆续整理复产,广西锡业也有所进步,1947 年滇锡产量可达 3000 余吨。

铅锌矿。日军在东北占据经营的辽宁锦西杨家杖子铅矿、安东北井子铅矿,热河五家子铅矿等,抗战胜利后由国民党政府接收,很快回到共产党军队的手中。

汞。抗日战争结束后,汞业取消管制,资源委员会汞业管理处改组为西南汞矿局,办理国营汞矿的采炼。后将国营的贵州铜仁汞矿区移交黔东民生企业公司经营,玉屏汞矿区移交益民公司经营,湖南晃县酒店塘矿区出租予本善公司经营。

铝矿。国民党政府接收了 2 家台湾炼铝厂,设立台湾铝业公司,复产后年产铝锭 2 万吨,还接收了山东淄川炼制氧化铝厂、辽宁炼铝厂 1 座。

铜矿。日军抗战时期在东北地区建立的一些掠夺性的铜矿和冶炼厂,有吉林天宝山铜矿,吉林磐石铜矿,在关内掠夺的安徽铜官山铜矿、台湾金瓜石铜矿等,抗战结束后,这些铜矿由资源委员会接收,成立东北金属矿业公司(辖 8 个矿厂)、台湾金铜矿务局。由于形势剧变,除台湾铜矿外,余均未正式恢复生产经营。②

1947 年年底资源委员会鼎盛时,支配有色金属矿业单位 12 个,管辖附属单位共 50 家,员工人数共计 16238 人。详情见表 11-48。

表 11-48　资源委员会支配的有色金属矿业单位(1947 年 12 月)

项目　　单位名称	地址	附属单位数	员工人数	职员人数		工人人数	
				技术人员	管理人员	技术工人	普通工警
东北金属矿业有限公司	沈阳	8	681	53	134	184	310
山东铝业公司筹备处	青岛	2	52	8	21	7	16
华中矿务局	南京	5	1155	27	91	368	669

---

①　谭熙鸿主编:《十年来之中国经济》,中华书局 1948 年版,第 K7—K8 页。

②　秦浩:《中国的铜》,《申报》1948 年 11 月 22 日。

项目 单位名称	地址	附属单位数	员工人数	职员人数		工人人数	
				技术人员	管理人员	技术工人	普通工警
台湾金铜矿务局	基隆	1	2287	78	62	1425	722
台湾铝业公司筹备处	高雄	2	1107	70	59	348	630
第一区特种矿产管理处	赣县	8	1658	81	409	181	987
第二区特种矿产管理处	长沙	5	1490	100	185	349	856
第二区特矿处锑品制造厂	长沙	1	269	18	32	117	102
第三区特种矿产管理处	广州	6	686	53	158	152	323
平桂矿务局	八步	4	2134	33	132	525	1444
滇北矿务局保管处	会泽	3	946	3	17	3	923
云南锡业股份有限公司	昆明	5	3773	93	128	1	3552
总计	—	50	16238	617	1428	3660	10534

资料来源:陈真编:《中国近代工业史资料》第3辑,生活·读书·新知三联书店1957年版,第875—876页。

五、化 学 工 业

(一) 抗日后方化学工业的迁入和兴办

抗日战争全面爆发前,中国化学工业的基础化工和日用化工两部分得到了长足的发展,民国化工专家叙述道:"基本化学工业之基础,于焉确定。"官营兵工厂的制酸工业改良增产,民间铅室法硫酸工业在南北及西部均有立足,塔式法、接触法与电气沉淀法生产硫酸的设备已告建成;制碱工业技术上续有进步,苏尔维工厂及电解工厂生产烧碱均能多量供给;电解食盐工业扩展,漂白粉、盐酸、氯气毒气实现自给;氮气工业建立,已能够规模化生产人造肥料、纯硝酸、硝酸物、硫酸物及纯硫酸与液体氨。基础化工下游和周边的广义化学工业,如化学制药、钾肥磷肥、煤气与液体燃料、植物油提炼、酒精、硫化染料、油漆油墨、造纸、橡胶、火柴、玻璃珐琅、耐火窑业、水泥和制糖等业,发展之势欣欣向荣。"国防民生,胥是赖之。"①但是日军侵略打破了发展进程,沿海沿江地区工厂历经劫难、被迫迁往后方。塘沽永利碱厂和久大精盐厂、沪西天原电化厂和天利氮气厂等化工支柱企业,无不遭受损毁和劫掠。尤为可惜的,1937 年 1 月刚刚投产的综合性全能型化工企业永利南京硫酸铔厂,遭受三次轰炸,仅迁出一小部分,1937 年年底遭日军占领,1939 年由日伪更名为"永利化学工业株式会社浦口工业所硫铵工厂"予以经营,1942 年 1 月全套硝酸设备被日军拆卸至其国内。

原中央研究院 1938 年 11 月调查,内迁化学工业工厂 39 家,集中迁往重庆,见表 11-49。表 11-49 中开工情况 1939 年以后有所改变。

表 11-49　内迁化学工业工厂

项目 厂名	原厂址	迁址	迁移设备 (吨)	开工情形
永利化学公司	南京	重庆	910.9	—
天原电化厂	上海	重庆	375.9	—
天利氮气厂	上海	重庆	49	—
家庭工业社	上海	重庆	28	已开工
中华化学玻璃厂	上海	重庆	38.7	—
久大精盐厂	上海	重庆	85	—
龙章造纸厂	上海	重庆	400	—
中国铅丹厂	上海	重庆	4.3	—
中央赛璐珞厂	上海	重庆	42	—
中国工业炼气公司	上海	重庆	25.9	—
益丰搪瓷厂	上海	重庆	35.7	已开工
天盛陶瓷厂	上海	重庆	109	—
瑞华玻璃厂	上海	重庆	19	已开工
新亚药粉厂	上海	重庆	21.7	—
中法药厂	上海	重庆	9.5	已开工
中国窑业公司	上海	长沙	180	—
大新荣橡胶厂	上海	桂林	18.6	—

①　吴承洛主编:《三十年来之中国工程》,中国工程师学会 1948 年再版,第 34—35 页。

项目 厂名	原厂址	迁址	迁移设备 (吨)	开工情形
中国工商谊记橡胶厂	上海	柳州	204.9	已开工
大中橡胶厂	上海	湘潭	31	—
海普制药厂	上海	重庆	—	—
汉中制革厂	武汉	重庆	41.3	—
建华油漆厂	武汉	重庆	69.5	—
特四区冰厂	武汉	重庆	60	—
玻璃车光厂	武汉	重庆	8	—
科学仪器馆化学药品厂	武汉	重庆	6	—
汉光玻璃厂	武汉	重庆	10	—
光钷锰粉厂	武汉	重庆	90	—
民康实业公司	武汉	重庆	22	—
植物油厂	武汉	重庆	12	—
三星工业社	武汉	重庆	9	—
华中制药厂	武汉	辰溪	20	—
沪汉玻璃厂	武汉	衡阳	26.5	—
应城石膏厂	武汉	老河口	55	—
华中水泥厂	武汉	辰溪	2262	—
民生药房	汉口	常德	7.8	—
中国植物油厂	汉口	沅陵	500	—
福源油厂	汉口	老河口	39	—
财政部造纸厂	汉口	重庆	—	即可开工
江西光大实业公司	—	桂林	160	—

资料来源:中央研究院社会科学研究所主编、郑伯彬等编:《沦陷区经济概览》,国民党政府经济部资源委员会1941年油印本,第A5399—A5400页。顺序依原厂址做了调整。

1. 基础化学工业工厂

至1940年,化学工业内迁工厂有60家,主要分布在四川(40家)和湖南、广西和陕西等省,内迁技工1408人。[1] 民营厂的内迁和复工得到政策支持,1938年经济部部长翁文灏表示鼓励民营,"人民办理已有成绩

① 林继庸:《民营厂矿内迁纪略》,1942年版;国民党政府经济部:《经济统计月报》1947年第4期。均系1940年统计数。

之化学、机械、电工、纺织、造纸等工业，皆当由社会有志人士出而负责推进"。天原电化厂、久大精盐厂和永利化学公司等工厂在后方选址重建工厂、恢复生产。战时后方较具规模的制酸工厂、制碱工厂见表 11-50、表 11-51。

表 11-50 抗战时期大后方制酸工厂

省别	工厂	设备
四川	中央工业试验所纯粹化学药品制造实验工厂	精制酸类全套设备
四川	中央制药厂	精制酸类设备
四川	中国造酸公司	铅室 2 间，焚硫炉 4 座，浓缩炉 1 座
四川	蔡家场制酸合作社	铅室 1 间，焚矿炉 1 座，设备 1 套
四川	广益化学工厂	铅室 2 间，蒸发炉 1 座
四川	裕川化学工厂	铅室 1 间，焚矿炉 1 座，浓缩设备 1 套
四川	建业化学工厂	铅室 1 间，焚矿炉 1 座，浓缩设备 1 套
四川	沅记永源硫酸厂	旧式铅室 1 间，焚矿炉 1 座，浓缩设备 1 套
四川	天原电化厂	Allen-Moore 式电槽 50 只，三效蒸发器全套，石英炉 1 座
贵州	大众酸碱厂	铅室 1 间，浓缩锅 1 套
贵州	新筑制酸厂	铅室 1 间，浓缩锅 1 套
云南	大利造酸厂	铅室 1 间，焚硫炉 1 套，锅炉 1 座，盐酸炉灶 3 座
云南	昆明造酸厂	铅室 3 间，浓缩炉 1 座
江西	江西硫酸厂	采用钒金接触法，设备不详
浙江	浙江省化学工厂	烧矿炉 8 座，硝石炉 1 座，除尘室 1 间，铅室 1 间，铅塔 2 座，提浓室 2 间
陕西	集成三酸厂	铅台 1 间，焚硫炉 1 座，浓缩炉 1 座，盐酸炉硝酸炉各 1 座
湖北	湖北硫酸厂	铅室 1 间，浓缩设备 1 套
广西	两广硫酸厂	新式铅室法制硫酸设备全套，电气除尘机 1 台，遭敌机轰炸停工

资料来源：李尔康：《我国酸碱工业之概况与展望》，《经济建设季刊》1943 年第 1 卷第 4 期。

表 11-51　抗战时期大后方制碱工厂

省别	工厂	设备
四川	天原电化厂	Allen-Moore 式电槽 50 只,三效蒸发器全套,石英炉 1 座
四川	永利化学工业公司川厂	改良路布兰法生产设备,增加石灰窑、碳化塔、煅烧炉。"侯氏碱法"试验装置
四川	瑞华公司碱厂	粉碎机 1 台,反射炉 2 座,浸出槽 4 个,锅炉 3 座,蒸汽机 1 台
四川	友联化学社	鼓风机 1 台,反应炉 1 座
四川	裕民碱厂	离心机、碎石机、煤气机各 1 台
四川	同益碱厂	碾末机、打碎机、泵、蒸汽机各 1 台
四川	开济碱厂	碎石机、碾末机、卧式蒸汽引擎各 1 台
四川	嘉裕碱厂	碎石机、粉碎机、蒸汽机各 1 台,锅炉 1 座
四川	庆华颜料厂	硫化碱炉 1 座,硫化碱锅 3 个,锅炉 2 座,粉碎机蒸汽机各 1 台
四川	克太化学工业社	碎石机 1 台,反射炉 1 座
四川	利民碱厂	路布兰法生产纯碱的设备
四川	利国公司制碱厂	路布兰法生产纯碱的设备
四川	重庆坚泰碱厂	路布兰法生产纯碱的设备
四川	西南化学工业制造厂	路布兰法生产纯碱的设备
四川	开源碱厂	路布兰法生产纯碱的设备
云南	资源委员会昆明化工材料厂	—
宁夏	立达精碱公司	路布兰法生产纯碱的设备
浙江	浙江省化学工厂	碱厂尚在装置中

资料来源:李尔康:《我国酸碱工业之概况与展望》,《经济建设季刊》1943 年第 1 卷第 4 期。永利川厂、利民、利国、坚泰、西南、开源和立达各厂情况,见陈歆文:《中国近代化学工业史》,化学工业出版社 2006 年版,第 57—60 页。

　　从表 11-50、表 11-51 可见,后方酸碱制造厂集中在四川省(含重庆),18 家制酸厂有 9 家在四川,18 家制碱厂有 15 家在四川。战时基础化工厂数达到乃至超过战前数量,而规模基本上不及战前,总产量甚至不及战前一家大厂。制酸工业以中央工业试验所纯粹化学药品制造实验工厂最具实力,该所隶属于经济部,在重庆下设有制革、耐火材料(窑业)、纯化(酸类)和油脂 4 个实验工厂,投资 484 万元。纯化实验工厂生产盐酸、硝酸和硫酸等"三酸"外,还生产电瓶酸、醋酸钾、醋酸钠等。按照当时的广泛定义,中央工业试验所的 4 个实验工厂,也都属于化学工业。①民营制酸厂以吴蕴初的天原电化厂最为令人瞩目,内迁设厂于重庆及宜宾,不但生产盐酸,还产烧碱和漂白粉,其电解法较为先进。电解化工还促进了电热、电池、电镀等业初步发展。1943 年增资至 1000 万元,在后方工业中出类拔萃。

制碱工业以永利化学工业公司川厂为首要。1937 年年底,永利公司塘沽厂落入日本旭硝子株式会社之手,范旭东率职工辗转迁至乐山县五通桥建设化工新基地。为适应战时环境和地方条件,先是改良路布兰法以提高纯碱产量,后在察安法基础上另寻新法,化学家侯德榜终于在 1943 年试验成功"侯氏碱法"。侯氏碱法能够同时制造碳酸钠和氯化铵,把制碱工业和合成氨工业合二为一,食盐的利用率高达 98%,化工技术达到世界先进水平。②

中国化学工业"南吴北范"的传奇在战时后方继续。吴蕴初的天字号化工集团自成体系,天原电化厂复工,天利氮气厂和天盛陶器厂迁渝,天厨味精厂设香港厂和川厂投产。范旭东、李烛尘和侯德榜的永利厂在犍为开办了碱厂、炼油厂、机械厂、电厂、陶瓷厂和煤矿,久大厂设立精盐厂、电厂和机修厂,加上黄海化学工业研究社,形成永久黄化工集团。基础化学工业获得恢复和发展的同时,它的下游和周边工业,如酒精、动力燃料、煤膏、植物油压榨和提炼轻油替代柴油、润滑油、油漆油墨、油酸、硫化染料、制药、化妆品、肥皂、蜡烛、造纸、橡胶、胶木及赛璐珞、火柴、炸药、电瓷、玻璃、耐火材料和水泥工业,就是当时广义上的化学工业,也得到了顽强的发展,支撑着后方生产生活和前方抗战。

2. 官营厂和民营厂

后方官营化学工厂,经济部所属中央工业试验所纯粹化学药品制造实验工厂的 4 个厂之外,主要是资源委员会所属相关企事业,见表 11-52。

---

① 陈真编:《中国近代工业史资料》第 3 辑,生活·读书·新知三联书店 1961 年版,第832—833 页。

② 陈歆文:《中国近代化学工业史》,化学工业出版社 2006 年版,第 58—65 页。

表 11-52　资源委员会所属化学工业企事业单位

厂名＼项目	成立时间	厂址	职员数	工人数	备注
动力油料厂	1939	四川重庆	209	1006	兵工署参加经营
犍为焦油厂	1940	四川犍为	—	—	独资
昆明化工材料厂	1940	云南昆明	42	28	独资
甘肃化工材料厂	1943	甘肃兰州	26	33	甘肃酒精厂改组
重庆耐火材料厂	1941	四川重庆	36	44	独资
江西硫酸厂	1941	—	—	—	江西省政府参加经营;已停顿
裕滇磷肥厂	1942	云南昆明	—	—	云南经济委员会、中国银行参加经营
北泉酒精厂	1941	四川北碚	45	158	液体燃料管理委员会参加经营
四川酒精厂	1938	四川内江	52	204	四川省政府参加经营
资中酒精厂	1939	四川资中	58	154	独资
泸县酒精厂	1940	四川泸县	77	189	独资
云南酒精厂	1940	云南开远	27	27	云南省政府参加经营
褒城酒精厂	1942	陕西褒城	17	84	独资
咸阳酒精厂	1941	陕西咸阳	35	72	独资
益门动力酒精厂	—	西康会理	—	—	辖泸沽支厂,西昌行辖参加经营
甘肃水泥公司	1941	甘肃永登	22	8	甘肃省政府、中国银行参加经营
贵州水泥公司	—	贵州贵阳	—	—	贵州企业公司参加经营
江西水泥公司	—	江西泰和	—	—	江西省政府参加经营
华新水泥公司	—	云南昆明	—	—	云南省政府、商股参加经营

资料来源:《资源委员会公报》第10卷第3、4期。以上不含生产化工产品的兵工厂。

表 11-52 列 19 家企业基础化工仅江西硫酸厂 1 家,其他属下游化工工厂,又以 8 家各省酒精厂、4 家各省水泥厂居多数,反映了战时需要带给行业的特点。酒精厂和水泥厂多数有省政府参加经营,是后方官营业中地方政府经营化学工业的具体表现。

后方民营化学工业,所获发展仅次于机械工业,至 1944 年有工厂 1353 家,资本 11.127 亿元(折战前币值 1.11 亿元),工人 64530 人。1938 年和 1939 年是投资高峰,缘于内迁工厂的复工;1940 年以后设厂数增加,资本规模则趋于小型化,厂均工人不到 48 人,为数众多的是资本不到战前币值 1 万元或雇工不到 30 人的工场。[①] 由于化学工厂定义广泛，民营厂中属于酸碱基础化工和水泥工业的为数有限，大多数属于下游的日用化学工业和周边工业。正如机械工业中从事机器修配、五金铸造的小厂，这些战时小型民营化工厂并不构成重化工业的支柱。

3. 化学工业的艰难发展

民国时的化工专家对"抗战建国"时期的后方化学工业概括道："化学工业之发展，就多方比较，仅次于机械工业。基本化学工业，如酸类工业、电化工业，迁厂之中，既各具规模，而制碱工业与氮气工业，终有远大之建设，旧式碱类出产，亦能供给临时需要"，相关的酒精、动力燃料、煤膏、植物油压榨和提炼轻油替代柴油、润滑油、油漆油墨、油酸、硫化染料、制药、化妆品、肥皂、蜡烛、造纸、橡胶、胶木及赛璐珞、火柴、炸药、电瓷、玻璃、耐火材料和水泥工业，就是当时广义上的化学工业，也各有所发展，"凡国防与民生所需之化学工业，其在后方，或已能自给，或渐能自给，或在力谋自给之中，或在图谋永久建设过程"。[②] 抗战后方主要化工产品，以酸、碱、酒精和水泥为典型，其产量和产值估计见表 11-53。

表 11-53　抗战后方主要化工产品产量和产值（1938—1945 年）

产品 ＼ 年份		1938	1939	1940	1941	1942	1943	1944	1945
酸	产量（吨）	272	198	595	685	1006	1007	1193	600
	产值（万元）	4	3	9	11	16	16	18	7
	其中民营（万元）	4	3	9	10	14	14	15	6
碱	产量（吨）	520	940	1486	2079	2263	3251	6101	3342
	产值（万元）	13	23	36	50	54	78	146	80
	其中民营（万元）	13	23	35	47	51	73	135	72

① 李紫翔：《大后方的民营工业》，《经济周报》第 2 卷第 7 期，1946 年 2 月。
② 吴承洛主编：《三十年来之中国工程》，中国工程师学会 1948 年再版，第 35 页。

续表

产品 \ 年份		1938	1939	1940	1941	1942	1943	1944	1945
酒精	产量（万加仑）	30	81	459	616	935	1072	1073	1622
	产值（万元）	73	195	1102	1478	2245	2572	2575	3893
	其中民营（万元）	55	125	771	1079	1401	1414	1468	2258
水泥	产量（吨）	21498	48794	50479	25429	39843	35088	40644	42230
	产值（万元）	86	195	202	102	159	140	163	169
	其中民营（万元）	86	195	202	102	156	131	143	144

注:产值按 1933 年不变价格估计,根据巫宝三等:《中国国民所得,一九三三年》,1947 年版。

资料来源:吴太昌:《抗战时期国民党国家资本在工矿业的垄断地位及其与民营资本比较》,《中国经济史研究》1987 年第 3 期,表 7-2;原据经济部统计。

　　通过这 4 种化学工业产品的产量、产值和民营厂所占的份额,可见后方的化学工业从无到有,主要是靠民营厂从内迁到复工的努力和政府的扶持,直到支持抗战获得胜利,民营工厂的产量和产值仍占有主要的比重。

　　1942 年数值在战时较为具有代表性。将表 11-53 中酸、碱和水泥 3 种产品的 1942 年产值,与战前 1936 年全国(不含东北)相关产值进行比较。按 1933 年不变价格计算,1936 年酸、碱、水泥的产值分别是 195 万元、1693 万元、2121 万元[①],1942 年则分别是 16 万元、54 万元和 159 万元。战时酸产值为战前的 8.2%、碱仅占到 3.2%、水泥占 7.5%。据统计,战时基础化工厂数达到乃至超过战前数量,但产量产值、资本规模远不及战前。既表明日军全面侵华对中国化学工业的极大损毁,也可见中国官民发展经济支持抗战的艰苦卓绝的斗争。

---

　　① 陈真编:《中国近代工业史资料》第 4 辑,生活·读书·新知三联书店 1961 年版,第 498—526 页。

（二）国民党统治区化学工业的复员与消长变化

抗日战争胜利后,化学工业企业和生产的恢复有三个环节:政府接收、民营厂复员和新建工厂。从资源委员会战后支配的化学工业单位情况看,接收敌伪产业是首要环节(见表11-54)。

表 11-54 资源委员会支配的化学工业单位（1947 年 12 月）

项目 单位名称	地址	附属 单位数	员工 人数	职员人数		工人人数	
				技术 人员	管理 人员	技术 工人	普通 工警
沈阳化工厂	沈阳	2	433	43	50	218	122
沈阳橡胶厂	沈阳	分厂 4 通讯处 1	951	105	121	542	183
葫芦岛硫酸厂	葫芦岛	—	205	16	26	91	72
天津化学工业有限公司	天津	分厂 2 办事处 1	971	63	61	101	746
中央化工厂筹备处	上海	2	323	45	66	77	135
中央钾肥有限公司筹备处	南京	办事处 1	40	10	14	1	15
资川酒精厂	资中	营业所 2 通讯处 3	434	26	68	92	248
台湾肥料有限公司	台北	分厂 5 办事处 1	1714	95	167	683	769
台湾碱业有限公司	高雄	分厂 3 办事处 2	1527	115	159	291	962
锦屏磷矿公司	海州	通讯处 1	583	1	24	19	539
台湾糖业有限公司	台北	分公司 4 糖厂 36	21638	2887	2477	8449	7825

资料来源:陈真编,《中国近代工业史资料》第3辑,生活·读书·新知三联书店1961年版,第077页。中央钾肥有限公司筹备处的员工人数依据分项相加予以修改。

具体地依次看三个环节的情况,以硫酸厂为典型。战后1948年的调查,全国有硫酸制造厂30余家,分布于上海、浦口、天津、唐山、梧州、广州、太原、西安、兰州、成都、重庆、贵阳、昆明、丽水、恩施、葫芦岛、抚顺、鞍山、大连、宫原、沈阳、台北等地,其中规模较大者20厂情况见表11-55。

表 11-55　国民党统治区硫酸工厂

厂名＼项目	厂址	创设年份	经营方	年产量（吨）	开工情况
江苏药水	上海	1901	美商	4000	可年产2300吨
开成	上海	1933	民营	5400	未复工
新业	上海	1947	民营	3500	未开工
永利	浦口	1936	民营	36000	日产60—70吨
利中	天津	1933	民营	1350	已复工
梧州	梧州	1932	官营	3600	未复工
广东硫酸苏打	广州	1933	官营	7300	未复工
西北	太原	1937	官营	7300	不详
集成	西安	1935	民营	500	开工
兰州化工	兰州	1943	官营	720	开工
广益	重庆	1935	民营	100	开工
合作社	重庆	1940	民营	96	开工
葫芦岛	葫芦岛	1945	日厂转官营	15000	不详
抚顺煤矿	抚顺	—	日厂转官营	15000	不详
抚顺	抚顺	—	日厂转官营	30000	不详
鞍山满洲制铁	鞍山	—	日厂转官营	40000	不详
满洲化工	大连	1935	日厂转官营	39800	不详
本溪湖满洲制铁	宫原	—	日厂转官营	20000	不详
满洲染料	沈阳	1945	日厂转官营	12000	不详
台湾肥料	台北	—	日厂转官营	20000	月产600吨

资料来源：谭熙鸿主编：《十年来之中国经济》上册，中华书局1948年版，第D22—D23页。

表11-55中20家硫酸工厂生产工艺有铅室法与接触法的不同，原料有硫磺与黄铁矿的不同。大部分始于战前创设，战时开设的有伪"满洲

国"和后方重庆的厂家,上海新业硫酸厂是 1947 年新设的;7 家民营厂战后逐渐复工,东北日伪 7 厂基本上由国民党政府接收转为官营厂,台湾肥料有限公司是战后接收 3 家日商厂而成立。

东北地区,由"满洲化学工业""满洲曹达""满洲染料""满洲矿山"等会社办理或附设的敌伪化工厂,基本上由中方接收,但遭苏军拆卸和战火毁坏严重。"满洲曹达株式会社"由苏军接管改为远东电业曹达工厂。台湾地区,国民党政府接收"南日本化学工业株式会社"的高雄碱厂、"钟渊曹达株式会社"的台南碱厂等 2 厂,设立台湾碱业有限公司;接收"基隆氰氮化钙厂""基隆过磷酸钙厂"和"高雄过磷酸钙厂"3 厂,设立台湾肥料有限公司。

关内各地,国民党政府接收了"东洋化学株式会社""大和染料厂"等敌伪化学工厂,成立了天津化学工业有限公司等单位予以经营,还筹备建立中央化工厂、中央钾肥有限公司。资源委员会之前都是投资化工企业,战后开始直接支配和经营酸碱工厂。民营厂复员环节,酸类工厂方面,天利氮气厂返回上海复员,硝酸生产缓慢恢复,永利化学工业公司接收回来被日伪占据经营的"永利化学工业株式会社浦口工业所硫铵工厂",经过竭力争取,被盗拆至日本的全套硝酸设备于 1948 年辗转归还。碱业工厂方面,永利公司收回塘沽碱厂,天原电化厂收回上海天原厂,新建了天原叙厂(宜宾)、青岛第一化工厂等碱厂。化肥工业方面,永利公司收回南京钾厂,合成氨和硫酸铵生产有所恢复。

生产恢复缓慢和实际产量低下,是解放战争时期国民党统治区的化学工业各行业普遍情况。复员之际,战时后方建立的民营酸碱工厂则基本歇业。表 11-55 中 20 家硫酸工厂的年产能力总量超过 26 万吨,可供当时全国所需,但是局势动荡、开工状况不佳,1948 年硫酸的实际产量仅 3 万余吨。1949 年,全国有制碱工厂 20 余家,烧碱生产能力 3 万吨,纯碱产量 8.77 万吨。百废待兴而内战方兴之际,全国基础化工产品的实际产量,"在日本不过与中型工厂相若,以比美国,直一小型工厂耳"。[1]

---

[1]　谭熙鸿主编:《十年来之中国经济》上册,中华书局 1948 年版,第 D19—D29 页。

第三节　抗日后方和国民党
统治区的轻工业

　　战争时期,轻工业重要性相对降低。然在工业相对落后的中国,国民党政府依然专门组织轻工业西迁,为抗日战争提供物质基础之时,有效推动西南地区发展,产生了积极的历史作用。与沦陷区相比,大后方轻工业发展相对健康,虽然存在基础薄弱等困难,但在国民党政府努力下依然取得部分成就。

　　抗日战争胜利后,受战胜强心剂作用,轻工业一度获得较快发展。然则,昙花一现的成长并未成为政局波动下经济的常态。随着美货进入和战争爆发,国民党统治区轻工业受到较大波及。在国民党政府通货膨胀政策作用下,国民党统治地区轻工业逐渐衰退,最终陷入困境。

　　根据国民党政府以空间换取时间计划,东部沿海地区将逐渐放弃。为保存抗日战争潜力,政府将东部工业内迁。在政府和社会支持下,华东、华中大部分棉纺织业设备运往西南地区,在后方组建大批中小型纺织厂,逐步承担中国军民棉纺织品生产任务。面粉业重要企业也有西迁,但主要是兴建一大批小型工厂,以满足大后方军民需要。

　　在战争的历史背景影响下,大后方轻工业呈现出马鞍形发展,克服初期困难之后,在市场扩大刺激下获得较快成长。然而,伴随抗日战争结束,西迁人口回迁而逐渐衰落。棉纺织业在技术进步、产量扩大之时,遭到国民党政府管制政策影响,造成大部分企业亏本无利,难以扩大再生产。面粉企业努力满足骤然增加军民需要之时,却因人口回流逐渐凋零。

　　技术含量较高、西南地区起点较低的火柴、机械等行业类似特征相对明显。在大中华等企业嵌入后,云南、四川等省火柴业实现技术提高和零的突破。但是受专卖政策波及,火柴工厂纷纷陷入入不敷出困境。大后方卷烟业主要企业只能勉强维持生产。

抗日战争胜利后,在战胜强心剂和日伪财产接收的促动下,中国轻工业获得较快发展。但是,纷繁复杂的国内外环境对轻工业消极作用日益显现。战争冲击和国民党政府竭泽而渔的货币政策成为压垮轻工业的重要推手。与此同时,美货泛滥和国家过度管制最终将轻工业推入衰退处境。

值得注意的是,此段时期政府对经济领域控制力逐渐增强,通货膨胀、国家经营与管制、美货引进对轻工业造成较大影响。为接受日伪投降,国民党政府专门成立部分国有企业进行经济受降,中国纺建公司等企业应运而生。在政府支持下,中国纺建公司取得垄断与支配地位,对民营企业形成较大压力。

同时,在战争压力下,国民党政府经济政策逐渐走形,成为纯粹为满足战争与财政需要的工具,客观冲击轻工业发展与生存空间。国民党政府为满足军需,对棉花等战略物资实行价格管制,造成各厂资本抵债,纷纷破产。为争取美援,经济部门放开美货限制,造成美国面粉、纸张和卷烟大量进入中国市场,引起供过于求的危机,进一步打压国内轻工业。受政府不当作为影响,抗日战争胜利后国民党统治区轻工业虽然有所复苏,但整体发展缓慢产值与产量低于 1936 年。

一、抗日后方和国民党统治区的棉纺织业

抗日战争初期,中国棉纺织业大量厂房被毁,大批机器设备及制品原料受损或者沦入敌手,国内棉纺织业产能锐减,难以满足战时军民衣被之需求。面对危机,政府和社会各界积极动员组织各地工厂内迁,克服交通条件落后、运力不足等困难,将部分棉纺织厂设备成功迁到大后方,并力图恢复生产。同时,后方中小型纺织厂陆续建立,民间手工纺织业在政府和社会各界人士的提倡之下有所复兴。沦陷区租界因周边纺织厂的移入而得到扩张。凭借进口美国、印度棉花的便利条件,加之国内市场供不应求,纱布价格上涨而棉花价格回落,劳动力工资廉价的良好形势,租界地区棉纺织厂曾一度获利丰厚,畸形繁荣。太平洋战争后,海外棉花供应断

绝,日军管制加强,国内消费能力下降。伴随战局恶化,受棉纺织业市场隔绝,棉花减产、电力供应不足等诸多因素的影响,租界棉纺织业趋于衰落。战争后期,国民党统治区的棉纺织业所面临的各种困难进一步加剧。国民党政府为保障战时物资的供应和控制物价,对纱、花进行严格的管制。面对成本和原材料价格的上涨以及产品销售、价格受限,棉纺织厂及民间手工棉纺织业大多陷于无利可图而被迫减产、停产的境地。

(一) 战争初期租界棉纺织业的畸形繁荣

"八一三事变"之后,上海地区纺织厂曾一度被迫停产。因中日军队僵持,为减少损失,公共租界西区的 8 家华资纱厂在 9 月间相继复工。上海战事结束后,位于公共租界的 8 家工厂和法租界的 1 家工厂,共 34 万纱锭和 1400 台织机仍保持正常的开工状态。[①] 华北地区,中国军队放弃平津防守,当地纺织厂受到的损失比较小,停工 2 周后陆续恢复生产。其中 1 家设在英租界的华商纱厂仍照常工作,另外 2 家在侵略者的强制"合作"下复工开业。3 厂共有约 8 万纱锭和 500 台布机在生产运转。[②]

随着战事的扩大,国内重要纺织区域如长江北岸的通崇海地区、武汉、广州等地区相继沦陷。虽然部分纱厂设备正迁往内地,但大后方工业基础较弱,仅拥有不足 20 万枚纱锭和 1000 台织布机维持运转[③],难以保证军、民供应,不得不依靠上海、天津租界等地的棉纺织业提供衣被之需。因而租界棉纺织业得以繁荣。同时,日军占领产棉区后立刻将棉花作为战略物资运往日本,造成上海等重要棉纺织重镇原料不足。为满足生产需要,上海各纱厂以进口棉维持生产。据统计,1938—1941 年,上海口岸

---

① 《中国近代纺织史》编辑委员会:《中国近代纺织史》下卷,中国纺织出版社 1997 年版,第 64 页。

② 《中国近代纺织史》编辑委员会:《中国近代纺织史》下卷,中国纺织出版社 1997 年版,第 64 页。

③ 《中国近代纺织史》编辑委员会:《中国近代纺织史》下卷,中国纺织出版社 1997 年版,第 64 页。

进口棉花 634.33 万担,占全国总量的 91.6%。[1] 进口棉花的输入有效缓解上海纱厂原料紧缺状况。

1938—1939 年,上海租界棉纺织业进入空前繁荣期,多数纱厂均获利丰厚。一方面,市场棉产品供给不足,仅西南各省每年缺少棉纱 12 万件,棉布 400 余万匹,大部依靠上海方面供应;另一方面,全国各地爱国主义情绪高涨,抵制日货运动此起彼伏。虽然上海华纱的市价高于日纱约 20%,但依然脱销。战前大型纱厂年平均盈利约 100—200 元,这一时期获利 1000 万—2000 万元已属平常。以统益纺织厂为例,该厂资本原为 170 万元,战后不断将红利转为股本而增资至 297 万元,运转纱锭数为 57808 枚,布机 300 台。1938 年(以每年 12 月 31 日为决算期)盈利 4623893 元,1939 年盈利 6003599 元,1940 年盈利高达 8985319 元,相当于其资本额的三倍。纺织业感叹"如此高利,洵属空前。因市场较大,多数纱厂获得建厂以来最高的利润"。[2] 受高额利润的刺激,华商纱厂发展迅速。除原有的 9 家纱厂设备不同程度得到扩充之外,另有 9 家新厂建立,加之周边地区纱厂迁入租界。1941 年,租界中华商纱厂的总设备已有纱锭 65.7 万枚,织机 4760 台。其中包括由闸北、杨树浦等地移来的纱锭 13 万枚。[3]

与以往相比,战时租界中新增纱厂设备均由国内厂家制造。如新生纱厂有纱锭 9000 枚,为 1940 年由中央机器厂所造的大牵伸型纱锭。后期 12000 枚纱锭则购自信义机器厂。1941 年成立的公永纱厂的全部精纺设备来源于泰利机器厂,共有 14256 枚,系仿造的瑞士 RIETER 式。安达纺织公司日式精纺机大牵伸,为 1941 年元生机器厂的产品。国产化率提高反映出中国纺织机器制造业所取得的长足的进步。[4]

---

① 《中国近代纺织史》编辑委员会:《中国近代纺织史》上卷,中国纺织出版社 1997 年版,第 191 页。

② 聂光地:《战时我国之棉纺织业》,《染织纺周刊》1941 年第 7 卷第 6 期。

③ 陈真编:《中国近代工业史资料》第 3 辑,生活·读书·新知三联书店 1961 年版,第 247 页。

④ 刘国良:《中国工业史·近代卷》,江苏科学技术出版社 1992 年版,第 829 页。

　　沦陷区新设立的工厂,为应付复杂的政治环境,多数改为英商纱厂或者美商纱厂。例如中纺、信和、安达等纱厂为英商纱厂。保丰、德丰、合丰等纱厂则改为美商纱厂。申新九厂、统益纱厂、崇信纱厂改为英商;永安三厂、申新二厂改为美商。华商改投英美纱厂导致英商纱厂设备增为纱锭561432枚,织机6054台。美商纱厂由0增为纱锭153896枚,织机749台。[1]

　　受资本影响,新设纱厂普遍规模较小,平均纱锭数低于10000锭。新设工厂的厂房多系向停工的厂矿租用,或系临时建筑的简易设施。这一方面是因为时局混乱,投资者缺乏实业兴趣,而是利用有利的市场形势,急于开工获利;另一方面则由于日本侵略者的管制过于严密,设备、原材料的购买、产品销售诸多不便,小厂更易于规避风险,在夹缝中图生存。

　　与上海不同,日本侵略者对于华北棉业的管控相对严密,华北棉花优先供应日商纱和输出日本本土。天津地区港口规模小于上海,因此天津租界纱厂获得美棉和印度棉花途径较少。1939年,租界纺织业极为繁荣的年份,天津纺织厂的开工率仅为66%。1941年进一步下降到40%。[2]

　　1940年,因日军严禁物资内移,加之海外运输船只匮乏,进口棉花原料日减。上海各纱厂不得不将开工率减半。1941年,因电力供应不足,进一步缩减开工时间。继以太平洋战争爆发,受外汇冻结影响,外棉来源断绝。沦陷区生产更加困难,所幸国内市场棉制品供不应求,各厂尚能维持较高的利润。但1942年以后,上海各纱厂因原料日罄,电力供应缩减,工人粮食日贵,产量遭受限制而不得不减少开工,勉强维持职工生计(见表11-56)。1943年8月,日伪当局紧缩通货以平抑物价,并对纱布进行政府统买,各纱厂之生产日渐趋于停滞。

---

　　① 刘国良:《中国工业史·近代卷》,江苏科学技术出版社1992年版,第830页。
　　② 刘国良:《中国工业史·近代卷》,江苏科学技术出版社1992年版,第824页。

表 11-56　全面侵华战争前后上海纱厂电力供给情况（1937—1943 年 12 月）

年月　　项目	电力供给量	备注
1937	100	以 1937 年之供给量 59600 千瓦为 100
1942	46	—
1943 年 11 月	31	—
1943 年 12 月	10	较 1937 年减少 90%，较上月减少 30%

资料来源：李嘉音：《事变后之中国棉纺织业》，《中国工业杂志》1943 年第 5 期。

时人对于 1943 年年底上海纱厂概况之调查，曾得出如下结论：大抵运用前仅存之国棉及配给棉花；开工率为战争前之 5%；制成品不能自由出售；各开工之纱厂以流动资金匮乏，不敷开支，唯有向银行借贷；工人生活开支昂贵，难以久持。上海租界棉纺织业的繁荣时代已经走到了尽头。

（二）沿海各厂内迁

全面侵华战争爆发后，随着战事的扩展，大片国土沦陷，大量的纺织厂及其设备被毁或者沦为敌手，大后方仅有纱锭数不足 10 万枚、织机数百台，一时难以保证战时中国军民的衣被供应，而不得不仰赖上海租界的纱厂。这一时期，我国沿海地区部分工厂，克服重重困难，进行艰苦卓绝的内迁。内迁的工厂连同内地新创立的中小型棉纺厂与广大农村地区的手工棉纺织业，逐步承担起供应我国军民棉纺织品的重任。

内迁纱厂主要来自武汉一带。武汉地区的纱厂除汉口第一纱厂因外资关系未迁移外，其他均移往川、陕等省。其中规模较大的纱厂有申新第四、裕华、震寰等厂。申新四厂原有纱锭 4.5 万余枚，战争中约 3 万枚被损毁，其余则分别迁往汉中、重庆、成都等地。裕华纱厂纱锭 8 万余枚，分别迁至成都、重庆两地。震寰纱厂 1 万余枚纱锭迁往陕西，为西安大华纱厂租用。日商泰安纱厂有纱锭 24816 枚，织机 380 台，被中国军政部迁往重庆。除武汉的纱厂外，河南郑州的豫丰纱厂、苏州实业社等企业陆续迁入大后方。豫丰纱厂原有纱锭 56000 余枚，开战后即向四川迁移，"中途损失颇多"①。入川后,厂方于重庆、合山分设2厂。沙市纱厂共有纱锭1万余枚,迁至重庆复工。

汉口裕华纱厂迁川时,在宜昌被军队阻断,船舶被强行征用。运输物资屡遭日军轰炸,后在民生公司的合作与帮助之下才得以转运到重庆,中途共损失皮棉3814包,机器880箱。申新四厂设备在运川途中遭遇风涛,1400千瓦发电机组及200箱机件沉入江底。该厂陆路运往宝鸡的设备损失纱锭20000枚,织机690台及全厂70%的漂染整理设备②。总之,因为落后的交通条件和严峻的军事环境,从武汉一带内迁的厂家因舟车失事、敌机轰炸,地方黑恶势力的勒索及途经三峡急流时被迫抛箱减载等原因而中途损失纱锭35%,织机66%。③ 据重庆经济部统计室报告,1938年后方内迁工厂共计204家,其中棉纺织厂71家,内迁物资达206150吨,其大体分布见表11-57。

表11-57 内迁纺织厂及物资吨数分布情况（1938年）

项目 省别	厂数	物资吨数
湖南	44	161516
四川	10	17899
陕西	14	65900
广西	2	15000
云南贵州等地	1	1000
总计	71	261315

资料来源:李嘉音:《事变后之中国棉纺织业》,《中国工业杂志》1943年第5期。

据统计,先后迁到四川的各厂约有纱锭11.78万枚,织机500台,连同迁陕的设备共约纱锭18万枚。另外,战前订货经香港辗转到达内地的

---

① 《中国近代纺织史》编辑委员会:《中国近代纺织史》下卷,中国纺织出版社1997年版,第35页。

② 《中国近代纺织史》编辑委员会:《中国近代纺织史》下卷,中国纺织出版社1997年版,第36页。

③ 《中国近代纺织史》编辑委员会:《中国近代纺织史》下卷,中国纺织出版社1997年版,第35—36页。

纱锭约 5 万枚。内迁纺织厂中,如将小型织厂除外,共有大中型棉纺织厂 9 家。我国西北、西南地区纺织业比较落后,滇、湘、陕、新 4 省各有纱厂 1 家,共有纱锭 42000 枚,织机 1248 台。经过迁移之后,后方计有近 30 万枚纱锭①,生产力较战前有所增加。

内迁各厂不仅需克服搬迁路途上的重重困难,到达内地后亦同样面临各种挑战,如技术工人不足,机器设备缺失及零部件配给与维修的困难,动力及原料供给不足,生产资金匮乏等。部分内迁工厂长期无法正常开业,但多数厂家仍然克服困难,恢复生产。

战时严酷的环境,对于棉纺织业的发展固有诸多不利,但对于我国棉纺业机械制造业的进步却有意想不到的促进作用。由于重工业落后,中国纺织机器"向恃外国供给,种类之多,有英、美、德、法、日等十余种"。虽然大隆等工厂尝试自造精纺、摇纱、打包、织布等机器,但限于规模资力,兼以当时外货进口便利,价格低廉,造成纺织机器制造业长期处于试验阶段。抗日战争爆发后,日军利用海军优势封锁主要港口,迁入内地的工厂迫于需要不得不自谋解决之道。重庆公益、恒顺、顺昌、豫丰及花纱布管制局铁工厂等机械制造厂采联合分工制造办法,或者单独制造均颇有成就。西北地区的宝鸡、申新铁工厂一度制造纺钞机、自清花机至精纺机。② 国内民族机器工业在逆境中发展,为保证各内迁工厂的顺利复工及内地棉纺织业的兴办作出贡献。

在国人抗战图存的爱国情绪高涨推动下,后方纺织业经过一段时期的艰难调整之后,较早进入复苏成长的新阶段。除内迁各厂之外,战时后方出现新建纺织厂热潮。重庆作为临时首都,成为当时重要的棉纺织业中心。据 1943 年统计,重庆市共有棉纺厂 13 家,纱锭 16 万余枚,年产棉纱 6 万件,产量占整个大后方的 52%。③

---

① 《中国近代纺织史》编辑委员会:《中国近代纺织史》下卷,中国纺织出版社 1997 年版,第 36 页。

② 陈真编:《中国近代工业史资料》第 4 辑,生活·读书·新知三联书店 1961 年版,第 289 页。

③ 《中国近代纺织史》编辑委员会:《中国近代纺织史》下卷,中国纺织出版社 1997 年版,第 36 页。

表 11-58　后方各省棉纺织厂统计(1943 年)

项目 省份	工厂数 (家)	大型纱锭 (枚)	小型纱锭 (枚)	木机纱锭 (枚)	铁织机 (台)	木织机 (台)	工人数 (人)
四川	34	168400	5558	630	1100	624	12319
陕西	8	74680	5128	—	1270	—	5422
湖南	5	20000	464	120	248	90	1020
云南	4	15000	336	80	60	—	1000
广西	1	2300	—		47		230
湖北	1	—	—	101		62	98
江西	2			43		58	823
总计	55	280380	11486	974	2725	834	20912

资料来源:张樸:《战时中国棉纺织业的演变(上)》,《工商天地》1948 年第 3 卷第 2—3 期。原始表格中的总计数据有误,本表已订正。

从表 11-58 解析,后方可运转的大型纱锭共计 28 万余枚,其中国营约占 6 万锭,小型纱锭共 11486 枚,其中国营占 2000 余枚,民营纱厂显然占主要地位。尽管当时市场条件对于纺织厂比较有利,多数工厂获利丰厚,但企业在生产方面却面临重重困难,各工厂开工率较低。1943 年,后方虽有大型纱锭近 30 万枚,但实际开工运转的数量约 17 万枚左右。即便开工的纱锭,实际产能仅为潜能的 80% 左右。表 11-58 中显示的 11486 枚小型纱锭中,可能实际运转的仅为 5000 枚。

表 11-58 中的关于织机的统计似乎与其他资料的数据存在出入。经分析,造成差异的原因相对复杂,既有经济统计困难等主观因素,亦与存在工厂开工无序,客观上难以进行准确统计有关。大体可以确定当时的铁织机(动力织机)约有 3000 台左右,但实际运转的数量约有 2000 台。木织机实际生产的多达 3000 台,工厂织机产能仅为 70% 左右。据统计,1943 年后方动力织机年产布仅有 94 万匹,木织机生产约 40 万匹。而散布在农村的广大土织机生产者,年产土布约 540 余万匹。

大后方棉纺织业逐步复兴之时,国民党政府棉花收购政策却客观阻碍其发展。抗日战争爆发后,国民党政府实行经济统制政策,对战略性物资实行垄断、半垄断政策,并组建专门机构进行统购统销,属于战略物资的棉花理所当然成为统制物资。因财政压力和通货膨胀影响,收购价格实际购买力持续下降。1941 年,官价不足黑市价额的 50%,投机性纱厂由 30 家增至 200 余家,纱厂将重点由生产转为囤积棉花。为防止企业囤货和抢购原料,国民党政府决定成立物资局,后改为花纱布管制局,统制范围由限价转为统一销售、运输。花纱布管制局主要负责增加布料生产、供应军需和民用、平抑价格任务。但是在战争环境和限价政策下,效果乏善可陈,统购价格长期徘徊于成本的 40%。国民党政府颁布《统筹棉花管制运销办法》《征购陕西陈棉》《统购统销陕棉五项原则》等政策,将大后方大部分地区作为管制区域。管制区内各银行、公司购买陕棉超过 100 担、各工厂储备超过 6 个月使用者,由政府派员限期、限价收购。凡购买棉花每月超过 300 担者,应报告统制机构申请许可证。因收购价格未能与生产成本匹配,棉农种棉积极性普遍下降。1945 年,陕西已出现收棉困难。监察委员调查后发现每担原棉官价仅为 18400 元,黑市价格却超过 3 万元。陕西省建设厅为完成收购定额采取"沿户搜查、没收治罪"[1]高压政策,造成人心惶惶。陕西省政府统计原棉产量由 130 余万担降为 20 余万担,即使提供"奖金制度亦无济于增产"[2]。

国民党政府实行统制价格客观造成棉谷价格此消彼长,在经济利益促动下农民纷纷改棉种粮。1943 年,大后方棉花总产量维持在 295 万担,次年降为 155 万担。[3] 1941 年,陕西、河南两省棉花产量 6 万吨,1942 年、1943 年分别降至 4 万吨、3 万吨,连同西南各省总计不过 6 万吨。[4] 原棉产量锐减,部分纱厂停工待料,军用棉花供不应求。为挽救危局,财政部宣布实行"统购棉花、以花易纱、以纱易布、以布控价"管制方针,确保军需民用和平抑价格。同时,因收购价过低,部分地区皮棉流入沦陷区,

---

[1]　陈真编:《中国近代工业史资料》第 4 辑,生活·读书·新知三联书店 1961 年版,第 271 页。

[2]　陈真编:《中国近代工业史资料》第 4 辑,生活·读书·新知三联书店 1961 年版,第 271 页。

[3]　《中国近代纺织史》编辑委员会:《中国近代纺织史》上卷,中国纺织出版社 1997 年版,第 37 页。

[4]　刘国良:《中国工业史·近代卷》,江苏科学技术出版社 1992 年版,第 833 页。

客观增强日伪战争潜力。在各种因素共同作用下,1943 年,统制机构仅收获棉花 3.5 万吨,"棉花原料十分缺乏"①。受原料减少和物价猛涨冲击,棉纺织企业纷纷陷入经营困难处境,开工率普遍低于 50%。其中最低的昆明"原有织厂 30 余家,1943 年倒闭 20 余家"②。1944 年,花纱布管制局要求各厂压缩生产。各厂迫于原料不足将产能减少 30% —50%。③ 手工纺织业亦因棉花不足出现停工待料现象。1945 年 3 月,重庆 560 个土布织户、6 万余名手工纺织工人罢工,要求更改统制政策。

管制政策虽然有效维持战争需要,提高战争潜力。但定价过低、调价过慢,造成棉农、棉纺织工厂盈余降低,难以扩大再生产,最终引发纱布严重减产。但总体而言,大后方棉花生产虽然有所下降,但总体平稳,"有些地区还有发展,突出的是四川省,棉田面积和总产量都有较大的增长"④。

(三) 第二次世界大战后棉纺织业的曲折发展

抗战全面胜利后,国民党政府接收全部日资纺织厂,由新组建的国营中国纺织建设公司负责恢复生产。中国民族纺织业占据国内棉纺织业99% 的份额,其中 40% 左右由中国纺织建设公司占有。国营企业在棉纺织业中具有垄断与支配性地位。

战后棉纺织业市场需求较大,中国棉纺织业在国内不再面临日商的挤压,并一度控制了东南亚市场。加之联合国救济总署向中国提供原棉援助解决当时棉业的原料问题,国内棉纺织业获得较快的复苏,棉纺织厂获利甚丰。1946—1947 年,国民党政府对棉花棉纱的限价与管制纷至沓来,对棉纺织业的生产造成严重影响。因为战争而造成的交通断绝使各

① 刘国良:《中国工业史·近代卷》,江苏科学技术出版社 1992 年版,第 833 页。
② 《中国近代纺织史》编辑委员会:《中国近代纺织史》上卷,中国纺织出版社 1997 年版,第 38 页。
③ 陈真编:《中国近代工业史资料》第 4 辑,生活·读书·新知三联书店 1961 年版,第271 页。
④ 《中国近代纺织史》编辑委员会:《中国近代纺织史》下卷,中国纺织出版社 1997 年版,第 72 页。

棉纺厂的原料燃料来源及产品运销造成困难。而金圆券的发行更是企业和民众一场劫掠。各民营厂经营大坏,纷纷外逃或者等待新的政权的诞生。

1946 年,国共双方签署《双十协定》,在和平希望渐增的情况下,国民党政府行政院对全国经济建设提出五年规划,以国家资本为主购入 500 万枚纱锭,8 万台织布机,民营纺纱厂因资本较弱,计划进口纱锭 250 万锭。① 为增强产品竞争力,政府以立法手段减少中间环节,降低成本。为刺激生产,国家银行决定以低息贷款等方式,扶持棉花种植业,为纺织业发展提供原料基础。

从经济层面而言,战后棉纺织业市场相对较大。因国内连年战乱,纺织生产连续下跌,尤其是战争后期日本军队强制献铁运动客观造成沦陷区纺织品产量持续下降,市场棉货严重短缺。因战争胜利,国内长期压抑的消费欲望随战争的胜利而得以释放,棉纺织品市场完全处在供不应求的局面②,部分地区甚至发生抢购。

与此同时,国际贸易环境改善、基础设施恢复与建设为棉纺织业发展提供良好条件。1946 年,伴随受战争破坏的棉纺织业生产陆续恢复,邻近省区产棉已不敷上海需求,华北通往上海铁路未能及时通车,形成行业性缺棉状态。当国内产棉区运输困难之时,国际贸易条件有所好转,为缓解棉花危机创造良好外部环境。与此同时,东南亚棉纺品市场出现真空,亟待新势力弥补。第二次世界大战时期,东南亚大部分地区被日军侵占,棉纺织品市场为日资企业占据。日本投降后,日本企业退出东南亚。西欧各国忙于治疗战争创伤无暇东顾。美国决定以中国企业弥补东南亚市场空缺。联合国救济总署提供原棉援助规定,中国工厂产品部分运往东南亚,再用销售款订购美国棉花。尽管美国计划从属于其全球战略,客观上却为中国棉纺织业打开新的国际市场。

与以往不同,此时中国纺织业恢复和发展国家干预力度有所增强,政

---

① 王菊:《近代上海棉纺业的最后辉煌(1945—1949)》,上海社会科学院出版社 2004 年版,第 77 页。

② 刘国良:《中国工业史·近代卷》,江苏科学技术出版社 1992 年版,第 835 页。

府直接参与行业发展,成为重要特征。抗日战争胜利后,国民党政府对沦陷区日伪纺织机械工业进行系统性接收。根据工厂所属关系或由原主收回,或者政府继续经营。为发挥规模经济和方便接收,经济部门决定成立纺织实业管理委员会,筹建中国纺织建设公司。具体负责上海、天津、青岛、东北等地区日伪棉纺织企业接收。1945 年 12 月 4 日,该公司由经济部在重庆主持成立,隶属经济部纺织事业管理委员会,翁文灏任董事长,束云章任总经理。该公司于 1946 年 1 月 2 日迁沪办公,并先后在天津、青岛、东北设立分公司。1947 年 6 月,纺织事业管理委员会撤销,中国纺织建设公司直隶于经济部。同年秋季,经济部改为工商部,仍管辖中国纺织建设公司,并在同年 9 月 4 日改组为"中国纺织建设股份有限公司",对私人出售企业股票,其性质乃变成公私合营的纺织企业集团。

中国纺织建设公司国有部分以接收日伪棉纺织染及丝织企业为主,整个接收工作分为上海、青岛、天津、东北四个区域。根据各厂情况,中纺公司分别采取措施进行整理:(1)更改厂名。原有各厂一律改名,继续整理复工,维持原单位独立经营。类似情况有棉纺织厂 17 家,毛纺织厂 5 家,绢纺织厂、制麻厂、针织厂及机械厂各 1 家,共计 32 个单位。(2)合并经营。少数厂因设备关系,不能独立经营,便与其他厂合并经营,有东亚、日华 2 家制麻厂合并为第一制麻厂,上海纱厂与小林纱厂合并为第一纱带厂,内外棉第八厂及有新、振华两铁厂,合并为第二机械厂。(3)单独设立。有的厂内一部分设备可以单独划出,另行成立一个独立的工厂,如丰田一、二厂,将其铁工部分划出设立第一机械厂,单独经营。(4)拨作他用。原厂系属空厂,或仅有少数设备,尚待配备,这样的厂就拨作他用,如日华第十二厂,暂作仓库之用;惠美、桂川两厂机件,则待装配机械后开工,所有厂房,均暂予保留。(5)移交给其他部门。如远东钢丝布厂、日本机械制作所第五厂及丰田自动车厂等 3 个厂,均移交给中国纺织机械制造公司接管。(6)发还原主[①]。恒丰、大丰纱厂、华兴毛织厂、桂川染织厂及漂染厂 5 个单位,原是华资工厂,经苏浙皖区敌产处理局批准,将以

---

① 刘国良:《中国工业史·近代卷》,江苏科学技术出版社 1992 年版,第 539 页。

上5厂产业发还原业主。其中日方在掠夺后增设的机件物资则收归国有,或由业主优先承购(见表11-59)。

表 11-59 中国纺织建设公司接管日本在华棉纺织企业一览表

项目 地区	第一次接管单位 及接管时间	中纺公司 接管时间	厂数 (个)	纱锭 (万枚)	线锭 (万枚)	织机 (台)
上海	经济部苏浙皖区特派员办公处地位产业处理局 1945 年 9 月	1946 年 1 月 16 日	18	89.73	23.89	18195
青岛	经济部鲁豫区特派员办公处 1945 年 12 月	1946 年 1 月 25 日	8	32.45	3.60	7262
天津	经济部冀察热绥特派员办公处 1945 年 11 月	1945 年 12 月 25 日	7	33.29	5.08	8640
东北	1946 年 5 月	1946 年 9 月	5	22.32	1.34	5330
总计	—	—	38	177.79	33.91	39427
设备占全国比重(%)	—	—		35.8	63.5	57.5

资料来源:《中国近代纺织史》编辑委员会:《中国近代纺织史》下卷,中国纺织出版社 1997 年版,第 40 页。

纺建属于国有企业,得到政府有力支持。建立初期,国民党政府投入建设资金 10 亿元,低息贷款 50 亿元,为工厂渡过初期艰难阶段做好坚持基础。在国家资本介入情况下,中国纺织建设公司生产力获得快速增长。以工厂相对集中的上海为例,1946 年 1—4 月棉纱与棉布产量分别增加 7 倍和 7.5 倍。青岛市棉纱生产力由 8.54 万件增至 14.61 万件,棉布则由 190 万匹增至近 320 万匹。天津棉纱和棉布生产力快于青岛,分别由 7.94 万件和 214.83 万匹增至 18.54 万件和 484 万匹。东北地区因受战争破坏,生产力恢复较慢,1946 年仅完成棉纱生产 0.8 万件,棉布亦织造不足 13 万匹,与其余地区相比差距较大,尽管此后东北地区棉纺织业依然相对落后,但增速却快于上海、青岛等主要生产基地,两种主要产品产量增长速度达到 300%。[1] 1947 年,上海民营纱厂 50 家,纱锭 119 万枚。

———————————

[1] 王菊:《近代上海棉纺业的最后辉煌(1945—1949)》,上海社会科学院出版社 2004 年版,第 51 页。

中国纺织建设公司仅接收日伪工厂即获得 90 万枚[①],占总量的 40% 以上。中纺公司技术处于优势拥有较高开工率。民营企业中开工仅为 90 万枚,中纺公司达到 70 万枚,接近 50%。纱机方面中纺处于绝对多数,全市 19000 台纱机,中纺公司独占 12000 台,其余 34 家民营的企业仅有 7000 台(见表 11-60、表 11-61)。

表 11-60　中国纺织建设公司设备统计(1946 年)

项目 地区	厂数	纱锭	线锭	布机
上海	18	897328	238852	18195
青岛	8	324524	35964	7262
天津	7	332872	50756	8640
东北	5	223208	13420	5330
总计	38	1777932	338992	39427

资料来源:王菊:《近代上海棉纺业的最后辉煌(1945—1949)》,上海社会科学院出版社 2004 年版,第 49 页。

表 11-61　中国纺织建设公司生产纱、布统计(1946—1948 年上半年)

类别、年月	地区	上海	青岛	天津	东北	总计
棉纱 (万件)	1946 年 1—12 月	25.37	8.54	7.94	0.80	42.65
	1947 年 1—12 月	38.89	14.61	18.45	2.62	74.57
	1948 年 1—7 月	25.24	7.92	11.64	2.59	47.39
棉布 (万匹)	1946 年 1—12 月	540.67	186.99	214.83	12.11	954.60
	1947 年 1—12 月	771.68	319.86	484.95	35.63	1612.12
	1948 年 1—7 月	537.05	176.15	301.77	1.53	1016.50

资料来源:《中国近代纺织史》编辑委员会:《中国近代纺织史》下卷,中国纺织出版社 1997 年版,第 40 页。

---

① 《上海市民营纱厂共计五十家》,《工业通讯》1947 年第 1 期。

因具有官方背景,中国纺织建设公司虽然起步较迟,但生产力、产值等方面较民企发展较快,并在短时间内取得优势。中国纺织建设公司在上海、青岛、天津、东北各地共接收纱锭175.8万枚,线锭3.3万枚,织机3.86万台,资产总额相当于1936年币值的8.77亿元。[①] 中纺公司接收工作促进民族资本占棉纺织业主导地位确立。在资本带动下,公司在主要产棉区设置棉庄,抢购棉花。因原料充足,公司日产棉纱2300件、棉布5.5万匹,超过全国产量的50%。同时,在经济部支持下公司取得原料支配权。1946年,公司收购棉花692万担,相当于全国棉花产量的90%。[②] 同时,在资金优势下纺建集团以规模经济为突破口,取得技术优势,如细纱生产万锭民营企业平均需要工人250名,职员14人,纺建集团则仅需工人202人和职员9人。

1947年,全国纱锭总数为442万枚,其中民族纱厂占437.6万枚[③],而中国纺织建设公司占民族纱厂纱锭总数的39.8%。当年,中国纺织建设公司共生产棉纱74.6万件,占全国棉纱产量的36%;棉布1600万匹,占全国棉布产量的70%。麻织品、毛织品等共1000多万码,漂白布80万匹,各种色布700万匹,花布100多万匹[④],中纺公司取代日资企业成为中国纺织业领军公司,并对申新集团等民营企业形成相对优势。

国营企业打入棉纺织业之时,既有民营企业在战争胜利带动下纷纷恢复和发展。同时,因棉纱、棉花差价扩大,纱厂利润空间进一步扩大,民间资本投资建厂热情进一步提高。抗日战争胜利后,棉纺织业民营集团领军人物申新集团立刻投入新办企业热潮中。1945年,申新纱厂各厂陆续开工,当年即复工约7万锭。1946年,伴随局势稳定,申新集团大部分分厂相继恢复生产,纱锭生产约35万锭(见表11-62、表11-63)。

---

① 刘国良:《中国工业史·近代卷》,江苏科学技术出版社1992年版,第541—542页。
② 刘国良:《中国工业史·近代卷》,江苏科学技术出版社1992年版,第542页。
③ 严中平等编:《中国近代经济史统计资料选辑》,科学出版社1955年版,第135页。
④ 顾毓琇:《回忆中纺公司》,《中华文史资料文库》第12卷,经济工商编,中国文史出版社1996年版,第672页。

表 11-62　申新系统纱锭数比较(1936 年、1948 年)

项目　　　　系统	总公司系统一、六、七、九厂(荣鸿元系统)	总管理处系统二、三、五厂(荣德生系统)	申四系统(李国伟系统)	总计
1936 年纱锭(万枚)	34.57	17.43	5.00	57.00
1948 年纱锭(万枚)	36.87	22.11	7.00	65.98
其中				
战后原厂规模(万枚)	31.37	20.06	2.00	53.43
新增纱厂纱锭(万枚)	5.50	2.04	5.00	12.54
新添厂名	裕中、鸿丰	合丰、天元	渝新、申四在重庆、宝雅、成都分厂	—
1948 年比 1936 年净增纱锭(万枚)	2.30	4.69	2.00	8.99
1948 年比 1936 年增加(%)	6.6	26.9	40.0	73.5

资料来源:上海社会科学院经济研究所经济史组编:《荣家企业史料》下,上海人民出版社,1962 年版,第 553 页。原始表格中的总计数据有误,本表已订正。

表 11-63　申新各厂纱锭开工统计(1945 年年底—1946 年年底)(单位:枚)

厂名　　　年月	1945 年年底	1946 年 4 月	1946 年年底
一厂	—	28740	46056
二厂	15000	38748	56900
五厂	10000	16001	30000
六厂	—	39090	59440
七厂	3000	19300	30000
九厂	40000	69134	128984
总计	68000	211013	351380

资料来源:王菊:《近代上海棉纺业的最后辉煌(1945—1949)》,上海社会科学院出版社 2004 年版,第 64 页。

　　表 11-63 显示 1945 年后 1 年之中,申新纱厂生产能力得到较快提升。因战争影响,1945 年年底部分纱厂处于停产、半停产状态,只有九厂

状况较好,投纱锭超过各厂总数的 50%。半年之后,各厂生产规模皆有所扩大。未能开工的一厂、六厂恢复生产,半停产的七厂生产能力增加 6 倍。其中六厂产能已超过二厂、五厂成为仅次于九厂的大型企业。1946 年年底,申新集团生产能力进一步增强,各纱锭数量进一步增加,与 4 月相比,增幅 50%—70%,生产力由 68000 锭增至 30 余万锭,实现翻两番。

表 11-64 为 1948 年中国纱厂统计。

表 11-64 中国纱厂统计(1948 年)

项目 / 地区	厂数(个)	纱锭(万枚)	线锭(万枚)	织机(台)
上海	79	229.59	37.55	28202
江苏	63	64.51	3.29	7693
浙江	9	5.44	0.13	247
安徽	1	2.00	—	—
山东	12	40.61	4.04	8513
山西	7	6.64	0.24	1271
河北	12	45.27	6.07	10632
河南	3	2.33	0.20	42
湖北	6	22.73	—	834
湖南	1	2.40	—	240
江西	2	3.10	0.12	208
四川	18	19.77	—	976
陕西	6	9.73		1555
广东	1	1.88		90
云南	3	2.05		110
东北	6	22.32	1.34	5330
台湾	8	5.48	0.05	393
华资总计	237	486.75	53.03	66366
上海英商	3	5.77	—	48
全国总计	240	492.52	53.03	66414

续表

地区＼项目	厂数(个)	纱锭(万枚)	线锭(万枚)	织机(台)
其中				
已开	—	442.25	35.11	53807
占百分比(%)	—	89.79	66.21	81.02
未开	—	50.27	17.92	12607
占百分比(%)	—	10.21	33.79	18.98
华资公司占百分比(%)	—	98.83	100	99.93
上海英商占百分比(%)	—	1.17	0	0.07

资料来源:《中国近代纺织史》编辑委员会:《中国近代纺织史》下卷,中国纺织出版社1997年版,第46页。

　　纺织工业健康发展需要机械工业配合,机械制造业长期属于中国近代工业短板,一度限制中国棉纺织业健康成长。抗日战争胜利后,日伪留下部分纺织机器制造厂为中国棉纺织业机器制造创造良好条件。为鼓励民族资本主义发展,国民党政府将部分日本企业廉价售予资本家。因大后方民营企业迁回上海,部分资本家被国民党政府委任为接收企业负责人。为推动企业发展,国民党政府同意资本家以分期付款的方式购买企业。如合作五金制造公司负责人胡叔常以3.9亿元价格收购大丰铁厂。惠工机器四厂负责人丁维中以9.5亿元购买精密仪器厂。日军掠夺企业或出售予日本企业价格低于当时市场价50%的工厂不作为敌伪财产,允许原主收回。国民党政府在上海以缴获日本远东钢丝布厂、日本机械制作所第五厂、丰田自动车厂等企业与民营工厂合并成立中国纺织建设公司。公司下设2家纺织机械厂:以华中丰田自动车厂为基础的第一制造厂和日本机械制作第五厂改编的第一制造分厂。

　　华北地区属于较早沦陷区,日本工业分布相对较多,改造基础比较成熟。中国纺织建设公司以日本丰田式铁工厂、曾我木工厂、华北木梭厂为基础组建青岛第一机械厂。全厂拥有机器400余台,可修理纺织机械零部件和制造纺织机和其他母机。1946年3月,投入生产,一年之中设计图示 2428 件,修理母机 405 套,制造零部件 20 余万件、铸成品 20 余万公斤。[①] 中国纺织建设公司将北京钟渊、昭和等厂迁往天津与富源、大宝等铁工厂合并成立天津第一机械厂。交通银行、经济部工矿调整处、财政部花纱管理局联合筹建经纬纺织机制造公司,以日本机器和价值 100 余万美元进口器械为主。申新九厂向西欧购买精密机床,将旧式机器全部改造。在官方和民间双方努力下,中国棉纺织机器制造业形成协调分工局面,部分产品国产化率达到 90%,甚至 100%,即使技术含量较高的细纱机等品种亦出现国货身影。

在全国棉纺织业相对景气的情况下,部分地区生产力甚至超过历史最高阶段的 1936 年,核心地区上海成为其中代表。然而,就全国而言棉纺织业生产力依然落后于 1936 年。上海等地区的快速发展建立于进口外国棉花和距离战场较远的基础上。因此在特殊历史时期,棉纺织业发展根基依然薄弱。

抗日战争胜利后,全国纱锭总数约为 442 万枚,相当于 1936 年的90%[②],客观要求棉花供应量维持稳定。然而,因战争冲击,棉花种植、原棉产量降至历史最低时期。1946 年,棉花勉强自给的局面再次被打破。全国产棉 740 万担,次年增至 1100 万担。若全国纺纱厂开工亟须原棉1100 万担,手工纺织等其他领域消耗棉花超过 500 万担,总计需原棉1600 万担以上,全国原棉缺口将近 1000 万担。

经国民党政府争取,联合国救济总署紧急向中国输送价值 6200 万美元原棉,暂时缓解棉花紧张局面。随后,根据中美协议,美国棉花逐步进入中国市场,有效缓解棉荒。在进口原棉支撑下,中国纺织建设公司和上海主要纱厂暂时度过停工待料危机。美国棉花虽然有利于缓解棉荒,却对中国棉纺织业原料供应产生冲击,棉花生产再次陷入困境。1946 年,进口美棉 700 万担,造成棉价低于成本。大部分省份棉田换种粮食作物,棉花产量锐减。1946 年,纺织业进口棉花使用率达到 50%,沿海省份为

① 《中国近代纺织史》编辑委员会:《中国近代纺织史》下卷,中国纺织出版社 1997 年版,第 193 页。

② 刘国良:《中国工业史·近代卷》,江苏科学技术出版社 1992 年版,第 834 页。

80%—90%。① 1949 年,单产量降至 22 斤/亩,仅高于 1945 年。1948 年 7 月 3 日,中美签署双边协定,美国承诺给予国民政府 2.75 亿美元援助,其中棉花款项 7000 万美元,可购买棉花 40 万包,约 2 亿磅。② 中美双方就美棉使用达成协议,要求纱厂将棉纱或棉布出售政府,换取政府配发的原料。中国所产棉纱 50%国内销售,其余部分出口换取外汇,所得外汇购买棉花进一步扩大国内棉纱生产。美棉大量进口客观减少国内棉花销售市场,在外棉冲击下"致使国棉价格已到成本以下,仍无人过问"③。国民党政府不当作为客观造成中华人民共和国成立后"原棉短缺的困难局面"④。

表 11-65 为上海进口美棉、印度棉情况。

表 11-65　上海进口美棉、印度棉情况(1945 年 11 月—1949 年年底)

(单位:万担)

时期　　　　　　　类别	美棉	印度棉
1945 年 11 月—1948 年 12 月	743.38	374.68
1949 年 1—12 月	33.57	19.78
总计	776.95	394.46

资料来源:《中国近代纺织史》编辑委员会:《中国近代纺织史》上卷,中国纺织出版社 1997 年版,第 191 页。

与此同时,因战争环境,国内棉花难以运往沿海工厂,原料来源日益困难。尽管美棉入华,但是受外汇管制影响,数量锐减。国民党政府被迫采取以物易物管理办法,规定中国纺织厂生产的 50%纺织品出口。尽管国民党政府采取补救措施,但受战争冲击和掠夺性棉纱政策,1947 年,全国可上市棉花总量约 651 万担,棉花需求量却为 1100 万担,缺口超过 500

---

① 《中国近代纺织史》编辑委员会:《中国近代纺织史》下卷,中国纺织出版社 1997 年版,第 62 页。

② 陈真编:《中国近代工业史资料》第 4 辑,生活·读书·新知三联书店 1961 年版,第 287 页。

③ 《中国近代纺织史》编辑委员会:《中国近代纺织史》上卷,中国纺织出版社 1997 年版,第 191 页。

④ 《中国近代纺织史》编辑委员会:《中国近代纺织史》下卷,中国纺织出版社 1997 年版,第 72 页。

万担、原料短缺造成"1948 年棉纺织厂开工率普遍下降"①。

就民营企业而言,战后厂数猛增,而纱锭数仅勉强恢复战前水平。民营纱厂运转率偏低,一般在 70% 上下,故纱产量仅及战前的 77%,1947 年更降至 66%。民营企业生产小型化和产值降低原因较复杂:首先,原棉不足。以全国 450 万纱线锭计,年需棉 1100 万担。1946 年国产棉仅 743 万担,进口 689 万担②,上海纱厂用料 90% 为洋棉。1947 年国产棉 1102 万担,而民间自用和手纺需 400 万—500 万担,进口降至 394 万担,原料缺口进一步扩大。其次,电力不足。抗日战争前夕,上海电厂容量 28 万千瓦,战后仅恢复到 20 万千瓦,而工厂增多,一月停电 10—20 次。纱厂系连续作业,受扰尤甚。最后,效率降低。战前华商厂每万锭约需工人 200 人,昼夜出 20 支纱 25 件左右,每件耗棉 3—3.5 担;战后约需 300 人,出纱 22 件,耗棉 4 担以上。1934—1935 年平均每一工人年产纱 11.1 件,1947 年仅为 10.48 件。③ 这一方面是战后设备旧损,另一方面是战后业者热衷于商业投机,生产管理日益窳败(见表 11-66、表 11-67、表 11-68)。

表 11-66 生产力对比(1936 年、1947 年)

项目 厂别　　　　年份	纱锭数(万枚)		织机数(台)	
	1936	1947	1936	1947
全部棉纺织厂(包括外资)	510.28	442.15	58439	53803
其中				
民族资本纺织厂	274.64	272.99	25503	21457
民族资本比(%)	53.82	61.74	43.64	39.88

资料来源:《中国近代纺织史》编辑委员会:《中国近代纺织史》下卷,中国纺织出版社 1997 年版,第 45 页。

---

① 《中国近代纺织史》编辑委员会:《中国近代纺织史》下卷,中国纺织出版社 1997 年版,第 47 页。

② 《中国近代纺织史》编辑委员会:《中国近代纺织史》下卷,中国纺织出版社 1997 年版,第 47 页。

③ 《中国近代纺织史》编辑委员会:《中国近代纺织史》下卷,中国纺织出版社 1997 年版,第 47 页。

表 11-67　上海民营纺织厂设备数(**1936 年、1947 年**)

年份＼项目	纱锭(万枚)	线锭(万枚)	织机(台)
1936	111. 44	12. 27	8754
1947	140. 82	13. 84	11296
1947 年比 1936 年增加(%)	26. 3	12. 8	29. 0

资料来源:《中国近代纺织史》编辑委员会:《中国近代纺织史》下卷,中国纺织出版社 1997 年版,第 45 页。

表 11-68　战后的棉纺业已开工的纱厂设备
对比(**1936 年、1947 年**)

厂别＼项目	厂数	纱机(锭)	线机(锭)	布机(台)
1936:全国(不包括东北、台湾)	141	5102796	532270	58439
内华厂	90	2746392	173316	25503
1947:全国华厂	259	4376287	351053	53779
内:国营纺建公司	37	1646393	231130	32322
非国营厂	222	2729894	119923	21457

资料来源:陈真编:《中国近代工业史资料》第 4 辑,生活·读书·新知三联书店 1961 年版,第 272 页。

与 1936 年相比,二战后棉纺织业虽然取得较大成就,但与历史高峰相比依然存在较大差距。除工厂数量超过 1936 年外,纱锭、线机、布机等重要数据皆落后于 1936 年。虽然两组数据统计口径存在差异。第一组取自不含东北与台湾的全国数据,包含外资企业。第二组则以民族资本为数据来源。然则,第二组数据包括东北与台湾。1947 年,民族资本占据棉纺织业优势,除少数英商设厂之外,日资等重要资本已撤出中国。所以,1947 年数据基本能够作为全国棉纺织业统计资料。通过两者对比,1947 年,棉纺织业生产力落后于 1936 年,短暂的繁荣并未成为中国棉纺织业的春天。

全面内战爆发后,国民党政府战局日趋恶化,经济形势由相对良好转为岌岌可危。棉纺织业作为重要经济部门亦受波及。国民党政府以行政权力限制美元汇率,引起投机盛行。1946 年年初,抗日战争时期积累的 600 万两黄金储备和 9 亿美元储备消耗殆尽。为应对危机,金融机构将汇率提高到 3350 元,却依然低于黑市。美元升值削弱棉纺织业原材料进口价格上涨,削弱棉纺织业发展潜力。

伴随战争失利和通货膨胀加剧,国民党政府强制各纱厂以限制价格销售棉纱。1946 年 8 月,国民党政府经济部纺织实业管理委员会下令各厂销售棉纱,平抑物价。3 个月中,各纱厂被迫低价出售棉纱近 4 万件。1947 年,因外汇匮竭,政府对进口棉花采取配额制,民营工厂进口外国棉花需"向输入管理委员会申请后经外审核配委员会审核发给许可证始能结汇进口"[①]。进口棉花或棉纺织品由政府收购 50%。在通货膨胀环境下,政府征购价逐渐落后于市场。以 20 支纱市价为例,实际成本 622 万元,市场售价 700 万元,征收价格却长期停滞于 370 万元。为控制经济形势,国民党政府决定改组花纱布管理委员会,以统购统销为指导方针,颁布花纱布管理办法,基本以战略物资管制为手段控制棉花。在政府不当作为下,上海棉纺织业走向衰落。

为应对国民党政府非法施政,各厂采用虚报成本、代纺抛空、贿赂官府等办法应付,产量虽低,利润不减,连同股票、外汇买卖,尽入暗账。中纺集团利用官方背景,以囤积棉花、控制收购为手段获得较丰富棉花储备。1947 年,中纺集团进口棉花 200 万担,"约占全国以贸易形式进口外棉的 90%"[②]。尽管作为国有企业中纺集团获得部分特权,但是在政府失政情况下,中国纺织建设公司经营亦受冲击。因军服产量过大,中央银行难以及时付款。在通货膨胀刺激下,定价与成本逐渐脱节,造成每年损失棉花 60 万担。

---

① 《中国近代纺织史》编辑委员会:《中国近代纺织史》下卷,中国纺织出版社 1997 年版,第 48 页。

② 《中国近代纺织史》编辑委员会:《中国近代纺织史》下卷,中国纺织出版社 1997 年版,第 47 页。

1948 年,中国人民解放军第一野战军解放延安,西北局势获得较大改观。中原地区解放军相继攻克济南等地,平汉线、陇海线相继受阻。内地棉花运输成本呈现较快增长走势,部分地区铁路运费与空运相近,郑州等地棉花甚至被迫空运。因原料减少,棉花价格增速超过棉纱,形成纱厂新的压力。1947 年,棉纱价格增速约为 12 — 15 倍,棉花价格却增加 20 倍。

在战争和经济双重压力下,国民党政府决定实行币制改革,尝试以新货币抑制通胀。1948 年 8 月,国民党政府发行金圆券,即所谓"八一九"改革,强制全面限价,并要求民族资本家将贵金属交出兑换金圆券。刘鸿生被迫上缴黄金 8000 两,美元 230 万元。申新集团除被绑架损失 60 余万美元外,连收藏字画亦被搜刮部分。限价期内,各纱厂出售棉纱 5 万件,棉布数十万匹,损失金额 25 万两黄金。① 国有企业为金圆券发行准备的组成部分。9 月,中国纺织建设公司改组为中国纺织建设股份有限公司,资产为 11.4 亿金圆券。公司资本为 8 亿元,分 800 万股,其中 52.5%为金圆券发行准备。② 上海工厂中除棉纺一、棉纺十二、棉纺十六、棉纺十七厂和毛纺、印染厂外,其余全部出售以换取外汇,生产受到较大程度冲击。实物控制之外,政府对各工厂外汇进行管制,要求每汇划万美元缴纳 200 美元税,对企业形成新的压力。在国民党政府以财政需要为前提条件的背景下,各个纱厂皆承担较大损失。据统计,金圆券政策实行后,仅上海一地纱厂就损失 5 亿元金圆券。③ 申新集团流失资产超过 2.5 亿元金圆券(见表 11-69)。④

---

① 《中国近代纺织史》编辑委员会:《中国近代纺织史》下卷,中国纺织出版社 1997 年版,第 50 页。

② 《中国近代纺织史》编辑委员会:《中国近代纺织史》下卷,中国纺织出版社 1997 年版,第 49 页。

③ 王菊:《近代上海棉纺业的最后辉煌(1945—1949)》,上海社会科学院出版社 2004 年版,第 212 页。

④ 王菊:《近代上海棉纺业的最后辉煌(1945—1949)》,上海社会科学院出版社 2004 年版,第 213 页。

表 11-69　申新上海各厂损失估计(1948 年 8 月 20 日—10 月底)

项目 厂名	售出棉纱(件)	售出棉布(匹)	损失(金圆券:千元)
一厂	6391	41496	5486.19
二、五厂	6930	—	5056.61
六厂	4165	76089	4547.92
七厂	3082	17120	2588.33
九厂	9401	68446	8216.91
总计	29969	203151	25895.96

资料来源:王菊:《近代上海棉纺业的最后辉煌(1945—1949)》,上海社会科学院出版社 2004 年版,第 213 页。

　　1949 年年初,上海主要纱厂虽然基本开工,但是内部经营已以物易物为主要手段。因通货膨胀率迅速提高,货币价值逐渐降低以至于丧失应有价值。各大纱厂被迫以棉纱取代货币,以棉纱为商品向棉花委员会换取棉花。棉纱则为日常开支货币进行周转。1949 年 5 月,主要纱厂已无资本额设置。尽管受到国民党政府政策破坏工业命令影响,然而在人民解放军快速推进下,上海棉纺织业受损相对较小,生产力得到基本保护。人民解放军在军事攻击国民党余部之时,统战工作同时展开,中纺集团作为重点企业成为统战重点。

　　中国共产党上海地下党通过中间人与中纺集团经理顾毓璂取得联系,以民族大义说服其与部分领导层保护机器,防止国民党军队破坏工厂。尽管厂方采取有效措施阻止军队控制工厂,却因流动资金为国家银行控制,造成资金大量转移,形成实物留沪,资金南移。解放军控制上海后中纺集团仅剩下厂房和机器。民营企业因对国民党政府丧失信心和中国共产党接触较少,将资金陆续外移。受资金外流冲击,民营纱厂经营逐渐困难,生产日益下滑。领军企业申新集团先后将数百万美元和其他外汇运往香港(见表 11-70)。

表 11-70　申新上海各厂逃资估计

项目\厂名	美元	港币	印度卢比	英镑	瑞士法郎
一厂	700134	75021	93357	132001	50000
二厂	310562	808440	40750	10750	——
五厂	229979	799348	40750	7043	——
六厂	108063	133400	——	110000	——
七厂	23689	21000		55000	——
九厂	755488	3310920	——	1740	——
总计	2127915	5148129	174857	316534	50000

资料来源:王菊:《近代上海棉纺业的最后辉煌(1945—1949)》,上海社会科学院出版社 2004 年版,第 228 页。

资金外逃造成流动资金迅速减少,引发 1949 年民营纱厂经营危机,棉纺织业生产能力出现下降。与 1948 年相比,"纱锭月平均运转量减少3.8%,单位产量下降 6.4%"[1]。1949 年年底,全国棉纺织业工人数量 70余万人,企业数为 1936 年 4 倍,达到 5000 余家,产量却低于 1936 年,客观说明集约化与规模经济效应减弱,棉纺织业生产力出现倒退。"总之,在破坏与恢复阶段,纺织企业发生了大破坏、大迁移、大改组"[2]。

二、面 粉 工 业

抗日战争以前,机器面粉工业主要集中于上海、天津、武汉等几个大城市。抗日战争中,只有极少数工厂内迁,后方各省也投资兴建了一些新厂,以满足后方骤然增加的军民人口消费需要。不过这些工厂的规模都比较小,抗战胜利后,随着人口回流,迅速衰落。抗战胜利后,国民党政府接收了一些日资工厂,民营资本厂大部分发还了。但是由于抗战胜利的

① 王菊:《近代上海棉纺业的最后辉煌(1945—1949)》,上海社会科学院出版社 2004 年版,第 242 页。

② 《中国近代纺织史》编辑委员会:《中国近代纺织史》下卷,中国纺织出版社 1997 年版,第 202 页。

经济混乱,面粉工业苦于原料不足、资金周转困难,只能勉强维持生产。

(一) 抗日后方的机器面粉工业

抗战大后方的面粉工业素不发达,据日本人估计,以 1938 年时中国面粉工业的生产能力为 100 的话,沦陷与后方为 94∶6 之比。[①] 原料供给的条件也很勉强,四川和陕甘虽都有小麦生产,但产量与河南、山东、江苏等小麦主产区相比,不足 1/3[②],发展面粉工业,实为战争时期迫不得已的应变。

即使条件不足,为应对军政机关、团体、企业内迁,人口猛增,消费量增长,大后方还是兴建了许多面粉工厂,如表 11-71 所示。

表 11-71　抗战时期大后方新建工厂一览表

厂名＼项目	地点	年份	日产量（袋）
复兴第二厂	重庆	1938	900
福五重庆厂	重庆	1938	500
福民面粉公司	重庆	1940	1000
天厨味精四川厂	重庆	1940	800
天成面粉公司重庆厂	重庆	1942	500
恒信机制面粉厂	重庆	1944	360
海丰面粉厂	重庆	1944	180
新源面粉厂	重庆	1945	300
建成面粉公司	成都	1941	400
大星实业公司	成都	1945	570
允利面粉公司万县厂	万县	1941	300
复兴面粉制造公司第二厂	南充	1941	—
裕民面粉公司	长寿	1942	200

---

① ［日］浅田乔二等:《1937—1945 日本在中国沦陷区的经济掠夺》,袁愈佺译,复旦大学出版社 1997 年版,第 2 页。

② 资本主义经济改造研究室编:《旧中国机制面粉工业统计资料》,中华书局 1966 年版,第 15 页表 65 的数字。

续表

项目 厂名	地点	年份	日产量 (袋)
惠民面粉厂	泸县	1943	—
东成机制面粉厂	乐山	1944	360
福五宝鸡厂	宝鸡	1939	1600
渭南众峰面粉公司	渭南	1940	300
三泰面粉公怀	襄城	1940	300
泰记和合面粉公司	西安	1941	250
晋丰面粉厂	西安	1942	200
福豫面粉公司	西安	1943	2000
民丰面粉厂	西安	1943	100
永丰面粉公司	西安	1943	600
复兴面粉厂	西安	1943	—
福中面粉厂	西安	1944	—
宝成面粉厂	西安	1944	280
福利面粉厂	西安	1944	370
明德面粉厂	西安	1944	—
建中面粉厂	西安	1945	600
西北面粉厂	兰州	1940	200
福五公司天水分厂	天水	1942	720
伊犁面粉厂	伊犁	1943	—
健华面粉厂	昆明	1939	—
嘉农面粉厂	昆明	1940	720
滇新面粉厂	昆明	1944	240
厚记面粉厂	梧州	1941	—

资料来源:资本主义经济改造研究室编:《旧中国机制面粉工业统计资料》,中华书局1966年版,第238—248页,附录一:民族资本机制面粉工厂一览表。删去100袋以下小厂和未开工工厂。

新设厂多为日产数百袋的小型工厂,超过1000袋的工厂只有重庆的福民面粉公司和西安的福豫面粉公司,再有就是荣氏企业武汉福新第五工厂内迁的宝鸡工厂。

福新五厂为机器面粉企业内迁工厂中唯一的大厂,原在武汉,1938年五六月间战事危急,国民党政府下令各工厂一律内迁,否则炸毁。荣德生不主张内迁,而福新五厂负责人力主内迁。最后于 1938 年 8 月全面内迁。福新五厂迁往重庆的是一套日产 500 袋的设备,迁往宝鸡的是一套日产 3000 袋面粉的设备及 3000 千瓦发电机组。该厂原有 38 部钢磨,日产能力 12000 包,由于拆迁迟缓,找不到船,只运出全部机器的 1/4。其余分别藏于怡和、沙逊洋行的栈房内。迁往重庆的,1938 年 11 月到达,修理改装后于 1939 年 5 月开工,仅有工人 35 人,日产 500 包。迁往陕西的,1941 年 10 月才开工,日产 2000 包。①

　　重庆和陕西为抗战后方两大面粉工业中心。抗战前重庆有复兴、岁丰 2 厂,复兴日产能力 1000 包,岁丰 250 包。1938 年复兴买入停业的先民面粉厂,改为复兴二厂,添购机器以后日产能力也达到 1000 包。1939 年,福新五厂从汉口拆来部分机器,日产能力 400 包。1939 年,这 4 个厂总日产能力 2700 包。1940 年,湖北沙市正明厂拆建至渝改名福民厂,日产能力 1000 包。1942 年,金城银行投资创办天成面粉厂,日产能力 500 包。再加上天厨味精面粉厂,共 7 厂总日产能力 5000 包。② 陕西交通不便,直到 20 世纪 30 年代陇海路西段通车后,西安、宝鸡、渭南才先后创办 4 家机器面粉厂。以西安成丰、华峰规模较大。成丰是济南成丰创办,投资 60 万元,日产能力 3600 包。华峰由河南信昌银号资本投资 30 万元,日产能力 3600 包。此外,宝鸡大新 1934 年创办,日产能力 1200 包,渭南西北聚记 1933 年开工,日产能力 290 包。1936 年,这 4 厂的日产能力合计达到了 8690 包。成丰、华峰自开业后生产正常,利润优厚,但均未开足,产量约占生产能力的 60%。

　　抗战时期,后方面粉工业有利可图,吸引官僚资本投入。1939—1944 年,国民党机关、部队、企事业单位,或独资,或与商股合办,先后建厂 17 家,日产能力 7860 包。新厂规模大小不一,但日产能力在 1000 包以上的只有 1940 年创建的西北纺建公司第一面粉厂和广西面粉厂,以及 1943

---

　　① 孙果达:《民族工业大迁徙——抗日战争时期民营工厂的内迁》,中国文史出版社 1991 年版,第 124、125 页。

　　② 上海市粮食局、上海市工商行政管理局、上海社会科学院经济研究所经济史研究室编:《中国近代面粉工业史》,中华书局 1987 年版,第 299—303 页。

年创建的中粮公司合川厂,700 包的 2 家,其余都是 500 包以下的小厂。大兴面粉厂为贵州企业公司与上海国货联营公司合股,1939 年于遵义兴建。有 36 寸钢磨 2 台,资本额 20 万元,1942 年增资为 100 万元,日产能力 400 包,产品销往贵阳、重庆。因遵义本身不产麦,远地采购价格高,一直开工不足,年产量约 30000 包。广西面粉厂也是官商合办,初创时资本 30 万元,后增资至 450 万元,钢磨 6 部,日产能力 1200 包。原料采购自广西全州、黄沙河地区,产品销往本省各地,远至湖南衡阳、广东曲江一带。1942 年扩建附属面食加工厂一座,生产面包、面条等。雍兴实业股份有限公司为中国银行出资 4000 万元,于 1940 年创办,为西北实业公司之冠。1940 年,该公司分别于陕西甘肃投资兴建岐山面粉厂和兰州面粉厂,但规模不大,兰州面粉厂日产能力 600 包。产品就地销售。昆明嘉农面粉厂为官商合办,日产能力 720 包。广东省建设厅 1943 年于乐昌创建面粉厂 1 家,日产能力 260 包,沦陷时毁于敌手。①

（二）抗战胜利后国民党统治区的机器面粉工业

1. 接收和复工

抗战胜利后,沦陷区面粉工业先由国民党政府接收,然后按性质分别处理。被日本军人掠夺民族资本厂一般发还原主,与日本人合资或有日本人增加投资的标卖。

一些优质的日资厂被官僚资本收入囊中。较突出的是齐鲁公司利用国家贷款买下天津东亚面粉厂,后划入恒大公司,也是官僚资本性质的公司,日产 7000 包。齐鲁公司设立的青岛一厂、二厂,日产能力 8800 包。②中国粮食公司除重庆、合川工厂外,在沦陷区又接收了镇江、苏州、南京有恒、汉口五丰厂,日产能力 22973 包。而东北地区占据优势的日资工厂则没有能够接收。山西的面粉厂在 1945 年日军投降后,全部面粉厂划归西

① 上海市粮食局、上海市工商行政管理局、上海社会科学院经济研究所经济史研究室编:《中国近代面粉工业史》,中华书局 1987 年版,第 310—312 页。
② 许涤新、吴承明主编:《中国资本主义发展史》第 3 卷,人民出版社 2003 年版,第632 页。

北实业建设公司。其中,大同面粉厂的厂房 1946 年改为阎锡山兵营,所有设备被拆卖。晋丰改名为太原面粉厂,自购自产自销,日产能力 1000 包,产品大部分供给阎锡山军队,后因缺少原料,不时停产或生产次粉。太原电灯公司面粉厂改为太原面粉厂分厂,日生产能力 1200 包。魏榆厂因原料不足,货币贬值,改为以麦易面。晋益厂生产普通粉,日产能力 750 包。1947 年,阎锡山实行"平民经济政策",粮食由专管部门控制,不得自行购麦售粉,只能代磨,面粉厂时开时停。

上海在战前有 13 个大厂,阜丰、华丰、福新二七八厂等 5 家厂于 1945 年 11 月恢复生产。日商经营的 8 家即三兴一厂至五厂、大中华、东福、华友强身,被国民党政府接收后,原属福新的一二四厂和原裕通厂(三厂)和东福发还原主,三兴五厂(原祥新)是被日商强行收购的,接收时按敌产处理,标卖后改为建成面粉厂,有钢磨 19 部,是日商经营时新置,日产能力 5000 包。大中华原为立大面粉厂,被日商强购后未开工,接收后也作为敌产,先交粮食部管理,标卖后改组为鸿丰面粉厂,有钢磨 16 部,日产能力 4900 包。华友强身三原为日商华友面粉公司租用英商工厂,1941 年被日商林大洋行买进,仍由华友租赁经营,抗战胜利后下落不明。1948 年成立的协丰面粉厂,是租用 1943 年停业的信大面粉厂,有钢磨 17 部,日产能力 6000 包。简易小型厂(包括机磨)有 27 家,敌伪时已经停业,胜利后重新开张。这一时期面粉厂填报的产粉能力多数偏高,目的是尽量多争取代磨美援小麦。①

1946 年上半年,武汉原有 4 家面粉厂恢复生产。福新五厂是由李国伟回汉,收回被侵占的机器和厂房,1946 年 5 月开工,日产能力 700 包,年底增加到 2000 包,1948 年 9 月增加到 7500 包。胜新厂 1946 年 10 月复工,日产能力 4500 包。被日东"租用"的金龙厂作为敌产,由粮食部接收。业主四处请托,1946 年三四月间发还,复工后日产能力 1800 包。

无锡光复后,与日商合作的成丰、宝丰、丰年、成记四厂作为敌产被田

---

① 上海市粮食局、上海市工商行政管理局、上海社会科学院经济研究所经济史研究室编:《中国近代面粉工业史》,中华书局 1987 年版,第 168—169 页。

粮处接收,加工军用面粉,接收人员舞弊十分猖獗。一年后工厂发还,厂里资产所剩无几。至于不在接收之内的华庆、惠丰、茂新等厂,因物价飞涨、货币贬值,无法维持正常生产,账面虚盈实亏,物资越来越少。各厂抽逃资金,从事投机。还经常受到国民党军政人员的敲诈勒索。通丰厂在抗战期间被日军强占,归于日东面粉公司,生产军粉。日本投降后被接收,由国民党军政部开封区特派员办公处领导,1948 年改为联勤总部第七粮秣厂第一分厂。

东北的面粉厂,抗战胜利后,民资厂经营仍然困难,流动资金不足,原料供应不足,开工率很低。如天兴福二厂有钢磨 14 部,只开 7 部,每日出粉 800 包,不到日产能力的 1/5。一个月只开工 15 天。如双合盛,甚至拒绝开工。到 1946 年 4 月在人民政府的要求下才部分开工。裕昌源资本家王荆山是汉奸,哈尔滨、长春解放后,此厂被人民政府没收。

2. 生产萎缩

虽然发还了工厂,恢复了生产,但总的来说,在战后的几年,机器面粉工业一直萎靡不振,虽然看来工厂数量不少,昔日大厂都如故,且有新工厂设立,但产量一直低迷,只有战前的 70%,如表 11-72 所示。

表 11-72 战后机器面粉产量(1936 年、1945—1948 年)

年份 \ 项目	统计类别	厂数(家)	日产(包)	年产量(万包)
1936	实存(华商)	152	432268	10916
1945	实存(华商)	147	441200	——
1946	新设	2	1130	——
	年底实存	148	429775	——
1947	新设	21	30380	
	年底实存	168	479125	7719
1948	新设	8	11450	
	年底实存	173	481975	3600

资料来源:许涤新、吴承明主编:《中国资本主义发展史》第 3 卷,人民出版社 2003 年版,第 670 页表 5-13。

产量低,是因为开工不足。上海的阜丰、福新等11家大厂,全部开工不足,仅有生产能力的30%—50%。开工不足的主要原因是原料不足。这11家大厂加上小型厂,按生产能力每年需磨小麦2200万担,但战前每年进口洋麦1000万担,其余来自苏、皖、汉口等省市。而战后进口洋麦也大为减少,1946—1948年三年还不到10万担。同时,国内小麦受时局影响购运困难。1947年至小麦落市时只收到960万担,为需要量的1/3。天津面粉厂的原料小麦多取给于河南新乡、道口,安徽芜湖、蚌埠,江苏徐州、南京,山东济南、临清,以及正太路、津浦路或平汉沿线等地出产,而国民党在河北统制的地区除京津外还有十几个县,其余都是解放区,铁路公路不通,原料来源困难,寿丰、福星厂先后停产。①

反之,洋粉的进口很多,1946年、1947年两年平均每年600万包,主要是联合国善后救济总署的救济粉,相当于上海全市销量的85%左右。1947年1—11月输入武汉的救济粉382.71万包,超过当年武汉各厂全年的产量。面粉厂一再呼吁停止进口洋粉,被粮食部拒绝。1948年以后洋粉进口才减少。②

这一时期面粉厂能得到的原料唯有联合国善后救济总署援华小麦,从1945年12月到1947年上半年输入80720000担。美援小麦在上海、南京、广州、北平、天津五大城市设立民食调配处,由联总委托当地面粉厂加工,政府实行面粉配售。联总在上海委托阜丰、福新、华丰、裕通等几大厂加工,出粉率定得低(每百斤交二三四号粉若干麸皮),工缴定得高,利润很好。美援小麦到天津后,由面粉同业公会按各厂生产能力分配加工数量,按78%交粉,多余面粉和麦麸等副产品归工厂,比沦陷时期代敌伪华北麦粉制造协会加工面粉还有利可图。再加上磅差、掺水等手段,利润更高。③

---

①　上海市粮食局、上海市工商行政管理局、上海社会科学院经济研究所经济史研究室编:《中国近代面粉工业史》,中华书局1987年版,第268—272页。

②　上海市粮食局、上海市工商行政管理局、上海社会科学院经济研究所经济史研究室编:《中国近代面粉工业史》,中华书局1987年版,第173—179页。

③　上海市粮食局、上海市工商行政管理局、上海社会科学院经济研究所经济史研究室编:《中国近代面粉工业史》,中华书局1987年版,第180—182页。

1947 年下半年,代磨美麦即将结束,粮食部为执行储粮计划,委托面粉厂代购小麦,在上海设立"五厂公记",相当于联合营业所,由经办平价售粉的阜丰(附申大)、福新(附鸿丰)、华丰(附扬州面粉厂)、裕通和无锡茂新 5 家组成。"五厂公记"负责替粮食部代购小麦,代磨面粉,在收购的小麦中提三成自营,并在面粉转口限额方面得到优待。代购小麦资金由中国农民银行支付。中国农民银行与五厂分别签订代购合同。从 1947 年 7 月开始,至 1948 年 8 月结束,共代购小麦 3192723 担,代加工小麦 2048835 担。

1946—1949 年间,国民党政府进行过两次价格管控,第一次叫平价,第二次叫限价,都给面粉厂造成损失,尤其是"八一九"限价。平价售粉由阜丰、福新、华丰、裕通、无锡茂新 5 厂承办,从 1946 年 8 月开始,共抛售面粉 200 多万包。五厂在平价配售中损失颇大。1948 年"八一九"限价,先由上海区经济管制督导员办公处查清各厂存货,下令限价出售。但小麦并不限价,厂商只出不进,元气大伤。即使如此,面粉厂 1947 年仍然可以盈利,1948 年上半年也还可以维持。①

原后方面粉厂则面临完全不同的问题。重庆在抗战胜利后,管制取消,复兴等厂解除委托加工合同,恢复自产自销,国民党政府机关、部队、学校、工商企业纷纷复员,重庆地区人口骤减,需求下降,大小面粉厂都受到影响。天成停业,复兴减产 60%,福新、福民、岁丰减产 50%,小厂纷纷停业。当时各厂都苦于产品积压,成本高价格低利润低,资金周转不灵,设备陈旧电力不足,一部分厂减产,一部分厂停工,少数厂尚好,1948 年年底尚存 26 家。而西安则由于国民党发动内战,陈兵数十万,军粉供应大增,西安面粉工业畸形繁荣。政府要求大厂"先军后民",大厂代磨军粉不暇,供应民粉的小厂应运而生,1947—1948 年新开业的小型厂有中原、大华等 13 家,共有钢磨 34 部,动力马达 15 部。1948 年,西安全市大

① 上海市粮食局、上海市工商行政管理局、上海社会科学院经济研究所经济史研究室编:《中国近代面粉工业史》,中华书局 1987 年版,第 185—187 页。

小工厂的总日产能力达到了 17125 包。[1]

总体来说,这一时期面粉厂布局与战前略同,仍集中于上海、无锡、天津、济南、汉口等几个大城市,其中上海、无锡生产能力合计约 15 万包以上,占全国产能的 1/3,山东、山西、河南、河北除天津、济南外,有面粉厂 39 家,生产能力 5.23 万包,平均每家 1340 包,仅占全国产能 1/10 强。1949 年上半年,民族资本机器面粉厂共 169 家,日生产能力 475320 包;官僚资本 31 家,日生产能力 56393 包,合计 200 家,日生产能力 531713 包,与 1936 年持平,但实际开工天数则严重不足。1936 年产量 1000 多万包,1946 年仅国民党统治区机器面粉为 7719 万包,1948 年全国省市加起来却只有 3600 万包,是 1936 年产量的 1/3。

三、火 柴 工 业

中国西南地区和西北地区原本也有一些火柴厂,不过规模较小、生产水平落后。抗战时期人口内迁,需求增加,火柴厂投资少见效快,后方各省都增加一些新厂。生产水平也有提升,如大中华迁川后,只能生产红磷火柴的四川地区可以生产安全火柴了,并且组建了化学原料工厂。抗战胜利后,国民党政府接收了沦陷区的火柴厂,日资厂一般改为公营,民营资本和外商资本则发回原主,火柴工业迅速恢复甚至发生畸形的繁荣。但受通货膨胀、外汇管制、价格管制的打击,又陷入严重的不景气中。

(一) 抗日后方的火柴工业

抗战时期,由于日本帝国主义对物资的统制,沿海各省火柴在内地逐渐绝迹,再加上大批机关、企业内迁,人口增加,火柴需要量也大增,刺激了内地火柴业的发展。1944 年年底,内地火柴厂增加到 110 家(见表 11-73)。

---

[1]　上海市粮食局、上海市工商行政管理局、上海社会科学院经济研究所经济史研究室编:《中国近代面粉工业史》,中华书局 1987 年版,第 304、305、309 页。

表 11-73　内地各省火柴厂数及 1938 年后新开厂数

省份＼项目	厂数	其中 1938 年以后新开
四川	44	22
云南	5	5
贵州	14	8
西康	1	1
甘肃	6	1
陕西	5	——
江西	3	2
湖南	2	1
浙江	5	1
福建	3	2
广东	19	8
广西	3	1
总计	110	52

资料来源:刘阶平:《战时火柴工业与火柴专卖》,《经济建设季刊》1943 年第 1 卷第 3 期。

　　沦陷区火柴厂只有大中华公司九江裕生厂和杭州光华厂内迁了。刘鸿生出走香港后,决心在后方办厂,亲自到重庆考察。他认为广西和云南火柴工业由政府统制,贵州工业基础过于薄弱,相比之下四川条件最宜。正好重庆老牌火柴厂华业有设备无资金无技术,有合作的愿望。正在此时,裕生厂迫于日军攻势,将 80 余吨易为日军掠取的氯酸钾、赤磷、牛胶等贵重原料运往湘西,刘乃决定以裕生厂原料与华业合作。这些原料又历经艰险,从常德运往重庆,抵作股款,与华业火柴厂合组公司。[①]

　　新公司名为"华业合记火柴股份有限公司",资本总额 25 万元,分为 250 股,大中华 150 股,华业 100 股。第一任董事大中华 3 人,华业 2 人,刘鸿生为董事长,公司全权委托大中华经营(翁文灏代理总经理),大中华的品牌除飞轮、小江西外,全部无条件交华业合记使用,华业之狮球、电

---

　　①　孙果达:《民族工业大迁徙——抗日战争时期民营工厂的办迁》,中国文史出版社 1991年版,第 68—69 页。

棒两牌也无条件交华业合记使用。

四川很少有安全火柴,华业合记以其四种商标全部生产安全火柴,大中华又将在上海印好的名烟牌商标交华业合记代制,所以火柴大卖。1940年获纯利 90 多万元,大中华分得股息 14000 元、红利 231000 元。华业又投入 25 万元扩大资本,使华业合记成为内地规模较大、技术较好的公司。

华业合记也成为大中华在内地发展的基地,它在重庆设立驻渝办事处,负责对内地企业的投资和沪渝地区之间的联系。接着,华业合记从重庆的丰裕公司和宜宾的洪泰火柴厂购买了一半股权。这时,云南、江西的火柴厂都已"官商合办",贵州、广西则由"公营"火柴厂垄断。1940 年,华业合记与贵州企业公司合作,将贵州火柴厂改造为贵州火柴公司,1943年与广西企业公司合组广西火柴公司。①

因政府明令改制安全火柴,但重要原料赤磷(含硫化磷)、上等牛皮胶、氯酸钾、锑粉等往昔仰赖进口者因外汇及运输关系,入口不易,刘鸿生乃发起组织火柴原料厂,1940 年 5 月正式成立,名为"中国火柴原料厂股份有限公司",由川黔火柴工商业联合会、大中华火柴股份有限公司合组,厂址设在重庆郊区长寿县,总资本 100 万元,大中华占 26 万元。后来共参加 11 厂,一切按股份公司办理。股本除各会员厂自由购股外,同业工厂每箱出品代征股款 10 元,呈财政部与统税同征。此款交经济部工矿调整处,以归还认股未足时调整处协助借贷集股之款。

原料厂主要产品是氯酸钾、赤磷、硫化磷、牛皮胶等。当时火柴原料紧缺,产品一经问世,行销川黔桂粤湘赣陕甘宁各省,引起官僚资本的注意。1941 年由财政部加入 100 万元,官商合办。改组后,宋子良为董事长,刘鸿生为常务董事,林天骥为总经理。1942 年设贵阳分厂,1943 年与昆明企业公司合作设昆明分厂。另外,大中华于 1944 年与广西企业公司合作,也开办了一家火柴原料厂,名为"广西化学工业股份有限公司",但不久因战事停办。

---

① 青岛市工商行政管理局史料组编:《中国民族火柴工业》,中华书局 1963 年版,第138—139 页。

值得一提的是,除生产上述原料,原料厂还附设杂药配合厂。本来火柴行业所用的杂药,非资本雄厚、请有专业人员才能自办,现在由配合厂配好,除赤磷、牛皮胶、氯酸钾等不能预先加入的之外,会员厂可以向配合厂取用。①

1942 年为了解决财政困难,并便于官僚资本控制民族工商业,以政权垄断经济,国民党政府先后对烟、糖、盐、火柴实行专卖。1942 年 5 月 1 日,火柴专卖先在川康两省实行,以后逐步推行到云南、贵州、陕西、甘肃、宁夏、青海、湖北、湖南、江西、福建、浙江、广东、广西各省。办理专卖的机构为火柴专卖公司,总经理刘鸿生,公司设于重庆,在各省设有分公司 13处、办事处 40 多处。专卖的方法是"官商并制、官收、商运、商销"。办法主要有:

第一,限制产销。所有的火柴工厂都与专卖公司签订合同,产量由专卖公司按上一年度产量和市场需求按比例增减,专卖公司对火柴厂派出查核员,对制造、出厂和原料使用进行监督。出品由专卖公司收购,各地承销商先向专卖公司缴纳保证金,并与专卖公司签订承销合同,按规定区域和数量销售。

第二,控制原料。所有氯酸钾、赤磷、硫化磷、牛皮胶、白蜡等非得专卖公司许可不得制造、输入,凡制造厂以外商、民间有这些原料,也都由专卖公司登记、收购。

第三,限价。专卖公司在各地指定标准厂,计算标准成本,然后按标准成本评定火柴的等级,外加 22% 利润作为收购价。发售价格则由专卖公司制定,由财政部公布执行。同一销区的同一等级火柴,价格划一。②

火柴专卖的结果首先是财政收入增加。1942 年 5 月至年底,火柴专卖收入 12272234 元,平均每月 1534029 元;1943 年全年 47730000 元,月平均 3977500 元。但火柴厂却因工价原料高涨,成本增加,受限价影响,

---

① 上海社会科学院经济研究所编:《刘鸿生企业史料》下册,上海人民出版社 1981 年版,第 163—182 页。

② 刘阶平:《战时火柴工业与火柴专卖》,《经济建设季刊》1943 年第 1 卷第 3 期,第 226—228 页。

亏损严重。

但专卖对于大中华是有利的。首先是大中华生产安全火柴,原料得到专卖公司和中国火柴原料厂充分的供应。其次是大中华标准厂,得到的生产份额多,收购价格也对他们有利。华业合计 1939 年至 1945 年中分得股息红利 31097888 元,资本从 25 万元增加至 4000 万元,即使考虑货币贬值因素,利润也是不少。

1944 年 8 月,火柴专卖公司和烟类专卖局合并为"专卖事业管理局",但为时不久,英美烟公司反对专卖,宋子文为了讨好美国,于 1944 年年底下令取消专卖。但此时已经到了抗战末期,通货恶性膨胀,物价飞涨,物资紧缺,工厂大多关停。①

云南省抗战前有 13 家火柴厂,其中 7 家在昆明。抗战后昆明人口大增,1938 年 7 月云南省财政厅设立"火柴专卖处",出资 50 万元,把各家火柴厂全部改为官商合办。在专卖处成立后,将昆明的大有庆、东兴、瑞和、锡庆 4 家合并为云南火柴专卖处第一制造厂,大云南、利华、民声 3 厂合并为第二制造厂,腾冲火柴厂、下关火柴厂迁至大理,与利华三厂合并为第三制造厂,曲靖火柴厂迁会泽与德昌合并为第四制造厂,昭通火柴厂改为第五制造厂。专卖处统一管理各厂产销,外省火柴入境由专卖处收买,火柴价格由专卖处决定,氯酸钾、赤磷等原料由专卖处委托法商统一进口。从 1938 年实行专卖后,火柴由每小箱 20 元提到 100 元。原厂出资人的股息定为年息三分,大量利润落入地方官僚资本手中。

江西省"火柴公卖"与云南省略同。抗战前,江西火柴除大中华九江裕生厂供应一部分外,多数由浙闽粤各省输入。省建设厅工商管理处先后与福建建华火柴厂和本地余安记商号开设了民生火柴一厂、民生火柴二厂,1940 年建华又独资开办了第三厂。同年,省建设厅、财政厅联合设立"战时特种物品公卖处",三厂火柴全部由公卖处收买,粘贴公卖凭证,再由批发商承销。

---

① 青岛市工商行政管理局史料组编:《中国民族火柴工业》,中华书局 1963 年版,第 142—146 页。

浙江省在 1939 年 1 月实行火柴专卖,无论本省外省火柴,都由专卖机关专卖,批发价格和零售价格均由专卖机关规定,具体做法是由贩卖商向专卖机关提交申请书,专卖机关核准后发给货款缴纳通知书,批发商据此向指定银行交款,再持收据向专卖机关换取提单,凭提单向指定厂、库提货,各厂再凭提单向专卖机关兑取成本及收益。实际上,浙江省的专卖机关是一个官字号的经纪人。[①]

在官商合办的火柴厂中,实权操于官僚资本之手,大中华与贵州、广西企业公司合办的火柴公司,大中华或刘鸿生本人的投资占 1/6 或 1/4,但只得到监、董之类的职位,公司从经理到办事人员都由企业公司指派。中国火柴原料公司,由大中华的人任总、协理职务,但加入官股后,财政部指派了监督人员,财政大权被控制。

(二) 抗战结束后国民党统治区的火柴工业

1945 年抗战胜利后,国民党政府对沦陷区火柴厂进行了全面的接收,包括日本帝国主义经营的青岛、山东、东华、中华、三友、三井、太原等火柴厂,中日合办的华北、信昌、华中火柴公司,广州的大明、大生、电化三厂。中华火柴联营社为沦陷区火柴统制的总机关,也成为接收对象。只有美光火柴公司,虽然在抗战中被日军接管,但战后立即发还,重新挂上美商招牌。

被接收的工厂,天津的中华、三友,汉口的三井,山西的太原,都是被地方政府接收的,直接改为公营。其余都标售给私人接办。中日合办的工厂都发还给原业主,但是其中的日本股份却需要由原业主备价赎买。

联营社本身在北京、天津、青岛都存有大量的原料和火柴。1946 年联营社向经济部申请续办,全部财产也照中日合办工厂处理,属于中国厂方的部分直接发还,属于日本厂方的由联营社"优先承购"。但是联营社的财产大部分已被接收当局处理了,如天津保存的 4605 箱火柴被拍卖了

---

① 青岛市工商行政管理局史料组编:《中国民族火柴工业》,中华书局 1963 年版,第 140—142 页。

3435 箱;40 多种火柴原料,贵重的有氯酸钾 4 万多公斤,胶 2 万多公斤,蜡 5 万多公斤,大部分被盗卖或使用了。联营社一再交涉,才把出售这些物资所得,算到承购联营社日厂部分的价款中。可是在交涉的过程中,从1946 年到 1947 年间,物价已经上涨了十几倍,当时出售物资所得已经大为贬值。这样相当于联营社的资产大部分都被接收机关侵吞了。[①]

在战后接收发还的乱局中,刘鸿生凭借特殊地位和人脉,使大中华在沦陷区的各工厂都比较顺利地发还了。包括上海、镇江的荥昌厂,九江裕生厂,汉口的炎昌厂,杭州光华厂,都是被不同地方不同机关分别接收的。当刘鸿生受命担任行政院善后救济总署上海分署长从重庆回到上海,通过他的疏通,被日军强占的九江裕生、汉口炎昌,独立经营的杭州光华,都无偿发还了。上海、镇江两个荥昌厂虽然属于中日合办工厂(华中火柴公司),但经刘鸿生向接收机关说明合办的强迫性质,也发还了机器厂房,并准许大中华赎买了日本人的股份和厂里收存的原料、成品。

各厂陆续发还之后,大中华积极筹备复工。1946 年下半年,上海荥昌、镇江荥昌、周浦中华、苏州鸿生、杭州光华、东沟梗片厂先后复工。裁撤抗战期间开办的龙游火柴公司,将机器物料搬迁到杭州,扩大杭州光华厂的规模。香港的大中华火柴公司也于 1946 年增资复业。各厂复业同时,总公司调整了资本并向上海证券所申请上市。

除了恢复旧业之外,大中华公司还乘机向以往未曾插足的地区发展。1946 年 10 月在青岛标买了青岛区敌伪产业处理局标卖的青岛磷寸株式会社,改组为"青岛火柴股份有限公司",使大中华终于在华北地区拥有了一个发展的基础。大中华还企图承办台湾的火柴业,只因台湾地区行政长官公署已成立了专卖局,不容大中华插足,才没有成功。[②]

战后初期,国民党政府采取自由贸易和外汇政策,导致美国火柴原料大量倾销。1946 年以后,物价飞涨,火柴成为囤积对象。于是刺激火柴

---

①　青岛市工商行政管理局史料组编:《中国民族火柴工业》,中华书局 1963 年版,第146—147 页。

②　上海社会科学院经济研究所编:《刘鸿生企业史料》下册,上海人民出版社 1981 年版,第 279—290 页。

业异常增长。1946 年和 1947 年,上海的火柴厂达到了 25 家,是战前的四五倍,1947 年火柴产量为 145010 箱,是战前上海联营社许可生产的 2 倍。新开设的小厂都是投机性的,用少量资本租几间房屋几台手摇排梗机就可开工,甚至连最基本的资金都没有,靠借贷开工,靠乱出栈单来周转。这也不是上海独有的现象。广州的火柴厂数也较战前增加 13 家,青岛增加 16 家,昆明增加 10 家,陕西增加 14 家。

这种盲目发展的局面没能持续多久。1947 年,国民党政府成立输出入口管理委员会,对民营企业实行外汇配额,火柴原料顿时紧张。广州市火柴业 1947 年第三季度所分得的外汇配额 2800 多美元,只能解决各厂原料的 30%。连大中华都感到原料紧张,不得不恢复抗战期间停产的广西化学工业公司来生产氯酸钾;又联合中国火柴原料公司在台湾高雄筹建中联化工厂生产氯酸钾。其他小厂只能通过黑市获得原料。但与战前正常生产相比,数量大为减少见表 11-74。

表 11-74　大中华公司进口氯酸钾、赤磷数量比较(1935—1937 年、1946 年)

(单位:吨)

原料名称＼年份	1935	1936	1937	1946
氯酸钾	1289	1630.3	377	410
赤磷	53.5	74.4	1.5	25

资料来源:上海社会科学院经济研究所编:《刘鸿生企业史料》下册,上海人民出版社 1981 年版,第 294 页。

外汇实行管制不久,1948 年金圆券风潮中又开始实行物价管制。"八一九"限价每箱安全火柴的价格为 18000 元法币,折合金圆券 80 元,而每箱火柴的成本就要金圆券 123.86 元,火柴工厂无不大亏。上海除限价外,还限制物资向外流动,以打击投机,结果是火柴厂正常的生产资料配送也受影响。大中华各地的工厂,每次从上海购运原料,都要经过复杂的手续向地方机关申请批准,无谓地耗费许多时间。①

———————

① 青岛市工商行政管理局史料组编:《中国民族火柴工业》,中华书局 1963 年版,第 147 页。

除了经济政策变动的影响,加之于火柴业的各种苛捐杂税也多如牛毛。再加上美国火柴到处倾销,火柴厂纷纷陷入倒闭或停产的困境中。上海市在新中国成立前后开工的虽有大中华上海荧昌、大明、正丰、大中、中国、光明、龙翔和记 7 家,按排板车来算,荧昌现开 9 部,大明 10 部、正丰 8 部、大中 3 部、中国 8 部、光明 1 部、龙翔 1 部。从生产能力来说,以每部排板车每日生产火柴 4 箱计,每月 4800 箱,连外埠各厂一起算每月产量可达 11880 箱。但实际上有开工五天停一天的,有每月只开工二十天的。1949 年每月产量 9400 箱左右。[①] 同时火柴工厂因资金困难,跌价求现,价格、成交量渐减,整个火柴产业处于不健康的停滞状态。

四、卷 烟 工 业

抗战后方的卷烟工业完全是迫于战争、在极其困难的条件下从无到有发展起来的。虽然兴建了不少工厂,但机器设备数量少且配置不完全,各项原料供应都极其困难,产量与战前沿海地区工厂相比微不足道。只能说是在战争期间勉强维持生产,供给部分卷烟品种。

(一)抗日后方的卷烟工业

抗战以前,中国的机器卷烟工业分布十分不平均,全国的机器卷烟工厂基本集中于上海、天津、青岛、武汉等几个城市,特别是集中于上海。云贵川和陕甘等地卷烟消费是颐中、南洋等大厂名牌由中间商长途贩运来供给的。如重庆市场,抗战初期汉口尚未沦陷前,颐中烟公司的香烟由其汉口厂供应。武汉失守后,商贩先走衡阳—贵阳—重庆路线,后来又改由海防经昆明再至重庆;至滇越路阻,颐中对重庆的运销才完全停顿,只有零星由行商贩来的小量卷烟销售。[②] 而云南市场的香烟,据说是 1910 年滇越铁路完成之后开始由越南转口输入。最初输入的是英美烟公司的产

---

①　周萃樵编著:《火柴工业》,商务印书馆 1951 年版,第 143—144 页。
②　上海社会科学院经济研究所编:《英美烟公司在华企业资料汇编》,中华书局 1983 年版,第 495 页。杜振华:《英美烟公司与重庆烟市场》,《重庆工商史料选辑》第 3 辑。

品,然后有南洋兄弟烟草公司产品。抗战前几年又开始有上海华成、福斯等产品,但销售最多的是英美烟的五华、老刀、红锡包、三炮台、大炮台、金片等。直到1936年以前,云南纸烟全部是由外省输入的。以后才有亚细亚烟草公司成立,采用云南土种烟叶,生产合群等牌。[①]

全面抗战爆发以后,沿海地区的卷烟工业或被战火损毁,或由于交通断绝而无法供应后方市场。同时由于大量人口内迁,香烟需求骤然扩大,于是大后方卷烟工厂纷纷应运而起,各省都设立了一些机器卷烟工厂,如表11-75所示。

表11-75 后方机器卷烟工厂一览表

省别	厂别	地区	主要设备(架)
四川	南洋兄弟烟草公司重庆厂	重庆	卷烟机11,切烟机4
	华福卷烟公司	重庆	7,3
	蜀益烟草公司	重庆	6,2
	大通烟草公司	重庆	2,1
	金山机制烟厂	成都	2,1
	华泰烟厂	成都	2,1
陕西	泰丰烟草公司	西安	14,9
	益群烟草公司	西安	2,1
	华胜烟草公司	歧山	4,3
	大来烟厂	歧山	2,1
	中国宝兴烟厂	虢镇	1,1
	凤翔烟草生产合作社	凤翔	1,1
广西	广西纸烟公司	柳州	4,1
	一中烟厂	桂林	2,1
	怡和烟厂	桂林	2,1
贵州	贵州烟草公司	贵阳	2,1

---

① 褚守庄编:《云南烟草事业》,新云南丛书出版社1947年版,第229—231页。

省别	厂别	地区	主要设备（架）
江西	民生卷烟公司	宁都	2,1
	华松卷烟厂	光泽	2,1
云南	云南纸烟厂	昆明	2,1
	南华烟草公司	昆明	2,1
甘肃	华陇烟草公司	兰州	2,1

资料来源：陈真编：《中国近代工业史资料》第4辑，生活·读书·新知三联书店1961年版，第442—444页。

表11-75中卷烟工厂除四川外，一般都使用本省或邻省烟叶生产，而四川虽然是后方土种烟叶产量最大的省，但因品质不佳，无法满足集中于重庆的高级香烟消费者，因此需要尽量向许昌一带采购美种烟叶。

这些卷烟工厂，绝大部分是只有一两部卷烟机的小型工厂，规模比较大、生产比较正规的是南洋兄弟烟草公司迁渝的汉口工厂和孔祥熙控制下的华福卷烟公司。但与抗战以前英美烟公司的上海浦东厂装置卷烟机74部、通北路厂80部，南洋兄弟公司东百老汇厂80余部、浦东厂50余部以及全部配套设施、每月出货数千箱对比，只能说是因陋就简、勉力维持生产而已。

南洋兄弟烟草公司迁渝工厂的生产状况可以代表后方卷烟生产的一般情形。1938年9月，南洋汉厂停工，开始将机件陆续搬出工厂。[①]由汉口运出的机器有卷烟机5架，切烟丝机9架，压烟骨机2架，蒸叶机1架，烤烟丝冷炉1架，炕烟丝炉1架。原料有许州烟叶7050包，美叶2桶，卷纸3000饼，大小锡纸168箱。同时南洋公司在重庆委托美商卫利韩公司购进美孚货栈面积约为4.18亩，为南洋渝厂厂址，原本预计1939年2月可以开工，月出货500—700箱。

但是刚刚开工的渝厂在1939年5月即遭空袭，厂区中弹燃烧。职工

① 中国科学院上海经济研究所、上海社会科学院经济研究所编：《南洋兄弟烟草公司史料》，上海人民出版社1958年版，第525—527页。

到工厂自建的防空壕避难,轰炸停止后回厂抢救,但水源又断,新建成的渝厂于是全部焚毁。不但损失了全部机件,原料损失美叶 1 桶,许叶 330 包,花王、金斧等唛纸。成品卷烟损失红龙牌 96.5 箱、双喜牌 24.2 箱、花王牌 33.26 箱、零支烟 600 余箱,现金 4000 元等。全部物料损失合计 179296.77 元法币,加上机件损失,约计 40 万元。

渝厂被炸毁后,恢复生产过程中遇到极大的困难,修复机器没有零件,当地也无处购买,只能向香港和上海订购,迁延数月才到货。因人口疏散,很难招募到女工。而且南洋豫厂地方狭小不能供给膳宿,实行计件工资,雇佣条件无法与附近纱厂竞争。即使雇到工人,也很不稳定,每每还未做熟即辞工。为保护原料,烟叶被疏散到离城 50 里的乡间,难以管理而且交通不便,料场找不到可靠的看守人,用料时又不能及时雇到搬运脚夫。办事效率低,无电话,办事须过江,每有空袭警报就须停工三四小时。除烟叶以外,各项生产材料如木材纸张之类在当地购买都很困难,与当地人交易,价格任其低昂且隔日即不同。卷烟厂所需的各项纸料,卷纸由于卷烟机保养不良而耗费过多,颜料不全印工太劣,大盒以草纸裱糊粗糙不堪,每千个给价 150 元尚不愿制。南洋渝厂还给中元造纸厂低息贷款,以保障价格固定的纸料供应。

在这样的条件下,抗战中南洋公司渝厂的产量始终没能达到预计的目标。抗战时期南洋渝厂的生产量见表 11-76。

表 11-76　抗战时期重庆厂的生产量(1939—1945 年 8 月)

年份 \ 项目	平均月产量(箱)	逐年增减(%)
1939	205.6	—
1940	379.5	+84.6
1941	277.8	-26.8
1942	236.4	-14.9
1943	274.5	+16.1
1944	128.2	-53.3
1945(1—8 月)	88.1	-31.3

资料来源:中国科学院上海经济研究所、上海社会科学院经济研究所编:《南洋兄弟烟草公司史料》,上海人民出版社 1958 年版,第 528—530 页。

表 11-76 显示产量最高的 1940 年也未及 500 箱,始终在 200 余箱徘徊,产量总体看是不断在降低,至抗战胜利时已低至数十箱。

大后方卷烟工业,甚至中国卷烟工业颓势之时,中国卷烟业意外获得一项成果,云南引种美种烟叶获得成功。

卷烟工业不可或缺的原料为美种烤烟。英美烟公司得以将卷烟工业本土化并占据中国卷烟工业垄断地位近 30 年,是以其在山东河南成功引进美种烟叶并建立起加工(烤烟)、收购体系为基础的。凡有意参与中国卷烟行业竞争的厂商,无论是中国民族资本还是日本资本,无不着意于山东、河南、安徽烟叶的争夺。

当意识到抗日战争可能使大后方难以获得河南、山东的美种烟叶,宋子文试图在云南引种美种烟叶。1939 年,宋子文联络颐中烟草公司,说他有一万英亩土地适宜种烟试验,希望颐中公司提供烟种和派专家经香港前去试种。但颐中公司经过考察,认为云南全省找不到一个适宜开展试验和发展工作的地区。云南生产的土种烟叶质量低劣,证明云南省没有发展烟叶种植的希望。① 宋子文并未放弃,他要求南洋兄弟烟草公司也参与试验,1939 年经过在云南少量试种,认为勉可满意。董事长宋子文核定 1940 年扩大试种 2000—4000 亩。与云南省建设厅合办的云南改良烟草推广处就设于南洋兄弟烟草公司的滇分公司内,南洋公司担任美烟推广的技术经济部分。②

各县农地登记约 4000 亩。农民放款 8 万元,培功费 2 万元,硫酸钾肥料 1 成,试验区开费 1.5 万元,推广处经费及山东种叶工人旅费 5 万余元,防治病虫害 1 万余元,共计 20 万元。又烤烟棚 28 万元。宋子文又联络四联总处放款。1941 年试种小有成就,产叶不多但烟叶品质较好,南洋公司收购了 13000 余斤。

但由于云南实行卷烟统制,南洋公司设厂无望,与 1941 年撤出,云南

① 上海社会科学院经济研究所编:《英美烟公司在华企业资料汇编》,中华书局 1983 年版,第 329—332 页。
② 中国科学院上海经济研究所、上海社会科学院经济研究所编:《南洋兄弟烟草公司史料》,上海人民出版社 1958 年版,第 538—539 页。

省建设厅继续维持烟叶推广处的工作。长期坚持的结果是,1947 年 8 月,英美烟公司惊讶地发现上海市场上出现了云南省出产的地道弗吉尼亚烤烟,并且英美烟公司认为这些云南烟叶质量相当好。当年 9 月,上海振兴烟叶公司就与云南兴远贸易公司合作,由振兴给兴远贷款 20 亿元法币,由兴远公司在云南收购中心购买烟叶并运往上海。英美烟公司从昆明税务局得到的消息,云南全省用美国种子种植的烟叶所占土地为 238000 亩,总产量共计 439000 担。质量最好的开价每 60 公斤 210 万元法币。[①]

云南引种美种烟叶成功,引发当地农民和云南省政府的积极性。云南西部玉溪境内及其附近几个地区,还有开远和蒙自等许多地区被划为种植烟叶的地区,所获利润 10 倍于种植粮食。鉴于卷烟工业前途颇有希望,云南省主席卢汉命全省农民每年抽出 4 万亩用于种烟。种烟热潮也波及邻省,贵州建设公司也有意在贵州发展烤烟。

美种烟叶在西南地区引种,虽然在抗战中未及带来直接收益,但对于中国以后的烟草工业布局影响深远。

(二) 抗战胜利后国民党统治区的卷烟工业

抗日战争胜利后,国民党政府迅速接收了伪"满洲国"和沦陷区的卷烟工业,但办理发还拖延了很长时间。大量的成品卷烟和原料被扣压,被接收机构直接出售牟取私利。恢复生产后的卷烟工业先苦于进口香烟的竞争,后被国民党政府混乱的经济政策打击,再加上内战对于原料供给和销售的影响,举步维艰。另外,垄断卷烟工业多年的英美烟托拉斯退出中国,使卷烟工业的生产格局全面扭转。

1. 国民党政府对卷烟工业的接收

抗战胜利后,卷烟工业的当务之急是发还被日本帝国主义强占的工厂,尽快恢复生产,以保障就业和税收。

---

① 上海社会科学院经济研究所编:《英美烟公司在华企业资料汇编》,中华书局 1983 年版,第 353—359 页。

国民党政府在处理国民党统治区卷烟工厂时,对于被日本帝国主义强占的工厂,发还给原主。但如果工厂在被占期间资产有增添,以及工厂内保存的原材料、未及出货的制成品等,则需要原主承购或拍卖。

南洋公司汉口厂,敌伪时期被中华烟草公司占用多年,1945 年 8 月胜利之日由经济部接收。经济部本拟将这个工厂作为上海中华烟草公司的一部分直接收归国有,经过南洋公司力争,方始发还。厂内余存全部机器物料,除去属于南洋公司原有的机件外,其余机器物料,由南洋公司承购,由江汉关审计处派员会同估价。9 月,经估价总额法币 812998880元,分十次清偿。该项敌遗物资 80%为烟叶、卷纸等原料。①

颐中公司收回工厂的过程则比较复杂。颐中的工厂分布于多个城市,各地环境条件不同,国民党政府先期办理接收的机构也不同,接收的情况也因之不同,颐中公司则竭尽公司的各种人脉关系,争取尽早接收、保全资产。1946 年 5 月,颐中公司试图与美国海军陆战队接洽,搭乘他们的飞机至沈阳,以便抢在所有其他公司之前到达东北办理接收。在天津,颐中公司发现其工厂状况良好,但地方局势混乱,一些自称的国民党政府接收机构形迹可疑,颐中公司担心留守的日本经理把工厂交付,颐中公司甚至想到将部分房产出租给即将到达的美军,认为美军驻扎有利于公司财产的交还。在上海,国民党军队和机构已经进驻,颐中公司找到既是颐中公司华董,同时又是上海市政府秘书长致沈成式(沈昆三),代表颐中要求第三路军司令部通知公司的日本监督人做好移交一切准备。10月,颐中烟草公司代表经济部接收日本丸三商工公司,其财产项目详列,按清册均逐一点收无讹,由点收人颐中烟草公司代表,点交人丸三商工公司及经济部特派员办公处代表三方签章证明。11 月,济南颐中烟草公司接收员赵宗谦一面向山东省党政接收委员会申请,一面与日军管理济南所长伊藤接洽,准备政府命令一到即行正式接收。②

---

①　中国科学院上海经济研究所、上海社会科学院经济研究所编:《南洋兄弟烟草公司史料》,上海人民出版社 1958 年版,第 612—613 页。

②　上海社会科学院经济研究所编:《英美烟公司在华企业资料汇编》,中华书局 1983 年版,第 95—102 页。

颐中公司同南洋公司一样,遇到如何划定公司合法财产与敌伪增添资产的问题。由于颐中公司是直接被日军侵略军接收实行军管理的,公司认为,以1941年12月8日时间节点为界,当时公司所拥有的价值,以后一直继续存在。以后所有的由于继续营业所得,依法应为颐中公司所有,而不能被认为是"日本人的添加",因为自被日本人控制以来,并未增添厂房或由日本人进过货以增加其资产。只有超出1941年12月8日的资产总值的部分,才能视作日本人的收益。但经过盘存,不但没有超出的资产,数字还有亏损。[①] 但苏浙皖区敌伪产业清理处认为,日人移交之原材料、制成品,颐中公司在日本军管理时代向伪储备银行借款,日军需组向颐中公司订购之香烟该公司未曾交货,诸如此类的资产由经委派会计师查核后,要求颐中公司缴付1388037美元方能完成移交。直到1948年6月汉口英国总领事致信武汉地区敌伪产业清理处,指出英商颐中烟草公司在抗战胜利已经两年又3/4的时间,但该公司至今尚未获得正式收回财产。[②] 接收过程虽不顺利,但经公司内部最后清点,颐中公司1941年价值为49254千元(港币),1945年为54119千元,敌伪增添资产4865千元,在抗日战争中没有遭受重大的直接损失。[③]

2. 国民党统治区卷烟工业的格局

抗战以前,中国机器卷烟工业的格局非常不平衡。首先,主要的卷烟工厂集中于上海、天津、青岛、武汉等几个城市;其次,英美烟集团企业在资本量、产销能力各个方面都处于一家独大的垄断地位。就以卷烟工业最集中的上海来说,1937年以前,颐中各厂的产量始终占绝大部分,如表11-77所示。

---

① 上海社会科学院经济研究所编:《英美烟公司在华企业资料汇编》,中华书局1983年版,第98—99页。

② 上海社会科学院经济研究所编:《英美烟公司在华企业资料汇编》,中华书局1983年版,第1480—1481页。

③ 上海社会科学院经济研究所编:《英美烟公司在华企业资料汇编》,中华书局1983年版,第1479页。

表 11-77 颐中烟草公司垄断上海卷烟生产情况　　（单位:箱）

年份 ＼ 项目	颐中公司各厂产量（箱）	约占上海总量百分比(%)
1934—1936	平均每年 599433	60
1937	全年 784184	70

资料来源:上海社会科学院经济研究所编:《英美烟公司在华企业资料汇编》,中华书局 1983 年版,
　　第 236 页。

抗战期间,颐中各厂被日本帝国主义军管理,无法正常生产,上海民族资本厂反而获得一点发展空间。抗战胜利以后,这样的生产格局保持下来,表 11-78 显示从 1946 年到 1949 年上海卷烟产量的占比。

表 11-78 抗战后上海各烟厂比较(1946—1949 年)

年份 ＼ 项目	颐中各厂产量		其他各厂产量	
	箱数	占比(%)	箱数	占比(%)
1946	169018	13.4	1090982	86.6
1947	247241	17.7	1151646	82.3
1948	178378	13.9	1101156	86.1
1949	146050	18.2	654447	81.8

资料来源:上海社会科学院经济研究所编:《英美烟公司在华企业资料汇编》,中华书局 1983 年版,
　　第 237 页,据颐中档案"卷烟调查"卷编制。

民族资本厂的产量在上海已经占据了压倒性的地位。但是,这并不代表抗战以后民族卷烟工业的发展,反而是经济运行极其不正常的表现。抗战胜利以后,美国香烟无限进口,销售的前锋甚至及于西北西南东北的偏远地方;在华中华南等传统的卷烟消费市场,更是所向披靡,所有民族资本卷烟工厂包括南洋、华福等官僚资本厂都无法承受,于是要求政府终止美烟进口,只允许美种烟叶进口。[①] 1946 年 11 月开始管制外汇,美烟

---

①　陈真编:《中国近代工业史资料》第 4 辑,生活·读书·新知三联书店 1961 年版,第
445—446 页。

减少而美叶物美价廉,上海烟厂一度畸形繁荣,纷纷筹设新厂或扩充设备,为时不久又陷入供过于求。所以这一阶段迅速兴起的上海华商烟厂大都规模小、历史浅、经营分散、设备落后。依照上海卷烟同业公会的统计,除颐中和中华两外,华商烟厂有卷烟机者93家,有发动机者89家。在93家有卷烟机的烟厂中,3/4的厂不及10部,其中半数又在5部以下,平均每厂4.5部。而有20部以上卷烟机的烟厂只有5家,卷烟机总数143部,平均28.6部。这些趁乱而起的小型工厂并无长远发展的打算,生产极富投机性。出一个新牌就到处打广告大肆宣传,一俟商誉确立,销路打开,就偷工减料,博取厚利,等到招牌做坏,再出新牌。1947年年底,上海烟厂开工者96家,登记商标346种,出口461种,平均每厂出口4.7种。除了乱做招牌,卷烟工业也沾染投机栈单的风气。卷烟工业因制造过程较为简易,资本有机构成低,天然具有可投机性。在长期通货膨胀中,许多中小型烟厂以抛售期货栈单为获取流动资金的手段,卖出栈单再生产,卖得多就扩大生产,卖得少就辞退工人紧缩生产。甚至预计栈单一时不会取现,就移用资金参加其他投机。或者仅有空头厂名和登记商标就一面抛售栈单一面找人代卷。①

颐中公司的产能在战争中基本没有损失,抗战胜利后,除国民党接收敌伪工厂、由经济部设中华烟草公司,拥有卷烟机69部,一跃而成卷烟工业新兴大厂外,华商福新、华成等17余家共有卷烟机约350部,但外商颐中、花旗2家就有卷烟机约320部,其龙头地位仍岿然不动。② 颐中公司产销量之所以不断降低,主要是在1946—1949年的经济动荡愈演愈烈的大环境下,有意识地采取了收缩和转移的经营方针。③

原料不足的困难在战后一直存在。首先这是因为三大美种烟叶产地的产量还没有恢复过来,而抗战中兴起的手工卷烟产业又加入了对烟叶

---

① 陈真编:《中国近代工业史资料》第4辑,生活·读书·新知三联书店1961年版,第459—461页。
② 陈真编:《中国近代工业史资料》第4辑,生活·读书·新知三联书店1961年版,第445—446页。
③ 陈真编:《中国近代工业史资料》第4辑,生活·读书·新知三联书店1961年版,第447—448页。

的争夺。战后香烟产量较战前有增加,战前全中国(包括东北)卷烟厂每月产量为 190000 箱,战后增加到 25 万箱。以 1946—1947 年冬天为例,全国香烟每月销量如表 11-79 所示。

表 11-79　全国香烟每月销量(1946—1947 年)

类别 \ 项目	销数(箱)	占比(%)
机器卷烟	125000	69.4
手工卷烟	50000	27.8
输入洋烟	5000	2.8
总计	180000	100

资料来源:陈真编:《中国近代工业史资料》第 4 辑,生活·读书·新知三联书店 1961 年版,第 440—441 页。

卷烟产量增加,但所需烟叶原料产量较战前大为减少,见表 11-80。

表 11-80　烟叶原料产量比较　　　　　　　　(单位:10 万磅)

地区 \ 产量	战前每年产量	1946 年产量
山东	1250	200
安徽	300	80
河南	500	600

资料来源:陈真编:《中国近代工业史资料》第 4 辑,生活·读书·新知三联书店 1961 年版,第 440—441 页。

因此,卷烟工业绝大部分非仰赖国外输入烟叶不可。但政府严厉统制进口,尤其中央银行外汇枯竭,准予结汇输入烟叶的数额极为有限。以 1947 年第 2 季来说,政府核准输入烟叶结汇仅 800 万元,照成本价格每磅 1.5 美元计算,仅 530 万磅,而最新第 3 季限额更减至 500 万美元,仅 330 万磅。再加上纸圈进口仅够各厂需要的 1/3,钢精纸等各种卷烟工业所需原料在国内生产不足与进口管制下无不短缺。

随着东北、华北战事的蔓延,卷烟的销路也成了问题。[①] 本来上海卷烟工业主要市场是华中及华北区域,自东北、华北战局紧张,上海卷烟已无一箱可运往北方。有些大烟厂过去月产七八千箱专销华北,现只好停顿。华南方面则因走私洋烟充斥,中国生产的香烟反而难以插足。因此上海烟厂只剩华中有限地盘。再加上通货膨胀、人民购买力低落,不但华商烟厂日益衰落,就是颐中也受市场容量局限。颐中公司力图重整战前的销售体系,也力图开辟山西、四川等地的市场,但是战争对消费市场的阻隔对于生产企业来说是无可奈何的现实,1947 年颐中不得不关闭了青岛工厂。[②]

另外,严重的通货膨胀也使得工厂无法正常生产。颐中公司认为,将中国作为一个整体来看,上海、天津和青岛的各厂生产的货品都属于过剩。卷烟工业的生产过程把原料变为制成品,制成品变为现款,现款购进原料,如此循环不息。但到 1948 年,工厂生产的制成品变为鸡肋,销售所得通货更是烫手山芋。1949 年上半年,通货每周贬值 15.84%,颐中公司的销售人每周末把香烟变为现款,就要损失利润 16%左右。所以公司不得不压缩生产,仅保留足以支付工资和购买烟叶的现款。[③]

南洋在 1946—1949 年的经营也非常困难。1946 年,胜利之后,工潮随即发生,交通未复,捐税繁重,外烟大量倾销。但 1947 年局势仍不安定,经济动荡加剧,南洋公司更加审慎,撙节使用原料而不贸然增加产销,每次烟价上涨都要重新核算原料购置成本。1948 年战火蔓延,6 月、7 月间法币已趋崩溃,南洋公司沪厂萎缩,汉厂和渝厂停业。[④]

颐中公司和南洋公司不约而同地开始着手筹划在广州建立新工厂,

---

① 陈真编:《中国近代工业史资料》第 4 辑,生活·读书·新知三联书店 1961 年版,第 440—441 页。

② 上海社会科学院经济研究所编:《英美烟公司在华企业资料汇编》,中华书局 1983 年版,第 193—197 页。

③ 上海社会科学院经济研究所编:《英美烟公司在华企业资料汇编》,中华书局 1983 年版,第 195—196 页。

④ 中国科学院上海经济研究所、上海社会科学院经济研究所编:《南洋兄弟烟草公司史料》,上海人民出版社 1958 年版,第 563—564 页。

以争取在战争前锋未及的华南市场保持自己的优势。南洋和颐中的广州厂都在 1949 年年初开工,不过产量不大。另外从 1948 年起,颐中公司就与云南人民企业公司谈判,希望双方成立合资公司,在昆明设厂,利用云南生产的美种烟叶生产卷烟。双方于 1948 年 9 月同意成立裕云公司进行生产,双方各占 50%资本。1949 年春天,机器已经由上海拆来,待经长沙向昆明转运。当然这已经是解放战争的最后关头,卷烟工业即将面对全新的未来。

第十二章

抗日后方和国民党统治区的
农业及农村经济

　　20 世纪三四十年代,在日本侵华战争和蒋介石国民党继而悍然挑起全面内战的残酷和特殊环境下,抗日后方和国民党统治区的农业及农村经济,生存和发展条件十分严峻和恶劣:西方列强以邻为壑,转嫁危机,1932—1935 年爆发空前规模的农业恐慌,市场萧条,农业崩溃,农民破产,农业元气丧失殆尽;1931—1945 年,日本帝国主义长达 14 年的反人类军事侵略、殖民统治和烧杀、奸淫、掳掠,国土沦丧,山河破碎,资源财产被大量劫夺。伪满和关内沦陷区的人民,固然惨遭烧杀、劫掠、蹂躏,抗日后方和国民党统治区的人民也因大部分国土沦陷,商品市场和农业资源大部分落入敌手,不仅生产、生活条件空前恶化,甚至连食盐也无法正常供应。同时,由于东北、华北和华东、中南大部分地区沦陷,日本帝国主义实行海上和经济封锁,国民党政府辖区和对外贸易大幅度缩减,财政收入大幅度降低,而支出增加,货币贬值。为保证和增加税捐收入,国民党政府实行田赋"征实""征购""征借",自耕农田赋负担倍增,佃农则因地主转嫁田赋而地租负担倍增,生产生活维艰。日本帝国主义投降后,蒋介石国民党又急不可待,发动全面内战,抓丁拉夫,横征暴敛,继而国民党军队在战场上连连失败,国民党统治区不断缩小,城乡经济崩溃,通货恶性膨胀,农民食不果腹、衣不遮体、哀鸿遍野,完全陷入水深火热之中。

由于历史环境残酷而特殊,抗日后方和国民党统治区的农业及农村经济,在农户经济、阶级结构、土地类别、地权分配、租佃关系、地租剥削、农业生产、土地经营等方面,都呈现出与以往不同的特征,发生了与以往不同的许多变化。

农户经济状况和阶级结构、土地类别和地权分配方面,农民普遍加速贫困化、均贫化、赤贫化,富者变穷,穷者更穷。中农迅速贫农雇农化,贫农、雇农成为农户的主体,农户结构由过去两头小中间大的"橄榄球型"或"擀面杖型",变成上小下大的"宝塔型"或"金字塔型"。至于地权分配,从全国范围看,依然是集中与分散同时并存或交错发生,并继续保持连续或间歇式集中态势,同时呈现若干地区性或阶段性特征:某些地区,公田比重较高,地主富农占地比重相应降低,形成地权"分散"的虚假态势;某些永佃制流行和原本地权集中的地区,因佃农抗欠、地主收租困难,或地主富户预感到国民党政权即将不保,放缓或停止了土地(田底权)兼并,或只买田面而不买田底,地权分配不再趋向集中,甚至转趋分散。东北的地权分配又是另外一种情形。东北被日本帝国主义侵占、蹂躏的14年间,地主汉奸为虎作伥,在帮日军掠夺土地的同时,大肆兼并;在日伪进行政策调整和日军投降时,又将日军掠夺的农民土地攫为己有,导致土地急剧集中。结果东北三省成为全国地权集中程度最高的地区。这是这一时期地权分配变化中的一个突出特点。

租佃关系方面,在传统封建租佃制度照旧延续的同时,也发生了许多重大变化,呈现出一些新的特点:一是租佃形式多样化。自耕农、佃农经济恶化,土地由农业生产资料变成金融调剂手段,并往往通过租佃进行;押租功能由地租保证蜕变为残酷的高利贷盘剥手段,五花八门的押租租佃应运而生,佃农在贫困化的过程中,不断丧失生产资料,由地主相应提供的生产资料的数量和比重越来越大,也由此产生多种租佃形式。二是租户佃户结构多元化。因地权集中,人口繁殖和分家析产,少地和微地户增多,土地占有不断零细化和插花化。一方面,土地饥荒日益严重,农民缺地少地;另一方面,自有的少量土地,又因丘块畸零细碎或离家窎远,耕作不便,只能通过租佃进行调整。或经济困难,须借出租土地收取押租以解燃眉之急；或干脆全部租出，另谋生计。一些地主、富农及中农为了扩大经营或便于耕作，也出租远地、次地，租进近地、好地，或以高租租出、低租租进，赚取地租差额。这样，相当一部分地主、富农和中农、贫农，既是租户，又是佃户，二者合一，你中有我，我中有你，相互交错，形成租户佃户结构多元化态势。三是"佃农贫农雇农化"。佃农作为农业生产者的主体，原本属于农村社会的中层，中农占有较大比重，甚至以中农为主体，清朝前期曾一度出现"佃农中农化"的趋势。进入近代特别是 20 世纪后，佃农日益贫困，三四十年代空前加剧，佃农中的中农比重下降，贫农、雇农比重上升，形成"佃农贫农雇农化"态势，贫农、雇农成为佃农的主体。佃农由农村的社会中层沦为农村的社会底层。

主佃关系和地租剥削方面，这一时期的显著特点是超经济强制转趋强化，主佃矛盾空前尖锐，地租剥削愈加苛重和残酷，其基本原因是封建地主阶级空前政治化、反动化、凶残化和极度贪婪化。清朝中期以降，封建租佃关系发展变化的基本趋势是豪绅地主衰落、庶民地主兴起，后者成长为封建地主的主体，封建依附关系走向松懈，押租制和永佃制就是封建依附关系松懈、经济强制取代超经济强制的产物。20 世纪三四十年代出现重大矛盾性逆转：一方面，作为取代超经济强制的押租大幅膨胀；另一方面，超经济强制空前强化，地主不但采用超经济强制手段征收和吞没押租，而且押租本身就成为恢复中世纪式人身奴役的条件。催租、逼租手段亦空前残酷。同时地租额、地租率大幅提升，额外浮收和需索变本加厉，佃农生产无不亏折，加速贫困破产。

抗日后方和国民党统治区的农业，因环境恶劣，农民负担沉重，运行和发展艰难。1937 年"七七事变"后，一年半的时间内，随着华北和华东、华南沿海省份的相继沦陷，国民党政府丧失了 50% 以上的耕地、48% 的森林和近 40% 的耕畜，农产品数量也相应减少。而且损失数字还在继续扩大。而随着工厂、军队、机关、学校内迁，难民聚集，人口和口粮、副食、衣被、工业原料等的需求，尤其是抗日战争前线军需和战备物资需求大幅增加，农业领域的供求矛盾空前尖锐。面对这一严峻局面，国民党政府采取了开垦荒地、兴修水利、发放贷款、调整农业生产结构、制订农业增产计划、推广农业技术、加强对农产品运销的统制和管理等政策措施,以期发展农业生产和农村经济,虽有些微成效,但总的还是雷声大雨点小,土地垦废并存,农业兴衰互见。从整体上看,后方农业并无明显起色和兴旺态势,特别是1941年后,货币贬值,粮价猛涨,国民党政府将原来属于地方税的田赋收归中央,并由货币改征实物,相继进行田赋征实、征购、征借。在棉产区则直接征棉,国民党政府的粮食和农产增产措施很快由"养鸡下蛋"蜕变为"杀鸡取卵",部分地区的农业即或稍现转机,也瞬息即逝。

日本帝国主义投降后,虽然山河收复,但在日军长期占领和摧残、蹂躏下,农地、农村、农民面目全非:相当一部分农地被荒弃、破坏甚至被永久性毁坏,塘堰、圳渠坍塌或干涸;村落、农舍仅留残垣断壁,或被夷为平地,耕畜、农具、家具、衣被十不存一;农民九死一生,大多营养不良、伤病缠身,农业劳力严重短缺。农业和农村经济的恢复和发展困难重重,而蒋介石国民党全力准备和发动内战,根本无心也无力恢复、发展农业和农村经济。封建地主更是催租逼佃,凶残至极。同时,国民党政府为筹措内战军费,横征暴敛;为补充兵源,各处抓丁拉夫;美国剩余粮棉充斥市场,城乡贸易失衡;恶性通货膨胀,农村资金枯竭。在这种情况下,农业大幅减产,土地成片荒芜,农村哀鸿遍野,国民党统治区的农业和农村经济迅即崩塌。

第一节　农户阶级结构和土地占有状况及其变化

20世纪三四十年代,在日本侵华战争的残酷和特殊环境下,农户的经济状况和阶级结构、土地占有和地权分配及其变化,出现了和20世纪30年代前完全不同的特点:农民不是通常市场条件下的贫富分化和渐进式的贫困化,而是极端式的两极分化和加速度的贫困化、均贫化、赤贫化,农户普遍由富而贫、由清贫而赤贫。农户阶级结构也相应发生变化,富裕中农、中农数量不断减少,贫农、雇农、赤贫户大幅增加,很快成为农户的主体。农户结构由清末民初以前的"橄榄球型""擀面杖型""啤酒瓶型",逐渐演变成20世纪三四十年代特别是40年代末的"宝塔型"或"金字塔型"。

土地类别和地权分配方面,清末开始的官地民地化、公地私地化的进程,到20世纪三四十年代,官地民地化进程基本终结,公地私地化进程尚未终了,并出现逆转。一些地区的祖田、祭田、会田和庙田、学田、校田等形式的公共土地,不仅长期存留,而且继续增加,在土地总面积中占有相当大的比重。在南方某些地区,地主富农的土地主要就是以族田的形式存在。至于地权分配,由于地主富户兼并和分家析产的交互作用,加上地区间政治、经济和社会环境的差异,整体上仍然是集中与分散交互行进或同时存在,不同时段、不同地区各有差异:土地改革前夕同20世纪30年代前相比,关内地区尤其是南方地区的地权分配变化不甚显著;华北部分地区的地权分配有所集中;遭受日军掠夺、蹂躏时间最长的绥远、察哈尔、热河和东北三省,尤其是东北三省,土地急剧集中,成为全国土地最集中的地区。

一、农民的普遍贫困化和"宝塔型"的农户阶级结构

农民是农业生产和农村经济的主体,农户阶级结构及其变动,直接受到当时当地政治经济条件特别是土地所有制和土地占有状况的制约,某种状态的农户阶级结构,既是某种形态的地权分配及变化的产物,真实折射出农业生产和农村经济的概貌,又反过来直接影响与制约农业生产、农村经济的运行和兴衰变化。

20世纪三四十年代,在异常恶劣和残酷的政治经济环境下,相当一部分地区的农业生产和农村经济、农业资源遭到严重破坏,农户经济加速恶化,农民空前、普遍贫困化或赤贫化。在这种情况下,农户的阶级结构变化,并非通常意义上的贫富分化,而是急剧两极分化。其特点是富者越富,穷者越穷。也有的地区是农户递贫化或均贫化,富者变穷,穷者更穷。

中下层农户很难往上发展,大多加速贫困破产,沦为社会的底层,形成上小下大的"宝塔型"或"金字塔型"的农户阶级结构。

农户阶级结构的类型及其变化受到诸多因素的影响和制约。在中国封建土地所有制条件下,不同时期和不同地区,土地供应、自然环境和农业生产条件、中央及地方政府的土地和租佃政策、地权分配和租佃制度、农民的地租和税捐负担等,互有差异,农业生产和农民家庭经济状况、农户阶级结构各不相同。可大致归纳为三种类型:一是两头小中间大的"橄榄球型"或"擀面杖型"。位于一头的地主、富农户数、人数最少,另一头的贫农、雇农等的户数、人数较多,位于中间的中农户数、人数则最多,构成农业生产者和农村社会的主体。中农大部分自耕地,依靠家庭劳力,既有自耕农,也有佃农。中农是社会的稳定力量,是贫富两极矛盾、对抗的缓冲带,是社会稳定的基础。在传统农业社会,中农数量越大,所占比重越高,贫富两极数量越小,所占比重越低,社会越稳定。二是一头细小、另一头粗大的"啤酒瓶型"。小头是地主、富农,户数、人数很少,位于大头的农户人数众多,不过中农减少,贫农、雇农增多,中农和贫农、雇农等两类农户的户数、人数大体相等或相近,共同构成农业生产者和农村社会的主体。三是上小下大的"宝塔型"或"金字塔型"。[①] 位于上端或顶端的地主、富农户数、人数最少,位于中间的中农户数、人数虽仍比地主、富农为多,但加速缩减,而位于底部的贫农、雇农、其他赤贫户不断膨胀,其数量明显超过中农,成为农业生产者和农村社会的主体。贫农、雇农生产、生活条件恶劣,贫富两极之间的矛盾、对抗空前尖锐,而作为矛盾、对抗缓冲带的中农又急剧萎缩。因此,在三种类型的农户结构中,"宝塔型"尤其是"金字塔型"的社会稳定性最低。

不同时期和不同地区,这三种类型的农户阶级结构,比例和发展趋势互不相同。清朝前期特别是康熙、雍正、乾隆年间,清帝国正处于兴旺和鼎盛时期,农业生产形势较好,大量荒地被开发或垦复,农业新垦区向陕

---

① 这里区分"宝塔型"和"金字塔型"的标准为:贫农雇农相当于中农 1 倍以上至 1.5 倍者为"宝塔型",超过 1.5 倍者为"金字塔型"。

南山区、长城外草原和台湾岛延伸,农业区域迅速扩大。在土地开垦过程中孕育和产生了大量的自耕农。租佃制度和租佃习惯,也发生重大变化,一些地区开始产生、流行永佃制和押租制。永佃制和某些地区的押租制,有阻止地主增租夺佃,稳定佃农生产、生活的作用,使佃农家庭经济得到相应发展。[①] 因此,在清朝前期,甚至一度呈现"佃农中农化"的态势。[②] 中农大量增加,构成农业生产者和农村社会的主体,在大部分地区,"擀面杖型"或"橄榄球型"是农户阶级结构的基本类型,"啤酒瓶型"次之,"宝塔型"特别是"金字塔型"少见。

鸦片战争后,中国由独立的封建帝国沦为半殖民半封建地殖,国际资本入侵、渗透日益深入扩大,传统农业和农民家庭手工业遭到破坏;人口增加,土地供不应求,农民经营规模缩小,农副业收入减少,租税负担加重,入不敷出,经济恶化,农户由富转贫,中农减少,贫农雇农增多。与此相联系,农户阶级结构方面,"擀面杖型""橄榄球型"减少,"啤酒瓶型""宝塔型"增多,"金字塔型"也开始出现。

日本侵华战争期间,战争本身的破坏,日本"以战养战",用中国的人力、物力、财力消灭中国的国策和杀光、烧光、抢光"三光政策"的推行,使农业生产、农业设施、农业资源和农民的生命财产都遭到空前浩劫。在抗战后方和国民党统治区,国民党政府的战时财政和战时税收政策的实施,封建地主敲骨吸髓、杀鸡取卵的地租榨取,使农民租税负担空前加重,无论是佃农还是自耕农,都急剧贫困破产。所有这些反映到农户结构及其变化方面,两极分化空前剧烈,农户结构急速变化,而且不论贫富,包括大部分地主、富农在内,没有特殊原因或手段,很难往上发展。因此,除了小部分地主、富农及个别中农,投靠日伪、国民党反动官府,或掌管公堂及其他不正当手段,得以上升、发展外,其余几乎全是往下沉沦,最后沦落为农村社会的最底层,这是大部分农户的归宿。土地改革前后的一些农村调查中,不乏这类典型材料。

---

① 刘克祥:《中国永佃制度研究》,社会科学文献出版社 2017 年版,第 305—326 页。
② 方行:《清代佃农的中农化》,《中国学术》2000 年第 2 期。

　　浙江衢县白渡乡,自日本全面侵华战争爆发后,农村阶级和农户结构变化极大,其突出特点是各个阶级大幅下滑。除一些奸商、恶霸地主、乡长、保长、高利贷者、汉奸等发不义之财者外,余均因受日本侵华战争残害,国民党政府苛捐杂税、抓丁拉夫、货币贬值等损失,"一般都较前下降,个别已经破产"。该乡上埠头村原有地主8户,破产2户,财产减少1/3至1/2者6户;富农5户,除因战乱、贱价买地及任乡长贪污发财而升为地主的两户外,其余3户,1户降为贫农,2户各减少土地的1/3;中农、贫农下降尤甚,借债户大增,战前全村只10余户借债,1942年、1943年两年中陡增至45户,占全村中农、贫农的3/4。①

　　1951年冬至1952年春对中南地区河南、湖北、湖南、江西、广东、广西6省100个乡的农村调查资料及数据,也真实反映了这种变化趋势。

　　河南潢川十里棚乡,1937—1949年间,原有的20户地主中,6户破产或下降,同时新增地主15户。其中7户来自富农,5户来自中农,3户来自贫农。无论新地主来自哪个阶层,几乎都是"靠掠夺霸占而上升":或赌徒投身伪军提升为小头目,靠敲诈强索买田发财;或从小当兵,后成"民团"头目和保长,兼霸占自家弟兄田产;或原为赌棍,后勾搭匪霸,逼死自家婶母,霸占其田产;或富农兼放高利贷,盘剥获利,加上兼并田产;等等。没有一户是靠正当劳动或职业上升为地主的。因这类新兴地主多为恶霸地主,该乡恶霸地主也由原来的2户猛增到7户。②

　　如果没有特殊原因和手段,原有地主,不论大小,势必下降、破产。该乡原有的8户大地主,即有1户降为中地主,2户降为富农,另有2户外迁,最后只剩3户;原有的6户中地主,除1户恶霸地主扩大田产、2户维持不变外,其余3户,1户降为富农,1户降为中农,1户破产;原有的5户小地主,只1户未变,其余4户,1户降为中农,3户外迁,能够完全维持原样的很少。③

―――――――――――

　　① 华东军政委员会土地改革委员会编:《浙江省农村调查》,1952年印本,第136—137页。

　　② 中南军政委员会土地改革委员会调查研究处编印:《中南区一百个乡调查资料选集·解放前部分》,1953年印本,第16—17页。

　　③ 中南军政委员会土地改革委员会调查研究处编印:《中南区一百个乡调查资料选集·解放前部分》,1953年印本,第17—18页。

一般农户的变动和升降尤为剧烈:1937 年前该乡有中农 188 户,占总户数的 49.34%,解放前夕减至 154 户,只占当时 441 户的 34.92%,其中降为贫农、雇农的共 28 户,死绝的 7 户,"移走者"70 户,合计 105 户,占 1937 年前中农的 55.85%。贫农、雇农则分别由 107 户和 27 户增加到 163 户和 43 户,所占比重分别由 28.09% 和 7.09% 上升到 36.96% 和 9.75%。贫农、雇农合计比重从 35.18% 上升到 46.71%,远远超过中农。作为中农重要组成部分的佃中农,也大幅下降。1937 年前,该乡佃中农占农户总数的 35%,1949 年前减至 18.15%,下降了 16.85 个百分点。减少的中农中,相当部分是佃中农。[1]

河南潢川十里棚乡农户结构变化情况,见表 12-1。

表 12-1　河南潢川十里棚乡农户结构变化(1936 年、1948 年)　(单位:户)

年份、占比	总户数	地主		富农		中农		贫农		雇农		其他	
		户数	占比(%)	户数	占比(%)	户数	占比(%)	户数	占比(%)	户数	占比(%)	户数	占比(%)
1936 年	381	20	5.25	18	4.72	188	49.34	107	28.09	27	7.09	21	5.51
占比(%)	100.00	9.97				49.34		35.18				5.51	
1948 年	441	29	6.58	13	2.95	154	34.92	163	36.96	43	9.75	39	8.84
占比(%)	100.0	9.53				34.92		46.71				8.84	

资料来源:中南军政委员会土地改革委员会调查研究处编印:《中南区一百个乡调查资料选集·解放前部分》,1953 年印本,第 2—3 页。

如表 12-1 所示,1936 年,地主富农、中农、贫农雇农各自所占比重依次为 9.97%、49.34%、35.18%,中间大两头小,且大小差距明显,是典型的"橄榄球型"农户结构;1948 年,地主富农、中农、贫农雇农各自所占比重依次为 9.53%、34.92%、46.71%,地主富农变化不大,中农比重下降,贫农雇农比重上升,中农和贫农雇农各自所占比重基本对调,贫农雇农成

---

[1]　中南军政委员会土地改革委员会调查研究处编印:《中南区一百个乡调查资料选集·解放前部分》,1953 年印本,第 3、18—20 页。

为农民的大头和主体。这是典型的"宝塔型",是"橄榄球型"农户结构蜕变为"宝塔型"的一个实例。

江西丰城的农户结构变化和河南潢川颇为相似。地主富农有升有降,虽然膨胀幅度不及潢川,但总体是稳中趋升,而中农和贫农、雇农则同样明显下降。该县小袁渡乡,1937—1949 年间的地主变动,由其他阶层上升为地主和地主下降的均为 8 户,户数(27 户)不变,上升的主要途径或原因,无论是地主还是富农,主要依靠贪污、霸占或其他"横财",如充当乡长、保长、合作社经理,经管公堂、祠族土地和财产,大肆贪污,又兼放高利贷,或开设油盐杂货铺,进行投机买卖等。中农和贫农、雇农也有升有降,但升的少,降的多。中农、佃中农由 1937 年前的 193 户减至解放前夕的 157 户,减少了 18.7%。而贫农大幅增加,从 163 户增至 196 户,增加了两成,雇农亦从 58 户增至 60 户。贫农、雇农合计 256 户,相当于中农、佃中农的 163%,比 1937 年前升高 49 个百分点。[①]

广东普宁和湖南益阳的农户阶级结构变化情况大同小异。

广东普宁塘湖乡,地主由 1936 年的 6 户增加到解放前夕的 19 户。其中除 3 户系旧地主分家增添外,其余 10 户均为"剥削或血手发家而上升为地主"。与地主膨胀成为鲜明对照,农民加速穷困,破产下降。中农比重从 1936 年的 35.15%下降到解放前夕的 23.40%。贫农、雇农以及贫民、游民等赤贫户的比重相应上升。解放前夕,这四类农户(或村户)依次为 42.94%、2.90%和 2.52%、3.28%,合计 51.64%,相当于中农的 2.2 倍,超过总户数的一半。[②]

湖南益阳黄家仑乡,1936—1948 年的 12 年间,地主、富农户数上升者占本阶层的 21.21%,下降者占 18.19%,较 1936 年增加 3.02%;贫农、雇农及贫民、工人户数较 1937 年前增加 6.11%,中农户数减少 9.16%。显然,"富者越富,穷者越穷"。从阶级变化的原因看,上升的 3 户地主,

① 中南军政委员会土地改革委员会调查研究处编印:《中南区一百个乡调查资料选集·解放前部分》,1953 年印本,第 135—139 页。
② 中南军政委员会土地改革委员会调查研究处编印:《中南区一百个乡调查资料选集·解放前部分》,1953 年印本,第 176、186—187 页。

一是"血手起家",依靠政治势力巧取豪夺;二是高租重利、买青苗、放新谷、牟取暴利;三是囤积居奇、商业投机。上升的 6 户富农,除 1 户掌管公堂与积谷、义仓发家外,其余均为放高利贷起家。下降的 36 户农民,因地主加租加押、逼租夺佃而倾家的占 38.9%;因国民党政府抽丁而被逼穷的,占 27.8%;被日军烧杀抢劫而破产的占 11.1%;上述人祸再加疾病或婚丧嫁娶亏累而下降的占 22.2%。① 这些也从一个侧面反映出这一时期农户升降变化的特点。

也有少数地区,贫农、雇农比重下降,中农比重上升。不过并非贫农、雇农经济状况改善而上升为中农,而是由于国难、灾荒、饥寒、疾病,贫农、雇农短期间大批死亡,成为绝户,虽然中农也大批下降和死亡,仍无法填补贫农、雇农的"减员"空缺。湖南桂阳的情况相当典型。

湖南桂阳农民备受地主和国民党政府残酷的政治统治和经济压榨,地租盘剥、壮丁抽抓、税捐苛征,"农民生活如火如荼";加上沦陷时惨遭日军蹂躏,广大农民尤其是贫农、雇农,完全无法生活。据调查,该县樟市乡农民一般只有 8 个月的食粮,大多常年以谷糠、苦菜、蕨根、野草根充饥。该地冬春潮湿寒冷、夏秋蚊患猖獗,但 2/3 以上农民没有棉衣,60%以上没有蚊帐,不仅饥寒交迫,且 2/3 以上罹患慢性疟疾,往往"性命朝不保夕",死亡、绝户接踵而至,贫农、雇农尤甚。1936—1948 年的 13 年间相继绝亡 346 户(含少量夫死妻改嫁的"绝亡"户),死亡 835 人,分别占 1948 年户数、人数的 33.1%、24.3%(含个别女儿出嫁,非全属死亡人口),其中贫农、雇农、贫民 241 户,占绝亡户的 69.65%,远远高于 1948 年的该类农户比重(41.68%)。虽然同期中农绝亡 47 户、下降 30 户,贫农、雇农在总农户中所占比重,仍从 1936 年的 50.86%降至 1948 年的 40.34%,降低了 10.52 个百分点,中农比重相应由 22.76%升至 31.10%,上升了 8.34 个百分点。从实际数据看,贫农、雇农分别从 1936 年的 547 户和 70 户减少到 1948 年的 375 户和 35 户,分别减少 172 户和 35 户,合

---

① 中南军政委员会土地改革委员会调查研究处编印:《中南区一百个乡调查资料选集·解放前部分》,1953 年印本,第 51—53 页。

计 207 户。而同一期间贫农、雇农的死亡绝户分别达 191 户和 35 户,合计 226 户。这是贫农、雇农大幅减少的主要原因。如果不是分家和从他处移来贫农、雇农 80 户,贫农、雇农减少的幅度还会更大。中农由 276 户增加到 315 户,增加 39 户,但这期间分家和从他处移来中农合计 47 户。这是中农增加的奥秘所在。同时,在这一期间,75 户中农降为贫农,而只有 26 户贫农上升为中农,分别占各自户口总数的 27.17% 和 4.75%。①至此,中农增加、比重上升,贫农、雇农减少,比重下降的真相大白。

贫农、雇农以及贫民、游民或其他赤贫户,成为大部分甚至绝大部分农民的归宿。到 20 世纪 40 年代末,农户阶级结构类型以中农为主体的"橄榄球型"或"擀面杖型"已是凤毛麟角,只存在于极少数地方,可以说是一种例外;中农和贫农、雇农数量大体相等或相近的"啤酒瓶型",亦不多见;贫农雇农作为农业生产者或农村社会主体的"宝塔型"或"金字塔型",则成为农户阶级结构的基本类型甚至唯一类型。

表 12-2 反映的是 1936 年、1948 年中南 6 省 97 县 100 乡农户结构的变化情况。

表 12-2　中南 6 省 97 县 100 乡农户结构变化(1936 年、1948 年)(单位:户)

省别 项目	调查乡数	年份	总户数	%(1)/%(2)	各阶级/阶层(%)					
					地主	富农	中农	贫农	雇农	其他
河南	14	1936	5657	%(1)	6.04	2.72	35.24	40.88	6.00	9.12
				%(2)	8.76		35.24	46.88		9.12
		1948	6567	%(1)	5.99	2.85	32.06	44.40	5.18	9.52
				%(2)	8.84		32.06	49.58		9.52
湖北	20	1936	9759	%(1)	4.01	2.54	33.57	44.16	7.37	8.35
				%(2)	6.55		33.57	51.53		8.35
		1948	11565	%(1)	3.80	2.83	31.70	49.89	4.72	7.06
				%(2)	6.63		31.70	54.61		7.06

① 中南军政委员会土地改革委员会调查研究处编印:《中南区一百个乡调查资料选集·解放前部分》,1953 年印本,第 45—47 页。

项目 省别	调查乡数	年份	总户数	%（1）/ %（2）	各阶级/阶层（%）					
					地主	富农	中农	贫农	雇农	其他
湖南	15	1936	9841	%（1）	4.32	1.68	29.59	38.48	6.47	19.46
				%（2）	6.00		29.59	44.95		19.46
		1948	10640	%（1）	4.84	2.04	32.97	35.80	4.93	19.42
				%（2）	6.88		32.97	40.73		19.42
江西	14	1936	7334	%（1）	2.96	2.41	27.42	45.08	7.05	15.08
				%（2）	5.37		27.42	52.13		15.08
		1948	8106	%（1）	3.58	2.51	26.70	45.65	5.86	15.70
				%（2）	6.09		26.70	51.51		15.70
广东	15	1936	8483	%（1）	2.38	1.54	21.75	34.63	7.13	32.57
				%（2）	3.92		21.75	41.76		32.57
		1948	9186	%（1）	2.94	2.10	22.73	38.61	8.03	25.59
				%（2）	5.04		22.73	46.64		25.59
广西	22	1936	8564	%（1）	4.52	3.15	33.73	35.91	11.81	10.88
				%（2）	7.67		33.73	47.72		10.88
		1948	10425	%（1）	4.38	2.40	30.74	41.05	10.96	10.47
				%（2）	6.78		30.74	52.01		10.47
总计	100	1936	49638	%（1）	3.96	2.31	30.06	39.73	7.71	16.23
				%（2）	6.27		30.06	47.44		16.23
		1948	56489	%（1）	4.18	2.44	29.63	42.54	6.67	14.54
				%（2）	6.62		29.63	49.21		14.54

资料来源：据中南军政委员会土地改革委员会调查研究处编：《中南一百个乡调查统计表》，1953年印本，第2、10、12、14、16、18、20、26、34、36、38、40、42、44页综合、整理、计算、编制。

表12-2中数据显示，中南6省的农民贫困化和中农贫农雇农化、佃农贫农雇农化，早已开始发生。时至1936年，农户结构已由早先的"橄榄球型""擀面杖型""啤酒瓶型"转换为"宝塔型""金字塔型"，而且几乎全是"金字塔型"。

1936—1948年间，农民加速贫困化，中农和佃农加速贫农雇农化，中农户口及所占比重,继续衰减、下降;贫农雇农的数量、比重,明显升高,"金字塔型"底座进一步加大。个别省区中农比重上升,如前所述,也并非贫农、雇农经济状况改善而上升为中农,导致中农数量增加,而是贫农、雇农大量非正常死亡,成为绝户,造成中农相对比重上升的假象。

江苏、浙江、安徽、福建等华东4省以乡(村)为单元的调查资料也显示,20世纪40年代末或当地解放前夕,整个区域的农户结构类型,从"橄榄球型""擀面杖型"到"啤酒瓶型""宝塔型""金字塔型",其数量逐个增大,区域逐个扩张,"金字塔型"同样成为各地农户结构的基本甚至唯一类型。即使以乡(村)为单元统计,"橄榄球型"或"擀面杖型"农户结构,也只偶尔存在于个别乡(村),情况见表12-3。

表 12-3 江苏等 3 省 4 县 8 乡(村)农户结构
("橄榄球型""擀面杖型")统计(1949 年)

省别	县乡(村)	总户数	地主		富农		中农		贫农		雇农		其他	
			户数	占比(%)	户数	占比(%)	户数	占比(%)	户数	占比(%)	户数	占比(%)	户数	占比(%)
江苏	无锡观惠乡	448	1	0.22	7	1.56	204	45.54	138	30.80	0	0	98	21.88
	昆山太平乡	524	3	0.60	44	8.40	251	47.90	199	38.00	14	2.70	13	2.50
	昆山小漠乡	546	8	1.50	23	4.20	297	54.40	170	31.10	17	3.10	31	5.70
浙江	平湖胜利乡	186	0	0	13	6.99	120	64.52	43	23.12	6	3.23	4	2.15
	小计	1704	12	0.70	87	5.11	872	51.17	550	32.28	37	2.17	146	8.57
	占比(%)	100.00	5.81				51.17		34.45				8.57	
福建	龙岩条围村	150	0	0	0	0	75	50.00	56	37.33	0	0	19	12.67
	龙岩菜园 3 村	638	0	0	2	0.31	320	50.16	294	46.08	0	0	22	3.45
	小计	788	0	0	2	0.25	395	50.13	350	44.42	0	0	41	5.20
	占比(%)	100.00	0.25				50.13		44.42				5.20	
	总计	2492	12	0.48	89	3.57	1267	50.84	900	36.12	37	1.49	187	7.50
	占比(%)	100.00	4.05				50.84		37.61				7.50	

注:"平湖胜利乡"为平湖胜利乡第十三村;龙岩菜园3村,包括溪兜、泉井、菜园3个村。
资料来源:江苏部分据华东军政委员会土地改革委员会编:《江苏省农村调查》,1952年印本,第92、153、158页;浙江部分华东军政委员会土地改革委员会编:《浙江省农村调查》,1952年印本,第224—225页;华东军政委员会土地改革委员会编:《福建省农村调查》,1952年印本,第202—203页。

这是在上述区域仅见的6宗"橄榄球型""擀面杖型"农户结构实例。在这6宗实例中,中农数量均多于贫农、雇农,仍是农业生产者和农民的主体,不过两者数量的差距不完全一样。江苏、浙江3乡的两者差距略大,达16.7个百分点,福建4村较小,不到6个百分点。前者农户结构可称"橄榄球型",后者则属"擀面杖型"。

在大范围调查的华东、中南10省,区区6宗"橄榄球型""擀面杖型"农户结构实例①,数量极少,纯属例外,并且各有特殊原因:江苏3乡乃因较完整地保存了永佃制,大部分租田有永佃权,且多为耕农所持有,有的田底租额还较轻。观惠乡所在之无锡张村区,"有永佃权的土地数量极多",原来租额较高,1937年全面抗日战争开始后,由于革命运动的影响,"租额逐渐减轻",到解放前夕,一般每年每亩交租2—3斗,故农民有"租田为自产"之语。② 昆山太平乡,地主多为住在城内的大地主,佃农持有田面权的"管业田",在"出租土地中为数最多",租额相对较轻,有永佃权的土地,租额一般为每亩8—9斗米。因此,田面价尚高于田底价。该乡田面价最高每亩750斤米,最低150斤米,一般450斤米;田底价最高每亩700斤米,最低100斤米,一般400斤米左右,比田面价约低50斤。③ 昆山小漊乡,"在苏南讲来是比较地多人少的地区",土地相对充裕,地主多住在城区,租田"大多有田底田面之分,在租入土地中,有永佃权者占78.22%",而其中71.53%的租田又为中农所租种。④ 故中农数量较多。浙江平湖也流行永佃制,胜利乡第十三村的土地绝大部分为城市地主或外乡地主所有,村内没有地主,也很少自耕农。13户富农中,6户是佃富农;120户中农中,110户是佃中农;43户贫农更全部是佃贫农。不过租田大多分为"田底田"(收租权)、"田面田"(耕作权)两个部分,"田面田"大部分掌握在中农(佃中农)手中。据调查,村内农户占有的"清业田"

---

① 河南潢川十里棚乡的"橄榄球型"结构曾存在于1936年,到1948年已消失,为"宝塔型"结构所取代。

② 华东军政委员会土地改革委员会编:《江苏省农村调查》,1952年印本,第100页。

③ 华东军政委员会工地改革委员会编:《江苏省农村调查》,1952年印本,第154页。

④ 华东军政委员会工地改革委员会编:《江苏省农村调查》,1952年印本,第159、161—162页。

（田底、田面合一田）、"田底田"分别只有138.2亩和187.6亩，村内农户占有的"田面田"则有1736.8亩。其中68.02%的"田面田"为佃中农所占有，平均每户10.74亩。所以佃中农构成农户的主体。[①]

福建龙岩条围等4村，是闽西土地革命的根据地，也是土地革命成果被大体保留下来的少数乡村之一。1929年，龙岩、永定等地农民在中国共产党领导下，发动武装暴动，建立闽西苏维埃政权，废除封建土地所有制，平分土地。1931年红军撤离龙岩县城，蔡廷锴十九路军进驻，次年以村为单位，重新调整土地，地主、富农也分得了田地。同年冬，十九路军败退，地主阶级凭借蒋介石国民党势力，企图反攻倒算，夺回土地，收取地租，但均被中国共产党领导下的农民大众粉碎。从1943年起，国民党政府又推行"扶植自耕农"政策，在无法直接为地主收回土地的情况下，企图付给地主一笔地价以作补偿，并借土地调整之机，给保甲人员及一些反动分子分到较多、较好的土地，同样地遭到中国共产党和农民大众的打击而失败，使原有的土地革命的成果，最终得以保留下来。[②] 如表12-3所示，地主未能复原，当地已无地主，富农也仅有2户，只占农户总数的0.25%，中农构成农业生产者和农村社会的主体，这是土地革命成果在农户阶级结构上的反映。

"啤酒瓶型"农户结构，相对于"橄榄球型""擀面杖型"而言，数量稍多，但差距有限。表12-4是江苏等3省8县（市）8乡（村）"啤酒瓶型"农户结构统计。

表12-4 江苏等3省8县（市）8乡（村）农户结构
（"啤酒瓶型"）统计（1949年）

省别	县乡（村）	总户数	地主		富农		中农		贫农		雇农		其他	
			户数	占比（%）	户数	占比（%）	户数	占比（%）	户数	占比（%）	户数	占比（%）	户数	占比（%）
江苏	江阴新民一村	130	0	0	6	4.62	58	44.61	56	43.08	6	4.61	4	3.08
	太仓双凤镇	217	5	2.30	21	9.68	96	44.24	95	43.78	0	0	0	0

① 华东军政委员会土地改革委员会编：《浙江省农村调查》，1952年印本，第224—225页。
② 华东军政委员会土地改革委员会编：《福建省农村调查》，1952年印本，第201页。

续表

省别	县乡（村）	总户数	地主		富农		中农		贫农		雇农		其他	
			户数	占比（%）	户数	占比（%）	户数	占比（%）	户数	占比（%）	户数	占比（%）	户数	占比（%）
浙江	嘉兴鸣羊村	237	5	2.10	29	12.20	85	35.90	85	35.90	0	0	33	13.92
	杭县山桥二村	179	1	0.60	7	3.91	82	45.81	72	40.22	11	6.15	6	3.40
	余姚南留十村	130	4	3.10	4	3.10	51	39.23	35	26.92	17	13.10	19	14.62
安徽	铜陵东家店村	425	22	5.18	19	4.47	145	34.12	117	27.53	21	4.94	101	23.76
	广德梅溪村	367	22	6.00	18	4.90	104	28.34	75	20.44	36	9.81	112	30.52
	宣城东里村	678	8	1.18	23	3.39	304	44.84	267	39.38	49	7.23	27	3.98
总计		2363	67	2.84	127	5.37	925	39.15	802	33.94	140	5.92	302	12.78
占比（%）		100.00	8.21				39.15		39.86				12.78	

注：铜陵东家店村"其他"项含贫民 69 户、小商贩 18 户、手工业者 14 户；广德梅溪村盛产竹子，用以制造表芯纸，"其他"项含纸工 68 户。

资料来源：江苏部分据华东军政委员会土地改革委员会编：《江苏省农村调查》，1952 年印本，第 29、59 页；浙江部分据华东军政委员会土地改革委员会编：《浙江省农村调查》，1952 年印本，第 101、188、209—210 页；安徽部分据华东军政委员会土地改革委员会编：《安徽省农村调查》，1952 年印本，第 114、120、146—147 页。

　　农户结构由"橄榄球型""擀面杖型"演变为"啤酒瓶型"，中农数量下降，贫农、雇农数量上升，在一升一降的过程中，正处于交叉临界状态，两者数量不相上下。表 12-4 所列数据显示，8 宗个案平均，两者各自所占比重均接近 40%，相差仅 0.7 个百分点，中农不再是农户的多数和主体。同"橄榄球型""擀面杖型"比较，"啤酒瓶型"的中农约减少了10%—30%，其中相当部分或大部分成了贫农、雇农。这是农民普遍和急剧贫困化、中农贫农雇农化和佃农贫农雇农化的开始。

　　因农民经济急剧恶化，中下层农民家庭经济状况及地位极不稳定，中农和贫农、雇农的消长变化，也更加快速、频繁。在中农数量下降，贫农、雇农数量上升过程中，两者的交叉临界状态，只是此消彼长的两个事物在快速运动中的一个节点，时间很短。况且，在 20 世纪三四十年代，能够有

2/3 以上的中农在一段时间内(哪怕时间很短)维持现状,亦属罕见,数量极少。事实上。"啤酒瓶型"农户结构也只有 8 宗,比"橄榄球型""擀面杖型"仅多 2 宗。而且同样多属例外,有某方面的特殊因素:或有家庭手工业支撑;或土地较充裕,并有永佃权,租额较轻;或邻近城镇,种植经济作物或商品性作物,并兼充小贩,谋生手段相对灵活;或土地充裕,中农经营面积较大;或土地虽不十分充裕,但佃农占有或使用的土地比重相对较大。如江苏江阴织布手工业发达,新民一村所在的长泾镇,农民大多有土织机或铁木机,有手工织布副业,使农民的贫困化趋势有某种程度的缓解。① 江苏太仓流行永佃制,双凤镇部分农民通过高价(相当于田价的2/3)购买田面,获得永佃权,不过租额相对较低,两熟田的租额占总产量的 20%—25%。一些富裕农民通过购买田面,得以保留中农地位②,浙江嘉兴鸣羊村土地较充裕、肥沃,人均使用土地 3.74 亩,中农使用土地较多,人均 3.98 亩。③ 浙江杭县山桥乡位于县西,接近余杭,"城乡关系很密切",农民多种植水果、茶叶、棉、麻、桑、蔬菜等商品性作物,到城市售卖,"农民兼为商贩者亦多"。地租以花租"最为普遍",租额较轻,解放前三年每亩租额平均约 0.42 石米,占产量的 1/3 强。④ 余姚南留十村,佃农有永佃权的土地,亦实行类似"花租"性质的"议租"(即大租)。业佃双方在租佃开始时订立租约,写明"租石"(即租底额),实交租额在秋收时议定,按早晚稻两季分缴(早六晚四)。租额亦较轻。1948 年时,大租加田赋为 80 斤米。⑤ 安徽铜陵东家店村、广德梅溪村都有竹山,盛产竹子,用以制造表芯纸,土地或竹山多由中农使用。东家店村中农占农户总数的34.12%,使用土地占全村土地使用面积的 53.28%;梅溪村中农(包括佃中

① 华东军政委员会工地改革委员会编:《江苏省农村调查》,1952 年印本,第 29 页。
② 华东军政委员会工地改革委员会编:《江苏省农村调查》,1952 年印本,第 60 页。
③ 华东军政委员会工地改革委员会编:《浙江省农村调查》,1952 年印本,第 96、101、104 页。
④ 花租,亦称"议租"或"不定租",是苏南、浙北部分地区实行的一种租制,每年根据收成,由当地有势力的地主与国民党地方政府共同议定租额。见华东军政委员会工地改革委员会编:《浙江省农村调查》,1952 年印本,第 188、193 页。
⑤ 华东军政委员会工地改革委员会编:《浙江省农村调查》,1952 年印本,第 214—215 页。

农)占农户总数的 28.34%,使用竹山占全村竹山使用面积的 46.56%。① 宣城东里村属平原农业地带,土地供应不算特别充裕,全村人均占有土地 1.51 亩,使用土地 2.74 亩(因有 4 成多土地为外村地主所有,故使用地多于占有地)。中农户数占 44.84%,人口占 49.1%,但使用土地占 67.87%,租入土地占各阶层租入的 71.51%。② 所有这些,使得中农在土地占有或使用、农副业生产经营、地租负担、家庭收支等方面,尚差强人意,一般尚可维持正常的简单再生产,未有急速恶化和贫穷破产为贫农、雇农。

显而易见,时至 20 世纪 40 年代末,无论以中农为主体的"橄榄球型"或"擀面杖型"农户结构,还是中农和贫农、雇农大体相等或相近的"啤酒瓶型"农户结构,都只是某些特殊环境下的例外,已不多觏。相反,以贫农、雇农为主体的"宝塔型"尤其是"金字塔型",则十分普遍,已成为各地农户结构的一般形态。表 12-5 为江苏等 6 省 20 县(市)29 乡(村)"宝塔型"农户结构统计。

表 12-5　　江苏等 6 省 20 县(市)29 乡(村)
农户结构("宝塔型")统计(1948—1949 年)

省别	县乡(村)	总户数	地主		富农		中农		贫农		雇农		其他	
			户数	占比(%)	户数	占比(%)	户数	占比(%)	户数	占比(%)	户数	占比(%)	户数	占比(%)
江苏	青浦城北乡	991	15	1.51	58	5.85	432	43.59	417	42.08	46	4.64	23	2.32
	武进政成乡	1084	9	0.83	41	3.78	467	43.08	476	43.91	0	0	91	8.39
	奉贤六郭乡	142	5	3.50	24	17.00	50	35.21	60	42.25	3	2.11	0	0
	无锡张村乡	894	13	1.45	11	1.23	346	38.70	472	52.80	0	0	52	5.82
	无锡泰安乡	232	8	3.45	4	1.72	99	42.67	96	41.38	13	5.60	12	5.17
	无锡坊前乡	773	18	2.33	42	5.43	307	39.72	320	41.40	9	1.16	77	9.96
	武进梅港乡	726	9	1.24	43	5.92	319	43.94	329	45.32	23	3.17	3	0.41
	吴县保安乡	1575	14	0.89	138	8.76	561	35.62	742	47.11	65	4.13	55	3.49
	吴县斜塘镇	524	1	0.19	29	5.53	213	40.65	241	45.99	0	0	40	7.63
	高淳薛城乡	295	7	2.37	7	2.37	111	37.63	155	52.54	3	1.02	12	4.07

① 华东军政委员会工地改革委员会编:《安徽省农村调查》,1952 年印本,第 115 页;见华东军政委员会工地改革委员会编:《安徽省农村调查》,1952 年印本,第 123 页。

② 虽然中农同时出租在本村和外村占有的部分土地,占各阶层出租地的 16.47%,扣除出租地后,中农实际租地比重仍达 55.04%。见华东军政委员会工地改革委员会编:《安徽省农村调查》,1952 年印本,第 146—147、149 页。

续表

省别	县乡（村）	总户数	地主		富农		中农		贫农		雇农		其他	
			户数	占比（%）	户数	占比（%）	户数	占比（%）	户数	占比（%）	户数	占比（%）	户数	占比（%）
浙江	嘉兴高照乡	661	21	3.18	72	10.89	245	37.06	128	19.36	144	21.79	51	7.72
	嘉兴花鱼村	236	9	3.81	14	5.93	82	34.75	115	48.73	6	2.54	10	4.24
	绍兴鉴湖乡	736	6	0.82	19	2.58	260	35.33	270	36.68	33	4.48	148	20.11
	临海开石乡	998	64	6.41	25	2.51	324	32.46	432	43.29	41	4.11	112	11.22
	建德山鹤乡	1448	55	3.80	57	3.94	359	24.79	489	33.77	0	0	488	33.70
	余姚潮界乡二村	286	10	3.50	33	11.54	78	27.27	70	24.48	26	9.09	69	24.13
安徽	临泉4村	370	21	5.68	19	5.14	147	39.73	162	43.78	0	0	21	5.68
	肥西上派河乡	927	39	4.21	36	3.88	328	35.38	408	44.01	29	3.13	87	9.39
	屯溪徐村	138	5	3.62	2	1.45	57	41.30	62	44.93	2	1.45	10	7.25
	南陵戴镇村	458	19	4.15	20	4.37	149	32.53	152	33.19	47	10.26	71	15.50
福建	南平2县3村	214	12	5.61	15	7.01	88	41.12	99	46.26	0	0	0	0
河南	潢川十里棚乡	441	29	6.57	13	2.95	154	34.92	163	37.00	43	9.75	39	8.84
湖南	益阳樟市乡	1014	35	3.45	18	1.77	315	31.10	375	36.98	35	3.45	236	23.27
	益阳黄家仑乡	436	26	5.96	11	2.52	153	35.09	127	29.13	48	11.01	71	16.28
总计		15599	450	2.89	751	4.81	5644	36.18	6360	40.77	616	3.95	1778	11.40
占比（%）		100.00	7.70				36.18		44.72				11.40	

注：临泉4村为袁庄、周桥、杨楼、范楼；南平2县3村为南平大坝、兴华保和古田罗洋村。

资料来源：江苏部分据华东军政委员会土地改革委员会编：《江苏省农村调查》，1952年印本，第12、38、76、91、92、116、133—134、165、178、242页；浙江部分据华东军政委员会土地改革委员会编：《浙江省农村调查》，1952年印本，第83、98、133、152、164、197、294—295页；安徽部分据华东军政委员会土地改革委员会编：《安徽省农村调查》，1952年印本，第36—37、46—47、127—128、173页；福建南平2县3村据华东军政委员会土地改革委员会编：《福建省农村调查》，1952年印本，第9—10页；河南及湖南部分据中南军政委员会土地改革委员会调查研究处编印：《中南区一百个乡调查资料选集·解放前部分》，1953年印本，第2—3、37—38、49—50页。

在调查的同一区域内发现的"橄榄球型"或"擀面杖型"和"啤酒瓶型"农户结构,分别只有 6 宗和 8 宗,合计 14 宗,分布地域为 4 省份 12 县 16 乡(村);而"宝塔型"农户结构为 24 宗,分布地域为 6 省份 20 县 29 乡(村),无论宗数抑或分布地域,都明显超过"橄榄球型"或"擀面杖型"和"啤酒瓶型"二者之和。"宝塔型"成为 20 世纪三四十年代尤其是 40 年代末农户结构的一种重要类型。

"宝塔型"农户结构位于底部的贫农、雇农数量最大,明显超过中部的中农,更比顶部的地主、富农多得多。同"橄榄球型"或"擀面杖型"比较,"宝塔型"的中农数量约莫减少了 30%—50%,贫农雇农数量大约增加了一倍。

当然,不同地区或同一地区不同乡(村),具体情况不一。表 12-5 所列资料显示,"宝塔型"农户结构的地域分布及中农与贫农、雇农的比例构成,各有差异。地域分布方面,"宝塔型"农户结构大部分分布在商品经济发达、地权集中的苏南和浙江地区(这同调查者的调查范围即抽样数量也不无关系),24 宗"宝塔型"个案中,江苏、浙江有 16 宗,占 2/3。中农与贫农、雇农的比例构成以及两者的数量差距,亦高低不一。小的相差不到 1 个百分点(如江苏武进政成乡),类同"啤酒瓶型"农户结构;大的相差 16.53 个百分点(如嘉兴花鱼村),贫农、雇农相当于中农的 1.48 倍。24 宗个案平均,贫农、雇农相当于中农的 1.25 倍,中农占农户总数的比重为 36%,而贫农、雇农接近 45%,贫农、雇农取代中农,成为农民的主体,农民普遍贫困化和中农贫农雇农化、佃农贫农雇农化已经到了非常严重的程度。

然而,事态更为严重的是,20 世纪三四十年代尤其是 40 年代末,"宝塔型"已经不是最主要的农户结构类型。因为这时农民贫困化和中农贫农雇农化、佃农贫农雇农化趋势,犹如脱缰烈马,根本无法遏制。反映在农户结构变化上,就是"金字塔型"结构迅猛扩张,取代"宝塔型",成为农户结构的一般形态,见表 12-6。

表12-6　江苏等8省60县(市)125乡(村)农户结构("金字塔型")统计(1948—1949年)

省别	县乡(村)	总户数	地主		富农		中农		贫农		雇农		其他	
			户数	占比(%)	户数	占比(%)	户数	占比(%)	户数	占比(%)	户数	占比(%)	户数	占比(%)
江苏	江阴4村	718	14	1.95	14	1.95	193	26.88	457	63.65	22	3.06	18	2.51
	江阴梧空乡	1814	2	0.11	27	1.49	281	15.49	1474	81.26	30	1.65	0	0
	武进马杭乡	1841	6	0.33	33	1.79	366	19.88	1342	72.90	94	5.11	0	0
	武进薪南乡	1117	17	1.52	41	3.67	245	21.93	789	70.64	25	2.24	0	0
	武进茶山乡	1571	15	0.95	18	1.15	354	22.53	1053	67.03	131	8.34	0	0
	嘉定塘西乡	581	3	0.52	60	10.33	179	30.81	325	55.94	7	1.20	7	1.20
	嘉定塘东乡	121	5	4.13	7	5.79	22	18.18	84	69.42	0	0	3	2.48
	高淳庙湾村	150	1	0.67	5	3.33	37	24.67	58	38.67	25	16.67	24	16.00
	无锡胶南乡	1143	16	1.40	15	1.31	355	31.06	750	65.62	0	0	7	0.61
	无锡寺头乡	789	10	1.27	17	2.15	267	33.84	485	61.47	0	0	10	1.27
	无锡云林乡	2442	18	0.74	89	3.64	643	26.33	1607	65.81	15	0.61	70	2.87
	无锡村前村	219	18	8.22	4	1.83	63	28.77	119	54.34	4	1.83	11	5.02
	松江薪农乡	808	21	2.60	40	4.95	288	35.64	396	49.01	49	6.06	14	1.73
	吴县鹤金村	168	0	0	9	5.36	55	32.74	85	50.60	10	5.95	9	5.36
	吴县站苏乡	463	4	0.86	33	7.13	143	30.89	277	59.83	0	0	6	1.30
	吴县黄桥乡	296	1	0.34	28	9.46	50	16.89	107	36.15	72	24.32	38	12.84
	吴县新游乡	1315	3	0.23	101	7.68	178	13.54	720	54.75	230	17.49	83	6.31

续表

省别	县乡(村)	总户数	地主 户数	地主 占比(%)	富农 户数	富农 占比(%)	中农 户数	中农 占比(%)	贫农 户数	贫农 占比(%)	雇农 户数	雇农 占比(%)	其他 户数	其他 占比(%)
江苏	小计	15556	154	0.99	541	3.48	3719	23.91	10128	65.10	714	4.59	300	1.93
	占比(%)	100.00		4.47				23.91		69.69				1.93
浙江	11县36村	6637	232	3.49	177	2.67	1989	29.97	3027	45.61	532	8.02	680	10.25
	富阳3县5村	1004	60	5.98	27	2.69	162	16.14	523	52.09	88	8.76	144	14.34
	丽水城2街	229	12	5.24	2	0.87	53	23.14	150	65.50	9	3.93	3	1.31
	松阳望松8村	934	20	2.14	33	3.53	264	28.27	617	66.06	0	0	0	0
	衢县美家坞村	164	3	1.83	2	1.22	31	18.90	114	69.51	14	8.54	0	0
	龙游希庸乡	198	1	0.51	12	6.06	54	27.27	131	66.16	0	0	0	0
	龙游灵山乡	147	6	4.08	16	10.88	49	33.33	76	51.70	0	0	0	0
	龙游詹家乡	138	8	5.80	1	0.72	13	9.42	116	84.06	0	0	0	0
	开化溪源乡	102	4	3.92	4	3.92	9	8.82	85	83.33	0	0	0	0
	嘉兴塘汇乡	1037	27	2.60	95	9.16	261	25.17	515	49.66	87	8.39	52	5.01
	衢县白渡乡	1114	21	1.89	34	3.05	346	31.06	551	49.46	83	7.45	79	7.09
	建德葱口2村	184	12	6.52	5	2.72	40	21.74	94	51.09	26	14.13	7	3.80
	金华乾溪乡	196	13	6.63	2	1.02	31	15.82	75	38.27	75	38.27	0	0
	吴兴纱田村	173	6	3.47	8	4.62	40	23.12	103	59.54	10	5.78	6	3.47

续表

省别	县乡(村)	总户数	地主		富农		中农		贫农		雇农		其他	
			户数	占比(%)	户数	占比(%)	户数	占比(%)	户数	占比(%)	户数	占比(%)	户数	占比(%)
浙江	小计	12257	425	3.47	418	3.41	3342	27.27	6177	50.39	924	7.54	971	7.92
	占比(%)	100.00		6.88				27.27		57.93				7.92
安徽	歙县龙井村	110	14	12.73	11	10	21	19.09	64	58.18	0	0	0	0
	祁门钟秀村	212	4	1.89	8	3.77	39	18.40	161	75.94	0	0	0	0
	宿松柳坪乡	437	9	2.06	24	5.49	118	27.00	170	38.90	14	3.20	102	23.34
	绩溪余川村	200	15	7.50	7	3.50	49	24.50	125	62.50	4	2.00	0	0
	临泉杨楼村	130	5	3.85	2	1.54	33	25.38	54	41.54	6	4.62	30	23.08
	濉溪古西乡	1022	24	2.35	42	4.11	303	29.65	645	63.11	3	0.29	5	0.49
	来安殿发乡	340	14	4.12	1	0.29	125	36.76	177	52.06	9	2.65	14	4.12
	霍山诸佛庵乡	742	23	3.10	4	0.54	139	18.73	193	26.01	138	18.60	245	33.02
	无为百马乡	1212	16	1.32	19	1.57	394	32.51	743	61.30	25	2.06	15	1.24
	滁县关山乡	780	21	2.69	20	2.56	199	25.51	397	50.90	138	17.69	5	0.64
	滁县大王营乡	697	32	4.59	34	4.88	216	30.99	255	36.59	133	19.08	27	3.87
	贵池杏村圩	198	3	1.52	2	1.01	68	34.34	113	57.07	0	0	12	6.06
	贵池齐山村	406	4	0.99	11	2.71	131	32.27	247	60.84	5	1.23	8	1.97
	当涂连云保	156	0	0	7	4.49	31	19.87	106	67.95	12	7.69	0	0
	宣城金象村	563	24	4.26	13	2.31	154	27.35	252	44.76	107	19.01	13	2.31

续表

省别	县乡(村)	总户数	地主 户数	地主 占比(%)	富农 户数	富农 占比(%)	中农 户数	中农 占比(%)	贫农 户数	贫农 占比(%)	雇农 户数	雇农 占比(%)	其他 户数	其他 占比(%)
安徽	岳西北山村	245	11	4.49	13	5.31	72	29.39	113	46.12	3	1.22	33	13.47
	芜湖杨垾村	446	1	0.22	11	2.47	138	30.94	269	60.31	7	1.57	20	4.48
	休宁花桥村	224	5	2.23	4	1.79	51	22.77	157	70.09	0	0	7	3.13
	黟县庐村	267	5	1.87	5	1.87	93	34.83	160	59.93	0	0	4	1.50
	小计	8387	230	2.74	238	2.84	2374	28.31	4401	52.47	604	7.20	540	6.44
	占比(%)	100.00	5.58				28.31		59.67				6.44	
福建	南平3县5村	669	26	3.89	31	4.63	166	24.81	393	58.74	53	7.92	0	0
	福安5县7村	2178	100	4.59	50	2.30	375	17.22	1353	62.12	114	5.23	186	8.54
	福州后屿村	379	7	1.85	9	2.37	116	30.61	228	60.16	0	0	19	5.01
	福州鳝箭村	391	1	0.26	10	2.56	138	35.29	233	59.59	0	0	9	2.30
	福安南塘保	337	9	2.67	5	1.48	47	13.95	269	79.82	0	0	7	2.08
	古田七保村	337	10	2.97	2	0.59	102	30.27	178	52.82	41	12.17	4	1.19
	晋江涵坂村	299	2	0.67	0	0	91	30.43	204	68.23	0	0	2	0.67
	福州义序乡	431	13	3.02	12	2.78	102	23.67	304	70.53	0	0	0	0
	小计	5021	168	3.35	119	2.37	1137	22.64	3162	62.98	208	4.14	227	4.52
	占比(%)	100.00	5.72				22.64		67.12				4.52	
湖南	茶陵庙市乡	576	18	3.13	13	2.25	197	34.20	291	50.52	13	2.26	44	7.64
江西	丰城小蒉渡乡	593	22	3.71	13	2.19	157	26.48	196	33.05	60	10.12	145	24.45
	九江右门乡	556	24	4.32	5	0.90	169	30.40	244	43.88	30	5.40	84	15.11

续表

省别	县乡(村)	总户数	地主		富农		中农		贫农		雇农		其他	
			户数	占比(%)	户数	占比(%)	户数	占比(%)	户数	占比(%)	户数	占比(%)	户数	占比(%)
广东	普宁塘湖乡	519	19	3.66	9	1.73	154	29.67	237	45.66	15	2.90	85	16.38
广西	宾阳大林乡	550	21	3.82	9	1.64	179	32.55	260	47.27	37	6.72	44	8.00
广西	灵山梓崇塘乡三	408	32	7.84	5	1.23	107	26.23	156	38.24	42	10.30	66	16.18
	小计	3202	136	4.25	54	1.69	963	30.07	1384	43.22	197	6.15	468	14.62
	占比(%)	100.00	5.92				30.03		49.30				14.62	
	总计	44423	1113	2.51	1370	3.08	11535	25.96	25252	56.85	2647	5.96	2506	5.64
	占比(%)	100.00	5.60				25.96		62.81				5.64	

注：1."县乡(村)"栏中，江苏"江阴4村"为淀南乡新民、民生、作华、万兴4个村；浙江"11县36村"为临安、余杭、于潜、昌化、分水、桐庐、富阳、新登、孝丰、安吉、武康11县，36村的村名不详；"富阳3县5村"为富阳盛村、余杭杨桥乡二村、临安横溪乡3个县；福建"福安5县7村"为福安县东郊步兜山、寿宁县清源、王壶、东坑、宁德县栖云、宁德县江边、霞浦县新城7个村；"南平3县5村"为南平县西芹镇兴华保、凤山区大坝村、古田县罗源村、罗洋村、沙县城关区赤未保5干村。

2."其他"栏中，部分城镇复郊区乡(村)，三工业者、工人、小商、小贩、店员、自由职业者等非农业户数量较多，已将其剔除，未加区分者的"其他"、村户则子保留。

资料来源：江苏部分据华东军政委员会土地改革委员会编《江苏省农村调查》，1952年刊本，第29—30、39—40、42、81、82、86、92、107、128、141—142、173、183、301、312页；折江部分据华东军政委员会土地改革委员会编：《浙江省农村调查》，1952年刊本，第16—17、28、29、57—58、63—64、71—72、97、137、168、176页；安徽部分据华东军政委员会土地改革委员会编：《安徽省农村调查》，1952年刊本，第32—34、36、57—58、70、78—79、81—82、92、96—97、100、112—113、130—131、139—140、153—154、167、209—210、215页；福建省部分据华东军政委员会土地改革委员会编：《福建省农村调查》1952年刊本，第9、12、22—24、61、69、89、152—153页；湖南、江西、广西、广东部分据中南军政委员会土地改革委员会编印《中南区一百个乡调查资料选集·解放前部分》，1953年印本，第75—76、146、176、193、219页整理、计算、编制。

表 12-6 列"金字塔型"农户结构个案,计 64 宗,涉及 44428 家农户(含部分村户),涵盖江苏等 8 省 60 县(市)125 乡(村),在"橄榄球型""擀面杖型""啤酒瓶型""宝塔型""金字塔型"5 种类型的农户结构中,"金字塔型"数量最多,涵盖地域范围最广,其宗数、农户(含部分村户)数和乡(村)数远远超过"橄榄球型"或"擀面杖型""啤酒瓶型""宝塔型"3 个类型之和,依次相当于后者的 1. 68 倍、2. 13 倍和 2. 78 倍。时至 20 世纪 40 年代末,"金字塔型"成为最主要和最基本的农户结构形态。

在清朝和民国时期农户经济发展、成长和随后的农民贫困化历史过程中,"橄榄球型""擀面杖型""啤酒瓶型""宝塔型""金字塔型"等 5 种类型的农户结构,是依次产生和相互替代的。"金字塔型"农户结构形成最晚,是农民极度贫困、中农贫农雇农化和佃农贫农雇农化接近尾声的产物。

表 12-6 列数据显示,"金字塔型"农户结构中的中农数量大减。贫农、雇农则成倍增加,"金字塔型"结构中的中农和贫农、雇农比重变化,基本上是"橄榄球型"结构中两者所占比重及"主体"地位的调换。不过对照表 12-2 的相关数据,"金字塔型"结构中的贫农、雇农比重,比"橄榄球型"结构中的中农比重更高;而"金字塔型"结构中的中农比重,比"橄榄球型"结构中的贫农、雇农比重更低。

另外,1950 年一项有关苏南地区农户结构、土地制度的调查,范围较大,涵盖苏南 25 县(缺丹阳、溧阳 2 县)973 个乡,其结构是:地主、富农 38555 户,占 4.92%;中农 268116 户,占 34.20%;贫农、雇农 477080 户,占 60.86%。[①] 这也是相当典型的"金字塔型"结构。

农民普遍和急剧贫困化、中农贫农雇农化和佃农贫农雇农化,开始于 1931 年日本侵华战争爆发和随后爆发的全国性农业恐慌,1937 年日本全面侵华战争爆发后空前加剧。到 1949 年新中国成立,前后将近 20 年,农户结构由原来以中农为主体的"橄榄球型"结构、"擀面杖型"结构,经以

---

① 华东军政委员会土地改革委员会编:《江苏省农村调查》,1952 年印本,第 5—6 页综合计算。

表 12-7　土地改革前江苏等 27 省农户（户口）结构统计

（单位：户）

省别	项目 县数/%	总农户数	地主	富农	中农	贫农	雇农	其他
江苏	33	3162784	131146	99166	1081255	1642390	75664	133163
	%（1）	100.00	4.15	3.14	34.19	51.93	2.39	4.21
	%（2）	100.00		7.29	34.19		54.32	4.21
浙江	63	3948984	107100	87524	1180672	1993360	203777	376551
	%（1）	100.00	2.71	2.22	29.90	50.48	5.16	9.54
	%（2）	100.00		4.93	29.90		55.84	9.54
安徽	50	5217913	229387	155611	1758702	2687587	185345	201281
	%（1）	100.00	4.39	2.98	33.71	51.51	3.55	3.86
	%（2）	100.00		7.37	33.71		55.06	3.86
福建	42	1373841	32963	24380	447536	666162	47674	155126
	%（1）	100.00	2.40	1.77	32.58	48.49	3.47	11.29
	%（2）	100.00		4.17	32.58		51.96	11.29
小计	188	15703522	500596	366681	4468165	6989499	512460	866121
	%（1）	100.00	3.65	2.68	32.61	51.01	3.74	6.32
	%（2）	100.00		6.33	32.61		54.75	6.32
湖北	71	3512430	153076	176202	1098551	1902222	152528	129851
	%（1）	100.00	4.24	4.88	30.41	52.66	4.22	3.59
	%（2）	100.00		9.12	30.41		56.88	3.59

续表

项目 省别	县数/%	总农户数	地主	富农	中农	贫农	雇农	其他
湖南	73	4095625	200859	106903	1171423	2076573	133669	406198
	%(1)	100.00	4.91	2.61	28.60	50.70	3.26	9.92
	%(2)	100.00	7.52		28.60	53.96		9.92
江西	59	12254544	48631	39539	322951	695572	39493	108358
	%(1)	100.00	3.88	3.15	25.74	55.44	3.15	8.64
	%(2)	100.00	7.03		25.74	58.59		8.64
广东	41	2366623	110144	53475	504846	1194679	142959	360520
	%(1)	100.00	4.66	2.26	21.33	50.48	6.04	15.23
	%(2)	100.00	6.92		21.33	56.52		15.23
广西	50	837427	38432	25561	277457	405743	76923	13311
	%(1)	100.00	4.59	3.06	33.13	48.45	9.18	1.59
	%(2)	100.00	7.65		33.13	57.63		1.59
小计	235	12166649	551142	401680	3375228	6274789	545572	1018238
	%(1)	100.00	4.54	3.30	27.74	51.57	4.48	8.37
	%(2)	100.00	7.84		27.74	56.05		8.37
四川	49	4798909	230853	121676	1317460	2442795	228465	457660
	%(1)	100.00	4.81	2.54	27.45	50.90	4.76	9.54
	%(2)	100.00	7.35		27.45	55.66		9.54

续表

省别	项目 县数/%	总农户数	地主	富农	中农	贫农	雇农	其他
云南	42	870142	44370	30380	234857	441316	59167	60052
	%(1)	100.00	5.10	3.49	26.99	50.72	6.80	6.90
	%(2)	100.00		8.59	26.99	57.52		6.90
贵州	65	483560	69845	47215	472114	654911	108194	131281
	%(1)	100.00	4.71	3.18	31.82	44.15	7.29	8.85
	%(2)	100.00		7.89	31.82	51.44		8.85
小计	156	152611	345068	199271	2024431	3539022	395826	648993
	%(1)	100.00	4.82	2.79	28.30	49.48	5.53	9.07
	%(2)	100.00		7.61	28.30	55.01		9.07
南部地区总计	638	33022782	1396806	967632	9867824	16803310	1453858	2533352
	%(1)	100.00	4.23	2.93	29.88	50.89	4.40	7.67
	%(2)	100.00		7.16	29.88	55.29		7.67
河北	49	1083446	27339	42716	443907	507652	29083	32749
	%(1)	00.00	2.52	3.94	40.97	46.86	2.69	3.02
	%(2)	00.00		6.46	40.97	49.55		3.02
山东	31	2207241	55518	50068	894313	1196078	157	11107
	%(1)	00.00	2.51	2.27	40.52	54.19	0.01	0.50
	%(2)	00.00		4.78	40.52	54.20		0.50

续表

省别\项目	县数/%	总农户数	地主	富农	中农	贫农	雇农	其他
河南	41	1344449	48192	44737	431050	660699	131298	28473
	%(1)	100.00	3.58	3.33	32.06	49.14	9.77	2.12
	%(2)	100.00	6.91		32.06	58.91		2.12
山西	33	548162	15882	26013	233705	261380	5632	5550
	%(1)	100.00	2.90	4.75	42.63	47.68	1.03	1.01
	%(2)	100.00	7.65		42.63	48.71		1.01
小计	154	5183298	146931	163534	2002975	2625809	166170	77879
	%(1)	100.00	2.83	3.16	38.64	50.66	3.21	1.50
	%(2)	100.00	5.99		38.64	53.87		1.50
陕西	34	1170289	38290	26367	427889	499951	107457	70335
	%(1)	100.00	3.27	2.26	36.56	42.72	9.18	6.01
	%(2)	100.00	5.53		36.56	51.90		6.01
甘肃	63	1619959	52349	28458	606509	599042	218384	115217
	%(1)	100.00	3.23	1.76	37.44	36.98	13.48	7.11
	%(2)	100.00	4.99		37.44	50.46		7.11
宁夏	8	95976	3413	1941	34820	33527	15343	6932
	%(1)	100.00	3.56	2.02	36.28	34.93	15.99	7.22
	%(2)	100.00	5.58		36.28	50.92		7.22

续表

省别\项目	县数/%	总农户数	地主	富农	中农	贫农	雇农	其他
青海	7	80186	2593	1880	35230	30702	6000	3781
	%(1)	100.00	3.23	2.34	43.94	38.29	7.48	4.72
	%(2)	100.00	5.57		43.94	45.77		4.72
新疆	17	133357	3492	3615	46672	47073	19130	13375
	%(1)	100.00	2.62	2.71	35.00	35.30	14.34	10.03
	%(2)	100.00	5.33		35.00	49.64		10.03
小计	129	3099767	100137	62261	1151120	1210295	366314	209640
	%(1)	100.00	3.23	2.01	37.14	39.04	11.82	6.76
	%(2)	100.00	5.24		37.14	50.86		6.76
北部地区总计	283	8283065	247068	225795	3154095	3836104	532484	287519
	%(1)	100.00	2.98	2.73	38.08	46.31	6.43	3.47
	%(2)	100.00	5.71		38.08	52.74		3.47
热察绥	9	453371	23678	26052	128010	263596	14343	7692
	%(1)	100.00	5.11	5.62	27.63	56.89	3.09	1.66
	%(2)	100.00	10.73		27.63	59.98		1.66
辽宁	27	923901	27861	44655	229947	454903	156251	10284
	%(1)	100.00	3.02	4.83	24.89	49.24	16.91	1.11
	%(2)	100.00	7.85		24.89	66.15		1.11

续表

省别	县数/%	总农户数	地主	富农	中农	贫农	雇农	其他
吉林	13	206194	8474	10068	43750	75405	64971	3526
	%(1)	100.00	4.11	4.88	21.22	36.57	31.51	1.71
	%(2)	100.00	8.99		21.22	68.08		1.71
黑龙江	18	200312	10028	6227	28111	109968	45252	726
	%(1)	100.00	5.01	3.11	14.03	54.90	22.59	0.36
	%(2)	100.00	8.12		14.03	77.49		0.36
小计	67	1793778	70041	87002	429818	903872	280817	22228
	%(1)	100.00	3.90	4.85	23.96	50.39	15.66	1.24
	%(2)	100.00	8.75		23.96	66.05		1.24
总计	988	43099625	1713915	1280429	13451737	21543286	2267159	2843099
	%(1)	100.00	3.98	2.97	31.21	49.98	5.26	6.60
	%(2)	100.00	6.95		31.21	55.24		6.60

注：1. 表中全部数据均据相关省、自治区、直辖市及其下属地区、县(市)区土地改革档案整理加工、综合、计算、汇集而成，其性质和学术价值基本相同。

2. 各地农户、村户阶级成分名目繁简不一，为便于汇集、比较，本表归纳、合并为常见的地主、富农、中农、贫农、雇农、其他6大类。部分地区贫农、雇农未单独划分，或未分列，统称"贫农雇农"或"贫雇农"。此类"贫农雇农"均被归入贫农项下。故表中雇农比实际数量少。

资料来源：据各地新编省志、自治区志、直辖市志(含市辖区志)、地区志、县志、各地农业志，以及解放初期的调查资料综合整理编制(已剔除交叉、重复部分)。

中农和贫农、雇农共同为主体的"啤酒瓶型"结构,蜕变为以贫农、雇农为主体的"宝塔型"结构和"金字塔型"结构。最终"金字塔型"成为农户结构的一般形态。这就是中国近代最后 20 年中国农民经济和农户结构变化所走过的基本历程。

这种情况当然不限于上述华东江、浙、皖、闽 4 省份及中南豫、鄂、湘、赣、粤、桂 6 省份个别乡、村,其他地区亦不例外。到 20 世纪 40 年代末,全国除了少数地区,"宝塔型"或"金字塔型"就是农户结构的基本形态。表 12-7 比较完整地反映了南北各地土地改革前夕的农户阶级结构状况和特点。

表 12-7 中农户结构统计所涉及的范围,涵盖南北 27 省份,除西藏、台湾、内蒙古草原牧区(南部农业区和农牧混合区农户结构资料列入热察绥)因无同类农户结构资料,没有开列,其他省份均已包括在内,覆盖范围共 988 县,约占当时全国总县数的一半以上,覆盖农户近 4310 万户,也将近占全国农民的一半。① 这不仅可以验证在前揭抽样调查数据的真实性和代表性,更能弥补抽样调查的不足,全面、准确地反映全国范围的农户结构状况。

表 12-7 数据显示,27 省份平均农户的整体阶级结构是,地主富农占 6.95%、中农占 32.21%、贫农雇农占 55.24%、其他阶层占 6.60%,贫农雇农相当于中农的 1.71 倍,是相当典型的"金字塔型"结构。就全国范围而言,20 世纪 40 年代末或土地改革前夕,以省或县为单元计算,"橄榄球型"或"擀面杖型"或"啤酒瓶型"结构均已消失,"金字塔型"和"宝塔型"是农户结构的基本类型。

从各个地区看,农民经济状况恶化、中农贫农雇农化、农户结构类型蜕变同地权集中程度成正比,与商品经济、商业流通的发展,也有一定关系。不过起决定性作用的还是地权分配。越是地权集中的地区,农民普

---

① 20 世纪 30—40 年代,全国县治多有变动,据李炳卫编:《中华民国省县地名三汇》(北平民社 1945 年版)统计,全国共 1839 县(含旗"设治局"等县级建制),988 县占 53.7%。全国户数无精确统计,如以全国人口约 45000 万人、10000 户,农户占 9 成估计,4310 万户,约占 47.9%。

遍贫困化和中农贫农雇农化、佃农贫农雇农化的程度越严重,农户中的中农比重越低,贫农雇农比重越高,农户结构的"宝塔型"尤其是"金字塔型"特征愈典型和突出。南北比较,南方地区地权集中,商品经济、商业流通相对发达,农户结构的"金字塔型"特征也更典型,贫农雇农相当于中农的1.85倍。北方地区地权相对分散,贫农雇农相当于中农的1.38倍,农户结构的"金字塔型"特征不如南方地区典型。在南方地区内部,中南、西南两地区的地权集中程度高于华东地区,农户结构的"金字塔型"特征也更典型,贫农、雇农分别相当于中农的2.02倍和1.94倍,华东地区则只有1.68倍。至于受日军蹂躏时间最长、农业生产和社会经济破坏最严重、地权集中程度最高的东北、热察绥地区,农户结构的"金字塔型"特征也最为突出,贫农雇农相当于中农的2.76倍。

从人口反映出来的农户结构状况,同户口所反映的状况基本一致,但程度略有差异,这是因为地主、富农、中农的家庭规模一般相对较大,而贫农雇农特别是雇农的家庭规模较小。这就会相对提高地主、富农、中农的人口比重,降低贫农雇农特别是雇农的人口比重。从而使农户结构发生微小的变化。

表12-8是按人口计算所反映的农户阶级结构情况。

同按户口计算所反映的农户结构情况比较,按人口计算,中农和佃农贫农雇农化程度、农户结构状态,大同小异。如表12-8所示,27省份平均,农户的整体阶级结构是,地主富农占9.04%,中农占34.73%,贫农雇农占51.10%,其他阶层占5.13%,贫农雇农的数量、比重远远高于中农,相当于中农的1.47倍。按前面设定的标准,农户结构属于"宝塔型",与户口计算、测定的"金字塔型"不太一样,两者实际数据亦有差距。从区域和省份看,南北地区均有少量省份的农户结构类型有某些变化:南方地区江苏、安徽、云南3省,由"金字塔型"变为"宝塔型";北方黄河中上游地区山西、甘肃两省,由"宝塔型"变为"啤酒瓶型";山西、宁夏、青海3省、区,更由"宝塔型"变为"擀面杖型"。唯一没有多大变化的是热察绥和东北地区,中农人口只占27.74%,贫农雇农人口比重达59.71%。其中吉林、黑龙江中农人口比重分别低至12.04%和16.86%,贫农雇农人口比

表12-8　土地改革前江苏等27省农户(人口)结构统计

(单位:人)

省别	项目 县数/%	总计	地主	富农	中农	贫农	雇农	其他
江苏	33	13417421	350992	480786	5095321	6739798	253213	497311
	%(1)	100.00	2.62	3.58	37.97	50.23	1.89	3.71
	%(2)	100.00	6.20		37.97	52.12		3.71
浙江	63	11624075	514964	451735	4958631	7047093	478322	1173330
	%(1)	100.00	3.52	3.09	33.91	48.19	3.27	8.02
	%(2)	100.00	6.61		33.91	51.46		8.02
安徽	50	22628823	1262024	888439	8098406	11042965	725190	611799
	%(1)	100.00	5.58	3.93	35.79	48.80	3.20	2.70
	%(2)	100.00	9.51		35.79	52.00		2.70
福建	42	5439289	185382	142659	2155679	2276902	98277	580390
	%(1)	100.00	3.41	2.62	39.63	41.86	1.81	10.67
	%(2)	100.00	6.03		39.63	43.67		10.67
小计	188	55109608	2313362	1963619	20308037	27106758	1555002	2862830
	%(1)	100.00	4.12	3.50	36.20	48.31	2.77	5.10
	%(2)	100.00	7.62		36.19	51.08		5.10
湖北	71	14919126	773166	627513	4796616	7729566	445387	546878
	%(1)	100.00	5.18	4.21	32.15	51.81	2.99	3.66
	%(2)	100.00	9.39		32.15	54.80		3.66

续表

省别	项目 县数/%	总计	地主	富农	中农	贫农	雇农	其他
湖南	73	18919723	1074638	617132	5887344	9490208	381981	1468420
	%(1)	100.00	5.68	3.26	31.12	50.16	2.02	7.76
	%(2)	100.00	8.94		31.12	52.18		7.76
江西	59	4782152	223528	207432	1422007	2425350	97871	405964
	%(1)	100.00	4.67	4.34	29.73	50.72	2.05	8.49
	%(2)	100.00	9.01		29.73	52.77		8.49
广东	41	9946114	607286	318297	2581268	4809956	417554	1211753
	%(1)	100.00	6.11	3.20	25.95	48.36	4.20	12.18
	%(2)	100.00	9.31		25.95	52.56		12.18
广西	50	4121886	337238	188833	1554863	1707319	211430	122203
	%(1)	100.00	8.18	4.58	37.72	41.42	5.13	2.97
	%(2)	100.00	12.76		37.72	46.55		2.97
小计	294	52689001	3015856	1959207	16242098	26162399	1554223	3755218
	%(1)	100.00	5.72	3.72	30.83	49.65	2.95	7.13
	%(2)	100.00	9.44		30.83	52.60		7.13
四川	49	21041668	1674084	730311	6716166	10035165	578470	1307472
	%(1)	100.00	7.95	3.47	31.92	47.69	2.75	6.22
	%(2)	100.00	11.42		31.92	50.44		6.22

续表

项目 省别	县数/%	总计	地主	富农	中农	贫农	雇农	其他
云南	42	5413915	291740	259250	1840510	2464067	255403	302945
	%（1）	100.00	5.39	4.79	33.99	45.51	4.72	5.60
	%（2）	100.00	10.18		33.99	50.23		5.60
贵州	65	7185559	455416	298575	2596077	3230639	199320	405532
	%（1）	100.00	6.34	4.16	36.13	44.96	2.77	5.64
	%（2）	100.00	10.50		36.13	47.73		5.64
小计	156	33641142	2421240	1288136	11152753	15729871	1033193	2015949
	%（1）	100.00	7.20	3.83	33.15	46.76	3.07	5.99
	%（2）	100.00	11.03		33.15	49.83		5.99
南部地区总计	638	142439751	7750458	5210962	47702888	68999028	4142418	8633997
	%（1）	100.00	5.44	3.66	33.49	48.44	2.91	6.06
	%（2）	100.00	9.10		33.49	51.35		6.06
河北	49	4806523	147060	261679	2024771	2138968	103538	130507
	%（1）	100.00	3.06	5.44	42.13	44.50	2.15	2.72
	%（2）	100.00	8.50		42.13	46.65		2.72
山东	31	9998423	335047	316757	4114765	5188050	642	43162
	%（1）	100.00	3.35	3.17	41.15	51.89	0.01	0.43
	%（2）	100.00	6.52		41.15	51.90		0.43

续表

省别	项目 县数/%	总计	地主	富农	中农	贫农	雇农	其他
河南	41	9792505	500361	416262	3155278	4868067	662408	190129
	%（1）	100.00	5.11	4.25	32.22	49.71	6.77	1.94
	%（2）	100.00		9.36	32.22		56.48	1.94
山西	33	2290073	85405	142204	1088046	930979	26859	16580
	%（1）	100.00	3.73	6.21	47.51	40.65	1.17	0.73
	%（2）	100.00		9.94	47.51		41.82	0.73
小计	154	26887524	1067873	1136902	10382860	13126064	793447	380378
	%（1）	100.00	3.97	4.23	38.62	48.82	2.95	1.41
	%（2）	100.00		8.20	38.62		51.77	1.41
陕西	34	4139522	188134	135475	1793043	1605475	203941	213454
	%（1）	100.00	4.54	3.27	43.32	38.78	4.93	5.16
	%（2）	100.00		7.81	43.32		43.71	5.16
甘肃	63	9213299	518606	306325	4035009	3038099	831613	483647
	%（1）	100.00	5.63	3.32	43.79	32.98	9.03	5.25
	%（2）	100.00		8.95	43.79		42.01	5.25
宁夏	8	493061	31214	20875	222278	138602	56636	23456
	%（1）	100.00	6.33	4.23	45.08	28.11	11.49	4.76
	%（2）	100.00		10.56	45.08		39.60	4.76

续表

省别	县数/%	总计	地主	富农	中农	贫农	雇农	其他
青海	7	437070	19507	17846	240499	169021	27700	12497
	%（1）	100.00	4.00	3.66	49.38	34.70	5.69	2.57
	%（2）	100.00	7.66		49.38	40.39		2.57
新疆	17	447963	15542	13390	163414	153969	57014	44634
	%（1）	100.00	3.47	2.99	36.48	34.37	12.73	9.96
	%（2）	100.00	6.46		36.48	47.10		9.96
小计	129	14780915	773003	493911	6454243	5105166	1176904	777688
	%（1）	100.00	5.23	3.34	43.67	34.54	7.96	5.26
	%（2）	100.00	8.57		43.67	42.50		5.26
北部地区总计	283	41668439	1840876	1630813	16837103	18231230	1970351	1158066
	%（1）	100.00	4.42	3.91	40.41	43.75	4.73	2.78
	%（2）	100.00	8.33		40.41	48.48		2.78
热察绥	9	2185803	129878	152127	664322	1175637	39805	24034
	%（1）	100.00	5.94	6.96	30.39	53.79	1.82	1.10
	%（2）	100.00	12.90		30.39	55.61		1.10
辽宁	27	4572200	179594	268358	1458229	2167009	456711	42299
	%（1）	100.00	3.93	5.87	31.89	47.40	9.99	0.92
	%（2）	100.00	9.80		31.89	57.39		0.92

续表

省别\项目	县数/%	总计	地主	富农	中农	贫农	雇农	其他
吉林	13	1025659	63056	92990	123491	470646	255656	19820
	%(1)	100.00	6.15	9.07	12.04	45.89	24.92	1.93
	%(2)	100.00	15.22		12.04	70.81		1.93
黑龙江	18	797397	54032	47418	134427	387326	171560	2634
	%(1)	100.00	6.78	5.95	16.86	48.57	21.51	0.33
	%(2)	100.00	12.73		16.86	70.08		0.33
小计	67	8581059	426560	560893	2380469	4200618	923732	88787
	%(1)	100.0	4.97	6.54	27.74	48.95	10.76	1.03
	%(2)	100.0	11.51		27.74	59.71		1.04
总计	988	192689249	10017894	7402668	66920460	91430876	7036501	9880850
	%(1)	100.0	5.20	3.84	34.73	47.45	3.65	5.13
	%(2)	100.0	9.04		34.73	51.10		5.13

资料来源:据各地新编省志、自治区志、直辖市志(包括市辖区志)地区志、县志、各地农业志,以及新中国成立初期的调查资料综合整理编制(已剔除交叉、重复部分)。

重分别高达 70.81% 和 70.08%,后者分别相当于前者的 5.88 倍和 4.16 倍。全区平均,贫农雇农相当于中农的 2.15 倍,仍然是最典型的"金字塔型"。①

户口、人口从两个侧面所反映的农户结构及其嬗变,直至 20 世纪 40 年代末或土地改革前夕,就全国范围而言,农民贫困化和中农贫农雇农化、佃农贫农雇农化,都已走到或濒临尽头:贫农雇农取代中农,成为农业生产者和农村社会的主体。与此相联系,在农户结构方面,早先的"橄榄球型"结构完全绝迹,"擀面杖型"结构也已消失,或仅存在于个别省、县,"宝塔型"和"金字塔型"成为农户结构的基本类型。至于被日本帝国主义侵占、蹂躏时间最长,洗劫最彻底的热察绥和东北 3 省,则是关内外农民贫困化和中农贫农雇农化、佃农贫农雇农化最彻底的地区,也是"金字塔型"农户结构最典型的地区。

二、土地类别和土地占有状况及其变化

不同历史时期、时段和不同地区,土地类别和土地占有状况及其变化,各有特点。

近代时期,全国农地仍分为官地、旗地(包括蒙旗地)、民地(又分公田、私田)三大部分,但开始了官地、旗地民地化、公田私田化的进程。由于太平天国农民战争,中日甲午战争和《马关条约》割地赔款,八国联军侵华和庚子赔款,辛亥革命和清王朝、八旗地主贵族的覆亡,清政府、北洋政府和国民党政府的卖地、放荒筹款,"九一八事变"和日本帝国主义对东北、内蒙古的鲸吞与蚕食等,一系列重大历史事件的冲击与催化作用,到日本全面侵华战争爆发前,除部分蒙旗地外,几乎全部官田、屯田、旗地都已转化为民田,官地旗地民地化的进程已基本完结。日本帝国主义全面侵华战争爆发后,日本侵略者又幕后导演"土地奉上"的闹剧,将剩余蒙旗地全部收归伪"满洲国""皇上",实际已入自己囊中。公田私田化开

---

① 原资料统计中,有少量县域户口和人口数据不完整、只有户口而无人口、只有人口而无户口,虽然两者数量相近,但有关户口农户结构和人口农户结构的异同及其表述,不一定完全切合历史实际。

始的时间与官地旗地民地化大致相同,但不同门类公田的私有化进程不一。由于商品经济对传统道德、乡村管理模式的冲击和封建乡绅阶层的衰微,一些慈善、公益性公田,如有关船渡、茶亭、修桥补路、义冢、慈善救济一类公田,加速流失和私田化,而族田、祠田、烝尝田等宗族田产和庙田、寺田、会田等宗教迷信田产,流失和私田化进程较慢,私有化程度较低,一些地区的公共土地继续存留,族田、庙田更有进一步扩大的趋势,部分地区的公共土地还占有相当大的比重。

20世纪三四十年代,土地买卖和土地占有状况,总的来说,在日本帝国主义侵华战争特别是全面侵华战争期间,农民破产失地空前加剧,地主、富户、汉奸兼并格外猖獗,地权分配呈断续甚至加剧集中的态势,只是不同时段、不同地域各有差异,情况各式各样:在部分地区,地权加速集中,尤其是热河、察哈尔、绥远和东北地区,一些蒙古族王公、地主、汉奸在为虎作伥、替日本侵略者劫夺土地效劳的同时,不择手段兼并和霸占农田,日本帝国主义战败投降,又迫不及待地将原来日军劫夺的土地攫为己有,使得这些地区尤其是日本帝国主义占领和蹂躏时间最长的东北3省,成为全国地权集中程度最高的地区;在某些封建宗族制度根深蒂固的地区,地主面对大革命、土地革命和老区土地改革的冲击,为了加固封建宗族制度的根基、躲避土地改革的打击,采取强化、扩大烝尝地提留的策略,由此"活地主"变为"死地主",而且"死地主"的土地面积往往超过"活地主",而"活地主"的土地面积又往往低于中农和贫农雇农,以致呈现虚假的地权分散态势;有少数地区,在日本全面侵华战争期间,或佃农抗租,或地主逃往城里,无法收租,更无法继续兼并土地进行地租增殖;还有某些永佃制流行地区,老区开始土地改革,地主预感末日来临,停止了对田底(土地所有权)的购买与兼并,或改而购买田面(土地使用权),田底田价格大幅跌落,地权集中趋势中停,或转趋分散。这使得20世纪三四十年代的全国地权分配及其变化呈现多样化的态势。

(一) 官地旗地民地化进程的基本完结和公共土地的继续存留

官地、旗地向民地的转化,在1937年日本全面侵华战争前,除蒙旗地外已基本完结。① 官地所制不多。据估计，中日甲午战争前夕，官地约占全国耕地面积的 25%，民地占 75%；到 20 世纪 30 年代，官地比重降至10%，而民地比重上升到 90%②，已占绝对统治地位。

1937 年日本全面侵华战争爆发后，长城内外、华北、华东、华中、华南大片国土相继沦陷，蒙旗地和关内各处官地成为日本侵略者劫夺或直接控制、经营的主要目标，蒙旗地和关内各处剩余的官地，被日军劫夺殆尽。

日本帝国主义对现今内蒙古自治区范围内的已垦或未垦土地、草原牧场，以及整个内外蒙古，觊觎和蓄谋已久，"握执满蒙利权"是日本征服整个亚细亚大陆的"第一大关键"。

1931 年"九一八事变"后，日军迅速占领东北；1932 年伪"满洲国"成立；1933 年 3 月，日军侵占热河，立即加快了直接劫夺蒙地的步伐；1936年 3 月，成立以"整理"蒙地"地籍"为目的的"地籍整理局"；1937 年 4 月至 11 月，由伪热河省"次长"负总责，伪锦州、热河两省"荐任官"（均日本人）分别为首组成伪锦州、热河两个"调查班"，对两省蒙地进行为期 8 个月的集中调查。就在调查期间，日本全面侵华战争爆发，加速掠夺蒙地的时机成熟。1938 年 10 月，伪满"总理大臣"张景惠导演了由 30 多名蒙旗王公、旗长代表呈递"奉上书"，将所辖蒙地全部"奉献"给伪满皇帝，名为"土地奉上"的事件，不过尚未包括伪锦州、热河两省蒙地。1939 年 9 月，伪锦州、热河两省"土地奉上"丑剧又在张景惠办公室上演。③ "奉上"的蒙地所有权内容包括：(1)札萨克对蒙民及土地管辖自治权；(2)"国税"3/10 的提成；(3)矿山、窑业、森林、药材出产物之提成；(4)山川、河流、牧野之所有权。④ 这样，作为特种形式官地的蒙地，瞬间变为特种形式的

① 旗地旗地民地化过程详见《中国近代经济史，1895—1927》，本卷不赘。

② 中国农村经济研究会编：《中国土地问题和商业高利贷》，上海黎明书店 1937 年版，第24 页。

③ 佟佳江：《伪满时期"蒙地奉上"研究》，《民族研究》2003 年第 4 期；宁城县志编纂委员会编：《宁城县志》，内蒙古人民出版社 1992 年版，第 417—418 页；山东省平泉县县志编纂委员会编：《平泉县志》，作家出版社 2000 年版，第 174 页。

④ 喀喇沁左翼蒙古族自治县志编纂委员会编：《喀喇沁左翼蒙古族自治县志》，辽宁人民出版社 1998 年版，第 158 页。

日军"私地"，近代中国存留的最大面积官地，至此完全消失。

按照日本侵略者的旨意，一纸"土地奉上书"，伪锦州、热河和内蒙古其他地区蒙旗王公贵族、蒙民、箭丁的蒙地收租权和其他相关权益，瞬间统统被日本帝国主义劫夺净尽，汉民佃农也同时失去了永佃权，流行二百余年的蒙地永佃制也彻底消失了。在蒙地"奉上"之前，蒙地上各种形式的农副业收益，包括蒙旗地主应得地租和汉民永佃农、耪青户的剩余产品，绝大部分都以亩捐、特捐、杂税、摊派、劳役等形式，落入了日本侵略者的腰包。蒙旗地主加速贫困破产，蒙地永佃农、耪青户只能以草根树皮果腹，但毕竟原有蒙地永佃关系、农业经营模式暂时得以维持，现在蒙地统统收归伪满皇帝亦即日军所有，蒙地佃农不但税捐、劳役进一步加重，而且失去土地耕作，流离失所。蒙地"奉上"后，日军更加肆无忌惮地烧杀抢掠、乱砍滥伐，并大搞"集家并村"，将汉民佃农驱离家园和耕作的土地，集中监视、居住，建造"集团部落"（"人圈"）和"无住禁作地带"（"无人区"）。"集团部落"主要建在平缓地带，"部落"外沿筑有底宽1.2米、高3.5米的围墙，并建筑炮楼、挖掘护城壕。整个"部落"只有两个大门，门口有日军站岗，日出三竿才能开门，日落即关门上锁。"部落"四围3公里的范围又被划为"无住禁耕地带"，严禁住人、耕种、放牧、打柴，沿边设有警戒线，埋有红桩子，越界人、畜，打死毋论。这样，大量平缓地带的耕地多被用于建造"集团部落"和围墙、壕沟、炮楼、军用公路和"无住禁作地带"，"部落"3公里外又多无耕地，结果不仅耕地量少质劣，而且因为路途远、劳动时间短、耕作不及时，土地产量异常低下，而苛捐杂税达数十种，所获产品还不够交税，"人民处在水深火热之中"。蒙汉人民赖以为生的蒙地，变成了日军禁锢、摧残、折磨、慢性屠杀蒙汉人民的监牢和地狱。①

日本全面侵华战争期间，散布在国内其他地区的残存官地，也都相继被日军劫夺，演变为各种名目的日军"会社""农场"或日本移民、浪人"私地"。

---

① 敖汉旗志编纂委员会编：《敖汉旗志》，内蒙古人民出版社1991年版，第834—836页，附《日军"集家并村"罪行录》；刘义：《河北省土地志系列丛书·平泉县土地志》，2001年印本，第235页；刘克祥：《中国永佃制度研究》下册，社会科学文献出版社2017年版，第816—827页。

河北、天津、宁河(今天津汉沽区)的军粮城、茶淀两个农场,有官地5.6万亩,原由军阀段祺瑞等出资经营,1941年被日本"中日实业公司"("华北垦业公司"前身)劫夺。官地立即变为日军"农场"私产。日本侵略者劫夺后,即将土地分割为许多碎块,强迫当地农民为佃户,从事奴隶式的劳动。"茶淀农场"被分成若干区,由汉奸充任"区长",下管四五十户佃户,每5户佃户设一名伪警监视。佃户除了耕种自己的土地,还要替"区长"种地。日军"农场"的地租压榨极其苛重、残酷,佃户收割后须将全部稻谷运往指定地点脱粒,由"农场"过磅,如数入库,至于日后扣租若干、购买"余粮"若干以及价格高低,佃农均不得过问。购粮款则拖到农历腊月三十,甚至不予清付。农民终年辛苦,却不准吃一粒稻米;农民有食用稻米者,一经发现,即遭毒打或处死。①

江苏吴江的"模范灌溉庞山实验场",系围垦庞山湖而成,1933—1936年共垦出耕地8700亩。这算是20世纪30年代新增的少量官地之一。刚刚投入生产经营,1937年秋即被日本侵略军劫夺,变成日军私产。1942年春易名"庞山湖农家组合",后又改称"庞山湖实验农场",除300亩试验田外,其余由中国农民佃种纳租,按37.5%收取。日军投降后由地方政府接管,1946年转交扬子江水利委员会,同年9月改属长江水利工程局太湖流域工程处。1949年11月,人民政府将其改称"苏南国营庞山湖农场"。②

这样,到20世纪40年代或40年代末,除了日本侵略者劫夺的部分农地(大部分是原来的官地)外,仅有某些县域的少量老学田③,若干县办农林场、试验场、苗圃,以及抗日战争期间后方地区开办的"难民农场"等。总的来说,这类残留的官地数量不多,面积亦小,无足轻重。

---

① 天津市汉沽区地方志编修委员会编:《天津市汉沽区志》,天津社会科学院出版社1995年版,第297—298页;孙德常、周祖常主编:《天津近代经济史》,天津社会科学院出版社1990年版,第268—271页;天津社会科学院历史研究所编:《天津历史资料》1980年第5期。

② 吴江市地方志编纂委员会编:《吴江县志》,江苏科学技术出版社1994年版,第207页。

③ 学田有两类:一类属于官府所有,由官府直接调配,是为官田,全部是清朝或以前流传下来的;另一类系由族田、义庄田拨发,或由社会人士、宗教、宗族、慈善团体捐助购置,一般归某一学校所有和支配,是为公田,其来源既有科举时代的遗存,更多的是清末民初兴办新式教育后所捐助、购置。有的同一所学校兼有上述两类土地。此处单指前一类学田。

与无足轻重的残留官地相比,民田中的公共土地数量、比重要大得多。

诚然,同官地旗地民地化一样,民田私田化的进程也在持续,官地屯田的民田化,就是直接转化为私田。民田中的公共土地,如族田、祠田、会田、庙田、寺田,一些地区的义庄、义冢、桥梁、渡口、茶亭、灯会等田产,以及其他各类公共土地,或变卖、流失,或被地主豪强侵占,变公为私,相当一部分也变成了私产。个别地区,甚至寺庙田产也都成为豪强私产。如贵州晴隆,清朝时期,土地大部分为寺院及豪户所占有。到民国中后期,许多寺观田产亦转入权绅手中,"权属私有,可自由买卖。形成佃耕、雇工、出租、自耕等生产关系"①。不过这种情况似不多见,公田私田化程度还是不如官地民田化彻底。而且,相当一部分公共土地,特别是族田、祠田、会田、庙田、寺田等,在被侵占、变卖、流失的同时,又有捐赠、提存、补充和自身增殖。某些地区在 20 世纪三四十年代,公田甚至大幅度扩张。如湖北黄冈,据 1929 年调查,县内祠堂、庙宇、公会田产约占耕地总数的5%;到 1948 年,祠堂、庙宇、公会田产比重陡增至 31.4%。② 总的来说,公田私田化的进程相对迟缓,民田公田仍然长期存留,部分地区直至土地改革前,公田还占有相当大的比重。

表 12-9 是土地改革前江苏等 27 省 988 县(市)的公地统计。

表 12-9　土地改革前江苏等 27 省 988 县(市)公地统计　　(单位:亩)

省别＼项目	县数	耕地面积(亩)	公地面积(亩)	公地比例(%)
江苏	33	29188496	143997	0.50
浙江	63	28052674	3350066	11.94
安徽	50	63749102	1855695	2.91
江西	59	13481685	2390479	17.73
湖北	71	33999372	67137	0.20

---

① 贵州省晴隆县县志编纂委员会编:《晴隆县志》,贵州人民出版社 1993 年版,第 272 页。

② 湖北省阳新县县志编纂委员会编:《阳新县志》,新华出版社 1993 年版,第 168—169 页。

项目 省别	县数	耕地面积 （亩）	公地面积 （亩）	公地比例 （%）
湖南	73	27161217	3139054	11.56
福建	42	10712650	3422365	31.95
广东	41	13001070	2926586	22.51
广西	50	7432108	523376	7.04
四川	49	42788380	1406698	3.29
云南	42	8487254	487882	5.75
贵州	65	21363856	142804	0.67
小计	638	299417864	19856139	6.63
河北	49	16833359	9563	0.06
山东	31	32259520	454066	1.41
河南	41	28638685	30268	0.10
山西	33	13503454	93817	0.70
小计	154	91235018	587714	0.64
陕西	34	20668166	585394	2.83
甘肃	63	49269282	1090878	2.22
宁夏	8	5680317	53132	0.93
青海	7	2301159	126126	5.48
新疆	17	4628099	139975	3.02
小计	129	82547023	1995505	2.42
热察绥	9	17037742	3848	0.02
辽宁	27	26395286	5236	0.02
吉林	13	12895136	214960	1.67
黑龙江	18	11541106	0	0
小计	67	67869350	224044	0.33
总计	988	541069255	22663402	4.19

资料来源：据相关省、县(市)新编方志综合、整理、计算编制。

　　如表 12-9 所示，直至土地改革前夕，27 个省份 988 县(市)平均，公

地占全部耕地面积的 4.19%。其中除了极少量官地，均为民地中的公共
土地。这些公地的分布，地区间差异颇大，省与省不同。浙江、江西、湖
南、广东等省份，公地比重均在 10%或 20%以上，福建更达 31.95%；而江
苏、湖北、贵州、河南、山西、宁夏不足 1%，河北、热察绥、辽宁不足 0.1%，
黑龙江更是零。在同一省份内，县与县各异，公地比重高低悬殊。如安
徽，表 12-9 中调查的 50 县平均，公地占耕地总面积的 2.91%。其中皖南
11 县占 9.0%，而歙县、休宁、祁门、黟县、绩溪、婺源（今属江西）等徽州 6
县，平均为 21.9%，其中祁门、黟县、婺源更依次高达 36.1%、40.0%和
48.9%，而歙县、休宁、绩溪依次只有 9.3%、10.7%和 12.4%，高低悬殊。[①]
而相对于皖南，皖北的公共土地更少，据对皖北 19 县 24 乡（村）土地占有
状况的调查，各乡（村）的公地面积及比重统计，如表 12-10 所示。

表 12-10　安徽皖北阜阳等 6 地区 19 县 24 乡（村）公地比重（1949 年）

地区及乡（村）	耕地总面积（亩）	公地面积（亩）	公地占耕地百分比（%）
阜阳地区 7 县 7 乡	53398.41	1345.65	2.52
滁县地区 2 县 2 乡	25232.4	90.9	0.36
安庆地区 3 县 6 村	6608.29	1709.74	25.87
六安地区 4 县 5 乡（村）	9725.56	644.68	6.63
巢湖地区 3 县 3 乡（村）	10925.7	180.35	1.65
淮南矿区 1 乡（村）	4580.2	45.8	1.00
总计[6 区 19 县 24 乡（村）]	110470.56	4017.12	3.64

注：原资料为 8 个地区（市）20 个县 28 个乡（村），因宿县地区 1 县 3 乡、蚌埠 3 个村（原资料算作 1
　　个村），公地全部为零，舍弃不计，表列实为 6 个地区 19 个县 24 个乡（村）。
资料来源：据中共皖北区党委政策研究室：《皖北区典型乡（村）土地情况统计》，华东军政委员会土
　　地改革委员会编：《安徽省农村调查》，1952 年印本，第 14—20 页"二十八个乡（村）各阶
　　层人口及占有土地比较表"摘要、整理、计算编制。

　　① 刘克祥：《永佃制下土地买卖的演变及其影响——以皖南徽州地区为例》，《近代史研究》2012 年第 4 期。

表 12-10 中数据显示,除安庆地区外,公地比重都比较低,6 个地区 19 个县 24 个乡(村)平均,公地比重为 3.64%,明显低于皖南。同时,皖北的公地分布,不同地区或乡村之间的差异极大。调查的 28 个乡(村),公地比重最高达 44.31%(太湖磨利村),最低为零。

南北两大区域比较,长江流域和南方 12 省份,公地比重为 6.63%,华北 4 省份和西北 5 省份分别为 0.64% 和 2.42%,热察绥和东北 3 省更只有 0.33%。

民田中的公共土地,最主要的成分是族田,更具体一点说,是以族田、祠田、祭田、义庄田、祀会田、学田、校田等形式表现的族有土地。庙田、寺田,以及各种慈善机构、义冢、义渡、桥会、茶亭、灯会等田产次之。

在一些地区,不少大姓、巨族,长期聚族而居,又习惯以留置、增殖族田作为保存族姓田产和敬宗睦族、扩大宗族威势的重要手段。传代愈远,支派愈多,族产愈丰,族有土地有增无减,构成一些地区的农田主体。由于公共土地的主要成分是族田,而各个族姓大小、贫富、聚散不一,单个族姓或支派聚居的区域范围有限,这就决定了公共土地的地域分布,不仅省与省、县与县不同,乡与乡、村与村也各异,高低差异悬殊。这是 20 世纪三四十年代公共土地分布的突出特点。

公共土地的地域分布,福建、广东最为广泛和集中。福建公田占土地总面积的比重达 32%。但不同县域和乡村,公田分布和所占比重不一,公田大部分分布在闽北、闽西一带,沿海地区相对较少。比重高的超过 70%,低的不到 10%。闽北、闽西的公田比重不少在 50% 以上,沿海各地只占 20%—30%,或者更低。据调查,在闽西、闽北地区,古田七保村的公共土地占 75.8%,过溪、罗华两村分别占 61.4% 和 58.18%,永定中川、西湖两村分别占 70.04% 和 60%,永安吉前保占 56.6%,这些村落的公田全都在 50% 以上。闽北建阳营前村和建瓯松山保,公田分别占 37.31% 和 19.07%。这在闽北算是最低的。沿海地区的公田比重,除少数乡村外,大多比闽西、闽北低。仙游四个村、永春七个村和莆田华西村的公共土地依次占 43.5%、29.53% 和 21.87%,这是高的。其他一般都不超过 20% 或 10%。如南安新榜村占 15%,福州市郊六个村占 13.55%,另两个村占

7.98%,福清梧峨村占 9.02%。①

在福建,特别是闽西、闽北地区,公共土地所占比重高,主要原因是族田多。这些地区大多聚族而居,其中不乏强宗望族,而且提留、扩大祭产的风气很盛。当地乡间传统,一些官僚、商人和地主富户在生前都会给自己预留若干"赡养田",田主死后,子孙将其保留下来转为"祭祀田",经过一两代以后就变成了"族田"。当然,预留"赡养田"或提留祭祀田的做法,并不限于官僚、商人和地主富户,一些田产不多的中小农户亦如此。时至 20 世纪三四十年代,在农民加速贫困化的情况下,一些中农、贫农等贫苦小族,也都有划出部分甚至全部土地为族田的。这除了受死后祭祀的传统观念影响,主要还是因为他们占有的土地数量有限,如果叔侄兄弟全部均分,非但不能解决生活所需,反而使田地丘块愈加零碎,无法合理利用,一些水田则根本无法分割,倒不如以族田的形式保留下来,子孙轮流耕种,土地得以正常利用,如古田过溪保贫农宋炳良父亲留下只有永佃权的四亩田地,由炳良兄弟三人轮流耕种,就是一例。一些强宗豪族除了预留"赡养田",甚至出动全族房众,采用武力强夺等手段来达到扩充族田的目的。如福州近郊的尚干、林浦等村的洲田,有极大部分是"在几十年前以全族武力和邻村械斗而得到的"。地主夺得洲田后,从中划出一部分作族田,这既是为了死后子孙祭祀之用,也是使夺来的土地保持得更牢固,提防子孙把产业败光。②

族田的占有状况比较特殊。通常族田是以原购置者(祖宗)为单位,凡是购置者(祖宗)的子孙后代均为单位成员。不同的祖宗,有不同的族田;各代祖宗有各代祖宗的族田。所以一个地区一个族姓中,常常存在着多个单位的族田。如古田罗华村计有族田 112 个单位(祖宗),合计族田面积 1965.71 亩,内中除林姓族田一项 3.15 亩,其余均为魏姓族田。同时每个族田单位(祖宗)又分别包括数量不等的成员,如罗华村的 112 个

---

① 华东军政委员会土地改革委员会编:《福建省农村调查》,1952 年印本,第 110—111 页。

② 华东军政委员会土地改革委员会编:《福建省农村调查》,1952 年印本,第 111 页。

族田单位,共有成员 1899 户,平均每单位 16.96 户。而每个(户)成员又同时参加或分属多个族田单位(祖宗)。因购置者经济状况和成员户数不一,每单位和每户成员族田多寡不等。罗华村 112 个族田单位,平均每单位 17.55 亩,最高 121.06 亩,最低 1.73。按成员平均每户 1.04 亩,最高 60.7 亩,最低 0.15 亩,高低悬殊。①

广东公田主要由族田、乡田(庙田)和学田三部分组成,分布广泛,数量庞大。据广东全省农民协会 1925 年对海丰、南海等 21 县 41 乡的公田调查,有 10 县 22 乡的公田占土地总面积比重在 30% 以上。其中公田最多的南海、海丰和花县,公田比重依次为 60%、57% 和 55%,罗定、番禺和紫金、博罗的公田比重分别达 50% 和 45%,最低的也在 5%—10% 或以上。

1940 年有人估计,广东公田约占全省土地总面积的 1/3。广东公田不仅数量大,而且集中成片,几乎全部为地主、乡绅耆老所操纵。②

浙江、安徽(主要是皖南)的公共土地状况,同福建有些相似之处,公田种类相当齐全,但绝大部分是族田。如浙江宁波、鄞县、镇海、象山、奉化、慈溪、余姚、宁海地区,418.60 万亩耕地中,有公地 124.82 万亩,占耕地总面积的 31.9%,大部分是祠田、祀田、义冢田等。③ 江山县,公共土地数量大,分布广泛,但大部分是族田。据对城关区、凤林乡、清湖乡、蔡家村、淤头村等地的调查,公共土地平均占土地总面积的 31.87%,其中 70% 是祠田,如淤头村,公共土地占该村全部土地的 65.6%,其中祠田又占公共土地的 89.2%。该村祠田的一个显著特点是,大宗祠占有土地很多,小宗祠土地虽少,但祠堂数量多。如该县上台朱祠有田 3000 亩,石门眉祠有田 800 亩,淤头毛祠有田 580 亩。至于小宗祠,城关区有宗祠单位 262 个,凤林乡有宗祠单位 213 个。④

① 华东军政委员会土地改革委员会编:《福建省农村调查》,1952 年印本,第 112—113 页。

② 广东经济年鉴编纂委员会编:《二十九年度广东经济年鉴》,广东省银行经济研究室 1941 年印本,第 G43—G44 页。

③ 宁波市地方志编纂委员会编:《宁波市志》,中华书局 1995 年版,第 336 页。

④ 华东军政委员会土地改革委员会编:《浙江省农村调查》,1952 年印本,第 275 页。

在安徽,祁门莲花塘村,共有各类公共土地 1366 亩,占全村使用土地(2204.5 亩)的 61.9%。内族田 1210 亩,占公共土地的 87.9%,占全村使用土地的 54.89%。仅吴姓一个"公堂"[①]就有土地 992 亩,占全村使用土地的 44.96%。[②]

据对祁门、休宁、贵池、太平、石埭、铜陵、宣城、芜湖 8 县 12 村调查,公堂土地占有情况见表 12-11。

表 12-11　安徽皖南祁门钟秀村等 8 县 12 村
公堂土地占有情况（1949 年）

地区	县别	村别	全村土地面积（亩）	公堂土地	
				田亩（亩）	占土地总面积百分比（%）
徽州	祁门	钟秀村	651.00	90.00	13.82
		岭村	1679.00	711.00	42.35
	休宁	汪村	363.00	59.94	16.51
	小计		2693.00	860.94	31.97
池州	贵池	齐山村	1889.49	450.70	23.85
		杨田村	2805.30	1276.20	45.49
	太平	里仁村	7204.32	3497.26	48.54
	石埭	三民村	944.85	256.90	27.19
	铜陵	东家店村	2064.50	285.80	13.84
	小计		14908.46	5766.86	38.68

---

① "公堂"是皖南地区一个族姓集体祭祀祖宗的组织,小的族姓,一般只设一个公堂(或祠),有的族姓大,支派和人数多,除设总堂(或祠)外,下边还设有若干祀、祠、会等,如吴氏族姓,除设总堂("致顺堂")外,下设 43 个祀、30 个会。见华东军政委员会土地改革委员会编:《安徽省农村调查》,1952 年印本,第 6 页。

② 华东军政委员会土地改革委员会编:《安徽省农村调查》,1952 年印本,第 6、200—203 页计算。

续表

项目 地区	县别	村别	全村土地 面积(亩)	公堂土地	
				田亩 (亩)	占土地总面积 百分比(%)
宣城	宣城	王山村	5795.00	155.40	2.68
		金象村	3267.45	18.68	0.57
		东里村	4380.50	339.30	7.75
	小计		13442.95	513.38	3.82
芜湖	芜湖	杨埠村	619.90	268.50	43.31
总计			31664.31	7409.68	23.40

资料来源:华东军政委员会土地改革委员会编:《安徽省农村调查》,1952年印本,第13页统计表。

这是关于公堂土地(族田)的专项调查,未涉及其他门类的公共土地。8县12村中,公堂土地(族田)比重最高的太平县里仁村达48.54%,最低的宣城县金象村不到1%(0.57%),平均为23.40%。从地区看,徽州、池州,以及芜湖,公堂土地的比重甚高,均超过30%,宣城较低,只有3.82%。

安徽尤其是皖南地区,族田、祠田数量大,占比特别高,除了官僚、豪门、富商捐募购置和大姓豪族强占,各家各户提留和租金结余购置外,还有一个重要原因,就是一些宗族强迫族内子孙花钱买神主牌位或修谱摊派的办法,筹款购置和扩充族田。如歙县唐模村许氏,建有大型宗祠"许荫祠"供奉许氏历代祖先神主牌位。该祠最低可供奉神主牌位三四千个,但每个神主牌位均须花钱购买。许荫祠规定,"凡是许氏后裔,分支祖有入许氏家祠神主,交银三两至五两,聚买祀田,永供俎豆牌位"。许氏各支派后裔,为了父祖神主能够入祠供奉,只得照数纳银,无银则立契卖地折银,有的贫苦单丁,既无银又无地,甚至被迫卖房折银买神主牌位。许荫祠的五六百亩田地就是这样积累起来的。[①] 怀宁三民圩的汪公祠,1915年修谱,规定汪姓16岁以上男丁,每人摊派120个铜钱;1937年再

① 彭超:《歙县唐模村许荫祠文书研究》,《中国社会经济史研究》1985年第2期。

次修谱,每丁又按银洋 1 元均摊。所摊银钱除修谱外,全部放债,1940 年前后,年息达 50%—100%,放麦 1 石本息收稻 3 石。过期不还,本利相滚,最后多以田地抵押、偿付。其他各公堂亦大多如此累积田产。据1950 年的调查,必胜公等 4 家公堂的 101 亩田产中,64 亩是通过放债置办的。①

从江苏全省范围看,似乎公共土地很少,如表 12-9 所示,公共土地所占比重仅为 0.50%。这是由于该省公田的地域分布极不平衡、统计数据不够完整而形成的假象。江苏公田集中分布在苏南以及苏北沿江州县,其他地区少见。表 12-9 所录该省 33 县地权分配状况,19 县的公地为零。14 个有公田的州县中,12 县位于苏南和苏北沿江地带。实际上,有的县乡的公田所占比重相当高。如高淳薛城乡,土地总面积为8632.76 亩,各类公田 3546.98 亩,占全乡总田亩的 41.09%;②双桥乡总田亩为 8488.45 亩,公田 3845.96 亩,占全乡总田亩的 45.31%。③ 无锡荡口镇共有土地 13010 亩,其中义庄田一项就达 9691.6 亩,占全镇土地的 74.5%。④

江苏公田同样是以族田为主体,如高淳双桥乡有各类公田 3845.96亩,内族田 2176.38 亩。占公田总面积的 56.59%;⑤该县薛城乡,各类公共土地计 3546.98 亩,其中祠堂土地 2222.38 亩,占公共土地的62.66%。⑥ 不过江苏部分地区,相当部分的族田是以义庄田的形式存在,甚至以义庄田为主体。这是江苏族田和公田的重要特征。

江苏一些地方(主要是苏南)义庄的设立,宋朝范仲淹建庄是其嚆矢。明末清初延至民国,一些封建官僚晚年告老还乡,或躲避战乱,或谋权势名声,或图僻静享乐,选择自然环境优雅的风景地带,先后建起了一大批义庄或祠堂、庙宇。在苏州东山区涧桥、新潦、渡桥、后山、湖湾 5 个

---

① 华东军政委员会土地改革委员会编:《安徽省农村调查》,1952 年印本,第 185 页。
② 华东军政委员会土地改革委员会编:《江苏省农村调查》,1952 年印本,第 241—242 页。
③ 华东军政委员会土地改革委员会编:《江苏省农村调查》,1952 年印本,第 245 页。
④ 华东军政委员会土地改革委员会编:《江苏省农村调查》,1952 年印本,第 259 页。
⑤ 华东军政委员会土地改革委员会编:《江苏省农村调查》,1952 年印本,第 243—244 页。
⑥ 华东军政委员会土地改革委员会编:《江苏省农村调查》,1952 年印本,第 240 页。

乡,先后建起了王、席、吴、翁、金、郑、周、严、席恒、叶 10 个义庄。在苏州影响下,无锡荡口区先后建立了 12 个义庄;张村区堰桥乡也建有胡氏义庄;等等。①

相对于祠堂而言,一般义庄规模较大,占地较多。在明清时期,对义庄设立的限制较严,须有土地千亩以上,并经吏部批准,方能成立。因此,义庄占有的土地大多在千亩以上。无锡堰桥乡胡氏义庄占有土地 1560 亩;荡口区 12 个义庄,共占田 13751.6 亩,占全区总田数 144368.25 亩的 9.52%,占地最多的华芬义庄有地 4223 亩。② 苏州东山区的 10 个义庄共有土地 8119.8 亩,其中占地最多的王、叶两义庄,分别有田 2364 亩和 1850 亩。10 个义庄在东山有地 3925.8 亩,占该区农田总面积 46000 亩的 8.5%。③

义庄田最初多由官僚地主捐赠,而这些官僚地主多为不在地主,其地散布多处。义庄田既多,田产分布地域,自然亦广。如苏州东山 10 个义庄,土地大部分在外县、外乡:计昆山 700 亩,常熟 1500 亩(棉田),苏州 160 亩;横泾 1500 亩;木渎 334 亩,合计 4194 亩,占 10 个义庄全部土地 8119.8 亩的 51.7%。④ 无锡堰桥乡胡氏义庄的 1560 亩土地,本乡只有 360 多亩,其余有 930 多亩在太安乡,刘仓乡、胶南乡分别有 100 多亩和 80 多亩,还有 20 多亩在江阴县。⑤

一个宗族的义庄田,虽然兼具救济族内鳏寡孤独及贫苦者、举办义学、修理祠堂庙宇、祭祀先祖等多重功能⑥,但并未完全取代族田、祠田、祭田。毕竟设立义庄的只限于豪族强宗,一般宗族和小的支派,仍有族田、祠田、祭田、祀田。在苏南一带,总的情况是义庄田和祠田、祭田、祀田

①　华东军政委员会土地改革委员会编:《江苏省农村调查》,1952 年印本,第 235—236、249—251 页。

②　华东军政委员会土地改革委员会编:《江苏省农村调查》,1952 年印本,第 249、250 页。

③　华东军政委员会土地改革委员会编:《江苏省农村调查》,1952 年印本,第 254—255 页。

④　华东军政委员会土地改革委员会编:《江苏省农村调查》,1952 年印本,第 255 页。

⑤　华东军政委员会土地改革委员会编:《江苏省农村调查》,1952 年印本,第 250 页。

⑥　如苏州东山席民义庄全年收租 350 石米,除完粮 80 石、工资杂支 32 石外,祭祖(修坟祠)20 石,义米(救济族内贫苦者)60 石,义学(资助本族学校)6 石,合计 198 石,剩余 152 石,存银行生息,或买股票。见华东军政委员会土地改革委员会编:《江苏省农村调查》,1952 年印本,第 257 页。

等同时并存。如无锡荡口区 12 个义庄,占田 13751.6 亩,占全区总田亩(144368.25 亩)的 9.52%;15 个祠堂占有土地 6888.9 亩。又如张村区堰桥乡 2 个义庄,有田 1663.16 亩,4 个祠堂有田 506.01 亩;苏州东山区五个乡有 7 家义庄,占田 7170 亩,3 个祠堂占田 966.6 亩。[①] 也有的祭田兼有义庄田的功能。如堰桥乡范公祠的第六房,只有坟而无祠,有祭坟公田 53.46 亩,全部出租(墓地 1 亩除外),收入除用于修坟、祭祀及完粮外,余则补助本族贫苦子孙。

就土地面积而言,族田构成公田的主体,但族田以外的公田也为数不少,而且名目、种类繁复。其中分布较广、数量较多的主要是学田、会田、庙田、寺田、会馆田以及救济、慈善机构的田产等。只是具体到各个地区,这类公田的名目、种类、数量、内部结构等,不尽相同,情况多种多样。

族田之外,学田分布较广,来源和结构各种各样,其中相当部分来自族田。如福建,不少学田,最初即是从族田抽出一部分收入,用于教育,或直接抽出一部分族田作为"书灯田"或"儒资田",专门资助族内学子参加科举考试或用作私塾薪俸。清末民初新式教育兴起后,各乡先后创设小学,大多数从一族或数族的族田中提出一部分田租,或另划出一部分田地为学田,或将原有"书灯田""儒资田"直接转化为学田,也有由临时捐募或摊派而来。到 1935 年前后,国民党政府通令全省各地,将各村所有的会田、庙田,以及原充学校经费的族田,充作"国教基金"。这样,不仅原有的"书灯田"或"儒资田"演化为校田,学田的数量也较前增多了。

浙江江山,国民党政府虽补助学校一部分经费,但学田仍是学校经费的主要来源,特别是保(村)校对学田的依赖程度更大。因此,学田尚占一定比重。城关区、凤林乡、清湖乡、峡口乡三村、蔡家村、淤头村等 6 区乡(村),有耕地 94900 亩,学田为 3507.2 亩,占 3.70%,城关区的学田比重达 6.42%。

---

① 华东军政委员会土地改革委员会编:《江苏省农村调查》,1952 年印本,第 236 页。

江苏（主要是苏南地区）的学田绝大部分和义庄田、祠堂田密不可分。大体分为两种情况：

一是学田以义庄田、祠田的形式存在，只是从义庄田、祠田的收入中拨出一部分，充当地方教育经费或本族子弟学杂费。

二是从义庄田、祠田中拨出或划出若干面积，充作学田、校田，但仍由义庄或祠堂管理。如无锡堰桥乡胡氏宗族，清光绪前同时设有胡氏义庄和义塾，分别有土地 800 亩和 600 亩，全部出租，前者收入充作救济胡氏族内鳏、寡、孤、独之用；后者收入用作胡氏子弟投考费用。另有祠田 160 亩，归族内两个祠堂所有，收入用于祭祀。三者各自管理，互不连属。

除了和义庄田、祠田密不可分的学田、校田，也有若干由学校直接占有、管理的学田。此类学田、校田多由某些社会人士、宗教团体捐募。捐募方式则既有直接捐地，亦有捐募钱款，学校以之购地。前者如无锡县立师范由勖悌义塾和泰伯庙各捐助"灰肥田"（田面田）40 多亩，共计 84.85 亩；后者如中华中学以捐助所得购进"灰肥田"61.84 亩；等等。[1] 这类学田，大多面积很小。如高淳双桥乡有学田 58.8 亩，归 5 个学校所有，每个学校只有 11.76 亩。[2] 同时，这类学田的土地类别和性质也多种多样，除了传统的底面合一地，还有田面田，甚至如同"二地主"，以转租土地赚取地租差额，进行中间剥削。如中华中学租进土地 24.121 亩，其中 10 亩提租转租。所收租额，4 成归学校，6 成归原地主。[3]

湖南各地，学田大多来自族田，或族田兼有学田的功能。地主豪富为了牢牢抓住族权、族产，大多热衷办学校。该省的普遍情况是，族田就是学田、校田，墓庐、祠堂兼为校舍。湖南望族和祠堂、族田多，利用族田、祠堂开办的学校也多，有的一个族田单位即办有 5 所学校。[4]

---

① 华东军政委员会土地改革委员会编：《江苏省农村调查》，1952 年印本，第 282 页。

② 华东军政委员会土地改革委员会编：《江苏省农村调查》，1952 年印本，第 245—246、248 页。

③ 华东军政委员会土地改革委员会编：《江苏省农村调查》，1952 年印本，第 282—283 页。

④ 新湖南报编：《湖南农村情况调查》，中南人民出版社 1950 年版，第 13 页；刘克祥：《儿时年节杂忆》，《中国社会科学报》2015 年 3 月 6 日。

    会田的名目、单位很多，功能、性质比较复杂，既有基于乡村社会公益事业所需，也有属于迷信组织，或为带有某些迷信色彩的农民联谊活动所需。闽西各县有为修桥、补路而组织的桥会、路会，并为修桥、铺路、补路而鸠资置田，还有迷信组织或带有某种色彩的农民联谊组织田产。如古田罗华村的"秋斋社"，据说是在明朝该村遭受严重蝗灾，为了祈福敬神，全村农户捐田 29.5 亩，充当社田，作为一年一度的集会之用；过溪保的"上元会"，是农民在每年元宵节备酒联欢的会社，由会友集款购有田产。浙江遂安，也有各式各样的祀会。每个祀会的土地虽少，但单位多，该县文林村有祀会单位 24 个，如黄祥光福会、黄文昌会、黄中秋会、沈家桥会、城隍庙中秋会、中秋火神会等，每个祀会占有土地一般一二十亩，甚至不到 1 亩，但各会土地累计，亦为数不少。凤林乡祀会更多达 178 个，共有土地 966 亩。① 安徽祁门莲花塘村的祀会（"公会"）也不少。除了大姓，也有小姓为了不受大姓中恶势力的欺压、排挤，组会抗衡。每个会一般占有田地数亩或一二十亩不等。②

    在江苏，有的会田亦称社田。会田、社田分布广泛。如高淳双桥乡即有社田 127 个单位，土地 989.58 亩，占全乡公田的 25.73%，占总土地的 11.66%；③薛城乡有神会 244 个单位，会田 1141.60 亩，占全乡公田的 32.19%，占总土地的 13.13%。神会这类迷信组织，既有少数人发起组织的，也有全乡性的。按其性质可分为两种：一种是祭神的，如土地会、观音会、地藏会等；另一种是集会游行的（在每年的农历三月十八日），如旗会、抬神会、盘香会等。神会土地均由在会人集资购置。神会土地与祠堂土地不同：后者只可子孙世代相传，不得出卖；前者则在会人可将其名下的一份作价卖与他人，但是不得拆开、分割，故不影响会田的完整性。④

---

① 华东军政委员会土地改革委员会编：《浙江省农村调查》，1952 年印本，第 279—280 页。

② 华东军政委员会土地改革委员会编：《安徽省农村调查》，1952 年印本，第 200—202 页。

③ 华东军政委员会土地改革委员会编：《江苏省农村调查》，1952 年印本，第 245 页。

④ 华东军政委员会土地改革委员会编：《江苏省农村调查》，1952 年印本，第 239—241 页。

另外,还有类似于会田的"会馆田"。在一些稍大的市镇,特别是沿海城镇及其他商业地区,有属于商人组织的"会馆"、地域组织的"同乡会"、行业组织的"帮会",以及与此关联的"天后宫""万寿宫"等,置有"会馆田"等多种名目的田产。如建阳的江西会馆,起源于清宣统(1909—1911)年间,其时江西商人至此经商者日众,乃捐款建造"华万宫",凡到建阳的江西商人,都须前往登记,并捐银三四角至一元不等,得以购置田地 42 亩;福州的汀州会馆,原是长汀、上杭纸靛商组织的"纸靛网",后扩充为"四县网",再进而升格为"汀州会馆",置有会馆田 16.8 亩。随着商业的发展、商人队伍的扩大,"会馆田"呈现断续增加的趋势。①

庙田、寺田也分布广泛。寺庙单位比祀会少,但一般规模较大,土地数量较多。浙江江山,九华山庙有田五六百亩,一般庙宇也占有十数亩至数十亩不等。该县城关区等 6 区乡(村)共有 36 个寺庙单位,有庙田1364.3 亩,占全部土地的 1.44%,平均每单位有田 7.9 亩。②

江苏各地寺庙数量多,规模大小、土地多寡不等。多数县、乡寺庙不少,但规模小,单个寺庙占地不多。也有的寺庙历史久远,规模宏大,土地数量多,坐落范围广。如镇江焦山、金山、超岸、竹林、鹤林、招隐 6 寺,除超岸建寺稍迟,全都建于六朝时代,历史久远,基础雄厚,焦山、金山、竹林3 寺有和尚一二百人以上。6 寺共有土地 3 万余亩,焦山寺最多达 1.7 万余亩,最少的招隐寺亦有地 800 余亩。这些土地分布的范围很广。表12-12 是镇江焦山等 6 寺庙土地分布地区统计。

表 12-12　镇江焦山等 6 寺庙土地分布地区统计(1949 年)　　(单位:亩)

地区	本山	丹徒	仪征	江都	六合	扬中	淮安	泰州	江宁	高邮	总计
亩数	3000.80	13964.15	3730.38	644.71	387.77	1900.00	170.00	2238.49	185.15	83.00	30904.45

资料来源:华东军政委员会土地改革委员会编:《江苏省农村调查》,1952 年印本,第 267 页。

---

①　华东军政委员会土地改革委员会编:《福建省农村调查》,1952 年印本,第 111—112 页。

②　华东军政委员会土地改革委员会编:《浙江省农村调查》,1952 年印本,第 279—280 页。

3 万余亩土地中,位于寺庙所在地的只有 5600 亩,80%以上的土地散布在邻近丹徒、六合、江宁等县,更有的远及苏北扬中、仪征、江都、泰州、高邮、淮安。散布苏北的土地面积达 8766.58 亩,占 6 寺土地总面积的28.37%。江宁栖霞寺和无锡梅村镇泰伯庙,也分别占有土地 1352 亩和388.94 亩,栖霞寺办有农场,雇工自种 30 亩;泰伯庙也雇工耕种 76 亩,并曾开设当铺、茧行、作坊等。其他如上海塘口乡青龙菴、排马庙,吴县永桢菴,宜兴茅桥潮音寺等,也都各有田地 30 亩左右。①

四川、云南等地都有数量可观的寺庙田产。四川成都,1938 年有人检索该县第一区一个至四个联村内的土地校对册,相当一部分土地不是为军人所占有,即为宗教(包括天主堂)、学校等团体公地。该县昭觉寺有地 2000 余亩,文殊院、天主堂各有地千余亩。② 云南会泽,庙地、族地在农地中占有极大比重,据称民国时期,土地集中在庙宇和地主手中,祠堂、庙宇的田产年收租米 1557 石(500 公斤/石)。田产最多的是文庙、寿佛寺、南岳宫、万寿宫、川主庙等。③

相对于祠田、会田,寺田、庙田来源更广,除了封建帝王赐予之外,多为信徒、社会人士捐献,又可用香火或地租收入购置,甚至恃强霸占。如上揭镇江焦山等 6 寺庙土地,即或是寺庙兼并,或是当地香客富家捐赠;福建古田罗华村的倪公庙,系宋代一个进京赴考的员生高中归来建筑的,并自置庙产 97.92 亩。福州鼓山涌泉寺的 500 余亩水田及数片山地,则包含了捐献、购置及霸占等多种途径。④

公益和慈善土地在一些地区的公共土地中,也占有一定比重。这类土地包括育婴堂、孤儿院、救济院、普济堂、救生会、养老所、施诊所、红十字会、保圩局的田产等,其中部分机构占有相当数量的土地。如江苏无锡普济堂、同善局,江阴救济院都占有相当多的土地,分布范围颇广。无锡

① 华东军政委员会土地改革委员会编:《江苏省农村调查》,1952 年印本,第 263—264、第 269—272 页。
② 上海中国地政学院编纂:《民国二十年代中国大陆土地问题资料》第 62 册,(台北)成文出版社 1977 年版,第 32473、32475 页。
③ 云南省会泽县志编纂委员会编:《会泽县志》,云南人民出版社 1993 年版,第 153 页。
④ 华东军政委员会土地改革委员会编:《福建省农村调查》,1952 年印本,第 112 页。

普济堂有田 874.37 亩,分布在该县查桥、梅村、新渎、开原等 7 个区及市郊 6 个镇内;同善局有出租田 320 亩,分布堰桥、刘仓、泰安、胶南、观惠等乡,收入用于施衣、施粥、施诊、施棺及掩埋路尸等;江阴救济院占有沙漕田 8055.25 亩,分布于江阴晨阳、华阳、澄西、要塞、花山等 11 个区内,所办事业有育婴、育幼、习艺、安老、施棺掩尸、庇寒、施衣施药等项[①];镇江瓜镇义渡局承担由镇江至瓜州、六七濠、大港、荷花池、三江营、天伏州等地的长江对渡,每日天明开渡,上灯停止,不取渡资,摆渡业务量大,占有的房屋田产亦较多,有房 201 间(出租 190 间)、土地 9530.59 亩;京口救生会、焦山救生局、北门孤儿院、贫鳏教养所以及育婴堂、养老所、施诊所、红十字会等共有土地 5671.24 亩,分布地区包括镇江水东乡、水西乡等 18 乡(洲),丹徒连益乡、永生圩等 8 乡(圩),以及金坛、扬州、仪征等地。[②]

　　无锡刘仓乡、堰桥镇横排圩则有用于修筑和保护围堤的"保圩田"。刘仓乡人多地少,劳动力过剩。1925 年,地主胡某、王某等发起开垦荡田,并规定:开垦者凡交纳筑堤费(每亩 1 石米)者,持有土地"田面田";不交纳筑堤费者,其田拨归"保圩局"(由王某控制),每年所收租米,用作保圩费用,故名"保圩田"。因经管人贪污,土地大部分被侵吞、偷卖,1950 年调查时只剩田 38.78 亩。堰桥镇横排圩保圩田产生于清光绪末年。其时堰桥镇大地主胡某在横排圩购买大量荒芜芦荡田,招人耕种。因地势低洼多灾,屡垦屡弃,修圩无果。1915 年后,胡某搜寻无粮之田,拨为"保圩田",派人收租,作修圩之用。计有低田 77.18 亩(部分位于胶南乡),鱼池 20 亩。1927 年后,所收租息甚少用于圩堤修理,保圩田、保圩局"有名无实"。[③]

---

　　① 华东军政委员会土地改革委员会编:《江苏省农村调查》,1952 年印本,第 251、273—274 页。

　　② 华东军政委员会土地改革委员会编:《江苏省农村调查》,1952 年印本,第 275—281 页。

　　③ 华东军政委员会土地改革委员会编:《江苏省农村调查》,1952 年印本,第 251—252 页。

（二）地主的地权兼并与地权的分散及集中

土地转移和地权分配状况的变化,主要受到两个因素的影响:一是土地买卖,二是分家析产。这两个因素同时存在。在封建土地所有制条件下,地租剥削、贫富分化是社会常态,土地买卖是贫富分化的产物,进而推动和加剧贫富分化。在土地买卖中,地权总是从贫困户或由富转贫户流往富裕户或由贫转富户,而不是相反,结果是地权集中。至于分家析产,基于中国的诸子均分传统,必然导致地权分散,富农和一般富裕农户固然如此,地主富户亦然,故谚云"富不过三代"。

由于土地买卖、分家析产两个因素的交互作用,从较长时段和较为广阔的地域观察,地权集中和地权分散往往交替出现或同时存在;在某一时段或某个地区,因历史条件和社会、经济环境的制约,地权分配的变化态势,或集中或分散,二者居其一;或以某一态势为主,凸显某一时段或某个地区的特点。

20世纪三四十年代,对中华民族来说,是一个十分特殊和苦难深重的年代。大灾大难接踵而至:1931年夏季突发长江大水灾;在全国救灾关键时刻,日本帝国主义发动"九一八事变"、侵占东北;与此同时,西方列强转嫁经济危机,引发大规模的国内经济危机和农业恐慌;1937年,日本帝国主义凭借东北、内蒙古和早已予取予求的台湾资源,悍然发动"七七事变",日本全面侵华战争爆发,大半个中国相继沦陷,中华民族面临灭顶之灾;1945年日本帝国主义战败投降,蒋介石国民党又发动反革命内战,同时,40年代恶性通货膨胀,货币加速贬值,法币、金圆券、关金统统成为废纸。直至1949年蒋介石国民党败走台湾,成立新中国,中华民族才否极泰来。

这一系列大灾大难,不仅一宗紧接一宗,且多宗并发,交错重叠。因此与以往相比,20世纪三四十年代,各地农民失地破产愈加普遍和急速,地权进一步集中。只是在日本全面侵华战争和内战期间,倾巢之下无完卵,一些地区的农户极度贫困化和"均贫化",农民急剧破产失地,但有能力和愿意买地的人很少,土地买卖淡静。在这种情况下,也可能出现某种程度的地权分散趋向。故地权集中与地权分散依然同时存在。

20世纪三四十年代,各个时段、各个地区,都有农民贫困失地、地权集中的不少个案或综合资料。

农民失地破产,地主兼并、集中土地,速度、规模、范围、类型多种多样。有的是全县范围的,如浙江衢县,"自抗战以来土地占有是日趋集中的"①;有的是全省范围的,如湖南,自日本全面侵华战争爆发到新中国成立前的12年间,"土地更加集中,使用却更加分散,封建剥削更加残酷,发展起来一批新兴的当权地主"②;有的农民失地、地权集中速度特别快,如河北内邱,1937年前,约占全县人口10%的地主富农,占有30%的土地,1945年土地改革前,地主富农占全县总户数的5%左右,但占有的土地上升到70%左右,占总户数95%左右的农民只占有30%左右的土地。③ 云南禄劝,1932年时,全县农民30096人,"完全丧失田地和其他生产资料的佃农"占26.8%,半自耕农和自耕农分别占26.2%和47%。到1949年年末,地主、富农分别占地45%以上和35%,合计超过80%,贫雇农人口占全县总人口的85.5%,而占有的耕地不到全县耕地总面积的20%。④

导致农民贫困失地的因素多种多样,税捐、地租、高利贷、天灾人祸等,固然是农民贫困失地的主要原因。但除此以外,导致农民失地的因素还不少,因为封建地主压榨农民、兼并和掠夺农民土地的手段层出不穷、无奇不有。如河北饶阳一带地主,不仅把持村政权、宗族权,甚至把持婚丧操办权。"穷人家死了人,不由主家,操办人说了算,叫花多少钱就花多少钱,许多穷人没有钱就被迫卖房卖地",倾家荡产。⑤ 有的更是空手套白狼,明火执仗进行抢夺。国民党山东省政府参议员、临朐县寺头镇石佛堂地主冯登阶,凭着私造的　纸文书,即霸占了村前300多亩河滩和

---

① 华东军政委员会土地改革委员会编:《浙江省农村调查》,1952年印本,第57页。

② 新湖南报编:《湖南农村情况调查》,中南人民出版社1950年版,第3页。

③ 张进斌:《内邱县志》,中华书局1996年版,第411页。

④ 禄劝彝族苗族自治县志地方志编纂委员会编:《禄劝彝族苗族自治县志》,云南人民出版社1995年版,第192页。

⑤ 饶阳县地方志编纂委员会编:《饶阳县志》,方志出版社1998年版,第219页。

100 多亩山林。该县吴家崖村大地主朱大镛,为了建造 6 套宅院,硬是强行霸占了 13 户农民的住宅。[①]

在安徽临泉、山东临朐等地,地主无论平常、灾年,总是不择手段盘剥农民、掠夺农民土地。政府征税、派款,地主助纣为虐,不仅是征收者和乡保基层政权的后台,而且从中贪占、渔利,农民交不起款项,只得卖田卖地充抵,地主乘机压价夺地,并利用捐款,从事投机买卖及放高利贷;蒋介石国民党抓壮丁打内战,地主乘机大搞壮丁买卖,敲诈勒索,以肥私囊;遇上灾年荒月,则囤积居奇、放高利贷:春季借 1 斗,麦季还 3 斗,无粮就用田抵,或 1 斗粮当入 1 亩地,2 斗粮买进 2 亩地,大量兼并土地;在农民内部挑拨离间,制造和加深矛盾,而自己又以"中间人"身份调解,从中欺诈勒索,得渔人之利;勾结、窝藏土匪,坐地分赃,再以赃款投入高利贷或土地兼并;以女色勾引军阀、官僚,扩张自身威势,借势霸占农民土地;开设赌局,诱使农民入彀,赚取昧心钱,上钩者一年辛劳化为乌有,甚至倾家荡产。[②] 山东临朐前坡村(今属沂源县)保长刘恒俊,强令村民立约卖地顶摊派,把 30 亩好地顶到了自己手中。[③] 江西九江石门乡,1938 年日本帝国主义侵占该乡后,恶霸地主曹天椿任伪保长 3 年间,投靠日本帝国主义,大肆贪污并加重对农民的经济压榨。1939 年勾结日伪兴办合作社,共凑收了农民四千斤稻谷,只办了一年,合作社关门,本息全部被其私吞。日伪配给食盐、每人 12 两,他从中贪污 4 两,约计贪污折谷 4500 斤,用贪污的合作社股金和盐款,买田 9.2 亩,买典租 17 担,新建正屋两幢、偏厦一座,又强占农民田 5 亩。[④]

同以往比较,国民党政府和封建地主的压榨、盘剥更加残酷,农民失地破产更加迅速。表 12-13 具体反映了临泉农民的失地过程和原因。

---

① 崔维志、唐秀娥:《沂蒙抗日战争史》,中国文史出版社 1991 年版,第 294、295 页。
② 华东军政委员会土地改革委员会编:《安徽省农村调查》,1952 年印本,第 37—38 页。
③ 崔维志、唐秀娥:《沂蒙抗日战争史》,中国文史出版社 1991 年版,第 294 页。
④ 中南军政委员会土地改革委员会调查研究所编印:《中南区一百个乡调查资料选集·解放前部分》,1953 年印本,第 160、165—166 页。

表 12-13　安徽临泉农民失地示例(1929—1949 年)

区别\项目	姓名	原有土地(亩)	历年失地(亩)			现有土地		失地原因
			1929 年	1942 年	解放前	亩数	失地占原有地百分比(%)	
方集	常聚九	21	13	0	6	2	90.48	荒年"抵"粮吃,1 亩换 2 斗,以后人多地少不够吃,逐渐卖去
滑集	陶化凤	30	0	10	0	20	33.33	1942 年因灾荒卖去 10 亩,换了 3 石粮食
	王振国	8	0	5	3	0	100.00	1.1942 年荒买粮食;2. 借地主的粮 1 斗还 3 斗,土地"抵"给了地主
	赵席荣	8	0	0	8	0	100.00	原 40 亩,分成 5 户,每户 8 亩,因无劳力,年年出粮款,逐渐卖完
胡集	刘槐堤	8	0	5	2	1	87.50	1.1942 年荒买粮食;2. 借地主的粮 1 斗还 3 斗,土地"抵"给了地主
城关	李友田	20	9	0	10	1	95.00	同上
	齐子德	7	0	0	4	3	57.14	一个月拉了 3 次壮丁,卖地 4 亩
老集	张国凤	24	0	15	0	9	62.50	1942 年保甲长派款,土地被甲长卖掉
长官	韦子英	27	0	0	21	6	77.78	1. 累年缺款逐渐卖去;2. 拉了一次壮丁卖地 3 亩
姜砦	李锦芳	12	0	0	12	0	100.00	儿子被拉去当壮丁,家中无劳力,地卖完了
总计	10 户	165	22	35	66	42	74.55	—

资料来源:华东军政委员会土地改革委员会编:《安徽省农村调查》,1952 年印本,第 38 页"农民失去土地情况表"。表中"失地占原有地%"和"总计"为引者所加。

　　表 12-13 中 10 户农民,从土地面积看,既有贫农,也有中农,但都急剧失地破产。1929—1949 年的 20 年间,除占地最多(30 亩)的一户,失地比重低于 50%(33.33%)外,其余 9 户的失地比重均在 50%以上。还有 3 户的土地全部丧失干净。10 户平均,失地比重为 74.55%。农民失地的 3 个节点中,越往后,农民失地数量越多。1929 年农民失地 22 亩,1942 年增至 35 亩,新中国成立前高达 66 亩,超过 1929 年、1942 年失地之和(57 亩)。

　　农民失去的土地,绝大部分都是流向地主富农。因此,与农民失地相对应的是地主买地、兼并、积累和集中土地,见表 12-14。

表 12-14　安徽临泉地主兼并和积累土地情况示例(1912—1947 年)

（单位:亩）

区别	村别	地主姓名	历年积累土地面积			现有土地	积累土地的主要方法
			1912—1921 年	1925—1942 年	1947 年		
瓦店	黄大庄	张俊明	100	0	200	400	主要是放高利贷。1929 年大旱,1 斗当 1 亩,2 斗买 1 亩,搞进不少土地。大儿子当保长多派款,聚赌抽头,养土匪
		张大冠	80	300	0	400	囤粮,放高利贷,勾结官府不负担田赋等
	萧坡	肖相堂	28	200	200	500	1932 年荒年乘机买进 200 亩。做收发、主任、局长零星买地 200 亩
滑集	杨庄	张振华	100	0	700	800	当律师、闹宗派、贪污仓库粮
	—	李保周	0	1800	0	2000	当区长贪污二百来支枪。放高利贷
	李大庄	李老仁	300	0	400	800	当保长、贪污、卖壮丁
	谢小湾	谢老祥	500	0	0	5400	放高利贷(外传有 7000 多亩)
滑集	高集	吕孟华	100	0	300	500	当保长、贪污、卖壮丁
	谢集	谢老培	100	0	200	300	干儿子当乡长,另一儿子当保长,挑拨是非,贪污、开饭店强卖饭
	下湾	王正山	200	200	0	500	荒年放 1 斗还 4 斗。一个荒年买地 200 多亩
艾亭	王新庄	王万成	300	0	900	1200	掌握那一片地面的乡保长,贪污,收老百姓银子、做买卖

续表

项目 区别	村别	地主 姓名	历年积累土地面积			现有 土地	积累土地的 主要方法
			1912—1921 年	1925—1942 年	1947 年		
通仙	朱老庄	朱银保	20	800	0	500	荒年利用封建势力买地 800 多亩（后闹宗派卖了一部分）
姜砦	申楼	杨逢春	0	0	170	170	借其姐夫（国民党军队团长）的势力，参加党政分会向农民勒索而得
蜗城	申楼	李中和	100	200	0	300	荒年及春荒放高利贷，借出 1 斗还 4 斗、5 斗
	潘砦	潘毛	300	0	1400	1400	当区长贪污，放高利贷借出 1 斗还 3 斗
—	—	李老荣	400	1600	0	2000	荒年买进。放高利贷买进
小计			2628	5100	4470	17170	—
艾亭	谢庄	谢老苏	0	0	0	1000	当保长数年所买
	大课庄	谢雪卿	0	0	0	1200	当乡长时所买
城关	朱大庄	王法周	0	0	0	300	当国民党军队团长、参谋长，放高利贷（分家前有 1000 亩）
方集	菜湾	谢少楼	0	0	0	500	荒年放高利贷所买
	王沿	陈子英	0	0	0	4800	荒年放高利贷所买
	小黄庄	方代世	0	0	0	1200	荒年放高利贷所买
	官庄	谢向普	0	0	0	1200	当乡长时贪污所得
—	—	任鼎昌	0	0	0	200	养土匪
总计			2628	5100	4470	27570	—

注:这类地主,一个区约有七八户(方集、艾亭、滑集三区特多),全县约有 120 户,每个大地主周围, 约有较小的地主七八户。全县有 10 项以上的地主约 20 户,20 项以上的地主约 20 户,30 项以上 的地主约 700 户。全县地主共占土地约 72 万户,占全县土地 180 万亩的 40%。

资料来源:华东军政委员会土地改革委员会编:《安徽省农村调查》,1952 年印本,第 38 页"农民失 去土地情况表"。表中"小计""总计"为引者所加。

表 12-14 简要列示了 24 户地主的土地兼并、兼并办法和土地改革前夕占有的土地面积。地主兼并土地的办法和资金来源,调查者将其归结为"官、匪、贪、租、债",亦即当官勒索、贪污;勾结土匪,坐地分赃;买地收租,养鸡下蛋;囤积放贷,榨取高利。除此之外,还可补充一条,就是荒年乘人之危,贱价和压价买地。关于地主的土地兼并和增殖过程,表 12-14 中列有 1912—1921 年、1925—1942 年和 1947 年 3 个节点,从调查比较完全的 16 户地主情况看,地主的土地兼并和增殖同农民失地一样,也是呈加速度进行。1912—1921 年,16 户地主共购进土地 2628 亩,1925—1942 年增至 5100 亩,相当于 1912—1921 年的 1.94 倍,1947 年达 4470 亩,又比 1925—1942 年增加 25.82%。土地改革前夕 16 户地主占有的 17170 亩土地,37.37% 是 1947 年购进的。

高利贷盘剥是许多地区导致农民失地破产的重要原因。四川巴县,农户既无积蓄,又无健全的专业金融机构,农民生产所需资金,如种子、工资、纳税等项,往往多由借贷而来,除了少数合会,"大多仍乞灵于私人高利贷"。据 1937 年统计,全县有 800 人专靠放贷牟利。利率普通 3 分,最高达四五分。但农民不论何种生产,"剩余所得能高至四五分者甚少"。而且农民收获之后,即须变卖农产以偿还借款,而此时商贩趁机压价,售价往往不及正常市价的 2/3。结果,农民在"利息上既负担百分之五六十,物价损失又为百分之三十以上,农民借入百元,其利息损失之负担将近百元"。农民根本无力偿还,只能借新债换旧债,或进而典当田地。及至典当期满,又无力回赎,被迫绝卖,最终失地破产,地权全部集中于地主。[①] 山东平原县,地主富农通过高利贷兼并土地,如同变魔术一样,将农民土地扒入自己手中。该县庞庄地主郑某,1942 年借给农民张廷兰 8 斗谷子,规定麦收后还 12 斗小麦,因天旱无麦偿还,即将小麦叠利行息,不到二年,就把 11 亩地滚给了地主;张辛村地主张某,1925 年开始放贷牟利,到 1937 年已拥有土地 520 亩、果园 45 亩。[②] 陕西石泉,除了通行的

---

① 上海中国地政学院编纂:《民国二十年代中国大陆土地问题资料》第 54 册,(台北)成文出版社 1977 年版,第 27614—27617 页。

② 山东省平原县县志编纂委员会编:《平原县志》,齐鲁书社 1993 年版,第 159—160 页。

高利借贷,又有直接以兼并土地为目的的"抵押",即农民在生活困难时,须借地主钱粮,但不付利息,而以土地抵押,每年种出的粮食 80% 交给地主,到期无法偿债,即将土地卖给地主。[1] 安徽泾县,新中国成立前,农民加速贫困化,常有贫苦农民因负债累累无力偿还,或因天灾人祸而将仅有的微少土地出卖;也有少数家业败落的地主出卖田地。买者多为富商和大地主,其中不少是通过种种高利盘剥以兼并手段获取的;[2]湖北建始,除了强行霸占,逼债夺地,是地主兼并土地的主要手段。该县土地革命失败后,地主和团防加紧勾结,反攻倒算,兼并土地,大量耕地被地主霸占,农民不断破产,沦为佃户。同时,地主又向农民放债,通常 3 年之后逼债,欠债户不能清偿本息,即将欠债户的田地作抵债,土地归债主所有。[3]

残酷的封建捐税、地租、高利贷剥削,大大加速了农民的失地破产和地主的土地积累。湖北建始地主放债 3 年后逼债、夺地抵债的盘剥手段,使农民失地破产,佃户成为农民主要成分。1943 年全县佃农占农户总数的 46%。官店乡第一保 120 户,仅 5 户地主即占有全保 85% 的土地。[4]浙江丽水县南明乡下张、桥亭等 4 村,地主占地比重从 1939 年的 47.1%升至 1946 年的 49.4%,再升至 1948 年的 53.4%。[5] 湖南桂阳樟市乡,贫农、雇农占有土地的比重分别从 1936 年的 24.63%、0.60% 减少到 1948年的 15.95%、0.35%,分别减少了 8.68 个和 0.25 个百分点。这些土地都流向了地主和其他剥削者、非农业生产经营者:地主的占地比重从1936 年的 22.28% 上升到 1948 年的 27.31%;旧官吏、宗教职业者、小土地出租者的占地比重分别从 1936 年的 0.15%、0.11% 和 2% 上升到 1948年的 0.48%、0.27% 和 4.88%。[6] 云南禄丰县禄村,1938 年时,全村 122

---

[1]　石泉县地方志编纂委员会编:《石泉县志》,陕西人民出版社 1991 年版,第 158 页。

[2]　泾县地方志编纂委员会编:《泾县志》,地方志出版社 1996 年版,第 121 页。

[3]　建始县地方志编纂委员会编:《建始县志》,湖北辞书出版社 1995 年版,第 273 页。

[4]　建始县地方志编纂委员会编:《建始县志》,湖北辞书出版社 1995 年版,第 273 页。

[5]　中共浙江省委农村工作委员会调研室:《浙江农村土地关系变化情况》,见华东军政委员会土地改革委员会编:《浙江省农村调查》,1952 年印本,第 5—6 页。

[6]　中南军政委员会土地改革委员会调查研究处编印:《中南区一百个乡调查资料选集·解放前部分》,1953 年印本,第 37—38 页。

户、1120 亩耕地,地主有地 696 亩,占 62.1%;1949 年年末,地主土地增至 952 亩,相当于全部耕地的 85%。[1] 甘肃庆阳,农民为生活所迫,往往以半价将土地当给地主,然后又从地主手中租回耕种,到期无力赎回,即以当价卖给地主,"使不少农民失去了土地"。[2]

有的一次大旱,就足以使无数农民失地破产,地权呈闪电式集中态势。1936—1937 年,贵州湄潭县连续两年旱灾,借贷谷利超过 5 分,地主大斗进、小斗出,借一还二,盘剥农民,并乘机胁迫,贱价收买农民田土,水田一亩 7 元,旱地 5 元。农民丧失田土,地主占有的耕地大幅增加。[3] 1942 年华北大范围大旱,河南许昌有 59140 家卖掉土地 21.2 万亩。[4] 山东平原县王庙乡 165 户地主、富农乘机兼并 305 户农民的土地 1150 亩。[5]

日本侵华战争期间,在伪"满洲国"和关内沦陷区,一些大地主与日本侵略者勾结,充当汉奸,依仗日伪势力大肆侵吞农民土地。伪满期间,日伪统治者把农民的土地强行收归"国有",后在 1939 年向农民返回部分土地,令其价买,并发放"地照"。一些与日伪勾结的汉奸地主利用"土地买回"之机,剥夺许多小户人家的土地买回权,把土地归入自己名下。如密山马家岗区刘家村的 710 垧"买回地",被刘兆汉等 3 名汉奸地主占去 600 垧;大地主沈某、王某,分别在哈达岗、宝山屯、大荒地 3 村和黑台区兰岭强占"买回地"557 余垧和 200 余垧。[6]

由于敌伪和汉奸、地主的残酷掠夺,农民的土地不断流向日伪和汉奸、地主。这从一些地区的农户结构变化,可以清楚地反映出来,见表 12-15。

---

① 云南省禄丰县地方志编纂委员会编:《禄丰县志》,云南人民出版社 1997 年版,第 140 页。

② 甘肃省庆阳地区志编纂委员会编:《庆阳地区志·农业志》第 1 卷,兰州大学出版社 1998 年版,第 802—803 页。

③ 湄潭县志编纂委员会编:《湄潭县志》,贵州人民出版社 1993 年版,第 186 页。

④ 许昌市地方志编纂委员会编:《许昌市志》,南开大学出版社 1993 年版,第 224 页。

⑤ 山东省平原县县志编纂委员会编:《平原县志》,齐鲁书社 1993 年版,第 160 页。

⑥ 《黑龙江省志·第七卷·农业志》,黑龙江人民出版社 1993 年版,第 87—88 页。

表 12-15　吉林龙井县新中国成立前农户结构
情况（1930—1943 年）

项目 年份	农户 总数 （户）	地主		自耕农		半自耕农		佃农	
		户数	占总 农户百 分比 （%）	户数	占总 农户百 分比 （%）	户数	占总 农户百 分比 （%）	户数	占总 农户百 分比 （%）
1930	32220	2993	9.3	11075	34.4	7529	23.4	10623	33.0
1931	32365	3009	9.3	11048	34.1	7396	22.9	10912	33.7
1932	34450	3656	10.6	10134	29.4	8961	26.0	11699	34.0
1933	32146	3804	11.8	5936	18.5	6652	20.7	15754	49.0
1934	32143	3804	11.8	5934	18.5	6651	20.7	15754	49.0
1935	35431	3378	9.5	6227	17.6	8915	25.2	16911	47.7
1941	34945	3209	9.2	7031	20.1	8824	25.3	15881	45.4
1943	34289	2966	8.65	9076	26.5	10173	29.7	12074	35.2

资料来源：龙井县地方志编纂委员会编：《龙井县志》，东北朝鲜民族教育出版社 1989 年版，第
121 页。

日军占领东北后，表 12-15 中各类农户，无论哪项数据的变化，都意味着农民土地的一步步流失和减少。这些土地一部分流向汉奸、地主，一部分流向日军和日伪。1932—1934 年间，地主（出租地主）、佃农增加，自耕农、半自耕农减少，意味着农民快速失地。其中特别是 1931　1933 年的 3 年间农户结构的变化，自耕农由小减到大减，半自耕农由增加到减少，佃农由微增到猛增，农民在短时间内，这种突然加速失地的变化过程，像手摸得着一样明显。1934—1943 年，农户结构的变化趋势相反，地主（出租地主）、佃农数量和比重同时下降，自耕农、半自耕农数量和比重则同时上升。不过这并非通常情况下的地权分散，并非土地由地主流向农民，而是全部被日军劫夺。早在民国时期开始，日本"东洋拓殖株式会社"就用法币放贷、金票（日币）收贷的手段，榨取农民、地主，使大批农民、地主破产，大量土地流入"东洋拓殖株式会社"手中。1937 年，"满洲

开拓株式会社"龙井支店又以军事用地、铁路用地、城建用地、"移民开拓团地""自耕农创定地"等名义,从农民、地主手中以贱价强行收买大量土地,共计 202500 亩,其中军事用地 32700 亩、铁路用地 5550 亩、城建用地 6750 亩,租给日本"移民开拓团"37650 亩,以"自耕农创定地"名义租给朝鲜农民 12 万亩。被日本侵略者逼迫破产的农民、地主,除部分沦为佃农外,多数被迫离家迁居黑龙江等地。① 所以不只是地主、佃农数量减少,农户总数也在减少。同时,部分地主因土地被日军贱价强买,剩下的土地仍然招佃收租难以维持生活,只能收回自种,甚至还要租种部分土地,最后受害最深的是佃农。所以,地主减少,自耕农、半自耕农微量增加,而佃农的减幅最大。

地主、汉奸不仅在伪满时期与日伪勾结,大肆兼并和侵夺农民土地,日军投降后还通过抢占敌产的手段,侵夺本来应该归还农民的土地。黑龙江桦川一带,日本侵略者投降后,地主趁机抢占敌产,侵吞土地,结果土地集中程度进一步加剧。②

在关内一些沦陷区和抗日游击区,地主、汉奸,或投降日军,为虎作伥,或打着"抗日"旗号,浑水摸鱼,兼并土地。在山东平原县,地主原有的土地兼并更变成一种赤裸裸的暴力和武装攫夺。1937 年抗日战争爆发后,地主杂团乘机蜂拥而起,他们打着"抗日"的旗号(后大都成为汉奸),独霸一方,横征暴敛,很快成为一批拥有武装的、明火执仗的、作恶多端的恶霸地主。如该县焦庄杂团头子刘某,本是一个不务正业的赌徒,1937 年伙同地痞流氓拉起 200 多人的武装,兼并土地 570 亩,成为威镇城北的大恶霸地主。③ 山东苍山,一些地主、汉奸大发国难财。卞庄的王占牛自当汉奸后,倚仗权势,肆意侵占百姓土地,加上利用抢夺的钱财强买土地,短短三四年间由一个小饭铺老板,一变而为拥

① 龙井县地方志编纂委员会编:《龙井县志》,东北朝鲜民族教育出版社 1989 年版,第 121 页。
② 桦川县志编纂委员会编:《桦川县志》,黑龙江人民出版社 1991 年版,第 150 页。
③ 山东省平原县县志编纂委员会编:《平原县志》,齐鲁书社 1993 年版,第 160 页。

有 66.7 公顷土地的大地主。① 兰陵县台儿庄一带,日本全面侵华战争期间,由于敌伪(还有投敌半投敌的国民党军队)七八年的攫夺榨取,不但农民加速失地破产,一些中、小地主也不例外,土地日益集中到大地主手中。如刘家湖庄,这期间卖到外庄的土地有 1139.5 亩,相当于战前全庄耕地的 49%。阶级结构也相应发生变化;原有的地主也没有了;19 户中农只剩 6 户;贫农则由原来的 42 户增至 72 户,占到总农户的 92.3%。②

兰陵台儿庄地区,地权集中的基本方向和路线是从农村业主转移和集中到市镇大地主手里;从农民及部分地主手里转移和集中到汉奸及同汉奸有关系的当权派地主手里。日本侵华战争前,地权从农村业主转移和集中到市镇大地主的趋向已经出现,日本侵华战争期间更加明显,并加速向汉奸及同汉奸有关系的当权派地主集中。占有台儿庄附近 14 个庄子土地的 25 户地主中,就有 17 户居于市镇,出租土地 3176 亩,占地主出租土地的 74.4%。而这 25 户地主中,10 户是汉奸,其土地占 25 户地主所有地的 36%。伪乡长兼伪大队长汉奸毛文贵,战前只有 39.5 亩地,还当给了人家;当了几年汉奸,土地陡增至 250 亩,有 4 牛 2 马 1 驴,并雇用两名雇工,耕种 230 亩租地;大汉奸黄全明、郑典三等,既是占地 10 余顷的大地主,又是大商人,经营粮行、油坊、糟坊、茶食店、杂货店、布店、山芋干行、芝麻行等大商号,最终形成大汉奸、大商人、大地主"三位一体",成为台儿庄的主要统治者。这是日本侵华战争期间土地关系和地主结构的一个特点。③

在抗日战争后方地区和 20 世纪 40 年代后期内战期间,由于国民党政府加紧税捐搜刮和抓丁拉夫,使很多农民急速丧失了原有的少量土地。

---

① 苍山县志编纂委员会办公室编:《苍山县志》,中华书局 1998 年版,第 295 页。
② 华东军政委员会土地改革委员会编:《山东省、华东各大中城市郊区农村调查》,1952 年印本,第 86 页。
③ 华东军政委员会土地改革委员会编:《山东省、华东各大中城市郊区农村调查》,1952 年印本,第 86—87 页。

　　云南个旧,原本地租、税捐、借贷利息苛重,佃农难以为生。每年青黄不接,50%—60%的农户要向地主借贷,一般借苦荞还稻谷、借玉米还大米,并加息30%—50%,甚至1倍,谓之"放秋粮"。日本全面侵华战争期间,秋粮还息猛增至2—3倍。政府各项杂捐,民国以后也"有增无减"。日本全面侵华战争期间,耕地税3次递增,较战前骤增10倍,并将大部分中中则的山地改为上下则征税,加大税额增幅。若农民无力纳税,政府关押逼征,农民被迫将土地执照贴在门上,合家出逃避税,待保甲长发觉时已遁数月,只得将执照上交作"绝户"申报。1946年县政府给省政府的报告称,全县荒地占原报耕地面积的65.53%。农民土地大多荒芜,余则多属地主富农。据土地改革前的调查资料,平坝区8个乡,地主富农人口占9.97%,土地占61.94%;半山区3个乡,地主富农人口占6.03%,土地占81.39%。① 哈尼族、彝族、傣族聚居的沅江县,抗日战争期间,地主、富农也乘机购买廉价土地,扩大田庄。如南溪地主张某,土地跨及武山、农场田一带,年收租谷近千石。②

　　20世纪40年代后期,国民党政府崩溃前的残酷压榨,也导致大量农民失地破产。如江苏武进梅港乡,1947年后,因国民党政府苛敛压榨,抓壮丁,派"壮丁米",加上1948年农业因灾减产,农民无法维持生活,大多被迫借债,"往往借一担米,一年不到即变成两三担米",还不起本息就卖田给债主。③ 吴县姑苏乡忠心村,1947—1948年间,贫农共丧失了原有土地的24%,雇农丧失了原有土地的51%。④ 这些土地大部分落入地主和富农手中。

　　当然,从20世纪三四十年代整个时期和全国范围观察,仍然是地权分散与地权集中交替发生或同时并存。在农民失地破产、地权趋向集中

① 个旧市志编纂委员会编:《个旧市志》,云南人民出版社1998年版,第537—538页。
② 云南省元江哈尼族、彝族、傣族自治县志编纂委员会编:《元江哈尼族、彝族、傣族自治县志》,中华书局1993年版,第124页。
③ 华东军政委员会土地改革委员会编:《江苏省农村调查》,1952年印本,第140—141页。
④ 华东军政委员会土地改革委员会编:《江苏省农村调查》,1952年印本,第184—185页。

的同时,也存在着多种原因和形式的地权分散趋向。

在日本全面侵华战争期间,有的地区由于佃农困苦,无力完租,租额下降;或因佃农受革命形势鼓舞,群起抗租,地主收租困难,地权价值衰减,地主兼并地权的狂热降温;或地主日益腐化,生活开支不断增加,只能卖地应付需要,长期持续的地权集中进程中断或放缓,到新中国成立前夕,开始出现某种转趋分散的迹象。

江苏苏南地区,地主热衷土地兼并,地权集中,田价居高不下。日本全面侵华战争时期,某些县、乡的情况开始发生变化。

无锡坊前乡,佃农持有永佃权的"灰肥田",日本全面侵华战争前,租额一般为每亩 1 石糙米,"田底"价约每亩 10 石白米。在日本全面侵华战争期间,因为农民受到敌伪重重盘剥,生活更趋困难,无力交租;而且大地主逃亡在外,中小地主多移居城市,无法直接逼租;同时,农民在中共地下党组织发动下,大多欠租不交。"灰肥田"租额普遍下降,自 8 折至 6 折不等。地主因收租不易,加上生活腐化,开支浩大,结果"出卖土地者日益增加",如该乡地主倪某在抗日战争时期先后出卖"田底"300 余亩。田底价格亦下降,每亩低至三四石米。在这种情况下,地权分配趋向分散。到土地改革前夕,地主富农合计占地 1235.14 亩,占总面积的 29.28%。在各阶级(阶层)中,占地最多的是中农,307 户占地 1861.87 亩,占总面积的 44.13%。[①]

松江新农乡,大部分土地有"田面"权(永佃权)与"田底"权(所有权、收租权)之分,田底价远高于田面价,前者相当于后者的 3—4 倍。到解放战争期间,田底价迅速下降,田面价缓慢上升,最后反超田底价。田底、田面价格的变化,从一个侧面反映出地主对土地(田底权)兼并的热衷程度和地权流向及其变化。20 世纪 40 年代,田底权和田面权的价格变化,见表 12-16。

---

① 华东军政委员会土地改革委员会编:《江苏省农村调查》,1952 年印本,第 117—118、123 页。

表 12-16　松江新农乡田底、田面价格涨落统计(1936—1949 年)

时段 项目	抗日战争前	抗日战争 期间	抗日战争 胜利后	解放前
田底每亩价格(石米)	8→9	7→8	9→4	4→3→2→1
田面每亩价格(石米)	2→4	2→4	2→4	3→5
备注	抗战胜利后,田底价突然涨至 9 石,以后因受解放战争胜利与老区土改影响,淮海战役后,更自 4 石下降至 1 石			

资料来源:华东军政委员会土地改革委员会编:《江苏省农村调查》,1952 年印本,第 145 页。

　　1937 年前,田底价每亩 8—9 石米,日本全面侵华战争期间,政治经济形势恶化,田底价降至 7—8 石米。抗日战争胜利,一度激起地主富户的土地兼并狂热,田底价突然猛涨至 9 石米。然而,旋即内战爆发,中国人民解放军节节胜利,国民党统治区不断缩小,通货恶性膨胀,田底价由 9 石米迅速递降至 4 石米,特别是 1949 年元月淮海战役后,更自 3 石、2 石,最后降至 1 石。田底价的节节低落,是市场需求淡静、地主土地兼并意欲减退乃至完全消失的结果。至此,长期持续的地权集中趋势总算画上了休止符。

　　江苏吴县堰里乡鹤金村,地权高度集中,而且大部分土地为城镇大地主所掌握,不过这些土地大多为"管业田",佃户有永佃权。因土地有田底、田面之分,地权分配处于饱和状态,一般地主为了收租,都不愿意出卖。但到 20 世纪 30 年代末,由于形势的变化,开始陆续有人出卖田底,"购入者大部分是占有田面权的富农"。初时每亩约值 3—4 石米,其后滑落,解放前一年跌至每亩仅值 1 石米。[①] 田底买主的身份和价格的跌落,说明田底流向和市场需求都在发生变化。地主由购买和兼并田底,改为出卖田底。因市场反应冷淡,甚至贱价出卖。在这种情况下,田底权的集中程度或有所降低。这与上述松江新农乡的状况十分相似。只是田面价远比松江新农乡高,亦即田面的兼并仍很激烈,主要作为田面转租的

---

　　①　华东军政委员会土地改革委员会:《江苏省农村调查》,1952 年印本,第 173—175 页。

"盖头田"所占比例亦较高。①

　　在 20 世纪三四十年代恶劣的政治经济环境下,不仅一般自耕农频频失地破产,一些中小地主尤其是小地主、土地主,经济状况也都日趋恶化,往往"富者变穷,穷者更穷",农民贫困化大多以"层压式贫困化"或"递降式贫困化"的形式出现在地权分配变化方面,则无论原来是集中还是相对分散,有相当一部分甚至大部分表现为某种程度的分散趋向,前揭中南6 省份 97 县 100 乡的调查统计,所反映的就是这种情况。在调查的 100 个乡中,固然不乏地权分配由集中走向更集中、由一般或分散走向集中的变化个案,不过呈现分散趋向的变化情形明显更多一些。表 12-17、表 12-18分别从行政区划和地权分配类型的不同角度观察地权分配的变化趋势。

表 12-17　河南等中南 6 省 100 乡的地权分配
及其变化(1936 年、1948 年)

项目 省份	调查乡数	年份	总面积(亩)	各阶级(阶层)占地百分比(%)						
				地主	富农	中农	贫农	雇农	公田	其他
河南	14	1936	108625	39.53	8.20	34.41	12.36	0.19	0.60	4.71
		1948	110528	35.84	8.63	33.73	14.78	0.19	0.41	6.42
湖北	20	1936	100624	39.99	7.00	32.93	13.71	0.29	1.60	4.48
		1948	108670	34.54	8.05	31.91	17.35	0.19	1.51	6.45
湖南	15	1936	81438	42.60	5.58	27.47	11.85	0.37	3.24	8.89
		1948	82448	40.32	6.48	29.77	10.08	0.27	3.54	9.54
江西	14	1936	76150	36.67	6.04	25.70	10.95	0.49	11.86	8.29
		1948	77953	37.46	5.96	26.17	12.86	0.49	6.87	10.19
广东	15	1936	45938	47.72	3.56	19.77	10.80	0.27	11.70	6.18
		1948	52267	44.00	5.56	20.02	10.82	0.32	11.44	7.84
广西	22	1936	99581	41.00	8.70	32.60	9.78	0.53	3.72	3.67
		1948	107353	37.81	7.18	32.18	12.54	0.73	4.38	5.18

①　该村 957.07 亩租入地中,农民有永佃权的"管业田"585.95 亩,占 61.22%;田面转租的"盖头田"(除小部分是底面田外,均为田面转租田)371.12 亩,占 38.78%。见华东军政委员会土地改革委员会:《江苏省农村调查》,1952 年印本,第 174 页。而松江新农乡大部分租入地有田面权,如张家村农民有田面权的田占租入地的 98.7%。见华东军政委员会土地改革委员会:《江苏省农村调查》,1952 年印本,第 145 页。

续表

项目 省份	调查乡数	年份	总面积（亩）	各阶级（阶层）占地百分比（%）						
				地主	富农	中农	贫农	雇农	公田	其他
总计	100	1936	509419	40.70	6.94	30.07	11.70	0.36	4.45	5.78
		1948	539219	37.68	7.21	30.03	13.47	0.37	3.90	7.34

资料来源：据中南军政委员会土地改革委员会调查研究处编印：《中南区一百个乡调查统计表》，
1953 年印本，第 10—20 页表甲之五—表甲之十、第 34—44 页表乙之五—表乙之十摘录、
整理编制。

表 12-18　河南等中南 6 省 100 乡的地权分配
类型及其变化（1936 年、1948 年）

项目 地权 类型	调查乡数	年份	总面积（亩）	各阶级（阶层）占地百分比（%）						
				地主	富农	中农	贫农	雇农	公田	其他
集中	41	1936	210883	56.99	6.31	20.23	6.86	0.25	3.48	5.88
		1948	221316	53.10	7.25	20.48	7.90	0.37	3.58	7.32
一般	44	1936	220462	32.28	7.51	35.05	13.34	0.39	5.48	5.95
		1948	233166	29.88	7.34	35.35	13.08	0.35	4.29	9.71
分散	15	1936	78074	20.54	7.03	42.63	20.13	0.55	4.13	4.99
		1948	84737	18.83	6.74	40.28	23.59	0.41	3.71	6.44
总计	100	1936	509419	40.70	6.94	30.07	11.70	0.36	4.45	5.78
		1948	539219	37.68	7.21	30.03	13.47	0.37	3.90	7.34

资料来源：据中南军政委员会土地改革委员会调查研究处编印：《中南区一百个乡调查统计表》，
1953 年印本，第 4—8 页表甲之二—表甲之四、第 28—32 页表乙之二—表乙之四摘录、整
理编制。

　　表 12-17 的统计数据显示，各省的地权分配状况互有差异，但不甚
悬殊。地主富农的占地比重，1936 年最高 51.28%（广东），最低 42.71%
（江西），高低相差 8.57 个百分点，平均 47.64%，地权濒临集中。值得注
意的是，1936—1948 年间的变化趋势，6 省份中只有江西 1 省的地权分配
呈集中趋势，地主富农的占地比重从 1936 年的 42.71% 升至 1948 年的
43.42%，轻微增高。其他 5 省份，地主富农的占地比重均有不同程度的
下降，河南、广西分别从 47.73%、49.70% 降至 44.47%、44.99%，降幅较
大；湖北、湖南、广东依次从 46.99%、48.18% 和 51.28% 降至 45.59%、
46.80% 和 49.56%，降幅不大。

按地权分配的不同类型观察地权分配的变化趋势也发现,不论地权集中还是分散,地权分配均朝分散的方向变化,集中、一般、分散三种类型的地主富农的占地比重,依次从 63.30%、39.79% 和 27.57% 降至 60.35%、37.23% 和 25.57%。显然,地权分配的变化趋势,与原有的地权分配状况或类型(集中抑或分散)并无直接关系。

通常,地权大多是在地主和农民之间流动。如果地权分配发生变化,地主富农的占地比重上升,则中农、贫雇农的占地比重下降;反之亦然。不过这是就一般情况而言。20 世纪三四十年代的情况比较特殊,一些地区发生的农民经济和农户结构变化,不是通常的贫富分化或两极分化,而是"富者变穷,穷者更穷"的层压式递贫化或均贫化。中农贫、雇农和地主富农之间的土地占有关系,并非完全是那种"你增我减、你减我增"的对应关系。表 12-17、表 12-18 的一些数据印证了这一点。如河南、湖北,地主和中农的占地比重都有所下降;广西以及地权"分散"地区,地主、富农和中农的占地比重一齐下降;等等。不仅地主的占地比重下降如此,地主的占地比重上升亦有类似现象,如江西,地主和中农、贫农、其他农(村)户的占地比重一齐上升。这里有一个问题必须弄明白,地主和中农等失掉的土地流往哪里,地主和中农等增加的土地又来自何方? 检索统计数据可知,地主和中农等失掉的土地几乎全部流向贫农和其他农(村)户。这恰恰是递贫化或均贫化的表现和结果。地主衰落、失地,除部分变为富农、中农外,更多的是小土地出租者、小土地经营者、债利生活者、商贩等"其他"农(村)户,而中农贫困破产,则绝大部分降为贫农、雇农。在这种情况下,地主、中农的土地流向贫农和"其他"农(村)户也就不足为奇了。而江西地主和中农、贫农、其他农(村)户的占地比重一齐上升,其土地则几乎全部来自"公地",这是公田私田化的结果。

山东莒南、赣榆,河北保定(清苑)地区在 20 世纪三四十年代也出现了地权分配的分散趋势。据 1944 年 4 月对山东莒南壮岗、团林和赣榆金山等 3 个区 13 个村的调查,1937 年抗日战争全面爆发后,土地买卖和流向发生变化,地主、富农买(典)进土地的户数、地亩少,卖(当)出土地的户数、地亩多;中农、贫农、雇农、小商等买(典)进土地的户数、地亩多,卖(当)出土地的户数、地亩少。1937—1943 年 6 年间,地主、富农买(典)进土地的共 35 户、买(典)进土地 139.87 亩,卖(当)出土地的共 75 户、卖(当)出土地 1132.61 亩,后者户数、地亩分别相当于前者的 2.14 倍和 8.10 倍;中农、贫农、雇农、小商等买(典)进土地的共 388 户、1162.75 亩,卖(当)出土地的共 252 户、711.56 亩,后者户数、地亩分别相当于前者的 65%和 61%。① 地权主要由地主、富农流向中农、贫农、雇农、小商。农户结构和地权分配相应发生变化。表 12-19 反映了该地这期间农户结构和地权分配变化的大致情况。

表 12-19　山东莒南、赣榆 3 区 13 村农户结构和地权
分配变化统计(1936 年、1944 年)

项目\成分	农户数(户)					土地面积(亩)				
	1936 年		1944 年		户数增减(+/-)	1936 年		1944 年		面积增减(+/-)
	户数	%	户数	%		亩数	%	亩数	%	
地主	49	4.65	41	3.46	-8	3814.27	26.93	2161.36	15.67	-1652.91
富农	62	5.88	80	6.74	+18	2364.25	16.69	2665.48	19.32	+301.23
中农	270	25.62	324	27.32	+54	4273.61	30.18	5139.54	37.26	+865.93
贫农	589	55.88	679	57.25	+90	3619.23	25.56	3756.99	27.24	+137.76
雇农	63	5.98	50	4.22	-13	74.93	0.53	55.23	0.40	-19.70
小商	21	1.99	12	1.01	-9	15.34	0.11	15.74	0.11	+0.40
总计	1054	100.00	1186	100.00	+132	14161.63	100.00	13794.34	100.00	-367.69

附注:1.1944 年总面积比 1936 年减少,并非耕地减少,而是某些大户将土地卖往外乡;部分农户增加土地,除买入外,部分属于垦荒新地。

2. 富农户数增加,大半属于分家,亦有少量属于中农和其他阶层升为富农。

资料来源:据华东军政委员会土地改革委员会编:《山东省、华东各大中城市郊区农村调查》,1952 年印本,第 14 页统计表改制。

---

① 华东军政委员会土地改革委员会编:《山东省、华东各大中城市郊区农村调查》,1952 年印本,第 12—13 页。

如表 12-19 所示,1944 年同 1936 年比较,地主户数和占地面积均明显减少,户数减少 8 户,比重由 4.65%降至 3.46%,占地减少近 1653 亩,降幅尤大,其比重由 26.93%降至 15.67%,下降 11.26 个百分点。富农情况有所不同,虽然卖地户数和卖出地亩数多,买进的少①,但因为自身分家和有中农和其他阶层升为富农,其户数和占地面积都有所增加。不过地主富农整体的占地面积和比重是下降的,面积从 6178.52 亩减少到 4826.84 亩,减少 1351.68 亩,比重从 43.62%减少到 34.99%,下降了 8.63 个百分点。中农、贫农、雇农的情况是,部分雇农变成了贫农,雇农的户数和占有土地均减少,中农、贫农的户数和占地面积增加,中农尤为明显。中农、贫农的整体占地面积从 7892.84 亩增加到 8896.53 亩,增加 1003.69 亩,比重从 55.74%增至 64.50%,上升 8.76 个百分点。

这种土地买卖流向的变化、地权的分散化趋势,并非发生在传统封建土地制度和封建生产关系条件下,而是有赖于新的政治和社会环境。抗日战争期间,莒南、赣榆属于抗日根据地,抗日武装和民主政权实行“二五减租”,肃清土匪,限制地主富农的某些剥削和投机行为。地主买地和占地面积缩小,就是由于高利贷和投机生意受到限制,负担相对加重,再加上本身生活浪费等原因;而农民经济改善,占有土地增加,主要是根据地实行减租减息,肃清土匪,戒绝不正当娱乐,豁免苛捐杂税,发展副业生产等,使得农户经济活跃,经济向上发展。②

河北保定(清苑)地区,20 世纪三四十年代的地权分配,亦呈某种形式的分散趋向。表 12-20 反映的是薛庄等 11 村地权分配及分散趋势的变化情况。

---

① 富农 29 户买地,买进 115.77 亩;39 户卖地,卖出 247.93 亩。
② 华东军政委员会土地改革委员会编:《山东省、华东各大中城市郊区农村调查》,1952年印本,第 14 页。

表 12-20　河北保定(清苑)薛庄等 11 村地权分配及
分散趋势(1930 年、1936 年、1946 年)　　(单位:亩)

年份\项目	土地	地主	富农	中农	贫农	雇农	其他	总计
1930	亩数	6801.87	10147.55	16283.34	7491.25	499.25	191.10	41414.36
1930	%	16.42	24.50	39.32	18.09	1.21	0.46	100.00
1936	亩数	6121	9207.72	18218.21	6873.41	446.95	102.35	40969.64
1936	%	14.94	22.47	44.47	16.78	1.09	0.25	100.00
1946	亩数	4378	6464	22889	7634	97	64	41526
1946	%	10.54	15.57	55.12	18.38	0.23	0.16	100.00

资料来源:据河北省统计局:《1930—1957 年保定农村经济调查综合资料》(1958 年 10 月)计算、整理、编制。

　　表 12-20 中数据显示,1930 年时,地主富农的占地比重为 40.92%,地权分配属于一般状况,1936 年降至 37.41%,不过幅度不大;然而贫农雇农占有的微量土地,不仅没有增加,还在减少。很明显,这仍是那种"富者变穷,穷者更穷"的地权分散。

　　1937 年日本全面侵华战争爆发后,情况发生重大变化。保定(清苑)的地方(包括 11 村中的部分乡、村)沦陷成为敌占区,战争破坏,日军劫夺,苛捐杂税倍增,土地所有者负担加重,一般中小地主亦不例外,土地价值明显降低。临近保定的抗日根据地推行的"合理负担""减租减息"和"统一累进税"等土地和税收政策,也对地主富农的土地观念产生影响。一些地主、富农,有的害怕打击,逃亡城市;有的通过如售卖、赠送、分家、假卖假当等方式,分散土地;农民则因缺地而买进土地。1936—1946 年间,地主仅买进土地 1.8 亩,富农买进 166.2 亩,而贫农和中农分别买进土地 2779.4 亩和 902.3 亩。[①]

　　正是在这种情况下,1936—1946 年间,地权流向呈现新的变化,地主、富农的土地明显减少,占地比重分别从 1936 年的 14.94%、22.47%降

————————

　　① 隋福民、韩锋:《20 世纪 30—40 年代保定 11 个村地权分配的再探讨》,《中国经济史研究》2014 年第 3 期。

至 1946 年的 10.54%、15.57%,两者总计由 37.41%降至 26.11%;中农占地由 44.67%升至 55.12%,超过土地总面积的一半。虽然雇农失地速度加快,几乎丧失尽净,但贫农占地回升,其数量超过雇农失地。中农和贫雇农的占地比重由 1936 年的 62.54%升至 1946 年的 73.73%,无论是 10 年间的上升幅度还是 1946 年的占地比重数据本身,都说明 1936—1946 年间的地权分配变化,无疑是趋向分散。不过需要再次强调的是,这种比较明显的地权分散趋向,主要与抗日战争和当时中国共产党领导的抗日根据地的革命形势及革命主张有关,而非近代中国农村经济的发展常态或中国封建土地制度的本身规律使然。

（三）土地改革前夕的地权分配状况

在经历了 1928—1937 年的土地革命、1929—1934 年世界经济危机和国内农业恐慌、1931—1945 年日本侵华战争和中国人民的抗日战争、1946—1949 年解放战争后,农村的农户结构、阶级关系、农民经济状况和土地占有关系,都发生了重大变化,延至土地改革前夕,农村土地分配状况,与 20 世纪 30 年代或 20 年代前,已有很大不同。

表 12-21 反映的是土地改革前江苏、河北等 27 省份的土地分配状况,是延续了两千余年的中国封建土地制度在被彻底废除前的大致面貌。

这是一项覆盖范围较广、较为完整的地权分配统计,除了西藏、台湾,全国范围所有省份都已包括在内。涉及的实际区域为 988 县、54107 万亩农地,分别占县治总数的 53.72%和耕地总面积的 37.5%[①],有相当广泛的代表性。同时,几乎全部数据都是由新编地方志综合整理的土地改革档案,准确可信。这样的统计可以比较全面和完整地反映当时全国的地权分配实况。

---

① 1937—1949 年间,全国县治区划紊乱,数量变动频繁,且乏精确统计,此处县治百分比(53.7%)系据 1935 年的全国县治数(共 1839 县,包括"旗""设置局""地方"在内。见李炳卫编:《中华民国省县地名三汇》,北平民社 1935 年版)计算。土地面积百分比(35.89%)系据 1949 年耕地数(1444400 千亩。见章有义:《近代中国人口和耕地的再估计》,《中国经济史研究》1991 年第 1 期)计算得出。耕地百分比远低于县治百分比,因列入统计的部分县治,只有若干乡、村,并非全县农地面积。

表 12－21　土地改革前江苏等 27 省各阶层土地占有状况统计

(单位:亩)

省别	县数/%	地主	富农	公田	中农	贫农	雇农	其他	总计
江苏	33	8212420	2898043	143997	10314360	6499767	116255	1003654	29188496
	%	28.12	9.93	0.50	35.34	22.27	0.40	3.44	100.00
	%		38.55		35.34	22.67		3.44	100.00
浙江	63	4529139	1566383	3350066	13939278	3216334	78099	1373375	28052674
	%	16.15	5.58	11.94	49.69	11.46	0.28	4.90	100.00
	%		33.67		49.69	11.74		4.90	100.00
福建	42	1471811	543230	3422365	3017629	1484024	28144	745447	10712650
	%	13.74	5.07	31.95	28.17	13.85	0.26	6.96	100.00
	%		50.76		28.17	14.11		6.96	100.00
安徽	50	17523611	4869857	1855695	22040336	15343139	347422	1769042	63749102
	%	27.49	7.64	2.91	34.57	24.07	0.54	2.78	100.00
	%		38.04		34.57	24.61		2.78	100.00
江西	59	3119245	1094993	2390479	3351412	2797189	39811	688556	13481685
	%	23.14	8.12	17.73	24.86	20.75	0.29	5.11	100.00
	%		48.99		24.86	21.04		5.11	100.00

续表

省别	县数/%	地主	富农	公田	中农	贫农	雇农	其他	总计
湖北	71	8135148	4812568	67137	12277385	7171729	88584	1443821	33999372
	%	23.94	14.15	0.20	36.11	21.09	0.26	4.25	100.00
	%		38.29		36.11	21.35		4.25	100.00
湖南	73	9461159	2428724	3139054	7573784	3064222	50180	1444094	27161217
	%	34.83	8.94	11.56	27.89	11.28	0.18	5.32	100.00
	%		55.33		27.89	11.46		5.32	100.00
广东	41	3522438	801859	2926586	2707167	1923281	66987	1052752	13001070
	%	27.09	6.17	22.51	20.82	14.79	0.52	8.10	100.00
	%		55.77		20.82	15.31		8.10	100.00
广西	50	1804142	631834	523376	2708810	1528696	69165	166085	7432108
	%	24.28	8.50	7.04	36.45	20.57	0.93	2.23	100.00
	%		39.82		36.45	21.50		2.23	100.00
四川	49	18140385	3075931	1406698	10449720	7271864	71258	2372524	42788380
	%	42.40	7.19	3.29	24.42	16.99	0.17	5.54	100.00
	%		52.88		24.42	17.16		5.54	100.00
云南	42	3337120	677016	487882	2315917	1418083	80620	168616	8487254
	%	39.34	7.98	5.75	27.29	16.71	0.95	1.98	100.00
	%		53.07		27.29	17.66		1.98	100.00

续表

省别	县数/%	地主	富农	公田	中农	贫农	雇农	其他	总计
贵州	65	8231684	2037345	142804	6690370	2645835	67644	1548174	21363856
	%	38.53	9.54	0.67	31.32	12.38	0.31	7.25	100.00
	%		48.74		31.32	12.69		7.25	100.00
小计	638	87493302	25437783	19856139	97386168	54364163	1104169	13776140	299417864
	%	29.22	8.50	6.63	32.52	18.16	0.37	4.60	100.00
	%		44.35		32.52	18.53		4.60	100.00
河北	49	2640308	2356569	9563	7431041	4172036	148140	75702	16833359
	%	15.69	14.00	0.06	44.14	24.78	0.88	0.45	100.00
	%		33.09		44.14	25.66		0.45	100.00
山东	31	7630279	2589428	454066	13200289	8193475	176	191807	32259520
	%	23.65	8.03	1.41	40.92	25.40	0	0.59	100.00
	%		33.09		40.92	25.40		0.59	100.00
河南	41	8118742	3158261	30268	10688975	5987227	105249	549963	28638685
	%	28.35	11.03	0.10	37.32	20.91	0.37	1.92	100.00
	%		39.48		37.32	21.28		1.92	100.00
山西	33	2104868	1818896	93817	6607736	2756567	60473	61097	13503454
	%	15.59	13.47	0.70	48.93	20.41	0.45	0.45	100.00
	%		29.76		48.93	20.86		0.45	100.00

续表

省别	县数/%	地主	富农	公田	中农	贫农	雇农	其他	总计
小计	154	20404197	9923154	587714	37928041	21109305	314038	878569	91235018
	%	22.46	10.88	0.64	41.57	23.14	0.35	0.96	100.00
	%		33.98		41.57	23.49		0.96	100.00
陕西	34	5079086	1823791	585394	8958976	3160304	184535	876080	20668166
	%	24.57	3.83	2.83	43.35	15.29	0.89	4.24	100.00
	%		36.23		43.35	16.18		4.24	100.00
甘肃	63	10250389	3656223	1090878	22961517	8960634	933241	1416400	49269282
	%	20.81	7.42	2.22	46.60	18.19	1.89	2.87	100.00
	%		30.45		46.60	20.08		2.87	100.00
宁夏	8	1076824	502896	53132	2778571	929081	173935	165878	5680317
	%	18.96	8.85	0.93	48.92	16.36	3.06	2.92	100.00
	%		28.74		48.92	19.42		2.92	100.00
青海	7	444853	197962	126126	856439	567588	14671	95520	2301159
	%	19.24	8.60	5.48	37.22	24.67	0.64	4.15	100.00
	%		33.32		37.22	25.31		4.15	100.00
新疆	17	954213	492228	139975	1782365	855048	67484	336786	4628099
	%	20.62	10.63	3.02	38.51	18.48	1.46	7.28	100.00
	%		34.27		38.51	19.94		7.28	100.00

续表

省别	县数/%	地主	富农	公田	中农	贫农	雇农	其他	总计
小计	129	17803365	6673100	1995505	37337868	14472655	1373866	2890664	82547023
	%	21.57	8.09	2.42	45.23	17.53	1.66	3.50	100.00
	%		32.08		45.23	19.19		3.50	100.00
北方地区总计	283	38297562	16596254	2583219	75265909	35581960	1687904	3769233	173782041
	%	22.04	9.55	1.49	43.31	20.47	0.97	2.17	100.00
	%		33.08		43.31	21.44		2.17	100.00
热察绥	9	4891696	3117851	3848	6037193	2519852	110520	356782	17037742
	%	28.71	18.30	0.02	35.43	14.79	0.65	2.10	100.00
	%		47.03		35.43	15.44		2.10	100.00
辽宁	27	8832068	5262455	5236	7349000	4068773	608700	269054	26395286
	%	33.46	19.94	0.02	27.84	15.41	2.31	1.02	100.00
	%		53.42		27.84	17.72		1.02	100.00
吉林	13	5671880	2442085	214960	3544059	607850	305624	108678	12895136
	%	43.99	18.94	1.67	27.48	4.71	2.37	0.84	100.00
	%		64.60		27.48	7.08		0.84	100.00
黑龙江	18	7177050	1275889	0	1990855	1061509	33533	2350	11541186
	%	62.19	11.06	0	17.25	9.20	0.28	0.02	100.00
	%		73.25		17.25	9.48		0.02	100.00

续表

省别	县数/%	地主	富农	公田	中农	贫农	雇农	其他	总计
小计	67	26572694	12098280	224044	18921107	8257984	1058377	736864	67869350
	%	39.15	17.83	0.33	27.88	12.17	1.56	1.08	100.00
	%		57.31		27.88	13.73		1.08	100.00
总计	988	152333558	54132317	22663402		98204107	3850450	18282237	541069255
	%	28.16	10.00	4.19	35.41	18.15	0.71	3.38	100.00
	%		42.35		35.41	18.86		3.38	100.00

资料来源:据各地新编省志、自治区志、直辖市志(包括市辖区志),地区志、县志,各地农业志,以及新中国成立初期的调查资料综合整理编制(已剔除交叉、重复部分)。

　　如表 12-21 所示，同过去一样，不同乡村、地区之间，地主富农占有土地比重高低不一，地权分配状况差异颇大，有的集中，有的相对分散，也有的介乎集中与分散之间，属于一般状态。不过关于地权分配"集中""分散""一般"的划分，并无明确、严格和一致公认的数据标准或尺度。从人民政府公布的调查数据和一些调查研究者的观点或言论看，地主富农占地比重不足 30% 的，一般视为地权"分散"；地主富农占地比重在 30%—50% 之间的，地权分配状况属于"一般"；地主富农占地比重超过 50%，则视为地权"集中"；达到 60% 或更高，则属地权"高度集中"。

　　根据上述标准进行分类，江苏等 27 省份平均，地主富农占地（包括公田①）比重为 42.35%，地权分配属"一般"范畴，不能笼统地冠以"集中"。分省观测，27 省中，只有河北、山西和宁夏 3 省，地主富农占地（包括公地）比重不足 30%，地权分配属于"分散"状态；江苏、浙江、安徽、江西、湖北、广西等南方 6 省，山东、河南等华北 2 省，陕西、甘肃、青海、新疆等西北 4 省，以及热河、察哈尔、绥远等 3 省，地主富农占地比重在 30%—50% 之间，地权分配属"一般"状态；湖南、福建、广东、四川、云南等南方 5 省，

---

　　① 过往的调查、研究从整体上计算（估算）各阶级（阶层）占地比重、判定地权分配状况时，一般都将公田视同地主富农（主要是地主）自有土地的一部分，有的直接计入地主阶层名下，如《广州市天河区志》关于土地改革前各阶层土地面积的调查统计表，地主占有的 36610.1 亩（占土地总面积的 63.8%）土地中，包括"太公田（死地主）"23881.8 亩（占土地总面积的 41.6%）（广州市天河区地方志编纂委员会编：《广州市天河区志》，广东人民出版社 1998 年版，第 189 页）。将公共土地归入地主富农的占地范围，乃因乡间公田主要由地主富农控制和得益，如广州芳村区，316.6 公顷公尝田，90% 以上为地主所把持（广州市芳村区地方志编纂委员会编：《广州市芳村区志》，广东人民出版社 1997 年版，第 132 页）。20 世纪三四十年代的情况尤其如此。同时有些地区特别是南方部分地区，地主富农的相当一部分土地是以"公堂田"（族田、祠田、祭田、会田等）、义庄田、学田（校田）等的形式存在，往往公田比重很大，福建、浙江、湖南、广东等省，公田依次占土地总面积的 31.95%、11.94%、11.56%、22.51%，从而相应降低了地主富农的私有地份额。这 4 省份的地主富农私有地比重分别仅有 18.81%、21.73%、43.77%、33.26%，福建竟成为全国地权最分散的省份，浙江也接近地权分散。因此，计算地主富农占有土地的比重时，若不包括公田，必然形成误导，掩盖和扭曲历史真相。虽然公田名目复杂，情况多样，如族田中有些小公堂的祭田，由族众管理，轮流耕种，属于族众"共业"，似乎不应算作地主富农的土地范围。不过这类公田所占比重不大，也无法准确计算和从公共土地中剔除。客观而论，将公共土地全部归入地主富农土地范畴，并非毫无问题，不过倘若将公田作为全社会"共业"，或避开公田的阶级属性及归属问题，则会有意无意掩盖公田阶级本质、扭曲历史真相，讹误愈加彰显。故此，只能两讹相权避其重。

辽宁、吉林、黑龙江等东北 3 省，地主富农占地比重超过 50%，属于地权"集中"；其中吉林、黑龙江 2 省，地主富农占地比重分别超过 60% 和 70%，属地权"高度集中"。总计南北 27 省中，地权分散的 3 省，占 11.11%；地权分配状况"一般"的 15 省，占 55.56%；地权"集中"的 8 省，占 29.63%，其中"高度集中"的 2 省，占 7.41%。这就是土地改革前夕全国范围地权分配的基本状况。

南北比较，长江流域及其以南地区（包括西南地区），地权较为集中，关内 5 个地权集中的省份，全在这一地区。全区 12 省平均，地主富农占地（包括公地）比重为 44.35%，接近地权"集中"。华北和西北地区，地权相对分散，区内 9 省中，3 省地权分散；6 省地权分配属于"一般"状态；9 省平均，地主富农占地（包括公地）比重为 33.08%，接近"一般"状态的底限。区内华北 4 省和西北 5 省比较，两者地主富农占地（包括公地）比重分别为 33.98% 和 32.08%，后者地权略显分散，但差异不大。

关外热河、察哈尔、绥远和东北 3 省，又是另外一种情况。在日本帝国主义侵占、掠夺和奴役的 14 年中，不仅相当一部分耕地和可耕地被直接掠夺、破坏或永久性毁灭，而且广大农民急剧贫困、失地破产，极少数地主、豪强、流氓投降日军，充当汉奸，为虎作伥，霸占和兼并农民土地，地权加速集中。如表 12-21 所示，热察绥和东北 3 省的地主富农占地（包括公田）比重达 57.31%，在各个大区中位居第一。热察绥的地主富农占地比重（47.03%）虽尚未达到地权集中的划线标准，但明显高于南方地区平均数（44.35%）。至于东北 3 省，地主富农平均占地（包括公田）比重为 60.75%，已属地权高度集中范畴，成为全国地权高度集中第一区；其中黑龙江的地主富农占地（无公田，全为私地）比重高达 73.25%，成为全国地权高度集中第一省，该省木兰县的地主富农占地（无公田，全为私地）比重高达 89.19%，是 27 省 988 县地权高度集中第一县。[①] 热察绥和东北三省尤其是东北三省成为全国地权分配最为集中的地区，这是 20 世纪三四十年代中国地权分配的最大变化。隐藏在这一最大变化背后的是广大

---

① 　木兰县志编纂委员会编：《木兰县志》，黑龙江人民出版社 1989 年版，第 95 页。

农民惨遭日本帝国主义残害、掠夺的一部血泪史。

表 12-21 中统计数据真实而大范围地反映了土地分配的基本状况。不过因为资料条件所限,统计数据涵盖的范围仍没有达到全国户口、人口和耕地的一半,涵盖的耕地面积更不足 4 成,还未能完整、精准地反映全国的土地分配状况。

基于表 12-21 中统计数据的条件设定及其限制,使得部分县(乡、村)的同类材料和统计数据,或因农户分类方法、土地面积计算单位歧异,或因只有某类综合数据而无细目,无法纳入表 12-21 中统计序列。尽管如此,因材料和数据翔实、可信,有的数据,特别是某些地权高度集中或高度分散的统计数据,十分典型,价值很高。这类统计数据或表述,无论南北,无论地权集中或地权分散地区,都大量存在,又多是表 12-21 中稀缺的。如充分加以利用,与表 12-21 中数据相互参照、补充,丰富表 12-21 中统计内容,或进行适当修正,可以更完整、更准确地反映历史的真实面貌。

在地权相对分散的北方地区,不仅不乏地权集中甚至高度集中的材料、数据,而且不少是表 12-21 中所罕见。如河北衡水增村,1937 年时,全村 1258 亩耕地中,3 户地主占去 900 多亩,占 71.54%;27 户贫农只有174 亩,占 13.83%。[1] 天津东郊 19500 农户、77200 人、28.5 万亩耕地中,地主富农只占人口的 10%,却占有 80% 的土地,而占农村人口 90% 的贫农、雇农、中农却只占 20% 的土地。[2] 武清 1939 年时,全县 200 万亩土地,2.7 万户地主、富农占去了 133 万亩,占总面积的 66.5%。[3] 内邱,1945 年土地改革前,占全县总户数 5% 左右的地主、富农,占有 70% 左右的土地。[4] 山东菏泽,全县土地 155.35 万亩,地主、富农分别占有 46.6 万

① 刘鹏起:《衡水市志》,民族出版社 1996 年版,第 173 页。
② 天津市东丽区地方志编纂委员会编:《东丽区志》,天津社会科学院出版社 1996 年版,第 239 页。
③ 武清县地方史志编纂委员会编:《武清县志》,天津社会科学院出版社 1991 年版,第 245 页。
④ 张进斌:《内邱县志》,中华书局 1996 年版,第 411 页。

亩和 32.6 万亩,合计 79.2 万亩,占土地总面积的 50.98%。① 苍山,占户口 7.3%、人口 8.4% 的地主、富农占有 76% 以上的土地。② 山西平陆,1946 年全县有耕地 30 余万亩,占农户 7.5%、人口 8.5% 的地主、富农,占有 70% 以上的耕地。③ 神池,1941 年的地权分配状况是,占总户数 8.04% 的地主、富农,占有 70% 左右的土地。④ 河南有关地权集中的材料、数据更多:叶县耕地共 132 万亩,地主、富农占有部分超过 50%;⑤漯河,地主、富农占总人口的 25%,而土地占 66%;驻马店,地主、富农人口占 13.8%,土地占 68.5%;平顶山,地主、富农人口不足 10%,而土地占 60%—70%;西平盆尧乡,全乡耕地 125842 亩,每人平均 2.16 亩,但占人口 90% 以上的贫苦农民大多无地或少地;⑥睢县,地主、富农人口占 9.48%,而土地占 70%。⑦

南方一些地区,有关地权集中或高度集中的材料和统计数据更多于北方地区。

江苏吴县,新中国成立前夕,全县 63% 的土地被地主、富农和工商资本家占有。⑧ 松江,地主、富农、工商业兼资本家占人口 8.7%,占地 71.1%;占人口 47.8% 的雇农、贫农占地仅 7%。⑨ 浙江衢县⑩郊区的 732085 亩耕地中,地主、富农占有 70% 以上。⑪ 湖北黄冈竹陂寺乡,土地改革前,占人口 6.67% 的地主、富农占有 63.37% 的土地。⑫ 建始,1949 年

① 菏泽县志编纂委员会编:《菏泽县志》,齐鲁书社 1992 年版,第 100 页。
② 苍山县志编纂委员会办公室编:《苍山县志》,中华书局 1998 年版,第 295 页。
③ 平陆县志编纂委员会编:《平陆县志》,中国地图出版社 1992 年版,第 81 页。
④ 神池县志编纂委员会编:《神池县志》,中华书局 1999 年版,第 91 页。
⑤ 叶县地方志编纂委员会编:《叶县志》,中州古籍出版社 1995 年版,第 297 页。
⑥ 漯河市志编纂委员会编:《漯河市志》,方志出版社 1999 年版,第 462 页;河南省驻马店市地方史志编纂委员会编:《驻马店市志》,河南人民出版社 1989 年版,第 371—372 页;平顶山市地方史编纂委员会编:《平顶山市志》下卷,河南人民出版社 1994 年版,第 685 页;西平县盆尧乡志编纂委员会编:《盆尧乡志》2012 年版(内部发行),第 160 页。
⑦ 马俊勇:《睢县志》,中州古籍出版社 1989 年版,第 153 页。
⑧ 詹一先:《吴县志》第 5 卷,上海古籍出版社 1994 年版,第 265 页。
⑨ 何慧明:《松江县志》第 9 卷,上海人民出版社 1991 年版,第 301 页。
⑩ 在表 12-20 中,衢县只有 795 亩耕地列入统计,地主富农占比重为 55.72%。
⑪ 华东军政委员会土地改革委员会编:《浙江省农村调查》,1952 年印本,第 57 页。
⑫ 黄冈县志编纂委员会编:《黄冈县志》,武汉大学出版社 1990 年版,第 76 页。

全县有耕地 69 万亩,占全县人口 4%的地主占有 60%以上的耕地;占人口 5%的富农占有 20%耕地,地主、富农的占地比重超过 80%。① 湖南武冈, 全县土地 55.1 万亩,人均 1.45 亩,地主、富农人口占 15.5%,有地 44.44 万亩,占总面积的 80.7%;贫农、雇农、佃耕农和中农只有耕地 10.64 万 亩,占 19.3%。② 零陵,据 1949 年的统计,占农村人口 13.38%的地主、富 农,占有 65.52%的土地(其中包括 6.31%的公尝地)。③ 广东恩平,地主、 富农人口占 10.61%,土地(包括公尝地)占 72.23%。④ 崖县(今属海南 省),占农村人口不到 8%的地主、富农,占有 70%的土地。⑤ 云南昌宁,土 地改革前,全县 286979 亩耕地中,65%被仅占人口总数 10.35%的地主、 富农占有。加上占土地总面积 6.8%的学校、寺庙和公堂公产,地主、富农 的占地比重达 71.8%。⑥ 大关,1949 年年底,县内 74%的耕地属占全县人 口 6.69%的地主富农所有,占人口 74.5%的贫雇农只占有 6%的耕地。⑦ 贵州都匀,地主富农户口占 12%,土地占 68%。贫雇农说,"上山砍'火 闹',山是地主的;下河打鱼虾,河是地主的;捡块泥巴打老鸦,泥巴也是 地主的"。⑧

热察绥和东北三省本来已是全国地权最集中的地区,但某些县乡的 资料数据,所反映的地权集中程度还要高。察哈尔阳原,全县 6 万户、90 万亩耕地,地主、富农占去 67.5 万亩,占总面积的 75%。⑨ 辽宁沈阳于洪 区,解放前 27589 户、138526 人、700215 亩耕地,占农村人口 9%的地主、 富农,占有 64%的土地,占农村人口 91%的贫雇农和中农,仅占 36%的土

---

① 建始县地方志编纂委员会编:《建始县志》,湖北辞书出版社 1994 年版,第 273 页。
② 武冈县志编纂委员会编:《武冈县志》,中华书局 1997 年版,第 270 页。
③ 湖南省永州市冷水滩地方志联合编纂委员会编:《零陵县志》,中国社会出版社 1992 年版,第 245 页。
④ 恩平县地方志编纂委员会编:《恩平县志》,方志出版社 2004 年版,第 173 页。
⑤ 黄亚贵:《三亚市志》,中华书局 2001 年版,第 203 页。
⑥ 张金辉:《昌宁县志》,德宏民族出版社 1990 年版,第 157 页。
⑦ 陶有乾:《大关县志》,云南人民出版社 1998 年版,第 153 页。
⑧ 贵州省都匀市史志编纂委员会编:《都匀市志》,贵州人民出版社 1999 年版,第 752 页。
⑨ 阳原县地方志编纂委员会编:《阳原县志》,中国大百科全书出版社 1997 年版,第 95 页。

地。① 1948 年沈阳解放时,苏家屯区、新城子区和新井子区(大部)375 个村屯,共 28000 户、125600 人、617900 亩耕地,地主、富农人口占 9.3%、土地占 58.9%。远郊区更为严重,高坎乡高坎村 160 户、2700 亩地,8 户地主占 2400 亩,占全村土地的 88.9%。② 庄河,土地改革前夕的 1947 年,全县耕地 114.47 亩,占农村人口 8.68%的地主、富农占有 80.1 万亩,为耕地总面积的 69.9%。③ 盖平,占农户 7.6%的地主、富农,占有 75%以上的土地。④ 吉林安广,1948 年土地改革前,占农户总数 7.7%的地主、富农,占有土地 80.74 万亩,占总面积的 84.1%。⑤ 黑龙江穆棱,据 1945 年的统计,全县 346875 亩土地中,262500 亩集中在地主、富农手中,占 75.7%。⑥ 尚志全县耕地 7 万垧,80%以上集中在地主、富农手中。⑦ 勃利(现七台河市)安乐屯,全村 120 户、2500 亩地,地主、富农、士绅 25 户,占地 2188 亩,占 85%。⑧ 汤原 4 村共有耕地 38575 亩,地主、富农占 31922 亩,其比重为 82.75%。⑨

还有一些地权极度集中的例子,如河北、天津塘沽新河一带农村,占人口不足 10%的地主、富农占有的土地达 80%—90%。⑩ 宁河胡庄,1937 年全村 77 户、1943 亩地,65 户中农、贫农、雇农仅占地 125 亩,其余 1818 亩均为 12 户地主占有,占全村土地的 93.57%。⑪ 甘肃临夏枹罕乡,占总

---

① 魏广志:《于洪区志》,于洪区地方志办公室 1989 年印本,第 152 页。

② 沈阳市东陵区人民政府地方志编纂委员会编:《东陵区志》,沈阳出版社 1991 年版,第 144 页。

③ 庄河县志编纂委员会办公室编:《庄河县志》,新华出版社 1996 年版,第 265 页。

④ 营口市地方志办公室编:《营口市志》,辽宁民族出版社 2000 年版,第 3 页。

⑤ 逯献青:《大安县志》,辽宁人民出版社 1990 年版,第 135 页。

⑥ 穆棱县志编纂委员会编:《穆棱县志》,中国文史出版社 1990 年版,第 143—144 页。

⑦ 尚志市地方志编纂委员会办公室编:《尚志县志》,中国展望出版社 1990 年版　第 145 页。

⑧ 七台河市地方志编纂委员会办公室编:《七台河市志》,档案出版社 1992 年版,第 317 页。

⑨ 汤原县地方志编纂委员会编:《汤原县志》,黑龙江人民出版社 1992 年版,第 367 页。

⑩ 天津市塘沽区地方志编修委员会编:《塘沽区志》,天津社会科学院出版社 1996 年版,第 449 页。

⑪ 宁河县地方史志编纂委员会编:《宁河县志》,天津社会科学院出版社 1991 年版,第 201—202 页。

户数不到 1% 的地主占有 87% 的耕地。① 云南巧家全县土地为杨伯清、安似灏、陆绍堂、龙纯曾、禄介凡、安自召等几户大地主所割据,其中五区土地皆为龙纯曾所有;大地主禄介凡、安自召占有六区土地的 90%;四区大地主陆绍堂年收租 5000 石(每石 275 公斤)。② 会泽篮子圩村,据 1950 年调查,全村 84 户、364 人,水田 916 亩,农民向地主租种 848 亩,占 92.4%;旱地 1558.2 亩,农民向地主租种 1505.7 亩,占 96.3%。③ 贵州松桃县,占农村总人口 7.4% 的地主、半地主式富农和富农,占全县 80% 以上的土地。据 1952 年 12 月全县土地改革结束时统计,共没收、征收地主、半地主式富农及富农田土 344000 亩,占全县田土总面积的 86.66%。④ 若加上按人口留分给地主、半地主式富农及富农的田土,地主、半地主式富农及富农实际占有的田土比重实为 94% 左右。

也有一些地区,地主、富农的相当一部分土地是以公尝田等公田形式存在,单从其私有田地看,地主富农的土地似乎不算多,但加上主要由地主、富农掌控的公田,地主、富农的占地比重同样很高。如浙江慈溪,土地改革前,全县土地 469096 亩,地主、富农分别占有 26.59% 和 5.22%,合计 31.81%,刚过地权"分散"线,但全县公田为 149215 亩,占土地总面积的 31.81%,与地主、富农占地比重相同。两者合计,地主、富农实际占地比重为 63.62%,地权分配属高度集中。⑤ 安徽旌德,新中国成立前夕,占人口 8.6% 的地主、半地主式富农和富农占有土地 6.87 万亩,占土地总面积的 46.9%,地权分配属于"一般"状态。不过另外还有属于祠堂、庙社的土地和学田 2.42 万亩,占全县土地的 16.5%。"这些土地名为公益产业,实则由土豪劣绅掌管,租谷多被其侵吞"。算入这部分公田,地主、富农

① 甘肃省地方史志编纂委员会编:《甘肃省志·第 18 卷·农业志》,甘肃文化出版社 1995 年版,第 104 页。
② 昭通地区地方志编纂委员会编:《昭通地区志》上卷,云南人民出版社 1997 年版,第 417 页。
③ 云南省会泽县志编纂委员会编:《会泽县志》,云南人民出版社 1993 年版,第 153 页。
④ 松桃苗族自治县志编纂委员会编:《松桃苗族自治县志》,贵州人民出版社 1996 年版,第 366 页。
⑤ 慈溪市地方志编纂委员会编:《慈溪县志》,浙江人民出版社 1992 年版,第 214 页。

的实际占地比重上升为 63.4%，地权分配属高度集中。① 泾县，1949 年土地改革前，全县 343072 亩地，地主、富农分别占地 34.4% 和 5.2%②，合计 39.6%，比重不高。这是因为地主、富农相当一部分土地都变成了祠田等公田，其比重达 24.5%，而且同大地主田地一样连段成片。故该县地主大户和公堂田集中的地方，常以姓氏作为田产地名，如赵家田湖（当地人称大片田畈为"田湖"）、方家田湖、马家田湖、佘家田湖、佘家庄上、赵家山等等。连同公堂田，地主富农的占田比重达到 64.1%。③ 湖北阳新，1948 年全县 8.59 万户，耕地 65 万亩，占人口 11.8% 的地主、富农占有 32.2% 的土地，但祠田、庙田和祭田等公田占土地总面积的 31.4%。两者合计，地主富农的占地比重为 63.6%，同泾县接近。④ 广东东莞，土地改革前，全县耕地 150 多万亩，地主、富农占有 41 万多亩，只占总面积的 26.5%。不过更多的是"公户"土地，共 55 万多亩，占 35.5%。除了明伦堂公产，余为各村各姓公尝田。所有"公户"耕地，"均为官僚、地主和豪绅所掌握"。两项合计，地主、富农实际占地比重为 62%。⑤ 宝安全县农户 47789 户、192678 人，耕地 291468.7"排亩"，地主占人口的 2.2%、占耕地的 12.1%，富农占人口的 2.04%、占耕地的 5.6%，两者合计占田比重为 17.7%。雇农、贫农占人口的 35.9%，只占耕地的 13.4%；"其余的耕地为公尝田"，相当全县土地的 68.9%。加上公尝田，地主、富农的实际占田比重达到 86.6%。⑥

上述补充材料和统计数据，涵盖的范围相当广泛。由于这些材料和

① 田帧葆:《旌德县志》，黄山书社 1992 年版，第 124 页。
② 此处富农占地 5.2%（计 18014 亩），系 1266 户富农和 500 户小土地出租者占地合计，原资料未加区分。
③ 地上富农占地中包括祠堂、庙宇、学校田地 24.5%。见《泾县志》，方志出版社 1996 年版，第 121 页。
④ 湖北省阳新县县志编纂委员会编:《阳新县志》，新华出版社 1993 年版，第 168—169 页。
⑤ 东莞市地方志编纂委员会编:《东莞市志》，广东人民出版社 1995 年版，第 242 页。
⑥ 该县地主、富农的私有土地中，包含"小土地出租者"的部分田地。见《宝安县志》，广东人民出版社 1997 年版，第 302 页。资料中缺中农相关数据，地主富农的占地比重存疑。总的来说，宝安县地权分配状况应与邻县东莞相近。

统计数据与表12-50的统计数据有所不同,反映的情况几乎全是地权集中或高度集中,弥补了表12-50中数据的不足,扩大了表12-50中数据的涵盖面,增强了表12-50中数据的代表性。因此,不妨参照这些补充材料和数据,对表12-50中部分统计数据和相关结论作出相应的调整、修正,以期更加符合或切近历史实际。

前述关于地权分配状况的分类,属于地权"分散"的河北、山西、宁夏3省份,地主富农占地比重依次为29.75%、29.76%、28.74%。其中河北、山西两省,若考虑补充材料和数据,地主富农占地比重应高于30%,地权分配属于"一般"。这样,地权"分散"的只有宁夏1省份。地权分配属于"一般"的15省份中,若考虑补充材料和数据,贵州的地主富农占地比重(49.15%)也会高于50%,应属地权"集中"。这样,地权分配"一般"的省份新增2省、减去1省,由15省份增至16省份。其他如江苏、浙江、安徽、湖北、山东、河南等省,地权分配状况类型不变,但地主富农占地比重会不同程度地提高。江苏、安徽、湖北、河南等省的地主富农占地比重都在40%以上。地权分配属于"集中"的新增1省,由原来的8省增至9省。原属地权集中的湖南、广东、云南、察哈尔、辽宁、吉林、黑龙江等省,地主、富农占地比重也都不同程度地提高。与此相联系,南北地区平均和全国总平均,地主富农占地比重也都会水涨船高,不过具体数据难以确定。

地权分配的集中或分散,除了地主、富农的占地比重,还明显表现在不同阶级(阶层)户均、人均占地面积的差别及其程度上。表12-22反映的是土地改革前27省988县各阶级(阶层)农户户均占地面积及差别。

表12-22 土地改革前江苏等27省988县各阶层户均土地面积统计

(单位:亩/户)

项目\省别	县数	总户数(户)	总面积(亩)	户均面积(亩)	地主	富农	中农	贫农	雇农	其他
江苏	33	3162784	29188496	9.23	62.62	29.22	9.54	3.96	1.54	7.54
浙江	63	3948984	28052674	7.10	42.29	17.90	11.81	1.61	0.38	3.65
福建	42	1373841	10712650	7.80	44.65	22.28	6.74	2.23	0.59	4.81
安徽	50	5217913	63749102	12.22	76.39	31.30	12.53	5.71	1.87	8.79
江西	59	1254544	13481685	10.75	64.14	27.69	10.38	4.02	1.01	6.35

续表

省别＼项目	县数	总户数（户）	总面积（亩）	户均面积（亩）	地主	富农	中农	贫农	雇农	其他
湖北	71	3612430	33999372	9.41	53.16	27.31	11.18	3.77	0.58	11.12
湖南	73	4095625	27161217	6.63	47.10	22.72	6.47	1.48	0.38	3.56
广东	41	2366623	13001070	5.49	31.98	14.96	5.36	1.61	0.47	2.92
广西	50	837427	7432108	8.87	46.94	24.72	9.76	3.77	0.90	12.48
四川	49	4798909	42788380	8.92	78.58	25.28	7.93	2.98	0.31	5.18
云南	42	870142	8487254	9.75	75.26	22.28	9.86	3.21	1.36	2.81
贵州	65	1483560	21363856	14.40	117.86	43.15	14.17	4.04	0.63	11.79
小计	638	33022782	299417864	9.07	62.64	26.29	9.87	3.24	0.76	5.44
小计	638	33022782	299417864	9.07	56.16 *		9.87	3.04		5.44
河北	49	1083446	16833359	15.54	96.58	55.17	16.74	8.22	5.09	2.31
山东	31	2207241	32259520	14.62	137.44	51.72	14.76	6.85	1.12	17.27
河南	41	1344449	28638685	21.30	168.47	70.60	24.80	9.06	0.80	19.32
山西	33	548162	13503454	24.63	132.53	69.92	28.27	10.55	10.74	11.01
小计	154	5183298	91235018	17.60	139.47	60.68	18.94	8.04	1.89	11.28
小计	154	5183298	91235018	17.60	99.87 *		18.94	7.67		11.28
陕西	34	1170289	20668166	17.66	132.65	69.17	20.94	6.32	1.72	12.46
甘肃	63	1619959	49269282	30.41	195.81	128.48	37.86	14.96	4.27	12.29
宁夏	8	95976	5680317	59.18	315.51	259.09	79.80	27.71	11.34	23.93
青海	7	80186	2301159	28.70	170.79	105.30	24.31	18.49	2.45	25.26
新疆	17	133357	4628099	34.70	273.26	136.16	38.19	18.16	3.53	25.18
小计	129	3099767	82547023	26.63	177.79	107.18	34.44	11.96	3.75	13.79
小计	129	3099767	82547023	26.63	163.01 *		34.44	10.05		13.79
热察绥	9	463371	17037742	36.77	206.59	119.68	47.16	9.56	7.71	46.38
辽宁	27	923901	26395286	28.57	317.00	117.85	31.96	8.94	3.90	26.16
吉林	13	206194	12895136	62.54	669.33	242.56	81.01	8.06	4.70	30.82
黑龙江	18	200312	11541186	57.62	715.70	204.90	70.82	9.65	0.74	3.24
小计	67	1793778	67869350	37.84	379.39	139.06	44.02	9.14	3.77	33.15
小计	67	1793778	67869350	37.84	246.24 *		44.02	7.86		33.15
总计	988	43099625	541069255	12.55	88.90	42.28	14.24	4.56	1.70	6.43
总计	988	43099625	541069255	12.55	76.53 *		14.24	4.29		6.43

注：* 地主富农作为一个阶级（阶层）整体，在计算户均土地面积时，除私有土地外，还包括主要由地主富农控制的公共土地（地主、富农分开计算的户均土地面积未涉及公田）。

资料来源：据表12-7、表12-17综合整理加工、计算编制。

表 12-22 中列入统计的农户近 4310 万户,约占当时全国城乡 11000 万户的 39.18%,占全国农村户口(以 9500 万户计)的 45.37%,较为广泛和准确地反映了各阶级(阶层)户均占地情况。

如表 12-22 所示,27 省份 4310 万户,南北平均每户耕地 12.55 亩(包括公共土地在内),土地供应本已相当紧张,而不同阶级(阶层)之间的占有土地数量,多寡悬殊。地主、富农户均占地分别为 88.9 亩和 42.28 亩,中农为 14.24 亩(略低于全国总平均数),贫农、雇农分别只有 4.56 亩和 1.7 亩(均未包括公共土地)。地主、富农占地面积均远高于全国平均数,地主占地面积依次相当于中农、贫农、雇农的 6.24 倍、19.50 倍、52.29 倍;富农占地面积依次相当于中农、贫农、雇农的 3.25 倍、9.35 倍、24.87 倍。如将公共土地计入地主富农阶级(阶层)分内,则地主富农合计,户均占地面积为 76.53 亩,分别相当于中农和贫农雇农的 5.37 倍和 17.84 倍,高低异常悬殊。

这是就全国范围而言。具体到各地区和各省,不同阶级(阶层)之间的占地面积差别有的更大,其差别大小往往同地权集中程度成正比。27 省份中,地权分配相对分散、地主富农占地比重较低的宁夏,地主富农和中农、贫农、雇农之间户均占地面积的差别亦相对较小。地主户均占地面积依次相当于中农、贫农、雇农的 3.95 倍、11.39 倍、27.82 倍;富农户均占地面积依次相当于中农、贫农、雇农的 3.25 倍、9.35 倍、22.85 倍;地主富农合计,户均占地面积为 304.98 亩(包括公共土地),分别相当于中农和贫农雇农的 3.82 倍和 13.51 倍。而地权分配最为集中、地主富农占地比重最高的黑龙江,地主富农和中农、贫农、雇农之间户均占地面积的差别亦最为悬殊。地主户均占地面积依次相当于中农、贫农、雇农的 10.11 倍、74.17 倍、967.16 倍;富农户均占地面积依次相当于中农、贫农、雇农的 2.89 倍、21.14 倍、276.89 倍;地主富农合计,户均占地面积为 520.02 亩,分别相当于中农和贫农雇农的 7.34 倍和 73.76 倍。

南北比较,长江流域及其以南地区(包括西南地区),地主富农户均占地面积 56.16 亩(包括公共土地),分别相当于中农和贫农雇农的 5.69 倍和 15.71 倍;华北地区,地主富农户均占地面积 99.87 亩(包括公共土地),分别相当于中农和贫农雇农的 5.27 倍和 13.02 倍;西北地区,地主富农合计,户均占地面积 163.01 亩(包括公共土地),分别相当于中农和贫农雇农的 4.73 倍和 16.22 倍,三地高低不甚悬殊,但东北三省,地主富农合计,户均占地面积 287.77 亩(包括公共土地),分别相当于中农和贫农雇农的 6.74 倍和 37.91 倍,大大高于长江流域及其以南地区(包括西南地区)和华北地区、西北地区。

不同阶级(阶层)之间人均占地面积的差别,同户均占地面积相仿,只是地主富农的家庭规模一般比贫农、雇农大,人均占地面积的差距相应小于户均占地面积。表 12-23 是江苏等 27 省各阶层农户结构人均土地面积统计。

表 12-23　土地改革前江苏等 27 省各阶层人均土地面积统计

项目 省别	县数	总人数 (人)	总面积 (亩)	人均 面积	各阶级(阶层)人均土地面积(亩/人)					
					地主	富农	中农	贫农	雇农	其他
江苏	33	13417421	29188496	2.18	23.40	6.03	1.69	0.96	0.46	2.02
浙江	63	14624075	28052674	1.92	8.80	3.47	2.81	0.46	0.16	1.17
福建	42	5439289	10712650	1.97	7.94	3.81	1.40	0.65	0.29	1.28
安徽	50	22628823	63749102	2.82	13.89	5.48	2.72	1.39	0.48	2.89
江西	59	4782152	13481685	2.82	13.95	5.28	2.36	1.15	0.41	1.70
湖北	71	14919126	33999372	2.28	10.53	7.67	2.56	0.93	0.20	3.16
湖南	73	18919723	27161217	1.44	8.80	3.94	1.29	0.32	0.13	0.98
广东	41	9946114	13001070	1.31	5.80	2.52	1.05	0.40	0.16	0.87
广西	50	4121886	7432108	1.80	5.35	3.35	1.74	0.90	0.33	1.36
四川	49	21041668	42788380	2.03	10.84	4.21	1.56	0.72	0.12	1.81
云南	42	5413915	8487254	1.57	11.45	2.61	1.26	0.58	0.32	0.56
贵州	65	7185550	21363856	2.97	18.08	6.02	2.50	0.02	0.04	3.82
小计	638	142439751	299417864	2.10	11.29	4.88	2.04	0.79	0.27	1.60
	638	142439751	299417864	2.10	10.24*		2.04	0.76		1.60
河北	49	4806523	16833359	3.50	17.95	10.17	3.67	1.95	1.43	0.58
山东	31	9998423	32259520	3.23	22.77	8.17	3.21	1.58	0.27	4.44
河南	41	9792505	28638685	2.92	16.23	7.59	3.39	1.23	0.16	2.89
山西	33	2290073	13503454	5.90	24.65	12.79	6.07	2.96	0.06	3.68

续表

项目 省别	县数	总人数 (人)	总面积 (亩)	人均 面积	各阶级(阶层)人均土地面积(亩/人)					
					地主	富农	中农	贫农	雇农	其他
小计	154	26887524	91235018	3.39	19.19	8.73	3.65	1.61	0.39	2.31
	154	26887524	91235018	3.39	14.06*		3.65	1.54		2.31
陕西	34	4139522	20668166	4.99	27.00	13.46	5.00	1.97	0.90	4.10
甘肃	63	9213299	49269282	5.35	19.77	11.94	5.69	2.95	1.12	2.93
宁夏	8	493061	5680317	11.52	34.50	24.09	12.50	6.70	3.07	7.07
青海	7	487070	2301159	4.72	22.70	11.09	3.56	3.36	0.53	7.64
新疆	17	447963	4628099	10.33	61.40	36.76	10.91	5.55	0.48	7.55
小计	129	14780915	82547023	5.58	23.03	13.11	5.79	2.83	1.17	3.72
	129	14780915	82547023	5.58	20.89*		5.79	2.52		3.72
热察绥	9	2185803	17037742	7.79	37.66	24.92	5.14	2.14	2.78	14.84
辽宁	27	4572200	26395286	5.77	49.18	19.61	5.04	1.88	1.33	6.36
吉林	13	1025659	12895136	12.57	89.95	38.11	28.70	1.29	1.20	5.48
黑龙江	18	797397	11541186	14.47	132.83	26.91	14.81	2.74	0.20	0.89
小计	67	8581059	67869350	7.91	62.30	21.57	7.95	1.97	1.15	8.30
	67	8581059	67869350	7.91	39.39*		7.95	1.82		8.30
总计	988	192689249	541069255	2.81	15.21	7.31	2.86	1.07	0.55	1.85
	988	192689249	541069255	2.81	13.15*		2.86	1.04		1.85

注:* 地主富农作为一个阶级(阶层)整体,在计算人均土地面积时,除私有土地外,还包括主要由地主富农控制的公共土地(地主、富农分开计算的人均土地面积未涉及公田)。

资料来源:据表12-8、表12-20综合整理加工、计算编制。

表12-23中列入统计的农村人口近19269万人,占1949年全国农村人口46396万人的41.5%[①],能大致反映当时农村各阶级(阶层)人均土地占有情况。

表12-23中数据显示,南北27省份综合计算,包括公共土地在内,每人平均只占有土地2.81亩,土地供应相当紧张,而更严重的是土地分配极其不均。地主、富农每人平均分别占有土地15.21亩和7.31亩,而中

———————

① 据统计,1949年全国人口为54583.4万人(见章有义:《近代中国人口和耕地的再估计》,《中国经济史研究》1991年第1期),以农村人口占全国人口的85%计算,农村人口为46396万人。

农、贫农、雇农人均依次只有 2.86 亩、1.07 亩、0.55 亩。地主人均占地面积依次相当于中农、贫农、雇农的 4.14 倍、14.21 倍、27.65 倍；富农人均占地面积依次相当于中农、贫农、雇农的 2.56 倍、6.83 倍、13.29 倍。地主、富农合计，人均占地面积 13.15 亩（包括公共土地），而贫农、雇农只有 1.04 亩，前者相当于后者的 12.64 倍。地主、富农和贫农、雇农之间人均占地面积的差距虽比户均占地面积的差距稍小，但同样十分悬殊。

具体到各个省份、地区，同户均占地面积一样，不同阶级（阶层）之间的人均占地面积差异，因土地供求关系、地权分配状况而各不相同。在 27 省份中，宁夏各阶级（阶层）之间人均土地占有面积的差别相对较小，地主人均占地面积 34.50 亩，依次相当于中农、贫农、雇农的 2.76 倍、5.15 倍、11.24 倍；富农人均占地面积 24.09 亩，依次相当于中农、贫农、雇农的 1.93 倍、3.60 倍、7.85 倍；地主、富农合计，人均占地面积 32.47 亩（包括公共土地），分别相当于中农和贫农雇农的 2.60 倍和 5.75 倍。其他大部分省份，地主、富农和中农、贫农、雇农之间人均占地面积的差距则要大得多。其中差距最大的仍然是黑龙江，地主人均占地面积 132.83 亩，依次相当于中农、贫农、雇农的 8.97 倍、48.48 倍、664.15 倍；富农人均占地面积 26.91 亩，依次相当于中农、贫农、雇农的 1.82 倍、13.66 倍、134.55 倍；地主富农合计，人均占地面积 83.32 亩（无公共土地），分别相当于中农和贫农雇农的 5.63 倍和 42.51 倍。

南北比较，长江流域及其以南地区（包括西南地区），地主、富农合计，人均占地面积 10.24 亩（包括公共土地），分别相当于中农和贫农、雇农的 5.02 倍和 13.21 倍；华北地区，地主、富农合计，人均占地面积 14.06 亩（包括公共土地），分别相当于中农和贫农、雇农的 3.85 倍和 9.13 倍；西北地区，地主、富农合计，人均占地面积 20.89 亩（包括公共土地），分别相当于中农和贫农雇农的 3.61 倍和 10.24 倍，三地之间高低差别不甚悬殊，东北 3 省不同，地主、富农人均占地面积 43.78 亩（包括公共土地），明显比关内地区大，分别相当于中农和贫农、雇农的 5.83 倍和 25.60 倍，明显高于长江流域及其以南地区（包括西南地区）和华北地区、西北地区，地主富农同贫农雇农之间的差距尤大。

统计数据显示,无论是土地在各阶级(阶层)之间的分配比例,还是各阶级(阶层)户均、人均占有土地数量的差异,统统说明地权分配极不均平。南北 27 省份 988 县平均,地主、富农只占总户口的 6.95%、总人口的 9.04%,却占有 42.35% 的土地;贫农、雇农户口占 55.24%,人口占 51.10%,却只占有 15.30% 的土地。地主、富农 1 户占去了贫农、雇农 17.84 户的土地,地主富农 1 人占去了贫农、雇农 12.64 人的土地。由此可见,土地分配不均的严重程度。

土地分配的严重不均,不仅表现在占有土地的数量上,而且表现在不同阶级(阶层)占有土地的质量上。地主、富农占有的土地质量好、产量高,而中小农户特别是贫农、雇农占有的土地质量差劣、产量低下。

在南方地区,浙江衢县白渡乡,地主、富农不仅占有土地数量较多,质量亦较好。该乡土地质量等级,按习惯可分四五等之多,一般归纳为上、中、下三等,上、中二等被视为好田,下等被视为坏田。地主、富农占有和自用的土地中,好田占 86.9%,坏田占 13.1%,贫农、雇农占有和自用的土地中,好田只占 61.5%,坏田占 38.5%。[①] 建德顾家村、黄里坪村农田土质分沙土、乌土和黄泥土三种,沙土为上等,每年能三收,每亩年产谷 300 斤;乌土为中等,每亩年产谷 250 斤;黄泥土为下等,土黏不易耕犁,每亩年产谷 200 斤。地主、富农占有使用的半数是沙土田,两村全部沙土田中,地主、富农使用的占 48.3%。贫农占有使用的大部分为黄泥土田。[②] 另据对松阳望松乡 8 个村的调查,占人口 3.5% 的地主,不仅占有 83% 的土地(贫农占总人口的 63.9%,只占有 3.9% 的土地),而且大都是"上等三熟平田"。如该乡乌井村地主占有的三熟上等平田占其全部土地的 44.1%,山田(下等田)占 46%,贫农占有的平田仅占其土地的 22.85%,山田占 58.57%;王村地主占有的平田占其土地的 59.74%,完全没有山

---

① 华东军政委员会土地改革委员会编:《浙江省农村调查》,1952 年印本,第 141—142 页。

② 华东军政委员会土地改革委员会编:《浙江省农村调查》,1952 年印本,第 170—171 页。

田,贫农占有的平田占其土地的 48.89%,山田占 36.2%。①

安徽宿松柳坪乡,田分畈田、山田,畈田好,每亩可产谷 300 斤,但数量较少,只占 40%;山田较差,其中又分垄田、塝田两种,山田的土质、灌溉、光照均差,每亩只能产谷 200—250 斤。"该县畈田,大部为地主富农所占有,中农以下多占有垄田、塝田。"②滁县大王营乡,地主、富农占有的土地大部分是中、上等的好地,贫农雇农大多是孬地。以水田、旱田而论,水田肥沃,产量多出旱田几倍,地主、富农的土地中水田比旱田多,而中农、贫农、雇农相反,旱田多于水田。按土地等级划分,地主、富农占有的土地中,一、二等地分别占全乡一、二等地的 57.37% 和 56.63%,而中农、贫农、雇农分别只占一、二等地的 41.25% 和 42.28%。③

在北方地区,河北保定,地主、富农所占有的土地,一般上等地较多,下等地较少。据估计,地主耕地中 70% 是上等地,下等地只占 10%、富农的上等地也占 60%,而贫农的上等地只占 10%,70% 是下等地、雇农只有5% 是上等地,而 80% 都是下等地。从浇灌条件看,地主、富农的户均水浇地面积远高于贫农、雇农,1946 年地主、富农的户均水浇地面积差不多是贫农的 5 倍。④ 有的地区,凡是较好的地,几乎全为地主所有,如甘肃庆阳地主李子良(字号"恒义兴"),占地 7 万多亩,"当地方圆 100 多华里的好地几乎为他所有",农民持有的少量土地,几乎全是劣质地。⑤ 辽宁盖平,优质地几乎全为地主富农所有,贫苦农民只占 4.9% 左右的瘠薄地。⑥

地主、富农和贫农、雇农之间的土地差别,不仅土质好坏、产量高低不

① 华东军政委员会土地改革委员会编:《浙江省农村调查》,1952 年印本 第 78 页。
② 华东军政委员会土地改革委员会编:《安徽省农村调查》,1952 年印本,第 56 页。
③ 华东军政委员会土地改革委员会编:《安徽省农村调查》,1952 年印本,第 103、105—106 页。
④ 隋福民、韩锋:《20 世纪 30—40 年代保定 11 个村地权分配的再探讨》,《中国经济史研究》2014 年第 3 期。
⑤ 甘肃省庆阳地区志编纂委员会编:《庆阳地区志》第 1 卷,兰州大学出版社 1998 年版,第 803 页。
⑥ 营口市地方志办公室编:《营口市志》,辽宁民族出版社 2000 年版,第 3 页。

同,两者常年单季产量相差 1/4 至 1/3,还因土质、肥力、灌溉、光照差异,地主、富农部分土地能一年两熟、三熟,至少两年三熟,而贫农、雇农的土地大多只能一年一熟,最多两年三熟,全年产量一般只相当于地主富农土地产量的 1/2 至 2/3。同时,地主、富农的土地,大多能抵御旱涝,年成较有保障,贫农、雇农的土地,抵御旱涝能力低,年成没有保障。若多年平均计算,两者的产量差距更大。退而言之,即使两者产量相等,由于土质、肥力、灌溉等条件的差异,贫农、雇农必须投入更多的人力、肥料和其他工本,实际收益或纯收益也远比地主、富农低。

综合上述因素,按土地产量和实际收益计算,地主、富农的土地占有比重比现在按面积计算可能要高出 20%—30%,甚至更多。而贫农雇农以及部分中农(主要是下中农)的土地占有比重比现在按面积计算则会降低 20%—30%,甚至更多。这样,地主、富农和贫农、雇农以及部分中农(主要是下中农)的实际占地比重,必须进行适当修正。即使从低按 20%的升(降)幅计算,地主富农和其他阶级(阶层)的占地比重,以及各省区和全国范围的地权分配类型,都会发生显著改变。表 12-24 所反映的就是调整前后的地主富农占地比重与地权分配类型变化。

表 12-24　土地改革前江苏等 27 省地主富农
占地比重与地权分配类型

项目　　　省别	地主富农占地百分比(%)		地权分配类型	
	按土地面积计算	按土地产量调整	按土地面积计算	按土地产量调整
江苏	38.55	46.26	一般	一般
浙江	33.67	40.40	一般	一般
福建	50.76	60.91	集中	高度集中
安徽	38.04	45.65	一般	一般
江西	48.99	58.79	一般	集中
湖北	38.29	45.95	一般	一般
湖南	55.33	66.40	集中	高度集中
广东	55.77	66.92	集中	高度集中
广西	39.82	47.78	一般	一般

续表

项目　　省别	地主富农占地百分比（%）		地权分配类型	
	按土地面积计算	按土地产量调整	按土地面积计算	按土地产量调整
四川	52.88	63.46	集中	高度集中
云南	53.08	63.70	集中	高度集中
贵州	49.15	58.98	一般	集中
小计	44.35	53.22	一般	集中
河北	29.75	35.70	分散	一般
山东	33.09	39.71	一般	一般
河南	39.48	47.38	一般	一般
山西	29.76	35.71	分散	一般
小计	33.98	40.78	一般	一般
陕西	36.23	43.48	一般	一般
甘肃	30.45	36.54	一般	一般
宁夏	28.74	34.49	分散	一般
青海	33.50	40.20	一般	一般
新疆	34.27	41.12	一般	一般
小计	32.08	38.50	一般	一般
热察绥	47.08	56.50	一般	集中
辽宁	53.42	64.10	集中	高度集中
吉林	64.60	77.52	高度集中	高度集中
黑龙江	73.25	87.90	高度集中	高度集中
小计	57.31	68.77	集中	高度集中
总计	42.35	50.82	一般	集中

资料来源:据表 12-20 和正文文字资料综合编制。

如表 12-24 所示,按土地产量和收益进行调整后,一些省区的地权分配数据和类型发生明显变化,地主、富农的占地比重都超过 30%,原属地权"分散"的河北、山西、宁夏 3 省份全部升为"一般",全国范围内已经见不到地权分散的省份;地权分配原属"一般"状态的江西、贵州和热察绥等 5 省份由"一般"升为"集中"。地权分配属"一般"状态的增加 3 省份,减少 5 省份,实减 2 省份,由原来的 16 省份减至 14 省份;地权集中的省份由 8 省份增至 14 省份,超过 27 省份的一半,其中福建、湖南、广东、四川、云南、辽宁 6 省份更由"集中"升为"高度集中",加上原有的吉林、黑龙江,地权"高度集中"的达 8 省份,占 27 省份的 29.63%。从地区观测,江苏等南方 12 省份平均,地主富农占地比重由 44.35% 升至 53.22%,地权分配由"一般"状态升至"集中";热察绥和东北地区平均,地主富农占地比重由 57.31% 升至 68.77%,地权分配由"集中"升至"高度集中"。27 省份总平均,地主富农的实际占地比重从 42.35% 升至 50.82%,全国范围的地权分配类型也从"一般"升至"集中"。作为农地,其价值高低完全取决于作物产量和占有人收益,故南方一些地区直接以作物(水稻)产量计算土地(水田)面积。因此,参考土地产量和收益计算调整后的地主富农占地比重和地权分配类型,更加贴近地权分配的真实状况。

第二节　租佃关系和地租剥削

20 世纪三四十年代,就整体而言,租佃制度仍然是原有传统封建租佃制度的延续,但发生了许多重大变化,呈现出一些新的特点,在租佃范围波浪式扩大、租佃期限缩短的同时,租佃关系发生了三个重大变化:一是租佃形式多样化:自耕农、佃农经济恶化,土地由原来最基本的农业生产资料,变成自耕农及某些中小地主最主要的金融调剂手段,典当、"烂价"、"卖田留耕"等租佃形式广为流行。随着押租的恶性膨胀,押租由起初的地租保证蜕变为残酷的高利贷盘剥,随之出现的押租衍生租佃也大行其道。由于佃农掌握的生产资料越来越少,由地主提供土地以外生产资料的"帮工式"租佃在北方广泛流行,并向南方扩展,租佃名目五花八门。二是租户佃户结构多元化:地权集中,加上人口繁殖和分家析产,人均土地减少,占有细碎化。一方面农民土地饥荒日益严重;另一方面又因丘块畸零细碎或离家窎远,耕作不便,往往必须通过租佃进行调整;或农民经济困难,须借出租土地筹款以救济燃眉之急;或干脆全部租出,另谋生计。部分地主、富农及某些中农为了扩大经营和便于耕作,也出租远地、次地,租进近地、好地,或以高租佃出、低租佃进,赚取地租差额。结果相当一部分地主、富农和中农、贫农,既是租户,又是佃户,两者合一,又相互交错,形成租户佃户结构多元化态势。三是"佃农贫农雇农化"。佃农作为农业生产者的主体,原本属于农村社会的中层,中农占有较大比重,甚至以中农为主体,并曾一度呈现"佃农中农化"的趋势,进入近代特别是 20 世纪后,佃农日益贫困,三四十年代更空前加剧,佃农中的中农比重下降,贫农、雇农比重上升,形成"佃农贫农雇农化"的态势,佃农由农村的社会中层沦为底层。主佃关系和地租剥削方面,大革命、土地革命、全面抗战期间的反霸和减租减息斗争、第三次国内革命战争,加剧了主佃矛盾和对抗,同时,进入垂死阶段的封建地主阶级变得愈加反动、凶残和贪婪,在农业生产、农村经济遭受严重破坏的情况下,地租额、地租率大幅攀升,额外浮收和需索变本加厉,地租剥削愈加残酷,佃农普遍生产亏折、入不敷出,加速贫困破产,延续了两千余年的封建租佃制度已经走到了它的尽头。

一、租佃范围的扩大和租佃形式多样化

20 世纪三四十年代直至新中国成立和土地改革前,封建租佃制度一直完整地维持和延续下来,并未在质的方面产生整体性或根本性的改变。但由于地主富户的地权兼并、农民占地零碎和土地功能的变异,租佃范围和租佃形式不断变化:租佃范围波浪式扩大;租佃形式日益多样化。其中有些是 20 世纪 30 年代以前变化趋势的延伸或扩大,也有相当部分是逆转和倒退。但不论哪种变化都没有改变或淡化原有租佃制度的基本格局和封建本质。恰恰相反,原有租佃制度的传统封建本质,特别是地主对佃农超经济强制,还有进一步强化的趋势。

(一) 租佃范围的波浪式扩大

租佃范围的大小及其变化,直接受到地权分配和地主土地经营习惯

的制约:地主兼并,地权集中,自耕农失地破产,少地户、微地户和无地户增多,自然导致佃农增加、租佃范围扩大;反之亦然。同时,人口增加、分家析产,单个自耕农占地面积缩小,也会导致佃农数量增加、租佃范围扩大。当然,也有部分出租地主,因分家析产或经济状况恶化,单靠吃租不足以维持生活,将出租土地收回自种,导致自耕农增加,租佃范围缩小。不过由出租地主演变的自耕农,远比由自耕农演变的半佃农、佃农少,两者相抵,租佃范围仍处于扩大态势。佃农增加、租佃范围波浪式扩大,除了个别时段、个别地区,在总体上是历史发展的一般趋势。表 12-25 反映的是民国成立到日本全面侵华战争爆发的 25 年中,南北 22 省(缺新疆、热河和东北三省)农户结构和租佃范围的变化趋势。

表 12-25　南北 22 省农户构成及其变化(1912 年、1931 年、1937 年)

(单位:%)

项目 年份 省别	佃农			半佃农			自耕农		
	1912	1931	1937	1912	1931	1937	1912	1931	1937
江苏	20	22	34	21	22	27	59	56	39
浙江	41	48	45	31	31	30	27	21	25
安徽	43	45	37	21	21	23	38	34	40
江西	41	46	38	30	30	35	29	24	27
福建	41	40	42	30	30	32	29	27	26
湖北	38	40	36	28	30	25	34	30	39
湖南	48	47	44	23	25	29	29	28	27
广东	52	57	47	26	26	32	22	17	21
广西	45	40	34	26	28	25	39	32	41
四川	51	56	52	19	19	24	30	25	24
云南	29	35	42	26	27	26	45	38	32
贵州	33	39	44	24	23	24	43	38	32
河北	13	13	11	20	20	19	67	67	70
山东	13	14	10	18	19	15	69	67	75
河南	20	22	20	21	22	22	59	56	58
山西	19	18	15	20	21	20	61	61	65
察哈尔	35	38	35▷	29	26	29▷	41	36	36▷

续表

项目 年份 省别	佃农			半佃农			自耕农		
	1912	1931	1937	1912	1931	1937	1912	1931	1937
绥远	36	28	32	16	19	11	48	53	57
陕西	21	25	18	24	23	21	55	52	61
甘肃	26	21	19	20	20	20	59	56	61
宁夏	—	30◁	18	—	9◁	14	—	61◁	68
青海	18	20	19	35	30	30	61	61	51
加权平均	28	31	30	23	23	24	49	46	46

注:福建、甘肃1931年、1937年各类农户之和,察哈尔1912年各类农户之和,青海1912年、1931年、
　　1937年各类农户之和,均不等于100,数据存疑。
　　▷系1936年数据。
　　◁系1934年数据。
附注:浙江、安徽、广西、察哈尔1912年各类农户之和,福建1931年各类农户之和,甘肃、青海1912
　　年、1931年各类农户之和,均不等于100,数据存疑。
资料来源:据《农情报告》第6卷第6期,第72页;《中国经济年鉴》(1935),第G1139页整理编制,见国
　　民政府主计处统计局编:《中国租佃制度之统计分析》,正中书局1946年版,第6—7页。

如表12-25所示,1912—1937年的短短25年间,农户中的佃农、半
佃农比重分别由28%、23%增至30%、24%,二者合计由51%增至54%,增
加了3个百分点,自耕农则由49%降至46%,降低了3个百分点。不过并
非直线升降,如佃农比重由1912年的28%增至1931年的31%再降至
1937年的30%,半佃农在1912年和1931年的比重维持不变,自耕农在
1931年和1937年的比重也相同。具体到各个省份,情况各有差异。江
苏、浙江、福建、四川、云南、贵州等省佃农、半佃农比重明显上升,自耕农
比重明显下降。其中江苏的佃农比重从20%升至34%,上升14个百分
点;自耕农比重从59%降至39%,下降了20个百分点。云南的佃农比重
从29%升至42%,上升了13个百分点;自耕农比重从45%降至32%,下
降了13个百分点。四川的佃农比重,尽管已高达51%,但仍上升了1个
百分点,半佃农更从19%升至24%,上升了5个百分点,自耕农比重从
30%降至24%,降低了6个百分点。湖南、广东的佃农比重虽然下降,但
半佃农比重大幅上升,自耕农比重相应下降。江西也是半佃农比重上升,
自耕农比重下降。另有资料显示,在蒋介石国民党第五次"围剿"、中央

红军撤出苏区后，江西也是"佃农一天天地多起来"，据 1937 年对江西农村的抽样调查，佃农、半佃农占农户总数的 75% 以上。[①] 安徽、湖北和北方各省区，情况有所不同：有的佃农、半佃农和自耕农比重升降和结构变化不显著（如河南、察哈尔）；有的佃农、半佃农和自耕农比重有升有降，但无明显规律（如陕西、甘肃）；也有的佃农、半佃农比重下降，自耕农比重上升（如河北、山东、山西）。这反映出各地租佃范围和农户结构变化的差异性和多样性。

日本全面侵华战争期间，日军烧杀掳掠，日伪劫夺搜刮，地主转嫁负担，农业生产和社会经济严重破坏，一些地区广大农民失地破产，地权愈加集中，典型的如江苏吴县姑苏乡忠心村，仅 1947—1948 年的两年间，贫农、雇农就分别丧失了 24% 和 51% 的土地。[②] 不过租佃范围并未相应扩大，而是相反。据国民党政府农产促进委员会 1941 年对四川、河南等南北 12 省份 206 县的调查，1937—1941 年间，自耕农、地主兼自耕农均呈增加趋势，佃农、地主则减少，详见表 12-26。

表 12-26　南北 12 省农户结构及其变化（1937 年、1939 年、1941 年）

（单位：%）

项目 省别	调查县数	自耕农			半自耕农			佃农		
		1937 年	1939 年	1941 年	1937 年	1939 年	1941 年	1937 年	1939 年	1941 年
四川	44	22.1	25.2	26.9	19.7	19.3	21.7	58.2	55.5	51.4
西康	4	19.3	15.9	13.9	27.5	25.5	26.5	53.2	58.6	59.6
浙江	6	30.2	27.2	33.6	32.2	23.5	36.3	37.6	49.3	30.1
湖北	2	44.5	47.2	52.2	32.9	31.7	25.6	22.6	21.1	21.8
湖南	23	22.8	22.1	22.7	34.0	33.7	35.6	43.2	44.2	41.7
云南	7	30.7	29.1	26.9	34.9	34.7	37.5	34.4	36.2	35.6

---

① 万振凡：《论民国时期"政府主导、服务型"乡村改造模式——以民国江西农村服务为中心》，《上海师范大学学报（哲学社会科学版）》2005 年第 6 期。

② 华东军政委员会土地改革委员会编：《江苏省农村调查》，1952 年印本，第 184—185 页；万振凡：《论民国时期"政府主导、服务型"乡村改造模式——以民国江西农村服务为中心》，《上海师范大学学报（哲学社会科学版）》2005 年第 6 期。

续表

项目 省别	调查 县数	自耕农			半自耕农			佃农		
		1937年	1939年	1941年	1937年	1939年	1941年	1937年	1939年	1941年
贵州	13	38.1	40.6	39.7	28.9	30.4	32.1	33.0	29.0	28.2
广西	23	46.0	46.0	47.1	28.9	28.1	26.7	25.1	25.9	26.2
广东	15	21.0	22.8	25.2	32.5	36.7	37.3	46.5	40.5	37.5
甘肃	21	70.4	72.3	76.6	17.5	17.0	14.7	12.1	10.7	8.7
河南	27	53.6	55.6	56.7	21.0	20.3	21.1	25.4	24.1	22.2
陕西	21	55.9	57.1	59.4	25.2	24.4	22.6	18.9	18.5	18.0
平均	206	37.7	38.2	39.9	27.9	27.1	28.0	34.4	34.7	32.1

注:原统计另有"地主""地主兼自耕农"两项,1937年、1939年、1941年的平均数分别依次为7.0%、
　　6.3%、6.3%和14.4%、15.4%、16.0%。为便于同表12-24衔接、比较,将其舍弃,数据重新计
　　算,表中自耕农、半自耕农、佃农之和为100。
资料来源:据乔启明、蒋杰主编:《抗战以来各省地权变动概况》,农产促进委员会1942年印本,第6
　　页表1摘编改制。

　　如表12-26及附注所示,自耕农、地主兼自耕农比重分别从1937年
的37.7%、14.4%递增至1941年的39.9%、16.0%,佃农、地主(纯出租
户)分别从1937年的34.4%、7.0%减至1941年的32.1%、6.3%,贵州、
广东、甘肃、陕西4省的佃农比重下降趋势尤为明显。

　　在地权分配并未趋向分散,甚至在进一步集中的情况下,地主、自耕
农比重上升,佃农比重下降,并非好现象,而是社会经济环境大变、佃农处
境极度恶化的结果。据调查者的考察分析,各省自耕农增加,几乎全为地
主因农产品价格高涨,收为自耕,以图厚利。"此种现象,几遍全国";也
有的因欠租过巨,或战争影响,佃农无力经营,地主乃收回自耕。概括起
来最基本的原因还是"地主加租太重""剥削日重",佃农耕田获益不及劳
工,"生活维艰","被迫弃农改业",沦为雇工、苦力。调查者由此得出结
论:"自耕农之增加,既非农民购地自耕之结果,佃农之减少,亦不以自耕
农或半自耕农为其出路,则农村经济未见改善,可见一斑。"①

──────────

　　①　乔启明、蒋杰主编:《抗战以来各省地权变动概况》,农产促进委员会1942年版,第8—
9页。

当然,具体到各个省份或县域,自耕农、佃农的升降变动情况,仍然多种多样,包括部分地区自耕农减少,佃农增加。如湖北阳新,1942 年同 1929 年比较,自耕农比重从 30%降至 20%;半自耕农维持 30%不变;佃农由 20%猛增至 50%。[①] 广东怀集,1933—1942 年,佃农由占总户数的 32%上升到 66%,自耕农下降了 21%。[②] 西康、云南两省,自耕农分别从 1937年的 19.3%、30.7%降至 1941 年的 13.9%、26.9%,佃农分别从 53.2%、34.4%增至 59.6%、35.6%。湖北、广西则是半自耕农减少,自耕农、佃农增加。四川情况有些蹊跷,佃农比重从 1937 年的 58.2%陡降至 1939 年的 44.5%,复猛增至 1941 年的 51.3%,短时间如此大起大落,不太可能。不妨和同期另一项调查统计做一参照,见表 12-27。

表 12-27　四川各区农户类别统计(1939—1940 年)

项目 地区	调查县数	调查户数	自耕农		自耕农兼佃农		地主兼佃农		佃农	
			户数	占比（%）	户数	占比（%）	户数	占比（%）	户数	占比（%）
成都平原区	13	2854	568	19.9	387	13.6	67	2.3	1832	64.2
川西南区	14	3291	774	23.5	606	18.4	13	0.4	1898	57.7
川西北区	12	2908	1022	35.1	771	26.5	47	1.6	1068	36.7
川东区	9	2271	760	33.5	125	5.5	1	0.04	1385	61.0
总计	48	11324	3124	27.6	1889	16.7	128	1.1	6183	54.6

资料来源:据郭汉鸣、孟光宇:《四川租佃问题》,商务印书馆 1944 年版,第 16—19 页第 2 表"四川各县各类农户比率表"摘录整理改制。

这是一次较大范围的抽样调查,时间为 1939 年冬至 1940 年春。数据显示,四川成都平原等 4 区 48 县的佃农、兼佃农(自耕农兼佃农、地主兼佃农)、自耕农比重依次为 54.6%、17.8%、27.6%。这一组数据特别是佃农比重(54.6%),同表 12-25 的 1939 年同类数据(44.5%)比较,似乎更接近历史实际。

同样,表 12-26 中的浙江佃农比重,从 1937 年的 37.6%猛增至 1939

---

① 湖北省阳新县县志编纂委员会编:《阳新县志》,新华出版社 1993 年版,第 168 页。
② 怀集县地方志编纂委员会编:《怀集县志》,广东人民出版社 1993 年版,第 141 页。

年的 49.3%,又陡降至 1941 年的 30.1%,短时间的大起大落幅度更甚于四川,殊不可能,不妨将它同该省 1947 年的相关统计进行比较,再作取舍,见表 12-28。

表 12-28　浙江嘉兴等 7 区 18 县农户结构统计(1947 年)

地区 ＼ 项目	调查县数	调查户数	佃农 户数	佃农 占比(%)	半佃农 户数	半佃农 占比(%)	自耕农 户数	自耕农 占比(%)
嘉兴地区	3	108307	37223	34.4	42292	39.0	28792	26.6
湖州地区	3	148239	51769	34.9	40069	27.0	56401	38.1
杭州地区	2	49647	28654	57.7	10060	20.3	10933	22.0
绍兴地区	3	170472	106454	62.4	34693	20.4	29325	17.2
金华地区	2	112341	17467	15.6	66323	59.0	28551	25.4
台州地区	2	85111	42796	50.3	36795	43.2	5520	6.5
温州地区	3	154898	76082	49.1	40428	26.1	38388	24.8
总计	18	829015	360445	43.5	270660	32.6	197910	23.9

注:原资料有"地主""半地主"两项统计,为便于与同类统计衔接、比较,将其剔除,重新综合、计算。
资料来源:据浙江省银行经济研究所编:《浙江经济年鉴》,1948 年印本,第 473—475 页,"浙江省佃农制度概况表(三十六年)"综合整理改制。

表 12-28 统计,涵盖相关各县全部农户,地域达 18 县,总数近 83 万户,涵盖面较宽,代表性较高。1947 年浙江的佃农、半佃农、自耕农比重依次为 43.5%、32.6%、23.9%。如果同表 12-26 数据连接,佃农比重从 1937 年的 37.6% 猛增至 1939 年的 49.3%,又陡降至 1941 年的 30.1%,再猛增至 1947 年的 43.5%,10 年间两次大起大落,如玩"过山车"。日本全面侵华战争期间,租佃关系和农户结构波动反复是事实,但也不会在短时间内如此大起大落。1939 年(49.3%)和 1941 年(30.1%)的两项数据似乎失实。不过将两表相互参照,仍可以看出这一期间浙江租佃范围的大致变化:在日本全面侵华战争期间,浙江佃农比重多有升降起伏,但总的趋势是波浪式升高,即从 1937 年的 37.6% 升至 1947 年的 43.5%,应无疑义。

北方一些地区,原本租佃关系不甚普遍,日本全面侵华战争期间,租

中国近代经济史（1937—1949）

佃范围也不同程度地扩大。前述山东莒南壮岗区的租佃范围扩大情况，见表12-29。

表 12-29　山东莒南壮岗区租佃关系的变化
（1937 年、1940 年、1943 年）

成分	项目 年份	1937				1940				1943			
		出租户数		出租土地		出租户数		出租土地		出租户数		出租土地	
		户数	指数	亩数	指数	户数	指数	亩数	指数	户数	指数	亩数	指数
地主		9	100.00	207.01	100.00	9	100.00	207.01	100.00	12	133.33	263.41	127.25
富农		8	100.00	73.53	100.00	9	112.50	70.29	95.59	15	187.50	91.41	124.32
中农		10	100.00	75.45	100.00	12	120.00	80.15	106.23	12	120.00	104.52	138.53
贫农		2	100.00	6.39	100.00	3	150.00	9.45	147.89	16	800.00	51.74	809.70
总计		29	100.00	362.38	100.00	33	113.79	366.99	101.27	65	241.14	511.08	141.03

资料来源：华东军政委员会土地改革委员会编：《山东省、华东各大中城市郊区农村调查》，1952 年印本，第 19 页统计表改制。

据 1937 年、1940 年、1943 年 3 个节点的调查统计，从地主、富农到中农、贫农，除富农 1940 年出租面积略有减少外，各阶级（阶层）的出租户数和出租地亩都明显增加。1937 年至 1943 年 6 年间，出租户数和出租面积，分别增加了 1.4 倍和 0.4 倍。从时间看，1940—1943 年增幅最大；从阶级（阶层）看，增幅最大的不是地主，而是富农和中农、贫农。这是因为，地主经济力量削弱，占地数量下降，出租土地亦相应减少。而一些富农和富裕中农，为减轻负担和减少雇工，增加出租；中农、贫农则多因为分家，没有劳力的只好将土地租出。这就促成了租佃范围的土地扩大。①沭水、临沭（两县系抗战期间新设）情况相似，涉入租佃的农户和土地明显增加。据对两县 8 村的调查，1944 年同 1937 年比较，出租户由 74 户增至 179 户，占总农户比重由 4.56% 升至 9.92%，出租面积由 2627.89 亩增至 4566.48 亩，占总面积比重由 7.33% 升至 13.41%；租入户由 209 户增至 581 户，占总农户比重由 8.82% 升至 32.21%，租入面积由 3210.93 亩增至 4850.03 亩，占总面积比重由 8.82% 升至 14.13%。出租地各阶层

————————
①　华东军政委员会土地改革委员会编：《山东省、华东各大中城市郊区农村调查》，1952 年印本，第 19 页。

（包括贫农）都有增加，而地主、富农最为显著，乃因逃亡和为了减轻负担、减少雇工之故；租入土地以贫农增加最多，中农则户数增加，而租入面积减少。①

　　东北租佃关系亦呈明显扩大趋势。这种情况的出现，一是地权集中；二是1931年沦陷后，自耕农加速破产，更多的地主将土地出租，便于转嫁日军的苛征摊派。因而自耕农数量不断下降，半自耕农和佃农数量扩大，成为农民的主体。从吉林龙井县的农户结构变化，可见一斑（见表12-30）。

表 12-30　吉林龙井县的农户结构变化统计（1922—1943 年）

项目 年份	农户 总数	地主		自耕农		半自耕农		佃农	
		户数	占比 （%）	户数	占比 （%）	户数	占比 （%）	户数	占比 （%）
1922	29248	5145	17.6	13260	45.3	3392	11.6	7451	25.5
1925	27620	2578	9.7	10280	37.2	6161	22.3	8601	31.2
1926	28420	2697	9.5	10111	35.6	6481	22.8	9131	32.1
1927	30279	2747	9.1	10306	34.1	7069	23.3	10157	33.5
1928	32397	3050	9.4	10400	32.1	7831	24.2	11116	34.3
1929	32924	2931	8.9	10849	33.0	7553	22.9	11591	35.2
1930	32220	2993	9.3	11075	34.4	7529	23.3	10623	33.0
1931	32325	3009	9.3	11048	34.2	7356	22.7	10912	33.8
1932	34450	3656	10.6	10134	29.4	8961	26.0	11699	34.0
1933	32146	3804	11.8	5936	18.5	6652	20.7	15754	49.0
1934	32143	3804	11.8	5934	18.5	6651	20.7	15754	49.0
1935	35431	3378	9.5	6227	17.6	8915	25.2	16911	47.7
1941	34945	3209	9.2	7031	20.1	8824	25.3	15001	45.4
1943	34289	2966	8.7	9076	26.4	10173	29.7	12074	35.2

资料来源：据龙井县地方志编纂委员会编：《龙井县志》，东北朝鲜民族教育出版社1989年版，第121页表5-3改制。

---

　　①　华东军政委员会土地改革委员会编：《山东省、华东各大中城市郊区农村调查》，1952年印本，第63—65页。

　　如表 12-30 所示,从 20 世纪 20 年代初到 40 年代初,20 余年间总的变化趋势,自耕农数量和比重波浪式下降,分别从 1922 年的 13260 户和 45.3%降至 1943 年的 9076 户和 26.4%,分别下降了 31.6%和 18.9 个百分点。半自耕农和佃农则呈波浪式上升态势。半自耕农的数量和比重分别从 1922 年的 3392 户和 11.6%升至 1943 年的 10173 户和 29.7%,分别增加了 2 倍和 18.1 个百分点;佃农的数量和比重分别从 1922 年的 7451 户和 25.5%升至 1943 年的 12074 户和 35.2%,分别增加了 62%和 9.7 个百分点。1922 年时,自耕农尚占农户总数的 45.3%,高于半自耕农和佃农 37.1%,但很快降至 40%以下,1931 年日军侵占东北后,更降至 30%以下,佃农、半自耕农遂成农户主体。地主(出租地主)的变化也很大,有两点值得注意:一是 20 余年间,同自耕农一样,户数、比重均大幅下降,分别从 1922 年的 5145 户和 17.6%降至 1943 年的 2966 户和 8.7%,分别减少了 42.4%和 8.9 个百分点。这标志着中小地主破产,地权恶性集中;二是日军侵占后头 3 年,地主数量一度增加,比重提高,乃因日军搜刮、劫掠,经营地主或经营性地主为缩小目标和转嫁负担,将自营土地改为招佃收租,所以,同期自耕农大幅减少,佃农大幅增加。

　　租佃关系的分布和租佃范围的大小,除了地权分配和地权集中程度,还同地主结构、地主土地经营的传统习惯密切相关。

　　从地区看,北方除东北外,地权分配一般不如南方地区集中,地主中乡居地主的比重较大,且多倾向雇工经营,招佃收租次之。如甘肃海原县(现属宁夏回族自治区),"出租土地者少,而雇工者多,且由来已久",当地谚云,"天圣山风,西安州葱,盐茶女儿嫁雇工"。[1] 漳县地主的剥削手段,一是雇工,二是地租,三是放债。[2] 宁夏同心县(1936 年前称豫旺县)的剥削方式,一是雇工;二是出租土地。[3] 陕西澄城县业善村,10 户地主中,9 户雇工耕种,只有 1 户出租土地。[4] 河北定县有调查说,"田地较多

---

① 《海原县志》编纂委员会编:《海原县志》,宁夏人民出版社 1999 年版,第 152 页。
② 张守礼:《漳县志》,甘肃文化出版社 2005 年版,第 381 页。
③ 《同心县志》编委会编:《同心县志》,宁夏人民出版社 1995 年版,第 252 页。
④ 澄城县志编纂委员会编:《澄城县志》,陕西人民出版社 1991 年版,第 101 页。

者主要采用雇工经营,只有雇长工管理不过来时,才会出租部分土地,纯粹的出租地主很少"①。同时,出租地一般也只限于远地、劣地,如甘肃榆中,地主把肥沃、高产、稳产、交通便利的土地都留作雇工耕种,只把瘠薄、偏远的劣地招佃收租。② 因此,北方一些地区的佃户比雇工少,或两者不相上下,如山东莱阳有地主 4562 户、富农 7698 户,占有土地 133.3 万亩。1943 年,全县有佃户 39176 户、164044 人和长工 57018 人、短工 95458 人。③ 长工人数相当佃农户数的 1.46 倍,长工、短工合计 152476 人,和佃农人数相差不远。

与北方不同,南方地权相对集中,城居地主和不在地主所占比重较大,土地经营一般以招佃收租为主,地租是最主要的剥削手段。据 1950 年对苏南 27 县(苏南共 29 县,缺丹徒、溧阳 2 县)973 个乡的调查,地主土地的出租部分占 83.7%。④ 安徽旌德地主,出租地一般超过 90%,官绅大地主的土地几乎全部出租⑤,湖南地权集中,地主大多招佃收租。如益阳黄家仑乡,地主占有的土地中,82.7%出租。⑥ 广东灵山县(现属广西省)梓崇乡,18 户地主占有的 1848 亩土地中,1818 亩出租,占 98.4%。⑦ 即使在一些乡居和中小地主为主的偏远地区,地主直接经营的土地,一般也不足 20%。如贵州麻江,938 户地主占有的 30171 亩田地中,24637 亩出租,占 81.6%,自耕部分只占 18.4%。⑧

由于地权集中,地主土地以招佃收租为主,在南方各地,佃农、半佃农(或称"兼佃农""半自耕农")是农业生产力的主体,占农村和农业人口

---

① 李金铮:《矫枉不可过正:从冀中定县看近代华北平原租佃关系的复杂本相》,《近代史研究》2011 年第 6 期。

② 榆中县志编纂委员会编:《榆中县志》,甘肃人民出版社 2001 年版,第 174 页。

③ 山东省莱阳市志编纂委员会编:《莱阳市志》,齐鲁书社 1995 年版,第 180—181 页。

④ 华东军政委员会土地改革委员会编:《江苏省农村调查》,1952 年印本,第 5—6 页。

⑤ 田帧葆:《旌德县志》,黄山书社 1992 年版,第 225 页。

⑥ 中南军政委员会土地改革委员会调查研究处编印:《中南区一百个乡调查资料选集·解放前部分》,1953 年印本,第 55 页。

⑦ 中南军政委员会土地改革委员会调查研究处编印:《中南区一百个乡调查资料选集·解放前部分》,1953 年印本,第 221 页。

⑧ 贵州省麻江县志编纂委员会编:《麻江县志》,贵州人民出版社 1992 年版,第 428 页;黔西县志编写委员会编:《黔西县志》,贵州人民出版社 1990 年版,第 309 页。

的大部分甚至绝大部分。若按耕地面积计算,耕地中的佃种面积比重,则比佃农比重更高。1940 年 6 月,据对川东内江、壁山、巴县、荣昌、合川 5 县的调查估计,佃农约占全体农户 2/3,佃耕地面积约占耕地总面积 3/4。① 大致同期的抽样调查也认证了这一点(见表 12-31)。

表 12-31　四川各区自耕及租佃面积比较（1939—1940 年）

项目\地区	调查县数	调查户数	耕种面积（亩）	自耕		租种	
				面积（亩）	占比（%）	面积（亩）	占比（%）
成都平原区	13	2400	28554.7	5505.6	19.3	23049.1	80.7
川西南区	14	2670	51207.0	7673.2	15.0	43533.8	85.0
川西北区	12	2090	13886.5	5950.2	42.8	7936.3	57.2
川东区	9	2145	29011.1	6549.7	22.6	22461.4	77.4
总计	48	9305	122659.3	25678.7	20.9	96980.6	79.1

资料来源:据郭汉鸣、孟光宇:《四川租佃问题》,商务印书馆 1944 年版,第 16—19 页第 4 表"四川各县自耕及租佃面积比较表"摘录整理改制。

表 12-31 农户数比表 12-30 略少,只相当于后者的 82.2%。各类农户共耕种土地 122659.3 亩,其中租地 96980.6 亩,占 79.1%;自有地仅 25678.7 亩,占 20.9%。租种地的比重比佃农、半佃农的户口比重(72.4%)高出 6.7 个百分点。其中川西南区的租种地比重更高达 85%。这里有一个重要情况,尽管佃农的户口、人口比重中包含了相当部分的半佃农,他们自有若干土地,并非全部是租地。但总的租种地比重仍明显高于佃农、半佃农的户口比重和人口比重。乃因佃农必须将一半以上的土地收获物交给地主,收益远比自耕农少,必须耕种比自耕农更多的土地才能生存,所以租地面积比佃农(含半佃农等)人户更能准确反映租佃范围的广狭。

---

① 章柏雨、汪荫元:《中国农佃问题》,商务印书馆 1943 年版,第 2 页。

（二）租佃形式多样化

20世纪三四十年代，由于地权集中，农民不断丧失土地和其他生产资料，加速贫困破产，在佃农增加、租佃范围扩大的同时，租佃形式更加多样化。

在传统农业社会，农地本是最基本的、纯粹的农业生产资料，但在近代时期，特别是20世纪三四十年代，由于自耕农和佃农经济状况空前恶化，农地越来越多地转化为中小土地所有者的金融调剂工具，佃农则因无力添置耕畜和农具设备，生产资料日益匮乏，逐渐失去独立从事农业生产经营的条件。所有这些，势必导致传统租佃形式的改变、新的租佃形式的产生和流行，出现租佃形式的多样化。

新的租佃形式主要集中在筹款救急的典当（含活卖、绝卖）租佃、押租衍生租佃和地主提供生产资料的"帮工式"租佃三个租佃系列。

筹款救急的典当（含活卖、绝卖）租佃有两种情况：一种是自耕农迫于经济困窘，将田地典当、出卖，而后揽回耕种交租，一些地区谓之"卖（典）田留耕"或"卖马不离槽"；另一种是地主或自耕农以"典田""烂价"的方式出租田地，到期原价回赎或无偿收回。

"卖田留耕""典田留耕"的租佃形式，在某些土地短缺的地区早已存在，如皖南徽州地区的契约资料显示，明初洪武年间就有"卖（典）田留耕"的租佃个案，此后伴随永佃制的流行，逐渐演变为"卖田留耕"永佃，并不断扩大。清末民初特别是20世纪三四十年代，包括"卖田留耕"永佃在内的永佃制急剧没落，但因自耕农贫困加剧，而又离不开土地，"卖（典）田留耕"的租佃形式继续增加，成为租佃关系的一个重要组成部分。除了自耕农，"卖（典）田留耕"的还有永佃农。见休宁1943年的一纸"佃田批"：

> 立出佃田批人曹兆云，今因缺少正用，自情愿将身己业土名西杆沙丘计田壹丘，并带田塍后塝山柴薪、树木、茶柯、荒田尽是一并在内，今来央中立批出佃与刘观弟名下为业。当日时值佃价国币洋叁佰元正。其国币洋当时比即交付，亲手一并收足。其田本家揽

转耕种,按年交秋收下午利谷柒拾伍觔租秤足,不得欠少。倘有欠少觔粒,凭公声明管业,另召另佃,本东不得难[拦]阻,倘有内外人言说,出佃人一力承值,不关受业人之事,今欲有凭,立此佃田批存据

另批,带来上首来路佃批一纸、断批一纸,共二纸。再批

中华民国三十二年十二月　　日立出佃田批人曹兆云

凭中书人刘永清①

曹姓永佃农因"缺少正用",将一丘永佃田(佃权)"立批出佃",获价300元法币。但不愿出卖佃权而失去土地耕作,决定将水田"揽转耕种"。当然条件十分严苛:租谷("利谷")质量、规格写明为"秋收下午利谷";称量衡器要用比市场和乡间用秤大得多的"租秤"足秤;利谷不能有任何短欠,即使欠少一斤一粒,也要立刻"凭公声明管业,另召另佃",毫无延缓、通融、妥协的余地。

江苏苏南地区,20世纪三四十年代的典当、卖田租佃急剧扩大。苏南、皖南都是永佃制流行地区,与皖南不同的是,苏南苏州、无锡等地,直至20世纪三四十年代,农民典田、卖田留耕,大多仍能保留土地耕作权。当地租佃关系发展变化的特点是:一方面,地主富户不断兼并佃权,重新集田底、田面于一身,永佃制瓦解;另一方面,农民贫困加剧,纷纷典当、变卖土地,而又揽回租种,并保留耕作权,使永佃制得以延续甚至扩大。前述吴县忠心村,一方面贫农、雇农大量失地;另一方面该乡地主出租的2300余亩土地中,"绝大部分为管业田(永佃田)"②,永佃制所占比重不降反升。这正是农民"卖田留耕"的结果。在无锡,自耕农典卖田地几乎是永佃田("灰肥田")的唯一来源。

江西、福建、湖南、湖北、广东、广西、云南等省都有典(当)田、卖田留耕租佃形式的流行。

江西九江县有一种称为"东道田"的租佃形式,乃是农民"卖田留

---

① 刘伯山主编:《徽州文书》第三辑(7),广西师范大学出版社2009年版,第36页。

② 华东军政委员会土地改革委员会编:《江苏省农村调查》,1952年印本,第184—185页。

耕"的产物。按当地习惯,农民卖田时少得田价,一般只有正常价格的一半,但卖主可保留土地耕作,向买主交租,佃户也可以转租别人。这种"东道田"租佃在当地十分普遍,甚至构成租佃关系的主体。如该县石门乡的"东道田"占全部租田的80%。除了"东道田",还有"典租",即"典田留耕"。农民困难时订立"押田契",将田出典,典价为卖价之半,同时又立"写田字",将田佃回耕种,每年除完粮外,按典价交租,一般为加二息,每元钱交租10斤谷。通常典契无年限,但欠租抽田,或被逼将其绝卖。① 湖口的永佃制,大部分为自耕农"卖田留耕"。该县租佃有二:一称"寅租卯",地主可随时撤佃。另一称"客田",富户廉价向农民买来土地又租给卖主耕种,若3年不交租,买主有权将土地转卖给他人;若佃户不愿耕种,也可将佃权转卖他人。② 高安的情况是,破产农民往往被迫典卖土地,"土地一经典出,便沦为佃户,受到佃租与苛利的盘剥"③。

福建长汀田地典卖有卖"田皮"、卖"田骨"之分,后者是卖主放弃土地所有权,以向买主按约交租为条件,换取土地耕作权,亦即所谓"卖田留耕"。④ 永定农民往往将土地典当给地主、富农抵债,议定年限,揽回耕作交租,但债主有权将土地改租别人,谓之"起耕"。如超过年限,农民无力回赎,土地即归债主所有。⑤ 闽南晋江、永春、德化、诏安、东山、莆田等县的永佃制,"均以典卖之起因为多",其中莆田多以自耕农无力施肥或购置农具,不得已出卖田地,而保留田地耕种。⑥ 湖南桂阳有卖田留耕的所谓"包租"。农民因经济拮据被迫卖田,仍由自己耕种,但须向"东家"

---

①　中南军政委员会土地改革委员会调查研究处编印:《中南区一百个乡调查资料选集·解放前部分》,1953年印本,第146—147、150页。

②　江西省湖口县志编纂委员会编:《湖口县志》,江西人民出版社1992年版,第97—98页。

③　戴侄臻:《高安县志》,江西人民出版社1988年版,第78页。

④　福建省长汀县地方志编纂委员会编:《长汀县志》,生活·读书·新知三联书店1993年版,第123页。

⑤　张定雄:《永定县志》,中国科学技术出版社1994年版,第157页。

⑥　《民国二十年代中国大陆土地问题资料》第62册,(台北)成文出版社1977年版,第32178—32179页。

(买主)"包租",即不管年成好坏,租额不变,以 5 年为期。契约写明,"五年纳完后,再行议租"。①

湖北有所谓"典当租",农民由于生活贫困,将自己土地典当给地主,继续耕种,每年向地主交纳租粮。以 1 年或 3 年为限,到期还本取田。如欠租过多或本利不交,则将地留下。何时还清,何时赎田。② 在阳新,永佃权的来源有二:一是田主低价出卖耕地,保留永久耕种权,俗称"保庄";二是农民向田主买进永佃权,俗称"永批"。③

湖南常德,贫困小农遇婚丧等事需钱甚急时,常常将田地当给地主、富农,该地当田分为两种:一种叫"当干租",即出当人保留土地耕作,每年不论收获好坏,都须向当主交付当金一半的租额;另一种叫"脱当",土地由受主任意支配,但当主要交付一半"钱粮"。除"当干租"外,出当人如仍想佃耕,就必须交付比普通佃田更高的租谷,最高的主要拿走总收获的 70%—80%。农民明知吃亏太大,但因一时借不到钱,又不愿意卖掉自己的田地,也只有忍受这种残酷的剥削了。④

在广东惠阳,"典租"俗称"卖租"。农民将田典押给地主,但继续耕种,按年交租,典期 5—7 年不等,到期不赎,田底即归承典人所有。⑤ 广西宾阳,农民被迫将土地卖给地主抵债,又佃回耕种,不仅交租,还继续完粮。⑥ 云南呈贡、通海、晋宁等地,均有"实典倒租",农民向地主典出土地又租回耕种交租。⑦ 在永平,典当留耕是当地重要的租佃形式之一。农民因天灾人祸,把土地典当给债主,但"大多数仍由原业主耕种,交给债

---

① 中南军政委员会土地改革委员会调查研究处编印:《中南区一百个乡调查资料选集·解放前部分》,1953 年印本,第 39 页。

② 人民出版社编辑部编:《新区土地改革前的农村》,人民出版社 1951 年版,第 56 页。

③ 湖北省阳新县县志编纂委员会编:《阳新县志》,新华出版社 1993 年版,第 169 页。

④ 新湖南报编:《湖南农村情况调查》,新华书店中南总分店 1950 年版,第 78—79 页。

⑤ 中南军政委员会土地改革委员会调查研究处编印:《中南区一百个乡调查资料选集·解放前部分》,1953 年印本,第 170—171 页。

⑥ 中南军政委员会土地改革委员会调查研究处编印:《中南区一百个乡调查资料选集·解放前部分》,1953 年印本,第 194 页。

⑦ 云南省呈贡县县志编纂委员会编:《呈贡县志》,山西人民出版社 1992 年版,第 75 页;《通海县志》,云南人民出版社 1992 年版,第 100 页。

主一定的地租"①。

在北方,河南桐柏有称之为"典田""押田"的租佃形式。典田是农民将田地典当给地主,但继续耕种,向地主交租。按当地乡俗,出典人只能将"使用权"抵押给他人,但无权出卖;而承典人有权收租与出卖,价格为同类田地的七折;"押田"是农民以田地抵押借债,继续耕种,向债主交租,以抵充利息,并负担田赋,押价一般只有卖价一半,时间一般2—3年,过期不赎就成死押,田地归地主所有。② 山东平原县,有称之为"卖租粮地"的租佃形式,亦称"座佃座租"或"卖马不离槽",也叫"卖地留耕"。③陕西岚皋,典当是主要租佃形式之一,地主趁天灾人祸,廉价收买土地,然后高额出租给典当人耕种,年底原户如需赎回,则按价交纳赎金。④ 潼关有所谓"赘地",农民举借粮食或棉花,以土地抵押,仍然耕种,每年向债主交租,到期偿债赎地,逾期土地归债主所有,谓之"经业"。⑤ 甘肃庆阳地区直接称作"典当",农民以相当市场一半的价格把土地当给地主,又揽回租种,到期无力回赎,即以当价卖给地主。⑥

典(当)田、卖田租佃,既有自耕农"典(当)田留耕""卖田留耕",也有地主或自耕农"典(当)田收租""烂租收租",到期无偿或有偿收回。

江苏泰县的租制,除了包租、预租、分租,还有"烂租",也叫"淌田"或"淌租",即佃户一次缴纳3年、5年地租,承种期满后,地归原主。"烂租"制的出租者多为破产地主或急需用钱而借贷无着的自耕农,承种者多为劳力、农具齐全,生活富裕的佃中农或佃富农。⑦ 丹阳租制中有所谓"没本租",就是佃农一次性交足几年的租谷,种地到期土地无偿归还田主。⑧

① 云南省永平县志编纂委员会编:《永平县志》,云南人民出版社1994年版,第59页。
② 桐柏县地方史志编纂委员会编:《桐柏县志》,中州古籍出版社1995年版,第294页。
③ 山东省平原县县志编纂委员会编:《平原县志》,齐鲁书社1993年版,第160页。
④ 岚皋县志编纂委员会编:《岚皋县志》,陕西人民出版社1993年版,第109页。
⑤ 潼关县志编纂委员会编:《潼关县志》,陕西人民出版社1992年版,第151页。
⑥ 甘肃省庆阳地区志编纂委员会编:《庆阳地区志》第1卷,兰州大学出版社1988年版,第802页。
⑦ 泰县县志编纂委员会编:《泰县志》,江苏古籍出版社1993年版,第142页。
⑧ 丹阳县地方志编纂委员会编:《丹阳县志》,江苏人民出版社1992年版,第200页。

浙江丽水地区有"典佃"(亦称"典租"),典期一般多为 1—2 年,典价按土地等级及产量计算,较一般租额为低,通常典价加上一年利息大致等于正常租额,但须先交典价后种田。这种租佃形式在缙云县"很多",丽水也很常见。① 浙江还有"押田"租佃,农民因经济窘迫,向地主高息借款。在借出当年,地主故意不加追还。待息上加息,利息已巨,即算账"押田",并把原田租给原户,按期收租,欠租加利,继而押山、押屋。待其全部家产押光,原租田也就抽给别人租种了。②

在北方,甘肃庆阳地区有"当种",也叫"堆种"。双方按协议定出土地亩数、耕种年限和当金,交清当金再种地,耕种期满后,无偿交还土地。③ 宁夏中卫、灵武,地主招佃收租分年度收租和常年典当二种,常年典当多为破产地主和小土地出租者将土地一次性典给无地或少地的殷实农户长期耕种,到期可按原价赎回,逾期不赎者归承当人所有,或延长典当期限,重新立约。据土地改革前对灵武的典型调查,普通出租地占耕地的 13%,典出地占 15%。典当租佃明显多于普通租佃。④ 宁夏永宁有记载说,"地主、富农凭借占有的大量土地出租或典当给缺田少地的农户耕种",典当同出租一样是地主、富农重要的土地租佃形式。⑤

20 世纪三四十年代,押租制在其膨胀、演变和加速农民贫困化的过程中,也衍生出新的租佃形式。

山东桓台,押租同预租、利贷、典当("烂价")三者相结合衍生出押租"典地制"租佃。农民必须先向地主交纳典金(押金),方能种地。典期(租期)一般为 1—3 年,典金(押金)为地价的 50%—60%,典地期满,土地由地主无偿收回。⑥ 在这里,地主剥削的不只是押租利息,连押租本金

① 华东军政委员会土地改革委员会编:《浙江省农村调查》,1952 年印本,第 30、228 页。
② 人民出版社编辑部:《新区土地改革前的农村》,人民出版社 1951 年版,第 19 页。
③ 甘肃省庆阳地区志编纂委员会编:《庆阳地区志》第 1 卷,兰州大学出版社 1988 年版,第 802 页。
④ 中卫县志编纂委员会编:《中卫县志》,宁夏人民出版社 1995 年版,第 251 页;《灵武县志》,宁夏人民出版社 1999 年版,第 158 页。
⑤ 永宁县志编审委员会编:《永宁县志》,宁夏人民出版社 1995 年版,第 88 页。
⑥ 山东省桓台县史志编纂委员会编:《桓台县志》,齐鲁书社 1992 年版,第 134 页。

也堂而皇之地吞没了。这种租佃形式在江苏无锡叫作"赖本赖利田",即佃户先交租后种地,并且要预交数年之租,供地主作为放债之本,押租、地租合而为一,也是押租本金、利息全归地主所有。①

押租既是地主的地租保证,又是地主的高利贷资本。除了上述"典地制""赖本赖利田",押租在其发展、膨胀过程中,还陆续衍生出形形色色的特异型高利贷租佃。

押租恶性膨胀的四川,早在清朝,地主就将佃农欠交押租转为借贷。永川地主的做法是,如佃农无力交押,即"照依银数,每岁入息三分"②。押租演变为无本高利贷,佃农必须同时交纳地租和押租借贷利息,"押租借贷租佃"应运而生。民国时期特别是 20 世纪三四十年代,随着押租恶性膨胀和佃农加速贫困化,"押租借贷租佃"大行其道。在合江,押租俗称"稳谷银",无力交纳稳谷银的佃农,每铜钱百串,须加纳"稳谷"1—4石作为利息。③ 不只四川,其他各地也都是欠押生息。湖南南县,押租又称"进庄钱",轻者每亩纳谷 1—2 石,相当 1 年租额,重者相当 2 年租额。佃农欠交押租,地主即按时计算,索取高额利息。④ 江苏盐城,佃户如无现款交纳押租,即视为欠款,收取利息。⑤

还有的地区,如佃农欠交押租,地主强令佃户以房屋、田产、耕牛、农具甚至劳力、妻女抵押、抵卖。由此衍生出形形色色的"押租抵押(抵卖)租佃"。如贵州遵义,若佃农无力交纳押租,必须以家产或劳动力立据抵押。家产不敷者,还得另求有产者具文担保,然后才能上耕。⑥ 凤岗的惯例是,必须先交田土一半价值的押金,否则以房屋、耕牛作抵,并须请人担保。⑦ 如果佃农拖欠地租,房屋、耕牛、家产就会被地主没收。这比一般

① 谈汗人:《无锡县志》,上海社会科学院出版社 1994 年版,第 192 页。
② 刘克祥:《近代四川的押租制和地租剥削》,《中国经济史研究》2005 年第 1 期。
③ 瞿明宙:《中国农田押租底进展》,《中国农村》1935 年第 4 期。
④ 《南县志》编委会编:《南县志》,湖南人民出版社 1988 年版,第 103 页。
⑤ 盐城市郊区地方志编纂委员会编:《盐城县志》,江苏人民出版社 1993 年版,第 138 页。
⑥ 贵州省遵义县县志编纂委员会编:《遵义县志》,贵州人民出版社 1992 年版,第 297 页。
⑦ 贵州省凤冈县地方志编纂委员会编:《凤冈县志》,贵州人民出版社 1994 年版,第 334 页。

押租租佃更为残酷。四川宜宾地主则先以佃农的耕牛、农具作抵,然后转为租用,另计租金。在"押租抵押(抵卖)租佃"的基础上,进而衍生出"押租及耕牛、农具抵押租佃"。如果佃农没有耕牛和成套农具,则须"以身为奴作抵"。[1] 押租原本是封建依附关系松弛、经济强制取代超经济强制的产物,现在却反过来变成地主购买奴婢的无本买卖,佃农因为无力交押而卖身为奴,押租由此派生出中世纪的"押租家奴式租佃"。

还有奇特的"押租转租制"。随着押租演变成高利贷,凭借押租谋利的行当应运而生。四川成都平原地区,有交纳高额押租的所谓"大佃"。"大佃"并不自种,而是转租,收取地租和部分押租,除将部分地租转交地主,其余抵充代交押租的利息,谓之"吃谷利"。由此衍生出"押租转租租佃"。[2] 江北、巴县一带,不少富佃或租地者也靠转租收押得利,并成惯例,"押租转租租佃"发展为一种重要的租佃形式。该地租佃有"大押""小押"之分,如佃农交纳的押租超过一定数额(通常为地价的1/5),即称为"大押",大押将租地一部或全部转租,并收取押租,则承租者为"小押"(如不转租,则无"大押"名称)。[3] 在合江,更有富户独资或联合集资交纳押租,成批租进田地,分散转租给无力交纳押租的佃农,赚取"稳谷"。有人还发起成立被称为"田园会"的专门机构,筹集巨资,交纳押租整批租进田地转租,赚取"稳谷"瓜分。据说"田园会"所集款额,每年多达数千两。[4] 以赚取"稳谷"为目的的"押租转租制"成为当地的主要租佃形式。

由地主提供土地以外生产资料、佃农只供劳力的"帮工式"租佃,一般称作"帮工佃种制"或"帮工分种制""分益雇役制""分益工偿制"等,最初发生于北方地区。因地主提供的生产资料、劳力、口粮数量及其条件、乡俗惯例不同,不同地区或同一地区有多种形式和称谓。苏北铜山、

---

① 四川省宜宾县志编纂委员会编:《宜宾县志》,巴蜀书社 1991 年版,第 124 页。
② 上海中国地政学院编纂:《民国二十年代中国大陆土地问题资料》第 62 册,(台北)成文出版社 1977 年版,第 32516—32520 页。
③ 上海中国地政学院编纂:《民国二十年代中国大陆土地问题资料》第 61 册,(台北)成文出版社 1977 年版,第 31513—31514 页。
④ 瞿明宙:《中国农田押租底进展》,《中国农村》1935 年第 4 期。

萧县、沛县一带有"分种""锄户""二八锄户";河南各地有"拉鞭种""把户地""把牛""揽活""揽庄稼""伙计"等;河北有"开过伙""锅伙""伙种";山东有"招分子""二八劈粮食""三七劈粮食""小种地""二八锄地"等名称;山西、陕西部分地区也有帮工佃种制流行,其中山西五台县的帮工佃种制"最为普遍"。陕西的"帮工佃种制"主要集中在陕北地区,当地俗谓"安伙子""安伙则";热河、察哈尔、绥远和东北地区,是清朝特别是 20 世纪初发展起来的农业新垦区。直接生产者大都是来自华北、陕西等地的破产农民,几乎没有任何生产资料。他们不是给蒙旗王公贵族、旗人地主或汉人揽头佣工,就是以只供劳力的方式租地耕种。不论是清朝土地开垦初期,还是 20 世纪初,被称为"耪青""办青""并青"或"分种""分青"的帮工佃种制,一直是租佃关系的主要形式。① 由于地主提供生产资料的数量、条件和各地租佃习惯不同,"耪青"分为多种类型,诸如"力量青""外青""里青""里青外住""里青外冒烟""半青半活""半青半伙"等。

"帮工式"租佃从其产生之日起延至 20 世纪 40 年代,在北方各地一直在不断扩大,种类、名目增多。如河北新乐,有所谓"停三堆"和"代把"的租佃形式,前者由地主提供肥料、种子、牲口、农具,佃农只出劳力耕作;后者由地主除提供肥料、种子、牲口、农具外,还雇用若干名长工和佃农一起耕作。② 陕西澄城、岚皋土地租佃有出租、分种两种形式,澄城的"分种",地主负责完纳"公粮、公草",其他全由佃农承担;岚皋的"分种"是地主出土地、耕畜、种子,佃农承担其他投资和劳力。③ 甘肃庆阳地区有"伙种""安庄稼""挑分子"等多种形式。"伙种"是地主提供部分畜力、籽种、肥料,佃户负责耕种、收割,产品对半或主六佃四分配;"安庄稼"是地主给租地人安排住宿,借给口粮,供给农具,收割后归还口粮,再行分配;

---

① 汪敬虞主编:《中国近代经济史(1895—1927)》中册,人民出版社 2000 年版,第 798—804 页;刘克祥:《试论北方地区的分益雇役制》,《中国经济史研究》1987 年第 2 期。
② 韩书林:《新乐县志》,中国对外翻译出版公司 1997 年版,第 114—115 页。
③ 澄城县志编纂委员会编:《澄城县志》,陕西人民出版社 1991 年版,第 101 页;岚皋县志编纂委员会编:《岚皋县志》,陕西人民出版社 1993 年版,第 109 页。

"挑分子"是"一切归地主出,打多分多,打少分少";①等等。

20世纪初,"帮工式"租佃开始由北方向南方一些地区扩散,不过初时为数甚少,如江苏南通,"分益雇役制"只占全县租佃的1.5%。② 广西只有恭诚、平乐、西林等少数几处存在。③ 江西的"帮工佃种制",据说也极少。④

20世纪30年代后,随着佃农加速贫困化,由地主提供农具、种子、肥料等生产资料的租佃形式流行区域扩大,开始成为一些地区租佃关系的一个重要组成部分。如江西丰城小袁渡乡有被称为"泼水制"的土地租佃。其中一种形式是"田泼田",即由地主提供一半肥料和种子。⑤ 在江苏,类似的租佃形式更加普遍。如泰县,流行的租制有包租制、预租制、分租制和烂租制四种。分租制就是由地主提供土地和部分或全部种子、肥料,由佃农负责耕种,据称"此租制多为小地主采用"。⑥ 在盐城,分租是主要的租制,分租比例因地主提供生产资料的多寡而异。⑦ 江都租制中的分租,有对半分、四六分、提种子对半分、提打场工对半分等名目。⑧

苏南、浙江地区,分租制本来早已为定租制所取代,但20世纪30年代后,分租制又多了起来。在苏南,分租通称"分租田""分种田",常熟称"分场田",吴县、昆山称"合种田"。此种租制以高淳"最为普遍",松江亦占全县租田的20%—30%。⑨ 这些"分租田""分种田"并非传统的分租

---

① 甘肃省庆阳地区志编纂委员会编:《庆阳地区志》第1卷,兰州大学出版社1988年版,第802页。

② 乔启明:《江苏昆山南通安徽宿县农佃制度之比较以及改良农佃问题之建议》,1926年印本,第32页。

③ 薛雨林、刘端生:《广西农村经济调查》,《中国农村》1934年第1卷第1期,第69页;国民党农村复兴委员会:《广西省农村调查》,商务印书馆1935年版,第157页。

④ 冯和法编:《中国农村经济资料续编》,黎明书局1935年版,第545页。

⑤ 中南军政委员会土地改革委员会调查研究处编印:《中南区一百个乡调查资料选集·解放前部分》,1953年印本,第126页。

⑥ 泰县县志编纂委员会编:《泰县志》,江苏古籍出版社1993年版,第142页。

⑦ 盐城市郊区地方志编纂委员会编:《盐城县志》,江苏人民出版社1993年版,第138页。

⑧ 江都市地方志编纂委员会编:《江都县志》,江苏人民出版社1996年版,第174页。

⑨ 华东军政委员会土地改革委员会编:《江苏省农村调查》,1952年印本,第8页。

制,而是地主在土地之外提供部分生产资料的一种新的租佃形式。如松江的"分种田",就是地主出肥料、种子,佃农出人工、牛工,土地产量按主七佃三分成。① 青浦的"分种田"又称"分种",是由地主负担肥料、种子、田赋,佃农出劳力、耕牛、农具。② 奉贤的"分租制",是地主出土地和耕牛、农具等,佃农出劳力,产品分配普通是主佃各半或主四佃六。③ 丹阳也有被称为"分种"的同类租制,具体方法是田主把田地租给佃农,种籽、肥料各出 50%,佃农出劳力,收成得半。④ 不仅农田,苏南地区的鱼池也有不少采用地主提供生产成本的租佃形式。据调查,苏南地主经营鱼池,除雇工自养者外,多半采用"合养"方式,即地主出池塘,农民出劳动力,鱼本双方对半负担,收益平分;也有地主将鱼本贷给佃农,收鱼时先将鱼本加利扣除,然后渔获平分。⑤

在浙江,绍兴等地清朝有地主出备牛力和种子、"与分秋获之半",并令佃农无偿服役的情况,但不普遍。20 世纪三四十年代,地主提供若干生产资料的"分租""分种"成为一种重要的租制或租佃形式。该地的分租、分种,又称活租、"包田"或劳役租、力租。地主通常在出租土地的同时,供给种子、肥料等生产成本,由佃农负担全部劳动,收获按约定比例分配,但具体的租佃形式和计租方法多种多样:有的按某一比例分配产品,一般多为"主六佃四",少数对半分,重者"主七佃三""主八佃二"。分配产品还有正产、副产之分:或只分正产,副产归佃户,或行"熟熟分",稻草、麦秆也不例外;有的按面积分割田禾,如种 18 亩,13 亩归地主、5 亩归佃户;或种 31 亩,21 亩归地主、10 亩归佃户,如此等等;也有的收获物全部归地主,另付佃农若干"工钱米"(如上虞县一般为每亩 5 斗米);有的地方佃农除交纳规定租额外,还要随叫随到,为地主提供无偿劳役。⑥ 在嘉兴,

① 何慧明:《松江县志》,上海人民出版社 1991 年版,第 301 页。
② 华东军政委员会土地改革委员会编:《江苏省农村调查》,1952 年印本,第 15 页。
③ 华东军政委员会土地改革委员会编:《江苏省农村调查》,1952 年印本,第 77 页。
④ 丹阳市地方志编纂委员会编:《丹阳县志》,江苏人民出版社 1992 年版,第 200 页。
⑤ 华东军政委员会土地改革委员会编:《江苏省农村调查》,1952 年印本,第 299 页。
⑥ 《浙江省农业志》编纂委员会编:《浙江省农业志》上册,中华书局 2004 年版,第 297—298 页。

按面积分割田禾的叫"分种",付给佃农一定数量工钱米的叫"包田"。①

安徽临泉,地主负担全部或部分投资的"二八地"(小拉鞭)、"对半分组",以及租地主地、给地主做工代偿地租的"帮工地",是当地的主要租佃形式。②

江西、湖北、湖南也开始出现帮工佃种制,如江西高安的"代耕制",俗称"作分田",由地主提供住房、耕牛、农具、肥料、种子,佃农出劳力耕种,秋收时首先将地主投资从产品中提出,然后主佃平分。③ 湖北黄陂,土地租佃除了定租制,还有分租,俗称"种分田"。农民出劳力、耕牛、农具,帮地主耕种,种子、肥料分摊,收入(包括柴草)对半分成,也有地四劳六或地六劳四分成的。④ 湖南邵阳,佃农"请"(租)田作的办法有两种:一种是除田地外,种子、肥料、工具、耕牛全归佃户负责,地主只到打谷时收租,叫作"大俵田";另一种是除了田地,种子、肥料、工具、耕牛也全由地主供给,佃户单出人工,叫作"小俵田"。不过"大俵田"在邵阳更为普遍,仅一些经营地主与富农自己田地太多,现有人力作不了时,便抓着穷苦农民缺乏土地、农具、种子等弱点作"小俵田"。⑤ 衡阳有称为"包租"的雇役式租佃,即"地主以自己的生产手段利用佃户的劳动力耕种,每亩包交租谷若干,余归佃户所有"。据说包租的多为贫农,"受剥削最重"。⑥ 在怀化,业主提供耕牛、农具的租佃形式,是分租制的主要成分。⑦

定租早已取代分租的四川,20世纪三四十年代,地主提供生产资料的"分租"租佃形式也广泛流行,在綦江,被称为"雇役制",佃农只出劳力、耕畜、农具、种子、肥料都由地主供给。调查者认为"他们介于佃农和

① 华东军政委员会土地改革委员会编:《浙江省农村调查》,1952年印本,第89页。
② 华东军政委员会土地改革委员会编:《安徽省农村调查》,1952年印本,第41—42页。
③ 戴任臻:《高安县志》,江西人民出版社1988年版,第78页。
④ 黄陂县县志编纂委员会编:《黄陂县志》,武汉出版社1992年版,第63—64页。
⑤ 新湖南报编:《湖南农村情况调查》,新华书店中南总分店1950年版,第83—84页。
⑥ 新湖南报编:《湖南农村情况调查》,新华书店中南总分店1950年版,第95页。
⑦ 湖南省怀化市志编纂委员会编:《怀化市志》,生活·读书·新知三联书店1994年版,第130页。

雇农之间,可以说是一种变相的雇佣劳动"。此制占全县租佃的 6.3%。[①]
在四川全省,据 1941 年的调查,"帮工分租法"占 7.7%。[②]

纵向观察,一些地区分租比例的变化,实际上是租佃形式变化在产品
分配上的反映。如贵州,清朝后期的地租率一般为"对半分",民国时期
上升到"主六佃四""主七佃三"至"主八佃二"。[③] 这固然不排除地租剥
削的加重,不过更主要的还是地主提供部分或全部生产资料、租佃形式发
生变化的结果。

同时需要注意的是,名义上同是地主提供土地和生产资料,佃农出劳
力耕种,但佃农的实际负担方式和产品分成比例各不相同。例如,黑龙江
克山县的"榜里青"和"榜外青"租佃,都是由地主出土地、耕畜、农具、房
屋、种子等,佃户出劳力,但"榜里青"是佃农吃住在"东家",雇工支出双
方各负担一半,收获粮食为主七佃三分成;"榜外青"佃农不吃住在"东
家",生产支出双方各半,粮食对半分,秸秆归地主。[④] 这也反映出租佃形
式和主佃产品分配的多样化。

二、租户佃户结构多元化和佃农贫农雇农化

与租佃形式多样化相联系,租户佃户结构明显多元化;随着佃农加速
贫困破产,"帮工佃种制"广泛流行,佃户阶级结构表现为佃农贫农雇
农化。

在封建土地制度和租佃制度下,占有大面积或较大面积的地主富户
出租土地,少地缺地的中农贫农及其他贫苦农民租进土地,租户、佃户泾
渭分明。然而,清末民初,特别是 20 世纪三四十年代,租户、佃户结构发
生重大变化,形成租户、佃户结构多元化的格局。佃农作为农业生产者的

---

①　上海中国地政学院编纂:《民国二十年代中国大陆土地问题资料》第 53 册,(台北)成
文出版社 1977 年版,第 26885—26887 页。
②　应廉耕编:《四川省租佃制度》,中农印刷所 1941 年印本,第 7 页。
③　贵州省地方志编委会编:《贵州省志·农业志》,贵州人民出版社 2001 年版,第 40 页。
④　克山县志编纂委员会编:《克山县志》,中国经济出版社 1991 年版,第 136 页。

主体,原本属于农村社会的中层,中农占有较大比重,甚至以中农为主体,并曾一度呈现"佃农中农化"的态势,进入近代特别是 20 世纪后,佃农日益贫困,三四十年代更空前加剧,佃农中的中农比重下降,贫农、雇农比重上升,形成"佃农贫农雇农化"的态势,贫农、雇农成为佃农的主体。

(一) 租户佃户结构多元化

20 世纪三四十年代,由于土地兼并、人口繁殖和分家析产,农民加速贫困化的多重作用,单个农户家庭占有的土地面积不断缩小,微地户、缺地户、无地户大增。一方面,农民占有的土地日益微细化,土地饥荒越来越严重;另一方面,占有的土地,或因田丘、地块畸零细碎,相互插花、交错;或因离家窎远,不便耕作,只得将畸零丘块出租,租进相对成片的土地;或将远地出租,租进近地;或因面积过于微小,无法自耕自食,但又很难租到土地,只得将其全部出租,另谋生计。一些经济窘迫的农户,也往往将土地租佃作为金融调剂和应急手段,经常变换在租佃关系中的地位和身份。如四川成都地区,一些贫苦农民"由于农村借款不易,不得已把一部分田地佃出换取押租金,因此成为自耕农兼地主,再过些时候,手头如活动点,就找机会佃进一点,于是一身又兼佃农了"。① 这种情况十分普遍。在其他一些地区,一些经济艰困的中小土地所有者,不忍心绝卖和完全失掉土地,往往采取典当或"烂价"方式出租土地。在一些永佃制流行地区,由于分家析产、贫富分化,部分田底主大户变为小户或贫困户,田底数量有限,但无耕作权,只能招佃收租。所有这些,使一些贫民下户进入了"租户"行列,无形中扩大了租户的范围和数量。

分家析产、地块的分散和细碎化,也影响和制约了中小地主及富裕农户的土地占有与使用。一些地主经过多次分家析产和住所搬迁,占有的土地数量减少,且分散多处、土质好坏不一,单靠传统地租,已经难以生活,于是将远地、次地出租,租进近地、好地,雇工耕种,或低价租进土地,

---

① 上海中国地政学院编纂:《民国二十年代中国大陆土地问题资料》第 62 册,(台北)成文出版社 1977 年版,第 32454—32455 页。

高价出租土地,赚取地租差额。富裕农民以及部分中农,同样出租远地、次地,租进近地、好地,以扩大土地经营。另外,在一些永佃制流行地区,一些地主富农因为只有土地所有权而无使用权,也必须另租土地耕种。这又使地主富农加入了"佃户"行列。

资料显示,一些地区的情况是,地主、富农租进土地,主要靠租地耕种为生的中农、贫农,又被迫将自有的少量土地出租(包括当租),农村各阶级、阶层几乎全都涉入租佃关系,租佃形式多样、复杂,租户、佃户多元化。从某个角度看,地权越集中,人口越稠密,土地越紧缺,越是形成租户、佃户的多元化格局。

广东南海,地狭人稠,全县平均,每户只有土地4.29亩,每人1.34亩,而且地权集中,占户口7.8%的地主(包括"公堂"地主)、富农、高利贷者占有66.9%的土地,占户口50.3%的中农、贫农、雇农只占有16.7%的土地。除了某些"公堂"地,其他私有地,特别是中农、贫农、雇农及其他小土地所有者占有的土地,如前面所说原因,需要通过租佃进行调剂。所以租佃关系和租户、佃户遍及全县各个行业、阶层。表12-32清晰地反映了全县地权分配和各阶层土地的占有、使用和租户佃户多元化状况。

表12-32　广东南海地权分配和各阶层土地租佃情况(1949年)

项目\成分	户口(户)	占有土地(亩)	使用土地(亩)	土地租出			土地租入	
				面积(亩)	占自有地百分比(%)	占总出租地百分比(%)	面积(亩)	占总出租地百分比(%)
地主	8044	147001	99437	116380	79.2	24.7	68816	12.4
兼地主	1658	33550	11640	24110	71.9	5.1	2200	0.4
债利生活	371	647	478	329	50.9	0.07	160	0.03
公堂	—	244321	61	244321	100.0	51.9	61	0.01
富农	2090	24586	33786	2305	9.4	0.5	11505	2.1
农业资本家	155	578	1705	157	27.2	0.03	1284	0.2
中农	21709	86078	215705	7871	9.1	1.7	137498	24.9
贫农	47051	24352	251569	1688	6.9	0.4	228905	41.4

续表

项目＼成分	户口（户）	占有土地（亩）	使用土地（亩）	土地租出			土地租入	
				面积（亩）	占自有地百分比（%）	占总出租地百分比（%）	面积（亩）	占总出租地百分比（%）
雇农	10112	1629	38987	144	8.8	0.03	37502	6.8
小土地出租	10471	48799	13458	38565	79.0	8.2	3224	0.6
小土地经营	1873	8310	24232	1833	22.1	0.4	17755	3.2
工人	32036	19629	25948	11873	60.5	2.5	18192	3.3
小商贩	7248	5981	11938	2548	42.6	0.5	8505	1.5
贫民	10733	3690	7723	1933	52.4	0.4	5966	1.1
小手工业者	3536	2809	3074	1618	57.6	0.4	1883	0.3
工商业家	3988	11086	4113	8690	78.4	1.8	1717	0.3
游民	1755	659	2472	323	49.0	0.07	2136	0.4
宗教职业	437	642	479	323	50.3	0.07	160	0.03
自由职业	1144	3137	1622	2014	64.2	0.4	499	0.09
其他	2328	5234	6499	3689	70.5	0.8	4954	0.9
总计	166739	672718	754926	470714	70.0	100	552922	100

资料来源:南海市地方志编纂委员会编:《南海县志》,中华书局2000年版,第524页。

表12-32中所列的20种职业、阶层,包括地主、富农和中农、贫农、雇农,不以农业为主业的利贷生活者、小手工业者、小商贩、工人、城镇贫民,以及宗教职业、自由职业等,都同时租出和租进土地,既是租户,又是佃户。一些农户、村户占有的土地,并不自种,而耕种的土地,又有不少是租来的。地主有79.2%的土地出租,而使用的9.9万亩土地(相当于占有面积的67.6%)中,却有6.9万亩(占使用面积的69.7%)是租来的,尤其突出的是工人、小商贩、贫民、小手工业者、游民、"其他"等阶层,土地不敷耕种,租地占使用面积的61.3%—86.4%,但同时又将自有的少量土地出租,其比重占自有地面积的42.2%—70.5%。这些都是以前少有的情况。

浙江衢县的租佃状况也很典型。该县地权相当集中,地主(包括不在地主)富农占有 44.8% 的土地,加上 22% 的公田,合计 66.8%。同时,永佃制广为流行,土地普遍分离为大业(田底权)、小业(田面权)两部分,白渡乡的 5058 亩出租地(占农户用地的 65.3%)中,有大、小业关系的占96%,一块土地"常有一业二主或一业三主"的情况;地块及其产权归属也"非常零碎",故"一户地主常拥有百余户佃农,一户农民承租几十家业主土地,且各村各阶层之租佃关系相互交错"。① 表 12-33 清晰反映了该县白渡乡各阶层的土地租佃和租户、佃户多元化的一般情形。

表 12-33　浙江衢县白渡乡各阶层租进、租出土地情况统计(1949 年)

成分＼项目	总户数	租进户		租出户		租进兼租出户		租进土地(亩)	租出土地(亩)	不涉租佃户
		户数	占比(%)	户数	占比(%)	户数	占比(%)			
地主	21	4	19.0	4	19.0	12	57.1	236	565	1
富农	30	6	20.0	3	10.0	21	70.0	269	251	0
佃富农	4	3	75.0	0	0	1	25.0	63	1	0
中农	212	153	72.2	3	1.4	53	25.0	1273	160	3
佃中农	134	128	95.5	0	0	6	4.5	1265	13	0
贫农	551	460	83.5	11	2.0	34	6.2	1910	70	46
雇农	83	35	42.2	9	10.8	0	0	72	18	39
其他	79	28	35.4	9	11.4	2	2.5	56	8	39
总计	1114	817	73.3	39	3.5	129	11.6	5144	1086	128

注:1. 租入田中包含当入田 86 亩:其中地主当入 15 亩、富农 8 亩、佃富农 1 亩、中农 20 亩、佃中农11 亩、贫农 28 亩、其他 1 亩;租出田中包含当出田 43 亩:其中中农 9 亩、佃中农 2 亩、贫农 23亩、雇农 8 亩、其他 1 亩。
　　2. 出租地未含公田出租田 1404 亩(另有祀田 33 亩,由族人轮种,未计入公田出租田)。
资料来源:据中共浙江省衢州地委会政研室:《衢县白渡乡农村经济调查》,浙江部分据华东军政委员会土地改革委员会编:《浙江省农村调查》,1952 年印本,第 143 页统计表改制、补充说明。

表 12-33 中农户按租佃关系分为租进、租出、租进兼租出和不涉租佃等四种类型,除佃富农、佃中农不涉纯出租、雇农不涉及租进兼租出外,

① 华东军政委员会土地改革委员会编:《浙江省农村调查》,1952 年印本,第 143——144 页。

中国近代经济史(1937—1949)

各阶层农户、村户都涉及租进、租出、租进兼租出三个类型的租佃,半数以上的地主富农、1/4 的中农既出租又租进土地,租进户占农(村)户总数的比重达 73.3%。全乡 1114 户农(村)户中,只有 128 户不涉及租佃,租户、佃户合计占农(村)户总数的 88.5%。需要指出的是,农户租佃土地中也包括当地(当出、当进),不过没有单独列出。同时也未列入“自种”,租进户、租出户和租进兼租出户中,包括若干农户兼种自田。加上典当、自种,农户的租佃排列组合,实际上更为复杂多样。由此可见租佃范围之广,租户、佃户构成的多元化程度。

苏南也是永佃制流行地区,农户租佃情形同浙江衢县相似,表 12-34 是关于苏南地区农村各阶层土地租佃和使用情况的调查统计。

表 12-34　苏南 16 县 964 乡各阶层土地租佃和使用情况统计(1949 年)

(单位:亩)

项目 成分	户口占比 (%)	所有地 (亩)	自耕田 (亩)	出租地(亩)		租进地(亩)	
				亩数	占所有地比重(%)	亩数	占使用地比重(%)
地主	2.3	2276749	372120	1904501	83.7	39198	9.5
公地户	1.2	395716	16092	379611	95.9	1434	8.2
工商业者	0.7	89141	27465	69538	78.0	5171	15.9
富农	2.1	480763	354007	126777	26.4	103940	22.7
中农	30.6	2433456	2197162	136741	5.6	1435537	39.5
贫农	50.2	1408786	1355528	52548	3.7	1518552	52.8
雇农	4.4	36320	32951	3360	9.3	68872	67.6
小土地出租者	4.7	284386	120118	164290	57.8	28427	19.1
其他	3.8	80873	52878	27998	34.6	27882	34.5
总计	100	7486190	4528321	2865364	38.3	3229013	41.6

注:1.“所有地”系据出租地占所有地的百分比推算得出。
　2. 原资料土地面积亩后有两位小数,现四舍五入化为整数,部分总数与原资料有微小出入。
资料来源:中共苏南区党委农委会:《苏南土地制度初步调查》,江苏部分据华东军政委员会土地改革委员会编:《江苏省农村调查》,1952 年印本,第 6—7 页。

与表 12-33 不同,表 12-34 没有租出、租入土地的各类村户数据,但有阶级分类和各阶级、阶层村户的租出、租入土地面积,从中可以清晰地看出各阶级、阶层村户的土地租出、租入情况。如表 12-34 所示,各阶级、阶层村户,包括小土地出租者、"其他"、工商业者乃至公田户,都涉及土地的租出、租入。正如调查者所说,"农村租佃关系复杂,各阶层之间,都有租佃关系"。对于地主租进土地,中农、贫农、雇农出租土地这一事实,调查者的解释是,前者属于"少数经营地主"租地"雇人耕种",后者因"从事其他劳动或丧失劳动力"。[①] 这当然是事实,不过还有一个重要原因,就是土地所有权和使用权分离,一些土地所有者只有"所有权"而无"耕作权"。

浙江绍兴的调查资料印证了这一点。该县永佃制盛行,租佃关系大多受到土地所有权和使用权分离的制约。鉴湖乡 4 个村 260 户中农、佃中农仅有土地 1366 亩,一方面使用的 2987 亩土地中,71.6%是租进地;另一方面又出租土地 517 亩,相当于占有地的 37.8%;270 户贫农仅有土地 253 亩,使用的 1507 亩土地中,87.4%系租佃而来,但仍有 61 亩土地出租,相当于占有地的 24.1%。[②] 中农、贫农分别出租的 517 亩和 61 亩土地中,持有使用权的"清业田"分别只有 15 亩和 2 亩,其余 502 亩和 59 亩,都是没有使用权的"田底田"。同样,地主、富农出租的 607 亩土地中,只有 4 亩"清业田",其余均为"田底田";租入的 129 亩土地中,只有 10 亩"清业田",其余均为"田面田"。鉴湖乡第二村作为农地使用者主体的富农、中农、贫农、雇农,出租地全部为没有使用权的"田底田"。[③]

另外,一些地区的地主、富农大多将次地、远地出租给急需土地的中农、贫农,收取较高租额,同时租入好地,而付较少租额,获取租额差价,也是形成租户、佃户结构多元化的原因之一。如浙江嘉兴高照村富农周某,将自有中田 30 亩出租,每亩收租稻谷 71 斤、押租 200 斤,同时租入上田

①　华东军政委员会土地改革委员会编:《江苏省农村调查》,1952 年印本,第 7 页。

②　华东军政委员会土地改革委员会编:《浙江省农村调查》,1952 年印本,第 134—135 页。

③　华东军政委员会土地改革委员会编:《浙江省农村调查》,1952 年印本,第 133—135 页。

55 亩,也是每亩租谷 71 斤;富农李某为戽水方便,租进近河中田 40 亩,每亩租谷 70 斤,同时租出中田 20 亩,每亩收租 200 斤。①

相对而言,北方地区的租佃制度不如南方地区发达,农地中的租地比重、农户中的佃农比重较低,但租佃涉及范围的广泛性、租佃类型的多样性、租户佃户结构的多元化程度,却一如南方。表 12-35 反映的是河南潢川等 14 县 14 乡各阶层土地租佃结构统计状况。

表 12-35 河南潢川等 14 县 14 乡各阶层
土地租佃结构统计(1948 年)

项目\\阶级成分	户数	占有土地(亩)	土地出租				土地租入			
			户口		土地		户口		土地	
			户数	占比(%)	亩数	占比(%)	户数	占比(%)	亩数	占比(%)
地主	394	39613	382	38.66	32583	79.52	20	0.86	253	0.62
富农	187	9539	109	11.03	2250	5.49	28	1.20	978	2.40
他租者*	232	3802	148	14.98	2012	4.91	15	0.64	159	0.39
中农	2106	37281	230	23.28	1987	4.85	786	33.65	17380	42.66
贫农	2916	16336	94	9.52	443	1.08	1364	58.39	21213	52.07
雇农	340	210	8	0.81	25	0.06	70	3.00	460	1.13
工人	48	99	7	0.71	45	0.11	1	0.04	4	0.01
贫民	181	99	4	0.40	25	0.06	25	1.07	130	0.32
游民	57	66	1	0.10	24	0.06	2	0.08	8	0.02
其他※	106	122	5	0.51	25	0.06	25	1.07	155	0.38
其他公田	0	453	0	0	778	1.90	0	0	0	0
外乡一般业主	0	2907	0	—	778	1.90	0	0	0	0
总计	6567	110527	988	100.00	40975	100.00	2336	100.00	40740	100.00

注:*"他租者"("其他收租和债利生活者"的简化,原资料标为"其他剥削阶层",欠妥)包括小土地出租者、小土地经营者、债利生活者。
※"其他"包括手工业者、小商贩、独立生产者、自由职业。
资料来源:据中南军政委员会土地改革委员会调查研究处编印:《中南区一百个乡调查统计表》,1953 年印本,第 34 页表乙之五、第 55 页表乙 A 之五综合计算编制。

① 华东军政委员会土地改革委员会编:《浙江省农村调查》,1952 年印本,第 88—89 页。

表 12-35 中 15 个不同的阶级、阶层或职业群体（未计"其他公田""外乡一般业主"），都有土地租出、租入，不同的是各阶级、阶层或职业租出、租入的人户、土地比例、数量互有差异。北方地主的土地原本多以雇工自种为主，但在表 12-35 中，地主占有的 39613 亩土地中，32583 亩出租，占 82.25%，显然是在日本全面侵华的残酷战争环境下，生产经营条件恶化，大批地主将土地自营转为出租的结果。中农的情况是土地出租和租入都相当普遍，但其特点是土地出租少、租入多，后者相当于前者的 8.7 倍。不过尽管如此，土地还是以自耕为主，租进地只占使用地（占有地+租进地-出租地）的 33%。自耕农乃是北方中农的主体，这是不同于南方的地方。至于贫农、雇农、贫民、游民以及手工业者、小商贩等，均苦于土地奇缺，但仍有微量土地出租，乃多系耕作不便使然。

另据中共晋西区党委对辖区内 10 个行政村及 1 个自然村各阶层土地租入、10 个行政村及 2 个自然村各阶层土地出租所做的调查，详细情况见表 12-36A、表 12-36B。

表 12-36A　晋西北 10 行政村及 1 自然村土地租入统计（1941 年）

项目 阶级 成分	户数	占有土地 （垧）	租入土地 （垧）	占各阶层 农户租 入地比重 （%）	占本阶层 自有地比 重（%）	租入地占 土地总 面积比重 （%）
地主	83	9757	—	—	—	—
富农	202	13691	171	1.8	1.2	0.2
中农	907	25226	2979	31.2	11.8	4.1
贫农	1615	23082	5963	62.4	23.8	8.2
雇农	189	469	300	3.1	64.0	0.4
其他	185	551	138	1.4	25.0	0.2
总计	3181	72776	9551	100.0	13.12	13.1

表 12-36B　晋西北 10 行政村及 2 自然村土地出租统计(1941 年)

项目\阶级成分	户数	占有土地（垧）	出租土地（垧）	占各阶层农户出租地比重（%）	占本阶层自有地比重（%）	出租地占土地总面积比重（%）
地主	66	8288	5485	59.4	66.2	7.8
富农	193	13519	2702	29.2	20.0	3.8
中农	885	25092	681	7.4	2.7	1.0
贫农	1554	22833	370	4.0	1.6	0.5
雇农	189	469	—	—	—	—
其他	171	549	—	—	—	—
总计	3058	70750	9238	100.0	—	13.1

注:各阶层占有土地中均有部分荒地,如孟家坪村各阶层农户占有地的荒地比例为地主 41.5%、富农 15%、中农 2%、贫农 3.8%,石岭子村地主占有地荒地为 30%。

资料来源:中共晋西区党委编:《土地问题材料汇集》,1941 年 12 月,转据岳谦厚、张玮:《20 世纪三四十年代的晋陕农村社会——以张闻天晋陕农村调查资料为中心的研究》,中国社会科学出版社 2010 年版,第 34 页表 1-5、表 1-6 编制。原资料部分数据计算有误,业经核正。

调查资料显示,除地主没有土地租入、雇农和"其他"没有土地租出外,其余各阶层农户都既有土地租入,也有土地租出,租出户和租入户同时分布于各个阶层。不过就其租出、租入的土地数量而言,地主、富农租出土地多,租入土地少(此调查个案则地主完全没有土地租入);中农、贫雇农则相反,租出土地少(此调查个案则雇农完全没有土地租出),租入土地多。地主、富农租入土地,中农、贫农租出土地,均带有调剂性。

20 世纪 30 年代初有关河北定县高村、李镇等 4 个村的租佃类别和情况调查,也真实反映了当地的租佃类别和租户佃户结构,详见表 12-37。

表 12-37　河北定县高村、李镇等 4 村租佃类别和
情况统计(1931 年)

类别　户数	户数	占比(%)	类别　户数	户数	占比(%)
总计	1285	100.0	出租兼种自田和出租当入	6	0.5
租入(无自田)	126	9.8	出租兼种自田和当入	12	0.9
租入兼当入	7	0.5	出租兼种自田和当出、当入	2	0.2
租入兼种自田	302	23.5	出租兼种自田和当出、出租当入	2	0.2
租入兼种自田和当入	37	2.9	出租兼当入	1	0.1
租入兼种自田和当出	49	3.8	出租兼当出和出租当入	2	0.2
租入兼种自田和当出、当入	5	0.39	出租全部土地与租入	4	0.3
租入兼当出全部土地	10	0.78	出租全部土地与租入兼当入	1	0.1
出租全部土地	87	6.8	出租与租入兼种自田	15	1.2
出租兼当出全部土地	22	1.7	出租与租入兼种自田和当入	3	0.2
出租全部土地兼出租当入土地	2	0.2	出租与租入兼种自田和当出	1	0.1
出租当入	1	0.1	出租与租入兼当出和当入	1	0.1
出租当入兼种白田	1	0.1	出租与租入兼当出	2	0.2
出租当入兼种自田和当入	2	0.2	租入户户数及百分比	558*	43.4
出租兼种自田	84	6.5	出租户户数及百分比	280*	21.8
出租兼种自田和当出	29	2.3	租佃总户数及百分比	816	63.5

注:* 含 28 种出租和租入户。

资料来源:据李金铮:《矫枉不可过正:从冀中定县看近代华北平原租佃关系的复杂本相》,《近代史研究》2011 年第 6 期,表 1 综合整理改制。

表 12-37 资料显示,农户的租佃(包括典当)排列组合名目繁多,租佃农户中,除了传统的纯佃种(无自田)、佃种兼自种和纯出租(无自种)、出租兼自种外,更有其他多种租佃组合,4 村农户的租佃组合形式,多达 28 种。值得注意的是,由于土地供应日趋紧张,农户贫困加剧,典当也开始成为新的、普遍的租佃形式,28 种租佃组合中,有 20 种含有土地典当(当出、当进或出租当进)。

纷繁多样的租佃排列组合,相应扩大了租佃范围,导致租户佃户结构多元化。4 村租入户的比重,低的 35.2%,高的 60.2%,平均 43.4%;出租户比重低的 16.6%,高的 39.8%,平均 21.8%;涉入租佃的总户数比重,低的 51.3%,高的 92.6%,平均 63.5%。涉入租佃(含典当)的农户涵盖各个阶层,并不限于经济富裕、占地较多的地主富户和经济贫困、缺地少地的贫苦农民两极;而大量的典当租佃则说明,土地不仅仅是最基本的农业生产资料,而且越来越成为重要的金融调剂工具。因此,租进土地的农户,不一定缺地种,出租土地的农户,土地也未必富余或超出家庭劳力的耕作能力。

租佃形式多样化,租户佃户结构多元化,租户、佃户分布于各个阶层,不少租户同时又是佃户,佃户同时又是租户,模糊和打乱了过往租户和佃户的界限,租户、佃户相互交错混杂,租佃关系和租户佃户结构变得相当复杂,可谓"你中有我,我中有你"。[1] 不仅如此,个别地区或乡、村还出现了地主、富农大量租进土地,中农、贫农大量出租土地或同时大量租出、租进(大出大进)土地的异常现象。如江苏松江新农乡,富农占有的 1031 亩土地中,400 亩出租,占 38.8%,同时租进 837 亩,占 1468 亩使用地的 57%。[2] 浙江嘉兴高照乡地主出租土地 407 亩、租进土地 332 亩;富农出租土地 156 亩、租进土地 1657 亩。[3] 前述广东南海地主,占有的 14.7 万亩土地中,79.2%出租,而使用的 9.9 万余亩土地,69.7%是租来的,自有

---

① 李金铮:《矫枉不可过正:从冀中定县看近代华北平原租佃关系的复杂本相》,《近代史研究》2011 年第 6 期。

② 华东军政委员会土地改革委员会编:《江苏省农村调查》,1952 年印本,第 141 页。

③ 华东军政委员会土地改革委员会编:《浙江省农村调查》,1952 年印本,第 87—89 页。

地只占 30.3%。浙江丽水城关两行政街中农、贫农分别出租土地 106 亩和 15 亩,相当于占有地的 61.8% 和 13.6%,同时分别租进土地 260 亩和 802 亩,相当于使用地的 79.9% 和 89.4%。[①] 有的乡、村,中农的土地租出、租入面积相近,如江苏无锡玉祁镇第三保,中农租出 46 亩、租入 53 亩;周新镇第八保,中农租出 68 亩、租入 59 亩。[②] 极个别乡、村的土地出租,甚至从地主、富农到中农、贫农呈递增趋势,如江苏江阴蒲桥乡,地主、富农、中农、贫农依次出租土地 92.4 亩、104 亩、202 亩和 211 亩,依次占该乡租地总面积 609.4 亩的 15.2%、17.1%、33.1% 和 34.6%。[③]

不过这种“大出大进”特别是地主富农作为主要承租者、中农贫农作为主要出租者的情况并不多见,它的产生可能同永佃制习惯、特殊地理环境和经济条件有关。丽水城关“行政街”在城内,住户占有的部分土地可能离家较远,耕作不便需要通过租佃调换;丽水地区流行“典佃”和押租,街村住户遇到困难,出租土地筹款应急,经济条件好转时,又租进若干土地耕种,如此反复循环,时间一长就形成了土地的“大出大进”;江阴蒲桥乡,位处城郊,地权较分散,但土地太少,不敷耕种,农民通常都有其他职业或从事副业生产,因此,严重缺地的贫苦农民干脆将土地出租,改为从事副业(织布业)或其他职业。松江新农乡、嘉兴高照乡、无锡玉祁镇第三保和周新镇第八保则更多的是受到永佃制的影响和制约,出租的土地只有所有权而无使用权,租入的土地则只有使用权而无所有权。在这些乡、村,地主、富农的部分租入地,部分并非通常的承租,而是兼并,即是兼并永佃农佃权的产物。

从整体上看,租佃关系复杂化,租户、佃户结构多元化,绝非地权分散,农民土地富余,超出家庭劳力的耕作能力。恰恰相反,是地权集中、农民穷困和少地、缺地的产物。由于地权兼并,加上分家析产,居住迁移,农户加速贫困化,占地微细化,农田地块四散和畸零细碎,离家弯远,不便耕

<hr>

① 华东军政委员会土地改革委员会编:《浙江省农村调查》,1952 年印本,第 28 页“丽水城区两行政街各阶层占有和使用土地统计表”。

② 华东军政委员会土地改革委员会编:《江苏省农村调查》,1952 年印本,第 70 页。

③ 华东军政委员会土地改革委员会编:《江苏省农村调查》,1952 年印本,第 32 页。

作,只能通过租佃进行调剂。在这种情况下,越来越多的微地和少地、缺地农户被迫出租土地,以致租户、佃户分布各个阶层,甚至租户超过佃户。福建福安、寿宁、宁德、霞浦、柘荣等5县7村是一个典型例证。农户一方面少地、缺地,另一方面又不得不将仅有的一点土地出租,以致业主多过佃户。如福安县城东郊村有业主411户,承租户只有206户;秦溪一个自然村的佃户为46户,而业主达172户,相当于佃户的3.7倍。① 一些地主富农在土地兼并过程中,同样受到地块分散、零碎的制约,因而土地分散多处,不成片段,地主和佃农之间也很难有成片和较大面积的土地租佃,占地一二百亩的中小地主,往往有数十家佃户,福安县城东郊一户出租田地180亩的地主,有48个佃户,分布在10个保、28个自然村;一户小佃农又往往有多个业主,如该地一户佃农就承租了分住在4个保、10个村庄的业主的土地。② 由此可见,农户微地化、地块细碎化的程度以及对租佃关系的影响。

由于中农、贫农出租土地的原因不是土地太多,而是土地太少;不是家境富裕,而是经济拮据,或突发灾难,各地的普遍情况是,出租土地的农户数量大,但单个农户出租的土地面积很小。除了家庭无劳力或转为从事其他职业者外,在出租土地的同时,又必须租进土地,而且租进地面积一般大于出租地面积。地主富农则刚好相反,出租地面积远大于租进地面积。在整个租佃关系中,中农、贫农是"小出大进",地主、富农(特别是"半地主式富农")则是"大出小进"。中农、贫农在土地租佃中的"大进",当然是来自地主、富农的"大出"。因此,租佃关系主要还是发生在地主、富农和中农、贫农之间,而不是中农内部或中农与贫农之间。地主(包括不在地主)、富农(特别是"半地主式富农")是出租户的主体,而中农、贫农则是佃户的主体。毫无疑义,这是近代中国封建租佃关系的基本格局和本质特征。20世纪三四十年代,租佃关系复杂化,租户、佃户结构多元化,没有也不会改变这一基本格局和本质特征。大量的调查数据清

---

① 华东军政委员会土地改革委员会编:《福建省农村调查》,1952年印本,第3页统计表。
② 华东军政委员会土地改革委员会编:《福建省农村调查》,1952年印本,第3—4页。

楚地说明了这一点。表 12-38 真实反映了江苏、浙江、安徽、福建、湖北等省若干县(市)乡(村)土地租佃的基本格局。

如表 12-38 所示,在大部分地区或乡、村,地主、富农出租的土地占出租地总面积的 70% 以上,最高超过 99%,平均为 85.1%。这些出租地绝大部分由中农、贫农、雇农佃种,除个别县区、乡村外,这一阶层佃种的土地占租地总面积的 90% 以上,最高超过 99%,平均为 93.5%。需要说明的是,表 12-38 中出租地为 336.8 万亩,而租入地达 386.7 万余亩,比前者多出 49.9 万亩。乃因调查者采用"以户为经,以地为纬"的方法,城居地主及不在地主的土地,只列入农户租入地和使用地面积,未能在农户或村户占有地、出租地统计中得到反映,故调查资料中的租入地多于出租地。这也无形中降低了地主在出租地中的比重,相应提高了富农、中农等农户在出租地中的比重,甚至中农上升为出租户的主体。表 12-38 中凡是租入地多于出租地的乡、村,都属于这种情况。如浙江杭县山桥乡第二村,全村 1707 亩土地中,762 亩(占 44.6%)为村外业主所有,因调查"仅计本村业主出租土地",故地主富农只有 8 户出租,占出租地总数的 37.2%,而中农有 31 户出租,占出租地总数的 56%,成为出租户的主体。这当然是一种假象,如果将不在地主的土地计算在内,全村共有 1707 亩土地,866 亩出租地中,来自地主、富农的分别占 72.8% 和 7.9%,公地占 5.2%,三者合计 85.9%,同表 12-38 中总平均数 86.4% 相近。中农则只占 10.0%,也比原来的 56% 低了许多。不过即便如此,仍未反映全部真相。因为 31 户中农虽然出租土地 101 亩,而包括 31 户在内的 82 户中农全都租入土地,租入面积合计 447 亩,出入相抵,净租入土地 346 亩,平均每户 4.2 亩。[①] 这说明由于种种原因,中农出租土地的现象越来越普遍,但同时因土地饥荒严重,承租者更多。所以,毫无疑问,就整体而言,中农是土地租入者,而绝非土地出租者,南方地区尤其如此。

---

① 华东军政委员会土地改革委员会编:《浙江省农村调查》,1952 年印本,第 190、192—193 页。

表 12-38　江苏等 10 省 158 县(市)2081 乡(村)土地租佃架构要览(1949 年)

项目 省县(市)乡(村)	出租地					租入地				
	总计	地主富农		中农		总计	中农		贫农雇农	
		亩数	占比(%)	亩数	占比(%)		亩数	占比(%)	亩数	占比(%)
青浦 2 乡、村	3259	2135	65.5	890	27.3	17257	10019	58.1	5394	31.3
江阴 6 乡、村	1746	1550	88.8	41	2.4	4985	1127	22.6	1714	34.4
武进 2 乡	2990	1483	49.6	655	21.9	3708	732	19.7	2890	77.9
无锡 11 乡、村	14349	12670	88.3	515	3.6	14929	4215	28.2	8572	57.4
嘉定 2 乡、村	1068	1020	95.5	27	2.5	2162	683	31.6	1245	57.6
松江 1 乡	1571	1201	76.5	350	22.3	10850	5442	50.2	4397	40.5
昆山 2 乡	2564	2087	81.4	374	14.6	14177	9333	65.8	3735	26.3
吴县 2 乡、村	1238	988	79.8	119	9.6	3776	1769	46.8	1678	44.4
苏南 16 县 964 乡	2865362	2480426	86.6	136741	4.8	3229013	1435537	44.5	1587424	49.2
江阴 101 乡	186540	136637	73.2	10005	5.4	236994	91083	38.4	135515	57.2
小计(25 县 1093 乡、村)	3080687	2640197	85.7	149717	4.9	3537851	1559940	44.1	1752564	49.5

（左侧纵栏：江苏）

续表

省（县、市）乡（村）		出租地					租入地				
项目		总计	地主富农		中农		总计	中农		贫农雇农	
			亩数	占比（%）	亩数	占比（%）		亩数	占比（%）	亩数	占比（%）
浙江	临安地区11县36村	13400	11283	84.2	1175	8.8	18418	9800	53.2	7481	40.6
	嘉兴5乡村	2703	2214	81.9	298	11.0	7862	4774	60.7	2923	38.0
	绍兴4村	1309	654	50.0	517	39.5	3874	2138	55.2	1422	36.7
	衢县1乡	2490	2221	89.2	173	6.9	5144	2538	49.3	1982	38.5
	临海1乡	4060	3859	95.0	75	1.8	4766	2230	46.8	2276	47.8
	建德3乡村	592	523	88.3	54	9.1	5332	2286	42.9	2636	49.4
	丽水2街	1204	903	75.0	106	8.8	1105	260	23.5	825	74.7
	杭县1村	180	67	37.2	101	56.1	866	447	51.6	380	43.9
	余姚2乡村	5107	2960	58.0	107	2.1	2657	1453	54.7	655	24.7
	小计(19县55乡、村)	31045	24684	79.5	2606	8.4	50024	25926	51.8	20580	41.1

续表

省县(市)乡(村)	出租地					租入地				
	总计	地主富农		中农		总计	中农		贫农雇农	
		亩数	占比(%)	亩数	占比(%)		亩数	占比(%)	亩数	占比(%)
安徽 铜陵1村	983	857	87.2	72	7.3	977	592	60.6	292	29.9
芜湖2村	846	786	93.0	57	6.7	6312	1943	30.8	2165	34.3
宣城2村	4252	3277	77.1	853	20.1	7614	5050	66.3	2342	30.7
屯溪1村	783	589	75.2	109	13.9	1496	1019	68.1	411	27.5
无为1乡	2291	1633	71.3	492	21.5	6233	2540	40.8	3622	58.1
滁县1乡	8154	7047	86.4	660	8.1	11339	5466	48.2	5137	45.3
广德1村	623	373	59.9	97	15.6	615	386	62.7	199	32.4
贵池1村	713	578	81.1	109	15.3	1616	684	42.3	902	55.8
南陵1村	1357	1077	79.4	268	19.7	2813	1599	56.8	996	35.4
小计(9县11乡、村)	20002	16217	81.1	2717	13.6	39015	19279	49.4	16066	41.2

续表

省县(市)乡(村)	出租地					租入地				
	总计	地主富农		中农		总计	中农		贫农雇农	
		亩数	占比(%)	亩数	占比(%)		亩数	占比(%)	亩数	占比(%)
福建 福州2村	508	219	43.1	61	12.0	1389	293	21.1	967	69.6
福安1村	278	276	99.3	0	0	397	64	16.1	330	83.1
古田1村	1986	1201	60.5	464	23.4	2855	1166	40.8	1578	55.3
小计[3县(市)4村]	2772	1696	61.2	525	18.9	4641	1523	32.8	2875	61.9
江西 丰城等14县14乡	37814	27264	72.1	1512	4.0	33868	12531	37.0	19711	58.2
河南 潢川等14县14乡	40975	34829	85.0	1987	4.9	40740	13729	33.7	25014	61.4
湖北 江陵等20县20乡	45197	35932	79.5	2395	5.3	38430	11913	31.0	25172	65.5
湖南 长沙4村(保)△	7818	6595	84.4	912	11.7	13103	5574	42.5	5233	39.9
宁乡1村(保)△	3926	3164	80.6	498	12.7	3926	1570	40.0	2026	51.6
邵东1村(保)△	1417	828	58.4	170	12.0	1602	748	46.7	739	46.1
衡阳1村(保)	1069	986	92.2	47	4.4	1211	484	40.0	672	55.5
衡山1村(保)<	2989	2466	82.5	463	15.5	2791	507	18.2	2217	79.4
荼陵等15县15乡	37078	29032	78.3	958	2.6	35995	19581	54.4	14542	40.4
小计(20县23乡村)	54297	43071	79.3	3048	5.6	58628	28464	48.6	25429	43.4

续表

项目 省县(市)乡(村)	出租地					租入地				
	总计	地主富农		中农		总计	中农		贫农雇农	
		亩数	占比(%)	亩数	占比(%)		亩数	占比(%)	亩数	占比(%)
广东 惠阳等15县15乡	27585	19199	69.6	359	1.3	26666	10933	41.0	10826	40.6
广西 宜山等19县22乡	28067	22790	81.2	1235	4.4	37453	16629	44.4	17640	47.1
总计[10省158县(市)2081乡(村)]	3368441	2865879	85.1	166101	4.9	3867316	1700867	44.0	1915877	49.5

注:▷原面积单位为产量稻谷"石",按当地一般水田产量(1"石"好地产24石合)1"石"折成1亩。
<▷原面积单位为产量"石",按当地水田产量(1"石"好地产24石合)1"石"折成10亩。

资料来源:江苏部分据华东军政委员会编:《江苏省农村调查》,1952年刊本,第12—13,29—30,43—44,69—70,107,119,121,87—88,98—99,141—142,153,161,174,184,6—7页;《江阴县志》,上海人民出版社1992年版,第226页;浙江部分据华东军政委员会编:《浙江省农村调查》,1952年刊本,第16,28,87—88,105—106,134—135,143,154—155,165—166,172,181—182,192,200—201,212页;安徽据华东军政委员会编:《安徽省农村调查》,1952年刊本,第9—11,92—93,101—102,116,170,141—142,149—150,129—130,120—121,135—136,173—174页;福建部分据华东军政委员会编:《福建省农村调查》,1953年刊本,第27—30,62—63,72—74页;赣、豫、鄂部分据中南军政委员会编印:《中南区一百个乡调查》,1953年刊本,第58,55—56页;湖南部分据新湖南报编:《湖南农村情况调查》,新华书店中南总分店1950年版,第18—19,68—69,89,94—95,99页;中南军政委员会土地改革委员会编印:《中南区一百个乡调查统计表》,1953年刊本,第57页;粤、桂部分据中南军政委员会土地改革委员会调查:《中南区一百个乡调查统计表》,1953年刊本,第59—60页摘要、整理,计算编制。

　　北方一些地区的地权相对分散,租佃制度亦不如南方发达,农户中自耕农比重较高,不过同南方地区一样,中农也无土地富余;相反,还要租进若干土地作为补充。从整体上看,地主富农仍是土地出租者的主体,而中农则主要是承租者。如山东莒南,地主出租的土地超过各阶层出租土地总数的96%。① 该县洙边区,据1943年的调查,165个出租户中,地主34户,富农96户,中农35户;212个佃户中,富农12户,中农63户,贫农137户。② 中农佃户远比出租户多。皖北黄淮地区土地改革前夕农户各阶层的租佃结构,也颇能说明问题,情况详见表12-39。

表12-39　皖北10县、乡、村土地租出、租入统计(1949年)

乡村＼项目	土地租出(%)					土地租入(%)		
	地主	富农	公地	小计	中农*	中农*	贫雇农	小计
阜阳潘寨乡	76.0	6.0	14.5	96.5	2.8	52.0	44.3	96.3
涡阳潘砻乡	36.3	24.4	6.9	67.6	20.8	19.0	77.4	96.4
六安下圩村	56.0	16.6	11.5	84.1	14.7	59.7	39.4	99.1
霍山诸佛菴乡	62.0	2.3	7.7	72.0	6.9	57.4	38.3	95.7
濉溪古西乡	71.2	12.6	0	83.8	9.9	38.5	57.6	96.1
宿县尤沟乡	29.9	29.0	0	58.9	26.2	34.8	64.8	99.6
宿县时东乡	65.4	21.9	0	87.3	11.6	34.9	56.7	91.6
肥西上派乡	57.6	12.0	1.7	71.3	4.1	59.1	34.2	93.3
淮南洞山乡姚湾村	68.0	22.7	4.2	94.9	3.0	56.4	1.2	57.6
蚌埠市东乡三个村	41.7	33.0	0	74.7	7.4	60.5	21.3	81.8
简单平均数	56.4	18.1	4.7	79.1	10.7	47.2	43.5	90.8

注:* 部分地区的中农包括佃中农。

资料来源:据中共皖北区党委政策研究室:《皖北区典型乡(村)土地情况统计》;安徽部分据华东军政委员会土地改革委员会编:《安徽省农村调查》,1952年印本,第25—27页摘要、整理编制。

---

　　① 张学强:《乡村变迁与农民记忆——山东老区莒南县土地改革研究(1941—1951)》,社会科学文献出版社2006年版,第34页。
　　② 山东省档案馆、山东省社会科学院历史研究所编:《山东革命历史档案选编》第九辑(1942.9—1943.7),山东人民出版社1983年版,第189页。

表 12-39 列统计数据只有相对数而无绝对数,不过仍可大致反映各阶层农户的租佃状况。同南方地区一样,中农既有租出,也有租入,但以租入为主。具体情形互有差异,中农占出租地的比重最高超过 1/4,最低不足 3%;占租入地的比重,最低不足 1/5,最高超过 60%。10 乡、村平均,中农占出租地的 10.7%,占租入地的 47.2%,租出、租入两者相抵,中农净租入土地占租入地总面积的 36.5%。同南方地区一样,中农也是土地租入者而非出租者。

表 12-39 中肥西上派乡等 3 乡(村)另有较详细的调查资料,内有关于中农土地占有、租佃、使用的具体数据,现将其列为表 12-40。

表 12-40 皖北肥西上派乡等 3 乡(村)中农土地占有、租佃、使用情况(1949 年)

项目 县乡(村)	户数	土地占有(亩)	土地租佃			土地使用	
			出租地(亩)	租入地(亩)	租入地为出租地百分比(%)	使用土地(亩)	使用地为占有地百分比(%)
肥西上派乡	328	2510	217	1687	777.4	3980	158.6
濉溪古西乡	303	5661	219	988	451.1	6430	113.6
岳西北山村	72	607	62	158	254.8	691	113.8
总计	703	8778	498	2833	568.9	11101	126.5

资料来源:据华东军政委员会土地改革委员会编:《安徽省农村调查》,1952 年印本,第 46—47、70—71、153—156 页统计表摘要、整理编制。

3 乡(村)中农户均占地 12.5 亩,面积相当小,毫无富余,虽有部分农户出租土地,但数量极少,平均每户只有 0.7 亩,仅仅相当占有地的 5.7%,而户均租入地面积却达 4 亩,相当于出租地的 5.7 倍,超过使用土地的 1/4。显然,这部分土地来自地主富农,而非中农内部,租佃关系只可能"常常"发生在中农与地主富农之间,而非中农内部或中农与贫农之间。

总之,20 世纪三四十年代租佃形式多样化、租户佃户结构多元化,不会改变租佃制度的封建本质,中农没有也不可能摇身一变,取代地主富农成为主要的土地出租者。中农出租土地的主要原因,除了缺乏劳力,主要是耕作不便或经济拮据。不论出于何种原因,中农占有的土地面积有限,往往不敷自种,根本不可能单靠地租为生,不可能由自耕自食的自耕农或自耕农兼佃农一变而为食租者,因而纯出租户极少。如浙江衢县白渡乡,212 户中农中,纯租进户 153 户,租出兼租进户 53 户,纯出租户只有 3 户,共租进土地 1273 亩,租出土地 160 亩,只相当前者的 12.6%。① 所以,中农在租佃关系中所扮演的角色,是承租者而非出租者,是纳租人而非食租人。这是近代中国封建租佃制度的一个重要标志和本质特征。

（二）佃农贫农雇农化

租佃形式多样化、租户佃户结构多元化过程中,最大、最明显的改变,还是佃农内部阶级结构的变化,是佃农加速贫困化和佃农贫农雇农化。

佃农同自耕农一样,并非单一的阶级或阶层,内部结构和贫富差别颇大,按其耕作面积、经营方式和经济收支状况,有佃富农、佃中农、佃贫农、佃雇农之别。在某些永佃制流行地区,还有极少数富裕永佃农,占有相当面积的佃权(田面田),租佃稳定,财力相对充裕,进行较大规模的雇工经营,浙江某些地区的"大佃农",即属此类富裕永佃农。土地改革中,嘉兴有的乡、村在佃富农之外,另划有"大佃农",阶级排位在佃富农甚至富农之上,似乎接近于经营性地主。② 在热河蒙地区,这种富裕永佃农占有和耕种的蒙旗地佃权面积更大,多的上千亩,在日本侵略者的调查资料中,被直接列为"地主"。③

佃农的内部结构和贫富差异,在不同时期、不同地区或历史条件下,各有不同特点,并经常变化。在清朝前期,由于官府推行垦荒政策和一些地区永佃制的流行,佃农经济状况一度有所改善,内部结构发生变化,中

① 华东军政委员会土地改革委员会编:《浙江省农村调查》,1952 年印本,第 143 页。
② 华东军政委员会土地改革委员会编:《浙江省农村调查》,1952 年印本,第 84、100—101 页。
③ 徐建生、刘克祥:《热河蒙地永佃制下的土地经营和佃农生计》,《中国经济史研究》2014 年第 4 期。

农增加,在某些地区甚至成为佃农的主体,佃农结构呈"橄榄球型",有学者将这种变化态势谓之"佃农中农化"。①

1840年鸦片战争后,佃农所处的历史条件发生了根本性的改变,中国由独立的封建帝国沦为国际帝国主义共同支配下的半殖民地半封建国家。列强各国的军事侵略和经济劫夺不断扩大、加深,农业生产和农民家庭手工业遭到严重破坏,封建差役和地租剥削更加苛重,加上永佃制蜕变、没落,永佃农丧失佃权,人口增加导致土地饥荒严重,佃农日益贫困,家庭经济萎缩,佃农中的中农减少,贫农、雇农增加,佃农内部结构相应由"佃农中农化"向"佃农贫农雇农化"逆转。民国时期特别是20世纪三四十年代日本帝国主义全面侵华战争期间,社会经济和农业生产条件的恶化程度前所未有,耕地、劳力、耕畜、农具减少,或残缺不全,而地租、税捐、夫差、劳役空前沉重。在这种条件下,相当一部分地区的农业生产和农户经济濒临或完全崩溃,进一步加速了佃农的全面贫困化和佃农贫农雇农化进程。

20世纪三四十年代,一方面,自耕农失地破产,地权集中,租佃范围扩大;另一方面,随着佃农的贫困化空前加速,大部分佃农由中农跌落为贫农、雇农。如河南潢川十里棚乡,1937年前,佃中农占农村户口的35%、占人口的43.7%,解放前夕分别降至18.15%和22.75%,减少了将近一半。② 这种情况在其他一些地区也相当普遍。湖南益阳,佃农多因地主增租夺佃而沦为贫雇农或彻底破产。据对该县黄家仑乡解放前12年间阶级下降的36户所做的统计,"其中因被地主加租加押逼租夺佃,而倾家的占38.9%"③。江西丰城小袁渡乡,1937年日本全面侵华战争前存在的22户佃中农,1937—1949年间有8户降为贫农、2户降为雇农。④

---

① 方行:《清代佃农的中农化》,《中国学术》2000年第2辑。
② 中南军政委员会土地改革委员会调查研究处编印:《中南区一百个乡调查资料选集·解放前部分》,1953年印本,第3页。
③ 中南军政委员会土地改革委员会调查研究处编印:《中南区一百个乡调查资料选集·解放前部分》,1953年印本,第52页。
④ 中南军政委员会土地改革委员会调查研究处编印:《中南区一百个乡调查资料选集·解放前部分》,1953年印本,第139页。

由于佃农加速贫困破产,佃农中的贫农、雇农大幅增加,富农、中农大幅减少,以富农、中农为主体的情况已经极为罕见,只偶尔在极个别地区存在。如浙江平湖胜利乡第 13 村 159 户佃农中,有佃富农 6 户、佃中农110 户、佃贫农 43 户,依次掌耕田面田 112.7 亩、1181.4 亩、265.3 亩。佃中农的户数和掌耕田亩分别占总数的 69.1% 和 75.8%。① 建德山鹤乡 39户佃农中,佃富农 1 户、佃中农 24 户、佃贫农 14 户,佃中农占佃农总数的61.5%,种租地 262 亩,占全部租地 365 亩的 71.8%。② 这两个例子都发生在永佃制流行地区,算是清朝"佃农中农化"的遗存,极为少见,不属于20 世纪三四十年代佃农内部结构的一般形态。这一时期,包括永佃制流行区在内的全国绝大部分地区,作为佃农结构的一般形态,都是以贫农、雇农为主体。佃农结构不再呈现"橄榄球型",而是典型的"宝塔型"或"金字塔型"。

所谓"佃农贫农雇农化",并非理论或概念判断,而是一组组确切的数据统计,突出表现在佃农内部的租地结构和户口结构两个方面。

表 12-38 的农户租入地统计数据显示,江苏、浙江、安徽、福建等 10省 158 县(市)2081 乡(村)86.7 万亩租入地中,中农和贫农雇农分别占44.0% 和 49.5%,后者比前者高出 5.5 个百分点,直接说明贫农雇农是主要的土地承租者,是佃农的主体。表 12-39 所列皖北 10 县、乡、村农户租入土地数据显示,中农占租地总面积的 47.2%,贫农雇农占 43.5%,虽然比中农低 3.7 个百分点,但因为贫农、雇农的租地面积和农业经营规模远比中农小(一般相当于中农的 1/2—2/3),贫农、雇农在户数上明显超过中农。

关于佃农的户口结构方面,部分地区在土地改革时,佃农单独划有"佃富农""佃中农""佃贫农"的阶级序列(浙江某些县区在"佃富农"之上还划有"大佃农"),可以更直观地检测佃农内部结构和"佃农贫农雇农化"状况(见表 12-41)。

———————

① 华东军政委员会土地改革委员会编:《浙江省农村调查》,1952 年印本,第 224—225 页。
② 华东军政委员会土地改革委员会编:《浙江省农村调查》,1952 年印本,第 165—166 页。

表 12-41　江苏吴县等 29 县 51 乡(村)佃农结构统计(1949 年)

省县乡(村) 项目	农户总数	佃农总数 户数	占总户数百分比(%)	佃富农 户数	占佃农百分比(%)	佃中农 户数	占佃农百分比(%)	佃贫农 户数	占佃农百分比(%)
江苏　吴县长青乡 3 甲	42	42	100.0	2	4.8	6	14.3	34	80.9
浙江　临安地区 36 村	6437	2237	34.8	26	1.2	819	36.6	1392	62.2
衢县白渡乡	1114	632	56.7	4	0.6	134	21.2	494*	78.2
建德山鹤乡 3 村	394	168	42.6	1	0.6	38	22.6	129	76.8
平湖胜利乡 1 村	186	159	85.5	6	3.8	110	69.2	43	27.0
小计	8173	3238	39.6	39	1.2	1107	34.2	2092	64.6
安徽　肥西上派乡	1276	214	16.8	4	1.9	113	52.8	97	45.3
宿松柳坪乡	437	69	15.8	0	0	25	36.2	44	63.8
来安殿发乡	340	276	81.1	0	0	101	36.6	175	63.4
无为百马乡	1212	440	36.3	1	0.2	139	31.6	300	68.2
滁县关山乡	817	564	69.0	4	0.7	168	29.8	389	69.0
广德梅溪村	367	47	12.8	0	0	13	27.7	34	72.3
岳西北山村	245	50	20.4	0	0	6	12.0	44	88.0
小计	4694	1660	35.4	9	0.5	565	34.0	1083	65.2

续表

省县乡(村)		农户总数	佃农总数		佃富农		佃中农		佃贫农	
	项目		户数	占总户数百分比(%)	户数	占佃农百分比(%)	户数	占佃农百分比(%)	户数	占佃农百分比(%)
四川	巴县	141611	66764	47.1	1729	2.6	21241	31.8	43794	65.6
	永川	93309	41674	44.7	832	2.0	15099	36.2	25743	61.8
	铜梁	119365	45149	37.8	493	1.1	17881	39.6	26775	59.3
	大足	104608	37667	36.0	867	2.3	12998	34.5	23802	63.2
	璧山	77009	23268	30.2	401	1.7	10988	47.2	11879	51.1
	合川	191257	84464	44.2	865	1.0	31842	37.7	51757	61.3
	万县	156939	87295	55.6	1847	2.1	21855	25.0	63593	72.8
	渠县	166281	31600	19.0	569	1.8	14684	46.5	16347	51.7
	南溪	53435	19936	37.3	358	1.8	7455	37.4	12123	60.8
	小计	1103814	437817	39.7	7961	1.8	154043	35.2	275813	63.0
贵州	炉山	23584	5835	24.7	8	0.1	1927	33.0	3900	66.8
	黄平	24710	4232	17.1	15	0.4	1589	37.5	2628	62.1
	镇远	15630	2804	17.9	5	0.2	1079	38.5	1720	61.3

续表

省县乡（村） 项目	农户总数	佃农总数		佃富农		佃中农		佃贫农	
		户数	占总户数百分比（%）	户数	占佃农百分比（%）	户数	占佃农百分比（%）	户数	占佃农百分比（%）
贵州 施秉	14355	1436	10.0	9	0.6	716	49.9	711	49.5
三穗	16479	2948	17.9	7	0.2	995	33.8	1946	66.0
余庆	14404	4906	34.1	6	0.1	1311	26.7	3589	73.2
江口	14347	2971	20.7	28	0.9	1924	64.8	1019	34.3
思南	57913	2754	4.8	20	0.73	1614	58.6	1120	40.7
小计	181422	27886	15.4	98	0.35	11155	40.0	16633	59.6
总计	1298103	470601	36.3	8107	1.7	166870	35.5	295621	62.8

注：* 原统计只有"佃富农""佃中农"，而无"佃贫农"，但已知551户贫农中，有"纯租进户"460户，"租进又租出户"34户，总计494户，共租进土地1910亩，户均3.87亩。现以这494户贫农作为"佃贫农"入表，以期佃农结构更完整。

资料来源：浙江部分据华东军政委员会土地改革委员会编《浙江省农村调查》，1952年刊本，第16,139,143,165—166,224—225,259—260页。江苏部分据华东军政委员会土地改革委员会编《江苏省农村调查》，1952年刊本，第14—20,46,57,78,92,96—97,120—121,153—154页。安徽部分据华东军政委员会土地改革委员会编：《安徽省农村调查》，1952年刊本，第98页；四川省永川县志编纂委员会编：《永川县志》，四川人民出版社1997年版，第283—284页。四川据四川省巴县志编修委员会编：《巴县志》，重庆出版社1994年版，第355页；四川省合川县志编纂委员会编：《合川县志》，四川辞书出版社1995年版，第143页；四川省铜梁县志编纂委员会编：《铜梁县志》，重庆大学出版社1991年版，第207页；四川省万县志编纂委员会编：《万县志》，四川辞书出版社1992年版，第149页。贵州据贵州省凯里市地方志编纂委员会编：《凯里市志》，方志出版社1998年版，第582—583页；黄平县地方志编纂委员会编：《黄平县志》，贵州人民出版社1993年版，第155页；贵州省镇远县志编纂委员会编：《镇远县志》，贵州人民出版社1997年版，第534—535页；贵州省施秉县志编纂委员会编《施秉县志》，方志出版社1994年版，第276—277页；贵州省余庆县地方志编纂委员会编《余庆县志》，贵州人民出版社1994年版，第305页；思南县志编纂委员会编：《思南县志》，贵州人民出版社1992年版，第323页；贵州省江口县志编纂委员会编：《江口县志》，民族出版社1994年版，第391—392页。

　　表12-41中所列,包括位于长江流域及其以南地区的四川9县、贵州8县和江苏吴县长青等29县51乡(村、甲)。这一地区地权集中,租佃制度发达,佃农是农户的主体,占农户总数的36.3%。不过由于资料的局限,这一数据未能准确反映历史实际。其中贵州8县,部分区、乡并未有单独划分佃农阶级序列,佃农比重明显偏低,只占全体农户的15.4%,与实际状况不符。[①] 如果剔除贵州8县不计,农户中的佃农比重升至39.6%,相对接近实际。加上自耕农兼佃农,一般超过农户总数的一半或更多。

　　佃农内部结构方面,佃富农、佃中农、佃贫农的数量和比例,除了前面提到的浙江嘉兴(未入表)、平湖、建德,安徽肥西等少数县(乡、村),佃富农的数量极少、比重极低,相当部分乡、村没有佃富农,佃中农也只占1/3强,而佃贫农的比重大多在60%以上,29县51乡、村平均为62.8%,佃贫农是佃农的主体。然而,这还远远没有包括佃农的全部,没有完全准确反映出佃农的内部结构。因为这里的"佃贫农"只限于以租种田地为主要或全部生活来源的佃农,那些租种小块土地并从事小贩、佣工、手艺,或农忙种地、农闲行乞的贫苦佃农,以及"帮工式"佃农,都被划入佃农以外的贫农、雇农序列,故佃农占农户总数的比重,即使不计贵州8县,平均为39.6%,也还只是接近而并不完全符合实际。如四川9县,据1936年和1941年的调查,9县的佃农比重分别达64.3%和73.7%,比表12-41所列

---

　　① 在南方地区,农户中的佃农比重,一般与地权集中程度成正比,通常稍低于地主、富农、工商业者、官公地和小土地出租者的土地比重但相差不会太远。而表12-41中贵州8县,农户中的佃农比重,远远低于地主等的占地比重。如黄平,地主、富农、小土地出租者占地达48.5%,而佃农只占总农户的17.1%。从阶级结构看,中农7340户,佃中农1589户,贫农8649户,佃贫农2628户,另有雇农2109户(见黄平县地方志编纂委员会编:《黄平县志》,贵州人民出版社1993年版,第155页)。显然,相当一部分佃农分别被划入了中农、贫农和雇农序列。同样,施秉的地主、富农、公地、小土地出租者的土地比重达55.4%,佃农比重仅10.0%;农户结构为中农6840户,佃中农716户,贫农8215户,佃贫农711户,另有雇农995户(见贵州省施秉县地方志编纂委员会编:《施秉县志》,方志出版社1997年版,第534—535页)。思南,地主、富农、公地、小土地出租者占地比重为28.1%,佃农比重低至4.8%;阶级结构显示,中农18029户,佃中农1614户,贫农26959户,佃贫农1120户,另有雇农3646户(见思南县志编纂委员会编:《思南县志》,贵州人民出版社1992年版,第391—392页)。这两县的佃农也分别被划入了中农、贫农和雇农序列。其他5县也都大同小异,这就相应降低了佃农在农户中的比重。

数据分别高出 24.69 个和 34 个百分点。这部分缺漏的佃农,全是贫农、雇农。① 佃农中的贫农实际比重应在 80% 以上。有的地区佃农中的贫农比重更高。广西凭祥土地改革时,845 户佃农中,仅有佃中农 64 户;镇向、龙茗两县地主出租土地 3625 亩,只有佃中农 10 户。② 虽然 3 县佃农中的富农(其数极少)等成分不详,贫农的比重无疑大大超过 90%。某些地区,佃农甚至几乎全是贫农,如安徽滁县,佃农单列而未划分成分,全部置于贫农之后。③ 江苏江阴、武进,福建福安地区各县,都有部分乡、村划有"佃农",同样列于贫农之后。④ 山西灵丘、河南确山,佃农更排在雇农之后。

北方地区佃农相对较少,缺乏较完整、系统的佃农内部结构数据,只皖北若干县、乡(村)有按人口统计的佃农结构数据,现列如表 12-42 所示。

表 12-42 皖北临泉等 14 县(市)16 乡(村)佃农结构
(人口)统计(1949 年)

县(市)乡(村) 项目	农户总人数	佃农总数		佃富农		佃中农		佃贫农	
		人数	占总人数比重(%)	人数	占佃农人数比重(%)	人数	占佃农人数比重(%)	人数	占佃农人数比重(%)
临泉田桥乡	2324	282	12.1	26	9.2	86	30.5	170	60.3
阜阳潘寨乡	3344	892	26.7	22	2.5	458	51.3	412	46.2
颍上朱庙乡	3179	1637	51.5	160	9.8	752	45.9	725	44.3
太和宝境乡	2690	270	10.0	0	0	77	28.5	193	71.5
涡阳潘砦乡	3745	113	3.0	6	5.3	18	15.9	89	78.8
来安殿发乡	1456	1207	82.9	0	0	566	46.9	641	53.1
怀宁龙河村	1215	142	11.7	4	2.8	85	59.9	53	37.3

① 刘克祥:《关于押租和近代封建租佃制度的若干问题——答李德英先生》,《近代史研究》2012 年第 1 期。
② 凭祥市志编纂委员会编:《凭祥市志》,中山大学出版社 1993 年版,第 235 页;《天等县志》,广西人民出版社 1991 年版,第 166 页。
③ 滁州市地方志编纂委员会编:《滁州市志》,方志出版社 1998 年版,第 242 页。
④ 华东军政委员会土地改革委员会编:《江苏省农村调查》,1952 年印本,第 29—30、39 页;华东军政委员会土地改革委员会编:《福建省农村调查》,1952 年印本,第 12 页。

续表

项目 县(市)乡 (村)	农户 总人数	佃农总数		佃富农		佃中农		佃贫农	
		人数	占总 人数比 重(%)	人数	占佃农 人数比 重(%)	人数	占佃农 人数比 重(%)	人数	占佃农 人数比 重(%)
怀宁骑龙村	1013	167	16.5	0	0	66	39.5	101	60.5
宿县尤沟乡	3642	174	4.8	0	0	100	57.5	74	42.5
宿县时东乡	6403	175	2.7	11	6.3	57	32.6	107	61.1
霍山诸佛菴乡	3201	872	27.2	0	0	351	40.3	521	59.7
涡阳潘砦乡	3745	113	3.0	6	5.3	18	15.9	89	78.8
肥西上派乡	5963	1064	17.8	16	1.5	587	55.2	463	43.5
乌江复虎村	788	163	20.7	61	37.4	60	36.8	42	25.8
和县刘塘村	1047	233	22.3	10	4.3	33	14.2	190	81.5
蚌埠三个村	2117	211	10.0	18	8.5	90	42.7	103	48.8
总计	45872	7715	16.8	340	4.5	3404	44.1	3973	51.5

资料来源:据华东军政委员会土地改革委员会编:《安徽省农村调查》,1952 年印本,第14—20页皖北区"二十八个乡(村)人口及占有土地比较表"摘编。

表12-42 中小部分县(市)乡(村)位于长江流域,同表12-31 互有交叉。从整体看,租佃范围、佃农结构与南方地区有某些差异,租佃范围较小,佃农比重较低,佃农中的佃富农、佃中农人口比重稍高,不过佃贫农的人口比重还是超过一半,在佃农中占多数。而且一般情况下,在三类佃农中,佃贫农的家庭规模最小,如按户口统计,佃富农、佃中农的比重会相应降低,佃贫农的比重相应提高。如来安殿发乡和肥西上派乡,佃中农的户口比重分别为36.6%和52.8%,比人口比重低10.3个和2.4个百分点;佃贫农的户口比重分别为63.4%和45.3%,比人口比重高10.3个和1.8个百分点。如果按户数统计,佃贫农和佃中农的差距会加大好几个百分点。佃贫农已构成佃农的主体。实际上,南北两地的佃农结构和佃农贫农雇农化程度大体相同。

所谓"佃农贫农雇农化",既有佃农的"贫农化",也包括佃农的"雇农化"。不过上述各地佃农的阶级序列中只有佃富农、佃中农、佃贫农,而无"佃雇农"。这部分贫苦佃农被分别并入了贫农、佃贫农和雇农。

这里所说的"佃雇农",不是指那些租种少量土地,而又佣工补充家计或以佣工为主的贫苦佃农,而是指那些不提供生产资料、单出劳力租种地主土地、获取劳动报酬的贫苦佃农。他们是在佃农贫困化过程中,由一般佃农向雇农下沉的产物,他们既是佃农,又是雇农,是佃农和雇农的混合体。

"佃雇农"的产生、扩大,佃农的"雇农化"有一个历史过程。

佃农的"雇农化"同佃农的"贫农化"一样,也是佃农贫困化的产物,是佃农丧失生产资料和渐进式破产的产物。前面在讨论租佃形式的变化时,特别考察了地主提供土地以外生产资料的各种租佃形式。这类租佃形式的产生和发展过程,实际上就是"佃雇农"形成和扩大的过程。

原本意义上的佃农不同于雇农。佃农是自备土地以外生产资料、以家庭为单位的独立的生产经营者,以定额或产品分成的方式交纳地租。在正常情况下,这类佃农的收益,包括两个部分:一是劳动报酬,借以维持劳动力的再生产;二是工具、设备折旧,垫支资金及其利息等,借以维持生产资料的再生产。

清末民初以降,佃农入不敷出,日益贫困,无力维修、补充、添置生产工具和设备,掌握的生产资料不断减少,越来越多的生产资料依赖地主提供。佃农随着所供生产资料的种类和数量不断减少,逐渐丧失原有的生产独立性,所得产品数量相应减少,垫支资金及其利息在所得产品中的比重下降,最后只限于劳力报酬(劳动力价格),其身份也蜕变为只供劳力但须同地主一起承担风险的产品分成制"帮工",亦即"佃雇农"。佃农的"雇农化"程度同佃农丧失生产资料的程度、"帮工式"租佃扩大范围成正比。

因各地租佃习惯、佃农贫困化程度和"帮工式"租佃、"合种"一类租佃形式的产生时间、乡俗惯例不同,地主提供生产资料的种类、数量和相关条件,土地经营和佃农经济地位等,互有差异。

南北比较,北方地区的"帮工式"租佃产生较早,流行亦广,基本模式是地主供给全部生产投资,佃农等同于只出劳力的雇工,分得的产品等同于劳动力价格。而且大部分或绝大部分佃农须由地主借给口粮,在秋收分配产品之前,必须先扣除所借的口粮及其利息,连劳动力价格也已部分提前消费。

　　"帮工式"佃农因无力负担生产投资,也就相应失去了生产经营的独立性和自主性:由地主提供种子,佃农就无权根据家庭或市场需要自主决定作物品种和土地种植计划;由地主提供耕畜、农具,佃农的土地耕作、田间管理必须服从地主的统一安排、调配,无权根据生产需要自行决定;等等。这些都不同于独立生产经营的传统佃农,而接近于雇工。

　　尽管如此,这些"帮工式"佃农仍以家庭为生产单位和消费单位,这又与传统佃农相同,而区别于雇工。不过随着"帮工式"租佃的不断扩大、发展、演变,部分"帮工式"租佃已由传统的佃农家庭分散经营改为地主集中统一经营,佃农家庭不再构成一个生产单位,而逐渐演变为地主的"产品分成制雇工"。苏北铜山、萧县、沛县一带的"锄户""二八锄户",山东一些地区的"二八(三七)劈粮食""二八锄地""干提鞭",热河、东北等地的"里青""里青外住""里青外冒烟""半青半伙(活)"等,都是这样的"产品分成制雇工"。其中热河一带的"里青""里青外住"和山东莒南的"干提鞭"最为典型。日本侵略者在1937年进行调查时,按照当地习惯,"里青"和地主家庭成员一起算作地主的家庭劳力;"里青"耕种的土地同长工耕种的土地一样,属于地主"自种";"里青"所种土地的收获物,全部列入地主的家庭收入,"里青"分走的粮食则列入地主的家庭开支。[①]"干提鞭"由地主提供耕牛、农具、种子、肥料等全部生产资料,并借给住房(免租金)、口粮,雇工亦由地主支付工资。佃户按牛力分租土地,多的一犋(2头)牛种地120亩,少的1头牛种地60亩。庄稼收获后,先加息扣除种子和所借口粮("份子粮"),再按佃东"一五、八五"或"一九"比例分成,地租榨取和债利盘剥并重。[②] 这些佃农都已彻底"雇农化",是最典

　　① 徐建生、刘克祥:《热河蒙地永佃制下的土地经营和佃农生计》,《中国经济史研究》2014年第4期。

　　② "干提鞭"佃农借用口粮("份子粮")有固定指标和借期,每犋牛借小麦1斗半,高粱、大豆各3斗,分阴历年前、开春种地、开始割麦3次借完;另借糁子12斗,阴历正月开始,每月2斗。1头牛者减半。麦收还麦,秋收还秋,借1斗还4斗(年息超过800%),全部从"公堆"中扣还。而且,"份子粮"带有强制性,即使佃户自有口粮,无须借用,份子粮"也要在地主田里长着",收获时如数扣归地主(见张学强:《乡村变迁与农民记忆——山东老区莒南县土地改革研究(1941—1951)》,社会科学文献出版社2006年版,第45—46页)。

型的"佃雇农"。除了产品分成、须和地主一同承担风险外，与普通长工并无质的差别。不仅如此，部分"帮工式"佃农甚至更接近于季节工。某些地区的地主不是进行单一的雇工（长工）耕种或"帮工式"租佃经营，而是采用长工、"帮工式"佃农"接力"的经营模式，由长工翻地、播种后，再交由被称为"锄户""锄地"的"帮工式"佃农进行田间管理，担当中耕、除草、收割、打场归仓等农活。上述"锄户""二八锄户""二八锄地"就是这类"季节工"式的"佃雇农"。

南方地区的"帮工式"租佃产生较晚，分布也不如北方地区广泛，主要有两种基本模式：一种是地主提供耕畜、农具，肥料、种子等则由主佃双方分担；另一种是生产投资全部由地主负担，佃农只出劳力耕种。总的来说，南方地区佃农"雇农化"开始的时间比北方晚，进程亦相对缓慢，纯粹和典型的"佃雇农"数量不太多，大部分属于传统佃农向"佃雇农"演变的过渡形态。其家庭虽已部分失去独立进行生产经营的条件，但仍是一个独立或半独立的生产单位，佃农尚未完全"雇农化"。反映在主佃双方对生产资料的提供方面，以主佃双方共同承担的模式为主，如江苏松江、青浦的"分种田"，都是地主出肥料、种子，佃农出人工、牛工、农具，土地产量按主七佃三或主六佃四分成。[1] 武进、昆山、丹阳等县的"分种"或"份种"，通常所用肥料、种子，都是业佃各半，收获亦主佃平分。[2] 嘉定的"分租制"，也是肥料、种子各出一半，收获对半分。[3] 江西丰城小袁渡乡"泼水制"租佃中的"田泼田"，同样是由地主提供一半肥料和种子，不过土地耕种、产品分配有不同特点：土地耕作的人力全部由佃农负担，肥料、种子则各下各的。禾稻成熟，地主、佃农各收一半。[4]

这些"帮工式"佃农的生产资料供给或分担情况、产品分配办法，不

[1] 何慧明：《松江县志》，上海人民出版社1991年版，第301页；华东军政委员会土地改革委员会编：《江苏省农村调查》，1952年印本，第15页、第205页。
[2] 华东军政委员会土地改革委员会编：《江苏省农村调查》，1952年印本，第47页、第154页；丹阳市地方志编纂委员会编：《丹阳县志》，江苏人民出版社1992年版，第200页。
[3] 华东军政委员会土地改革委员会编：《江苏省农村调查》，1952年印本，第82页。
[4] 中南军政委员会土地改革委员会调查研究处编印：《中南区一百个乡调查资料选集·解放前部分》，1953年印本，第126页。

尽相同,但佃农所得产品中还保留着若干数量和比例的投资回报,江苏吴县的产品分配办法清楚地反映了这一点,该县20世纪初开始开垦的荡田,一般是地主出种子,收获后先扣除种子,然后进行产品分配。分配比例则视生产成本的分担情况而异:工具、肥料、种子若由双方分担,则产品对半分;如果工具、肥料、种子全部由地主负担,则主六佃四分配。① 前者的"产品对半分"中,即有一成产品属于佃农的生产资料投资回报。

当然,佃农"雇农化"不会长期停留在这种过渡形态,还在继续演进。佃农由于入不敷出,家境日益艰窘,负担生产投资的能力不断降低,地主提供的生产资料比重不断上升,由地主提供全部生产资料、佃农只供劳力的情况也越来越多,这些"帮工式"佃农也更加接近于纯粹的雇工或雇农。虽然各地产品分配的具体办法,互不相同,但都只是劳动力价格:如上述吴县佃农,工具、肥料、种子既有主佃双方分担的,也有全部由地主负担的,后者佃农所得的4成产品,即全部是劳动力价格。江西高安,由地主提供生产投资的"代耕制"分配办法是,先将地主投资从产品中提出,然后主佃平分。② 嘉定的习惯是,"分租制"如是佃农单出劳力,则产量主六佃四分配。③ 吴县有一部分鱼池,也是由业主负担养鱼资本,佃农只出劳动力,收益业七佃三分配。④ 在浙江,佃农只供劳动力的"分种""分租"更广,产品分配办法也更多,其中不少是按某一比例分配产品,比例多为"主六佃四",重者"主七佃三""主八佃二",并有正产、副产之分,或只分正产,副产归佃户,或行"熟熟分",稻草、麦秆也不例外;或按面积分割田禾,如嘉兴,有的种18亩,13亩归地主,5亩归佃户,有的种31亩,21亩归地主、10亩归佃户等;或收获物全部归地主,付给佃农一定数量的"工钱米",上虞通常为每亩5斗米;在嘉兴,按面积分割田禾的叫"分种",付给佃农一定数量工钱米的叫"包田"。⑤ 有些佃农除交纳规定租额

① 华东军政委员会土地改革委员会编:《江苏省农村调查》,1952年印本,第292页。
② 戴侄臻:《高安县志》,江西人民出版社1988年版,第78页。
③ 华东军政委员会土地改革委员会编:《江苏省农村调查》,1952年印本,第82页。
④ 华东军政委员会土地改革委员会编:《江苏省农村调查》,1952年印本,第194页。
⑤ 华东军政委员会土地改革委员会编:《浙江省农村调查》,1952年印本,第89页。

外,还要随叫随到,为地主提供无偿劳役。①

上述产品分配办法多种多样,但有一点是相同的,即地主所得包括地租和生产投资回报两部分,而佃农所得却只有劳动报酬,即劳动力价格。这些贫穷破产、只能提供劳动力和获取劳动力价格的"帮工式"佃农,也就不再是处于"过渡形态",而是产品分成制"佃雇农"了。不仅如此,那些按约领取"工钱米"的"包田"佃农,已经不是上述意义上的产品分成制"佃雇农"。因为在雇用方式和性质上,他们和伙食自理的计件工没有分别,与其称之为"佃雇农",倒不如说他们就是领取计件工资的"包工"或雇工。不过这并不意味着封建租佃关系朝着带有某种资本主义因素的地主雇工经营的方向演变,而只是标志着封建租佃制度走到了尽头,已经没有回旋或自我修复的余地,彻底废除封建土地制度和封建租佃制度是唯一的选择。

三、地租剥削的恶性加重

由于商品经济的发展,地主日趋奢靡,家庭开支增加,地租剥削加重,原本就是封建租佃关系发展的一般规律。20世纪三四十年代,因为特殊和严酷的历史条件,农业生产衰退,农民收支严重不敷,地租负担能力大幅下降;而这时的封建地主,内部结构发生变化,官僚、军人、豪霸成为主体和核心,政治上异常反动、凶残,生活上日益奢靡、腐化,需求和贪欲大幅膨胀。地主阶级为了满足空前奢靡的生活需求,并将日伪劫夺和国民党政府的税捐摊派全部转嫁到农民头上,对农民的地租压榨无所不用其极,对传统压榨手段变本加厉、花样翻新,同时又增添了一大批压榨地租的新招、狠招:增加正租变本加厉,加幅扩大、间隔缩短,不择年成,想加就加,形成加租普遍化、经常化、频密化、手段凶残化的态势。个别地区的地主受制于传统,无法随心所欲地加租,于是要弄手腕,改变征租方式和产

---

① 《浙江省农业志》编纂委员会编:《浙江省农业志》上册,中华书局2004年版,第297—298页;华东军政委员会土地改革委员会编:《浙江省农村调查》,1952年印本,第89页。

品分配办法,或分配前在"公堆"中先扣除本应由地主负担的各种费用（如税捐、交税脚力钱等）,而后主佃平分;或先行主佃平分,地主分得一半（谓之"大租"）之后,再从佃农所得的一半分走10%,谓之"小租";或"逢十抽一",佃农所分产品达到10斤（升）,地主就从中提走1斤（升）,这可谓之曲线增租;增加押租花样翻新,征收范围空前扩大,定租要交押租,分租、劳役租也要交押租,押租征额节节上升,增押、增租交错或同时进行,你追我赶,形成高押、高租的"双高"态势。押租还同高利贷相结合,欠交押租按借贷取息,或以耕畜、家产甚至人身抵押,又利用币种变换、通货膨胀反复换算等手段,加征、吞没押租;征收预租得寸进尺,名目增加,预收年份延长,预租时间和租额由一年加大到二年、三年,预租同高利贷紧密结合,延交、欠交预租按借债付息;竞标招佃心狠手辣,因人多地少,佃农竞佃激烈,竞标招佃增租,简单易行,也非常奏效。租期最长3—5年,一般仅一年,在那些人多地少、竞佃激烈和商业较发达的地区,这种增租方式简单易行,非常有效。那些拖家带口、困于土地饥渴的贫苦农民,抱着吃亏一年以渡过当前难关的"病急乱投医"的心态,往往高租落标,唯恐有失,往往跌入陷阱,地主轻而易举达到了增租"最大化"的目的。更为狠毒者,租佃根本没有年限,往往常年招标,只要有人投标,不论现耕佃农是否欠租或违规,谁出租额高,地就抽给谁种,原佃即被撤换。既实现了"地租最大化",又分裂、离间了佃农队伍;额外浮收贪得无厌,强迫无偿劳役,请酒待饭,勒索鸡鸭土产,代完税捐差役,大斛大秤浮收,名目之多,条件之苛刻,旷古未有。地主的逼租手段也愈加凶残和暴力化,雇用警察、差役或流氓催租,武力或暴力逼租,采用劫夺、绑架、勒索、捉拿、拘禁、关押、酷刑、拷打等非法和私刑手段勒租、逼租,甚至草菅人命,成为地主勒租逼佃的新常态。

（一）超经济强制的强化和地主空前凶残化

明清以降,迄至20世纪二三十年代,随着城乡商品经济和近代资本主义的发展,地租租制由劳役地租而实物地租、货币地租,由实物分成租制而定额租制的演进,以及押租制和预租制的产生和流行,封建依附关系松解、经济强制取代超经济强制,成为历史发展的一般趋势。

　　然而,20 世纪 30 年代后,由于土地革命失败,地主疯狂反扑;日本帝国主义发动全面侵华战争,一些地主投降卖国、为虎作伥;日本投降后,蒋介石国民党发动内战,地主又加紧投靠国民党反动派,进行垂死挣扎。在这种特殊背景下,出现了一种反常的历史现象:一方面,押租恶性膨胀,预租广泛流行;另一方面,原本趋于松弛的封建依附关系和超经济强制发生逆转和空前强化,封建地主阶级压迫农民、催租逼佃空前凶残化。

　　土地革命失败后和日本全面侵华战争期间,封建地主,包括那些过往并不熟悉和热衷政治的"土地主",变得空前政治化、反动化:勾结官府,投降日本,为虎作伥,杀害抗日和革命志士,把持乡村基层政权,掌握武装和枪支,纷纷加入国民党、三青团和其他反动组织,成为其核心骨干。同时牢牢控制族权,参加和控制各种迷信和会道门组织,挑起宗族、村屯矛盾,发动和组织械斗,欺骗、麻醉和分化农民,火中取栗。新中国成立前夕,制造和散布谣言,污蔑和丑化共产党,扰乱人心,妄图垂死挣扎。在地租榨取方面,这一时期农业遭受破坏,农民贫困,地租负担能力本已大幅下降,而地主贪欲膨胀,无限制地提高租额,加重额外苛索,催租逼佃,凶残至极。这既是地主满足贪欲、实现地租和经济榨取最大化的必然手段,亦是进入垂死阶段的封建地主凶残本性的反映。

　　超经济强制逆转的背后,是封建地主内部结构变化的反复。早在清朝前期,因清政府抑制旧有缙绅,实行"摊丁入地",取消绅衿钱粮优免,加上商品经济发展,农业资本主义因素滋长,缙绅和权势地主渐行衰落,庶民地主开始壮大,成为地主阶级的主体。国民党当政后,实行大地主、大资产阶级专政,封建地主是其政权基础和主要支撑。土地革命期间,蒋介石国民党以地主为社会支柱进行军事"围剿",强化在农村中的法西斯统治,封建地主纷纷投靠国民党,疯狂反攻倒算和残酷杀戮。日本全面侵华战争期间,封建地主又投靠日军、卖国求荣,大发国难财。封建地主预感末日来临,丧心病狂进行垂死挣扎。在上述历史条件下,封建地主的内部结构变化发生逆转,官僚、土豪、恶霸地主数量大增,成为地主阶级的主体和核心,促成和加速了封建地主政治化、反动化和催租逼佃凶残化。

在某些地区,旧地主衰落,而新地主多是通过投身伪军、充当"民团"或乡保头目、勾结官匪,掠夺和霸占田产而上升为地主的暴发户,因而"在政治上日益残酷和凶恶"。①

这一时期封建地主空前政治化、反动化,其突出表现是,地主普遍贪索文武官职,迷恋政治权力和政治虚荣,为此拉帮结伙、不择手段谋财害命,尤其是那些可以不离乡土,直接鱼肉佃农、乡邻的区、乡、保长一类农村基层官职,以及保安队长等地方武装头目,成为地主谋取和争夺的重要目标。大量调查资料显示,这一时期的区、乡、保一类农村基层政权和地方武装,几乎全部为地主所控制,相当部分甚至大部分地主曾担任区长、乡长、保长、保安队长等职务。如江苏,据对江宁、江阴、常熟 3 县 8 个区 73 个乡的调查统计,地主 1864 户、9716 人中,曾任乡长、保长者 481 人,区长以上者 138 人,合计 619 人,分别占地主户数、人数的 33.2% 和 6.4%。②

其他地区也大同小异,或更为突出。原中央苏区江西宁都刘坑乡,1934 年红军转移后,地主即随国民党军队还乡,为了反攻倒算,首先是夺取和控制基层政权,组织地主武装。据调查统计,地主直接掌握乡级政权者占 66.6%,间接操纵者占 33.3%;掌握保级政权者占 66.6%,间接操纵者占 22.2%。③ 九江石门乡有大小地主 34 户,以大恶霸地主胡某(县参议长)为首脑,勾结历任县长形成全县性的统治集团,在本乡则派遣亲信、爪牙把持乡、保两级政权,并掌控全部武器装备。④ 丰城小袁渡乡有 22 户地主,直接掌握县、区、乡政权者 11 户,占总数的一半。其中区级以上者全是地主,乡级 9 人中,有 7 名地主,占 77.8%。全乡 19 个保长虽非地主,但都与地主"有血亲关系或为忠实爪牙";全乡 20 多支公枪,全为

① 中南军政委员会土地改革委员会调查研究处编印:《中南区一百个乡调查资料选集·解放前部分》,1953 年印本,第 18 页。
② 华东军政委员会土地改革委员会编:《江苏省农村调查》,1952 年印本,第 10 页。
③ 中南军政委员会土地改革委员会调查研究处编印:《中南区一百个乡调查资料选集·解放前部分》,1953 年印本,第 98 页。
④ 中南军政委员会土地改革委员会调查研究处编印:《中南区一百个乡调查资料选集·解放前部分》,1953 年印本,第 145、152 页。

恶霸熊某所掌握,而且该恶霸还有私枪 4 支。① 河南潢川十里棚乡 29 户地主,担任过保长、副保长的有 12 人,占地主户数的 44.4%。② 湖南益阳黄家仓乡,乡长、保长不是地主亲自出马,就是由地主操纵指挥。全乡 26 户地主,直接参加并掌握乡、保政权的占 46.2%。③

有的地方,乡、保政权完全为封建地主所专有,乡长、保长、联保主任等职;或由地主轮流充任;或父死子继,世袭其位,广东普宁塘湖乡就是属于这种情况,把持地方政权成为封建地主的主要职业。④ 有的乡政权和基层武装被掌握在个别地主一家人手中。如湖北江陵三合乡,严姓恶霸地主兄当乡长、弟当副乡长,并掌握乡队武装。⑤

为了紧密勾结蒋介石国民党,寻找更大的靠山和政治出路,封建地主纷纷加入国民党、三青团,竞选、贿选"国大代表"。在各地乡村,地主是国民党、三青团的基层骨干和核心。前述江苏江宁、江阴、常熟 3 县 8 个区 73 个乡 1864 户地主中,"参加反动党团特务组织者"416 人,占地主户数的 22.3%。⑥ 湖南益阳黄家仓乡 26 户地主,有 15 人参加国民党,占该乡 26 名国民党员的 57.7%,5 名三青团员则全为地主。⑦ 茶陵庙市乡 18 户地主中,14 人加入国民党,4 人加入三青团,合计 18 人,占地主户数的 100%。⑧ 桂阳县樟市乡,19 名国民党员中,地主 14 人,占 73.7%,由两名

① 中南军政委员会土地改革委员会调查研究处编印:《中南区一百个乡调查资料选集·解放前部分》,1953 年印本,第 130 页。
② 中南军政委员会土地改革委员会调查研究处编印:《中南区一百个乡调查资料选集·解放前部分》,1953 年印本,第 11 页。
③ 中南军政委员会土地改革委员会调查研究处编印:《中南区一百个乡调查资料选集·解放前部分》,1953 年印本,第 58、60 页。
④ 中南军政委员会土地改革委员会调查研究处编印:《中南区一百个乡调查资料选集·解放前部分》,1953 年印本,第 183 页。
⑤ 中南军政委员会土地改革委员会调查研究处编印:《中南区一百个乡调查资料选集·解放前部分》,1953 年印本,第 31 页。
⑥ 华东军政委员会土地改革委员会编:《江苏省农村调查》,1952 年印本,第 10 页。
⑦ 中南军政委员会土地改革委员会调查研究处编印:《中南区一百个乡调查资料选集·解放前部分》,1953 年印本,第 58 页。
⑧ 中南军政委员会土地改革委员会调查研究处编印:《中南区一百个乡调查资料选集·解放前部分》,1953 年印本,第 84 页。

地主充任区分部书记;另有三青团员 21 人,两名地主充任区分队长。①
道县东门乡,有三青团员 10 人,地主占 9 人(内党员兼团员 3 人),并由地主
充任分队长。② 江西九江石门乡,参加国民党、三青团的也多半是地主。③

　　一些大地主、恶霸地主竞选、贿选、强制票选县"参议员""国大代表"
更是不择手段。1947 年,湖南桂阳县樟市乡地主竞选县"参议长",有两
个农民因没有将票投给地主的指定人,被捆起来灌大粪。④ 1947 年湖南
茶陵庙市乡地主竞选"国大代表",形成国民党(老年派)、三青团(青年
派)两大对立派系,分别成立"文昌会"和"孔道会",大肆招兵买马,"压
迫农民,拿谷子入会",为候选人出钱卖命。⑤ 江西九江县石门乡两名恶
霸地主,其中一名地主将投票点移到房亲聚居地,并诉诸武力,拿着手枪
迫使农民参加械斗。⑥

　　不仅如此,一些地主为了占领和扩大地盘,还牢牢控制宗族、统治族
众,参加和成立五花八门的反动、迷信组织和会道门。如前述江苏江宁、
江阴、常熟 3 县 8 个区 73 个乡的 1864 户地主中参加封建会道门组织者
391 人,有些人更是一身多任,同时参加几种反动组织。⑦ 河南潢川十里
棚乡,地主大部分都加入了青帮,成为其骨干和主脑。并且组织民团,明
里暗里掌握和成立土匪武装进行抢掠。⑧ 湖南茶陵县庙市乡,地主参加、

---

　　① 中南军政委员会土地改革委员会调查研究处编印:《中南区一百个乡调查资料选集·
解放前部分》,1953 年印本,第 42 页。
　　② 中南军政委员会土地改革委员会调查研究处编印:《中南区　百个乡调查资料选集·
解放前部分》,1953 年印本,第 67 页。
　　③ 中南军政委员会土地改革委员会调查研究处编印:《中南区一百个乡调查资料选集·
解放前部分》,1953 年印本,第 155 页。
　　④ 中南军政委员会十地改革委员会调查研究处编印:《中南区一百个乡调查资料选集·
解放前部分》,1953 年印本,第 43 页。
　　⑤ 中南军政委员会土地改革委员会调查研究处编印:《中南区一百个乡调查资料选集·
解放前部分》,1953 年印本,第 88—89 页。
　　⑥ 中南军政委员会土地改革委员会调查研究处编印:《中南区一百个乡调查资料选集·
解放前部分》,1953 年印本,第 155、157 页。
　　⑦ 华东军政委员会土地改革委员会编:《江苏省农村调查》,1952 年印本,第 10 页。
　　⑧ 中南军政委员会土地改革委员会调查研究处编印:《中南区一百个乡调查资料选集·
解放前部分》,1953 年印本,第 11—14 页。

操纵的反动和会道门组织,多达9种,既有公开的,也有地下的。"应变自救会"就是接近解放时,恶霸地主和当地国民党、三青团联合发起的"反共"地下组织。公开组织则有"孔道会""文昌会""狗肉会""打猎会",以及纯为地主流氓打手的"十八武士""十六兄弟会"等。[1] 江西宁都刘坑乡,地主组织"靖卫队""守望队",专门杀害革命干部。[2] 湖南道县东门乡,地主组织民社党、槌子会(以打人维持封建势力为目的),以及普化堂、孔孟道、赐山会、观音会、娘娘会等封建迷信组织。[3]

封建地主空前政治化和反动化,在政治上残酷压迫农民,反对和仇恨革命,同时最大限度地强化对佃农的统治和压榨,催租逼佃凶残化。从另一个角度说,地主空前政治化和反动化,实际上又是催租逼佃凶残化的保证与延伸。

20世纪三四十年代,地主的地租压榨所面临的形势十分特殊:一方面,由于日军烧杀劫夺和伪政权为虎作伥的压榨、奴役,加上残酷的战争环境和国民党政权的税捐苛征,农业生产遭到破坏,佃农加速贫困,耕畜农具和生产资金短缺,生产能力和地租负担能力大幅度下降;货币贬值,物资匮乏,市场萎缩,相应加大了地租榨取特别是地租计量、征收方面的不确定因素。另一方面,地主的赋税负担加重,家庭消费和开支增加,对地租的需求量进一步扩大。在这种情况下,地主对地租的征收愈加迫切和贪婪,榨取和催逼手法愈加凶残化。

豪绅地主麕集,早在同治二年(1863年)就开始设立和运用暴力机构催收地租的苏州,封建地主不仅一直采用"租栈"等暴力机构催租逼佃,到20世纪三四十年代更是花样翻新、变本加厉。单是吴县,20世纪初高峰时,就有租栈1000余家,1936年联合、归并至三四百家,更名"田业代

[1] 中南军政委员会土地改革委员会调查研究处编印:《中南区一百个乡调查资料选集·解放前部分》,1953年印本,第88页。

[2] 中南军政委员会土地改革委员会调查研究处编印:《中南区一百个乡调查资料选集·解放前部分》,1953年印本,第101页。

[3] 中南军政委员会土地改革委员会调查研究处编印:《中南区一百个乡调查资料选集·解放前部分》,1953年印本,第67—68页。

表团",次年改称"农事改进会"。① 日本全面侵华战争爆发后,日军占领苏州,留在苏州城内的地主投降和勾结日军,参加汉奸"维持会",对原有"租栈"大肆扩充、强化,将一些小"租栈"联合、改组为更大范围的"公栈",直接由伪警察、伪绥靖队、伪保安队负责催租逼租。抗日战争胜利后,吴县地主又花样翻新,将"农事改进会"改组为"田业联谊会"。其时国民党政府推行"免粮不免租"的赋税和租佃政策,地主对政府的钱粮可以豁免,佃农对地主的租米却必须照纳,此举正中地主下怀,原来的伪警察、伪侦缉队、伪保安队摇身一变,成为国民党的地方武装,加紧为"公栈"逼租效力。"田业改进会"和"租栈"组织也更加严密、巩固。"田业联谊会"设有"收租总栈",按自然村及小集镇设若干"分栈",催粮警察分配到各分栈,每分栈管理几十家或几百家佃户,催逼地租。

苏州属县及其周边各县如吴江、常熟、太仓、青浦、震泽、昆山、江阴、无锡、崇明以及江北的南通、淮安等地,都有地主收租机构或同业组织的建立,名称五花八门。吴江黎里镇早在光绪三十二年(1906 年)即有土豪劣绅倡设"田租会",拟定章程,每亩捐洋一分,统计田亩五万有奇,即得洋五百余元,雇用差役追租。1945 年、1946 年先后改称"田业改进会""田业联谊会",到土地改革前夕全县有租栈 277 家。② 在常熟等地有"催租处",采用"租赋并征"之法,"指佃完粮"。1946 年常熟县政府的《整顿租风实行办法》规定,凡区镇保甲长都要"挨户劝导佃农,迅速交租"。太仓地主在日军占领期间,投降和勾结敌伪,组织"评租委员会",设立"催租局",县有"总局",区有"分局"或"催租站"。由伪警察、伪保安队催逼地租。日本投降后,由几户大地主为首倡议,召开四县地主代表会议,拟定租额,经国民党政府批准,谓之"官租",并由县政府发出布告,规定佃农交租限期。③ 青浦地主与县政府合组"佃租委员会",统一收租;崇明则

---

①　邱建立、李学昌:《20 世纪一二十年代江南田业会初探》,《史学月刊》2010 年第 5 期。
②　邱建立、李学昌:《20 世纪一二十年代江南田业会初探》,《史学月刊》2010 年第 5 期。
③　华东军政委员会土地改革委员会编:《江苏省农村调查》,1952 年印本,第 9 页、第 60—61 页。

有"田业维持会"，不过活动情况不详。[1]

在浙江一些地区，旨在保证地租征收的类似组织也相当普遍。1912年，杭州的业主发起组织了"田地业户联合会"，以便"收回业主产权"。杭县地主富绅组织"田地联合会"，"以发展国民自治之能力，保卫个人应得之权利为宗旨"。在嘉兴，因田租收取不易，各业主组织"田业联合会"。其他很多县区，地主群体或地主与当地土豪劣绅、贪官污吏都建有同类组织，有的叫"田业追租局"或"产权联合会"，有的并无名称，"然其性质必与此相仿佛"。[2] 也有的自有武装，操控地方政权，直接握有生杀大权。如天目山区于潜县，许多恶霸地主控制了政权，拥有武装，甚至乡长有杀人的权力。该县出租千亩土地的大地主郜展成，曾经打死、饿死七八个农民。[3]

这一时期，无论是普遍设有租栈、"田业会""催租局""田租会"一类组织的江浙地区，还是其他地区，地主的逼租手段都愈加凶残和暴力化，雇用警察、差役或流氓催租，武力或暴力逼租，采用劫夺、绑架、勒索、捉拿、拘禁、关押、酷刑、拷打等非法手段勒租，甚至草菅人命，成为地主催租逼佃的新常态。

江苏苏州及周边地区，地主租栈惯用催头、差役以暴力、酷刑逼租，早已恶名昭著。这一时期更是发展到无所不用其极的地步。

苏州豪绅地主除了动用催头、差役催租，还动用催粮警及其他反动武装，抓捕、关押欠租佃农，俗称"吃租米"。有的村受拘押的农户竟然超过一半。如吴县迁里村216户，坐监牢的即达108户。坐牢时须自带伙食，一般在八九月即被捕，到明年正月、二月农忙时才放出，时间长达半年。当时农村中流行着一句话："免粮弗免租，公栈凶如虎，文官似强盗，武官赛阎罗。"[4]

---

① 邱建立、李学昌：《20世纪一二十年代江南田业会初探》，《史学月刊》2010年第5期。
② 邱建立、李学昌：《20世纪一二十年代江南田业会初探》，《史学月刊》2010年第5期。
③ 华东军政委员会土地改革委员会编：《浙江省农村调查》，1952年印本，第10页。
④ 邱建立、李学昌：《20世纪一二十年代江南田业会初探》，《史学月刊》2010年第5期；华东军政委员会土地改革委员会编：《江苏省农村调查》，1952年印本，第179—180页；苏南人民行政公署土地改革委员会编：《土地改革前的苏南农村》，1951年印本，第83页。

日本全面侵华战争期间,地主租栈又勾结、笼络日伪军头子,全部由伪警察、伪绥靖队、伪保安队负责催收地租,头目可从租款中提取一定成数作为报酬,其部下没有报酬,但可下乡抢掠作为补偿。于是大批汉奸武装下乡,大肆抢劫、绑索,不分男女老幼,随意作为"人质"押入城里,勒索的赎金往往多达应交租米的一二倍甚至三四倍。[①]

同时,地主和"租栈"备有各式刑具,拷打勒逼佃农。苏州地主申某即置有15—69斤的各种洋枷、脚镣、手铐,还有一种木制囚笼,将欠租佃农关进笼里,置于地主宅邸或租栈大门两侧"示众";地主蒋某,则以"抛笆斗"残佃著称,其方法是将佃农放在两只相合的笆斗里,用绳捆好在地下滚,据说只要滚三次,即使不死,也会伤残。苏州地主勒租逼佃最常用手段是将佃农捆绑在一种特制木架上,掀翻屁股,用竹鞭、藤条等抽打,当地俗称"比"。随着时间的推移,"比"之名目越来越多,手段越来越残忍。地主汪某即以"三比"酷刑对付欠租农民而闻名,所谓"三比"是三天一"小比",五天一"大比",七天一"血比"。据调查,受过"血比"酷刑的佃农不在少数。[②]

在太仓,一过纳租限期,"田业会"即将佃农押送"催租局",同时网罗流氓上门催收。流氓不只逼租,更勒索"跑路钱""饭钱",不给就拿东西,上告警察局抓捕佃农,戴枷锁,蹲牢狱,地租也层层加码。全县每年每保都有三四户佃农被捆绑坐牢,用来恐吓其他佃农,令其火速交租。[③] 无锡梅村区薛姓地主动辄以"抛笆斗""吃毛竹筷""坐冷方砖"等残酷刑具对付欠租农民。薛典乡佃农邹于举,偶尔一次欠租,便被抓去吊打,用去10余石米才保出来,治伤医药费又用去不少。该县堰桥乡地主不仅以国民党政府为后台,成立"追租所",采用暴力追租,而且勾结土匪,用"土匪催租"等手段鱼肉农民。[④] 昆山、常熟地主残害欠租佃农的方法也残酷、多

---

① 苏南人民行政公署土地改革委员会编:《土地改革前的苏南农村》,1951年印本,第83页。

② 苏南人民行政公署土地改革委员会编:《土地改革前的苏南农村》,1951年印本,第83页。

③ 华东军政委员会土地改革委员会编:《江苏省农村调查》,1952年印本,第9页;《太仓县农村经济概况》,《江苏省农村调查》,1952年印本,第60—61页。

④ 华东军政委员会土地改革委员会编:《江苏省农村调查》,1952年印本,第213页、第132页。

样,计有游街、锁庭柱、栽田、站笼、人质、戴枷、滚笆斗、拷打、开差船、放水灯等24种。不少地主备有手铐、脚镣、铁锤、棍棒等凶器,扣押吊打农民,逼得无数的农民家破人亡。据常熟大义区11个乡的统计,农民受地主残害的共有2716人,其中吃租米官司的970多人,被逼逃亡的350人,坐牢致死的47人,直接被逼死的51人,送弃婴儿和小孩的有1200多人。① 江阴地主同官府相勾结,对佃农苛征酷逼,县有专门机构为地主追租,乡设"催租委员会",有规定租额、捕关、吊打佃农的特权。有的地主庄园还备有牢房,私设公堂,任意捕关、拷打佃农。② 句容地主则用私牢关押欠租佃农。地主华某,五年中关押过400多名农民,有些就被杀死在牢里;地主廖在康,更备有煮人锅,将农民打死,碎尸煮熟喂狗。③ 溧水一些地主则专门修筑堡垒,用以关押佃农。④

苏北地主催租逼佃,凶残程度一如苏南,甚至有过之而无不及。启东地主雇用警察逼租,据称"这类事件很多"。⑤ 东台地主赵某更是毫无人性,用"一马拖尸"的酷刑残害佃农,"把不缴租的佃农拖在马背后跑"。⑥ 最后将其活活拖死,残忍和惨烈程度不亚于"五马分尸"。睢宁地主夏某的狗腿子,向农民魏树德追租未遂,即将魏妻押走抵租,魏妻的两岁小儿跟着哭喊,狗腿子一刺刀将其戳死,并扔出老远说:"去狗肚里喝汤吧!"⑦

安徽、浙江、福建一些地区,地主也都以拘捕、关押的暴力手段催逼地租,甚至侵占农民土地,强奸、强占妇女,草菅人命。安徽灵璧,地主、豪强勾结官府,称霸一方,不仅对农民进行地租压榨和高利贷盘剥,而且凭借权势,侵占土地,强迫劳役,拉丁勒索,甚至强占妇女、私设监牢、草菅人

① 华东军政委员会土地改革委员会编:《江苏省农村调查》,1952年印本,第9—10页。
② 程以正:《江阴市志》,上海人民出版社1992年版,第227页。
③ 华东军政委员会土地改革委员会编:《江苏省农村调查》,1952年印本,第9、10页。
④ 华东军政委员会土地改革委员会编:《江苏省农村调查》,1952年印本,第9、10页。
⑤ 姚谦编著:《张謇与近代南通社会:口述实录(1895—1949)》下册,方志出版社2010年版,第60—61页。龚如言,1907年生,退休教师,住启东县聚阳镇,1992年7月21日采访。
⑥ 姚谦编著:《张謇与近代南通社会:口述实录(1895—1949)》下册,方志出版社2010年版,第124页。张广力,1920年生,南通县刘桥镇党委书记(离休),住东台市新桥镇东闸村一组,1997年6月13日采访。
⑦ 马俊亚:《近代苏鲁地区的初夜权:社会分层与人格异变》,《文史哲》2013年第1期。

命。据土地改革时的不完全统计,全县被斗争的恶霸地主,直接杀害农民1856人,间接杀害农民2882人,强奸、强占妇女3292人,吊打农民17999人,霸占土地1630亩、牲畜870头、房屋3299间,敲诈勒索财物无数。①临泉地主不但以土地剥削农民,而且还私设法庭,统治和压迫农民,如吕砦、潘砦、王盐店、殴坡等地地主皆设有法庭,非法没收群众家产,周砦佃农洪万一,想卖木料,地主向他借,洪不肯,其家产即被地主法庭借故没收。因此,农民平日对地主的话不敢说一个"不"字,否则"就是拉壮丁(地主敲诈农民的最毒的手段),就是法庭,就是黑枪,就是倾家荡产"。②在安庆、怀宁、桐城一带,地主十分贪婪而又凶残,佃农常受地主的欺诈、威胁、凌辱,甚至因而家破人亡者亦不鲜见。桐城法华乡吴四道种地主叶季达的田,采用"勘租",有一年灾荒,吴因先割稻后报灾而犯了"规矩",不但要照好年成交租,并遭毒打、关押;地主刘子卿在厨房前桂花树上吊一根绳子,就是专打佃户的;法华乡地主"母老虎"的佃户徐黑皮有病未给她春米,"母老虎"硬说他欠13石租子未交,将他拘押,后徐因无法交出,被迫全家远逃广西南宁。该地农民先后被"母老虎"抓进牢狱或逼死者多达12人。③

　　浙江余姚有一种"大租地",1927年前亦称"官地",农民租种谓之"顶地",每亩须出"顶费"银洋十三四元(折皮花50斤),按当地惯例,佃户五年不交租,地主可以抽佃。1927年以后,地主以拘押的暴力手段,取代原来撤佃的经济手段,如佃户不交租,地主就勾结官吏,将佃户拘捕送牢,佃户只得变卖房地,取款交租赎人。④ 福建一些地方,地主豪绅强行霸占农民田产,残害人命之事也时有所闻,海澄镇黎明村地霸头子黄河东,仅他手下的一个头目就吃了18颗人心。⑤ 在沙县,乡、保既是国民党政府机构的农村基层组织,又是地主压迫、残害农民的工具。地主利用

---

① 灵璧县地方志编纂委员会编:《灵璧县志》,浙江人民出版社1991年版,第86页。
② 华东军政委员会土地改革委员会编:《安徽省农村调查》,1952年印本,第41页。
③ 华东军政委员会土地改革委员会编:《安徽省农村调查》,1952年印本,第31页。
④ 华东军政委员会土地改革委员会编:《浙江省农村调查》,1952年印本,第202页。
⑤ 福建省地方志编纂委员会编:《福建省志·农业志》,中国社会科学出版社1999年版,第41页。

乡,保暴力机构为其催租逼佃。大地主郑士良就是派乡兵为他催租。沙县习惯,立冬、白露是地主收租收债的日子,也是佃农最难度过的苦难日,因为这天交不起租就要挨打、坐牢、撤佃。徐法庆就因交不起租被地主范某打倒在地;郭法节因交不起租被国民党政府押了两个月,交清租才释放;钟书泉1949年立冬没按时交租,就被地主撤了佃。①

在工农革命根据地及周边地区,尤其是老苏区的基本县份,自国民党占领苏区以后,逃亡地主以及一部分投降敌人的叛变分子,依靠国民党政权,压迫和敲诈勒索农民,发财起家,在原苏区不仅老地主复辟,又产生了一部分新的地主。而这些地主多数与特务、土匪以及各种封建会道门直接勾结,甚至本人就是其中的头子,所以"在政治上特别反动"。② 他们直接把持基层政权,自有武装,疯狂反扑和反攻倒算,还强迫农民捐款购买枪支,作为统治和残害农民的工具。日本全面侵华战争期间,又投降和勾结日军,迫害佃农和乡邻,主佃关系和政治生态发生了重大变化,地主用政权暴力催租逼佃更加普遍。江西宁都,地主持枪逼租,借机明火打劫成为常态,刘坑乡大地主芦某,农民如不交租,即带枪下乡催逼,强迫农民供奉鸡鱼大肉酒席,如菜不好即将桌子掀翻,碗打破,这就是地主所说的"打租饭"。③ 九江石门乡,贫农胡进荣租种地主胡某的10.7亩田,1941年偶欠一二担租实在交不起,胡在腊月二十六日将他的一只猪赶走,连其家里仅有的二担芋头也挑走,还说"不够抵交",将胡进荣送沙河乡坐牢;蔡增春租种另一恶霸地主胡某田8.7亩,也因交不起租而坐牢;贫农林家焕因交不起租,地主即拿走他家的用具抵租,并打他耳光。④ 湖南桂阳樟市乡,地主对佃农稍不遂意,"即兵枪齐出,将农民捆起施以毒刑"。⑤

---

① 人民出版社编辑部编:《新区土地改革前的农村》,人民出版社1951年版,第23—24页。

② 人民出版社编辑部编:《新区土地改革前的农村》,人民出版社1951年版,第52页。

③ 中南军政委员会土地改革委员会调查研究处编印:《中南区一百个乡调查资料选集·解放前部分》,1953年印本,第101页。

④ 中南军政委员会土地改革委员会调查研究处编印:《中南区一百个乡调查资料选集·解放前部分》,1953年印本,第153页。

⑤ 中南军政委员会土地改革委员会调查研究处编印:《中南区一百个乡调查资料选集·解放前部分》,1953年印本,第42—44页。

　　在原苏区和南方农村,封建宗族特别是会道门组织及其统治,这一时期也明显扩张和强化。江西许多村庄,除封建宗族外,还有二三十种以上的社团、会道门组织,如红帮、青帮、新建社、保产团、军界建新社、堂会、七支会、九支会、四年团、神社等等,最多者为兴国县长迳村,竟达95种。各地的所谓"户长""方长""族长""会社长",差不多都是地主恶霸担任,他们对农民有无上权力,任意施行各种非法压榨、盘剥。这些宗族社团又都占有相当多的土地,据湘、赣、鄂3省调查,公族田一般占耕地15%以上,广东一般占30%,西江地区最多占40%,有的县甚至占到60%。这些土地完全为地主恶霸所操纵,归他们收租管理,任意贪污挪用,甚至完全霸占。宗族、祠堂、会社、会道门组织,不仅成为地主恶霸催租逼佃的有力工具,而且也是本身利益所在,因而大大加强了地主恶霸催租逼佃的威势和凶残程度。①

　　在湖南、湖北、河南等地,地主"依仗政治权势随便打骂佃户,奸淫佃户妻女亦是极普遍的"。②湖南封建地主政治上的反动和统治手段的毒辣,异常突出。他们利用衙门保甲(政权),团防土匪(兵权),祠堂宗法(族权),公私学堂(学权),庙宇会门(神权),20世纪三四十年代,更借国民党的党、团、参(议会)、特(务),将农民束缚得紧紧的。这在滨湖和湘西表现得最为明显。滨湖是"强管洲,霸管水"的世界,谁有权有势,谁就可以占地挖埝。争夺洲土时,佃户被双方"洲土大王"驱使互相残杀,最野蛮者有将对方佃户抢来杀掉,用锅子煮人肉吃的。湘西是"有枪就有势,有势就有官"。土匪、恶霸、地主三位一体,自筑寨堡、自设关卡、自立公堂烧杀劫掠,武装和刀枪催租逼佃更是家常便饭。③湖南沅江大地主王一华,往往在青黄不接时,强迫佃户提早交租,枪兵催逼。交不起的就记在账上,秋后以每石谷五斗利索还。1937年提早收租时,有个曹姓佃农,被逼情急,打伤了两个催租的枪兵,第二天王一华即通知乡公所增派

---

　　①　人民出版社编辑部编:《新区土地改革前的农村》,人民出版社1951年版,第30—31页。

　　②　人民出版社编辑部编:《新区土地改革前的农村》,人民出版社1951年版,第39页。

　　③　人民出版社编辑部编:《新区土地改革前的农村》,人民出版社1951年版,第67页。

2 挺机枪、12 个枪兵，捉拿该佃，说他是"暴徒"，立即枪杀。众佃户畏于王一华淫威，只能忍气吞声，任凭摆布。① 道县地主不仅收租锱铢必尽，催租逼租更是草菅人命，凶残至极，惨案频生，不少佃农因地主逼租被迫卖妻、自杀，甚至被打死。东门乡佃农熊俊竹因地主催逼，卖妻偿还 4 石欠租；佃农吴志月因 1946 年虫灾严重，收成剧减，租谷未能如数完交，地主何枢臣即抬猪抵租，并且用铁棍殴打吴志月，吴因伤、辱而死，其弟也因被逼租上吊自尽；1947 年秦姓佃农送租只少了两斤，地主何剑秋强令挑回补足后才收，秦争辩了两句，何抢起扁担就打，秦回家后即卧床不起，未几丧命。②

在广东、云南等地，地租剥削残酷，催租逼佃手段毒辣，地主甚至以虐杀佃农为乐。广东惠阳沥林乡，贫农谢进求租了大地主谢儒宗 0.7 亩田，母亲替他做田工，自己给他放牛，每年还要交 204 斤租，有一年因欠了 80 斤租谷，谢儒宗即把他家中一头 50 斤的猪抬走，谢进求母亲请求退回多余的谷，谢儒宗拔出手枪威吓说，"你敢再问就把你打死"。③ 云南易门县一带，租额高，条件严酷，"荒田不荒租"，即使颗粒无收，租谷一粒不能少。田种得好要加租，农民交不起租税，不仅要抽田、吊打、坐牢，而且被驱逐出境，以致倾家荡产、走投无路。④ 宣威地主安某将干枯的"树胡子"（生于松山上可作菜）绑在佃农身上，泼油点燃，让他在树林里乱跑，自己坐在椅子上拍手大笑，看到他死后还说："该死该死，这个笨牛养的干啥，聪明的只要睡在地下几滚就熄了，那会像山耗子（老鼠）乱跑。"被这样虐杀的佃户不知有多少。⑤ 昭通地区的一些地主，直接掌握政权和武装，实行封建割据，对农民统治、迫害、剥削和掠夺极其残酷。巧家县的几个大地主有上千人的武装，常强迫农民替他们争权夺利"打冤家"。地主陆某

---

① 人民出版社编辑部编：《新区土地改革前的农村》，人民出版社 1951 年版，第 140 页。
② 中南军政委员会土地改革委员会调查研究处编印：《中南区一百个乡调查资料选集·解放前部分》，1953 年印本，第 69—70 页。
③ 中南军政委员会土地改革委员会调查研究处编印：《中南区一百个乡调查资料选集·解放前部分》，1953 年印本，第 169 页。
④ 沐德智：《易门县志》，中华书局 2006 年版，第 199 页。
⑤ 人民出版社编辑部编：《新区土地改革前的农村》，人民出版社 1951 年版，第 99 页。

一次强迫农民过金沙江"打冤家",死亡 260 余人;彝良大地主私设法庭,强迫农民缴纳的租税多达 36 种。除了各种物租之外,还有"人租",即每户农民每代须有 1 人当丫头或长工;地主对农民的刑罚多达 120 种,可以任意处死农民。①

河南卫辉,封建地主凭借手中权势、武装催租逼佃,镇压和迫害农佃,也凶残到极点。如该县正面村大地主阎玉德,1938 年当上县政府"常备大队长",与县长结为把兄弟,拥有私人武装 100 余人,步枪 100 余支、机枪 4 挺、冲锋枪 2 支、手枪 20 把,占有耕地 477 亩,开设烟土厂,凡是欠交地租的佃农,全部刑讯、处死。据不完全统计,仅正面一村,因交不起地租等原因,被阎玉德杀害的无辜农民就有 59 人。②

东北一些地区,地主逼租也十分凶残,后果惨重。辽宁凤城大地主夏福忱向贫农卢广仁凶残逼租,卢无奈将儿媳卖掉,儿媳服毒自杀。③

地主催租逼佃凶残化,所"催"之租,当然不限于正租,一切额外剥削,包括应由地主承担的税捐,以及各种劳役,也都以凶残手段催逼、转嫁,稍有差池,即重刑惩处,甚至枪杀。如苏北泗沭县④大地主史某,因佃户邓六应差迟到,史某立即坐家升堂,将年过半百的邓六吊打一顿,并要他说"越打越欢喜"。而且对史某来说,吊打已是轻的,重则要杀头、活埋。事实上史某就已经杀过和活埋过 4 人。⑤ 日军侵占苏北后,按田亩摊派伪费,每亩每年 1 石以上,本应由地主负担,但地主将其全部转嫁给佃农,庄头拿大棒逼着佃户将粮食送给伪军,不送就打。敌伪又按田亩"预借"麦租,每亩 2 斗至三四斗以上,地主亦转嫁给佃户,淮安一佃户因一时交不出,被地主绑在树上一枪打死。⑥ 在安徽灵璧,地主强制佃户无

---

① 昭通地区地方志编纂委员会编:《昭通地区志》上卷,云南人民出版社 1997 年版,第 417 页。

② 卫辉市地方史志编纂委员会编:《卫辉市志》,生活·读书·新知三联书店 1993 年版,第 271 页。

③ 赵万兴:《凤城市志》,方志出版社 1997 年版,第 535 页。

④ 1941 年根据抗日战争形势发展的需要,建立淮海抗日根据地,并成立泗沭县,新中国成立后撤销,并入泗阳县。

⑤ 华东军政委员会土地改革委员会编:《江苏省农村调查》,1952 年印本,第 438 页。

⑥ 华东军政委员会土地改革委员会编:《江苏省农村调查》,1952 年印本,第 437 页。

偿为其耕种或作杂役,中岗恶霸地主鲁赞臣规定3个佃户一轮10天为其家干活,长年不停;袁集地主袁协臣有耕地1200亩。自留100多亩由佃户代为耕种。在农忙季节,佃户必须先把地主的农活干完,才能在租地上为自己劳动。否则地主便以殴打、关押等残酷手段进行惩罚。①

如果地主本人是国民党军政大员,是凶残和暴力的化身,不一定直接使用凶残手段催租逼佃,但后果一样惨烈。湖南湘乡地主毛炳文,系国民军军团长、国大代表、湖南省政府委员,其妻所管首善乡徐家湾水田56亩,佃与彭彰福耕种,每年纳租114.5石,1944年日军入侵,无法耕种,颗粒无收。翌年冒险下耕,收成也很差。光复后,毛即派周、陈两名副官上门逼索1944年、1945年两年租谷,佃农当即交租102石,其余立据认欠。1946年,毛除收当年租谷外,又索上年欠谷,如不交清,即令解佃,彭变卖农具凑数,尚差大半,请求缓交不允,又借贷无门,被逼服毒自杀。②

封建地主尤其是官绅豪门,固然催租逼佃凶残成性,就是一些以新式企业装潢门面的垦殖公司,也都以凶残催租勒佃为能事。位于苏北大丰县的裕丰公司是典型例子。该公司名为农垦"企业",却是沿袭旧式租佃,而且条件苛刻。虽然采用主佃对半分成(后几经佃农强烈反抗,改为主三佃七分成)的"议租"制,佃农租地必须先向公司缴纳每亩0.3元的"写礼费",每亩1—3元的"顶手费"(即押金,约相当于地价的30%—50%),种子、肥料、生产工具(包括耕牛)均由佃户自理。每年白露节前后(收棉花前一个月左右)公司"先生"(管事)由长工推车到佃户家中吃住,一日三餐酒肉恭奉,美其名曰"议租",佃户却无权参议。1921年,西渣乡村民曹春树逃荒到公司打短工,忍饥挨饿,拼死拼活挣了几个钱,1936年用来缴纳"写礼费"和"顶手费",租种公司一块田,公司强定每亩租花22斤,但曹所收棉花全部交租还不够,即被公司保安队扣押。后因确无油水可榨而放出,但所租田地全被公司夺走,两间滚龙草棚也被烧毁。曹春树全家被迫再次逃荒,流落他乡。③

① 灵璧县地方志编纂委员会编:《灵璧县志》,浙江人民出版社1991年版,第87页。
② 湘乡县志编纂委员会编:《湘乡县志》,湖南出版社1993年版,第125页。
③ 大丰县地方志编纂委员会编:《大丰县志》,江苏人民出版社1989年版,第103页。

在封建地主催租逼佃凶残成性的情况下,一些没有权势、无力凶残以挺的中小地主,以及某些寺庙,往往投靠土豪官绅或乡保长,狐假虎威,达其凶残勒逼佃农的目的。如湖南沅江,每逢秋收,地主以催租为名,到佃户家吃喝,并要请当地豪绅作陪,以壮威势。被请的豪绅既显威风,又饱口福,何乐而不为。这种狐假虎威的催租行径,加上每逢年节,强迫佃户给地主送湘莲、鸡鸭、鱼虾等土特产品,乡人称之为"打租"。① 江苏镇江焦山寺的地租,则全由乡公所自卫团"帮收",而帮收的所有费用,又都加在佃农头上。②

这一时期的超经济强制强化、地主催租逼佃凶残化,还必须提到的是苏北、鲁南地区的地主"初夜权"。

苏北、鲁南地区的地主"初夜权"由来已久,但起始和形成时间、发展演变过程不详,早期记载稀少,亦不连贯。20世纪三四十年代,有关"初夜权"的记载突然多了起来,而且相当具体,这是"初夜权"恶性膨胀的直接反映。资料显示,"初夜权"主要发生在有直接人身支配、经济奴役关系的地主和佃农之间。20世纪三四十年代,苏北、鲁南地主加速政治化、武装化、反动化、腐朽化,通过担任军政职务和卖国投敌,扩大威势,"横占土地,鱼肉人民"。农民贫穷破产,"非特中贫农不能上升,富农多数降为佃户"③,租佃关系相应扩大,佃农地租负担能力下降,地主不仅催租逼佃愈加凶残,而且"淫威"恶性膨胀,"初夜权"地域扩大,并由施行"初夜权"演变成肆无忌惮地奸淫、霸占佃农妻女。

迟至20世纪三四十年代,苏北、鲁南地区的"初夜权",已经不是什么"潜规则",而是一种"不成文法",佃农根本无力抗拒。苏北一些地方的情况是,"佃户娶妻,首先要让地主睡过,然后可以同房"。④ 在鲁南,佃贫人家新婚,新娘要由地主行使"初夜权";鲁南临沂一个有400多户的村庄,庄主兼族长张某占有全村土地,也同时享有全村新婚女子的初夜

---

① 沅江县志编纂办公室编:《沅江县志》,中国文史出版社1991年版,第202页。
② 华东军政委员会土地改革委员会编:《江苏省农村调查》,1952年印本,第265页。
③ 马俊亚:《近代苏鲁地区的初夜权:社会分层与人格异变》,《文史哲》2013年第1期。
④ 华东军政委员会土地改革委员会编:《江苏省农村调查》,1952年印本,第438页。

权,"谁家娶新娘子,先要被他睡三晚"。①

随着时间的推移,地主"初夜权"很快演变为肆无忌惮地奸淫、霸占佃农妻女,且愈演愈烈。先是乘催租之机,"居佃民之舍,食佃民之粟……或淫其妻女"。② 继而公开要求佃户献上妻女供其淫乐。③ 最后,"地主对佃户的妻女,可以随意侮辱、霸占。或以服役为名,召至家中,或则公然霸占"。④ 这样一来,"初夜权"的时间不再限于"新婚初夜",而是无限期。泗沭县⑤地主周某对雇工妻子实施"初夜权"后,进而长期霸作"小婆子";宿迁地主马某,有地 60 余顷、佃户 200 余家,他看中孙姓佃户 17 岁的女儿,在该女出嫁当晚,用花轿将其强行抬入自己家中,并长期霸占。同样被马某长期霸占的还有王姓佃户的女儿和张姓佃户的妻子。⑥有的地区,由"初夜权"延伸所霸占的佃户妻女,甚至成为地主恶霸妻妾的主要来源。盐东县⑦大恶霸柏某的 5 个老婆中,就有 4 个是强行霸占的。⑧

由于地主集地权、政权、军权、法权、族权于一身,佃农对地主施行"初夜权"和奸淫、霸占妻女的罪恶行径,根本无力反抗,也不敢反抗。否则轻则鞭打,重则招致杀身之祸。苏北沭阳地主徐某奸淫田姓佃户的儿媳,田仅责骂儿媳几句,徐即执牛鞭将田痛打;该县汤沟乡乡长、大地主汤某趁佃户王二娶妻,闯进其宅奸淫王妻。王母劝阻,即被其枪杀。⑨

(二) 地主增租夺佃普遍化、经常化和地租新高度

中国封建地主,特别是近代半殖民地半封建社会末期的封建地主,其

---

① 杨杰:《人生曲》,农村读物出版社 1991 年版,第 205 页。

② 李妙根选编:《国粹与西化———刘师培文选》,上海远东出版社 1996 年版,第288 页。

③ 马俊亚:《近代苏鲁地区的初夜权:社会分层与人格异变》,《文史哲》2013 年第 1 期。

④ 华东军政委员会土地改革委员会编:《江苏省农村调查》,1952 年印本,第 438 页。

⑤ 1941 年因建设淮海抗日根据地的需要,设立"泗沭县",新中国成立后撤销,辖区并入泗阳县。

⑥ 马俊亚:《近代苏鲁地区的初夜权:社会分层与人格异变》,《文史哲》2013 年第 1 期。

⑦ 盐东县,盐阜抗日根据地设。1942 年由盐城县东部析置,1949 年撤销。

⑧ 华东军政委员会土地改革委员会编:《江苏省农村调查》,1952 年印本,第 438 页。

⑨ 马俊亚:《近代苏鲁地区的初夜权:社会分层与人格异变》,《文史哲》2013 年第 1 期。

阶级本质、本性,不可能是满腹儒道、温良恭俭让,以慈悲为怀,或朝这个方向变化,而是日益反动、腐朽、贪婪、凶残。20世纪三四十年代,租佃关系中超经济强制的逆转和强化,催租逼佃的空前凶残化,正是这种反动、腐朽和贪婪、凶残本性的集中表现。因此,在农业生产和社会经济停滞、衰退,佃农加速贫困、难以维持简单再生产的情况下,封建地主不顾佃农死活,不择手段地增加地租、押租和额外需索。南北各地所见,地主增租夺佃普遍化、经常化,手段强硬化、毒辣化,几乎无所不用其极;农业生产衰退,土地产量低落,佃农日益贫困,而地租(包括押租)却上升到了一个新的高度。

1. 增租夺佃经常化、手段多样化和毒辣化

地主为了满足自己的贪欲,增租不论收成、时间,不择手段,增租不成,即行夺佃,增租夺佃成风。增租夺佃普遍化和经常化、日常化,是这一时期地租剥削变化的一个显著特点。

20世纪三四十年代,各地租佃关系中的一个普遍现象是,地主贪婪,地租加重,而灾荒频仍,生产低落,佃农的地租负担能力下降,往往无法按原额交租,主佃矛盾加剧。在某些土地租佃零碎、中小地主尤其是小地主居多地区,只得采用临田分租的折中办法。如福建福州市郊鼓山区一带农村,以往都是采用定租,日本全面侵华战争期间,连年水旱、风灾,水稻收成受损甚大,佃农无法按照定额交租,一再请求宽减;有的虽非硬租,但歉年折扣多寡,并无一定标准,易致主佃双方争执。该地小地主居多,经济外强制力有限。对他们来说,定租的租率虽高,但佃户交纳不起佃租时易被拖欠,分租也并非完全不合算。故自1937年后多改为分租,并逐渐形成对分的习惯。①

不过类似福州郊区的情况不多。相反,各种资料所见,而是地不分南北,地主不分大小,只要有需要和可能,就会最大限度地提高租额,采取一切手段进行朘削。江苏崇明,在日军侵占时期,地主"一面逢迎敌人,一面利用敌伪势力,加重对农民的剥削",大肆增租。原租额每千步(合

① 华东军政委员会土地改革委员会编:《福建省农村调查》,1952年印本,第31页。

4.166 亩)350—500 斤(18 两 3 钱老秤),约占常年产量 1000 斤的 35%—50%,后普遍增至每千步 4 石(160 斤/石),约合每亩 1 石,租率升至 64%。[①] 泰县,地主见佃户勤于耕作,土质有所改良,即换约涨租,或借口砌房造屋、办婚丧大事,临时涨租。否则,即以摘田夺佃相要挟。大埝庄地主"十聋爹"每届庄稼成熟,即坐车下田巡察,见哪块庄稼长得好即涨租,不同意就摘田,加上重利盘剥,兼并土地,不到 10 年,其田产即从 200多亩增加到 500 多亩。[②] 苏北地区,地主可以不分季节,随时随地任意增租、撤佃,增租手段、名目繁多。最常见的有"宝塔租""跑马租""烧青苗"等。所谓"宝塔租",是佃农以相当地价 1/3 到 1/2 的押金租进土地,但每年"行租"(额租)不定,产量高时就增加租额,产量降低了不减少,有增无减。三年、五年就加租一次。待农民交不起租时,地主就将田收回。此种租制在东台西部较多。[③] 最常用和毒辣的一手还是"烧青苗"。青苗长在地里,尚未成熟、收割,地主却要"涨租",否则即行"拿田"(撤佃),佃户眼看即将收割的庄稼,自然不舍得放弃,或因没办法再找田,被迫答应加租。当地谚语云:"地主想到烧青苗,佃户吓得头直摇。"[④]南通的"批价田"也同"烧青苗"相似,规定地主可随时涨租,如去年每亩收 80 斤租,今年可增为每亩 100 斤[⑤],如此等等。在浙江余姚,有一种称为"稍租"的地租形式,始于清朝末年,"地主每年规定租额",择佃承租。初时每亩租银 1 元 5 角,折谷 70 斤。到 1941 年,因受日军全面侵华战争影响,失业人数增加,竞佃激烈,每亩租额涨至 120 斤,"此后租额每年增加",最高达 280 斤。[⑥] 建德地主则以假卖方式抽回租田,威胁佃农,以便随意提高租额。[⑦] 山东宁阳一些大地主的规矩是,"歉年收原定地租,好年景

---

① 华东军政委员会土地改革委员会编:《江苏省农村调查》,1952 年印本,第 444、446 页。
② 泰县县志编纂委员会编:《泰县志》,江苏古籍出版社 1993 年版,第 142—143 页。
③ 华东军政委员会土地改革委员会编:《江苏省农村调查》,1952 年印本,第 443 页。
④ 华东军政委员会土地改革委员会编:《江苏省农村调查》,1952 年印本,第 434 页。
⑤ 姚谦编著:《张謇与近代南通社会:口述实录(1895—1949)》上册,方志出版社 2010 年版,第 94 页。黄海山,1931 年生,南通市唐闸油脂厂退休,住南通市生港镇五星村,2010 年 7 月 5 日采访。
⑥ 华东军政委员会土地改革委员会编:《浙江省农村调查》,1952 年印本,第 202 页。
⑦ 华东军政委员会土地改革委员会编:《浙江省农村调查》,1952 年印本,第 173 页。

提高地租"。①

　　在四川,任意加租是地主的固有权力。江北、巴县的情况是,"地主可以任意撤佃,可以任意加租加押,可以额外苛索";②在井研,"农民佃租土地,地主可以任意加租",据千佛乡民建村的调查,刘民生、程仲良等4户佃农,于1914年租种地主水田320挑(3.75挑折合1亩),土20.8石(0.24石折合1亩),共交纳押金铜元2700吊(相当于121石稻谷),每年交租谷54石、杂粮1.5石,相当于常年产量的42%。到1932年,押金增加到3500吊铜元,提高29.6%,租谷增加到78石,杂粮1.8石,租额上升43.37%。抗日战争时期,物价上涨,押金转为稻谷,租额增加到91石、杂粮2石。到1948年,租额又增加到100石、杂粮3.6石,占常年产量的78%。34年内租额提高85.2%,平均每年提高2.53%。③

　　在许多地方,佃农将荒地垦熟,或土地变肥,产量稍有提高,或所种树苗成长,或年成稍好,地主都会立即加租。苏北东台有所谓"跑马租",就是地主将荒地租给农民开垦,待成熟时就不断加租,速度快如"跑马"。④安徽宁国丘陵山区,农民租垦地主荒山种植苞谷,一九分租(佃九主一),佃户可以在山上栽树,种三四年后桐子、杉苗长大,地主就要加租,佃户出不起租,只好连山带树还给地主,地主白得树木。⑤ 在贵池,地主土地,"谁交租多即交谁种",往往将佃户垦熟的田,夺佃转租,原佃不得已,被迫加租。⑥ 来安地主起初将荒山野地租给佃户,租额较轻,但经农民辛辛苦苦将荒山野地培植成为熟田后,地主不是抽佃,就是将租籽加得很高,强迫佃户接受最苛刻的剥削条件。⑦ 新疆莎车,佃户承租荒地,先给地主

　　① 宁阳县地方史志编纂委员会编:《宁阳县志》,中国书籍出版社1994年版 第321页
　　② 上海中国地政学院编纂:《民国二十年代中国大陆土地问题资料》第61册,(台北)成文出版社1977年版,第31585页。
　　③ 四川省井研县志编纂委员会编:《井研县志》,四川人民出版社1990年版,第144页。
　　④ 华东军政委员会土地改革委员会编:《江苏省农村调查》,1952年印本,第443页。
　　⑤ 华东军政委员会土地改革委员会编:《安徽省农村调查》,1952年印本,第218—219页。
　　⑥ 华东军政委员会土地改革委员会编:《安徽省农村调查》,1952年印本,第137页。
　　⑦ 华东军政委员会土地改革委员会编:《安徽省农村调查》,1952年印本,第97页。

劳动半年,地主满意后才给地种,所收粮食主佃平分,各种捐税全由佃户承担。租期一般不超过三年,佃户租种一二年后,地主认为荒地已经垦为熟地,即行收回。①

如果佃农投入工本,土地种肥了,产量增加,地主更要增租,或夺佃,或以夺佃相威胁。江苏句容,地主土地"出租时原是孬田,佃户种肥了就强行加租或抽田"②。江西九江石门乡贫农胡进弼种地主胡祖植土地6亩,初交租谷每亩120斤,地主见每年产量增多,便将租额慢慢提高到每亩180斤。③ 广东各地,此类增租"在解放前几年最为普遍,最为厉害,每年不断增加"。如广州天河区,地主"时常加租,如把瘦田租出几年让佃农耕肥后,就要加租"。④ 广东灵山(现属广西),如遇丰年,地主即向佃户声明,今年收租不用46筒斗,改用48筒斗,但实际收租时却又用50筒斗,加租8.7%。而且没完没了,邓永飞批耕地主宁某4.8亩田,第一年交租28斗,第二年交租32斗,第三年交租36斗,第四年更升到56斗,交不起即被夺佃。解放前夕,一些地主听说解放军来了要实行"二五减租",即预先加租,以加抗减。地主邓某将其佃户的486斗租升至606斗,升幅为24.7%,同时,叫佃户在租簿上多写批额,如叫邓世应将45斗租改写为72斗,升幅更高达60%。⑤ 扣除"二五减租",增幅还达到20%。

封建地主还不断突破传统租制或租佃习惯,将租额固定不变、丰年不增、灾年不减的定额租制(又称定租、包租、板租、硬租、铁租),变成只能增不能减的"增租制"。一些地区的规矩是,如遇年成灾歉,甚至颗粒无收,也必须照原额交租,不能短少升合,即所谓"荒田荒地不荒租""天干

① 李进淮:《莎车县志》,新疆人民出版社1996年版,第112—113页。
② 句容县地方志编纂委员会编:《句容县志》,江苏人民出版社1994年版,第176页。
③ 中南军政委员会土地改革委员会调查研究处编印:《中南区一百个乡调查资料选集·解放前部分》,1953年印本,第161页。
④ 广州市天河区地方志编纂委员会编:《广州市天河区志》,广东人民出版社1998年版,第189页。
⑤ 中南军政委员会土地改革委员会调查研究处编印:《中南区一百个乡调查资料选集·解放前部分》,1953年印本,第222—224、227—228页。

地开坼,租镍少不得"。① 反之,收成稍好,地主立即加租。如安徽灵璧的"包稞","不论水旱病虫灾害,即使颗粒无收,均要如数缴纳",但如果当年丰收,地主可加租,甚至加倍,俗称"复课"。② 山东邹县地主也是"任意涨租、蝗旱不减租"。1924年地主嫌租额定得低,推说捐税负担重,每亩涨租半升(11斤),并答应歉年减租。但1938年6月发大水淹了十几个庄子,秋后又旱;1939年旱灾;1940年又是蝗灾,五谷失收。地租一粒不减,硬叫佃户如数交纳。佃户只得折变自己的产业,交清地租。③ 有些地区的地主则根本无所谓租制,完全随心所欲。如江苏南京郊区有些出租菜园的地主,"看什么办法剥削得最多就采用什么办法,没有一定的租制:钱租合适要钱,粮食贵了要粮食,菜贵了要实物,并时常增加租额,还有预交租。押金则很普遍,多者佃户要交三、四次"。④

浙江常山的"铁板租",按惯例"不论丰歉,租额不变"。但有的地主则在丰年增加租谷25—50公斤。⑤ 在宁波地区,定租又叫"板租""死租",俗谓"荒熟无让"。但这种乡俗惯例,并不妨碍地主增租。"遇丰收年景,地主强迫农民在原定租额上另加新租"。⑥ 湖北松滋,无论活租、定租,租额、租率都是与年俱增。1930年前后,两种地租形式的收租量,均占土地产量的1/3,后来收租量与年俱增,地主收40%甚至与农民对半分。定租每亩收谷140—180斤;活租一般年景夏季每亩收大麦或蚕豆2—3斗(折市秤30—40斤),秋季每亩收籽棉30—40斤。⑦ 同样流行定租的四川,地主增租乃家常便饭。在井研,"农民佃租土地,地主可以任

---

① 个旧市志编纂委员会编:《个旧市志》,云南人民出版社1991年版,第537页;《石门县志》,中国文史出版社1993年版,第122页。

② 灵璧县地方志编纂委员会编:《灵璧县志》,浙江人民出版社1991年版,第86—87页。

③ 华东军政委员会土地改革委员会编:《山东省、华东各大中城市郊区农村调查》,1952年印本,第90页。

④ 华东军政委员会土地改革委员会编:《山东省、华东各大中城市郊区农村调查》,1952年印本,第165页。

⑤ 常山县志编纂委员会编:《常山县志》,浙江人民出版社1990年版,第139页。

⑥ 宁波市地方志编纂委员会编:《宁波市志》,中华书局1995年版,第338页。

⑦ 湖北省松滋县志编纂委员会编:《松滋县志》,1986年内部发行本,第278页。

意加租,而无地或少地的农民,没有土地就无法生存,只好忍受高租剥削"①。云南易门,定额租称作"包租",流行范围和地租品种广泛,除谷租外,还有玉米租、麦租、蚕豆租、荞租、黄豆租、蜂蜜租等,无论水旱虫风,额租概不减让,谓之"荒田不荒租",但是"田种得好要加租"。②

有的增租是在土地买卖、转移过程中进行的。卖主为了多得价款,虚报租额,买主又进而多加租石出租,导致地租大幅攀升。湖南长沙,十保王佑光佃耕地主黄步云新买进的 100 石谷田,原收租谷 30 石,黄加至租到 44 石,第二年再加至 56 石。1944 年强迫王佑光退佃,但无借口,即诬王佑光与其儿媳有染,强行退佃。③ 在醴陵,如甲原有田租 10 石,将此田出卖给乙,报租 11 石,乙作 11 石租买进后,又作 12 石租出租给丙。当地称这种多加的租石为"浮租"。租越浮,农民也就越吃亏。该县磐石乡 13保,一般多为主佃对分、主六佃四,也有主七佃三,甚至超过七三开的。浮租"最普遍"的一甲,"租额大都为三七开"(主七佃三),甚至超过三七开。如贫农汤启明佃耕地主张某田 2.4 亩,每年收获量 8.4 石,交租 7石,佃户得一成七,东家得八成三。④ 益阳大地主胡桂五,1930 年买进一宗水田,丰年可产谷 100 石左右,原年租 74 石,原佃超额交押 400 块大洋,扣"庄息"谷 20 石,交租 54 石。占产量约 54%。胡买进后,另加 90 石田,一起出租,收押金 340 块大洋,年租 126 石。占产量约 66%。⑤ 这样,土地买卖、转移越频繁,地主增租越普遍、速率越快。

地主无休止增租,但佃农油水有限。一旦佃农油水干枯,或可能不利地主增租,不论佃农是否欠租或"违规",一律夺田换佃,寻找新的压榨目标。广东普宁贫农江德雄,租种地主 3.25 亩土地,每年交租谷 12 担,1948 年加至 14 担,恰巧当年歉收,短欠一箩租谷,地主上门催逼,江德雄只得卖猪交租。地主发现江的油水已经被榨干,收到租谷后,立即吊佃,

---

① 四川省井研县志编纂委员会编:《井研县志》,四川人民出版社 1990 年版,第 144 页。
② 沐德智:《易门县志》,中华书局 2006 年版,第 199 页。
③ 新湖南报编:《湖南农村情况调查》,新华书店中南总分店 1950 年版,第 33 页。
④ 新湖南报编:《湖南农村情况调查》,新华书店中南总分店 1950 年版,第 39 页。
⑤ 新湖南报编:《湖南农村情况调查》,新华书店中南总分店 1950 年版,第 154 页。

并说,"让你种了,也无谷可还的"。①

20 世纪三四十年代,地主增租不只是直接增加租额、加大增租密度、提高定租租率或分租分成比例,而且在方法和手段方面,也有很大变化,新招层出不穷、五花八门,手段更加强硬、毒辣、隐蔽,可谓无所不用其极。

在农业生产低落、年成不稳及农民加速贫困、高利贷日益猖獗的情况下,预租成为一些地区地主增租的重要手段。

预租,有些地区称为"上打租",在 20 世纪三四十年代前,主要功能是替代押租,防止佃农欠租,故其租额一般比秋后现租低,以抵偿预交期间的应得利息。到 20 世纪三四十年代,预租和现租等额,地租与高利贷结合,成为地主的增租新招。

在浙江,预租又称"垫租"或"典租"。规定佃农必须提前一年交清租谷,次年耕种,即使颗粒无收,租谷概不退还。前揭余姚的"稍租",即为预租,按其预交时间的不同,又分两种:一为"隔年稍",即在租地耕种前一年预付租额;二为"稻上开花",即在收获前交纳。"稍租"不仅须提前预交,地主兼行债利盘剥,而且租额一年一定,不断增加,在 1941 年后的短短几年间,租额最高增加了 3 倍。② 嵊县租田有 2/3 系预租,预租在头年早谷登场时缴清,否则地主就撤回租田。租额每亩 200 斤上下,最高 250 斤,平均占收获量的 65%以上。上虞县每亩预缴租谷折银元 10 元,约占农户全部收获量的 32%—80%,种了一年后,又得把第二年的租谷交清,依此类推。因农民租田不易,"地主乘机提高租额,看谁出的租谷多,就把田租给谁种"。③ 前述宁波地区,因农业生产衰退、"丰收年景"越来越罕见,丰年加租无望,于是地主改秋后现租为"隔年预租",规定"先交租后种田"。地主将所收预租高利放贷,利息等同加租;若佃农交不出预租,新谷登场交租时要另加利息 50%,亦即加租 50%,如遇灾歉收延迟交

---

① 中南军政委员会土地改革委员会调查研究处编印:《中南区一百个乡调查资料选集·解放前部分》,1953 年印本,第 181 页。

② 华东军政委员会土地改革委员会编:《浙江省农村调查》,1952 年印本,第 202 页。

③ 《浙江省农业志》编纂委员会编:《浙江省农业志》上册,中华书局 2004 年版,第 298 页。

租,还得累计加息。这样,无论丰年、平年、灾年都达到了加租的目的,甚至灾年加幅更大。如佃农彻底破产,实在交不上租子,地主又想出了"赔租"的绝招,即收地换佃,由新佃清偿前佃欠租,再按一定租额交租。① 由秋后现租改为"隔年预租",不仅可以多得一年利息,租谷旱涝保收,无荒年欠租之虞,甚至还可免除灾年田赋,因祸得福。如1934年萧山全县大旱,南部山区颗粒无收,因是预租,不仅租额早于上年收足,一粒不少,而且豁免当年田赋,地主双倍得益。②

浙江奉化有一个预租加高利贷的典型增租个案。该县奉中镇佃农周阿龙,1946年秋天向地主租田1亩8分,先预交租谷350斤,1947年才能入田耕种,但第二年秋天又得预交第三年的租子,周阿龙因无力交纳,经过地主同意写立借单,5分计息,于1948年早稻交谷525斤。而到1948年,周阿龙更加无力交纳,于是再写借单延长一年,利上加利交租778斤。这样,累计三年,连1949年的350斤预租在内,周阿龙共交预租1483斤半。如按原来的现租办法,1947年、1948年两年共交租700斤,占两年1100斤产量的63.6%,而改成预租后,已交和连本带利应交1483.5斤,比现租增加111.9%,相当租田两年产量的1.3倍,即使全部用于完租还差383.5斤。③

广东普宁,水稻栽培、收获,分早冬、大冬两季,租谷历来是大冬一次交纳。1943年,该县地主改变惯例,提前预征,强迫佃农早冬先交地租四成,大冬全部交清。④ 湖北有的地区叫预租为"押稞",预租同撤佃、高利贷紧密配合,如今年交不上租,下年就收回土地。嘉鱼1亩田,要头年交4斗芝麻,交不起须请保,第二年加倍。⑤

华北和东北地区,预租通称"上打租",秋后现租称"下打租"。20世

① 宁波市地方志编纂委员会编:《宁波市志》,中华书局1995年版,第338页。
② 费黑:《萧山县志》,浙江人民出版社1987年版,第215页。
③ 人民出版社编辑部编:《新区土地改革前的农村》,人民出版社1951年版,第19页。
④ 中南军政委员会土地改革委员会调查研究处编印:《中南区一百个乡调查资料选集·解放前部分》,1953年印本,第181页。
⑤ 人民出版社编辑部编:《新区土地改革前的农村》,人民出版社1951年版,第55—56页。

纪三四十年代,原来的秋后"下打租"相继为"上打租"所取代。到40年代,"上打租"成为一些地区地租的主要形式。河北无极,"遇有水旱虫风等灾害减少或绝收,地主按原租额计算,仍以'二八''三七''四六'、对半等比例分成,且多实行'上打租'(即春种前先交租)"。①怀柔,因经常受灾减产,地主为了防止佃农因灾减产欠租,将现租改为"上打租",小周各庄柳姓地主,出租约300亩土地,租金全为"上打租"。②乐亭,租制有物租和钱租。钱租较物租低些,"但一般要上打租,即春交租"。③新乐自1942年日军"五一"大扫荡后,地主除向佃户转嫁日军差捐劫掠外,又实行"无限制"的上打租,一年一转租,没钱不给佃户种地,甚至宁荒勿佃。④

东北辽宁的情况是,民国时期实行钱租较多,到1929年"奉票"暴跌,改行实物地租。钱租多为"上打租",并同高利贷相结合,即在土地耕作前交租,如滞纳则将租金转为借款,另计利息。也有实行"下打租"的,即在秋后交租,但租额多于"上打租"。日军侵占东北后,地主先是增加租额,提高租率,继而再将已经提升的租额由"下打租"改为"上打租"。据1935年伪满调查,辽宁每垧地现金地租35—50元,租率40%—55%,高的达60%。租率既高,并一律规定为"上打租"。⑤

地租预征一年尚不能满足地主贪欲,于是一些地区很快从预征一年改为预征2年、3年。如广东灵山陈清河批耕地主宁某8亩田,每年租额80斗,但要预交两年160斗的"上期租"。加上利息,实际租额提高一倍。有的则征收了预租,又征现租,预租、现租重复征收。该县地主轮流收租的烝尝田,轮到自己收租前的一年,先向佃户征收预租,轮到自己收租时又再收现租。如邓世广批种的烝尝田,1949年才轮到地主容某收租,但在1948年容某即收足1949年的租额,到1949年又收一次,租额

---

①　刘宗斌:《无极县志》,人民出版社1993年版,第125页。

②　怀柔县志编纂委员会编:《怀柔县志》,北京出版社2000年版,第161页。

③　乐亭县地方志编纂委员会编:《乐亭县志》,中国大百科全书出版社1994年版,第141—142页。

④　韩书林:《新乐县志》,中国对外翻译出版公司1997年版,第115页。

⑤　辽宁省地方志编纂委员会办公室编:《辽宁省志·农业志》,辽宁民族出版社2003年版,第31页。

增加一倍。① 江苏大丰县,预租俗称"脱白租"或"烂本租",租期一般为2—3年,地租一次交清,租额约占收获量的50%。② 若算上利息,实际租率达70%—80%。

"标租",有些地方亦称"标田""投租""投耕""跑租""赖租""暗码田租"等,是20世纪三四十年代产生和开始流行的土地招租形式,同时也是地主的一种重要的增租手段。由于"标租"带有浓厚的近代商业和市场竞争色彩,表面上"公开公正""公平合理",与直接同高利贷结合的预租相比,更具隐蔽性和欺骗性。在那些人多地少、竞佃激烈和商业较发达的地区,这种增租方式简单易行,也非常奏效。

浙江宁波地区,地主采用的办法是,租佃一年一换,当年秋收前由佃户在标签上写明愿交租额,地主选择标价最高者为承种户。③ 杭县山桥乡的"借田"(佃户无永佃权的田地),"地主看谁出租最多,每年更换佃户"。④ 由于租期只限1年,那些拖家带口、困于土地饥渴的贫苦农民,抱着吃亏一年、以渡过当前难关的"病急乱投医"心态,往往高租落标,唯恐有失,自然跌入陷阱,地主轻而易举达到了增租"最大化"的目的。

类似情况和方法,在广东、四川、苏北等地都普遍存在。广东惠阳的祖尝田,采用"投租"和预租的双料增租法。该地祖尝田所占比重相当高,普遍采用"投租法"。如沥林乡的祖尝田占全部土地的23.3%,全部"投租"招佃,而且只有本房子孙才有资格投租,别房别姓农民无份。中标耕种期最多5年,一般12月开投,中标者必须先交足一年租额(租额用钱或谷由地主决定),次年3月才能耕种。以后每年租额也必须在头年12月前交清。⑤ 花县祖尝田也用"竞投法"。每年开耕前在祖祠投标,出

---

① 中南军政委员会土地改革委员会调查研究处编印:《中南区一百个乡调查资料选集·解放前部分》,1953年印本,第223页。
② 大丰县地方志编纂委员会编:《大丰县志》,江苏人民出版社1989年版,第103页。
③ 宁波市地方志编纂委员会编:《宁波市志》,中华书局1995年版,第338页。
④ 华东军政委员会土地改革委员会编:《浙江省农村调查》,1952年印本,第194页。
⑤ 中南军政委员会土地改革委员会调查研究处编印:《中南区一百个乡调查资料选集·解放前部分》,1953年印本,第168页。

租价最高者得。① 四川江北学田,亦用招标竞佃,提高租价,每五年招标一次,出租价最高者得。有的还通过张贴广告或散布口头信息,广为招徕,借以提高标价(租额)。② 流行于苏北一些地区的"跑租"尤为苛刻。这种租制并非单纯用于招佃,而是实行于租佃持续期间,且均不定期,不论现耕佃农是否欠租或违规,谁出的租额高,地就抽给谁种,原佃即被撤换。③ 这样,地主不仅年年增租,而且达到了离间佃农和破坏其内部团结的目的,一箭多雕。

还有的挖空心思、巧立名目,在传统租制之外,"发明"或另立新的"租制",以达到增租目的。

浙江常山的"时租",就是地主发明的增租"租制"。土地改革前,该地租制分"铁板租"和"时租"两种。铁板租不论年成丰歉,租额固定不变;"时租"由"大租"和"小租"两部分组成。收获物先由地主与佃农对半分成,地主所得部分称为"大租",然后,地主再分佃农所得部分的10%,谓之"小租"(下述湖南邵阳亦有类似"小租")。④ 这样,大租、小租合计,地主实得55%。"时租"产生的具体时间不详。只知常山同浙江其他地区一样,租制原本分为定租("铁板租")、分租两种,现在"时租"完全取代分租,成为基本的地租形式,租率亦相应由原来的50%升至55%。

无独有偶,湖北长阳、云南红河等地,都有相似的增租"租制"。湖北长阳有"主佃对分"外加"逢十抽一"的分租形式。即地主和佃农先"对半"平分收获物,地主再从佃农所得部分"逢十抽一"。⑤ 云南红河有租佃双方各得一半土地实收产量的"分边制"。不过并非直接平分总堆,而是从总堆抽出1/10甚至3/10给地主,余下的再主佃平分。佃户实得45%或35%。⑥ 这同"时租"有异曲同工之妙。

---

① 江莘:《广东花县农村经济概况》,《中国农村》1935年第4期。
② 郭汉鸣、孟光宇:《四川租佃问题》,上海商务印书馆1944年版,第20—21页。
③ 华东军政委员会土地改革委员会编:《江苏省农村调查》,1952年印本,第443页。
④ 常山县志编纂委员会编:《常山县志》,浙江人民出版社1990年版,第139页。
⑤ 湖北省长阳土家族自治县地方志编纂委员会编:《长阳县志》,中国城市出版社1992年版,第115页。
⑥ 红河县志编纂委员会编:《红河县志》,云南人民出版社1991年版,第121页。

　　总之，只要能达到增租和搜刮的目的，地主什么手段都使得出来，花言巧语、软硬兼施；明火执仗，强割强抢，甚至杀人放火，无所不为。

　　湖南邵阳，地主王某先是甜言蜜语诱使农民谭进发租种刚被佃农退耕的 40 石谷田（可收谷 28 石），佃约（当地俗称"请字"）规定采用分租制，除了平分产量，每年另交"小租"1 石 2 斗。当时谭进发要求"请字"写明年份，希望多种几年。王某保证，"除非你作我的田发了财自动不作时绝不退你"。谭进发信以为真，勤力耕作施肥，第一年获得丰收，主佃各分了 14 石谷，王某见此，随即逼迫将"分租"改为"实租"，租额增至 15 石。但第二年水灾歉收，全部收成还不够交租，谭进发被迫负债，第三年只得退佃。而王某租已到手，当然"乐得去欺侮其他农民"。①

　　有些地主更形同流氓、强盗。前揭益阳大地主胡桂五，将 1930 年买进的一宗水田（丰年可产谷 100 石左右）连同另一宗 90 石谷的田，一起租给刘家贤耕种，征收押租 340 元银洋，年租 126 石。1938 年水灾减产，佃户先后两次请酒，要求减租。胡含糊以对，谓"等谷子收割后再说"。谷子收割后，胡即将刘家谷仓封锁，仅允减租 19 石，将仓谷全部抢走，并扣除 340 银元的押租抵充欠租，价格计算高出市场 1/3，不仅租额一粒未减，甚至超过原租，然后夺佃。② 河南修武，地租一般为分租制，多为主七佃三分成，但有的地主，"根本不讲比例分成，随意向佃户勒索"。庞屯村地主王老虎，租给佃户庞生金 1 亩 2 分地，一年要粮 10 石 8 斗 3 升。麦收时，将小麦全部抢走，只顶了 8 斗 3 升。庞全家白干一季颗粒无收，逼得外出讨饭，背乡离井，有家难归。③

　　在苏北，黄士达、黄串仙等 5 户启东、海门佃农，到射阳合伙租地谋生，共交押金 700 银元，承租约 260 亩的土地栽种棉花，头年棉花长势喜人，丰收有望。地主红了眼，竟然高价雇人抢摘棉花。当时市价摘一斤棉花一个铜板，地主出价二个铜板一斤招工抢收。面对地主的疯狂抢掠，五人商量以 5 个铜板一斤的工价招人，临工都来替佃

　　① 新湖南报编：《湖南农村情况调查》，新华书店中南总分店 1950 年版，第 85 页。
　　② 新湖南报编：《湖南农村情况调查》，新华书店中南总分店 1950 年版，第 154 页。
　　③ 修武县志编纂委员会编：《修武县志》，河南人民出版社 1986 年版，第 287 页。

户摘花,地主恼羞成怒,将黄士达等连人带棉花押送到通洋镇政府。后来黄串仙找了一个有些地方势力的人给镇长顾某写信,顾叫放人退还棉花,并说"以后不准欺负海门人"。[①] 地主的强盗行径才未能得逞。不过广东灵山佃农邓世全就没有那么幸运了。邓世全批耕地主"棺材头"10 亩田,每年租额 112 斗,已交上期租 112 斗,1935 年尚未收割禾稻,地主就前往索租,邓无法交纳,地主大怒,一俟禾稻成熟,立即抢割,把 10 亩田的禾稻全部割光,抢割完毕即行夺佃,所交上期租也一粒不还。[②] 邓世全全家辛苦一年,不仅颗粒未得,还额外多交一年租谷,靠剥削地租为生的地主,已经蜕变为十足的强盗。

2. 地主肆意增押、吞押和押租功能、性质的蜕变

押租最初作为地租的保证,从它产生、流行到 20 世纪三四十年代,地主的压榨手段和押租的功能、性质,一直在不断演变:押租产生、流行不久,由于地主贪欲膨胀,押租数额扩大,逐渐赶上和超过地租,押租及其利息在地租总量中占着越来越大的比重,从地租担保演变为利贷资本和利贷剥削的重要手段。这是押租功能和性质的头一个变化;随后,因押租数额过大,远远超过地租,丧失作为"地租保证"的理据,地主采用"增押减租"的策略,对超出常额的押租提供象征性的利息补偿,进行蒙骗。押租继续飙升,形成"押重租轻"态势,押租及其利息成为地主的主要收入来源,地租反居其次。这是押租性质和功能的再次变化;地主因原有的额租下降,失去相当部分的常经收入,日常生活和经济活动受到影响。且额租过低,继续增押失去理据,地主转而增加地租,加租、加押交替或同时并行,形成高租高押的"双高"局面,而且有息押租相应减少。佃农因苛重的押租和地租负担,加速贫困化,大多无力交纳押租。地主直接将佃农欠缴押租转为债款,交付利息,又或以田产、房产、耕牛、农具抵押,甚至须将佃户男子或妻女抵押和强制无偿服役,押租与高利贷、押租与人身奴役结

---

① 姚谦编著:《张謇与近代南通社会:口述实录(1895—1949)》下册,方志出版社 2010 年版,第 199 页。黄振远,1926 年生,射阳县陈洋镇丰和村二组农民,1997 年 11 月 8 日采访。

② 中南军政委员会土地改革委员会调查研究处编印:《中南区一百个乡调查资料选集·解放前部分》,1953 年印本,第 223 页。

合愈加紧密，押租完全变质，原本作为人身解放、经济强制取代超经济强制的产物，蜕变为高利贷和中世纪人身奴役的资本与手段，这是押租功能和性质的第三次变化。20世纪三四十年代，由于日军劫夺，战争破坏，加上恶性通货膨胀，农业生产和农户经济空前恶化，而封建地主愈益贪婪和政治化、凶残化，不仅没有放松对佃农经济压榨，反而趁火打劫，将日军劫夺、战争破坏、通货膨胀的灾难统统转嫁到佃农头上，在肆无忌惮增征新押的同时，千方百计吞没旧押；增押不成就夺佃，或成功增押后仍然吞押夺佃。增加押租与吞没押租、增加押租与夺地换佃紧密结合。佃农所交押租全部化水，佃农完全或濒临破产，而地主夺佃吞押成为佃农加速破产的催命符。这是押租功能和性质的第四次变化。

上述四次变化，既有时间先后，也可能同时或交替产生。在不同区域之间，经济、社会环境有别，押租产生、流行的时间不同，发展变化互有差异。20世纪三四十年代，就全国范围而言，四次变化同时发生和存在，但以第四次变化为主，疯狂增加押租和增加押租同吞没押租紧密结合，尤为突出。

清末民初和20世纪二三十年代，押租已呈现明显增长趋势：数额增加，范围扩大，地区从南方向北方延伸。1937年日本全面侵华战争爆发后，由于历史环境的变化，押租恶性膨胀，地主随意提高押租，已成家常便饭。

江苏川沙横沙岛，佃农挑泥筑圩，砍芦挖柴，排除积水，披荆斩棘，开垦荒滩，但荒地开好后的第一年，农民不仅要向地主每亩交纳押租稻谷100斤，而且随着新垦田亩渐渐变好，押租每年加重，由100斤到200斤、300斤，最高到600斤。等到第五、六年土地完全变成良田后，地主即抽地或高价出卖，农民只能再到旁的地方去筑圩、开荒。[①] 安徽岳西，佃农租田须上"系庄"（押金），"地主往往无理提出要把系庄加大，佃户无力交纳或不愿交纳时，立即夺佃"。[②]

---

① 苏南人民行政公署土地改革委员会编：《土地改革前的苏南农村》，1951年印本，第24页。

② 华东军政委员会土地改革委员会编：《安徽省农村调查》，1952年印本，第164页。

　　四川川南地区,地主以"夺佃"相威胁,"随意增加稳租(押租)";①綦江地主有随时提高押金的"自由",若不承认,则另佃他人。② 犍为一带,"地主可以任意换佃",农民为保持土地耕作,只有忍痛任其宰割,"加押之风,因此特盛",地主缺钱时,"每向佃户加取稳金"。罗城镇孀居刘张氏,光绪三十四年(1908 年)以小钱 900 串"写进"(租进)县学务局田 100挑,其时该田价格不过 1800 串左右。其后币制多次变动,而刘张氏不知折换货币之法,学务局每逢财政困难,动辄要求加押,否则退佃。而退佃,原交押金小钱已不流通,且其币值跌落"何止百倍",既不能持而向他处写田,又不能改从他业,无异于破产绝途。如是只有再三托人恳求少加之一法。计前后加稳 3 次:1930 年加铜元 2300 串;1936 年大旱之后加大洋100 元,1938 年又加 50 元法币。③ 其他各县,大同小异。有的每逢正常年份,即加押加租(如梁山);有的不论丰歉,"任意加押加租"(如南充、井研、巫溪),或几乎年年加押(如广安、南部)。④ 仪陇、开江、永川等县趁通货膨胀,"连年加租加押",甚至一年加几次。⑤ 岳池有的地主,也年年加押。胡姓佃农,1930 年租种地主水田 40 挑,年租 30 石,立约时交押租铜元 3400 吊,折谷 28.4 石。1931 年、1935 年、1937 年先后加押 5 次,累计银元 100 元、铜元 5700 吊,共折谷 38.5 石,相当于初押的 1.36 倍。⑥

　　在湖北,押租俗称"批田",一般以田价的 50%—60%为标准。该地押金全无利息,只有退本不退本之分,前者俗谓"烂利不烂本",后者叫作"连本焖"。日本全面侵华战争期间,货币贬值,地主借口物价波动,以"夺佃"威胁佃户,年年增加押金,而且数量很大。如浠水团陂熊姓佃户

---

　　①　人民出版社编辑部编:《新区土地改革前的农村》,人民出版社 1951 年版,第 80 页。

　　②　綦江县志编纂委员会编:《綦江县志》,西南交通大学出版社 1991 年版,第 283 页。

　　③　上海中国地政学院编纂:《民国二十年代中国大陆土地问题资料》第 53 册,(台北)成文出版社 1977 年版,第 27305—27307 页。

　　④　参见相关各县县志。

　　⑤　四川永川县志编纂委员会编:《永川县志》,四川人民出版社 1997 年版,第 282—283 页。

　　⑥　何承朴:《辛亥革命后四川农村土地剥削情况初探》,《四川师院学报(社会科学版)》1983 年第 3 期。

租了地主 24 石谷田,原交押金银洋 24 元,"历年增加",到 1949 年已加到 108 元,相当于原付押金的 4 倍半。[①] 长阳地主常以各种理由向佃户"加庄",民国年间,渔峡口高丘地主李明庆租给张宏纪土地 6 亩,先后 8 年间,加庄 5 次,累计庄钱达 3600 吊(合银元 450 元),已等于土地价格。[②]

广东地主增押之频繁,手段之蛮横无理,更是前所未有。灵山梓崇塘乡,邓景初 1919 年交付押金 34 斗,批耕烝尝田 4 亩,每年交租 34 斗,1935 年加征押金 18 斗,1942 年又加 34 斗,至解放前夕共交押金 86 斗,相当于初交押金的 2.53 倍;邓世广于宣统元年(1909 年)交押金 22 斗,批耕地主容某田 2.2 亩,每年交租 22 斗,此后押金不断增加,到 1941 年累计共交押租 8 次,由 22 斗加至 108 斗,增加 3.9 倍。一些由几户地主轮流收租的田地,每年轮换一次,收租者就同时收一次押金。如邓壮广批耕石碑塘地主轮租田,头年地主"大头十二"收租,交押金谷 22 斗,第二年容威济收租,再交押金 22 斗,第三年容源增收租,又交押金 22 斗⋯⋯以后,一直如同额租一样,每年都须重复交纳押租。[③] 云南富民县,地主在租佃过程中,屡次加押。如肖家营一佃农租田一份,到 1950 年已 80 年,地主先后加过银子、银元、谷、米 4 次,押金早已超过田价。[④]

不仅熟田熟地的押租不断增加,洞庭湖滨的围湖垦荒佃农,在将芦苇荒滩围垦成农田而尚未收获时,押租已增长数倍,湖南洞庭湖周边常德、益阳、沅江、湘阴、汉寿、南县、澧县、华容、安乡、临湘、岳阳 11 县的荒洲租垦情况是,农民租垦,每亩荒洲先向地主交五六斗至一石的"进庄"(押金),写下佃约,搭个茅棚栖身,砍芦柴,排除洲内渍水,锹铲锄刨,用汗水创造耕地。但耕地未见,"进庄"却"每年加重着,第二年、第三年当荒洲

---

① 人民出版社编辑部编:《新区土地改革前的农村》,人民出版社 1951 年版,第 55 页。

② 湖北省长阳土家族自治县地方志编纂委员会编:《长阳县志》,中国城市出版社 1992 年版,第 115 页。

③ 中南军政委员会土地改革委员会调查研究处编印:《中南区一百个乡调查资料选集·解放前部分》,1953 年印本,第 225—226 页。

④ 云南省富民县地方志编纂委员会编:《富民县志》,云南人民出版社 1999 年版,第 103 页。

变成良田时,它也由一石变成二石、三石甚至四石"。[1]

北方地区,20 世纪 30 年代前,押租还不普遍,日本全面侵华战争期间,押租在北方地区迅速流行,成为佃农租地的必要条件,而且地主押租不断增加。

皖北阜阳一带,无论包租还是分租,地主在把土地出租给佃农时,都要先收押金。金额一般相当于地价的 1/4。[2] 寿县,农民租地,须中人说合、由佃户备酒席,并向"主人家"(田主)送"写田礼",通常"一犋牛"之田(50—80 亩),非银币十数元至数十元莫办。还须交纳数倍于"写田礼"的"押板金",一般佃田距主人庄宅愈远,押板金数额愈大,以备佃户欠租或"逃匿"。[3] 临泉一些地主年年增加"押头"。滑集区吕砦、周砦等地还将六月初六定为"佃户会",实即"写押头会",大肆增押。周砦一冯姓佃户,租种地主 65 亩田,第一年(1936 年)交押头油 500 斤、大牛一头、麦子两石;第二年增加 36 石麦子、5 口猪,此后"年年往上加"。即使如此,土地耕作也毫无保障。押头"谁出得多,就归谁种"。[4] 河南潢川,20世纪 30 年代中叶以前,地主以怕"佃户逃跑"为名,开始征收押租,数额一般相当于秋季"正稞"(正租)。日本全面侵华战争爆发后,由于币值连年贬值,地主以此为借口,连年加押,变成了一种合法的剥削形式。大地主和中小地主的增押手法各有不同:大地主增押间隔稍长,通常三、五年一加,但加幅最大,一次增押连佃户请酒在内,约合秋季收成的一半,而且增押、增租往往同时或交错进行。陈老六租种大地主之田,平均每斗田每次加押 3 斗多谷;陈四文 1941 年佃大地主张某 4 石田,到 1949 年八年中两次增稞、四次增押金,共计押金谷 28 石,累计加幅达 367%。平均每石田合七石谷;鲍应付 1944 年交付押金谷 3 石 5 斗,佃种大地主田 10 石谷(2 石 5 斗田),1948 年加押金 50 万元,合米六石,两次共押金谷 15 石 5斗,平均每石田 6 石谷。中小地主加押间隔更短,一般二三年一加,或一

---

[1]　人民出版社编辑部编:《新区土地改革前的农村》,人民出版社 1951 年版,第 137 页。
[2]　吴敬人:《阜阳地区志》,方志出版社 1996 年版,第 179 页。
[3]　寿县地方志编纂委员会编:《寿县志》,黄山书社 1996 年版,第 112 页。
[4]　华东军政委员会土地改革委员会编:《安徽省农村调查》,1952 年印本,第 41—42 页。

年一加,增幅比大地主略小。如刘应江 1942 年佃地主曹某田 16 石稞(4 石田),交押金银洋 40 元,合米 2 石 8 斗,到 1949 年七年中三次加押,累计加幅达 207%,平均每石田合 4.25 石谷。① 陕西竹溪,佃户在租地以前,必须给地主交纳一笔与一年地租相等数量的押金,俗称"掣手"或"羁庄"。日本全面侵华战争爆发后,法币急剧贬值,地主以"提庄"(撤佃)相威胁,"迫使佃户年年增加押金"。② 旬阳情况相似,当货币贬值时,地主就以提高租额相威胁,迫使佃农增加押金,但退佃时押金已变成一张废纸。③ 紫阳押金俗称"扯手",一般占租额一半左右,"地主遇事开支不敷,往往增加佃户扯手"。七宦乡地主王祝权因贿选"国大代表"开支甚巨,其后每个佃户都增加扯手钱。地主夺佃(俗称"提庄")亦不退扯手。④

20 世纪三四十年代,地主增押越来越频密,押租额越来越高,但"增押减租"的情况日渐罕见,有息押租减少,无息押租增多。即使"增押减租",所减之租也越来越少,与乡间借贷(遑论高利贷)利息差距越来越大,佃农损失愈加惨痛。

在湖南,增加押租谓之"伴借""加庄""加批"。这一时期,"伴借"或"加庄""加批"越来越频密。但"加庄"加押超过常额也不一定相应减租,甚至加租。在益阳,庄谷(押金)超过正常数额谓之"重庄",加庄会减少部分租谷,"也有加庄不减租",即使"加庄减租",因农民"是以高利借贷作重庄,其减租部分不够偿付债息"。⑤ 湘潭除了"加批减租",还有"减批加租""加批加租"。⑥ 宁乡地主在加租的同时,"又常要佃户加进庄",名虽退息,但实际退息较普通行息低得多。"进庄"退息,每 100 元光洋扣租 2 石 5 斗至 3 石 5 斗,而普通行息为 5—7 石;每石谷扣租 1 斗 5 升至 2 斗 5 升,而普通行息为 2—3 斗。如欧少虎因东家加庄,1944 年向

---

① 中南军政委员会土地改革委员会调查研究处编印:《中南区一百个乡调查资料选集·解放前部分》,1953 年印本,第 6 页。

② 人民出版社编辑部编:《新区土地改革前的农村》,人民出版社 1951 年版,第 100 页。

③ 旬阳县地方志编纂委员会编:《旬阳县志》,中国和平出版社 1996 年版,第 158 页。

④ 紫阳县志编纂委员会编:《紫阳县志》,三秦出版社 1989 年版,第 241 页。

⑤ 新湖南报编:《湖南农村情况调查》,新华书店中南总分店 1950 年版,第 61 页。

⑥ 新湖南报编:《湖南农村情况调查》,新华书店中南总分店 1950 年版,第 35 页。

别人借 100 元,年利 5 石,但加庄退息只能扣租 2 石 5 斗,实际吃亏 2 石 5 斗谷。①

四川成都地区的"押扣",也同样远低于乡间借贷利息。按当地惯例,在押租超过一定水平后,每增加若干押租,会相应扣减一定数额的地租,抵充押租利息,是谓"押扣"。但扣减的租额远比押租所生利息为低。如成都通例,每增加押租银洋百元,扣减租额 3 石 5 斗,称为"三扣五"。② 而当时农村的借贷利率是借洋百元,应还息谷 6 石。佃农被剥削 2 石 5 斗。1921 年后,因借贷利率高涨,"押扣"曾一度上升,有多至"四扣"者。20 世纪 30 年代后,因佃农竞佃,"押扣"又降至"四扣"以下,地主的口号是"升租少扣"。意即租谷要增加,"押扣"要减少。③ 佃农所受盘剥进一步加重。

押租是地主高利贷资本的主要来源。地主不仅将征收的押租用来高利放贷收息,而且直接将佃农欠缴的押租转成借款,收取高额利息。押租与高利贷互为条件,同质、同源。

前述皖北阜阳一带,佃农若无钱交纳押租,"就以高利贷形式抵交"④。湖南醴陵的习惯是,佃户交不起押规或交不清押规的,每年除纳租外尚须支付利息,叫作"水息"。⑤ 沅江地主对交不起进庄谷的佃农,采取作"份田"的办法。作"份田"者除交租外,还要按照进庄谷的数量交付子息,子息率为 40%,在交租时一并交清,一般每亩交子息谷 1.16 石。这种伴庄纳子息的办法在北部叫作"份子田",南部丘陵区称"伴进"。⑥ 也有的以耕牛、农具、劳力抵押,佃农必须转而租用,以劳力无偿服役,抵偿押租利息。

---

① 中南军政委员会土地改革委员会调查研究处编印:《中南区一百个乡调查资料选集·解放前部分》,1953 年印本,第 71 页。

② 上海中国地政学院编纂:《民国二十年代中国大陆土地问题资料》第 44 册,(台北)成文出版社 1977 年版,第 22519—22520 页。

③ 上海中国地政学院编纂:《民国二十年代中国大陆土地问题资料》第 44 册,(台北)成文出版社 1977 年版,第 22519—22520 页。

④ 吴敬人:《阜阳地区志》,方志出版社 1996 年版,第 179 页。

⑤ 新湖南报编:《湖南农村情况调查》,新华书店中南总分店 1950 年版,第 40 页。

⑥ 沅江县志编纂办公室编:《沅江县志》,中国文史出版社 1991 年版,第 202 页。

四川仪陇、开江、永川等县,"连年加租加押",甚至一年加几次。佃农交不起押租,就将欠押放佃农"大利",夏借秋还,借一还二,并在青黄不接时,以市价的 20%—50% 买青苗,进行盘剥。① 云南富民县,交不起押金的佃户(主要是租种地主外村土地的佃户),每年除交租外,另交一部分无本金的利息,如肖家营村一地主,有一份田在成器墩村,规定佃户每年交租三石五斗,还要另交五斗谷子,当作假借一石谷子给佃户,按五厘交息,谓之"倒利押"。②

广东灵山,不少农民无法交押金,地主即将押金变为高利,每年纳息,限期清偿。邓永栋批耕地主宁某田 10 亩,每年交租 66 斗,须交押金 66 斗,因无力交押金,即被转为高利,每年纳息 22 斗。如无力纳息,或即行撤佃,或被迫典卖自有少量田地,交押偿息。邓永权在 1935 年批入"纪四德堂"烝尝田 15.2 亩,每年交租 212 斗,押金 212 斗,因无钱交押金,便将自己 3 亩田当给地主"剃刀三",得谷 120 斗,每年再纳息 32 斗,1938 年因无力纳息,便将该田绝卖折抵。"纪四德堂"见邓永权已无田地抵押,即行夺佃。③

有的更狠毒,直接以耕牛、农具、田地、房产甚至劳力、妻女抵押偿息。江苏奉贤,佃农若拿不出押租金,须立借贷字据,以自有土地作抵押,几年一翻滚,利上加利,最后还不起就以抵押之土地出卖给地主,自田变为租田。④ 湖北江陵三合乡,农民租田"上庄",一亩要交一石谷的"上庄钱",交不起庄钱,每年就要以劳动力抵息,一亩田做 5 个工,一间房做 10 个工。⑤ 四川宜宾地主则以佃农的耕牛、农具作抵,并转为租用,另计租金。

① 四川省永川县志编修委员会编:《永川县志》,四川人民出版社 1997 年版,第 282—283 页。
② 云南富民县地方志编纂委员会编:《富民县志》,云南人民出版社 1999 年版,第 103 页。
③ 中南军政委员会土地改革委员会调查研究处编印:《中南区一百个乡调查资料选集·解放前部分》,1953 年印本,第 224 页。
④ 华东军政委员会土地改革委员会编:《江苏省农村调查》,1952 年印本,第 78 页。
⑤ 中南军政委员会土地改革委员会调查研究处编印:《中南区一百个乡调查资料选集·解放前部分》,1953 年印本,第 28 页。

甚至有以身为奴作抵的。[1] 云南富民县，押租除押金（钱押）、粮押外，还有"人押""力押"。佃户无力交纳押金，就交一个人在地主家做工作抵押。做工不给工钱，如抵押人回家，地主随即"拔田"，是为"人押"；地主根据租佃土地多少，规定佃户每年必须为地主做工若干天，一律不给工钱。农忙季节，佃户必须先为地主干完活后，才能干自己的活，是为"力押"。[2] 贵州遵义地区，向地主租地须预交"押佃"（押金），其数额一般不得少于年交租额的 50%，无押金可交者，必须以家产或劳动力立具抵押，家产不敷者，还得另求有产者具文担保，然后才能上耕。[3] 这也是"人押"的一种形式。

地主征收和增加押租的目的，不仅仅是防止佃农欠租、"借鸡下蛋"放贷取息，还要将押租全部吞没据为己有。有些地方的习惯，押租就是不能退还的。前揭湖北的"连本焖"押租，就是不退的。[4] 安徽霍邱，有所谓"烂押"制，立约几年后押金全部归地主，如要续种，须另付押金。[5] 在寿县，佃户退佃时，押租不是"主人家"（地主）借口不还，就是按"三年两头烂"的陋规，只退还很少一部分。[6]

清末民初后币制、币种的变动、紊乱，特别是日本全面侵华战争爆发后货币急剧贬值，给地主侵蚀、吞没押租提供了可乘之机。押租产生后，地主一直将其作为家中"固定资产"，遇有分家析产，即同土地房产一同计算、分割。不过在币种清晰、币值相对稳定的情况下，佃农所交押金尚未完全丧失。按照惯例，通常撤换佃农时，地主不会直接如数退还押金，但一般会由"新佃进规"抵偿旧佃。[7] 佃农用所退押金尚可佃进相等或稍

---

①　四川宜宾县志编纂委员会编：《宜宾县志》，巴蜀书社 1991 年版，第 124 页。

②　云南省富民县地方志编纂委员会编：《富民县志》，云南人民出版社 1999 年版，第 103 页。

③　贵州省遵义县县志编纂委员会编：《遵义县志》，贵州人民出版社 1992 年版，第 297 页。

④　人民出版社编辑部编：《新区土地改革前的农村》，人民出版社 1951 年版，第 55 页。

⑤　霍邱县地方志编纂委员会编：《霍邱县志》，中国广播电视出版社 1992 年版，第 228—229 页。

⑥　寿县地方志编纂委员会编：《寿县志》，黄山书社 1996 年版，第 112 页。

⑦　如湖南长沙一周姓官僚地主清咸丰十一年（1861 年）至光绪十七年（1891 年）间累计购置田租 4880.5 石，征收押租银 4726 两、钱 1328 千文。光绪二十五年（1899 年）分分家产，因"日后换佃，总以新佃进规"，抵充旧佃，遂将押租和田产一起作为固定资产而加以分割（参见中国社会科学院经济研究所该地藏该地主"分关"）。

少数量的土地,不致完全失业破产。但清末民初后尤其 20 世纪三四十年代,币制变动频仍,币种繁杂、紊乱,货币急剧贬值,地主贪欲也恶性膨胀,正好乘机增收和吞没押租,地主撤佃很少退还押金。纵或退还,也因纸币贬值,其价值大幅缩减,甚至近乎零。正因为退佃无须退押,地主夺佃越来越频繁,土地租佃期限越来越短。

地主吞没押租的主要方法:一是强制变换佃农所交押租的币种,或现金、谷物来回变换折算,人为降低押金价值,最后令押金全部化水;二是借口货币贬值,不断增收押租,如佃农无法满足其要求,即行撤佃,押租全部被吞没,或退还的是一沓等同废纸的贬值纸币,佃农顿时倾家荡产。稍有不从,更可能被打入大牢。

在湖南益阳,押租有铜钱、缗钱、银元、法币、稻谷等多种形式。因不同时段、不同币种之间比价经常变动,地主采用强制增收押租,换约和变换币种,现金、谷物压价折算等手法,增加和吞没押租,夺田换佃。民国初年,就因湖南银行纸币低落,地主即以纸币夺佃,早先以清朝制钱交纳"庄钱"的老佃农,所交押金"一变而为铜钱,再变而为票币,三变而为废纸",佃农一夜之间失去土地耕作,倾家荡产。①

20 世纪三四十年代,地主趁货币贬值增押、吞押、夺佃,导致佃农破产的惨剧就更多了。

还是益阳,直至新中国成立前夕,仍然保留着原有的租佃规矩和习惯。如黄家仑乡,农民租种地主土地,先得花费两石谷子,办"进庄"酒,央请当地有钱有势的人作引荐,向地主申请并接受地主所提条件,书写"佃字",交纳押金,才能进庄。到退庄时,则只由地主把佃户叫去,说声"田不给你作了",马上退庄,押金化水。②篾言乡某佃户,1939 年进庄 80 元法币,折谷 26 石。1941 年,地主强行将 80 元庄钱按当年市价折谷 3 石,23 石进庄谷即时化水;另一佃农张良贵,道光二十八年(1848 年)用其祖父名字佃种地主 6.4 石田,进庄缗钱 175 串,每年纳租 72 石。光绪

---

① 桃江县志编纂委员会编:《桃江县志》,中国社会出版社 1993 年版,第 151 页。
② 中南军政委员会土地改革委员会调查研究处编印:《中南区一百个乡调查资料选集·解放前部分》,1953 年印本,第 53 页。

二十三年(1897年)、1926年先后两次更换"佃字",1926年将缗钱折成银元,当时是缗钱1000文换银洋1元,但地主强迫以1500文折银洋1元,合计银元116元,强令再添4元,凑成120元,49元进庄银即时消失。1940年再换"佃字",将银元120元改为开始贬值的120元法币,又强令再加50元,共170元法币。此后法币贬值加速,眼睁睁看着押租缩水、消失。这样,在地主高压下,佃农"进庄"变"重庄",最终"等于零"。① 长沙榔梨乡,盛云溪佃地主王某120石田,原交押金120元,1947年地主借货币贬值,强令"加批"(加押)30石谷,否则夺佃。② 湘阴和丰垸,胡振明1937年交付"进庄"360元法币(合谷120石),向地主刘和生租田60亩。两年后法币贬值,刘和生强行收回19亩田"自耕",退还"进庄"100元。但那时100元已经只能买25石稻谷,地主吞没"进庄"谷13石。到1942年,法币更不值钱,剩下的260元只值43石谷,地主认为"进庄"不够,要求"加庄",胡振明无力再加,地主即行夺佃,"进庄"银和土地耕作全都化为乌有。③ 1948年,湘乡弦歌乡地主李靖南吞没押金,佃户赵炳坤所交40石田的进信银元200元,只退金圆券200元,强行夺佃。赵不依,李勾结乡长张俊轩、恶霸喻少枚等10多人,将赵家打得稀巴烂,并以银元贿赂县政府抓赵下狱,直到次年8月湘乡解放,赵才得以释放回家。④

四川各地,地主趁货币贬值之机,增收和吞没押租的情况也十分普遍。巴县五布乡吴海良,1935年佃种田租16石,土租6斗,押佃140元法币,合黄谷20老石。日本全面侵华战争期间,物价天天暴涨,地主说"押佃少押不佃租",要把押佃加成2000元法币,否则搬家。吴海良只得借钱加上。后来物价涨得更凶,地主加押更勤更狠;1942年加黄谷1老石,1945年改成5万元法币,1946年加成16万元法币,1947年加黄谷2老石,1948年加桐了1老斗,前后共加押6次,叫头黄谷50老石,但地主在佃约上却只写2老石黄谷、1斗桐子。江北县萧盛余佃的田是活租,每年

① 新湖南报编:《湖南农村情况调查》,新华书店中南总分店1950年版,第60—61页。
② 新湖南报编:《湖南农村情况调查》,新华书店中南总分店1950年版,第28页。
③ 新湖南报编:《湖南农村情况调查》,新华书店中南总分店1950年版,第51页。
④ 湘乡县志编纂委员会编:《湘乡县志》,湖南出版社1993年版,第124页。

中国近代经济史(1937—1949)

最高产量 35 石,1942 年交押金 22000 元,可买谷 33 石,后来又加了 2000 元,地主借法币贬值,硬说萧盛余只交了两石谷子的押金。①

广东地区,清末和民国时期的币种及其变化更加复杂:清末用铜钱,1 斗谷值 400 文;1923 年后改用铜仙、八属银、中山毫,银毫 1.6 元值谷 1 斗,押租以铜仙为主,200 枚折谷 1 斗;1940 年改用广西票、广东票,2.5 元折谷一斗;1944 年又改用法币。币种、币值频繁变动、不断贬值,地主将升押、吞押、升租、夺佃玩弄于股掌之间。灵山梓崇塘乡邓梧初批耕"容古香堂"烝尝田 40 斗租,交押金时每担谷值 1 千钱,共交 10 千钱,折谷 10 担。第二年 1 千钱只能买谷半担,在地主强压下,每担谷补交 1 千钱。第三年 1 担谷值 4 千钱,每担谷又补交 2 千钱。此后铜钱、铜仙价值不断下降,每年都须补交押金,一直补到每担谷 10 千钱,共计 100 千钱,相当于初交押租的 10 倍。②

云南玉溪,每亩押金为银元 80—100"半开",或者更多。这些押金最后也往往被地主吞没,其手法就是强令佃户将所交押金银元折成法币,继而趁法币贬值,押租缩水,最后全部变为废纸。③

20 世纪三四十年代,越来越多的地主将夺田换佃作为增租、增押、吞押的重要手段。与过去不同,封建地主更加蛮横、凶狠和贪婪、毒辣,不论佃农是否欠押、欠租,有无违规、过失,只要能达到押租、地租最大化的目的,地主即时夺田换佃。不仅在无法达其增租、增押目的时夺田换佃,甚至如愿以偿,地租、押租均已到手,只因该佃膏脂已被榨干,也即行撤佃,而所交、所增押租,分文不退。即或退押,也不及原押万一。因此,押租增加越多,租佃期限越短,佃农被吞押夺佃、倾家荡产的风险越高。

湖南邵阳,据 1950 年调查,近年来地主抽佃夺佃已成为农村中"普遍现象",抽佃首要的目的就是借故夺取佃户押金,如靖合乡地主张敬庭起

① 人民出版社编辑部编:《新区土地改革前的农村》,人民出版社 1951 年版,第 74—77 页。

② 中南军政委员会土地改革委员会调查研究处编印:《中南区一百个乡调查资料选集·解放前部分》,1953 年印本,第 225—226 页。

③ 玉溪市地方志编纂委员会编:《玉溪市志》,中华书局 1993 年版,第 242 页。

初天天向佃户张安立喊抽佃,逼迫他增加了押金,但最后仍旧撤佃,而押金却扣着不退。① 衡阳一些恶霸或权势地主,也是往往强迫退佃而不退押金。该县六区六保谢笃才兄弟佃耕恶霸地主谢玉珊17亩田,交押金银洋72元,1944年谢玉珊强迫谢笃才退佃,却不把押金交还。② 广东灵山梓崇塘乡谭祥忠1929年批耕地主宁某田9亩,每年交租80斗,交押金80斗,当初每箩谷(合2斗)值铜仙800钱,1936年每箩谷升至2400钱,便须补交押金1600钱,1939年每箩谷升至6000钱,又须补交押金3600钱;逾二年,开始用广西票,过去所交铜仙统统作废,要全部重交押金。同年日军入侵,地主谷仓被烧,又强令交谷40斗修整谷仓,该佃因禾稻失收无谷可交,立即被夺佃,押租被吞,失耕破产。邓南龙全家10口人,因耕种2.4亩自田不够食用,1932年将其变卖,得谷120斗,用来交押批田6亩耕种,每年交租70斗,但只种了3年,即被夺佃,所交押租一粒不退。邓永权在1935年批入"纪四德堂"烝尝田15.2亩,每年交租212斗,押金212斗,因无钱交押租,便将自己3亩田当给地主"剃刀三",得谷120斗,每年纳息32斗,1938年因无力纳息,便将该田绝卖抵折。"纪四德堂"见邓永权已无田地抵押,即行夺佃。邓世广批耕地主"剃刀二"田地,交纳押金谷150斗,后来夺佃时也全被吞没。③

在四川,20世纪40年代后,地主普遍利用通货膨胀匿吞押租。泸县石洞乡陈万银于1937年佃地主林玉群144石田,租额80石,交"稳租"(押租)1400银元,当时黄谷9元6角1石,1400银元合黄谷146石;1941年地主将1400银元折成1400元地方券,当时黄谷14元地方券1石,1400元地方券只合黄谷100石;1943年地主又将1400元地方券折成8万元法币,当时黄谷2万元法币1石,8万元已只合黄谷4石。地主即将8万元法币的"钱稳"改为4石"谷稳",正式换约,佃户坚持不肯;后经协

① 新湖南报编:《湖南农村情况调查》,新华书店中南总分店1950年版,第85页。
② 新湖南报编:《湖南农村情况调查》,新华书店中南总分店1950年版,第92页。
③ 中南军政委员会土地改革委员会调查研究处编印:《中南区一百个乡调查资料选集·解放前部分》,1953年印本,第224—225页。

商改为谷稳 12 石。这样,从 1937 年到 1943 年的六年中,佃户陈万银即被地主剥夺稳租黄谷 134 石。① 璧山(今璧山)狮子乡赵国才,1915 年租入地主田 10 担,押租银 100 两(合银元 140 元),1942 年换约折成 1 万元法币,1944 年再换约,并补交 90 万元法币(当时可购谷 10 石),至 1947 年换约时,适值法币作废,不仅 100 两银子和 90 万元法币(折谷 10 石),全都打了水漂,又补加押租谷子 1 石。② 彭水地主退佃时,佃农所交押租,也"多以各种理由赖账不还"。③

有的即使照额退还,但因货币贬值,也已变成废纸。上海虹桥有所谓"积佃",地主将一亩田"积佃"给农民,期限 1—3 年或 5 年,收取"积佃"租 3—4 担米或 5 担米不等,积佃期间,米不起息,田不收租,期满退田还钱。不过契约写明,到期还钱不按实物折算。由于纸币不断贬值,"那笔款子已只够买一包火柴"。④ 更多的是租佃没有期限,地主为趁货币贬值,频繁退押换佃换约,虽将押金退还佃户,但"过去佃户所交的能买几十石谷子的押佃,被退了一大堆废纸"。⑤ 如广东灵山邓世广批耕地主"剃刀二"田地时,共交了价值 32 斗谷的铜钱,到 1942 年地主夺佃时,所退铜钱,仅值 2 斤米;邓世应批地主"剃刀二"120 斗租的田耕种,交押金谷 120 斗,折铜钱 6000,到 1942 年地主夺佃时,所退铜钱,只能买得 7 斤半米。⑥ 四川蓬安碧溪乡吕星基,1943 年佃田 50 挑,交押租 100 元法币,值稻谷 5 石,1947 年退押,仅能买个烧馍;⑦ 巫山一佃农交押租法币折谷 2 石,1948 年退押,只够买一根油条。⑧

随着通货膨胀加剧,地主为了吞押,夺佃急不可待,广东灵山梓崇塘

---

① 人民出版社编辑部编:《新区土地改革前的农村》,人民出版社 1951 年版,第 80 页。
② 人民出版社编辑部编:《新区土地改革前的农村》,人民出版社 1951 年版,第 74 页。
③ 彭水县志编纂委员会编:《彭水县志》,四川人民出版社 1998 年版,第 155 页。
④ 人民出版社编辑部编:《新区土地改革前的农村》,人民出版社 1951 年版,第 15 页。
⑤ 人民出版社编辑部编:《新区土地改革前的农村》,人民出版社 1951 年版,第 75—77 页。
⑥ 中南军政委员会土地改革委员会调查研究处编印:《中南区一百个乡调查资料选集·解放前部分》,1953 年印本,第 224—225 页。
⑦ 蓬安县志编纂委员会编:《蓬安县志》,四川辞书出版社 1994 年版,第 221 页。
⑧ 四川省巫山县志编纂委员会编:《巫山县志》,四川人民出版社 1991 年版,第 107 页。

乡地主"剃刀三"出租在本联村的田地 36 亩,在 1944 年一年内共夺佃 28 亩,占 78%;地主宁蒲生出租的 78.2 亩田地,1942—1944 年间夺佃 46 亩,占 58.8%。[①] 这样一来,一些地区的租期越来越短,佃农破产速度进一步加快。上述蓬安个案,租期为 4 年;灵山邓南龙和邓永权个案,租期均为 3 年,佃农以破产告终。四川乐至,租期也大都只有 3 年,到期退佃退押,或重新订约续佃。由于货币贬值,原纳押金已无价值,既不能将其换约续佃,更不能向其他地主租地。[②] 中江在民国后期,地主借货币贬值不断增押换佃,农民频频破产。[③] 广东一些地主夺佃吞押频率之高,更令人咋舌。如灵山地主容嗣先 1939 年将 14 亩田地批给郑大耕种,租额 128 斗,收取押金 128 斗,耕种不及 2 年改批欧六耕种,过 2 年又改批,10 年内共批过 7 个佃农耕种,每改批一次,均升租、加押各 4 斗,夺佃时押金作废。10 年内累计租额升高至 152 斗,一共收取押金 920 斗。[④] 每次夺佃就是一次等同夺命的抢劫。

　3. 地租押租新高度和实际租额租率同契约租额租率的背离

　20 世纪三四十年代,地主变本加厉,无止境地增租增押,地租、押租不断飙升,原本已远远超出正常水平的地租额、地租率和押租额、押租率(单位面积押租同租额或产量、地价之比率),上升到了一个新的高度。因某些地区曾一度流行的"增押减租"习惯改变,"增押减租"一改而为"增押增租",地租、押租竞相飙升,呈现高租、高押的"双高"态势。而且,一般文献资料所载租额、租率,都是契约租额、租率,并非佃农实际负担的地租、押租。事实上,加上预租、押租应生利息(或佃农举借押租所付高额利息),佃农"帮工、帮粮"(代交田赋杂捐、代服差役),以及各种无偿劳役和其他额外需索等,实际租额、租率还要大幅升高,最多的高出一倍以上。由于这一时期预租、无息押租、佃农"帮工、帮粮"空前加多,"虚田实

---

　① 中南军政委员会土地改革委员会调查研究处编印:《中南区一百个乡调查资料选集·解放前部分》,1953 年印本,第 221 页。
　② 四川省乐至县志编纂委员会编:《乐至县志》,四川人民出版社 1995 年版,第 172 页。
　③ 四川省中江县志编纂委员会编:《中江县志》,四川人民出版社 1994 年版,第 174 页。
　④ 中南军政委员会土地改革委员会调查研究处编印:《中南区一百个乡调查资料选集·解放前部分》,1953 年印本,第 221—222 页。

租"愈益普遍,实际租额、租率同契约租额、租率的背离程度更加严重。显然,观测这一时期的地租水平或佃农地租负担,只看契约或名义租额、租率,如同隔靴搔痒。

(1)地租新高度和高租、高押"双高"态势

大量资料显示,封建地主的增租、增押行径不是个别的、偶尔的,而是群体的、普遍的和连续不断的,其结果自然是各地的地租、押租在短时间内出现整体攀升趋势。

浙江萧山,地租分定租、分租两种,定租多行于沙地区,分租多行于平原水网地带,一般为主佃对半和主六佃四分成。某年地主傅导先在长河一带每年率先以七成收租,甚至以八分作一亩收虚租,"农民稍有不依,即强行撤佃"。① 其他地主纷纷效仿,地主分成比例普遍上升。从全省范围看,虽然直至解放前夕,名义上由地主、佃农对半分租,实际上大多为"倒四六",即地主得 60% 佃户得 40%。更重的有"倒三七"甚至"倒二八"的,即地主得 70% 或 80%,佃户仅得 30% 或 20%。② 某些地区或县属,"主七佃三"更成为分租的一种主要或重要形式。在丽水地区,活租"一般为三七开、四六开或对半开,田主占大头,佃农得小头"。③ 桐乡,活租大都为"倒四六",即地主得 60%,佃户得 40%,更重的是"倒三七",连稻草麦秆也不例外。④ 椒江的"小租田"(佃农无佃权的普通租田)地租按业六佃四或业二佃一比例分成。⑤ 后者与"主七佃三"分成相近。三门的分租制,"良田一般为四(佃)六(业)、三(佃)七(业)"比例"田头分成"。⑥ 金华乾溪乡坛里郑村,一亩"清田"(即佃农无佃权),佃户付租最高 280 斤,普通 240 斤,最低 200 斤。1949 年亩产最高 400 斤,一般 350

① 费黑:《萧山县志》,浙江人民出版社 1987 年版,第 215 页。
② 《浙江省农业志》编纂委员会编:《浙江省农业志》上册,中华书局 2004 年版,第 297—298 页。
③ 丽水地区地方志编纂委员会编:《丽水地区志》,浙江人民出版社 1993 年版,第 114 页。
④ 桐乡市农业志编纂委员会编:《桐乡市农业志》,中华书局 2013 年版,第 165 页。
⑤ 陈志超主编:《椒江市志》,浙江人民出版社 1998 年版,第 255 页。
⑥ 三门县志编纂委员会编:《三门县志》,浙江人民出版社 1992 年版,第 185 页。

斤,最低 200 斤,租率依次为 70%、68.6% 和 100%①;等等。

湖北松滋地租有定租、活租两种形式。定租每亩收谷 140—180 斤;活租一般年景夏季每亩收大麦或蚕豆 2—3 斗(折市秤 30—45 斤),秋季每亩收籽棉 30—40 斤(1949 年亩产皮棉 28 斤)。1930 年前后,两种地租形式的收租量,均占土地产量的 1/3,此后"与年俱增",1948 年收租量达 40%,甚至与农民对半分。② 洪湖据 1947 年的调查,地租率由 1945 年的 50% 增至调查时的 60%,由佃农负担的田赋及各种附税,折合当时米价,日本全面侵华战争爆发前为每亩 1 斗 5 升至 2 斗,日本投降前,增至 6 斗,1947 年达 9 斗 5 升,10 年间上升了 3.8—5.3 倍。国民党政府的"堤捐",虽然名义上由土地所有人承担,但地主用"谁租谁负担"和"找人口修堤"等办法,全部转嫁到佃农及其他贫苦农民身上。佃农所交实际占土地产量的 80%。③

云南富源,地租有定租(死租)、分租(活租)两种。1926 年前,两种租制收租量,均占土地产量的 30% 左右。后来收租量"与年俱增",升至 40%,甚至"对半"或"四六"分成(地主占六成),租额、租率升高 1 倍。④

四川犍为,租期无定限,地主可以任意辞退佃农。谚云"七月田,八月土",地主退佃、"农人争佃土地"多在此时。每年七月、八月成为退佃繁忙期。"地主可以任意撤换,使地租高至无以复加而后止"。⑤ 有的地区的地租,甚至年中、年尾大不一样。如巴县,据省建设厅 1939 年的统计,水田钱租每亩上田 10.84 元、中田 8.68 元,但至该年冬调查,上田涨

---

①　华东军政委员会土地改革委员会编:《浙江省农村调查》,1952 年印本,第 177 页。如按 1948 年的亩产计算,租率更高。该年亩产最高 360 斤、一般 300 斤、最低 200 斤,租率依次为 77.8%、80%、100%。

②　湖北省松滋县志编纂委员会编:《松滋县志》,1986 年内部发行本,第 278 页。

③　洪湖市地方志编纂委员会编:《洪湖县志》,武汉大学出版社 1992 年版,第 101 页。

④　中共富源县委史总工作委员会编:《富源县志》,上海古籍出版社 1993 年版,第 113 页。

⑤　上海中国地政学院编纂:《民国二十年代中国大陆土地问题资料》第 53 册,(台北)成文出版社 1977 年版,第 27305 页。

至 17 元、中田 10 元,分别占正产 7 成和 6 成。租额分别上涨 56.8% 和 15.2%。此外,还须交纳副产额上田 2 元,中田 1.5 元。①

新疆和靖县(今和静县),土地租佃有伙种、租种两种。伙种始于 18 世纪,18 世纪下半叶至 20 世纪 30 年代,由牧主出土地、耕畜、种子、农具,伙种户(主要是外来维吾尔族人)出劳力,收获小麦扣除种子后平分。1937 年后,由于外来农民增多和一些贫苦牧民转向农业,佃农增多,牧主的租佃条件逐渐苛刻,或不提供农具,或改为牧主、佃户共同出种子,变相增加租额,佃户为了获得土地耕作,只好一一应允。②

山东桓台在日军侵占期间,大地主耿、冯、王、庞四大家肆意抬高地租额一倍以上。③

东北,由于日军的侵占、蹂躏,地租水平的升高更为急速和明显。如辽宁,20 世纪 20 年代,租额一般占土地经营收入的 40%—50%。黑山每垧 1—2 石粮(200 公斤/石),安东、凤凰城为 3 石,昌图 1 石 6 斗。按土地情况,上等地每垧 2 石或 2 石以上,中等田 1 石 5 斗左右,下等水田 1 石。实际租率,上等田 47.7%、旱田 43.5%,中等水田 46%、旱田 42.6%,下等水田 43.6%、旱田 41.1%。钱租,1923 年辽中县上等地每垧小洋 30 元,次等地 6 元;1928 年辽阳县大双树子上等地每垧小洋 45 元,中等地 30 元,下等地 25 元;锦西县 1929 年上等地每垧小洋 40—50 元,中等地 30 元,下等地 10—20 元。总的来看,各类土地每垧租粮最高不超过 3 石(600 公斤),普通为 1—2 石(200—400 公斤);租钱最高不超过 50 元,普通为 30 元上下;租率最高不超过 50%,普通为 45% 上下。伪满时期,租额、租率大幅上升。据 1935 年伪满调查,辽宁每垧地现金地租 35—50 元,租率 40%—55%,高者达 60%,且一律定为"上打租"。④ 复县的分租,

① 上海中国地政学院编纂:《民国二十年代中国大陆土地问题资料》第 54 册,(台北)成文出版社 1977 年版,第 27565 页。
② 洪永祥:《和静县志》,新疆人民出版社 1995 年版,第 179 页。
③ 山东省桓台县史志编纂委员会编:《桓台县志》,齐鲁书社 1992 年版,第 135 页。
④ 辽宁省地方志编纂委员会办公室编:《辽宁省志·农业志》,辽宁民族出版社 2003 年版,第 31 页。

一般好地为主六佃四分成,薄地五五分成。① 金县租率更全在 60% 以上。② 不仅水田旱地,一些地方的山场租,升幅也十分惊人。如岫岩柞蚕场收租,分为定租、抽"山份"两种形式。民国初年,一般蚕场租占收成的30%,后来增加到 35%—50%,到解放前夕,有的已增至 65%。③

吉林龙井,"租额逐年提高"。清末开垦初期,租额产量 30%—40%,1930 年后,租额增加到年总产量的 40%—50%。1936 年时,上等地、中等地的租额都升到产量的 50%。④ 通化,一般 5 亩上等地,能产粮食 10 石(200 公斤/石),佃户交租 5—6 石,亦即租率为 50%—60%;分租则为主六佃四。⑤

黑龙江地区,据对富裕、呼兰、绥化、拜泉、安达、青冈等县一些村屯的调查,1934—1938 年,平均地租率由 29.1% 增加到 40.1%,增长 37.8%,青冈县董家店屯的地租由 25% 上涨到 45.1%,增长 80%。⑥

同清末民初的地租水平略作比较,这一时期地租的新高度,也清晰可见。根据综合统计,剔除押租因素,清末民初的单位面积租额,南方水田区一般为 1—2 石稻谷或 0.5—1.0 石稻米。在华北平原地区,每亩租额4—5 斗为常见。东北地区,每垧(合 10 亩)租额 1—2 石。⑦ 北部高寒地区有低至二三斗者。就租率而言,无论南北,也不论分成租还是定额租,"租取其半"或"平分其粮",仍是相当一部分地区最通行的标准。不过地区间互有差异,在一些土地瘠薄、产量低下或土地供求关系不十分紧张的

① 瓦房店市地方志编纂委员会编:《瓦房店市志》,大连出版社 1994 年版,第 147—148 页。

② 大连市金州区地方志编纂委员会办公室编:《金县志》,大连出版社 1989 年版,第144 页。

③ 岫岩县志编辑部编:《岫岩县志》,辽宁大学出版社 1989 年版,第 177 页。

④ 龙井县地方志编纂委员会编:《龙井县志》,东北朝鲜民族教育出版社 1989 年版,第120—121 页。

⑤ 刘福德:《通化县志》,吉林人民出版社 1996 年版,第 285 页。

⑥ 黑龙江省地方志编纂委员会编:《黑龙江省志·第 7 卷·农业志》,黑龙江人民出版社1993 年版,第 88 页。

⑦ 东北斗斛容量较大,1 石约合内地 3 石,每亩租额约为 3—6 斗,低的数升至 1 斗,平均约为 4—5 斗,与华北平原大体相近。

地区,50%及其以下的租率占有较大比重。在南方,广西、贵州、云南等省份,对半分租是最通行的租率,并有一部分租率低于50%。广东、福建、浙江、江苏、安徽、湖北、湖南、江西、四川等省份,虽有部分县区通行对半分租,但所占比例很小,除了江西,租率大多超过50%。在有些地区,60%—70%的租率已属通行租率。在北方大部分地区,50%是最通行的租率,且有相当部分地区的租率低于50%。山东、直隶、山西、绥远、甘肃以及东北,不少地方的租率多为30%—40%。①

20世纪三四十年代尤其是40年代,各地租额、租率都大大超出了清末民初的水平,并表现出鲜明的特点:西南云贵地区和黄淮流域及其以北部分地区,无论租率还是租额,迅速赶上甚至超过长江流域及其以南地区。南北地区间的地租水平差异明显缩小。除热河、察哈尔、绥远和西北等干旱地区外,每亩1石或1石以上,属于普通租额;在绝大部分地区,50%已由通行租率变为最低租率。

在南方稻产区,除某些佃农持有佃权的永佃田,每亩租米1石、租率50%,一般已是下限,相当罕见。如江苏吴县,"底面合一"田的租米,每亩最少1石,最高1.65石,一般1.2石,占总产量的60%。② 无锡新渎乡,调查的1062宗水田定额租中,租额占产量50%的157宗,55%的64宗,60%的355宗,65%的80宗,70%的150宗。③ 租率为50%即传统的"租取其半",仅占总数的14.8%,其余85.2%的租率都在55%以上,其中租率为60%—70%的达585宗,占总数的55.1%,成为当地定额租的主体。

浙江丽水,一般每亩产谷350斤,定租200斤,占总产量的57%;分租以"对半""倒四六"最普遍,高的"倒三七""倒二八"(地主占大头)。④ 建德的定额租,普通每亩180—200斤,占正产物300斤的60%—66%,分租多数为"三七"分,即产谷300斤,须交租210斤,亦有"二八"分者。椒

---

① 汪敬虞主编:《中国近代经济史(1895—1927)》中册,人民出版社2000年版,第830—837页。

② 华东军政委员会土地改革委员会编:《江苏省农村调查》,1952年印本,第197页。

③ 苏南人民行政公署土地改革委员会编:《土地改革前的苏南农村》,1951年印本,第53页。

④ 华东军政委员会土地改革委员会编:《浙江省农村调查》,1952年印本,第29—30页。

江每亩年租 2—4 石稻谷,佃农"终年劳作难得温饱"。① 金华"清田"(底面合一)每亩租额最低 200 斤,最高 280 斤,普通 240 斤,以亩产 300 斤计,租率最低 66.7%,最高 93.3%,普通 80%。"大租田"(永佃田)租率为 70%。② 福建、江西、湖南、广东、四川地租水平也很高,甚至更高。福建沙县,地租最低为"四六租"(佃四主六),最高"二八租"(佃二主八),耕牛、肥料、种子,全部由佃农负担。③ 闽东北一带地租更高得惊人,据查福安秦溪村平地每担田租额 80—100 斤,亦即租率达 80%—100%,山地租率稍低,占常年产量的 60% 左右。另据对该县东郊保 15 户佃农的调查,租额占常年产量最低 55.5%,最高 148%,平均占常年产量的 102%、1950 年产量的 128%。④ 江西地租有死租、活租两种,以死租为主。调查统计显示,无论死租、活租,租率一般都在 50% 以上。如永新礼田区,头等田一亩(夏秋两熟)产量 5 石,还租 2.5 石,租额占 50%,中等田一亩产量 3.5 石,还租 1.8 石,租额占 52%,下等田产量 2 石,还租 1.1 石,租额占 55%;遂川县的地租形式绝大多数是死租,头等田(秋一季)产量 3 石,还租 2 石,其租额占总产量的 66.7%。赣县江后乡,头等田产量 3 石,还租 2 石,租额占 66.7%,中等田产量 2.4 石,还租 1.5 石,租额占 62.5%,下等田产量 2 石,还租 1 石,租额占 50%。"各县均大体相同"。⑤ 湖南邵阳县,上田的一石田产量一般只有 8 斗,额租通常为 6 斗,占产量的 75%,分租多半是"三个箩下田"(地主 2 箩佃农 1 箩);中田产量只有六七斗,额租一般为四五斗,占产量的 66.7%—71.4%。⑥ 湘西桑植,地租为"佃四主六""佃三主七",甚至"佃二主八",已经没有 50% 的租率。⑦ 广东普宁

① 华东军政委员会土地改革委员会编:《浙江省农村调查》,1952 年印本,第 173 页。椒江市志编纂委员会编:《椒江县志》,浙江人民出版社 1998 年版,第 255 页。
② 华东军政委员会土地改革委员会编:《浙江省农村调查》,1952 年印本,第 177 页。
③ 人民出版社编辑部编:《新区土地改革前的农村》,人民出版社 1951 年版,第 22 页。
④ 华东军政委员会土地改革委员会编:《福建省农村调查》,1952 年印本,第 5 页。
⑤ 人民出版社编辑部编:《新区土地改革前的农村》,人民出版社 1951 年版,第 45—46 页。
⑥ 新湖南报编:《湖南农村情况调查》,新华书店中南总分店 1950 年版,第 83 页。
⑦ 桑植县地方志编纂委员会编:《桑植县志》,海天出版社 2000 年版,第 103 页。

县塘湖乡,好地每亩租额544市斤,占常年产量(750市斤)的72.5%;中地每亩租额489.6市斤,占常年产量(650市斤)的75.3%;坏地每亩租额435.2市斤,占常年产量(550市斤)的79.1%。①各则土地的租率,都超过70%,而且土质越差,产量越低,租率越高。广东灵山梓崇塘乡,租率一般为"东六佃四",最高"东八佃二",最低"东四佃六",但"情形极少",亦即一般租率都在60%以上。②四川巴县,据1939年冬的调查,上田每亩谷租10斗、副产租2元,租率70%;中田每亩谷租8斗5升、副产租1.5元,租率60%;下田每亩谷租8斗、副产租0.8元,租率50%。③屏山也是1939年的调查,地租按产量计算,较肥沃的坝田,地主占总产量的70%,次者占60%,最劣之旱土,"主客各占半数"。④同巴县一样,50%系最低租率。綦江的情况是,田租交纳于地主者,多者70%,少者亦达40%。⑤大足,1941年的记载称,地租"往昔约其产量之半,今则增至十分之六至十分之七"⑥。

在原中央苏区和土地革命根据地,地主阶级疯狂反攻倒算,在抢夺、破坏农民房屋财产,追缴土地革命期间欠租的同时,不断增加地租租额,增租幅度和地租新高度尤为突出。江西宁都刘坑乡,佃农没有"皮权"(永佃权)的土地,地主多采用"活租"租制,租额、租期均不确定,租额重,租佃关系变化亦大。地主往往向佃户加租,或以夺佃相威胁达到增租目的。特别是日本全面侵华战争爆发后,土地产量下降,租额大幅上升,如江西宁都佃农卢垂亿租种的14亩水田,原纳租谷2500斤,1941年增至

---

① 中南军政委员会土地改革委员会调查研究处编印:《中南区一百个乡调查资料选集·解放前部分》,1953年印本,第180页。
② 中南军政委员会土地改革委员会调查研究处编印:《中南区一百个乡调查资料选集·解放前部分》,1953年印本,第222页。
③ 上海中国地政学院编纂:《民国二十年代中国大陆土地问题资料》第54册,(台北)成文出版社1977年版,第27566页。
④ 上海中国地政学院编纂:《民国二十年代中国大陆土地问题资料》第54册,(台北)成文出版社1977年版,第27863—27864页。
⑤ 上海中国地政学院编纂:《民国二十年代中国大陆土地问题资料》第53册,(台北)成文出版社1977年版,第26896页。
⑥ 李传授:《大足县志》,方志出版社1996年版,第261页。

3000 斤。租额提高了 20%。按以往惯例不能增减的"定租"租额、租率，这一时期也达到了新的高度，一般每亩租额 250 斤，占年产量的 78.3%，最高每亩 300 斤，占年产量 94%，最低 200 斤，也占年产量的 63%。有"皮权"的永佃田每亩租额最高 230 斤，占年产量的 72.5%；一般 200 斤，占年产量的 63%；最低 150 斤，占年产量的 47%。① 最低租率比以往的一般租率还高 22 个百分点；最高租率比以往骨租、皮租合计还高 12.5 个百分点。

云南、贵州与邻省四川、湖南不同，原来租额租率相对较低，20 世纪三四十年代狂升，开始追赶甚至超过四川、湖南。云南路南县（今石林县），日本全面侵华战争前，定租占秋季收获量的 63%，占全年产量的 51%；日本全面侵华战争爆发后，地主把国民党政府增加的田赋转嫁给农民，历年加租，一般加到秋收的 75%，个别突出的加到 100%，农民只剩下小春粮食。晋宁县，租额高的占实际出租田地收获量的 80%，少的占实际收获量的 50%—60%。昆明县官渡、西山一带，一般每亩稻田收租米 75 公斤，约占稻田亩产大米 87 公斤的 88%。② 峨山，地租主要有定租、活租两种，定租一般占产量的 60%—70%；活租高者二八分成（佃户得 2 成，交地主 8 成），最低者对半分，一般是三七、四六分成。③ 会泽地租无论分收、定租、活租，租额一般都占收成总数的五成至八成。④

在贵州，毕节地区地租分固定租和分租两种。"一般好田好土实行分租；瘦田瘦土、易受灾害的田土，实行固定租"。分租按"主佃各半""主六佃四"分收，50% 是最低租率，更有"主七佃三"分成者。农民租地要先付"顶银"，遇收成好的年份，有的地主还要"加顶"（加押金），但灾年"均按常年产量收租"。佃户交不起租，地主就用押金顶租，押金顶完就抽佃，将土地租给别人，另收"顶银"。⑤ 独山地租有活租、死租两种。前者

① 中南军政委员会土地改革委员会调查研究处编印：《中南区一百个乡调查资料选集·解放前部分》，1953 年印本，第 101、103 页。

② 昆明市地方志编纂委员会编：《昆明市志》，人民出版社 1997 年版，第 16 页。

③ 方起勇：《峨山彝族自治县志》，中华书局 2001 年版，第 140 页。

④ 云南省会泽县志编纂委员会编：《会泽县志》，云南人民出版社 1993 年版，第 153 页。

⑤ 谌志铭：《毕节地区志·农牧渔业志》，贵州人民出版社 2002 年版，第 51—52 页。

临收获时由地主或管家临田监收分租;后者在租佃开始议定租额,不论丰歉年景都要按额交租。活租有对半分、四六分、三七分(佃户得三或四,地主得六或七);死租多为常年产量的六成以上。① 黄平,地主招佃"收取高额押金",并"按水稻产量对半收租,有的佃四主六或佃三主七"。②

北方地区,这一时期的租额、租率增长速度更快,上升幅度更大,地租水平与四川和长江中下游地区的差距缩小,有的甚至赶上和超过长江中下游地区。这是该时期地区间地租剥削发展变化的一个显著特点。

苏北、皖北的租额、租率大有赶上和超过苏南、皖南之势。苏北台北县(1951 年更名大丰)每亩租额 1 石至 1 石半左右(每石粗粮 140 斤,细粮 180 斤),约占收获量的 50%—60%,接近和超过苏南。③ 皖北岳西有"死租"(包租)、"活租"(分租),死租按东七佃三或东七五佃二五、东八佃二分成,一般为每石种(产稻 20 石)14 石租,老庄田多到 15—16 石租;分租相同,一石种东得 14—16 石,佃得 4—6 石,租率均为 70%—80%。④

在黄河中下游流域及其以北地区,河南新郑,地主只出土地的"分种地",正、副产品对半分成。此为"境内最低的租佃剥削形式"。⑤ 西平,一般年景亩产 55—60 公斤,死租每亩 35—40 公斤,占总产量的 60% 以上。⑥ 淇县的"地租盘剥",按"三七"或"四六"分,地主六或七分,佃户三或四分。⑦ 修武,1948 年产品分成比例,多数为地主 70%、佃农 30%。⑧ 桐柏租率更高,土地较好、产量较稳定的采取分租,一般为主七佃三分成,重的主八佃二分成。⑨ 淅川定租,水田最高 1 亩交 8 斗(200 公斤),旱地最高 1 亩交 4 斗,夏秋各半。⑩ 这在江南大部分地区也是最高的,但江南

---

① 独山县地方志编纂委员会编:《独山县志》,贵州人民出版社 1996 年版,第 393 页。
② 黄平县地方志编纂委员会编:《黄平县志》,贵州人民出版社 1993 年版,第 154 页。
③ 大丰县地方志编纂委员会编:《大丰县志》,江苏人民出版社 1989 年版,第 103 页。
④ 华东军政委员会土地改革委员会编:《安徽省农村调查》,1952 年印本,第 165 页。
⑤ 刘文学:《新郑县志》,陕西人民出版社 1992 年版,第 212 页。
⑥ 西平县盆尧乡志编纂委员会编:《盆尧乡志》,2012 年版(内部发行),第 160 页。
⑦ 《淇县志》编纂委员会编:《淇县志》,中州古籍出版社 1996 年版,第 393 页。
⑧ 修武县志编纂委员会编:《修武县志》,河南人民出版社 1986 年版,第 287 页。
⑨ 桐柏县地方史志编纂委员会编:《桐柏县志》,中州古籍出版社 1995 年版,第 294 页。
⑩ 王本庆:《淅川县志》,河南人民出版社 1990 年版,第 137 页。

的土地亩产和年产量一般要高出 1/4 到一半。河北新乐,地主只供土地的租制有定租、分租、预租 3 种。定租租额最高为倒三七分粮,或产量一石二三,租额一石,租率为 76.9%—83.3%,70% 是最低租率;分租为收获物(包括秸秆、糠等副产品)对半分,或倒三七、倒四六分成。即租率为 50%—70%;预租租率与定租、分租相同,还未计算利息。① 乐亭,土地租佃有两种形式:较普遍的是佃农负担田赋杂税,将所收粮食的 50% 以上交给地主;也有佃农交付"一定租价(押金)",地主负担田赋,一般每亩粮租四五斗(约折合 80—100 公斤),最多达 6 斗(约折合 120 公斤),"不论收成有无,必须如数交清,农民辛苦劳动一年,除去交租所剩无几"。② 绥远临河,"分成地租",有"二八""三七""四六"等,没有"五五"一说。当地给地主交租谓之"分股子",给官府交税叫作"带害",民间流行歌谣,"分上股子带上害,算盘子一响捆铺盖"。③

　　黄河上游流域陕甘地区,陕西紫阳,地租俗称"课子",有佃四地六、佃三地七和对半分 3 种。一般年景租额约占土地收成的 55%—70%。④ 潼关,1941 年粮食平均亩产 35 公斤,地租平均 31.25 公斤,租率为 89.3%;1947 年平均亩产 46.55 公斤,租率为 67.1%。"低产重负",农民"借着吃,打着还,跟着碌碡过个年"。⑤ 城固,1941 年西北大学对博望、原公等 36 村调查,水田稻租最高占亩产 81.8%、最低 69.0%;旱地麦租最高 75.0%、最低 55.5%,豆租最高 83.0%、最低 50.0%。佃农"交租后所剩无几,有些佃农不愿租佃土地而退佃,但无地、少地佃农多,又争相租地,地主借以抬高地租,造成更多的剥削机会"。⑥ 旬阳,定租一般占产量的 50%—70%,肥地、近地特别是水田水地的地租达 80%。⑦ 白河,一般

① 韩书林:《新乐县志》,中国对外翻译出版公司 1997 年版,第 115 页。
② 乐亭县地方志编纂委员会编:《乐亭县志》,中国大百科全书出版社 1994 年版,第 141—142 页。
③ 临河市志编纂委员会编:《临河县志》,内蒙古人民出版社 1997 年版。
④ 紫阳县志编纂委员会编:《紫阳县志》,三秦出版社 1989 年版,第 241 页。
⑤ 潼关县志编纂委员会编:《潼关县志》,陕西人民出版社 1992 年版,第 152 页。
⑥ 城固县地方志编纂委员会编:《城固县志》,中国大百科全书出版社 1994 年版,第 310 页。
⑦ 旬阳县地方志编纂委员会编:《旬阳县志》,中国和平出版社 1996 年版,第 158 页。

稞石占可收产量的 40%—90%,好地、近地、水田、水浇地的地租率高达
90%左右。① 甘肃庆阳地区,地租以定租"居多",一般每亩 1 斗(全区大
小不一,合 20—25 公斤),占实际产量的 60% 以上。地租多以小麦为准,
也有麦六秋四的。如遇麦子受灾,须以秋粮 2 斗折交 1 斗,租额反而加
倍。② 天水地区,实物地租租率一般为亩产量的 60%,山旱瘠薄地为
50%。50%以下的租率完全消失。③ 宁夏灵武,地主一般净得收获量的
40%—50%,最高得七八成。④ 永宁,"地租剥削量重者占农民收获量的
70%—80%"。⑤

　　即使新疆这种地广人稀、劳力紧缺的地区,租佃条件的苛刻也令人难
以置信,地租也飙升到了一个新的高度。以莎车为例,该地租制有死租、
定租、伙种、活租四种。死租,地主无任何生产投资,将"荒芜的土地"租
给佃户,当年按亩计租,先预交一半租子,交不起则"按时计息,带息偿
还",另一半秋后交足;定租,地主将土地连同耕牛、农具租给佃户,耕牛
由佃户喂养,按议定土地产量主六佃四征租,"不论年成好坏,一次交
足",并给地主"经常提供无偿劳动,如挑水、扫地等类杂活";伙种,地
主除土地外,投资的种子和农具折旧等费用占 1/3,产品主佃对半分,但
须每年给地主提供无偿劳动 4—5 个月;产品对分后,佃户还要单方给
管税人(密喇布)、包税人和送税人各一"秤子"(合 8 公斤)粮食;活租,
佃户租地前,先给租主劳动半年,地主满意后才给地种,所收粮食主佃
平分,各种捐税由佃户承担。租期一般不超过 3 年,因出租的大多是荒
地,一二年后,地主认为荒地已经垦为熟地,即行收回。⑥ 很明显,这里
的地租水平和剥削残酷程度,更甚于中原和江南地区。和静县,佃农自备
生产资料的土地租种,租粮一般为每亩 100 斤粮食。以 1949 年全县粮食

　　① 白河县地方志编纂委员会编:《白河县志》,陕西人民出版社 1996 年版,第 140 页。
　　② 甘肃省庆阳地区志编纂委员会编:《庆阳地区志》第 1 卷,兰州大学出版社 1998 年版,
第 802 页。
　　③ 王洪宾:《天水市志》,方志出版社 2004 年版,第 926 页。
　　④ 灵武市志编纂委员会编:《灵武县志》,宁夏人民出版社 1999 年版,第 158 页。
　　⑤ 永宁县志编纂委员会编:《永宁县志》,宁夏人民出版社 1995 年版,第 88 页。
　　⑥ 李进淮:《莎车县志》,新疆人民出版社 1996 年版,第 112—113 页。

平均亩产量(62.6 公斤)计算,租率为 79.9%。① 库车、柯坪等地,租率稍低,一般也达 50%—60%。②

同地租一样,押租也升到了一个新的高度。

在四川,押租本已十分苛重,1937 年后进入飙升状态,20 世纪 40 年代末达到顶峰。潼南大佛乡,1937 年一亩坝地收押租 4 元,1941 年增至 5 元,1945 年达 10 元,1946 年改收押谷 4 斗,1949 年增至 1—2 石。③ 乐至 1931 年亩收押金 5 元,1941 年租谷 10 石,要收押金 1 万—1.5 万元法币。④ 成都平原各县,过去通例每亩押银 5 两(合 7 元),1934 年平均为 8 元,1936 年已普遍增至 13—15 元,简阳最高达 30 元。⑤ 川东江北、巴县押租,1927—1938 年间,平均增长了大半倍或一倍多。其中江北的水田和旱地押租,分别增长 1.6 倍和 1 倍;巴县水田和旱地押租,分别增长 0.66 倍和 1.1 倍。⑥ 云南、贵州情况相近,云南会泽"租地要交一年以上租额的押金"⑦。

中南地区湖北、湖南、江西、广东等省,押租一般相当于土地产量的 1/3 到 1/2。⑧ 湖北押租一般以田价的 50%—60%为标准,高的(如长阳)"已等于土地价格"⑨。湖南一些地方增加押租谓之"伴借""加庄""加批",是地主筹措现金或谷物的捷径。这一时期,"伴借"或"加庄""加批"更加频密,押租数额不断上升,原来的"进庄""批佃"很快演变成"重

---

① 洪永祥:《和静县志》,新疆人民出版社 1995 年版,第 179 页。

② 裴孝曾:《库车县志》,新疆大学出版社 1993 年版,第 165 页;《柯坪县志》编纂委员会编:《柯坪县志》,新疆大学出版社 1992 年版,第 88 页。

③ 四川省潼南县志编纂委员会编:《潼南县志》,四川人民出版社 1993 年版,第 217 页。

④ 四川省乐至县志编纂委员会编:《乐至县志》,四川人民出版社 1995 年版,第 172 页。

⑤ 上海中国地政学院编纂:《民国二十年代中国大陆土地问题资料》第 62 册,(台北)成文出版社 1977 年版,第 32509—32510 页。

⑥ 上海中国地政学院编纂:《民国二十年代中国大陆土地问题资料》第 61 册,(台北)成文出版社 1977 年版,第 31524 页。

⑦ 云南省会泽县志编纂委员会编:《会泽县志》,云南人民出版社 1993 年版,第 153 页。

⑧ 人民出版社编辑部编:《新区土地改革前的农村》,人民出版社 1951 年版,第 39 页。

⑨ 人民出版社编辑部编:《新区土地改革前的农村》,人民出版社 1951 年版,第 55 页;湖北省长阳土家族自治县地方志编纂委员会编:《长阳县志》,中国城市出版社 1992 年版,第 115 页。

庄"或"大批""重批"。① 鄞县,每亩需交"批金"(押银)5—10 银元,均高于租额。② 慈利押租轻的相当于 1 年租额,重的相当于 2 年以上租额。③

同地价比较,押租也占越来越大的比重。在四川南川、南充以及其他一些地区,押租原来通常是上田占地价的 5%,山田为 1%。20 世纪三四十年代,因累年加增,或采行"明佃暗当",押租步步攀升,不少地方的押租"已与地价相垺"。④ 云南富民县,因地主多次升押,一些租佃押金,也"接近地价",甚至"早已超过田价"。⑤ 安徽滁县,押租一般也相当于地价的 19%左右。⑥

押租在产生和流行后,即同正租一起构成地租的主要成分。由于押租是地租的保证,两者紧密关联,并构成一定的比例关系。地租的升高和变动,是押租升高和变动的条件和"理据",直接导致后者的升高和变动;同样,押租的升高和变动,反过来又影响和制约地租。当押租大幅增加,改变同地租原有的比例关系,地租迟早会上升,恢复同押租的"正常"比例关系。地主为了最大限度地榨取佃农血汗,总是轮番增加押租和地租。而且,20 世纪三四十年代,有息押租或"增押减租"的情况减少,无息押租膨胀,押租、地租你追我赶,交替上升,最后形成高押、高租的"双高"态势。

广东灵山梓崇塘乡邓世有批耕地主容子廉田 3 亩,年租 28 斗,交押金 7 千钱,折谷 28 斗,押租、地租等量。当地上等水田每亩年产 42 斗,下等水田 35 斗,即使按上等水田计算,租率也达 66.7%。后来铜仙贬值,地主开始"升批"加押,先后共升了 6 次,共升了 140 千钱,折谷 140 斗,1943

① 新湖南报编:《湖南农村情况调查》,新华书店中南总分店 1950 年版,第 61 页;新湖南报编:《湖南农村情况调查》,新华书店中南总分店 1950 年版,第 25 页。

② 鄞县志编纂委员会编:《鄞县志》,中国社会出版社 1994 年版,第 98 页。

③ 唐熙东:《慈利县志》,农业出版社 1990 年版,第 131 页。

④ 《南川县志》,民国二十年(1931 年)木刻本,第 28—29 页;李良俊修、王荃善等纂:《南充县志》第 20 卷(文艺志),1929 年刻本;瞿明宙:《中国农田押租底进展》,《中国农村》1935 年第 4 期;吕平登编著:《四川农村经济》,商务印书馆 1936 年版,第 199 页。

⑤ 云南省富民县地方志编纂委员会编:《富民县志》,云南人民出版社 1999 年版,第 103—104 页。

⑥ 华东军政委员会土地改革委员会编:《安徽省农村调查》,1952 年印本,第 108 页。

年又"升租"一次,由 28 斗升至 32 斗,租率升至 76.2%,押租率更飙升至 437.5%。①

四川增租、增押和高租、高押的"双高"态势最为典型。井研千佛乡刘民生等 4 家佃农,1914 年共佃地主水田 320 挑(3.75 挑折 1 亩)、土 20.8 石(0.24 石折 1 亩),共交押金铜元 2700 吊(相当于 121 石黄谷),年纳租谷 54 石,杂粮 1.5 石,押租相当于租额的 218%,租额相当于常年产量的 42%。1932 年,押租增至 3200 吊,按不变价格计算,对租额之比升至 258%。随即租谷增至 78 石、杂粮 1.8 石,租率升为 61%。日本全面侵华战争期间,物价上涨,押金转为黄谷,租谷又增至 91 石、杂粮 1.8 石,租率升为 70%。这样,由于押租、地租你追我赶,很快由高押平租演变为高押高租。到 1948 年,租谷更增至 100 石、杂粮 3.6 石,租率高达 78%,为进一步增押提供基础。② 重庆北碚杨进明,1935 年佃种 12 石田,可收谷 10 石,押佃银 220 两。1938 年加租 1 石;1940 年将押佃折成 6000 元法币,另外又加 5000 元,共 11000 元,当时可买到 30 石谷子,杨进明加不起押佃,只好将一口肥猪卖掉;1944 年再加押佃 6000 元,加租苞谷 1 斗。③ 立约时,租率为 74%,押佃银 220 两(合 308 银元),可买谷 44 石④,相当于地租的 595%。此后两次增租、增押,地租增至 8 石 6 斗(苞谷 1 斗折稻谷 2 斗),租率升至 86%;押租包括 1940 年将银两折成法币时吞没的 27 石 6 斗谷,增至 57.7 石⑤,相当于地租的 671%。显然,这已经不是一般的高租、高押。

其他县区的情况大同小异。地租、押租同时或交替上升,只是地租租

① 中南军政委员会土地改革委员会调查研究处编印:《中南区一百个乡调查资料选集·解放前部分》,1953 年印本,第 226 页。
② 四川省井研县志编纂委员会:《井研县志》,四川人民出版社 1990 年,第 134 页。
③ 李竹、刘希等:《"押金"使农民受尽了痛苦》,见人民出版社编辑部编:《新区土地改革前的农村》,人民出版社 1951 年版,第 75—77 页。
④ 1935 年法币与银元等值,当时重庆稻谷每石 7 元法币。308 银元可至少买谷 44 石(参见人民出版社编辑部编:《新区土地改革前的农村》,人民出版社 1951 年版,第 75 页)。
⑤ 220 两银子折成 6000 元法币,只可购 16 石 4 斗谷,被吞没 27 石 6 斗谷。1944 年所加押佃 6000 元,可购谷约 1 斗。44 石+(30 石-16.4 石)+0.1 石=57.7 石。

额原来已经很高,或已近极限,因而增幅相对较小,而押租增幅更大。如大足,1941 年的记载称,地租"往昔约其产量之半,今则增至十分之六至十分之七",约增 10—20 个百分点;押租 1941 年按地价 4%—5% 交纳现金,约为地租之半。1941 年后改交稻谷,数额大幅增加,据 1951 年的退押数字统计,全县 10839 户土地出租者,共收押佃谷 2847.3 万公斤,占 1949 年佃耕地粮食总产量的 48.4%。① 考虑到总有少量业主或土地由于种种原因(如亲朋邻里之间的租佃、劣等土地以及"佃强业弱"等),未能征收押租,可以断定,绝大部分押租已接近和超过地租,增幅接近或超过一倍。仪陇在 1941 年前后,押租、地租已经很高。当时中田亩价 80—120 银元,押租 16—60 银元,占地价的 20%—50%。水田谷租占产量的 50%—70%,旱地钱租占收入的 50%—60%。但地主仍不满足,借口货币贬值,连年加租、加押,押租、地租进一步飙升。县政府被迫于 1946 年宣布"限租",规定地租不得超过地价的 8%②,但未干预押租。即使如此,也未实行。广汉押租原来交钱,金额接近于年租。20 世纪 40 年代改交实物,亩田高的纳谷 1.7—1.8 石(每石 140 公斤),一般 1.4—1.5 石,低的 1 石左右,已大大超过租额。据统计,1949 年全县地租共计大米 344.27 万公斤,平均每亩 123.5 公斤,折谷 1.26 石。押租高的超过地租 35%—43%,一般超过 11%—19%,只有低的才接近地租。地租则已接近极限:佃农正常年景交租后,每亩仅余稻谷四五斗,稍差则只剩两三斗,租率为 71.6%—86.3%。③ 北川押租数额不详。地租据 1937 年的调查,每亩 8—12 斗,地租率亦不详。同周围地区比较,似乎不算太重。到 1946 年,押租、地租已高得惊人。据统计,这年全县农副总产值为 9450 万元法币,地主富农收取的粮租、押金达 5062 万元,占 53.5%;田赋、壮丁款、门户款等 80 余种捐税 1643 万元,占 17.4%,农民实际所得 2756 万元,占

---

① 李传援:《大足县志》,方志出版社 1996 年版,第 261 页。

② 四川省仪陇县志编纂委员会编:《仪陇县志》,四川科学技术出版社 1994 年版,第 178—179 页。

③ 四川省广汉市志编纂委员会编:《广汉县志》,四川人民出版社 1992 年版,第 87—88 页。

29.1%。① 如将自耕农和其他农户的收入剔除,地租和押租所占比重将大大升高,佃农收入所剩无几了。

类似情况无法一一尽述。为了全面考察四川押租、地租的一般水平,现将成都、重庆南岸区等57县(区)的押租率和地租率列见表12-43。

表 12-43　近代四川部分县(区)押租地租高度一览表　　(单位:%)

项目 县(区)别	押租率 (占地租或产量、地价百分比)			地租率 (占土地产量百分比)		
	最低	一般	最高	最低	一般	最高
成都	—	400⁺	—	—	80	—
广汉	79	111—119	135—143		72—76	81—86
双流	—	80 以上①	—	—	85	—
金堂	—	87—167	—	—	60—70	83(上田)
绵竹	—	29—43	—	—	60	—
邛崃	—	200—300② (400—600)	—	—	50—70	—
丹棱	234 (下田)	250—288 (上田旱地)	301 (上田)	—	50—60	—
青神	—	53—60	—	40	50	60
井研	50 以上	—	—	50 (下田)	60(中田)	70(上田)
汉源	—	109③	—	—	60—70	80
大邑	—	110—130	—	—	50	80
永川	—	100 以上	—	—	30—60	70
富顺	—	33—50	—	—	50—60④	70±④
兴义	—	100	—	50	60	70
隆昌	—	100±	250±	40	60	70
屏山	—	100② (167—200)	—	50 (土租)	60 (田租)	—

---

①　四川省地方志编纂委员会编:《川北县志》,四川人民出版社 1996 年版,第 378 页。

续表

项目 县（区）别	押租率 （占地租或产量、地价百分比）			地租率 （占土地产量百分比）		
	最低	一般	最高	最低	一般	最高
江津	—	120—130	200	—	60—70	—
会理	—	100	100[⑤] （1000）	—	30—50	—
綦江	—	7→10[⑥] （70→100）	—	—	60—70	—
内江	—	156—202	318—319 （中、下地）	—	70[±]	—
沐川	50	—	—	—	40—50 （水田）	60—70 （旱地）
犍为	—	50	100 以上	—	50—60	70—80
长宁	—	100	—	—	50→60[⑦]	—
重庆南岸区	—	100	100[⑤] （1000）	30—40 （中田 下地）	50—60 （中田 中地）	70—80 （上田 上地）
沙坪坝区	50 以上	—	—	60	70	80—90
九龙坡区	—	140—150	—	—	70 以上	—
巴县	61.5（全县总平均）			—	70	—
万县	146 （上田）	444 （下田）	533 （中田）	50	60	70
涪陵	150 （下田）	200 （中上田）	—	50	67—70	80
合川	—	50 以上[②] （70—167）	—	—	30—60	70
大足	—	48.4[②] （69—81）	—	—	60—70	—
忠县	—	100	100[⑤] （1000）	50	60—70	80
彭水	—	100—100[+]	—	50	60	70
武隆	—	200	—	50	60—70	80

项目 县（区）别	押租率 （占地租或产量、地价百分比）			地租率 （占土地产量百分比）		
	最低	一般	最高	最低	一般	最高
璧山	100	—	—	—	70	—
梁山	20—25		100	—	70—80	—
垫江	—	33—50		50	60—70	80—90
铜梁	—	60 以上[2] （100 以上）	60—70[5] （600—700）	20—30	60 以上	
营山	—	100	100[5] （1000）	—	50—70	
巫溪	—	125 以上	—	—	50—60	
大竹	—	60—100	200—n100[8]	—	60—70	
江油	—	15$^{\pm}$	—	—	50—60	
仪陇	—	20—50[5] （200—500）	—	—	50—70	
青川	—	10—20[2] （25—50）	—	—	40—60	
剑阁	—	30—50[5] （300—500）	—	—	50	
安县	—	40$^{\pm}$	—	30 以上	40—50	60
遂宁	—	10[5] （100）	—	—	50 以上	
三台	—	100 以上	—	—	60—70	
盐亭	—	100—200	—	—	50	—
中江	—	100 以上			60—70	—
西充	—	100[2] （200 以下）	—	—	50 以上	80
南充	50 以上	—	—	—	70—80	
广安	—	33.3—50[2] （66.6—100）	—	40—50	50—70	70—80

续表

项目 县（区）别	押租率 （占地租或产量、地价百分比）			地租率 （占土地产量百分比）		
	最低	一般	最高	最低	一般	最高
渠县	—	104—140	—	—	60	70
蓬安	—	100—200	100[5] （1000[-]）	—	50 以上[9]	—
乐至	—	36—42	—	—	70	80 以上
潼南	—	50—100	—	—	50 以上	—

注：①该县永福乡 15 保押租总额对地租总额百分比。②占产量百分比，（ ）内数字为折算后对地租百分比，下同。③1941 年该县城区镇调查平均数。④按 10 成收成计算。⑤占地价百分比，（ ）内数字为折算后对地租%，下同。⑥1939 年押租占地价的 7%，1945 年增至 10%。⑦清朝租额约占产量的 50%，1937—1938 年调查，租额多占产量的 60%。⑧n>2。⑨占农田总收入%。
资料来源：据《土地问题资料》以及相关各县（区）新编地方志综合整理、计算编制。

据表 12-43 可以得出以下结论：一是大部分或绝大部分县（区）的押租额相当或超出地租，而地租达到或超过产量的一半，都属于"高押高租"。押租率达到或超过 100% 的有 32 县（区），占总数的 56.1%；会理、重庆南岸区、忠县、营山、蓬安等 5 县（区），最高达 10 倍左右。租率达到或超过 50% 的达 50 县（区），占总数的 87.7%。其中全部达到或超过 60% 的有 30 县（区），占 63.2%。在这些地区，60% 或 60%—70% 是一般租率，或"法定租率"。[1] 到 20 世纪三四十年代，高押高租的"双高"已是四川农村租佃关系的常态。二是押租高度与地租高度成正比，押租率高的地区，地租率也高。押租率达到或超过 100% 的 32 县（区）中，29 县（区）的地租率达到或超过 50%，占 90.6%。虽然一些地区曾经流行"增押减租"，但表 12-43 中数据显示，除永川、蓬安等个别地区外，都是"高押高租"，所谓"押重租轻"的现象，已经接近消失。

云南、贵州也正在追赶。云南昆明县的水田每亩租额，1912 年上、

---

[1]　如泸县，"法定租额"为占常年产量的 60%—70%。这已高得惊人，但地主仍不满足。据统计，该县 10025 户收租者，仅 1889 户按"法定数"征收，占 18.8%，而超过"法定数"的达 8136 户，占 81.2%（四川省泸县县志办公室编：《泸县志》，四川科学技术出版社 1993 年版，第 176 页）。

中、下则依次为 1.1 石、0.7 石、0.45 石，平均 0.783 石；1938 年依次增至 1.66 石、1.18 石、0.82 石，平均 1.22 石，依次相当于 1912 年的 150%、168%、149%，平均为 155%。全县 8 个区，上、中、下三则水田的平均租率都在 60% 以上，总平均为 77.2%，四五两区分别高达 103.4% 和 101.7%。押租也在猛增。1912 年普通为每亩 2 元，1926 年增至 5 元，1938 年再增至 7.5 元，最高达 30 元，远远超过一年的租额。① 在会泽，租地要交一年以上租额的押金，租额一般占收成总数的五成至八成。② 贵州湄潭，地租按"对半""佃四主六"至"佃三主七"分租，50% 是最低租率，"地主不劳而获谷物的多数"。租地要缴纳无息"押垫"货币，平均每亩水田 1.5 元法币，旱土 5 角。相对于四川，似乎押租不算太重，但佃农向地主"讨佃"时，须先送肉、鸡、鸭等礼物；佃得田土后，佃农须以自己的耕畜供地主使用，每届年节或地主家有婚丧嫁娶、祝寿、庆子等事，佃农须备礼金、礼物贡送，并提供无偿劳动，"否则，来年被取消租约"。③ 这可能比明码实价的高额押租更为苛重。黄平情况相似，地主出租土地，"收取高额押金"，地租按水稻产量对半收租，有的"佃四主六"或"佃三主七"，还立有佃约，"规定每年佃户帮工帮粮、送鸡、送鸭等"。④

（2）地主额外需索和实际租额租率同契约租额租率的背离

上述地租，包括押租在内，基本上限于契约或名义租额、租率，还远不是地租剥削的全部。在契约规定或名义地租、押租以外，地主凭借地权垄断和政治威势，采用威胁、强制、蒙骗等手段，一直进行各种形式的额外浮收、需索、盘剥和搜刮，名目、花样之繁多，手法之卑劣，数量之庞大，远远超出常人的想象，20 世纪三四十年代更是变本加厉，这类额外浮收和需索、搜刮成为地主不可或缺的一大进项，在地主的地租和经济收入中，占着越来越大的比重。与此相联系，实际租额、租率同契约或名义租额、租

---

① 上海中国地政学院编纂：《民国二十年代中国大陆土地问题资料》第 63 册，（台北）成文出版社有限公司 1977 年版，第 32837—32839、32855—32856、32862—32863 页。

② 云南省会泽县志编纂委员会编：《会泽县志》，云南人民出版社 1993 年版，第 153 页。

③ 湄潭县志编纂委员会编：《湄潭县志》，贵州人民出版社 1993 年版，第 186 页。

④ 黄平县地方志编纂委员会编：《黄平县志》，贵州人民出版社 1993 年版，第 154 页。

率的背离，也越来越严重，所谓契约或原有的租佃习惯、乡俗惯例，不过是一种摆设。

20 世纪三四十年代，地主无分大小，地区无分南北，租佃无分久暂，额外浮收、需索、盘剥和搜刮无处不在，无孔不入，无奇不有。这类额外浮收勒索，并非个别或少数地主的个人贪婪，而是地主阶级的集体行为，是一种不成文惯例，并且有的还载入契约，十分明确、详细。如湘乡萧家冲易姓地主在佃约上注明，佃户每年必须交 3 斤重的鸡婆 2 只，肉腿子 5 个，木炭 200 斤，2 斤以上团鱼 2 只，派义务工 3 个。① 此类额外勒索，已经上升为"契约地租"。

地主的额外浮收、勒索，不仅十分普遍，而且名目、花样繁多，如湖南益阳专区，据不完全统计地主额外剥削的花样有 120 种。② 当然，不同地区、不同地主之间，互有特点或侧重，如上揭易姓地主侧重于实物，劳役次之；有的地区或地主，更多侧重于劳役，或是物资、劳役并重。综合起来，地主的额外浮收、勒索，可大致归纳为以下五大类。

一是强令佃户承担无偿劳役。

这是地主在押租、正租之外，无偿占有佃农的活劳动，并且遍及各地和各个租佃个案。在某些地区或某些佃农，是最为繁重和苦累的租役负担，严重干扰、破坏佃农的正常生产和家庭经营。

无偿劳役的范围和内容十分广泛，不论大、中、小地主，凡家中有婚丧嫁娶、寿诞、生子、年节、盖房等，佃农均须无偿帮工，稍微"体面"的地主，走亲访友和外出办事，都要佃农无偿抬轿，且须随叫随到，不得延误。江苏太仓，地主有事，附近的佃户均须帮工，每年还要送礼。③ 泰县，地主盖房造屋、办婚丧，或家庭杂务，皆要佃户无偿服役，并得随传随到，谓之"打庄差"。凌官庄地主外出探亲访友，由佃户抬轿、推车；梁徐乡贫农杨庆云为种地主 3 亩薄田，要给地主当"三只脚"雇工，每 4 天要为地主干 3 天，工资全无，地租照交；地主陆载之强迫佃户翟宏爵之妻，丢下刚满月婴

---

① 湘乡县志编纂委员会编：《湘乡县志》，湖南出版社 1993 年版，第 124 页。
② 新湖南报编：《湖南农村情况调查》，新华书店中南总分店 1950 年版，第 12 页。
③ 华东军政委员会土地改革委员会编：《江苏省农村调查》，1952 年印本，第 61 页。

儿无偿为自己儿子当乳母。规定乳母不得为亲生子喂奶,只准喂米汤,还得贴米汤钱。[1] 在浙西天目山区,佃农不仅要给地主服劳役,甚至还有"兵役租"。于潜县出租千亩土地的大地主邵展成,拥有机关枪和长短枪,任意草菅人命、鱼肉乡里,邵家佃农每年有几个月的"兵役租",替邵家"剿匪"。[2]

湖北黄冈,佃户每年给地主修房子用 12 个工,抬轿子 6 个工;要送租粮、挑粪、做杂活;妇女还要给地主做鞋、喂猪、带孩子、打零工。湖北当阳流传民谣谓:"骑马坐轿,一叫就到,如期不到,何处也不要"(即立即撤佃,并且再也租不到地种)。湖南长沙、益阳等地,一般租一石田[3]要给地主做 6—10 个工。地主家中有婚丧嫁娶,皆要佃户帮工,不给工钱。[4] 湖南有些地区的地主还要佃农无偿舂米、挑水、砍柴、晒谷、打鱼、修房等,这类无偿劳役,"每年少则十几工,多则三四十工"。[5]

河南、山东、山西、贵州、新疆、辽宁一些地区,佃农承受的无偿劳役压榨尤为苛重。河南卫辉,有些地主要佃户给其常年担水、洗衣、推磨、干杂活,只管饭而无工钱。[6] 山东莒县,地主的无偿劳役压榨包括两部分。一是"指种地"(详后),二是"干拨工"。凡遇地主修墙、砍树、婚丧嫁娶、探亲、上坟填土、打更、运输等事,都要佃户"拨工"。离地主家较近的佃户还要为地主扫雪、挑水。拨工数量因佃户的牛力、人力多寡而异。有一犋牛和三个壮丁者,平均每年为地主无偿出工 300 个左右。只有一个壮丁的也要出工 100 个左右。不论忙闲,地主叫就得去。拨工的报酬一般是每天一升糁子,不管饭。若有婚丧、探亲等必须管饭的时候,则只管饭而无其他报酬。给糁子也是每年结算一次。也有地主预先给佃户一斗糁

①　泰县县志编纂委员会编:《泰县志》,江苏古籍出版社 1993 年版,第 143 页。
②　华东军政委员会土地改革委员会编:《浙江省农村调查》,1952 年印本,第 10 页。
③　"石"为土地面积单位,能产 1 石(担)毛谷的面积称 1"石田",5 石田约合 1 亩。
④　人民出版社编辑部编:《新区土地改革前的农村》,人民出版社 1951 年版,第 38 页。
⑤　新湖南报编:《湖南农村情况调查》,新华书店中南总分店 1950 年版,第 12 页。
⑥　卫辉市地方史志编纂委员会编:《卫辉市志》,生活·读书·新知三联书店 1993 年版,第 271 页。

子,便拨工一年,还是等于完全"无偿"。① 邹县佃农的无偿劳役也极为繁重,主要包括收割、送粮和柴火、割苇子、切地瓜干、摘花生,接送地主进城下乡,妇女给地主洗衣、做饭煎饼、看孩子等。佃农为了给地主服役,家里的农活只能请短工。② 山西保德,地主借给住处的"帮工式"佃农,除上述劳役外,还要给地主种地、挖茅粪、铡草、喂牲口、扫院、迎送客人、上集买东西等;女的给洗衣服、做饭;小孩给放牛放羊。③ 贵州镇远,农忙时节还要佃户无偿帮工。每当插秧、打谷季节或地主家有红白喜事,佃户都要无偿帮忙干活,少则三五天,多则十几天。④ 新疆博乐,有的佃农要无偿为地主割草、盖房、送粮和服其他劳役;妇女要无偿为地主家打柴、做饭,甚至必须专人常年无偿服役。1949 年前,常年给恶霸地主乌拉音无偿劳动的佃农就有 22 人。⑤ 辽宁岫岩,无偿劳役也相当繁重,每年 35 天左右,随叫随到。⑥

另外,在许多地区都流行佃农代地主无偿代耕若干田地的"惯例"。安徽临泉谓之"梢种地"。地主自己留 10 亩、20 亩地,由佃户代种,有的管饭,有的甚至连饭都不管。⑦ 湖南洞口县,佃农除节庆或其他需要随时帮工外,还要"无偿带耕田土"。⑧ 山西保德,地主借给住处的"帮工式"佃农,除各种劳役外,还要给地主梢种 3—7 垧地。⑨ 山东莒县叫作"指种地",亦称"白代（带）地""棉花田（地）"。即佃户要为地主毫无报酬地代种若干数量的土地,一般相当于佃农租地的 1/10 左右;名义上是让佃户代种几亩棉花,给佣人做衣服,实际上并不一定种棉花,即使种棉花也不

① 张学强:《乡村变迁与农民记忆——山东老区莒南县土地改革研究（1941—1951）》,社会科学文献出版社 2006 年版,第 45 页。
② 华东军政委员会土地改革委员会编:《山东省、华东各大中城市郊区农村调查》,1952 年印本,第 91 页。
③ 保德县志编纂委员会编:《保德县志》,山西人民出版社 1990 年版,第 71 页。
④ 贵州省镇远县志编纂委员会编:《镇远县志》,贵州人民出版社 1992 年版,第 231 页。
⑤ 博乐市志编纂委员会编:《博乐市志》,新疆人民出版社 1992 年版,第 279 页。
⑥ 岫岩县志编辑部编:《岫岩县志》,辽宁大学出版社 1989 年版,第 177 页。
⑦ 华东军政委员会土地改革委员会编:《安徽省农村调查》,1952 年印本,第 42 页。
⑧ 洞口县地方志编纂委员会编:《洞口县志》,中国文史出版社 1992 年版,第 146 页。
⑨ 保德县志编纂办公室编纂:《保德县志》,山西人民出版社 1990 年版,第 71 页。

一定给佣人做衣服。① 安徽滁县,地主家里有自耕三五亩土地的,往往要佃农代耕、代耙,不给一点报酬。②

二是强令佃户请酒请饭、招待住宿和馈送礼品以及鸡鸭、鱼肉、鲜果、菜蔬、土特产等各色物品。

这是地主在物租、劳役地租(包括无偿劳役)之外,进而无偿占有、搜刮佃农的家庭财物和农副产品。它同无偿劳役一样,也遍及各地和各个租佃个案。作为地租,定租尚有额度,分租尚有分成比例,请酒请饭、招待住宿和礼品、鸡鸭、鱼肉、鲜果、菜蔬、土特产等诸多馈送,往往漫无限制,完全是无底洞。

江苏泰县,逢年过节,佃户要向地主送礼,新谷登场或应时果蔬采摘,要送给地主尝新。③ 安徽无为,一年"三节"(春节、端阳、中秋),佃农要给地主送鸡、鱼等节礼。④ 河南、湖北一些地区,地租称"稞",正稞以外的需索,谓之"杂稞"。河南潢川有稞鸡、稞草、稞棉花,另有年礼(3 斤肉、3 斤挂面、两包糖、20 根油条)。杂稞、年礼相当于全年正稞的 10%,最重者达 24%。还有看稞酒、请吃饭等。县城大地主"阎司令"派人来看一次稞,花费达正稞的 8%。⑤ 在湖北,每年端午、中秋、碾节,以及地主婚丧生辰,佃户皆要给地主送鸡、鱼、肉、鸭、茶、蔬菜等礼物,有的还有随年稞、纳庄年、进门礼(安陆要送 3 斤肉、两只鸭)、油稞(黄冈 1 斤油)、鸡稞、柴稞、棉花稞、红薯稞等等,无所不包。⑥ 湖南一些地区,请酒有"春酒""新米酒""看禾酒""租酒""写批酒"等;送礼名目租鸡、和鱼、租肉、稻草、豆子等,"山里有什么就要送什么"。这类名目繁多的"额外剥削,农民讲一

①　张学强:《乡村变迁与农民记忆——山东老区莒南县土地改革研究(1941—1951)》,社会科学文献出版社 2006 年版,第 45 页。

②　华东军政委员会土地改革委员会编:《安徽省农村调查》,1952 年印本,第 108 页。

③　泰县县志编纂委员会编:《泰县志》,江苏古籍出版社 1993 年版,第 143 页。

④　华东军政委员会土地改革委员会编:《安徽省农村调查》,1952 年印本,第 94 页。

⑤　中南军政委员会土地改革委员会调查研究处编印:《中南区一百个乡调查资料选集·解放前部分》,1953 年印本,第 5 页。

⑥　人民出版社编辑部编:《新区土地改革前的农村》,人民出版社 1951 年版,第 38 页。

天一晚也讲不完"。[①] 益阳、沅江等地,除了上述酒席外,还要在交租时请"打租酒",而且不止一次两次。地主以催租为由,到佃户家吃喝,并要请豪绅作陪,以壮声威;逢年过节,还要给地主送湘莲、鸡鸭、鱼虾等土特产品,叫作"打租",又于额组之外,每石田另交100公斤稻草和2个牛工,称为"附加"。[②] 前揭洞口县,佃农所种瓜果菜豆只要成熟,首先要送给地主"尝新";端阳、中秋、重阳、春节等节日,佃户要给地主送鸡、鸭、鱼、肉、糖等礼物;每年庄稼成熟待收时,佃户先请地主吃"看禾饭";秋收后再请地主喝"丰收酒"。[③]

福建各地,地主强令佃户请酒、招待和馈送礼品、鸡鸭、土特产之例盛行。佃农纳租时,须设丰盛筵席,款待到乡收租的地主,俗称"饭餐",往往要招待四五人。除"饭餐"外,地主回家时,还需送"田头鸡""田头鸭""杂钱"等。此种苛例,南安、连城、莆田等地十分普遍。各地还有"冬牲"、加纳薯丝之例,有的还载诸契约。龙岩契约载明应付"冬牲"(牲畜、鸡、鸭等)或牲钱若干;尤溪谓之"食牲",于年底交纳猪、鸡、鸭等;霞浦契约规定,上田加纳薯丝100斤,中田60斤,下田30斤,如田地加种其他作物,也要另行加纳租税,称为"小税",与原约所纳之"大税"对应。至于佃户向地主交纳稻草、蔬菜,逢年过节或婚丧事,佃户必须送礼和提供无偿劳动,各地更为普遍。[④]

山东邹县,佃户每年端午、中秋、过年以及地主家有红白大事都得送礼,否则地主便要找借口将地抽回。如小山阴、邢庄、小河阁村的几个佃户就是因未能按节送礼,地主把地抽回去给别人种了;邢庄张士德种地主徐述彬的20亩地,因未送礼,春天地上已撒上粪要耕了,地主借口他父亲老了,硬把地收回10亩,这样,10亩田里所上的40车粪,就白给地主强

① 新湖南报编:《湖南农村情况调查》,新华书店中南总分店1950年版,第12页。
② 湖南省益阳地区地方志编纂委员会编:《益阳地区志》,新华出版社1997年版,第819页;沅江县志编纂办公室编:《沅江县志》,中国文史出版社1991年版,第202页。
③ 洞口县地方志编纂委员会编:《洞口县志》,中国文史出版社1992年版,第146页。
④ 福建省地方志编纂委员会编:《福建省志·农业志》,中国社会科学出版社1999年版,第40—41页。

占去了。小河圈农民平昭凤,1941 年种平家地主 13 亩地,有 3 亩春地上了 12 车粪,已耕耙好了,结果被地主借故硬收回去,一个工本钱都未给。[①] 莒县,佃户每年要向地主送笤帚、饭帚各 6 个,盖头 3 个;有的地主向佃户要求送做好的鞋底;个别地主要求佃户年前送年礼,一般是一对鸡、二斤干粉、二斤鲜鱼和其他一些新鲜食品。此外,还须送接年礼,谓之"接年金",每亩收 50 文。[②] 对佃农来说,笤帚、饭帚、盖头和鞋底、鸡鱼、干粉、新鲜食品等需索,已不胜负荷,而最要命的还是"份子粮""双除种""四除种"。所谓"份子粮",佃户根据养牛多少,每年必须向地主借粮吃。每犋牛(只有一头牛的减半)借小麦 1 斗半,高粱、大豆各 3 斗,分阴历年前、开春种地、开始割麦三次借完;另借糁子 12 斗,正月开始,每月 2 斗。麦收还麦,秋收还秋,借 1 斗从收获的"公堆"中扣除 4 斗。即便佃户有粮食吃,不借也要在地主的田里长着,收获时如数分给地主。"双除种"是种植时地主出种子,收获后从"公堆"里双倍扣除种子归还给地主。也有的四倍扣除,称"四除种"。[③]

江西玉山,佃户要交"田鸡""田肉",要办酒席,要应杂差。佃农租种 1 亩田,每年年底要向地主交纳 1 只鸡、数斤肉;如遇水、旱之年,请地主临田踏看,佃户需备办"丰美酒席";平时,佃户要为地主无偿担水、砍柴、从事运输等杂活。[④] 贵州独山,地主将田地租给佃农时,议定无偿帮工、帮粮数额,如一年帮工 10 天、20 天,每季帮粮一石、几升等,均系无偿性质。至于逢年过节,地主家中婚丧嫁娶,佃户要送礼、送物,甚至奉送瓜、豆、鱼、虾、时鲜,以及夏收、秋收地主或管家临田监收,由佃户供应酒饭等。这些都是不得违反的规矩。[⑤] 云南峨山,一些边远山区的佃户,逢年

①　华东军政委员会土地改革委员会编:《山东省、华东各大中城市郊区农村调查》,1952年印本,第 90—91 页。

②　张学强:《乡村变迁与农民记忆——山东老区莒南县土地改革研究(1941—1951)》,社会科学文献出版社 2006 年版,第 45 页;华东军政委员会土地改革委员会编:《山东省、华东各大中城市郊区农村调查》,1952 年印本,第 36 页。

③　张学强:《乡村变迁与农民记忆——山东老区莒南县土地改革研究(1941—1951)》,社会科学文献出版社 2006 年版,第 45 页。

④　汪凤刚:《玉山县志》,江西人民出版社 1985 年版,第 216 页。

⑤　独山县地方志编纂委员会编:《独山县志》,贵州人民出版社 1996 年版,第 394 页。

过节要给地主送礼,地主家有婚丧喜事、起房建屋等则向佃农派白工;佃农有畜禽、蔬菜、水果等物,甚至烧柴,也要给地主"进贡",佃农"事实上成为地主的奴隶"。[①]

显然,这种请酒、招待和礼品、时鲜、土特产馈送,既非"东佃情谊""佃农感恩",亦非佃农家境宽裕,甘于奉送,而是地主不顾佃农死活的强行勒索和敲骨吸髓的压榨,而其杀手锏就是夺田换佃。湖北、湖南等地,每个佃农每年最少要请酒二次,花谷4石。"如不请就要被加租退佃"。[②]福建南平,佃农欲继续承佃,必须每年定期贡奉鸡、鸭,称为"田牲",若过冬至,佃户尚未馈送"田牲",地主即视为无意承佃,另租他人耕种。[③]河南新郑,无论采用哪种租佃形式,佃户皆得向地主负担劳役和节礼,"稍有不周,地主就收回土地——端佃户的饭碗"。[④]湖北江陵,每逢年节佃户必须给地主送礼,"否则就要夺佃"。[⑤]四川石棉县,平时、逢年过节或地主家婚丧等事时,佃户须服劳役、送礼、送新(送初熟的农产品给地主尝新),"稍不遂意,地主即以退佃要挟"。[⑥]贵州凤岗,佃农逢年过节要给东家送礼,东家有大小事务,要无偿出工,否则就有"拔佃"之灾。[⑦]

在这种情况下,佃农为了保持土地耕作,不致完全失业,只能屈辱忍受。湖南洞口佃农请地主的"丰收酒",地主不去,则请账房、管家。而且招待要"热情",酒席要"丰厚","稍有不慎,轻则挨骂,重则强行撤佃"。故"丰收酒"又名"保佃饭"。[⑧]贵州麻江,每年年底佃户要送鸡、肉、酒等礼品,央求续租田种,俗称"稳田"。[⑨]镇远佃农,逢年过节都得给地主送

① 方起勇:《峨山彝族自治县志》,中华书局2001年版,第140页。
② 人民出版社编辑部编:《新区土地改革前的农村》,人民出版社1951年版,第38页。
③ 福建省地方志编纂委员会编:《福建省志·农业志》,中国社会科学出版社1999年版,第41页。
④ 刘文学:《新郑县志》,陕西人民出版社1992年版,第212页。
⑤ 中南军政委员会土地改革委员调查研究所编印:《中南区一百个乡调查资料选集·解放前部分》,1953年印本,第28页。
⑥ 石棉县地方志编纂委员会编:《石棉县志》,四川辞书出版社1999年版,第165页。
⑦ 贵州省凤冈县地方志编纂委员会编:《凤冈县志》,贵州人民出版社1994年版,第334页。
⑧ 洞口县地方志编纂委员会编:《洞口县志》,中国文史出版社1992年版,第146页。
⑨ 贵州省麻江县志编纂委员会编:《麻江县志》,贵州人民出版社1992年版,第428页。

礼,"以维系租佃关系"。① 因此,佃农再穷再苦,即使饥寒交迫,对地主的需索也不敢怠慢。贵州独山佃农吴志汉说,"我当佃户十五年,自家不够吃,还得给老板(地主)送鸡、送鸭、送猪腿过年,八月中秋送月饼,五月端阳送粽子,老板家有事还得去帮工"。② 湖南南县和康垸佃农陈子忠,1940 年为凑钱给地主张乐之做寿,连唯一的一件棉袄也被典卖。③

三是转嫁田赋,强令佃农"帮工帮粮",代纳税粮杂捐,代为负担夫差徭役。

转嫁田赋一直是某些地主额外勒索的重要手段,不过这类情况以往并不十分普遍。日本全面侵华战争爆发后,日军烧杀劫掠,日伪政权苛征暴敛,税捐摊派和夫差徭役,成倍增加,国民党后方地区,田赋税捐也不断加重。于是地主在增加地租的同时,将日伪苛征、摊派、劳役等负担转嫁到佃农头上。这样,不仅田赋转嫁的情况空前普遍,佃农的捐差徭役负担也成倍增加,伪满和其他沦陷区,情况尤为突出。而且转嫁田赋很快形成惯例,日本帝国主义投降后,也一直延续下来,直至土地改革。

河北蓟县,土地租佃叫作"种分收",地主除于麦秋两季,或按垅收割50%,或在场上收 50%,"一切税赋差役,均由佃户负担"。④ 宁河租制,除了定租、分租,还有"地租带差",即佃农除照样交租外,须连带担负捐税和各种勤务。⑤ 藁城无论定租、分租,还是"停三堆",均由佃户完纳"银粮"(国税)。⑥ 南宫一年两次交租,一般按五五比例分成,且税捐由佃农负担。⑦ 无极,"捐税皆由租地佃户负担"⑧。南和,也是捐税一般由租地

①　贵州省镇远县志编纂委员会编:《镇远县志》,贵州人民出版社 1992 年版,第 231 页。
②　独山县地方志编纂委员会编:《独山县志》,贵州人民出版社 1996 年版,第 394 页。
③　《南县志》编纂会编:《南县志》,湖南人民出版社 1988 年版,第 104 页。
④　蓟县志编修委员会编:《蓟县志》,南开大学出版社 1991 年版,第 201—202 页。
⑤　宁河县地方史志编纂委员会编:《宁河县志》,天津社会科学院出版社 1991 年版,第202 页。
⑥　藁城县地方志编纂委员会编:《藁城县志》,中国大百科全书出版社 1994 年版,第97 页。
⑦　张春起:《南宫市志》,河北人民出版社 1995 年版,第 153 页。
⑧　刘宗城:《无极县志》,人民出版社 1993 年版,第 125 页。

户负担。① 冀中新乐,1942年日军"五一"扫荡后,地主将日伪差捐、摊派转嫁给佃户,也出现了"租地带差""当地代租交差"(除为地主给当价、交差外,每年每亩给地主拿1斗麦子或谷物)、"认差租地"等以转嫁负担为目的的租佃形式。地主推差推地后,逼租更急。② 河南辉县,替地主纳粮,是租佃土地的一个重要附加条件。③

在中南、东南地区和西部抗日战争后方地区,地主转嫁田赋、捐差的情况也在产生、扩散,甚至俨然成为一种新的租制。

湖南长沙,对国民党政府的苛捐杂税,地主大多以东六佃四或东佃各半、东七佃三的比例分担,甚至地主田亩应交田赋、军粮,均令佃户无偿运送。④ 江苏太仓,佃户要向保甲、图正交纳年米和年份子,"如若不给,不仅明年催租特别紧,而且即送衙门吃官司";图长还将自家田赋转嫁佃农,"若到官府查询,又得花钱,还不如不查"。⑤ 安徽怀宁祠堂族产,田赋、苛捐杂税等均由佃户出,修圩、防汛等则东家(公)出钱、佃户出工。⑥

西部后方地区,不仅地主普遍将田赋差徭转嫁佃农,有的还俨然成为一种新的租制。新疆莎车,活租制形式下的各种捐税均由佃户承担;⑦且末县,不论何种租佃形式的产品分配比例,地主只纳田赋粮,其余苛捐杂税全由佃农负担;⑧博乐的主要租佃形式是帮工式"伙种"制,秋后扣除地主垫支的种子、饲料,主佃平分产品,并由佃农缴纳政府的赋税及宗教粮。⑨ 在塔城地区,地主的田赋转嫁,已达至极端。塔城、乌苏、额敏、沙湾、裕民等县,所有按耕种地亩摊派的柴、草、饲料和劳役,均由佃户承担。

---

① 杨一明:《南和县志》,方志出版社1996年版,第129页。
② 韩书林:《新乐县志》,中国对外翻译出版公司1997年版,第115页。
③ 辉县市史志编纂委员会编:《辉县市志》,中州古籍出版社1992年版,第346页。
④ 新湖南报:《湖南农村情况调查》,新华书店中南总分店1950年版,第27—29页。
⑤ 华东军政委员会土地改革委员会编:《江苏省农村调查》,1952年印本,第60—61页。
⑥ 华东军政委员会土地改革委员会编:《安徽省农村调查》,1952年印本,第190页。
⑦ 李进淮:《莎车县志》,新疆人民出版社1996年版,第112—113页。
⑧ 孙红卫:《且末县志》,新疆人民出版社1996年版,第88页。
⑨ 博乐市志编纂委员会编:《博乐市志》,新疆人民出版社1992年版,第279页。

此外,佃户还要负担保长、甲长的薪俸和办公费。① 陕西佃农,除了无偿劳役,还要代支官差。在华县,除原有的物租、钱租,又有所谓"带粮租",不论物租钱租,田赋差款概由佃户负担,"地主不付一钱",全由佃农负担。② 贵州普定,1941 年国民党政府实行田赋"征实"后,地主借机加重剥削,凡租佃土地除应按分成交纳粮谷外,佃户还须代地主负担田赋。③在这前后,原来并无押租的黔西一带,开始征缴押租。交不起押金的,地主或将土地另行出租他人;或令其代交部分田赋抵作押金,谓之"帮粮";或押金、"帮粮"二者兼行。④

四是"虚田实租",任意加大、虚开征租面积,提高租额。

"虚田实租"的浮收阴招,几乎无处不有、无奇不有。江苏无锡墙门镇一带,地主纳赋是"折实平田",收租却是"原板田",一亩相差二分多。而且田单上明明九分"原板田",却逼迫佃户交一亩田的租。结果一亩租田,实耕面积不到 7 分。⑤ 该县新涞乡,调查的 1463 宗租佃中,1461 宗属于"虚田实租",占调查总数的 99.9%。一般是 7 分、8 分算一亩,还有 6分 6 厘算一亩的,最低的是 5 分 8 厘算一亩。⑥ 南汇朱码乡城东村,一般预租都是"虚田实租",佃农交 10 亩租只有 7 亩实田,预租利息、"虚田实租"合计,约增租 80%。⑦ 上海郊区,虚田实租"各区均甚普遍"。龙华区东吴村地主一般均以 8 分作一亩出租;真如区地主杨金氏 9 亩 8 分地作13 亩出租;新泾区地主 2 亩 6 分地,要当 3 亩收租。⑧ 崇明县的土地亩

① 塔城地区地方志编纂委员会编:《塔城地区志》,新疆人民出版社 1997 年版,第168 页。
② 华县地方志编纂委员会编:《华县志》,陕西人民出版社 1992 年版,第 143 页。
③ 贵州省普定县地方志编纂委员会编:《普定县志》,贵州人民出版社 1999 年版,第191 页。
① 黔西县志编写委员会:《黔西县志》,贵州人民出版社 1990 年版,第 309 页。
⑤ 苏南人民行政公署土地改革委员会编印:《土地改革前的苏南农村》,1951 年印本,第57—58 页。
⑥ 苏南人民行政公署土地改革委员会编印:《土地改革前的苏南农村》,1951 年印本,第53 页。
⑦ 华东军政委员会土地改革委员会编:《江苏省农村调查》,1952 年印本,第 210 页。
⑧ 华东军政委员会土地改革委员会编:《山东省、华东各大中城市郊区农村调查》(1951年 5 月),1952 年印本,第 121 页。

积,一般都是虚数,封建地主控制"海苗"时,向官府报少,租给农民时则报多,如报官府完粮 1 万步,租给农民时要算 12000 步。土地丈量也有"官弓""租弓"两种弓。土地典卖用的"官弓"长 5 尺 2 寸,故称"五二官弓";出租土地用的"租弓",长 4 尺 8 寸。因此,佃户只种 9 分 1 厘 6 毫的地,要交 1 亩地的租。崇明的土地一般以"步"计算,租田也是 4 尺 8 寸算一"步"。同时,一些地主欠债破产,也经常以七分、八分田作一亩抵债,债主(地主)即以契上虚亩出佃和计算租额,将"虚田"恶果全部转嫁给佃农。① 浙江杭县,"虚田实租"谓之"空头租"。地主以不到 1 亩的土地作 1 亩出租,或以田边地作水田出租,一般以 7—8 分作一亩,即浮收20%—30%。②

在湖南,长沙等地叫"虚田实租"为"指望田",宁乡叫"虚田"或"浮起写""纸上开田",都是实田少于契约佃田数很多,但要按虚田交租,通常要多写 2/10,如宁乡洋泉乡佃农谭福泉佃入田实际丈量 54 石谷田,产量也是 50 多石谷,但硬要交纳 80 石谷田的租,面积浮报和地租增收48.1%。③ 沅江,忠义乡的地主多虚报田亩 10%—20%,一亩田以 1.1—1.2 亩出租,租额浮收一成至二成,俗称"纳虚"。④ 益阳地主往往将 9分、8 分田作 1 亩出租,多收押金和租额。如黄家仑乡地主黄端午租给黄德生的 25.2 亩水田,每年作 28 亩收租,增收租额 11%。⑤

广东地主也普遍采用"虚田实租"手法扩大地租征额。在东莞,地主将田塍等都计入田地面积,一亩水田实际只有 9 分。⑥ 云南玉屏,地租一般采用分租制,分成租率为主六佃四;或主佃各半。但后者多系抬高面积

---

① 华东军政委员会土地改革委员会编:《江苏省农村调查》,1952 年印本,第 445 页。
② 华东军政委员会土地改革委员会编:《浙江省农村调查》,1952 年印本,第 194 页。
③ 人民出版社编辑部编:《新区土地改革前的农村》,人民出版社 1951 年版,第 37—38 页。
④ 沅江县志编纂办公室编:《沅江县志》,中国文史出版社 1991 年版,第 201—202 页。
⑤ 中南军政委员会土地改革委员会调查研究处编印:《中南区一百个乡调查资料选集·解放前部分》,1953 年印本,第 55 页。
⑥ 《东莞市大岭山镇志》编纂委员会编:《东莞市大岭山镇志》,中华书局 2011 年版,第181 页。

出租,地主实际所收仍为 6 成,甚至超过 6 成。①

不仅南方,北方地主同样以"虚田实租"的手法浮收地租。河北邢台有所谓"空粮租",即地主以高出土地实耕面积的亩数出租和收取租额。② 武清县的情况是,地贩子从地主手中租得土地后,再转手出租,采取虚放亩数,提高租金,从中渔利。③ 山东邹县,地主出租土地大部分不足亩数,而且连荒地也计算在内,每亩地内总有一二分荒地,佃户必须连荒地在内,如数纳租。④ 吉林东辽也有空头租,地主将壕沟、水泡、地埂等都计算在出租面积内,浮收地租。⑤

五是大斛收租,任意加大租斗(斛)、租秤,制订各种收租苛例,在斗(斛)、秤上和量、称过程中搞鬼,任意多收昧心租。同时,出粜出借用小斗(斛)、小秤,大进小出,额外赚取黑心米谷。

大斛大秤浮收一类苛例、恶行、损招,比"虚田实租"更为普遍,花样更多,更为缺德。

在江苏,过去征收折租,地主普遍提高折价,多收租钱。20 世纪三四十年代货币贬值改征米谷,则多用大斗(斛)、大秤。太仓地主收租,有专门收租用的巨斗,而且还要"顶好的米"。⑥ 地主汪家镇有一种特制的"活底斗",斗底配有特别机关,能上能下,量进有 1 斗 2 升,量出只 8 升。地主陈健行的"司马秤"每担更要大 25 斤。⑦ 江阴地主,惯用"大斗重秤收租,小斗轻秤出借"。收租用斗大 1—3 升,放债用斗小 1—3 升;收租用秤重 1.5—2.5 公斤,最多重 5 公斤以上,出借用秤轻 1.5—2.5 公斤,进出相差 10 余公斤。地主庄杨氏收租斗大,放债斗小,放债时斗底暗藏木块,

---

① 玉屏侗族自治县志编纂委员会编:《玉屏侗族自治县志》,贵州人民出版社 1993 年版,第 138 页。

② 十聚泰:《桥东区志》,中国工人出版社 1992 年版,第 313 页。

③ 武清县地方史志编修委员会编:《武清县志》,天津社会科学院出版社 1991 年版,第 246 页。

④ 华东军政委员会土地改革委员会编:《山东省、华东各大中城市郊区农村调查》,1952 年印本,第 90 页。

⑤ 东辽县地方志编纂委员会编:《东辽县志》,吉林文史出版社 2003 年版,第 116 页。

⑥ 华东军政委员会土地改革委员会编:《江苏省农村调查》,1952 年印本,第 60—61 页。

⑦ 华东军政委员会土地改革委员会编:《江苏省农村调查》,1952 年印本,第 10 页。

放给农民一斗实际只有 9 升。① 上海地主大斗大秤收租的现象"极普遍",通常收租一石要多收 5 升,100 斤要多收 3 斤;新泾区新民村地主都有两斛两秤,收租用泗泾斛(重 85 斤)或五分秤(每 100 斤比市秤多 5 斤),而支出时用市斛(重 70 斤)或市秤。② 崇明地主,每家都有两只斗,一只是普通斗,另一只是租斗,租斗比普通斗要大一成,甚至 2—3 成。③ 常熟地主浮收的手段不是大斗,而是斗面"淋尖"、斗外"脚米",即所谓"淋尖不动手,脚米归账房"。④

苏北地区,地主的租斛,都比街市或乡间通行的斛子要大,一般为"加二",农民需要 1 石 2 斗才合 1 石租,最多的加到 2 斗 6 升。淮安刘圩地主刘某的租斛,更大得出奇,农民说,"刘家升比斗大,斗比斛大"。⑤ 泰县张刘乡地主郭易哉的租秤,每石比市秤大 34 斤;蒋垛地主孟廷昆收租所用"蒋垛斗"比"国斗"(市斗)大 5 斤;官庄一些地主卖粮时在斛内安一个胆,称为"姜斛";收租时将胆拿掉,称为"租斛";量租时不用稇子刮平,只用手轻轻一掳,称为"摸斛"。佃农 1 石租量下来不足 9 斗。沙梓乡有 3 种量制:伯斛,每斗 16 斤;黄桥斗,20.3 斤,地主收租用的"沙梓斗",多达 27.5 斤。农民说,"沙梓好大斗,一箩装四斗","沙梓斗,吃人的口"。⑥

福建各地,地主常"以大斛称租",连江、宁德、南平、大田等地此风尤盛。⑦ 安徽各地,租斗、租秤明显大于市场斗、秤。来安地主普遍"小斗出,大斗进";⑧滁县地主还兼带"斗手"(有特殊量斗技巧者)。农民说,

---

① 程以正:《江阴市志》,上海人民出版社 1992 年版,第 225 页;华东军政委员会土地改革委员会编:《江苏省农村调查》,1952 年印本,第 10 页。

② 华东军政委员会土地改革委员会编:《江苏省农村调查》,1952 年印本,第 208—209 页;华东军政委员会土地改革委员会编:《山东省、华东各大中城市郊区农村调查》,1952 年印本,第 121 页。

③ 华东军政委员会土地改革委员会编:《江苏省农村调查》,1952 年印本,第 445 页。

④ 华东军政委员会土地改革委员会编:《江苏省农村调查》,1952 年印本,第 55 页。

⑤ 华东军政委员会土地改革委员会编:《江苏省农村调查》,1952 年印本,第 434 页。

⑥ 泰县县志编纂委员会:《泰县志》,江苏古籍出版社 1993 年版,第 142—143 页。

⑦ 福建省地方志编纂委员会:《福建省志·农业志》,中国社会科学出版社 1999 年版,第 41 页。

⑧ 安徽省来安县地方志编纂委员会:《来安县志》,中国城市经济社会出版社 1990 年版,第 95 页。

"不怕加一斗,就怕加一手"。①

　　山东、河南、湖北、湖南、江西、广东等地,地主大斛收租之风极盛。山东邹县,地主家备有"加一"大斗,比普通斗多一升,有时还要量"尖斗"(量时高出斗面)。又用大秤,有的大到"加一六",每百斤多出 16 斤。② 河南潢川,地租谓之"稞",地主"稞斗"1 石合市斗 1 石 1 斗。③ 湖北黄冈,地主租斗往往加大 20%,多是 1 石收 1 石 2 斗。④ 在湖南,地主"大斗收进,小斗借出",几乎无处不在。隆回地主、富农不仅大斗进、小斗出,而且通过造假字据、改写租约等毒辣手段进行残酷剥削,害得农民倾家荡产、家破人亡。⑤ 江西玉山,地主收租以大斛量进,每石多 5 升不等,借出或卖出时,以小斛量出,每石少 5 升不等。⑥ 广东灵山加斗浮收,有明加暗加两种。前面提到的丰年加斗收租是明加。更多的是暗加:采用活动斗底,可上可下,是一种暗加;契约订明用 44 筒斗,但用 50 筒斗收租,是另一种暗加。⑦

　　由于地主无止境地额外浮收、勒索,实际租额、租率与契约租额、租率明显背离,佃农实际负担的租额、租率,比契约或名义租额、租率还要高得多。额外浮收、勒索不同于契约或名义额组,无时不有,无处不在,名目繁杂,数额巨细不等,明的暗的双管齐下,还包括各种劳役乃至家务杂活,无法一一量化、物化(或货币化)和准确计算。尽管如此,仅从部分规律性的、有准确或估计数据可循的浮收、勒索,也可看出实际租额、租率与契约或名义租额、租率背离的严重程度,佃农实际所受地租

　　① 华东军政委员会土地改革委员会编:《安徽省农村调查》,1952 年印本,第 109 页。
　　② 华东军政委员会土地改革委员会编:《山东省、华东各大中城市郊区农村调查》,1952 年印本,第 90 页。
　　③ 中南军政委员会土地改革委员会调查研究处编印:《中南区一百个乡调查资料选集·解放前部分》,1953 年印本,第 5 页。
　　④ 人民出版社编辑部编:《新区土地改革前的农村》,人民出版社 1951 年版,第 38 页。
　　⑤ 新湖南报编:《湖南农村情况调查》,新华书店中南总分店 1950 年版,第 12 页;《隆回县志》,中国城市出版社 1992 年版,第 102 页。
　　⑥ 汪凤刚:《玉山县志》,江西人民出版社 1985 年版,第 216 页。
　　⑦ 中南军政委员会土地改革委员会调查研究处编印:《中南区一百个乡调查资料选集·解放前部分》,1953 年印本,第 227—228 页。

剥削的残酷程度。一些数据显示,不同地主、不同地区之间,额外浮收、勒索轻重不等,实际租额、租率与契约租额、租率背离程度,互有差异,实际租额、租率与契约租额、租率相比,最低的高出 10%—20%,最高的超过一倍以上。

湖南洞庭湖滨各县,每亩租额一般为 1 石 5 斗至 2 石,约占常年产量(3—4 石)的 50%,但计租面积全是"毛亩",不能耕作的道路和房屋、牛棚等宅基地,以及佃约以少写多的虚数,统统包括在内。通常实耕面积仅占"毛亩"2/3,或更少些,实交地租占常年产量的 60% 或 70%。① 实际租额租率比契约租额、租率约高 10—20 个百分点。

在这里,实际租额、租率比契约租额、租率的背离程度还算是相对轻微的,主要原因是地主的额外浮收、盘剥手段比较单一,只限于租地"毛亩""虚亩"。这种较轻微的背离,即使在地主并无额外附加或需索的情况下,也会出现。如江苏如东,有佃农向大豫公司交 330 元押金租了一片地种棉花,议定是四六分租,公司得四成,佃农得六成。这是指的产品数量,但按价值或价格计算,因公司收的第一期棉花质优价高,佃农收的棉花质差价贱。所以名义上"四六分","实际上是对半分"。② 实际租率比名义租率增高 25%,其幅度更超过湖南洞庭湖滨各县。

与湖南洞庭湖滨各县情形不同,在其他一些地区,地主的额外浮收、需索要繁杂和贪婪得多,因而实际租额、租率与契约或名义租额、租率的背离程度更加严重。

前揭江苏川沙横沙岛,契约租额每亩为 100—250 斤,在苏南似属中等水平。但垦荒农民的租地"都是破田低田",且系一亩只有七八分的"口叫田",不能耕种的路基、河面都计算在内。20 世纪三四十年代,地主把亩积缩得更小了:以前是 56 平方寸为一步,250 步为一亩,现在缩小到 42 平方寸,缩小了 7.5%,但租额不变,实际租额进一步加重,超过产量的 70%—80%,实际租额、租率与契约或名义租额、租率

① 人民出版社编辑部编:《新区土地改革前的农村》,人民出版社 1951 年版,第 138 页。
② 姚谦编著:《张謇与近代南通社会:口述实录(1895—1949)》下册,方志出版社 2010 年版,第 100 页。周俊平,1917 年生,如东县兵房乡 18 大队 1 小队农民,1990 年 11 月 5 日采访。

约高出一半。①

无锡一带,佃农没有永佃权的普通租田("借田"),租额一般为每亩糙米一石二三斗、小麦 2 斗,占年产量的 50% 或 50% 以上。不过实际远不止此,额外浮收、盘剥主要有 11 项:一是租田面积包括田埂,但"借田不借埂",田埂仍由地主使用。一亩租田有 2 分田埂,实耕面积只有 8 分。二是秧田、屋基无"双产",秧田更不能种麦,但须交"双租"。三是"口号田"②交实租,有的田仅七分、八分,亦即七分、八分田要交 10 分田的租。四是地主收租自带大斗,通常加 1 成或 2 成,斗量时还要"拍一拍,踢二脚"。五是押租无息。每亩押租高的 7 石,最少亦有五六斗。六是无偿劳役,佃户要为地主白做工若干天。七是"预借租谷",秋后交租时扣算,但不起息,否则"摘田"退佃。八是地租由稻谷改征糙米或白米,由佃户"贴工"舂春。九是有的须佃农送租上仓,还要过筛,"剥削几个人工"。十是有的要另交草租,每亩约 2 担,由佃户挑送上门。十一是每年逢年逢节要送礼,"地主到佃户家要吃鸡吃鸭"。③ 11 项额外浮收和盘剥,除了九、十两项,都带有普遍性,属于全体地主劣行。仅以其中"借田不借埂""口号田"交实租、自带大斗、无息押租④ 4 项计算,实际租额、租率依次提高 20%、10%—20%、10%—20%、30%,合计约 70%—90%,租额由每亩 1 石 5 斗升高至 2 石 5 斗 5 升至 2 石 8 斗 5 升,租率由 50% 左右升高至 85%—95%。结果农民整年辛劳,仍然食不果腹、衣不遮体。用农民土话说就是:"汗淌勒田里,清水鼻涕落勒碗里",最后"眼泪鼻涕和了清水粥吞到肚里"。⑤

---

① 苏南人民行政公署土地改革委员会编:《土地改革前的苏南农村》,1951 年印本,第 25 页。

② 所谓"口号田",是指田的大小随剥削者口说,有的田仅七分、八分,但地主出租出借时,便说是一亩,佃户便要照一亩完租(苏南人民行政公署土地改革委员会编:《土地改革前的苏南农村》,1951 年印本,第 38—39 页)。

③ 苏南人民行政公署土地改革委员会编:《土地改革前的苏南农村》,1951 年印本,第 39—40 页。

④ 押租从中以稻米 1 石 5 斗(相当于一年租额)、年息 3 分计算。

⑤ 苏南人民行政公署土地改革委员会编:《土地改革前的苏南农村》,1951 年印本,第 40—41 页。

崇明,每千步田(合 4.166 亩)租粮 4 石(160 斤/石),计 640 斤,占常年产量 1 千斤的 64%。同川沙横沙岛一样,崇明也是"虚田""小步":佃农交一亩田的租,实际耕作只有 7 分,所谓千步田千斤粮,实际上是 7 分田只产 700 斤粮。而且地主租斗比普通斗大一成,甚至大 2—3 成。即使以大一成计算,实际租额也由原来的 640 斤增至 704 斤,实际租率由原来的 64% 增至 101%,升幅达 37 个百分点。所以佃农哀叹,"地主开仓,农民精光";"种租田就赚落一把草啊"。①

苏北高邮,一熟沤田每亩租额最高 1 石 1 斗谷(82.5 公斤),最低 1 石谷(75 公斤);二熟高田亩租最高麦 3 斗 5 升(35 公斤)、稻 8 斗(60 公斤),最低麦 3 斗(30 公斤)、稻 5 斗(37.5 公斤)。这是正租。外加每亩押租 2—3 元法币、讨佃费 0.8—1.2 元,还有打方费、看青费、收租招待费,相当于正租的 50%。亦即实际租额租率比契约或名义租额、租率提高 50%。此外,还要负担枪支费、壮丁费、牛捐、猪捐等名目繁多的苛捐杂税,所以佃农"生活非常困苦"。②

湖南道县,地租既重,而额外需索苛繁,往往等于甚至超过正租。如柏成富佃种何枢臣一处水田,年产谷 27 石,副产物折谷 4 石,每年交租 18 石,相当于正副产物的 58.06%;每年另送鸡 2 只、猪腿 2 只、酒 4 瓶、冬豆 5 升、藠头 5 斤、米粉 5 升、麦粉 6 升(作粑粑)、桃李 40 斤、新辣子 20 斤、红辣子 15 斤、笋 20 斤、丝瓜 20 斤、花生 10 斤、红薯 1 担,共折谷 15 石,还要义务帮工 50 天,应给工资谷 3 石,合计 18 石,与正租相等,实际租额、租率提高一倍,实交地租 36 石,实际租率为 112.12%。③

河南灵宝,地租流行分成租制,一般为主佃对分。不过并非按实收产品临场监分,而是地主在收割前"看租"估产,佃农按地主估定的产量及约定分成比例交纳地租。地主借此高估收成、提高实际分成比例:一般至

① 华东军政委员会土地改革委员会编:《江苏省农村调查》,1952 年印本,第 444—445 页。

② 王鹤:《高邮县志》,江苏人民出版社 1990 年版,第 178 页。

③ 中南军政委员会土地改革委员会调查研究处编印:《中南区一百个乡调查资料选集·解放前部分》,1953 年印本,第 69 页。

少"加二";如佃户快要交不起租,地主准备撤佃夺田,就"加三、加四";若佃户有自田,则"加四、加五",以便更快将佃户自田抢为己有;如佃户私自先割,就要"加六";如果遇好年成,甚至"大到加倍",本来只打 4 石,可能估成 8 石。这样,每打一石粮食,按照对半分,地主要分到六斗到七斗五升,对半分变成"倒三七"。若估产"大到加倍",则收获全部归地主,佃户所得为零。契约租率原本是 50%,实际租率升到 100%。① 山东兰陵台儿庄一带,分租制一般是"公打平分",租率为 50%。实际加上清工②、捐税、劳力、吃粮等额外剥削,地租"简直要超过全部收获量"。③ 山东莒南等地,租额名义上是对半分,但由于"双除种""折牛价""送礼"等额外剥削,佃户剩下的粮食只能有 30% 或 40%。④

在某些租额租率原本相对较低的地区,因额外浮收、盘剥成为地主提高租额、租率的主要手段,实际租额、租率同契约租额、租率的背离程度尤为严重,实际租额、租率也同其他地区一样高,甚至更高。

江苏丹徒、丹阳,太平天国战争后租额相对较低,但实际租额、租率同样很高。丹徒活租一般为"三七""四六"分成,佃农占大头,但地主收租用大斗、大秤,"名曰租子三分四分,实际五分六分"⑤,实际租额、租率相当于名义租额、租率的 1.6—1.67 倍。丹阳每亩田最高产量为小麦 200 斤、稻谷 300 斤,合计 500 斤。租额最高 313 斤稻谷,超过产量的 60%,一般为 150 斤稻谷(五斗米),约占总产量的 25%。因为额租太低,地主普遍通过"口号田"、预租(包括"分期交租")、以工抵租、强迫送礼和无偿劳役等方式,增加地租收入,额外浮收、需索成为地主的主要剥削手段。同无锡一样,丹阳的"口号田"也是 8 分作 1 亩出租。预租或"分期交租"

① 灵宝县地方史志编委会编:《灵宝县志》,中州古籍出版社 1992 年版,第 379 页。
② 佃农给地主服劳役,在湖(田)里做活算工;场里做活不算工,谓之"请工"。地主家一年用的"清工"至少一百天。
③ 华东军政委员会土地改革委员会编:《山东省、华东各大中城市郊区农村调查》,1952 年印本,第 87 页。
④ 华东军政委员会土地改革委员会编:《山东省、华东各大中城市郊区农村调查》,1952 年印本,第 45 页。
⑤ 丹徒县地方志编纂委员会编:《丹徒县志》,江苏科学技术出版社 1993 年版,第 181 页。

更残酷,佃农实际交租增加一倍。① 另外,佃农还须给地主送礼、帮工,送礼"起码一、二石米";帮工除了"义务替地主挑粮推车",还有若干个工的杂活。② 按以上几项计算,"口号田"实际每亩加租 1 斗;"分期交租"每亩加租 4 斗;"送礼"以起码 2 石米和通常租种 5 亩田计,每亩亦加租 4 斗。仅这 3 项合计,额外加收 9 斗米,占总产量的 45%,实际租额为 1 石 4 斗米,实际租率为 70%,比契约租额、租率分别提高了 1.8 倍。再加上无偿劳役和预租利息,额外浮收、盘剥相当于名义额租 2 倍以上。

湖南长沙,在"平租平批",即押租与年租额相等(每石田均为稻谷 5 斗或 6 斗)的情况下,产品分割为"东佃对分"或"东四佃六",契约租率为 50%或 40%。但当地押金一般年息以 3 分 4 厘计算(高者 6 分,低者 2 分半,中等 3 分 4 厘)。如计入押租利息,则产品分割比例最低"东六佃四",最高"东七五佃二五",中等"东七佃三",亦即每石田的实际租额为最低 6 斗,最高 7.5 斗,中等 7 斗,实际租率为 60%—75%。③ 同时,湖南包括长沙在内的一些地区,交租"车谷"(用风车扇谷)时,地主重绞风车,每石谷要多车四五升,租率提高 4%—5%。④ 这样,实际租率为 65%—80%。因"平租平批"占租地面积的 70%—80%,所以,65%—80%可视为长沙的一般租率,相当于名义租率的 1.6 倍以上。

湖北地区的"死租",租率一般占正产物的 1/3,最高占 60%。这在南方水稻产区属于偏低水平。不过押租很重,一般相当于田价的 50%—60%,而且没有利息,甚至退佃不退押,谓之"连本烂"。以购买年为 10 年计算,押租相当于 5—6 年的租额,应生利息 1—1.5 年的租额。另外,地主勒索的无偿劳动、各种节礼和"杂稞",占其全年收获量

---

① 如某佃租种刘公祠的田,名义上每亩交租 4 斗米,但分 3 期交纳,第一次春分交 1 斗米,此时农民无米,抵交 3 斗豆(到冬季抵上 3 斗米);第二次阴历六月初六交 1 斗米,此时农民更无米,以麦抵米,交小麦 3 斗(至冬季也抵得上 3 斗米);第三次到秋分再交 2 斗米,实际租额为 8 斗米,加了一倍,利息尚未计算在内。

② 苏南人民行政公署土地改革委员会编:《土地改革前的苏南农村》,1951 年印本,第 61—62 页。

③ 新湖南报编:《湖南农村情况调查》,新华书店中南总分店 1950 年版,第 27—29 页。

④ 新湖南报编:《湖南农村情况调查》,新华书店中南总分店 1950 年版,第 12 页。

的 15%—20% 左右。① 这样,实际租率高达 81.6%—140%。② 所以,佃农"把租一交,所剩无几"③。

河南灵宝的棉花租,一般在正常亩产的 1/3 以上,租额不高,但要负担名目繁多的捐税、徭役,经七折八扣,实际租额往往达亩产 2/3 以上,比名义租额增加一倍。④ 潢川,一年稻麦两熟,佃农须缴纳稻麦双租,契约租率一般为 30%—40%,本不算重,但押租高,"杂稞"多,浮收严重。额外盘剥远超过正租。押租一般相当于一年租额,以年息 10 分计算,押租利息与年租额相等,亦即额组增加 1 倍;⑤地主租斗比市场斗大一成以上,租斗 1 石相当于市场斗 1 石 1 斗;请酒、请饭、"杂稞"需索数额不菲,一般约占全年"正稞"的 10%,最高达 24%;无偿劳役也十分普遍而严重,但因未有量化和折成谷物,暂且从略。⑥ 这样,押租利息、加斗浮收和请酒、请饭、"杂稞"需索合计,超过"正稞"租额、租率的 20%—34%。实际租率由原来的 30%—40%升至 80%—100%乃至 94%—114%。

四、佃农收支和家庭经济状况

残酷的封建地租和地主与日俱增的额外浮收、需索,不仅完全囊括了佃农的剩余劳动,而且越来越严重侵蚀其必要劳动。佃农生产严重亏折,收不抵支,既不能收回生产投资,也无法维持最起码的家庭生活和劳动力的再生产,除了从事副业,外出佣工,以补不足,或流浪行乞,就只能依赖借贷,或受冻挨饿。结果往往以借债缴押租地开始,以欠租、失押、欠债破产告终。

---

① 人民出版社编辑部编:《新区土地改革前的农村》,人民出版社 1951 年版,第 54—56 页。

② 实际租率的计算公式:33.3%+33.3%+15% = 81.6%;60%+60%+20% = 140%。

③ 人民出版社编辑部编:《新区土地改革前的农村》,人民出版社 1951 年版,第 56 页。

④ 灵宝县地方史志编委会编:《灵宝县志》,中州古籍出版社 1992 年版,第 379 页。

⑤ 当地粮食借贷,一般年息 100%,最高 300%,最低 50%。

⑥ 中南军政委员会土地改革委员会调查研究处编:《中南区一百个乡调查资料选集·解放前部分》,1953 年印本,第 5—7 页。

　　20 世纪三四十年代,一些地区的普遍情况是,佃农一年到头辛勤劳动,大部分其至绝大部分产品以各种方式或渠道落入地主手中,缴租后所剩无几,难得温饱,稍有灾歉或灾祸,即倾其所有,无以完租、偿债,或债上加债,或迅即破产。

　　在素称"鱼米之乡"的苏南地区,据对松江新农乡佃农和半佃农的收支调查,其中 29 户贫农每户平均租种水田 11.34 亩(另有自田 0.2 亩),户均收入折合大米,计农业 22.14 石,家庭手工业及佣工 2.12 石,合计 24.26 石;户均支出计生产资料(不含地租)5.11 石,生活费用 17.12 石。收支相抵,如以全年农业收入计算,则除去生产成本 5.11 石、生活费用 17.12 石,亏短 0.09 石,只能以副业补救。不过,即使连同副业收入计算在内,剩余劳动量也不过 2.03 石。而这正是地租剥削的结果:29 户贫农(佃农)户均纳租 7.2 石,相当于剩余劳动量的 354%,不仅囊括了佃农的全部剩余劳动,还侵占了农民必要劳动(生活费用 17.12 石)的 30%。19 户中农平均每户租种水田 20.74 亩(另有自田 4.47 亩,大部分为佃农或半佃农),户均收入折合大米,计农业 49.92 石,户均支出计生产资料(不含地租)12.95 石,生活费用 24.52 石。收支相抵,剩余劳动量为 12.45 石,虽较贫农为大。但户均纳租 15.57 石,相当于剩余劳动量的 125%,地租同样不仅囊括其全部剩余劳动,而且侵占其必要劳动(生活费用 24.52 石)的 13%。①

　　无锡佃农亏折更严重。该县一亩田的常年产量一般是 2 石糙米,生产成本最低要糙米 1.27 石,但因佃农穷困,包工费、肥料钱大都是向地主用高利借来,需还利息 4 斗,实际成本为 1.67 石。再要交 1 石左右(最高 1 石三四斗,一般是 1 石)的租米,即使不算额外盘剥,已亏折 0.67 石米。② 据对该县新渎乡 39 户贫、雇农(全为佃农、半佃农)的调查,平均每户有租田 2.6 亩(另有自田 1.5 亩),农业收入计米 10.58 石,生产资料

----

　　① 苏南人民行政公署土地改革委员会编:《土地改革前的苏南农村》,1951 年印本,第 17—20 页。
　　② 苏南人民行政公署土地改革委员会编:《土地改革前的苏南农村》,1951 年印本,第 41—42 页。

(种子、肥料、农舍、农具、牲畜)2.6 石,交租 2.6 石,生活费用 14.6 石,合计 19.8 石,收支相抵,短缺 9.22 石。即使以副补农,副业收入 7 石,出卖散工收入 1 石,收入增至 18.58 石,仍亏折 1.22 石。[1] 另据 1947 年的调查,如一家 5 口的农户耕种 10 亩土地,全年收支以大米计算,自耕农亏 0.25 石,半自耕农亏 4.5 石,佃农亏 8.75 石。[2] 佃农亏折额分别相当于半自耕农的 1.94 倍、自耕农的 35 倍。

苏北的生产条件不如苏南,耕作的人工、肥料多,而产量低,佃农生产亏折也更大。扬州西郊佃农郭文才的个案有某种典型性。该佃夫妻及子、侄一家 8 口。不论老小,全部参加劳动,世代租种周姓地主 24 亩田,除 3 亩田较好外,其余都是"很坏的下等田",更有 2 亩土质太差,耕种收获根本不够人工成本。一般年成要缴纳 12—14 石稻租。以 22 亩计算,生产支出计种籽、肥料、牛工人工合谷 37.26 石,收入为 30.2 石。收支相抵,已亏折 7.06 石,加上 14.1 石租谷,亏折扩大至 21.16 石。但这里还有个庞大的押租及利息没有算进去。[3]

在浙江,衢县、开化、遂昌、江山等县,佃农的生产亏折也很严重。

衢县,生产收支因土地质量而异。水田全年产量,上田常年收成折谷约 650 斤、中田 430 斤、下田 300 斤。生产成本差别不大,每亩人工、牛工折谷 105 斤,肥料折谷 90 斤,种子 4 斤,合计 199 斤。当地永佃田地租占产量的 40%,其他土地普遍超过 50%。从低以 50% 计算,扣除生产成本和地租,上田每亩余 126 斤,中田仅余 16 斤,至于下田所需成本相同,而收成仅 300 斤,成本相当于收成的 666.33%,再去掉 150 斤地租,即使不算生产者本人及家庭成员的生活开支,已净亏 49 斤谷。若是旱地,所需人工比水田多 2/3,生产成本比水田高,收益仅相当于下等田的产量,约折谷 320 斤,佃农亏折又加大了不少。[4]

① 苏南人民行政公署土地改革委员会编:《土地改革前的苏南农村》,1951 年印本,第 53—54 页。

② 谈汗人:《无锡县志》第 5 卷,农业,上海社会科学院出版社 1994 年版,第 193 页。

③ 人民出版社编辑部编:《新区土地改革前的农村》,人民出版社 1951 年版,第 128—129 页。

④ 华东军政委员会土地改革委员会编:《浙江省农村调查》,1952 年印本,第 149—150 页。

开化、遂昌、江山等县的垦山佃农，条件尤为艰苦，如按通常的生产收支计算，亏折程度更加惊人。该地的垦山租佃主要有两种形式：一种为"扦苗还山"；另一种为"分扦"。前者农民租垦荒山，第一年种植玉米，第二年种桐子（三年桐），同时种杉苗。三年后桐子长大，不能再种玉米，单收桐子，再过三年后杉苗长大，不能再收桐子，佃农将成林的杉木全部交还地主，租佃关系即告终止。地主除在佃农种苞萝、桐子时收取地租外，并独得山林利益，佃农只能靠垦荒种树穿插种点玉米，勉强糊口，待桐树长成结果，稍有收益，即须无偿交地；所谓"分扦"，是佃农民租垦荒山扦苗，修树"铲山"除草松土，经 20 年培养，杉苗成林出售，与地主分取收益，一般为佃四业六"分扦"，最高三七、二八"分扦"。从生产收支看，每"山亩"种杉 400 余株，须用 57 个工，每工按米 7 斤计，共折米 400 斤，而当杉木出售时，每亩山价合米 400 余斤，佃农与地主四六"分扦"，仅得米 160 斤，净亏米 240 斤。因此农民说："种山如不是自己会劳动，就得讨饭。"①

中西部地区和北方地区，情况大同小异。湖南长沙县花果乡佃农梁杏生，一家 6 口，租种袁姓地主 52 石谷（按土地产量计算）田，先后缴纳押金折谷 143 石，年纳租谷 26 石，1948 年的生产收支情况：收入正产稻谷 48 石，副产稻草、茶油、茶叶、麻、红薯等折谷 10 石，合计 58 石谷；支出为肥料和帮工工价约 25 石谷；地租 26 石谷；押租借款利息 9 石谷；给地主送礼、无偿帮工折合 5.7 石谷，合计 65.7 石谷，亏折 7.7 石谷②，种子、饲料、农具折旧维修、家庭成员的衣食，全都没有计算。邵阳上田（平田）5 石谷田（约合 1 亩）产谷 540 斤，生产成本 201 斤，余 339 斤；中田（塝田）亦可产谷 540 斤，生产成本 251 斤，余 289 斤；下田（坎田）产谷 432 斤，生产成本 201 斤，余 231 斤。纳租各有不同，上田按主六二五佃三七五分成，扣租 337.5 斤，仅余 1.5 斤；中田按主五六佃四四分成，扣租 302 斤，尚亏 13 斤；下田按主佃五五分成，扣租 216

---

① 华东军政委员会土地改革委员会编：《浙江省农村调查》，1952 年印本，第 266 页。
② 人民出版社编辑部编：《新区土地改革前的农村》，人民出版社 1951 年版，第 35 页。

斤,余 15 斤。① 扣除生产成本和缴纳地租后,不论上、中、下田,都剩余甚微,甚至亏本。②

山东临沭,租佃形式有分租、"干锄地""拔瓜地""拔地瓜地""干提鞭"等,生产资料提供、佃农额外负担互不相同,主产品分配均为主佃各半。不过不论哪种形式,佃农无不折本。"干锄地"是地主把自己种好了的地,交给佃户代锄和收割,粮食对半分,草统归地主。佃户只出劳力,似乎不亏。但这种地差不多全是栽种谷子、高粱,需工很多,一般要锄 4 遍,"如按工资计算,佃户所分到的粮还不够付工资"。最亏本的还是"拔地瓜地"。在麦收之后,贫苦农民向地主租地栽种一季地瓜(甘薯),即将地归还,一切农本均出自佃户,地瓜对半分。一亩地瓜需瓜种 30 斤,折高粱 7 斤,浇秧、种、锄、翻秧、收,共需 10 个工。折合高粱 179 斤,牛工 1 个折高粱 26 斤,合计成本高粱 230 斤。即按收地瓜千斤计算,顶多只能折高粱 250 斤,佃户分得 125 斤,比农本还少 105 斤。③

佃农生产成本高,地租负担重,入少出多,几乎全都难以维持生活。

山东桓台,在日军侵占期间,大地主耿、冯、王、庞四大家肆意抬高地租额一倍以上,"造成民不聊生,卖儿卖女,沿街乞讨的惨景"④。江苏无锡,佃农大多口粮短缺,难以果腹。前揭墙门镇一带,一家 4 口种 5 亩租田,"已经不算差了",但平常收成去掉租子,留下种子、肥料,就所剩无几,"勉强只能维持五个月口粮"⑤。该县梅村区 4 个乡,调查的 8 户佃农(均有少量自田)中,6 户口粮短缺,不论家庭人口和劳力多寡、负担轻重,地权归属、耕地大小,经营范围和生产结构,"每年的收入不够吃;粮食平时不够吃";一年收入减去租米和肥料、戽水费折米,"余下总是不够吃",

---

① 新湖南报编:《湖南农村情况调查》,新华书店中南总分店 1950 年版,第 88—90 页。

② 上、中、下三类田中,下田余谷稍多,纯属偶然。下田(坎田)无灌溉水源,完全靠天吃饭,三年两旱,产量极不稳定,租率亦较低。上述数据指的是正常年景,各年平均,实际情况更糟。

③ 华东军政委员会土地改革委员会编:《山东省、华东各大中城市效区农村调查》,1952 年印本,第 62 页。

④ 山东省桓台县史志编纂委员会编:《桓台县志》,齐鲁书社 1992 年版,第 135 页。

⑤ 苏南人民行政公署土地改革委员会编:《土地改革前的苏南农村》,1951 年印本。

无以果腹。① 苏北和其他地区情况一样。前揭扬州佃农郭文才家虽种24亩租地,但一家8口的生活全靠其他营生,其父亲(1949年春去世)是木匠,本人经常在外推车揽活。在农闲季节,其他成员全部参加打草鞋等副业生产。尽管如此,仍然经常"没吃没穿",1949年整整一春天,没见过油星,没吃过干饭,连稀饭粮也是"挖空心思东借西借"。老婆生孩子,不曾有一粒大米进肚。产妇因缺补养病倒而卧床不起,婴儿因无吃食而送人。父亲的棺材也是借来的。②

安徽肥西,佃农"终年劳动,不得温饱"。倘遇灾年,"租子过了斗,两手空空双泪流",逃荒要饭流落街头。"花子岗""光蛋店"就是他们走投无路流动栖息的场所,地名流传至今。③ 湖南邵东,中等田10石谷面积(相当于2亩)常年可产干谷8石,合1040斤(130斤/石),扣除生产工本501斤,还剩539斤。中等田的产品分配一般为地主4.5石(585斤)、佃农3.5石(455斤)。佃农将扣除生产工本后的539斤全部用来交租,尚差46斤。然而,押租及利息、地主额外浮收和需索,尚未计算在内。生产者农田生产以外时间的吃穿、全家老幼的全年衣食等,更是全无着落。④ 在四川,"无论大佃小佃,纯依佃耕之收入,大都不能维持其全家最低之生活。尤以小佃为甚。而所以能勉强维系者,全恃因佃得房地一份,以为居住耕作之所,再利用农暇操种之副业……故忍受租额押租之高重,俾获取地主此项供给,以操持其可能劳作与必须糊口之副业"⑤。

在这种情况下,佃农为了维持生产和生存,主要有三种选择:一是如同上述川境佃农,从事副业,以副补农;二是出外流浪、乞讨;三是借债。副业虽是首要途径,但本身大多需要某种条件、资本或技能,不能妨碍农

① 华东军政委员会土地改革委员会编:《江苏省农村调查》,1952年印本,第211—214页。
② 人民出版社编辑部编:《新区土地改革前的农村》,人民出版社1951年版,第130页。
③ 肥西县地方志编纂委员会编:《肥西县志》,黄山书社1994年版,第84—85页。
④ 新湖南报编:《湖南农村情况调查》,新华书店中南总分店1950年版,第88—90页。
⑤ 郭汉鸣、孟光宇:《四川租佃问题》,商务印书馆1944年版,第132页。

业生产,收益亦有限;流浪乞讨则只能在冬闲,且为传统观念所不齿,不到完全破产或逼不得已时不得进行。所以举债成为多数佃农维持生产和生存最重要的途径,或者副业(包括佣工等)、借债同时进行,遇到筹押租地、添置耕畜和婚丧嫁娶、天灾人祸,更必定借债和大笔借债不可。随着地主的地租压榨变本加厉,佃农贫困加剧,借债户、借债额都达到一个新的高度。

上揭江苏无锡梅村区6户口粮短缺的佃农,其中两户靠副业、佣工勉强支撑,1户情况不详,另外3户同时依赖副业、佣工和对外举债:范寿根除了"帮帮零工""上街卖菜卖柴",因母病、父死、妻害疗,几次借债,共欠谷15石;单泉根用妻子给人做奶妈、减口增收的办法,解决了口粮"不够吃"的难题,但因医治腿病,仍先后欠债3石米和8石谷;杨文彬也是"靠做短工"赚取口粮,婚丧则唯有借债,1947年、1948年因葬母、嫁女,分别借谷40石和20余石。可见副业、佣工只能勉强补充部分口粮,若口粮缺口过大,或遇病痛、婚丧、灾祸,必定借债。因此,调查者称,"凡是种租田的人,差不多都要欠债",并且往往是"举债还债"。[①]

江苏无锡如此,其他地区亦莫不如此。江苏松江新农乡,十家就有八家欠债,如王家村86户,欠债的就有75户,占87.2%,共欠债米935.8石,平均每户10.4石。[②] 上海县马桥乡三村67个农户中,负债的有35户,占52.2%,每户最高负债额达30石米,最低也有5石米,一般为10石米左右。[③] 青浦七汇村,中农、贫农借债户比重分别为83.3%、91.7%。这里无论中农、贫农,大都是佃农[④],而且所欠债务大多是用于交租,或债务本身就是欠缴的租额。农民因害怕地主"开租"(派警察抓人),或已经

---

① 华东军政委员会土地改革委员会编:《江苏省农村调查》,1952年印本,第212—213、215页。

② 苏南人民行政公署土地改革委员会编:《土地改革前的苏南农村》,1951年印本,第21页。

③ 华东军政委员会土地改革委员会编:《江苏省农村调查》,1952年印本,第208页。

④ 在南方一些地区,佃中农是中农的主体,负债中农基本上是佃中农。如湖南益阳黄家仑乡,借债人大部分为雇贫农与佃中农,全乡欠债的160户中,雇贫农及佃中农占78.8%。见中南军政委员会土改委员会调查研究处编印:《中南区一百个乡调查资料选集·解放前部分》,1953年印本,第57页。

"开租",多被逼借高利贷,以付清租米;或被逼另写借据,"将所欠租米全部作成债米",每石加交5斗至8斗利息。①

　　四川巴县、綦江、犍为等地,农户普遍生产亏折,糊口维艰,依赖借贷活命,尤以佃农为甚。巴县农民中,自耕农仅占17.5%,大部分农民租种土地,"地租高昂",长期"入不敷出",生产、生活难以维持,"全恃借贷以资弥补":春耕大多缺少耕牛,唯有高价"借贷一途";又时届青黄不接、衣食不继,遂向富农、地主及放债为生之人高息借贷,"故债台日高"。② 綦江农民普遍亏折,1938年的农户家庭收支数据显示,178户农民平均收入201.57元,支出229.51元,收支相抵亏折18.94元。因此大部分农民负债。调查的178户农民中,96户负债,占53.9%,平均每户负债21.74元。③ 在犍为,"大多数农人莫不负债",100户农家调查中仅11户未负债,其中尤以佃农借款缴押为多,"纳租以外,又缴利款,其负担之重,诚令人骇目"④。

　　当然,佃农严重收支不敷,短缺的不只是口粮,也不只是无力应对疾病、婚丧和灾祸等突发事件,往往完租后就已两手空空,完全无力维持简单再生产,甚至无力完租。因此,借债原因、债款用途广泛,涉及生产、生活各个方面。上揭上海县马桥乡三村35家借债农户的债款用途是:购买农具、耕牛、肥料等,约占50%;欠缴地租直接转成的"高利贷债款",约占30%;婚丧欠款约占20%。⑤ 松江新农乡王家村债户欠债原因、债款用途,见表12-44。

　　① 华东军政委员会土地改革委员会编:《江苏省农村调查》,1952年印本,第17、20、21页。
　　② 上海中国地政学院编纂:《民国二十年代中国大陆土地问题资料》第54册,(台北)成文出版社1977年版,第27676、27679—27680页。
　　③ 上海中国地政学院编纂:《民国二十年代中国大陆土地问题资料》第53册,(台北)成文出版社1977年版,第26951—26952、26954、26955—26956页。
　　④ 上海中国地政学院编纂:《民国二十年代中国大陆土地问题资料》第53册,(台北)成文出版社1977年版,第27157—27158页。
　　⑤ 华东军政委员会土地改革委员会编:《江苏省农村调查》,1952年印本,第208页。

表 12-44　江苏松江新农乡王家村第二十组债款用途调查情况(1949 年)

项目\n成分	总户数	欠债户	欠债总数(石米)	债款用途及数量(石米)				
				添购生产资料	为了生活	交租交捐	婚丧喜事	其他*
贫农	8	7	96.1	25.0	16.8	6.7	43.1	4.5
中农	14	13	286.2	45.0	61.0	16.3	90.8	73.1
雇工	1	1	3.0	0	3.0	0	0	0
手工业者	1	1	3.0	0	0	0	0	3.0
总计	24	22	388.3	70.0	80.8	23.0	133.9	80.6
占欠债总额百分比(%)			100.0	18.0	20.8	5.9	34.5	20.8

注:*"其他"大多是填补养猪养鸭亏折。

资料来源:华东军政委员会土地改革委员会编:《江苏省农村调查》,1952 年印本,第147—148 页。

　　和上海县的情况大同小异,松江债户也是将大部分债款用于添购生产资料和应付婚丧大事。因表 12-44 中的"其他"项"大多是养猪养鸭亏折",也可视同用于生产。故用于生产和婚丧的债款实际占总债额的 73.3%,与上海县的 70%相差无几。略微不同的是,上海县农户(佃农)债款的剩余部分全是由欠缴租额转化而来,而松江县农户(佃农)是先扫仓和借债完租,然后再借债买米充饥。形式不同,实质则一。

　　南汇县朱码乡城东村,又是另一种状况。该村 127 户中 40 户负债,负债率为 31.5%,相对较低,但负债总额为 482.6 石米,按债户平均,每户 12 石米,最多的达 30 石米。借债原因为"受地主长期的剥削及反动政府的苛捐杂税,加上生病、死人、死猪等"①。据此,借债用途,除了"死猪"外,全都用于交租纳税和病丧二项,几乎没有直接用于生产和生活的。

　　广西鬱林(今玉林)、藤县、果德 3 县,农民债户的债款,则更多地用于买粮活命,见表 12-45。

---

① 华东军政委员会土地改革委员会编:《江苏省农村调查》,1952 年印本,第210 页。

表 12-45　广西鬱林等 3 县各类农户债款用途统计(1933 年)

项目 农户类别	负债户 (户)	债款额 (元)	用途分类*(%)					
			买粮	婚丧	经商	生产	医病	其他
自耕农	48	1272	51.9	38.9	2.0	0	3.9	3.3
半自耕农	65	1215.5	46.1	33.2	11.5	4.6	0.1	4.5
佃农	48	1099.2	57.4	22.7	11.8	6.4	0.2	1.5
总计	161	3586.7	51.6	32.0	8.2	3.5	1.5	3.2

注:* 原调查资料中,有几笔债款的用途有两项,但无具体数字,本表统计分类时,将其平分为二。
资料来源:据中央研究院社会调查所广西经济调查团编:《广西省农户经济调查表》各表综合整理计
　　算编制。

　　和前面统计及案例不同。无论佃农、半自耕农(半佃农)还是自耕农,接近或超过一半的债款用于买粮充饥,佃农最高达 57.4%,平均占 51.6%,加上直接食用的谷米,用于充饥的债额相当于全部债额的 60.5%;用于婚丧的债款比重亦达 32%,自耕农更接近 39%,借债人共 19户。农户几乎凡有婚丧喜庆,必然借债,而且金额很大,平均每笔为 60.5元。而用于农业生产,包括买牛、买谷种、肥料等,仅有 5 笔,金额只占 3.5%。总之,将近 9 成的债款用于买粮充饥和婚丧疾病等急需。广东灵山梓崇塘联村,农户的负债原因,贫雇农主要是由于收入不能维持最低限度生活,中农主要是年成失收减种减产,都是买粮充饥,两者合计 53 户,占 78 家债户的 67.95%。另有 9 户是婚丧和国民党征兵拉夫、被迫捐钱买枪。①

　　湖南益阳的农民债户,更没有分毫债款用于生产。据对该县黄家仑乡债户的调查,债户主体是贫农与佃中农,负债的原因,一是多因被国民党政府抽壮丁、敲诈勒索,以及天灾人祸、婚丧嫁娶所致,六村 18 家负债户中,就有 11 户是这样负债的;二是佃农因缴纳押金而负债;三是青黄不接期间,"年年借债,年年还债,甚至有的借债还债"②。

―――――――――

　　① 中南军政委员会土地改革委员会调查研究处编印:《中南区一百个乡调查资料选集·解放前部分》,1953 年印本,第 229—230 页。
　　② 中南军政委员会土地改革委员会调查研究处编印:《中南区一百个乡调查资料选集·解放前部分》,1953 年印本,第 57 页。

各地佃农负债原因和债款用途不尽相同，但除少数例外，大多用于非生产性消费，其中相当部分直接回到了地主、高利贷者、国民党地方官吏手中，债款自身没有再生和增值功能，借款人又须另辟财源偿还，使原已困难重重的家庭经济雪上加霜，急速恶化，甚至崩溃。然而耐人寻味的是，债权人并不期望甚至不愿意债户如期偿债，因为地主富户放贷的目的，不只是收回债款本息，而是债款抵押，是债务人身上残留的一点膏脂。正是由于上述两点，大部分或绝大部分借债佃农注定加速贫困，最终倾家荡产。

为了吸干债户膏脂，并且万无一失，地主、高利贷者的借债条件十分苛刻，既要请"保人"，又须契据、实物抵押。如湖南道县，农民向地主借债，"须请保人写借字，以实物或田契作抵押，还不起就夺田"①。倘若佃农急需借债而又无任何田地房产或实物可供抵押，或即使有少量土地，如价值不高，根本借不到债。如江苏无锡十字乡农民赵根大，只有 7 分自田，而且主要是荒地、坟地，价值不大。因而虽然缺吃少穿，却"并不欠债，因为人家不肯借给他，嫌他穷"②。湖南益阳，"能够借到债的人，一般都是或多少有点恒产的贫农，至少也须有恒业可靠的人，孤寡残废赤贫之家是没有多少债务关系的"，如该县箴言乡十六保 16 户佃贫农中有 10 户负借，而 19 户赤贫中只有 6 户负债。③ 在江苏常熟，"农村中借债的主要是中农和贫农。雇农因为借债还不出，所以借不到债"④。也正因为如此，无锡、常熟两地农民（主要是佃农）的借债户比重并不算高，并呈逐层递降态势。无锡虽"凡是种租田的人，差不多都要欠债"，但欠债户的实际比重，薛典乡和墙门一保分别为 70%；梅村镇三保、五保和墙门十五保分别只有 50%。⑤ 常熟小庙村中农、贫农、雇农的借债户比重依次为

① 中南军政委员会土地改革委员会调查研究处编印：《中南区一百个乡调查资料选集·解放前部分》，1953 年印本，第 71 页。

② 华东军政委员会土地改革委员会编：《江苏省农村调查》，1952 年印本，第 211 页。

③ 新湖南报编：《湖南农村情况调查》，新华书店中南总分店 1950 年版，第 63—64 页。

④ 华东军政委员会土地改革委员会编：《江苏省农村调查》，1952 年印本，第 217 页。

⑤ 华东军政委员会土地改革委员会编：《江苏省农村调查》，1952 年印本，第 215 页。

51.0%、38.7%和33.3%，逐层递降。① 上揭上海县马桥乡以及南汇朱码乡的借债户比重也分别只有52.2%和31.5。② 这种情况在其他地区也都普遍存在，如四川，据20世纪40年代初的大范围调查，急需借债的佃农中，半数以上无法借到。调查资料显示，佃农借债户占调查户数的42.5%，户均借债额为229.30元。若以实际借款额占希望借款额之成数而言，也仅占49.2%。这意味着相当一部分借债户借不足额，更有不少贫苦佃农完全借不到款，所以调查者说，"佃农在农民中需款最属殷切，而最不易达其所需"③。福建福安南塘保，269户贫雇农，84户借债，占31.2%，但有4户卖儿女，15户"出租"老婆，5户流浪行乞，合计24户，占8.9%。④ 显然，那些没有进入借债户行列的农户，并非收支有余、家境宽裕、无须借债，只是因为实在太穷，没有资格和条件借债。其实除了越来越多的佃农或农户极度贫困，无人愿意向他们放债，导致佃农或农户负债率相应下降之外，农户"递贫化"和"均贫化"，地方金融、经济濒临枯竭，城乡各处无债可借，佃农或农户负债率也会明显下降，20世纪30年代初的广西和日伪统治下的热河蒙地区是这方面的典型例子。⑤ 因此，不能因借债户比重低就轻易断定佃农经济宽裕，必须根据实际和具体情况进行分析、判断。

相对于无处借债极贫户或赤贫户，那些能借到债款和救燃眉之急的贫苦佃农，情况似乎要好一些。然而，由于借贷条件苛刻、利息高昂，而债款用途，大部分或绝大部分并非生产和投资性的，而是纯消费性的。债款不能再生，更不能增值，还款无源，往往只能借债还债；借新债还旧债，债款越还越多，只得卖地卖屋。结果"中农卖地降成贫农，贫农

① 华东军政委员会土地改革委员会编：《江苏省农村调查》，1952年印本，第217页。
② 华东军政委员会土地改革委员会编：《江苏省农村调查》，1952年印本，第208、210页。
③ 应廉耕：《中国农民银行四川省农村经济调查委员会四川农村经济调查报告第七号·四川省租佃制度》，中农印刷所1941年印本，第30页。以下简称《四川省租佃制度》。
④ 华东军政委员会土地改革委员会编：《福建省农村调查》，1952年印本，第64、65页。
⑤ 参见徐建生、刘克祥：《广西农业危机和摆脱危机的对策论战与举措实践》，《中国社会经济史研究》2014年第4期；徐建生、刘克祥：《热河蒙地永佃制下的土地经营和佃农生计》，《中国经济史研究》2014年第4期。

变成雇工"①。

　　大量资料显示,佃农借债情况和经济恶化过程、速度、结局各有差异,但延至新中国成立,其中大部分已经倾家荡产,甚至家破人亡。其他一些贫困户,或因负债量大,或因家底过于单薄,如果不是土地改革,也难逃破产一劫。安徽休宁一些村落土地改革前夕的情况是,下观村共 80 户,70户负债,户均负债 2000 斤稻谷;古楼村共 70 户,60 户负债,户均负债3000 斤稻谷;老鹳村 137 户,87 户负债,其中一户负债 60 石稻谷。当地借贷计息,有现扣利、利滚利、出门利等形式。负债人若无力偿还,"在当尽卖绝之后,只好以人口、劳力抵偿,当帮工或奴婢"②。1949 年有调查者在总结安徽当涂、贵池等村的佃农负债情况后称,"农民长期受封建剥削,穷困不堪,一有婚丧嫁娶,临时灾难,就非借债不可",而地主"放债且与租佃结合,农民向地主质地使钱,地仍自每年向债主交租,到期交钱才能收回土地,否则土地即为地主所有";佃农债务"当年还不清,余下又拖下去,逐年利翻本,本滚利,愈拖愈多,愈拖愈穷,以致倾家荡产"③。这一总结正是历史真实的反映。

第三节　抗日战争后方和战后全国的农业生产和农村经济

　　日本全面侵华战争和战后时期,农业生产和农村经济处于空前严峻、残酷的政治与社会环境。抗日战争初期,国民党中央政府和一些地方政

---

　　①　苏南人民行政公署土地改革委员会编:《土地改革前的苏南农村》,1951 年印本,第21 页。
　　②　休宁县地方志编纂委员会编:《休宁县志》第 5 卷(农业),安徽教育出版社 1990 年版,第 106 页。
　　③　华东军政委员会土地改革委员会编:《安徽省农村调查》,1952 年印本,第 110—111 页。

府为了解决军粮民食问题,满足抗日需要,曾采取若干方针政策和推广措施,后方部分地区的农业一度有所恢复和发展。当时总的情况是,兴衰互见、发展与停滞并存。进入 20 世纪 40 年代,日本帝国主义在对沦陷区大肆烧杀掳掠、对后方地区狂轰滥炸的同时,加强了海陆经济封锁,后方地区物资紧缺,货币贬值,经济更加艰窘,国民党政府相继实行田赋征实和田赋征购、征借,搜刮、贪污升级,由抗日战争初期的"养鸡下蛋"改为"杀鸡取卵",农民弃田逋赋,贫穷破产,部分地区一度有所好转的农业和农村经济由盛转衰。日本投降,疆土收复,但农村满目疮痍、焦土残壁、村落为墟、耕地破碎荒芜、耕畜农具、种子口粮、劳力资金短缺,农民亟待休养生息。然而,蒋介石国民党忙于"劫收"、贪污分肥、"五子登科",同时加紧发动内战,不顾农民疾苦,无意恢复农业生产和城乡经济,反而为了发动内战,加税捐、印钞票、抓壮丁、拉民夫、劫民财,横征暴敛不止。结果城市工厂倒闭、商店关门、工人失业;农村满目荒凉,生产停滞,金融枯竭,农民破产,到南京国民党政权垮台时,农业生产和农村经济已濒临崩溃。

抗日战争后方地区和战后全国农业生产与耕作经营,包括土地利用、农田灌溉、作物结构、区域分工、耕作制度、生产工具、劳力使用、劳动效率、经营方式等,基本上是传统农业原有格局、结构、习惯和生产力水平、状况的延续,但有某些变化。为了满足战争需要和安插难民,国民党政府曾实施垦荒,某些地区的耕地面积一度有所扩大,但抗日战争中后期,因经济统制加强、租税加重或产权纠纷频发,土地垦而复荒;某些地区在开垦荒地的过程中,农田灌溉亦有程度不同的改善;为了增加粮食和棉花生产,国民党政府着力推广冬作、夏作和棉花种植,一些地区的土地利用、耕作制度、作物结构、区域分工等发生变化:改一年一季为一年两季或两年三季,改单一水稻或小麦种植为稻麦、稻豆或麦棉轮作,复种指数提高。在作物结构和区域分工方面,小麦南移,甘薯北进,棉花西扩,清末民初开始发生和强化的农业区域性分工被部分打破;因大部分商品棉产区陷落,新推广的棉花种植多为自种自纺自织,一些地区原有的农村商品经济又部分退回到耕织结合的自然经济。在生产工具和劳动效率方面,由于日本侵华战争前日商盗卖、侵华战争期间日军劫夺,以及农民贫困化等原因,耕畜数量减少,严重短缺,部分地区(苏浙等地尤为明显)由犁耕倒退为锄耕,劳动效率和耕作能力亦相应下降。农业经营模式方面,在农户经营规模缩小、地主雇工经营部分转为招佃收租的同时,某些地区还有各类合作社、难民农场和公私农场的产生和发展。这显露了抗日战争后方和战后全国农业生产与农村经济发展变化的主要特征。

一、国民党政府的农业政策、推广措施及其影响

1937 年"七七事变"后一年半的短短时间内,随着华北和华东、华南沿海省份的相继沦陷,国民党政府丧失了 50% 以上的耕地,48% 的森林,将近 40% 的耕畜。农产品数量也相应减少。以抗战前 1936 年全国农产品数量为 100,1938 年国民党控制区的农产品数量:稻谷为 81,小麦为 45,大麦为 58,小米为 20,大豆为 34,高粱为 23,甘薯为 76,棉花为 29,花生为 42,烟叶为 69。[①] 然而民食尤其是军粮,以及衣被、农产原料的需求并未相应减少,甚至增加。恢复和扩大后方农业生产,发展后方农业是摆在国民党政府面前的急迫任务。

针对这种情况,国民党政府从土地制度、租佃关系到荒地开垦、农田水利、农牧业生产、农村金融等,颁布政策法令,并采取多种农业推广措施,包括在一些地区推行冬作、夏作,提高复种指数和土地利用率;推行合作事业,建立各类合作社,包括信用社、农业社、手工业社、运销社、消费社等;普查、试验、改良旧的作物和畜禽品种,引进、培育、推广优良品种;防治作物、畜禽病虫害,研究、推广新的防治方法;普查、分析土壤,研究、制造、改进肥料及其施用方法;等等。以恢复、发展后方农业生产,并加强对农业和农产品的统制,保证抗日战争的需要。

[①] 刘克祥、陈争平:《中国近代经济史简编》,浙江人民出版社 1999 年版,第 628 页。

(一) 土地和租佃政策

抗日战争时期国民党政府的土地和租佃政策,既是抗日战争前既定政策的延续,又有某些修改、调整,以适应战时环境和需要。

土地制度及土地管理和使用方面,国民党政权建立不久,中央政治会议第171次会议决议《土地法原则》(1929年1月16日送交立法院),曾开宗明义提出,"国家整理土地之目的在使地尽其利,并使人民平均享受使用土地之权利。总理之主张平均地权,其精意盖在乎此,求此主张之实现,必要防止私人垄断土地,以谋不当利益之企图"[①]。不过1930年6月30日公布的《土地法》,多达4编20章397条,内容包括总则、土地登记、土地使用和土地税等四个部分;1935年4月5日公布的《土地法施行法》(1936年3月1日施行)5编91条,均无"平均地权""防止私人垄断土地"的相关条文或内容。在这前后,国民党政府还决议、公布了土地管理方面的若干法规、条例,如《公有土地处理规则》(1934)、《办理土地陈报纲要》(1934)、《土地测量实施规则》(1934年内政部公布、1936年修正),真正施行则基本上限于部分地区的土地陈报及部分特种土地的调查。

对租佃关系和佃农问题,国民党政府在不同时段出台过多项政策,相关规定、办法,多有变化,相互歧异,无一定准。国民党政府中央及内政部曾分别于1927年、1932年公布《佃农保护法》10条和《保障佃农办法原则》9条,两者条文、内容互有补充,亦有差异。《佃农保护法》规定佃农缴纳租额不得超过土地收获量的40%;佃农对所耕土地有"永佃权";凡押租或先缴租项全部或一部分等"恶例一概禁止";如遇岁歉或天灾、战争等,"佃农得按照灾情轻重,有要求减租或免租之权利"。《保障佃农办法原则》将租额最高限度改为当年"正产物收获总额"的375‰,并明确规定"副产物概归佃农所有",不过佃农已无"永佃权",只是规定地主典当或出卖土地时,佃农有优先承典或承买权;土地所有权移转时,除移转于自

[①] 中国农民银行经济研究处编:《农村经济金融法规汇编》,中国农民银行经济研究处1942年印本,第76页。

耕农外,佃农有继续承佃权。佃农如对土地有特别改良之设施,解佃时得要求地主予以赔偿。同时,规定在佃农"完全履行其义务"的情况下,地主"不得任意撤佃",但地主收地自耕或地权转移于自耕农,撤佃不受限制。① 这些政策规定多多少少有起到"保护"佃农的作用,不过全是官样文章,无一付诸实施。

国民党政府建立初期,部分省县曾尝试进行"二五减租"。1928年秋,国民党浙江省党部颁布《二五减租条例》,规定佃租最高额为土地正产量的50%,再按此数实行"二五减租",实交租额最高为正产量的37.5%。但浙江省政府强烈反对减租条例,通令各县政府严行禁止,甚至出布告宣称主张"二五减租"就是共产党。1929年,国民党浙江省党部仍坚持"二五减租"政策,在其机关报《杭州国民日报》上进行宣传,而浙江省政府则继续反对。后来这一争执上交国民党中央委员会裁决,国民党中央批准浙江省党部的《二五减租条例》。但浙江省政府对减租政策的反对并未停止,除若干县份(大革命时期农民运动有基础的地方,如绍兴县)外,多数地方并未真正实行。②

日本全面侵华战争爆发后,国民党军队节节败退、国土沦丧、难民蜂拥、农民破产、税收剧减、财政困顿,国民党政府开始着手调整土地政策,加强地政和土地管理。1938年3月,国民党临时全国代表大会通过《战时土地政策决议案》,拟定《战时土地政策大纲》9条,规定"奖励人民以土地呈献政府,并没收汉奸土地,依法分配与伤兵难民等",但强调"非常时期"的土地分配"应逐步改进,不能操之过急,积渐施行,稳健推进"。1941年4月,国民党五届八中全会提出"为实现本党土地政策,应从速举办地价申报决议案"。10月,国民党内政部公布《地价申报办法大纲》27条,规定地价申报依测量地亩、调查地籍、查定标准地价、业主申报、土地登记、编造地价册的程序办理。1941年12月,国民党五届九中全会(5—

---

① 中国农民银行经济研究处编:《农村经济金融法规汇编》,中国农民银行经济研究处1942年印本,第221—222页。
② 《浙江省农业志》编纂委员会编:《浙江省农业志》(上),中华书局2004年版,第297—299页。

23 日召开)提出"土地政策战时实施纲要",规定在整理地籍的基础上,私有土地由所有人申报地价并征收土地税,旋即召开的国民党五届九中全会,拟定《土地政策战时实施纲要》10 条,规定在整理地籍的基础上逐步实施私有土地的地价税征收,以弥补财政。① 对沦陷和敌伪控制区的土地权属及管理,1940 年 11 月国民党政府行政院公布《战地土地权利处理暂行办法》7 条,规定"凡伪组织机关对于公私所有土地所为之处分及所发之土地权利证件一律无效";一切土地登记、土地陈报、地籍整理所发之权利书状、管业执照、权利证件,如有加盖伪组织机关之伪印,以及加盖伪印之土地权利证件如有买卖典当抵押或设定其他权利等,"一律视为无效"。②

关于地权分配和自耕农问题,1941 年 6 月,国民党政府召开第三次全国财政会议,蒋介石在会上所作的演讲强调,管制粮食与平均地权,是当前财政和经济的"中心问题"。财政会议结束后,中国地政学会召开第六届年会,会议主题就是讨论实施战时土地政策,并通过"欲求粮食之彻底解决,必须从根本上改革土地制度"的决议。不久,国民党五届九中全会拟定的《土地政策战时实施纲要》第 8 条规定,农地以归农民自耕为原则,嗣后农地所有权之转移,其承受人均以能自为耕作之人为限,不依照前项规定移转之农地或非自耕农所有之农地,政府得收买而转售于佃农,予以较长年限分年偿还地价。此前 1940 年 7 月,国民党五届七中全会通过"设立土地银行决议案"。1941 年 4 月,中国农民银行设立"土地金融处"。1941 年 12 月,财政部核准了该处的"扶植自耕农放款规则",以银行贷款解决购地价款问题。③ 国民党政府又于 1942 年 6 月设立"地政

---

① 土地税征收及其分配办法是:税率起点为 1%—2%,累进至 5%。地价税折征实物,实物归中央,中央按各县市地价税实收金额的 50%,以现金拨付该县市作为补助。

② 中国农民银行经济研究处编:《农村经济金融法规汇编》,中国农民银行经济研究处 1942 年印本,第 92—93 页。

③ 中国农民银行的放款分甲、乙两种,甲种放款是政府为直接创设自耕农依法征收或购买土地之放款;乙种放款是农民购买或赎回土地自耕或依法呈准征收土地自耕之放款。两种放款均以该行发行的土地债券支付,最长期限为 15 年,利率为月息 8 厘。对农人或农民团体放款,以逐年缴纳地租方式摊还本息。

署"，该署拟定了甲、乙两种"创设"自耕农的办法:甲种创设是由政府照价收买地主土地,交由佃农承租;乙种创设是由佃农向银行贷款购买或赎回土地自耕。不过行政院在审查这两种"创设"办法后,认为"不便强制人民出卖田产";"不宜采取抑彼扶此之政策,致离散民心,妨碍长期抗战之主要国策"。故此,这种"创设"自耕农办法并未普遍推行,1943年最后改为择县试办。最先实行的是甘肃、广西两省,随后相继扩大到陕西、四川、湖南、广东、福建、贵州、湖北、浙江、安徽等14省82县。其中实行"间接创设"的有福建、浙江、湖南、四川、广西、甘肃、安徽、湖北、广东、陕西等11省;实行"直接创设"的有江西、湖南、广西、甘肃等7省14县以及甘肃的湟惠渠灌区,共扶植自耕农7992户、农田面积140991亩;1944年,江西、湖北、四川、甘肃、宁夏、福建以及绥远等省又扶植自耕农8492户、农田面积90337亩;1945年,四川以甲、乙两种办法扶植自耕农317户,绥远办理甲种扶植自耕农508户,宁夏择定贺兰、永宁两县为扶植自耕农示范区;1945年后,此项政策仍然在某些省份继续推行,计扶植自耕农3304户,农地面积18206亩。[1] 以上共计扶植自耕农20613户、农田249534亩,相对于全国近亿户贫苦农民、近15亿亩农田,实乃九牛一毛、杯水车薪,不过这仍然算是国民党政府土地政策某种形式的调整。

关于租佃制度和佃农问题,《土地政策战时实施纲要》在扶植自耕农的同时,对地租高度进行限制,第六条规定,地租一律不得超过所报地价的10%。某些省县也有保障佃农政策出台,实行"二五减租"。1943年江西拟定《江西省保障佃农办法》,规定地租额不得超过37.5%,同时要求租佃双方必须登记,填写政府固定格式的契约,由乡镇公所加盖印信备案,以示公证。湖北自1942年开展减租运动,先后有28县的2万户地主、23万农户参加。[2] 不过由于封建地主阶级的阻挠、破坏,多数地区减租收效甚微或有名无实。浙江椒江,抗日战争期间曾推行"二五减租",

---

① 卢伟明、张艳飞:《抗战后期国民政府扶植自耕农运动初探》,《牡丹江师范学院学报(哲学社会科学版)》2007年第5期。

② 卢伟明、张艳飞:《抗战后期国民政府扶植自耕农运动初探》,《牡丹江师范学院学报(哲学社会科学版)》2007年第5期。

因业主抵制,改按实际收成的37.5%缴纳。抗日战争胜利后,业佃矛盾又起,国民党政府继续推行"二五减租",亦收效甚微。[①] 岱山在民国后期,也曾推行"二五减租",因农民顾虑地主报复,实际并未实施。[②] 云南个旧,1946年向省政府的报告称,全县荒地占原报耕地面积的65.53%,为缓和与农民的矛盾,县政府拟定《个旧县二五减租实施办法》13条,但因各地要求"缓办"而未能施行。[③] 湖南鄞县,1945年曾提出"二五减租",但因地主豪绅"借辞拖赖",终无结果。[④] 益阳箴言乡,几次减租均无成效。1945—1948年曾颁布减租法令,但实际很少实行,1947年改选农会,农民与地主反复斗争,减租还是很少,有的根本未减。而且多数是假减租,或强迫佃户对农会说减了租,订立假减租后的新约,或先减租后收回,也有些佃户怕夺佃,自动将减租部分退还地主。1948年再次宣布减租,但实行的只限于少数兼营工商业的地主及公田、学田,而且只减1斗至1斗5升,大部分地主仍然不减租,或者明减暗不减。[⑤] 福建福州市郊鼓山区,1946年后也曾有极少数村子实行过"二五减租"及"三七五限租"。在设有"保农社"的后屿及古北两保减租户数可能多一点,不过只限于加入"保农社"并担负该社各种摊派的社员,有时为着加入"保农社",还须付出一笔"运动费",减租获益原极有限,况且被减的对象只限于部分外乡地主及小土地所有者,一些有势力的大地主以及可以控制"保农社"的大小地主根本不减租。[⑥]

(二) 土地开垦和农田水利方面的政策措施

土地开垦方面,20世纪30年代初农业恐慌期间,东北沦陷,关内农民贫困破产、流离失所、土地荒芜。1933年2月,国民党政府内政部会同实业部拟定《奖励辅助移垦原则》9款,咨送各省政府协同办理跨省移送

---

① 椒江市志编纂委员会编:《椒江县志》,浙江人民出版社1998年版,第255页。
② 岱山县志编纂委员会编:《岱山县志》,浙江人民出版社1994年版,第289页。
③ 个旧市志编纂委员会编:《个旧市志》,云南人民出版社1998年版,第537—538页。
④ 鄞县志编纂委员会编:《鄞县志》,中国社会出版社1994年版,第98页。
⑤ 新湖南报编:《湖南农村情况调查》,新华书店中南总分店1950年版,第60—63页。
⑥ 华东军政委员会土地改革委员会编:《福建省农村调查》,1952年印本,第59页。

贫民垦荒事宜。同年 5 月,国民党政府公布《清理荒地暂行办法》14 条和《督垦原则》9 款,前者责令各省市限期清理公有、私有荒地,分别申报、绘图,待荒地查勘完竣后,由各县局按区段号数分别公有、私有编制荒地图册,交由省市汇集编制《清理荒地报告书》咨送内政、实业、财政三部备查;后者责令各省市在《督垦原则》到达之日起 6 个月内依照该原则意旨及《国有荒地承垦条例》与该省地方情形,拟定《督垦单行章则》咨送实业、内政、财政三部核定;各省市自《督垦单行章则》公布后 5 年内"应督同各县局设法将全省可垦荒地全部开垦或招垦"。

《清理荒地暂行办法》《督垦原则》公布 3 年多过后,不仅荒地垦殖毫无成效,连荒地查报也杳无声息。1936 年 9 月,改由政务院出头颁发《内地省市荒地实施垦殖督促办法》12 款,宣布分期分区督垦,将内地所有荒地分为两期垦殖:江苏、浙江、福建、安徽、江西、湖北、湖南、四川、贵州、河南、甘肃、陕西 12 省及南京、上海 2 市为第一期;山东、山西、河北、广东、广西、云南 6 省及青岛、北平、天津 3 市为第二期。第一期各省市荒地尚未查报或查报未齐者,限于 1936 年年底报齐,从 1937 年起实施垦殖;第二期各省市荒地限于 1938 年年底查报齐全,从 1939 年起实施垦殖。各县市公有荒地每年招垦亩数不得少于全数的 1/5;私有荒地应由各业主自行酌定垦竣年限呈报该管政府核准登记,如业主无力自行开垦,或逾期一年而不自行招垦者,应由该管政府另定办法代为招垦。[①]

《内地省市荒地实施垦殖督促办法》颁发不及一年,日本全面侵华战争爆发,华北平原和华东、华中、东南等疆土相继沦陷,加上频繁的自然灾祸,大批农民和城镇居民流离失业,无以为生,而西部地区的荒地比例远比华北和东南部地区高,为了人民生存和抵抗日本侵略,荒地开垦更加迫在眉睫。国民党政府根据情况变化,重新规划,"寓救济于生产",并将移民、难民和人犯垦荒作为重点。

1938 年国民党临时全国代表大会通过《战时土地政策大纲》,提出移

---

① 中国农民银行经济研究处编:《农村经济金融法规汇编》,中国农民银行经济研究处 1942 年印本,第 223、225—228 页。

民垦荒方针,由中央及地方政府设立垦务机关,统筹办理全国垦务。随后,国民党政府相继颁布《难民垦殖实施办法大纲》《非常时期难民移垦规则》《中央补助各省难民移垦经费办法》,规定垦殖行政方面,中央由经济部会同内政部、财政部、赈济委员会统筹办理,地方由各省设立垦务委员会负责,公有荒地分配给垦户耕作,垦竣后可无偿取得所有权,垦殖方式分为国营、省营和民营(包括农户、农业合作社和特许之团体机关)三种,中央可适当提供给养补助和生产贷款。1939 年 5 月又将《非常时期难民移垦规则》修改为《非常时期难民移垦条例》32 条(1941 年修正公布),规定公有荒地于垦竣后,垦者无偿取得"耕作权";私有荒地则采取强制办法限期开发,逾期不垦者,由垦区管理机关视情况强制租赁,或强制出卖,或强制征收。在上述各项处理办法未完竣时,得先将该项土地分配予垦民耕作。此外关于移垦难民之登记、照料、衣食、医药以及垦区内之治安、住所、水利、生产资金、技术指导、教育卫生等项,均有详细规定。①

1939 年,国民党政府的垦务主管部、会,曾拟定《筹设国营垦区计划纲要》,经行政院核定,计划在四川、陕西、云南、西康、广西、湖南等省境内,选择适于移垦之荒区,设置国营垦区,统归农林部主管。至 1942 年,共建有陕西黄龙山垦区、黎坪垦区,江西安福垦区,甘肃岷县垦区,西康西昌垦区,四川东西山屯垦实验区、雷马屏峨垦区、金佛山垦殖实验区,甘肃河西屯垦实验区,贵州六龙山垦区等。总计抗日战争期间,农林部设立的国营垦区有 14 处(其中筹设的河南伏牛山垦区因豫湘桂战役爆发而撤销),除江西、福建各 1 处外,其余全部在西部地区。②

在国民党中央政府的倡导下,西部各省区也根据时局所需,制定了相应的农垦政策和措施,分别设立垦殖局或省营垦区:广西 1938 年公布《移

① 中国第二历史档案馆编:《中华民国史档案资料汇编》第 5 辑第 2 编,财政经济(8),江苏古籍出版社 1997 年版,第 219 页;中国农民银行经济研究处编:《农村经济金融法规汇编》,中国农民银行经济研究处 1942 年印本,第 237—242 页。

② 中国第二历史档案馆编:《中华民国史档案资料汇编》第 5 辑第 2 编,财政经济(8),江苏古籍出版社 1997 年版,第 219—220 页。

民垦荒办法》《官荒承垦规则》《清理荒地办法》和《荒地实施垦殖督促办法》,并指定以柳州附近及左右两江为难民移垦中心区域。[1] 除凤山河义民垦殖管理处、龙州工囚屯垦区外,还建立了柳州、南宁、百色、龙州 4 个垦殖区,面积涉及 19 个县;云南垦务委员会于 1938 年 3 月拟定《难民移垦实施方案》《云南省承垦公私荒地暂行办法》,开办开蒙垦殖局,还专门设立了侨胞垦殖委员会及招待处,办理华侨移垦事宜;贵州由省农业改进所指导试办垦荒,1943 年 10 月颁布《贵州省督垦荒地办法》,设有平坝模范农村;四川于 1938 年 9 月公布《四川省督垦荒地大纲》及《承垦荒地实施规则》,1939 年 12 月成立垦务委员会并制定《难民移垦实施方案》,开办平北垦务局、东西山垦区办事处、彭水垦区办事处、松理懋茂汶靖垦务局、雷马屏峨垦务局;西康设有宁属屯垦委员会,筹划成立宁属八县垦区;陕西于 1938 年 5 月成立垦荒委员会,1939 年 2 月改组为垦务委员会,负责农垦事宜,制定《陕西省各县发动民力开垦荒地办法》《非常时期陕西省军垦办法》《陕西省扶植自耕农办法》等法规、条例,先后开辟泘山垦区、宝鸡宽滩垦区、渭滩垦区、郿扶第一集体农场等多个大型开荒点。经营方式则有省营、民营、军营、地方经营 4 类,其中省营有陕西省泘山垦区办事处,民营有泘山垦牧合作社、更生村垦殖合作社、华北慈善联合会、宝鸡移垦委员会、渭滩垦殖合作社、郿扶难民工垦委员会、长安草泘垦殖合作社;军营有第八战区泘山军垦处、第八战区渭滩军垦处、第一战区官佐眷属安顿区办事处、荣誉军人管理处十八教养院垦殖场;地方经营则分散各县,受该县县政府的指挥监督,其开垦成绩,亦列入地方开垦报告中。[2]青海 1942 年设立了柴达木垦务督办公署;宁夏拟有《初步难民垦荒计划大纲》,将全省荒地划分为移垦、民垦、蒙垦、屯垦等区域。1939 年 10 月成立垦务委员会,设立垦荒办事处,制定《宁夏省垦荒规程》,办有云亭渠垦区。[3]

为了发掘和充实垦荒劳动力,促进人犯的教育改造,国民党政府又公

---

① 施珍:《成长中之中国垦殖》,《中农月刊》1945 年第 6 卷第 9 期。
② 张俊华:《抗战时期陕西垦荒事业探析》,《佳木斯职业学院学报》2015 年第 2 期。
③ 陆和健:《抗战时期西部农垦事业的发展》,《民国档案》2005 年第 2 期。

布了有关人犯垦荒的规定、条例。1934 年 7 月，国民党政府公布《徒刑人犯移垦暂行条例》12 条（1936 年 2 月修正公布），对移垦人犯条件、荒地提供、产品处理、人犯待遇、眷属安排等，做了原则性规定。抗日战争全面爆发后，国民党政府行政院、司法院于 1940 年 7 月公布《徒刑人犯移垦实施办法》21 条，作为《徒刑人犯移垦暂行条例》的补充。同月又公布《移垦人犯累进办法》15 条、《移垦人犯减缩刑期办法》9 条，作为《徒刑人犯移垦实施办法》的补充。① 上述四个法令构成一个整体，关于人犯移垦的条例、办法完备、适用，唯实施情况不详。

抗日战争期间国民党政府实施的垦荒政策和措施，取得了一定成效：扩大耕地面积，增加农产品尤其是粮食产量，解决军民口粮供应；救济难民，安顿军属，解决就业，稳定社会秩序；动员社会闲散劳力投入垦荒生产，建设农村，变消费者为生产者，化消极因素为积极因素，增强社会凝聚力，用实际行动支援抗战。这些都是显而易见的。不过问题也不少，到抗日战争后期尤为严重，如陕西暴露出来的问题：一是荒地界址不明、产权不清，荒地垦竣后纠纷频发，耕地所有权在垦荒中成为问题的症结。原规定垦户承领公有荒地垦竣后，"无偿取得土地所有权"，但情况并非如此，黄龙山垦区到后来，"地权纠纷颇多，地权日益集中"，垦荒农民很快丧失土地。该省地政局曾拟定《陕西省黄龙山垦区土地纠纷处理步骤》，后来亦成空文。二是国民党政府的农产品统制日益苛繁，垦区实行分成租制，农民生产热情减退，播种面积缩小，产量下降，土地垦而复荒。三是垦费普遍紧张，制约垦荒事业的开展。四是一些无耕作能力的难民滞留垦区寄生耗食，影响垦区治安和垦户的生产生活。加上自然灾害和野兽破坏等，都成为影响垦区建设的重要因素。② 不仅陕西，其他一些省区也都不同程度地存在这些问题，甚至更为严重。

---

① 《徒刑人犯移垦暂行条例》第十一条规定，"人犯移垦实施办法由司法院合同行政院定之"；《徒刑人犯移垦实施办法》第十一条规定，"移垦人犯适用累进办法，分为四级。初移者应编入第四级，按其成绩以次进级，但移垦之前持有两者，亦得编入较高级。累进办法另定之"；第十二条规定，"移垦人犯依累进办法进级者，有期徒刑得减缩其刑期，无期徒刑得减为有期徒刑。减缩办法另定之"。

② 张俊华：《抗战时期陕西垦荒事业探析》，《佳木斯职业学院学报》2015 年第 2 期。

农田水利方面,1937年前,国民党政府曾就统一水利行政及事业、奖励兴办水利、整理江湖沿岸农田水利等,出台了若干法令,即《统一水利行政及事业办法纲要》(1934年7月国民党政府公布)、《兴办水利给奖章程》(1933年11月实业部公布)、《兴办水利奖励条例》(1935年4月国民党政府修正公布)、《整理江湖沿岸农田水利办法大纲》和《整理江湖沿岸农田水利办法大纲执行办法》(1936年12月行政院同日公布)。其中较重要的是,中央设立水利总机关主理全国水利行政事务,各流域不设水利总机关,其原有各机关一律由中央水利总机关接收;水利计划统由中央水利总机关集中办理;各省水利行政由建设厅主管,各县水利行政由县政府主管,受中央水利总机关之指导、监督;水利牵涉两省以上者,由中央水利总机关统筹办理。[①]

1934年12月,全国经济委员会接管各水利机构成为全国统一的最高水利主管机关,下设水利委员会,主管全国有关水利的设计、工程建设等的审议及实施。同时全国经济委员会还设有导淮委员会、广东治河委员会(1936年10月1日改为广东水利局,隶属广东省建设局,但仍受全国经济委员会指挥监督)、黄河水利委员会、扬子江水利委员会(由扬子江水道整理委员会、太湖流域水利委员会、湘鄂湖江水文总站三机构合并改组而成)、华北水利委员会及1936年9月成立的珠江水利局等直辖水利机构,分别管理国家大型水利工程。1935年1月设立的中央水工试验所(负责管理水工、土工试验、水文测验和其他有关水利基本设施与研究事项)亦隶属该会。[②]

1937年7月,日本全面侵华战争爆发,国民党政府西迁重庆,主管水利机构随之调整,1938年1月,全国经济委员会裁撤,原设水利委员会并入新成立的经济部,经济部下设水利司,辖管水利事务。原全国经济委员会直辖水利机构亦改隶经济部。1940年9月,国民党政府设立"水利委员会",掌管全国水利事务,拟有《水利委员会组织法》19条,"自公布日

① 中国农民银行经济研究处编:《农村经济金融法规汇编》,中国农民银行经济研究处1942年印本,第493页。

② 曹必宏:《南京国民政府时期中央主管水利机关概述》,《民国档案》1990年第4期。

施行"。因水利委员会位高权重、机构臃肿、经费庞大。① 该会未届一年,即无以为继。1941 年 5 月,行政院颁布《管理水利事业暂行办法》(同年 8 月修正)9 条。宣布"为节省战时人力财力起见,参照全国经济委员会办法,先于院内设置水利委员会,管理全国水利事务",该会架构设置、职级及人员编制大加精简。② 1947 年 4 月,将行政院水利委员会扩大并改组为水利部,仍隶属于行政院,掌管全国水利行政事务。1949 年 4 月,又裁撤水利部,所管水利事务改归经济部,下设水利署办理。同年 8 月,经济部水利署又改组为经济部水利司,后随国民党政府垮台而迁往台湾。③

1941 年前,国民党政府的水利主管机构朝设夕裁,隶属关系朝定夕易,变化无常,或人浮于事,在很大程度上影响了农田水利建设的实施。如《整理江湖沿岸农田水利办法大纲》规定,巨川湖泊应依寻常洪水(约十年一遇之洪水)流线所及洪水停蓄所需之范围,划定界限,在分界处建筑坚固堤防,堤内之地一律禁止私人耕种,已放垦者由政府发行地价券收归国有;放领之荒山荒地应于事前妥为规划等,全都停留纸面,从未实施。

1941 年国民党政府进行机构调整、精简后,情况稍有好转。是年修正公布的《非常时期难民移垦条例》规定,"垦区管理机关应督促协助垦民兴办水利及道路;其兴办水利事项得请中央或省水利主管机关派水利工程人员指导协助,并得商请中央水利主管机关酌予水利贷款"④,由此开始了小型水利工程的规划、督修。并协助各省兴办农田水利,如由粮食增产委员会拨款,协助各省推进农田水利督导工作;核发专款在广东、江

---

① 水利委员会对"地方最高行政长官执行本会主管事务有指示、监督之责",如地方最高行政长官的相关命令或处分"有违背法令或逾越权限者,得提经行政院会议议决后停止或撤销之"。该会除下设总务、设计、工务三处外,经行政院会议及立法院之议决,得增设、裁并各处及所属机关;该会除设"委员长"(特任)、"副委员长"(简任)、委员(简任)、参事(简任)及技监(简任)、技正(简任或荐任)外,得聘用顾问及专员。该会不算雇员,仅特任、简任、荐任、委任的科员以上官吏即达 116—166 人。
② 该会设主任委员 1 人、常务委员 4 人,委员若干人,由行政院聘任之,下设秘书、工务两处,各分设 4 科。科员以上官吏减至 83—110 人。
③ 曹必宏:《南京国民政府时期中央主管水利机关概述》,《民国档案》1990 年第 4 期。
④ 中国农民银行经济研究处编:《农村经济金融法规汇编》,中国农民银行经济研究处1942 年印本,第 241—242 页。

西、湖南、广西、贵州、福建等省举办示范工程,并先后与粮食部会拟《非常时期修筑塘坝水井暂行办法》和《服役兴修小型水利办法》,直接派员赴各地督办并办理示范工程,先后设立测量设计队,川东、川北、黔西等处防旱督导站,并由部设立农田水利工程处,负统筹规划之责,搜集各省水文气象资料,协助各省举办农田需水量试验。1943年,川北、川东、黔西三处防旱督导站测量查勘塘坝工程10万余亩,督修塘坝工程5万余亩。1944年,上述三防旱督导站改称第三测量设计队及第八工程队、第七工程队,继续督导各地区兴修塘坝水井等工程。并另有多支工程队及测量设计队,分赴四川南溪、江安、重庆,广西柳州沙塘,广东粤南、粤北,湖南等地,协助办理抗旱工作,进行查勘测量工程。农林部还通过拨款、贷款、督导等办法,协助各省推进小型农田水利工程。并依照《非常时期修筑塘坝水井暂行办法》,订立各省1944年推进小型农田水利工程工作纲要,推动各省督饬普遍兴修。

陕西和西北诸省,农田水利素不讲求。除陕南外,大部分地区气候干燥,雨量稀少,旱灾频发,陕西有"十年一大旱,五年一小旱"之说。1928—1930年连续3年,更是"全陕九十二县,无县不旱"。[①] 无雨即旱,固属天灾,亦是军阀混战、水利失修之人祸。1930年杨虎城主持陕政后,决定将兴办水利、凿井开渠作为治陕方针之一[②],特聘陕籍水利专家李仪祉任建设厅长,主持水利事务。李仪祉雷厉风行,当年冬天即开始实施酝酿了十多年的引泾灌溉工程,兴修泾惠渠,于1932年6月竣工放水。同月陕西省水利局成立,转任局长的李仪祉,"鉴于陕省灾情之重,农村破产之惨,为图根本补救,拟定兴修水利为施政方针"[③],抗日战争全面爆发后,国民党政府对西北各省农田水利工程,亦"皆努力促其完成,并积极举办新工程,增加灌溉面积"。[④] 1942年,蒋介石在视察西北时强调,西北

---

① 《陕西水利急待振兴》,《中央日报》1930年11月1日。
② 《杨主席治陕方针之六:兴办水利》,《陕灾周报》第1期,1930年11月,第14页。
③ 西安市档案馆编印:《陕西经济十年(1931—1941)》,1997年印本,第224页。
④ 中国第二历史档案馆编:《中华民国史档案资料汇编》第5辑第2编,财政经济(5),江苏古籍出版社1997年版,第208页。

各省"要实行垦殖,增加生产,必须多开渠塘,便利灌溉"①。在国民党中央政府的支持下,陕西关中、汉中、陕北三地均开展了农田水利建设。在规模、形式上,大型和中小型并举,新渠堰的开凿修筑和旧有渠堰的疏浚修补并举,陕西农田水利进入了全面建设的新阶段。

(三) 农业推广和农业改良的政策措施

国民党政府有关农业推广、改良的理念和政策措施,单就理念、条文而言,起步较早。1929 年,国民党第三次全国代表大会通过的《中华民国之教育宗旨及其实施方针》第 8 项提出,"凡农业生产方法之改进,农业技术之提高,农村组织与农民生活之改善,农业科学知识之普及,以及农民生产消费合作之促进,须以全力推行",并公布《农业推广规程》(1933年 3 月教育部、实业部、内政部令公布)②,由农矿部成立"农业推广委员会",负责全国农业推广事务(1931 年实业部取代农矿部后,该会改隶实业部)。1930 年,国民党中央政治会议通过《实施全国农业推广计划》,还通过了《省农业推广委员会组织纲要》等文件,同时着手设立农业试验、改良及教学的相应机构与场所。1931 年,在合并后的中央农事试验场基础上成立中央农业试验所,与中央大学合办江宁殷巷镇农业推广实验区(后改名为"中央模范农业推广区"),与金陵大学合作开办乌江农业推广实验区,就中外已知的先进技术与方法,进行研究、试验并加以推广,引进、繁殖动植物良种。总的来说,因财政困难,经费不足,主要财力、精力被用于镇压工农革命,所谓"农业推广",往往停留在制定条例、设立机构上,不过徒有虚名而已。③

抗日战争全面爆发后,由于战争的需要,国民党政府加强了农业推广

---

① 蒋介石:《开发西北的方针》,《中央周刊》1943 年第 5 卷第 27 期,第 5 页。
② 《农业推广规程》的宗旨为"普及农业科学知识,增高农民技能,改进农业生产方法,改善农村组织、农民生活及促进合作"(中国农民银行经济研究处编:《农村经济金融法规汇编》,中国农民银行经济研究处 1942 年印本,第 508 页)与《中华民国之教育宗旨及其实施方针》第 8项规定相同。
③ 郭从杰、陈雷:《抗战前南京国民政府的农业推广政策》,《历史档案》2008 年第 1 期。

工作,根据战时环境,调整、充实相关职能机构。1937 年,在军事委员会下设立"农产调整委员会"。1938 年 1 月,改实业部为经济部,下设"农本局","农产调整委员会"改为"农产调整处",隶属"农本局",另设农林司,主管农、林、蚕、垦、渔、牧。此前设立的稻麦改进所、棉业统制委员会、蚕丝改良委员会,全部归并至中央农业实验所,隶属经济部。1939 年成立"农产促进委员会",主管各地农业推广工作,并于次年 1 月公布《农产促进委员会促进各地农业推广工作规程》,就该会补助各省地方或合作办理农业推广事项(包括技术人员、事业经费、材料提供等)作出规定。[①]1940 年新设农林部,主管全国农林牧副渔事务。中央农业实验所亦归其管辖,并加扩充,另增设中央林业实验所、中央畜牧实验所、垦务总局等职能机构。为增加粮食生产,1941 年另设"粮食增产委员会"。后因"粮食增产委员会"同"农产促进委员会"机构重叠,1944 年 7 月后,"粮食增产委员会"的机构及其业务并入"农产促进委员会"。各省、县地方农业,除分别由建设厅、建设科职掌外,四川、广西、贵州、陕西、甘肃、河南、湖北、湖南、福建、浙江 10 省,在农产促进委员会协助下,分别设有农业推广机构,所有主持、督导人等,或由该会派驻各省负责人兼任,或由该会遴选、推荐干员充当。部分区、县也建有"中心农业推广所"和(或)区(县)农场。据统计,截至 1944 年 5 月,全国共建有县农业推广所 578 处;在川、陕、湘等 10 省建有 14 个"推广实验县"。县以下则由推广所联络相关机构,辅导农民成立乡农会。据国民党政府社会部 1943 年 9 月统计,川、闽、皖、甘、滇、粤、桂、豫、赣、浙、湘、黔、康、陕、渝等 16 省市,有省(市)农会 10 个、县(市)农会 640 个、乡(区)农会 9198 个,基层会员2206443 人。农林部还设有改良作物品种繁殖场,筹设各省推广繁殖站。农产促进委员会还实行分省"督导",在设有省农业推广机构的陕、甘等 10 省,分别派驻"专员""督导员""视导员",督导和协助农业推广工作。[②]

---

① 中国农民银行经济研究处编:《农村经济金融法规汇编》,中国农民银行经济研究处1942 年印本,第 520—522 页。

② 郑起东:《抗战期间大后方的农业改良》,《古今农业》2006 年第 1 期。

在调整、充实职能机构的同时,国民党政府相继颁布了一系列有关农业推广的纲领、政策、条例。1938年3月,国民党在武汉召开临时全国代表大会,大会以发展战时农业为主旨,强调"中国之经济基础在于农业,抗战期间首宜谋农村经济之维持,更进而加以奖进,以谋其生产力之发展"。大会通过的《抗战建国纲领》,提出"以农立国,以工建国"的方针,强调"以全力发展农村经济,奖励合作,调节粮食,并开垦荒地,疏通水利";大会通过的《战时土地政策草案》第一条提出,"中央及地方政府应特设土地利用指导机关,改善农业生产技术,统制其生产种类,提高土地利用精度"。1938年5月,经济部颁布《经济部补助各省农业改进经费办法》,对农业推广经费作出专门安排,规定经济部补助农业改进经费,"以不超过各省自筹之费额为准"。[①] 这是用经济手段鼓励地方集中财力、设法集资推广和改进当地农业。1939年1月,国民党在重庆召开五届五中全会,提出加速发展后方农业。同年4月,又召开第一次全国生产会议,对抗战后方农业生产的开发建设进行全面规划,拟定战时农业生产政策的要点,把改良农业耕作和经营、推广农业科学应用,包括改良种子、防治病虫害、改进肥料和农具、兴修水利等作为农业增产的具体方针。1941年10月,政务院第536次会议通过《改良作物品种登记条例》(同月农林部公布),规定凡在中国境内推广的改良作物品种,都必须符合该条例所规定的条件,并依照该条例进行登记。[②]

为了解决粮食、棉花供应和出口创汇问题,尤其是摆脱粮食紧缺的困难局面,国民党政府调整农业生产结构,改良农业耕作和经营,制订农业增产计划,推广农业技术,大力发展农业生产。为保障战略物资的供给,尤其是军民衣食的取给,国民党政府在《抗战建国纲领》中提出了增加农产、调整农业生产结构的基本方针,即劝导农民努力推广米麦杂粮种植,在急需提倡植棉省份加种棉花;对出口创汇的桐油、茶叶、蚕丝,亦应积极

---

① 《文汇年刊》编辑委员会编:《文汇年刊·党政重要法令及规程》,英商文汇有限公司1939年版,第64—65页。

② 中国农民银行经济研究处编:《农村经济金融法规汇编》,中国农民银行经济研究处1942年印本,第522—526页。

提倡。同时禁止有害作物的种植,限制不急需作物的过分生产。根据这一基本方针,在 1939 年 5 月行政院召开的生产会议上提出了一个以增加输出为目标的抗战建国农业增产计划。计划共分十项:一为江、浙、冀、鲁、川、粤、滇 7 省蚕丝生产计划;二为闽、浙、皖、赣、湘、鄂 6 省茶叶生产计划;三为长江流域及黄河流域棉花生产计划;四为长江流域及浙、闽两省桐油生产计划;五为西北及其他各省畜产计划;六为黄河流域花生生产计划;七为全国禽蛋生产计划;八为湘、川、鄂、赣、皖、浙苎麻生产计划;九为冀、鲁、豫、鄂、皖、苏芝麻生产计划;十为全国手工艺生产计划。据说这一计划如能实行,十年内的农产品和手工艺品出口额可达 16.5 亿元,相当于现在的 3 倍。[①] 为增加西北羊毛产量并改进其品质,1940 年在农林部下面特设"西北羊毛增产委员会"。

为了缓解粮食和部分工业原料的供求矛盾,国民党政府在开垦荒地、扩大耕地面积的同时,严格禁止种植罂粟,鼓励和促进棉花种植,直接用原来的罂粟地改种棉花。国民党政府的基本措施是扩大棉花种植面积和推广优良棉种、提高棉花单位面积产量双管齐下。1938—1943 年间,农林部在四川、云南、广西、陕西、河南等地,都是同时推广这两项措施。1944 年,因战局恶化,河南、湖南、广西棉产区相继沦陷,为推广改良棉种,农林部在陕西、四川、河南等省设置 10 处棉种管理区,另于陕西高陵成立改良棉场,大量繁殖改良棉种,以扩大改良棉种植面积。同时,国民党政府又在南方地区大力推广冬春作物栽播,提高复种指数和粮食总产量。贵州省规定,除严厉禁种鸦片外,"各县所有耕地,一律不准休闲",并以十分之七八之耕地栽种食用作物。据称 1939 年的食粮生产,较上年可增加 2/10。[②] 1942 年,国民党政府在各省实施农业推广、督导制度,在黔、桂、湘等 12 省派驻代表,负责各省农业推广、督导。在西北及西南,又组织农业推广巡回辅导团,巡视指导各县推广工作,各省冬作和夏作的推广得到进一步的开展。

---

① 吴景超:《我国农业政策的检讨》,《新经济》1939 年第 2 卷第 10 期。
② 张肖梅:《贵州经济》,中国国民经济研究所 1939 年刊印本,第 A17 页。

对农业经营和农业资金调剂方面的改良,主要是农村合作事业的推广和农村各类合作社的建立。

在国民党政府建立前后,国民党就已大力提倡合作,鼓动农村合作运动。蒋介石认为,"无论从事地方自治或经济建设,都要以推动合作事业,普遍设立合作社为最主要的工作"。在对苏区进行军事"围剿"的过程中,蒋介石下令在原革命根据地推行合作社,这是国民党"三分军事,七分政治"政策的重要组成部分。1931 年 4 月,颁布《农村合作暂行规程》;7 月,决定将每年 7 月首个周六定为"国际合作日",用以宣传合作理念;8 月,国民党第四次全国代表大会颁布的临时宪法强调,"中国为农业国家,今后固须尽力于基本工业之建设,而尤不能不注意于农业之发展、合作事业之提倡"①;1932 年颁布《农村互助章程》;1934 年 3 月颁布《合作社法》,第一条规定的合作社属性是:"依平等原则,在互助组织之基础上,以共同经营方法,谋社员经济之利益,与生活之改善,而其社员人数及资本额均可变动之团体。"职能机构和建社措施方面,1931 年国民党政府在上海成立救灾委员会,同华洋义赈会一起组织合作救济长江、淮河流域水灾,将农村信用合作制度迅速扩展到长江、淮河流域。1935 年 3 月,国民党政府在南京召开全国农村合作事业讨论会;5 月,立法院通过议案设立"合作司";9 月,实业部制定《合作社法》细则,"合作司"正式挂牌;1936 年 3 月,国民党政府成立"中央合作事业指导委员会",并计划在各省、市、县设立合作指导机关。1936 年,实业部将各省农民银行整合为"农本局",各县也相继成立"合作金库"和农业银行。这一系列措施促进和加速了农村合作运动的进展,合作社数量大增。1934 年 6 月底,全国的合作社总数为 9948 个,比 1924 年增加约 100 倍。到 1936 年,全国农业合作社达到 37318 个、社员 1643670 人。②

抗日战争全面爆发后,国民党政府为了复兴后方农业,采取扩大农业贷款、救济农村的政策措施,以应付战争需要。农民人数众多,经济贫困,

---

① 荣孟源主编:《中国国民党历次代表大会及中央全会资料》下册,光明日报出版社 1985 年版,第 947 页。

② 王鹏辉:《论国民党的农村合作运动(1919—1945)》,《陇东学院学报》2015 年第 6 期。

经营规模狭小,信用低下,国民党政府属下的银行或其他金融机构的贷款对象只限某种形式的农民合作组织,而不包括单个农户。1938年8月公布的《扩大农村贷款范围办法》和1941年10月公布的《战区农村救济贷款办法》都明确规定,增加农业放款,"应尽量利用各种合作社";贷款对象"以原有及新组之合作社或互助社为限"。[1] 建立合作社固然要集中人力物力,改良生产技术和经营方式,提高农业生产;调整分配;统制产品运销及消费等功效[2],而最直接的功能是方便国民党政府的战时农村金融政策和农业产销政策的推行,以合作社为政府农业金融机构与农民联系的纽带,通过对合作社的控制来实现对分散的小农经济发展的组织和计划,将分散落后的小农经济纳入其战时统制的经济体制。因此,抗日战争爆发后,国民党政府进一步加强了农村合作事业的推广措施,加大了推广力度。

1938年,国民党政府决议中央成立"全国合作事业管理局",省设"合作事业管理处",组建"合作工作辅导团",开辟"合作实验区",开办"全国合作人员训练班",设立"全国合作社物品供销处",组建"中国合作事业协会",编辑出版《民力周报》("合作周刊"),创作和传唱《合作歌》,宣传"我为人人,人人为我"的合作理念;同年1月,国民党将豫、鄂、皖、赣4省合作事业办事处和农业调整处纳入农本局,并在同年3月召开的国民党临时全国代表大会上,将活跃农村金融和推进农村合作社建设作为战时农业发展的重要举措。1939年,国民党政府又修订公布《合作社法》9章77条,农村合作社的相关法规条例愈趋完备。[3] 同年9月,《县各级组织纲要》规定,"县级合作社为基本结构,国民经济的发展,应与其地方自治合作"。上揭《扩大农村贷款范围办法》强调,农村合作"务期逐渐普遍发展,并应随时随地切实督促组织之健全"[4];1941年,由蒋经国起草的

---

① 中国农民银行经济研究处编:《农村经济金融法规汇编》,中国农民银行经济研究处1942年印本,第323、324页。

② 张肖梅:《贵州经济》,中国国民经济研究所1939年刊印本,第A17页。

③ 《合作社法》最初由立法院起草,1934年3月1日公布,1935年9月1日施行。

④ 中国农民银行经济研究处编:《农村经济金融法规汇编》,中国农民银行经济研究处1942年印本,第323页。

《新县制》,更规定每乡、每保必须建立一个合作社。于是,农村合作运动全面加速开展起来,到 1945 年年底,全国合作社数达到历年最高数的172053 个。[①]

在国民党中央政府的支持和督催下,抗日战争期间各地合作事业发展颇为迅速。不过由于不同省份、地区原来基础、战时环境、省地当局推行措施及力度各不相同,进展情况、合作社种类结构互有差异。

四川、安徽合作运动基础较好,虽然抗日战争期间环境各异,但发展都较快。四川 1937 年共有各类合作社 8820 个、社员 551293 人,战时全省农村合作运动空前发展,"一直处于全国的前列"。到 1945 年,全省合作社数量增加到 22807 个,相当于 1937 年的 3 倍,社员 2264141 人,约为抗战初期的 4 倍。[②] 合作社类别有信用、生产、消费、贩卖等,绝大部分为消费社。[③]

1937 年"七七事变"前安徽共有各类合作社 3991 个,日本全面侵华战争爆发后大部分县市失守或沦为战区,省会从安庆迁至皖西大别山区立煌县,原先的合作事业几乎完全瘫痪。面对这种情况,安徽省政府于1939 年年初采取措施,调整和加强职能机构,取消省"农村合作委员会",该会尚存的指导员办事处改组为县"合作指导处",由县长兼任处长,以加强领导和监督;在建设厅另设"合作科",掌管全省合作事业,并接办经济部原合作事业驻皖办事处的相关业务;在各县地方,则按不同情况处理:秩序安定者,分县设置"合作指导处",用"经常和猛晋的"姿态来推动合作事业的发展;环境特殊者,并县设置"合作指导队",用"游动和秘密的"工作方式,以与敌人争夺物资和人民。截至 1939 年年底,全省 62 县中,设置合作指导处者 27 县,其余 35 县按《安徽省特殊县区合作指导队编组办法》,并县设为 14 队。1940 年后,安徽省农村合作社整理与组建

---

① 王鹏辉:《论国民党的农村合作运动(1919—1945)》,《陇东学院学报》2015 年第 6 期。
② 成功伟:《抗战时期四川农村合作金融体系初探》,《社会科学研究》2010 年第 6 期。
③ 巴县主要为信用社。1939 年的 222 个合作社中,213 个为信用社,占 95.95%,消费社、生产社分别为 4 个和 5 个。上海中国地政学院编纂:《民国二十年代中国大陆土地问题资料》第 54 册,(台北)成文出版社 1977 年版,第 27639 页。

工作全面展开,并将全省 62 县分为最安全区、安全区、较安全区及近敌区四种地带,分别确定各县合作事业的主营业务及工作重点。工作取得明显进展,仅 1940 年 1—9 月,全省增设各类合作社 918 个,还恢复与增设区联社 22 个。1941 年,省政府为进一步推动农村合作,设立省"合作指导技术研究会",分期调训各县合作指导处、队干部和乡镇合作社社员,进一步加快了合作事业发展速度,1945 年全省合作社数增至 5763 个。具体情况见表 12-46。

表 12-46　安徽各类合作社数量统计(1945 年)

项目 合作社类别	合作社数		社员数	
	实数(个)	%	实数(人)	%
信用合作社	4437	76.99	556359	86.86
生产合作社	721	12.51	44097	6.88
运销合作社	315	5.47	17160	2.68
供给合作社	65	1.13	5054	0.79
消费合作社	176	3.05	16935	2.64
联合社	47	0.82	351	0.06
公用合作社	2	0.03	568	0.09
总计	5763	100.00	640524	100.00

资料来源:据安徽省地方志编纂委员会编:《安徽省志·金融志》,方志出版社 1999 年版,第 169 页"安徽省各种合作社概况表",《安徽合作》,1943 年第 9—10 期合刊第 10 页"历年合作组织进展趋势"统计,转据黄昊:《抗战时期安徽农村合作事业述论》,《青岛农业大学学报(社会科学版)》2011 年第 2 期改制。

虽然相当一部分县域陷落,或成为战区,1945 年的合作社数量仍比 1937 年的 3991 个增加 44%。同其他地区一样,大部分是信用合作社,占总数的 77%,且呈上升趋势,而生产社的比重下降。这种情形同某些省份(如贵州)刚好相反。① 这反映了不同地区合作社发展变化的不同特点。

广西、贵州经济落后,原来合作事业的基础亦差,但在抗日战争期间均有长足发展。广西在抗日战争前,农村合作社还停留在理论探讨和计划筹措阶段,抗日战争全面爆发后才开始明确和单设职能机构。1938 年4 月,开始派出指导员分赴各县指导推进合作事业,成立各种借款协会、互助社、合作社、合作金库等,其中信用社最多,生产社次之,供给社最少。② 至 1945 年,广西全省有各类合作社 13664 个,社员 1183406 人,其中村街"普营社"5092 个,占 37.27%,信用社 8572 个,占 62.73%,另有农业生产社 444 个、工业生产社 192 个,分别占 3.25% 和 1.41%。③

贵州因贫穷落后,灾情匪患严重,为防止灾民"闹事",稳定贵州局势,蒋介石曾于 1936 年 2 月指示南昌行营电令筹建该省合作事业机构。次年 7 月,南昌行营指令成立"贵州农村合作委员会",所需经费亦由南昌行营拨给,随即在铜仁、松桃、江口、石阡等 8 县组建"互助社"(预备社),中国农民银行贵阳分行亦在贵阳郊区试行组建合作社。④ 然而初时进展缓慢,1937 年全省仅有合作社 35 个。1938 年后,贵州省政府加大推进合作事业的力度,在各县筹设农村合作委员会分会,饬令该会"积极扩充,务期无合作社之县份,及早设立;有合作社之县份,增多其数量";并指定玉屏、镇远、黄平、施秉、都匀等 10 县为植棉实验县,在各县分别组织"棉花产销合作社"。又设"省农业生产贷款委员会",办理合作及与农业生产贷款,特请农本局于各县设立合作金库,其资金共达 450 万元,大大

---

① 安徽的信用社比重从 1940 年的 40.31% 升至 1945 年的 76.99%,生产社比重从 1940 年的 39.76% 降至 1945 年的 12.51%;贵州的信用社比重从 1940 年的 98.20% 降至 1944 年的 73.60%,生产社比重从 1940 年的 1.45% 升至 1944 年的 14.00%。

② 廖兵:《抗战时期广西农村合作事业发展探析》,《广西科技师范学院学报》2017 年第 2 期。

③ 广西省政府统计处编:《广西年鉴》(第三回),1947 年印本,第 884 页。

④ 戴斌武、肖良武、王莉娟:《抗战时期的贵州农村合作事业》,《贵阳金筑大学学报》2004 年第 2 期。

加快了合作社的发展速度。① 表 12-47 统计反映了抗日战争期间贵州合作社数量变化情形。

表 12-47　抗日战争期间贵州合作社数量统计
（1937—1944 年） （1937 年＝100）

年份 项目	1937	1938	1939	1940	1941	1942	1943	1944
增(+)减(−)社数	35	+1343	+2950	+2356	+2342	+753	+115	−72
累计社数	35	1378	4328*	6684*	9026*	9779*	9894*	9822*
指数	100	3937	12366	19097	25789	27940	28269	28063

注：* 原资料 1939 年、1940 年、1941 年、1942 年、1943 年、1944 年累计社数有误，业经重算核正。
资料来源：《贵州企业季刊》第 1 卷第 4 期，转据戴斌武、肖良武、王莉娟：《抗战时期的贵州农村合作事业》，《贵阳金筑大学学报》2004 年第 2 期改制。

　　如表 12-47 所示，贵州全省的合作社数从 1937 年的 35 个增至 1944 年的 9822 个，增加了近 280 倍，其中 1938—1941 年间发展最快；1942 年后，因入社股金大幅增加，农民无力缴纳，合作社发展速度明显放慢，1944 年更出现倒退，合作社数量减少。从合作社的性质和类别看，绝大部分为信用合作社，1942 年前，所占比重超过 90%。其次为生产、消费、运销、供给合作社。

　　其他一些省区，合作事业也有程度不同的发展，各省环境条件、合作事业发展进程各有特点。

　　湖南合作事业源于赈灾。1932 年，华洋义赈会湖南分会受湖南水灾善后委员会委托，赈济湖南特大水灾。该会除传统急赈、工赈之外，加放农赈贷款。受灾农民先组"互助社"，向义赈会借款，用于灾后自救，恢复农业生产，互助社发展到一定程度后再上升为合作社。1934 年，湖南山区各县多遭旱灾，该会又将收回的水灾赈贷（拟作推行合作事业专款）转拨办理旱灾农赈。该会寓推动合作于农赈贷款之中，取得成效。截至 1936 年年底，湖南省有各类合作社 1985 个，还有 3 个区级联合社。

　　当然，义赈会的农赈合作也得到了国民党政府的支持，并受其监控，

---

　　① 张肖梅：《贵州经济》，中国国民经济研究所 1939 年刊印本，第 A14、A18 页。

对义赈会指导的合作社要求"随时督促,俾臻完善"。1931年,由湖南分会代办的湖南农赈与合作事业移交全国经济委员会合作事业委员会办理,翌年5月再移交实业部接办,其职能机构相应改名为"实业部合作事业湖南办事处"。是年2月湖南省建设厅又设立"合作事业设计委员会",1933年2月改为"合作课",由党部、政府通令各市县设合作指导员,或由建设厅直接委派各县市合作指导员。1937年抗日战争全面爆发后,合作行政并入经济部农本局,完全为政府所控制。1939年3月设立"合作事业管理局"后,湖南的合作救灾事业成为国民党官僚垄断资本剥削压榨农民的工具。①

广东的合作运动发动较迟,至1933年3月才开始设立合作社筹备处,同年12月成立"广东合作事业委员会",开展62县市之合作运动;1936年夏裁撤,同年12月复设"广东农村合作委员会"接续办理。然而进展迟缓,至日本全面侵华战争爆发前,全省仅有225个合作社。迨1938年广州失守后,广东省合作事业完全停顿。到1940年8月,广东省建设厅设立"合作事业管理处",重新统筹全省合作事业的发展,在西江、北江流域推动蚕桑生产,组建蚕丝生产合作社,以弥补珠江三角洲蚕桑区陷落造成的损失。② 由于合作事业与银行贷款的密切关系,"合作事业管理处"成立前的合作社主要是由负责全省农贷的广东省银行负责组织,之后才转由该处负责。在这一期间,广东合作事业有较快发展,合作社和社员数量从1214社、23245人增至1941年的14869社、509188人,分别增加了11倍和21倍。初期合作社是以村为单位,1942年7月中央颁布新县制,要求以保为单位组建合作社后,广东省开始组织新的"保社",并将原来以村为单位的合作社改为"保社"。全省合作社分三级:县合作联合社、乡(镇)社及保社,保社加入乡(镇)社成为会员,每户由一具有公民资

① 郑利民:《论民国时期湖南的农赈和合作事业》,《湖南科技大学学报(社会科学版)》2016年第6期。
② 广东经济年鉴编纂委员会:《二十九年度广东经济年鉴》,广东省银行经济研究室1941年印本,第G84页。

格之人加入即可。①

　　浙江的合作事业又是另一种情况。该省在 1929 年 12 月就公布了《浙江省合作社规程》，开始兴办合作社。初时以信用社为主，1929 年全省有信用社 143 个。1933 年，浙江省对全省合作社进行整顿，要求发展多种合作社。1933 年后，生产、消费、运销、信用合作社得到迅速发展。1935 年全省有生产合作社 395 个、运销合作社 110 个、消费合作社 37 个。抗日战争爆发后，1938 年，在丽水成立主管合作事业的"浙江省战时物产调整处"，草拟《浙江省战时合作社暂行办法》，并在各县设立"合作事业室"，推动和规范合作社的发展。1938—1940 年，全省有 53 个县设有"合作事业室"，共组织战时乡镇合作社 1337 个，社员 413476 人，股金总计7177253 元。合作社的生产业务主要是垦殖、造林、畜牧、养鱼及各种小型工业。②

　　合作运动的开展主要在抗日战争前期和中期，截至 1942 年年底，抗日后方地区有合作社 105525 个，较之抗日战争前全国 2 万余个合作社增加数倍，其中信用合作社 81167 个，农业生产合作社 6996 个，受贷农业生产款计 95530913 元。③

　　抗日战争期间，国民党政府在抗日后方和其他管辖地区农村，推行合作事业，组建各类合作社，发放和扩大合作贷款，对于改变农村金融结构，缓解农村金融枯竭状况，改善农民生产条件，恢复和发展农业、手工业生产，救济农村经济，稳定农村社会秩序，保障政府机关和军民消费需求，支援抗日战争等，都起到了某种程度的积极作用。

　　一些地区农村合作事业的发展，开始改变农村金融和信贷结构，农村合作社、县合作金库及银行所设支行、营业点，构成农村新的金融网，如贵州据 1943 年统计，农村的金融机构中，合作社与合作金库占 51%，商店、典当业占 10%，私人借贷占 32%。新式金融机构开始占主导地位。随着合作社的发展和信贷的扩大，农贷重心发生变化，反映在合作社发展变化

---

① 张晓辉、屈晶：《抗战时期广东农村的合作运动》，《商场现代化》2010 年第 5 期。
② 李红梅：《民国浙江合作社的建立与发展（1928—1945）》，《浙江档案》2018 年第 5 期。
③ 吴伟荣：《论抗战期间后方农业的发展》，《近代史研究》1991 年第 1 期。

上,信用社逐渐减少,生产合作社逐年增加。放款用途也在发生变化,1940年贵州合作金库放款用于生产部分占59.92%(其中牲畜占46.92%),有利于农业生产的恢复和发展。① 在广西,合作贷款也为保障农业生产发挥了积极作用。该省的肥料贷款所占的比重始终保持在20%左右,通过大力推行肥料贷款,使战时广西的绿肥、堆肥、骨粉等获得较快推广。到1943年,全省冬季种植绿肥达30万亩,改变了战前广西农民不注重冬作的习惯;制作堆肥达11000万公斤,使堆肥在全省得到广泛使用;筹建柳州、桂林等骨粉厂,推广骨粉8000担,提高了民众对骨粉、磷肥重要性的认识。这些都对战时粮食增产发挥了重要作用。② 在安徽,各乡镇保合作社通过组织农民互助生产,举办合作农场、合作农仓,进行生产自救,也取得成效。1939—1940年,一些县域的生产合作社业务已包括农工业各部门,农业方面除了粮食生产,油桐、茶叶、桑蚕、茯苓、生漆、竹木、畜牧等,工业手工业方面有纺织、造纸、榨油、制茶、缫丝、肥皂、染织、洗染等业务,在一定程度上缓解了物资紧缺状况。③

不过从总体上说,这种积极作用还是相当有限的。合作社中绝大部分为信用社,基本功能就是向合作金库或银行借款,或专为向合作金库、银行借款而组建,故民间将合作社调侃为"合借社"。而银行和合作金库向合作社贷款均须抵押,农民入社和合作社的设立亦有财产限制,无固定资产的佃农、贫农都没有资格加入。在以佃农为农民主体的南方地区,合作社的主要成分却是自耕农以上富裕农户。④ 有些银行为了自身的利益,更是自己动手组社,抛弃合作社原有宗旨,大量网罗地主、富农为社员,而真正需要贷款的贫苦农民却被拒之门外。同时,多数合作社的筹

---

① 戴斌武、肖良武、王莉娟:《抗战时期的贵州农村合作事业》,《贵阳金筑大学学报》2004年第2期。

② 廖兵:《抗战时期广西农村合作事业发展探析》,《广西科技师范学院学报》2017年第2期。

③ 黄昊:《抗战时期安徽农村合作事业述论》,《青岛农业大学学报(社会科学版)》2011年第2期。

④ 如湖南,合作社社员中,自耕农以上农户超过70%,半自耕农约占20%,而佃农不过10%。见郑利民:《论民国时期湖南的农赈和合作事业》,《湖南科技大学学报(社会科学版)》2013年第6期。

设、组建,并非农民自觉自愿,而是采用自上而下的行政强制、半强制手段,无论经济、政治,均以政府战时需要为依归,不仅严密控制合作运动,而且把合作社的推广与"新县制"的推行紧密结合,以每乡、每保一社,每户一社员为原则,将合作社改为乡、保办理,其权力直接由乡长、保长掌握。[1] 到抗日战争后期及战后时期,田赋由货币改为征实、征购、征借,肆意抓丁拉夫,农村合作社更是落入极少数人的掌握之中,演变成某些特权者攫取私利、压迫农民、压榨农村的工具。

农业推广方面,除了国民党政府直接推动改良耕作、经营,推广冬作,推行合作事业之外,中央农业实验所和一些省区农业改进所或其他农业改进机构,在作物品种改良,良种繁殖、推广方面,也做了大量调查、实验、研究,并取得某些成效。

1942年中央农业实验所迁至四川北碚后,曾在四川、贵州、云南、湖南、广西、陕西、河南等省分设工作站,与当地农业改进机构合作,开展农业改进与研究,1939年育成适合西南地区种植的"中农28"号小麦良种,产量超过普通农家种的33%;由杂交育成适于长江流域的"中农166""中农690""中农483"等水稻品系,都有抗条锈病、早熟、筋力大、不倒伏、产量高等优点。该所先后推广的"脱字棉"和"德字棉",前者亩产比民国初年引进四川但已退化的美棉增产25%,后者又比前者增产15%。蚕桑改良方面,该所注重家蚕、柞蚕及桑树品种的改良以及蚕、桑病虫害的防治研究,育成的"中农29"号蚕种,虫体强健,丝质优良,非常适于丝厂的需要。[2]

某些省区农业改进所在农产改进方面,也都获得成效。成立于1940年9月的四川省农业改进所(原四川省稻麦改进所),组织架构齐全,研究力量较强,且"多富苦干实干精神"[3]。鉴于四川人多地少,该所为提高土地利用效率,在川东南推广再生稻,在泸县一带大量推广早晚稻种植;

① 郑利民:《论民国时期湖南的农赈和合作事业》,《湖南科技大学学报(社会科学版)》2013年第6期。

② 郑起东:《抗战时期大后方的农业改良》,《古今农业》2006年第1期。

③ 郑起东:《抗战时期大后方的农业改良》,《古今农业》2006年第1期。

设立特约棉种繁殖场和标范棉田,引进和推广改良棉种,扩大棉花种植,设立棉种管理区和轧花厂,实行纯种管制,避免纯种同土种混杂,导致纯种退化。同时,该所还在一些县域设立农业推广督导区,协助各县成立县农业推广所,开展农业推广活动。[①] 湖南省政府以政令形式号召农民兴修水利、少种糯稻、禁捕青蛙、保护耕牛等,"因缺少具体措施,收效甚微",但也有例外。1941 年后,湘乡县数次派员到娄底一带指导修建塘坝,种植油茶、油桐,防治螟虫,推广良种,"收到一些效果"。[②] 浙江松阳在 1941—1946 年间,曾推广 6506 号、2777 号早籼和 9 号、17 号小麦等改良品种,分别提高稻谷亩产 50—100 斤、小麦亩产 20—50 斤。[③] 陕西农业改进所及所辖陕南农场以水稻改进为中心,改进所在 1938—1941 年间,采集陕南 16 县 90 个稻种的 1 万多个单穗,进行检定、比较、改良,培育出"洵阳南京白""平利雷粘""平利湖南谷""白沙河市谷"等 4 个品种,在 3 年 4 项试验中,依次平均超过本地种产量的 15.60%、14.65%、26.88% 和 19.01%。陕南农场选育的"凤尾粘""白麻粘"稻种品质优异。前者穗大粒多(每穗比当地普通种多 2—3 倍),"望之有如凤尾",每亩能增产 4 斗;后者不仅产丰质佳,且秆粗坚硬,不易倒伏,"见者莫不欣羡",要求换种者,"颇不乏人"。[④] 广西、云南、西康等省,农业改进所或相关机构,在粮食作物和经济作物改良和推广方面,也取得不错的成绩。广西 1938 年着手进行大规模的水稻品种鉴定和改良工作,引进和培育良种,效果显著。在邕宁、横县、桂平、容县、藤县、北流等县,所植黑督、白谷糯、东莞白、竹粘、白壳粘等水稻品种,每亩可增收 50—100 斤;云南省稻麦改进所积极试验、推广良种水稻种植,并试种棉花,采购、分发优良茶种、茶苗;西康省也进行了粮食作物的改良与推广,试验、研究所得麻类、水稻、小麦、

---

① 郑起东:《抗战时期大后方的农业改良》,《古今农业》2006 年第 1 期。

② 湖南省娄底市志编纂委员会编:《娄底市志》,中国社会出版社 1997 年版,第 317 页。

③ 中共丽水地委调研组:《松溪县农村经济概况》,《浙江省农村调查》1952 年印本,第 78 页。

④ 王宝善:《陕南农业论文集》,陕西省农业改进所陕南农场 1944 年印本,第 41—61、62—65、70—71 页。

玉蜀黍、青稞、马铃薯、棉花等良种，"皆质优量重，适于省内风土"。①

此外，抗日战争期间国民党政府在防治农作物病虫害、改良肥料及其施用等方面，也都采取了某些措施。

近代时期，中国农作物病虫害，以水稻蝗虫、螟虫，稻麦黑穗病，棉花蚜虫等为害最烈。国民党政府实业部曾于1933年订有治蝗计划，但未付诸实施。抗日战争期间，中央农业试验所为防治稻螟虫、棉花蚜虫和小麦黑穗病创制、改良相关药剂和器材，在重庆和成都分设杀虫药剂与器械制造厂，制造杀虫药剂和喷雾器，并协助各省农业机关，进行防治病虫害研究；在四川、湖南等地进行稻虫防治试验；在四川、陕西等省进行烟草水防治棉虫试验；在成都、耒阳等地防治甘蓝等项菜虫；又在重庆进行仓储改进及仓害防治试验等。各省防治病虫害的工作也有所进展。如四川农业改进所每到水稻插秧时，派员分赴各县，动员民众采除卵块，捕杀成虫、幼虫。实践证明，水稻除螟，每亩可增收20%左右，"农民见有成效，每年参加者甚众"。川北一带小麦黑穗病，为害最甚，损失有达30%以上者。该所以温汤浸种、碳酸铜灭杀，并指导农民拔除病穗，效果显著。棉花病虫害的防治，由该所与农产促进会、中央农业实验所合作办理，对地老虎、蚜虫、红蜘蛛、红铃虫、卷叶虫等的防治证明，可增收棉花14%—30%不等。②

研究和改进土壤、肥料方面，从1942年起，中央农业试验所分别在各省进行地力保持、作物生长、肥料效力等一系列试验，以及根瘤菌的研究培养等，并同江西、浙江、广西、广东、西康、湖南、陕西、福建、河南和宁夏等省各合办蒸制骨粉厂一座，推广骨粉使用，改变农民肥料施用不当的习惯。四川省农业改进所亦先后建立成都、泸县、合川、绵阳、重庆、五通桥等6家蒸制骨粉厂。绿肥、堆肥技术也在后方各省得到推广：陕西在关中、陕南分别推广夏季豆科绿肥和冬季苜蓿绿肥；广东多数地方原无栽植、使用绿肥作物的习惯，尤以夏季为甚。自广东省农林局着力提倡后，

---

① 郑起东：《抗战时期大后方的农业改良》，《古今农业》2006年第1期。
② 郑起东：《抗战时期大后方的农业改良》，《古今农业》2006年第1期。

"栽植渐多",1941 年获得农林部补助,栽植"更为普遍";广东省农林局又于 1939 年推广改良堆肥制造法,次年,在连县设立速效堆肥培养室,制成速效堆肥菌种以制造堆肥,在三四个星期内即可腐熟应用,该种堆肥菌普遍推广于全省。[①] 所有这些,都不同程度地提高了作物产量。

（四）战后国民党政府在台湾地区推行的农业政策措施

台湾地区的农业、农村经济及其变化,和大陆有所不同。1894 年中日甲午战争后,台湾澎湖地区被日本帝国主义侵占,整整半个世纪,成为日本扩大对华侵略、占领东北和全中国的后方基地,直到 1945 年日本帝国主义战败投降,才得以回归祖国怀抱。

中日甲午战争后,日本帝国主义侵占台湾,建立殖民主义政权,从经济基础到上层建筑,对台湾和台湾人民进行殖民主义统治与奴役,并于 1907 年公布《台湾农会规则》,将原本是民间组织的农会直接隶属和受制于日本殖民政府,从而更加顺当和肆无忌惮地从土地、农林牧渔、特产、工矿到商贸、财政、金融,进行全面掠夺,同时推行"农业台湾,工业日本"的殖民主义政策,农业、农民和农林牧渔资源成为日本帝国主义掠夺的重点,通过扩大水稻、糖蔗种植,推广良种,大量施用化肥,掠夺式增产大米、食糖以满足日本国内需要,弥补外汇赤字,同时向台湾输出化学肥料和工业品。导致台湾米、糖生产和社会经济的畸形发展。经过长达半个世纪的殖民主义掠夺,台湾财富、资源被攫夺殆尽,特别是日本全面侵华战争期间,工农业生产遭到重创。日本投降时,台湾农业产值只相当于 1937 年的 49%,工业产值不到 33%;铁路、发电厂和其他工厂、商店、学校、医院等设施均被严重破坏,加上日本政府停止台湾人的储蓄金归还申请,债券变成废纸,台湾城乡居民再次遭到洗劫。迨日本帝国主义投降,台湾全境工农业瘫痪,百业萧条,人民失业,物资匮乏,米荒严重,物价飞涨,民不聊生。

国民党政府对台湾的接收同在大陆沦陷区一样,接收大员都是"三

---

① 郑起东:《抗战时期大后方的农业改良》,《古今农业》2006 年第 1 期。

洋开泰,五子登科",腐败贪污,军警横行,不到一年时间,接收变为"劫收"。台湾人民同大陆人民一样,"想中央,盼中央,中央来了更遭殃"。

在农业和农村经济方面,台湾光复之初,国民党政府似欲有所作为,曾于1946年公布《土地重划办法》和《合作农场设置办法》,但旋即发动全面内战,根本无暇顾及台湾的农业恢复和发展问题,《土地重划办法》和《合作农场设置办法》成为一纸空文。[①] 反而千方百计搜罗物资、支持内战成为当务之急。为此,在台湾大量印制钞票,将台湾米、布、盐、糖等民生物资运往大陆;将原属日本人与殖民政府的财产,拆散卖往大陆;延续日本殖民政策中的专卖制度,垄断烟、酒、糖、樟脑等的买卖,其中重点是集中控制化学肥料进口,通过配售化肥,垄断和搜刮粮食,保证军粮供给。1945年台湾光复之初,国民党政府曾一度积极筹划肥料供应,以期加快台湾农业的恢复与发展,但未及施行,化肥供应蓝图已经蜕变为粮食攫夺阴谋。1946年进口的5000吨化肥,全部用于试办"换购稻谷",同时成立"肥料运销委员会",专责办理化肥配销。1948年颁布《台湾化学肥料配销办法》,以法规形式建立"肥料换谷制度"。次年将"肥料运销委员会"改为"肥料运销处",隶属省政府粮食局,每年按照全省粮食及其他农作物增产计划制订肥料供需数量,进一步规范和强化"肥料换谷制度"。因此,台湾的农业长期未能复苏,直至1953年"土地改革"完成后,台湾农业才恢复到1937年的水平。

1949年,蒋介石败走台湾不久,海南岛和广东全省亦于1950年五六月份解放。至此,台湾、澎湖地区成为蒋介石国民党在国内的唯一立足点。蒋介石喘息初定,心有不甘。然欲东山再起,非改弦更张不可。地盘狭窄,"母鸡"所剩无几,而军民人口和政府开支大增,粮食和财政压力加剧,沿袭"杀鸡取卵"旧法,绝非长久之计。这样,国民党政府才开始调整思路,从1949年起,着手施行"三七五减租",缓解租佃矛盾;从1951年起,正式实行包括"公地放领"和实施"耕者有其田"在内的"土地改革",

---

① "土地重划"延至1959年才开始进行;"合作农场"亦无声无息,直到2003年12月才"修正发布"《设置合作农场办法》,但时异世殊,故复于2015年宣布废止《设置合作农场办法》。

解决农民土地问题。

1949年3月1日，就任台湾地区领导人的陈诚，在台湾行政会议开幕式上正式宣布要实施"三七五减租"，接着相继于4月14日、6月4日颁布《台湾私有耕地租用办法》和《耕地"三七五"减租条例》，具体办法是：农民向地主所交租额统一按土地全年正产物的50%计算，再减去25%，公式为50%×(1−25%)，亦即地主收取地租，最多不能超过租地全年正产物的37.5%，故称"三七五减租"（即"二五减租"）。某块耕地全年总产量的计算，一律以1948年的产量为准，由县市地方组织的"推行三七五地租委员会"参照全省情形，负责评定。租额一经评定即永不变更，如耕地因灾歉收，佃农可依法申请减租；如收获量不及三成，应予免租。同时禁止佃农欠租，如佃农欠租累计达两年之总额时，地主可以撤佃。《耕地"三七五"减租条例》，还对租佃关系中有关事项作出规限或说明：废除押金制和预租制；租约必须以书面形式签订，租期不得短于6年；地主不得无故随意撤佃。①

"三七五减租"完成后，租佃矛盾趋于缓和，国民党政府即考虑扶持自耕农，实现"耕者有其田"。1951年1月31日，蒋介石手令陈诚，从速办理"土地改革"。陈诚根据蒋介石手令，从"公地放领"入手，开始"土地改革"。1951年6月4日，台湾当局颁布《台湾放领公有耕地扶植自耕农实施办法》，将政府公有土地放领给现耕农、雇农、佃农及半自耕农，以培植壮大农村社会中的自耕农阶层。农民承领公地的数量因土地质量高低而有等差。承领公地按质量分为三等，按承领人的家庭人口和耕作能力酌定承领面积，一般每户最多只能承领上等水田0.5甲（1甲合11.3亩）。或中等水田1甲，或下等水田2甲；旱田则每等比水田加倍，即上等旱田1甲、中等旱田2甲、下等旱田4甲。承领公地必须交价，地价按照

----

① 地主只有下列情况下方可撤佃：租期未满，但承租人死亡、无人继承，或迁徙转业，放弃其耕作权，或积欠地租达2年之总额，可以撤佃，但须待一期作业结束，下期作业开始前为之；租约期满，出租人如欲收回土地，但须不致因此使承租人失其家庭生活依据，若出租人不能自耕或原收入已够维持一家生活，则不能收回土地。撤佃须租佃双方共同申请登记，方为有效。凡违反上述规定而强行撤佃者，一律以违法论处。

该耕地主要作物全年收获总量的 2.5 倍(以实物计算,以免因货币贬值而受影响)。全部地价由受领农户十年内偿付,不负担利息。根据公地放租的规定,公地租率为全年收获总量的 25%,故受领农民,只要连续交纳十年地租,每年交纳的租额正好等于每年应交纳的地价,十年期满,即取得耕地所有权。

1952 年 7 月 24 日,国民党中央改造委员会召开第 371 次会议,确定下年度的施政中心为实施"耕者有其田",并提出三条基本原则:一是采取温和手段;二是在不增加农民负担基础上使其获得土地,兼顾地主利益;三是地主所获地价须由政府引导转向工业。1953 年 1 月 20 日,立法院通过《实施耕者有其田条例》,并规定自 1953 年 5 月 1 日起开始执行。《实施耕者有其田条例》按肥瘠程度,将台湾土地分为 26 个等则,规定地主留置土地最高限额为中等水田(7—12 则)3 甲,或中等旱田 6 甲(如地主留置 1—6 则之田,则相应降低面积)。凡超过限额的耕地,一律由政府征购,转售给农民。地价及其偿付办法与放领公地相同。① 到 1953 年年底,台湾当局共征购地主土地 143568 甲,占地主出租土地的 56%;被征购土地的地主计 106049 户,占地主总户数的 59.3%;承领土地的农民计 194823 户,占佃农总户数的 64%。地主留置土地,原则上鼓励自耕,假若出租,则租额永远不得超过 1948 年产量的 37.5%。政府还规定,凡地主留置地供出租者,政府支持佃农以贷款方式自行购买,如佃农佃耕满 8 年以上,即可申请政府代为照价收买,地主不得拒卖。为了防止地主隐瞒土地,政府在"中美农村复兴联合委员会"的技术和经费协助下,于 1952 年 1 月至 1953 年 4 月,预先进行了全省地籍总归户,将同一所有权的土地,

---

① 购地农民分 10 年向政府偿还地价后,即为土地的所有人;政府亦分 10 年向地主偿付地价,偿还方式分债券和股票两部分:70% 为土地债券,由台湾土地银行发放,水田按稻谷、旱田按甘薯计值,年利率 4%,分 10 年 20 期均等清偿本息。这种办法使地主在 10 年期限内每年可向官方领取定量农产品(或按时价折成现金),免受物价上涨之苦,政府也可减少现金支出,减轻财政负担,避免因支付地价而大量发放货币,引发通货膨胀;另外 30% 为股票。政府在征购地主土地的同时颁布《公营事业转移民营条例》,将一些官办企业(包括台湾水泥股份有限公司、台湾纸业股份有限公司、台湾工矿股份有限公司和台湾农林股份有限公司)的股票卖给私人,迫使地主把卖地所得价款转为工业投资。

归入一户名下,使每个地主的土地,不论散处何地,都明白记载无遗,杜绝了土地的遗漏或隐瞒。到 1953 年年底,以"耕者有其田"为目标的"土地改革",基本结束。

"三七五减租"和"公地放领""耕者有其田",坚持"耕者有其田,有其田者自耕"的原则,缩小了租佃范围,限制和减轻了地租剥削,减轻了农民负担,解决了部分农民的土地问题,在一定程度上改变了原来土地分配不均和以佃农主体的农户结构状况,壮大了自耕农阶层。台湾自耕地面积的比重由 1948 年的 55.88%增加到 1953 年的 82.87%和 1956 年的84.90%;自耕农占总农户数的比重由 1948 年的 33.02%增至 1952 年的51.79%、1956 年的 57.05%和 1959 年的 58.83%;佃农比重由 1948 年的36.08%降至 1953 年的 19.82%、1956 年的 15.86%和 1959 年的 14.51%,自耕农成为农民的主体。①

农民获得土地,成了土地的主人,改善了农民的生产条件,调动了农民的生产积极性,改变了以往佃农土地使用中的短期行为,提高了土地产量。据统计,在实现"耕者有其田"之前的 1952 年,中等水田 1 甲全年稻谷产量为 5530 公斤,实现"耕者有其田"之后,1959 年增至 7258 公斤,提高了 31.74%。② 农民生活水平也有所提高,衣食住行和卫生环境明显改善,学龄儿童入学率从土地改革前 1950 年的 70%提高到土地改革后1953 年的 90%。③ 同时,通过实施"耕者有其田",地主的土地占有规模和地租剥削受到某种程度的限制,出租者的地租收入降低,抑制了地主富户的土地兼并欲望,促使土地投资向工商业转移,有利于工业的发展。这些都给台湾农业和工商业的恢复、发展提供了有利条件。

不过台湾实施"三七五减租"和"耕者有其田",还算不上真正意义上的"土地改革"和公平、合理的土地分配,并未废除或破坏封建地主土地所有制,而只是在"兼顾地主利益"的前提下某种形式的改良。无论"公

---

① 陈诚:《台湾土地改革纪要》,(台湾)中华书局 1961 年版,第 80 页。
② 陈诚:《台湾土地改革纪要》,(台湾)中华书局 1961 年版,第 82—83 页。
③ 廖正宏等:《光复后台湾农业政策的演变——历史与社会的分析》,台北"中央研究院"民族研究所 1986 年印本,第 29 页。

地放领"还是实施"耕者有其田",都不是没收地主土地和无偿平分给无地、少地的贫苦农民,农民不可能无代价获得土地。而且,即使这种佃农有偿承领土地的"耕者有其田"办法也极不彻底,因在政策制定和贯彻施行过程中,过分"兼顾地主利益",地主留置地远远高于户均、人均耕地面积,可被征收和供农民价领的耕地面积本来就十分有限,况且尚有超40%的地主,根本没有触碰,一寸土地也没有被征购,征购的土地只占地主出租土地的56%。这样,不仅佃农承领的土地面积远比地主留置的土地面积小,平均只有0.737甲,还不到地主留置地的1/4。而且还有36%的佃农完全没有领到土地,领地佃农只占佃农总数的64%。未能认领土地的佃农,大都是贫苦小农,他们的耕作面积比已经领到土地的新自耕农更要小得多。1956年的资料显示,自耕农占农户总数的59.6%(人口占59.9%),自耕地面积占土地总面积的84.9%,相当于农民整体户均耕种面积的1.42倍;而占农户总数的40.4%(人口占40.1%)的佃农、半佃农,耕种(佃种)面积只占15.1%,只相当于农民整体户均耕种面积的0.37倍,相当于自耕农耕种面积的1/4强,不到地主留置地的1/10。不过佃农、半佃农还算是幸运的,虽未领得土地上升为自耕农,但尚有"三七五减租",得以改善经济条件。至于那些人数众多、长期苦于土地饥渴的贫农、雇农和完全被挤离土地的贫民、游民,则自始至终同"土地改革"无缘,既未承领到土地上升为"自耕农",也因没有租种地主土地而享受"三七五减租"的果实。不仅仍被排挤在土地之外,还因为农户土地占有和经营规模的调整、变化,出卖劳力和佣工谋生的机会相应减少,生活更艰难。台湾"土地改革"的最大问题,是过分"兼顾地主利益"特别是大地主利益(未被征购土地的地主中相当部分是大地主),从不顾及农村社会最底层的痛苦和呼声。土地改革虽有"扶植自耕农"的部分功效,但扶植的"自耕农"原来多是佃中农或佃富农,绝少佃贫农,更没有佃农以外的贫农、雇农和贫民、游民。所谓"扶植自耕农",多为"锦上添花",绝非"雪中送炭"。

　　台湾国民党政府在完成"土地改革"、土地和租佃矛盾略有缓和后,旋即改头换面,对农业和农民进行新的榨取。1953年8月设立"经济安定委员会",开始策划台湾经济建设计划,"以农业培养工业,以工业发展农业"成为农业政策的指导原则,其核心是"农业培养工业"。实质上仍是对农业和农民的一种榨取,只是不再赤裸裸地"杀鸡取卵",而是改用"催鸡下蛋"的所谓"发展的榨取",亦即"从政策上采取措施来促进台湾农业生产量的提高,以制造人力及物力的'剩余',并将此种'剩余'转移到非农业部门"①。其主要手段是借由生物性的技术革新来提高农业生产力,创造大幅农业"剩余",然后再由政府运用包括变相税捐,如肥料换谷、田赋征实等在内的各种租税,以及"低粮价政策"等来吸取农业"剩余",以转用于公共投资和工业部门的扩张。具体表现为:在产出方面,农业向工业供应廉价的粮食和原料;在生产要素方面,农业向工业提供劳力和资金,甚至宜耕之地亦被工厂侵用;在国内市场方面,农村的购买力充当工业产品国内销售的有力支柱;在对外贸易方面,农产品和农产加工品的输出成为初期工业发展购进机器设备所需外汇的主要来源;等等。而且在实际施行过程中,仍将赤裸的榨取同"发展的榨取"紧密结合。如"肥料换谷",稻谷价格要比市场价格低 20%;在农产品和工业品的市场交换中,农民的所付价格比所得价格高出 25.7%。②

在"农业培养工业"政策原则指导下,台湾工业迅速发展,蒸蒸日上,而农业发展速度相对迟缓,且不断放慢,越来越不景气。农业增长率从1953—1956 年的 4.9%降低到 1969—1972 年的 1.5%③,农业、工业在岛内国民生产总值中各自所占比重,工业直线上升,而农业直线下降。"土地改革"结束的 1953 年,两者比重分别为 38.3%和 17.7%,农业相当于工业的 2.16 倍;到 1972 年,工业比重升至 40.0%,而农业降至 14.1%,工业

---

① 廖正宏等:《光复后台湾农业政策的演变——历史与社会的分析》,台北"中央研究院"民族研究所 1986 年印本,第 21—44 页。

② 廖正宏等:《光复后台湾农业政策的演变——历史与社会的分析》,台北"中央研究院"民族研究所 1986 年印本,第 63 页。

③ 廖正宏等:《光复后台湾农业政策的演变——历史与社会的分析》,台北"中央研究院"民族研究所 1986 年印本,第 24 页表 1-2。

相当于农业的 2.3 倍。① 由于长期的低粮价、低农产品价格政策,加上肥料价格居高不下,农民生产不敷成本。农民为了维持生活,先是改变土地种植、经营,减少水稻面积,增加甘薯、甘蔗、水果等杂粮和经济作物种植,影响所及,台湾由粮食出口变为粮食进口;继而谋取农业外的就业和收益,农民中的"专业农"日减,"兼业农"日增,而且增速迅猛。初时,大部分"兼业农"尚以农业为主,但未几倒转,以兼业为主的"兼业农"数量超过以农业为主的"兼业农",成为农民主体。同时,农村青壮年劳力大量流往城镇,导致农村劳力短缺和劳力老龄化、妇女化。在这种情况下,台湾农业和农村经济加速变异、衰退,最终酿成 20 世纪 60 年代末 70 年代初农业危机的爆发。

二、农业经营及其变化

抗日战争后方地区和战后时期国民党统治区的农业经营状态及其变化,明显呈现出多样性、地区性和时段性的特征:在经营单位和经营方式上,不仅有单个农户经营和农场集中经营,还有各种形式的合作社经营。单个农户经营既有自田自耕的家庭劳力经营或雇工经营,又有租佃经营(包括招佃收租和租地家庭劳力耕种或兼用雇工耕种),还有介乎招佃收租和雇工经营之间的雇工佃种制(亦称分益雇役制)经营。而此种分益雇役制又有多种过渡或变异形态;在地区上,不仅南北互异,抗日战争大后方和抗日战区、游击区也不一样。南方多租佃经营,北方多自田自种的家庭劳力经营或雇工经营,租佃经营亦以分益雇役制居多。不过这一时期这种差异正在缩小:北方的雇工经营逐渐减少,南方的分益雇役制增多,两地日渐趋同。抗日战争大后方和抗日战区、游击区两地的主要差异是,各种合作社(包括垦荒合作社)和包括难民农场在内的公立农场主要分布在大后方,战区、游击区甚少;在时段上,不仅抗日战争期间和战后期

① 廖正宏等:《光复后台湾农业政策的演变——历史与社会的分析》,台北"中央研究院"民族研究所 1986 年印本,第 63 页表 2–3。

间不同,抗日战争后期和前期也不一样。抗日战争前期,后方部分地区的农业生产一度有所恢复和发展,一些新建合作社和农场主要出现在前期,抗日战争后期,由于国民党政府进一步加强农业统制和田赋征实、征购、征借,以及垦荒频繁的产权纠纷和地权兼并,农民加速贫困,经营萎缩,一些合作社、农场也在解体,退回到传统的个体经营。抗日战争结束后,因紧接着内战爆发,金融危机紧随其后,农户经营全面萎缩,合作社、农场进一步加速解体。原伪满地区,情况更惨,封建地主恶霸和地棍,将日伪劫夺的农民土地攫为己有,地主土地所有制恶性膨胀,农民更加贫困,农户经营进一步萎缩。战后时期原伪满、汪伪政权和其他沦陷区某些新设公立农场,主要是由没收的日伪敌产转化而来。

（一）农户个体经营状况及其变化

20世纪三四十年代,中国的农业生产,仍是以农民家庭为生产和消费单位的传统个体经营,不过在延续中也有变化:人口增加,人均耕地面积减少,户均、人均经营规模缩小;加上农民急剧贫困,生产能力降低,生产劳动者提供的剩余产品和能够供养的人口数量减少,维系和协调家庭的能力削弱,农户家庭人口规模也日趋缩小。农户农业经营规模缩小和农户家庭人口规模缩小,两者之间互为因果;地主兼并,农民贫困失地,自耕农减少,佃农、半佃农增加,农民使用的土地来源结构发生变化,自地减少,租地增加,不过不同地域、不同农户之间,情况各异;各阶层农户的经营规模差别,因大部分农民贫困加剧,能够使用和支配的土地(包括租地)减少,加上生产资金和耕畜农具短缺,耕作能力降低,经营规模愈加狭小,而地主、富农控制的土地增多,生产资金相对充裕,有条件保持或扩大经营规模,导致地主、富农同贫苦农民之间的经营规模差别扩大。不过这种情况也并非绝对,因竞佃激烈,地租上升,招佃收租往往比雇工经营更合算,地主、富农可能改雇工经营为招佃收租,地主、富农同其他农民之间经营规模的差别不一定扩大,甚至缩小。因此,两者差异及变化出现多样化的态势;农民的耕畜农具占有和耕作模式,农户劳力供求、使用和协作,农民职业和农副业结构等,都在发生不同程度的变化。

表 12-48 安徽、山东 2 省 5 县 32 乡（村）农户土地使用和经营规模（1945 年、1949 年）

项目 地区乡村		户数（户）	人口（人）	土地占有（亩）	土地使用（亩）						经营规模（亩）	
					面积（亩）	自有土地（亩）		租进土地（亩）			户均面积	人均面积
						面积	占比（%）	面积	占比（%）			
1	安徽濉溪县古西乡	1011	4830	13540	13905	11338	81.54	2567	18.46		13.75	2.88
2	山东莒南赣榆 12 村	2294	10858	30029	29697	26925	90.67	2772	9.33		12.95	2.74
3	莒南 3 区 11 村	2946	13724	42348	35279	29877	84.69	5402	15.31		11.98	2.57
4	沭水、临沭 9 村	1710	7921	38460	38061	33051	86.84	5010	13.16		22.26	4.81
总计/平均		7961	37333	124377	116942	101191	86.53	15751	13.47		14.69	3.13

资料来源：1. 据华东军政委员会土地改革委员会编《安徽省农村调查》，1952 年刊本，第 46—47、70—71 页；2—4. 据华东军政委员会土地改革委员会编：《山东省、华东各大中城市郊区农村调查》，1952 年刊本，第 6、9—10、40—44、47、53、56—57 页。

农户的生产经营用地来源,主要是自地、租地两个部分。二者各自所占比重,直接受到地权分配和地主土地经营习惯的制约:地权分散,地主倾向雇工经营,农民生产用地多以自有土地为主;地权集中,地主习惯招佃收租,则农民生产用地多为租地。南北比较,黄淮流域及其以北地区除东北及内蒙古部分地区外,地权相对分散,地主中乡居地主占有较大比重,又大多倾向于雇工经营,农户用地一般以自有土地为主;长江流域及其以南,多数地区地权集中,城居地主和不在地主占有较大比重,地主无论乡居或城居、在乡或不在乡,土地多为招佃收租,农民使用土地亦多系租地,自有土地较少。各地农户经营规模,都异常狭小,南北比较,北方相对略大,南方地区更小。

关于这方面的情况,没有系统、完整的统计数据,仅有若干乡、村的典型调查材料,表12-48所列安徽皖北濉溪和山东莒南、赣榆等县调查数据,部分反映了北方地区农民用地来源,以及户均、人均经营规模。

表12-48数据显示,农民使用的土地中,自地最低占81.54%,最高占90.67%;租地最低占9.33%,最高占18.46%;平均自地占86.53%;平均租地占13.47%。租地比重不到1/5的农业生产经营者多为自耕农或占有少量土地的半自耕农,纯佃农居少数。

南方地区地权集中,地主土地大部分或绝大部分用于招佃收租,而农民大多没有土地,只能靠耕种租地为生。因而农民经营的土地大部分来自租地。表12-49反映的就是这种情况:

表12-49中调查的范围较广,涵盖江苏、浙江、安徽、福建4省32县55乡(村)3万多农户、近14万人口,能大体反映长江下游和东南沿海地区的情况。如表12-49所示,江苏、浙江、安徽、福建各地农户用地中的自地比重最高83.78%(江苏武进马杭乡),最低11.28%(浙江余姚南留乡第1村),4省份省平均依次为51.52%、44.65%、35.09%和48.17%,除江苏外,均不足50%。4省总平均,农户用地中的自地占44.90%,租地占55.10%。农业经营者大部分为佃农、半佃农。这反映了南北两地农户构成和土地使用来源方面的明显差异。

农户经营规模方面,相对于表12-48中的皖北濉溪、山东莒南等地,

表12-49 江苏等4省32县55乡(村)农户用地来源和经营规模(1949年)

地区乡村		户数(户)	人口(人)	土地占有(亩)	面积(亩)	土地使用(亩)				经营规模(亩)	
						自有土地(亩)		租进土地(亩)		户均面积	人均面积
	项目					面积	占比(%)	面积	占比(%)		
1	江苏武进政成乡	1268	5896	7050	7597	5369	70.67	2228	29.33	5.99	1.29
2	武进马杭乡	1977	7472	8619	9121	7642	83.78	1479	16.22	4.61	1.22
3	武进梅港乡	726	3303	4779	4683	3858	82.38	825	17.62	6.45	1.42
4	嘉定2乡2村	702	3326	7806	8899	6737	75.71	2162	24.29	12.68	2.68
5	无锡云林乡	2687	12614	9885	12073	8255	68.38	3818	31.62	4.49	0.96
6	无锡坊前乡	773	3872	4219	4074	3202	78.60	872	21.40	5.27	1.05
7	松江新农乡	808	3430	4965	14245	3395	23.83	10850	76.17	17.63	4.15
8	昆山大平乡	524	2540	4190	10355	2467	23.82	7888	76.18	19.76	4.08
9	昆山小溪乡	546	2375	4850	10298	4009	38.93	6289	61.07	18.86	4.34
10	吴县保安乡	1575	7004	7515	13698	6495	47.42	7203	52.58	8.70	1.96
11	吴县堰里乡1村	168	764	595	1490	533	35.77	957	64.23	8.87	1.95

续表

地区乡村 项目	户数（户）	人口（人）	土地占有（亩）	土地使用（亩） 面积（亩）	自有土地（亩） 面积	占比（%）	租进土地（亩） 面积	占比（%）	经营规模（亩） 户均面积	人均面积
12 吴县斜塘镇2保	524	2426	724	4861	724	14.89	4137	85.11	9.28	2.00
13 吴县姑苏乡	463	2082	3424	5066	2248	44.37	2818	55.63	10.94	2.43
14 镇江永东乡	1142	5303	7431	13744	6623	48.19	7121	51.81	12.04	2.59
15 上海郊区4村	493	2396	4992	3757	2275	60.55	1482	39.45	7.62	1.57
16 上海虹桥镇	199	962	1257	802	450	56.11	352	43.89	4.03	0.83
小计	14575	65765	82301	124763	64282	51.52	60481	48.48	8.56	1.98
17 浙江丽水城2街	508	1947	1418	1319	214	16.22	1105	83.78	2.60	0.68
18 嘉兴高照乡	661	2911	5979	11285	5066	44.89	6219	55.11	17.07	3.88
19 嘉兴塘汇乡	1037	4199	9120	14930	7330	49.10	7600	50.90	14.40	3.56
20 绍兴鉴湖乡4村	736	3696	2757	5323	1449	27.22	3874	72.78	7.23	1.44
21 衢县白渡乡	1114	5061	5119	7773	2629	33.82	5144	66.18	6.98	1.54

续表

项目　　地区乡村	户数（户）	人口（人）	土地占有（亩）	土地使用（亩） 面积（亩）	自有土地（亩） 面积	占比（%）	租进土地（亩） 面积	占比（%）	经营规模（亩） 户均面积	人均面积
22 临海开石乡	998	3859	7912	8618	3852	44.70	4766	55.30	8.64	2.23
23 建德山鹤乡	1448	7244	12049	12117	7566	62.44	4551	37.56	8.37	1.67
24 建德蒲口乡2村	184	912	1352	1622	841	51.85	781	48.15	8.82	1.78
25 杭县山桥乡1村	178	785	945	1631	765	46.90	866	53.10	9.16	2.08
26 余姚潮界乡1村	286	1275	3086	1888	434	22.99	1454	77.01	6.60	1.48
27 余姚南留乡1村	130	525	609	1356	153	11.28	1203	88.72	10.43	2.58
小计	7280	32414	50346	67862	30299	44.65	37563	55.35	9.32	2.09
28 安徽肥西上派河乡	1276	5763	8151	7445	4591	61.67	2854	38.33	5.83	1.29
29 安徽霍山诸佛菴乡	742	3201	3739	3267	1172	35.87	2095	64.13	4.40	1.02
30 无为百马乡	1212	6171	7273	11215	4982	44.42	6233	55.58	9.25	1.82
31 滁县关山乡	817	2871	3770	15889	1288	8.10	14601	91.90	19.45	5.53
32 滁县大王营乡	697	3135	15413	18598	7259	39.03	11339	60.97	26.68	5.93

续表

地区乡村 \ 项目	户数(户)	人口(人)	土地占有(亩)	土地使用(亩)						经营规模(亩)	
				面积(亩)	自有土地(亩)		租进土地(亩)			户均面积	人均面积
					面积	占比(%)	面积	占比(%)			
33 铜陵县东家店村	425	1688	2065	2058	1081	52.53	977	47.47		4.84	1.22
34 广德县梅溪村	367	1797	1784	1776	1161	65.37	615	34.63		4.84	0.99
35 屯溪徐村	138	579	1114	1833	331	18.06	1502	81.94		13.28	3.17
36 贵池齐山村	406	1656	1889	2793	1177	42.14	1616	57.86		6.88	1.69
37 宣城金象村	667	3147	3267	3079	1908	61.97	1171	38.03		4.62	0.98
38 宣城东里村	678	2894	4381	7919	2476	31.27	5443	68.73		11.68	2.74
39 岳西北山村	245	1108	1756	1725	1120	64.93	605	35.07		7.04	1.56
40 芜湖杨垾村	446	1981	620	4201	537	12.78	3664	87.22		9.42	2.12
41 南陵戴镇村	458	2117	2286	3742	929	24.83	2813	75.17		8.17	1.77
小计	8574	38108	57508	85540	30012	35.09	55528	64.91		9.98	2.24
42 福建福州后屿村	627	2981	997	1640	768	46.83	872	53.17		3.62*	0.76*
43 福州鳝樟村	510	2126	1588	1826	1308	71.63	518	28.37		4.10*	0.98*

续表

地区乡村 项目	户数 (户)	人口 (人)	土地 占有 (亩)	面积 (亩)	土地使用(亩)				经营规模(亩)	
					自有土地(亩)		租进土地(亩)		户均 面积	人均 面积
					面积	占比(%)	面积	占比(%)		
44 福安南塘保	337	1207	890	1013	616	60.81	397	39.19	3.01	0.84
45 古田七保村	269	1525	1482	3315	460	13.88	2855	86.12	12.32*	3.05*
46 晋江彭田村	318	1626	1755	1747	1444	82.66	303	17.34	5.49	1.07
小计	2061	9465	6712	9541	4596	48.17	4945	51.83	4.63	1.01
总计	32490	145752	196867	287706	129189	44.90	158517	55.10	8.86	2.01

注：* 按实际从事农业经营户数(后峙村453户，鳝填村445户，七保村269户)计算得出；农业经营户人数无确数，按经营户占总户数比例折算，得出人均经营面积数。

资料来源：地区乡村1—13，据华东军政委员会土地改革委员会编：《江苏省农村调查》，1952年刊本，第38，39，44—46，82，107—108，116，122，133—134，141—142，153，15=—159，160—161，165—167，173—174，178，183—184 页；地区乡村14—16，据华东军政委员会土地改革委员会编：《山东省·华东各大中城市郊区农村调查》，1952年刊本，第127—130，132—134，160—161，172 页；地区乡村 17—27，据华东军政委员会土地改革委员会编：《浙江省农村调查》，1952年刊本，第 28，83—84，87—88，97—98，133—134，139—140，152—155，164，168—170，172，188—189，192，197—198，200，209—212 页；地区乡村28—41，据华东军政委员会土地改革委员会编：《安徽省农村调查》，1952年刊本，第 46—47，81—82，92—93，96，101—102，114—115，12(—121，128—130)，131—132，135—136，139—142，146—150，153—157，167—170，173—174 页；地区乡村 42—46，据华东军政委员会土地改革委员会编：《福建省农村调查》，1952年刊本，第 21—24，27—30，33—34，60—63，69，73—74，91，97—98 页。

长江流域及其以南地区,农户经营面积更小。表 12-49 中江苏、浙江、安徽、福建 4 省 55 乡(村)的农户经营面积,30 乡(村)在 10 亩以下,最小的户均、人均经营面积分别只有 2.6 亩和 0.68 亩(浙江丽水城 2 街),4 省总平均分别只有 8.86 亩和 2.01 亩,只相当于皖北、山东地区的 2/3 弱。不过就土地产量而言,南北两地比较,无论单季产量还是全年总产量,北方地区只相当于南方地区的 2/3—1/2,甚至更低。因此,从土地产量的角度观测,除个别地区外,南北两地农户经营规模差异不大,全都异常狭小。

农户经营规模大小的实际差异,主要不是发生在不同地区之间,而是在同一地区不同农户阶级(阶层)之间。这种差别及其大小,主要受到地权分配和地块分割、地主结构和土地经营习惯、耕畜农具占有和农民生产能力等因素的影响和制约。各地农户经营规模,通常按地主、富农、中农、贫农、雇农或富农、地主、中农、贫农、雇农的顺序递减,南北两地大都如此。表 12-50、表 12-51 清晰地反映了这种情况。

表 12-50　安徽、山东 5 县 32 乡(村)各阶层农户经营规模统计(1945 年、1949 年)

项目 地区乡村	地主			富农			中农			贫农		
	用地 (%)	户均 面积	人均 面积	用地 (%)	户均 面积	人均 面积	用地 (%)	户均 面积	人均 面积	用地 (%)	户均 面积	人均 面积
1　安徽濉溪古西乡	2.10	8.36	2.48	9.86	32.65	5.62	46.24	21.22	3.92	41.76	9.00	2.08
2　山东莒南赣榆 12 村	7.63	29.82	6.33	20.97	31.45	5.23	41.40	17.36	3.52	29.38	7.32	1.61
3　莒南 3 区 11 村	1.80	4.35	1.03	6.76	22.29	4.53	63.04	15.26	3.29	24.12	8.74	1.85
4　沭水、临沭 9 村	5.28	26.67	4.45	12.14	36.25	6.10	46.44	27.54	6.47	34.93	15.68	3.31
平均	4.28	15.95	3.33	12.10	30.63	5.35	48.66	15.39	4.26	29.97	9.81	2.27

注:地主等 4 类农户用地百分比之和不等于 100;平均数系根据相关实数计算得出。

资料来源:1. 据华东军政委员会土地改革委员会编:《安徽省农村调查》,1952 年印本,第 46—47、70—71 页;2—4. 据华东军政委员会土地改革委员会编:《山东省、华东各大中城市郊区农村调查》,1952 年印本,第 6、9—10、40—44、47、53、56—57 页。

表 12-51 江苏等 4 省 32 县 55 乡(村)各阶层农户经营规模统计(1945 年、1949 年)

地区乡村\项目	地主 用地(%)	地主 户均面积	地主 人均面积	富农 用地(%)	富农 户均面积	富农 人均面积	中农 用地(%)	中农 户均面积	中农 人均面积	贫农 用地(%)	贫农 户均面积	贫农 人均面积
1 江苏武进政成乡	2.83	23.93	3.08	6.80	12.60	3.15	37.50	6.10	1.52	37.86	6.04	1.28
2 武进马杭乡	0.21	3.25	0.48	9.20	25.42	3.44	36.16	9.01	1.84	48.54	3.33	0.99
3 武进梅港乡	1.42	7.39	1.33	12.13	7.78	2.50	50.29	7.38	1.69	25.94	3.69	0.79
4 嘉定 2 乡 2 村	12.65	31.6	4.51	17.85	31.86	4.74	25.22	14.32	2.81	44.28	6.58	1.23
5 无锡云林乡	0.81	5.44	1.00	6.96	9.44	1.73	35.04	6.58	1.28	51.07	3.84	0.86
6 无锡坊前乡	2.40	5.44	0.72	11.60	11.25	1.74	49.14	6.52	1.31	33.24	4.23	0.90
7 松江新农乡	5.12	34.71	7.01	10.30	36.7	7.23	49.49	24.48	5.32	34.87	12.54	3.05
8 昆山太平乡	0.58	20.00	3.16	18.41	43.32	5.97	58.20	24.01	4.87	22.71	11.82	2.60
9 昆山小瀛乡	2.41	31.00	6.53	7.79	34.87	6.74	70.07	24.30	5.08	18.69	11.32	2.96
10 吴县保安乡	1.29	19.79	3.64	19.61	19.46	3.53	45.87	11.20	2.42	32.21	5.95	1.37
11 吴县堰里乡 1 村	0	0	0	9.93	16.33	3.27	46.85	12.69	2.48	41.34	7.25	1.60
12 吴县斜塘镇 2 保	1.12	46.2	15.40	19.72	30.03	5.85	58.34	13.31	2.30	22.40	4.52	1.09
13 吴县姑苏乡	1.65	20.94	4.19	15.32	23.51	4.11	46.91	16.62	3.41	36.10	6.60	1.57
14 镇江永东乡	4.04	92.65	8.06	20.10	57.56	12.79	45.98	14.30	3.06	27.91	7.49	1.57
15 上海郊区 4 村	3.59	8.99	1.26	6.85	14.29	2.33	45.15	15.33	2.93	34.24	6.92	1.56
16 上海虹桥镇	2.93	2.94	0.62	12.45	7.68	1.37	26.29	6.59	1.36	34.32	4.83	1.08
平均	2.35	19.85	3.18	13.69	24.09	4.36	47.11	12.31	2.62	34.58	5.87	1.38
17 浙江丽水城 2 街	0.96	1.06	0.18	0.77	5.10	1.46	24.70	6.15	1.32	68.04	5.98	1.50
18 嘉兴高照乡	11.09	59.62	9.56	30.48	47.78	7.91	46.16	21.26	4.74	9.49	8.37	2.35
19 嘉兴塘汇乡	9.71	53.67	8.78	30.16	47.40	9.10	30.30	17.22	4.22	29.83	8.65	2.06
20 绍兴鉴湖乡 4 村	1.64	14.57	2.65	5.49	15.39	2.15	56.12	11.49	2.01	28.31	5.58	1.15
21 衢县白渡乡	6.59	24.43	3.68	9.34	21.35	3.46	48.19	10.83	2.07	33.23	4.69	1.07
22 临海开石乡	8.74	11.77	2.41	5.58	19.24	3.62	48.00	12.77	2.97	34.93	6.97	1.80
23 建德山鹤乡	13.42	29.57	4.43	12.99	27.62	3.40	42.16	14.23	1.94	26.74	6.62	1.52
24 建德菴口乡 2 村	10.65	6.94	2.70	12.59	40.86	2.84	28.24	11.45	2.23	30.09	8.11	1.56
25 杭县山桥乡 1 村	0.83	13.57	2.26	8.37	19.24	2.97	56.82	11.11	2.62	31.05	7.03	1.53
26 余姚潮界乡 1 村	1.64	3.09	0.59	29.66	16.97	2.20	45.94	11.12	2.05	18.95	5.11	1.19
27 余姚南照乡 1 村	3.20	11.19	2.99	4.07	13.78	3.06	56.95	15.14	2.89	18.98	7.35	2.04
平均	8.77	25.56	4.42	17.77	34.17	5.51	42.78	13.83	2.64	30.57	7.39	1.73
28 安徽肥西上派河乡	3.15	6.02	1.02	8.80	18.10	3.45	53.50	12.13	2.53	28.40	5.19	1.17
29 霍山诸佛菴乡	1.54	2.19	0.40	1.59	13.00	1.44	37.09	13.42	2.54	32.13	5.44	1.19
30 无为百马乡	2.41	16.91	2.79	3.02	17.83	3.00	48.64	13.84	2.36	45.19	6.82	1.44
31 滁县关山乡	2.81	21.27	4.70	3.47	27.55	5.80	39.81	31.79	6.67	44.46	18.15	5.32
32 滁县大王营乡	2.34	13.62	3.23	9.40	51.41	8.17	53.02	44.79	5.04	29.64	21.62	5.04

续表

地区乡村 \ 项目	地主 用地(%)	地主 户均面积	地主 人均面积	富农 用地(%)	富农 户均面积	富农 人均面积	中农 用地(%)	中农 户均面积	中农 人均面积	贫农 用地(%)	贫农 户均面积	贫农 人均面积
33 铜陵东家店村	8.30	7.77	2.71	11.54	12.53	2.24	53.28	7.57	1.88	26.02	4.58	1.03
34 广德县梅溪村	6.50	5.23	1.49	9.64	9.5	1.49	58.95	10.07	1.83	17.40	4.12	0.99
35 屯溪徐村	6.02	22.05	4.41	1.93	17.67	5.05	64.41	20.71	4.37	23.57	6.96	1.93
36 贵池齐山村	2.52	17.58	2.20	5.16	13.11	2.12	45.15	9.63	2.49	47.17	5.33	1.31
37 宣城金象村	4.72	6.05	0.93	2.17	5.14	0.95	53.01	10.60	1.96	36.28	4.43	0.91
38 宣城东里村	0.81	8.06	1.47	3.91	18.92	3.92	67.87	26.38	8.79	21.69	6.44	1.65
39 岳西北山村	2.26	3.55	0.83	8.13	10.79	2.16	40.03	9.59	2.15	47.11	7.19	1.43
40 芜湖杨垾村	0.32	13.3	2.22	4.41	16.85	2.85	47.28	14.39	2.68	46.77	7.30	1.82
41 南陵戴镇村	5.19	10.22	1.98	7.52	14.07	2.63	57.30	7.68	2.64	23.04	3.42	1.29
平均	2.76	9.56	1.87	6.12	21.55	3.71	51.01	17.96	3.40	34.92	8.66	1.95
42 福建福州后屿村	0	0	0	3.80	7.79	1.15	31.51	4.61	1.06	45.01	3.36	0.66
43 福州鳝樟村	0	0	0	5.43	9.91	1.41	42.94	5.81	1.20	41.34	3.30	0.78
44 福安南塘保	3.03	3.41	0.79	3.65	7.40	1.19	22.22	4.79	1.56	70.47	2.65	0.73
45 古田七保村	0	0	0	1.83	30.35	3.57	42.18	12.71	2.71	53.27	11.39	2.33
46 晋江彭田村	0.43	3.75	0.36	0	0	0	49.28	8.65	1.65	36.59	3.87	1.07
平均	0.40	1.32	0.29	2.72	9.97	1.51	38.68	7.37	1.58	43.95	5.58	1.03
总平均	3.92	17.19	3.07	12.04	26.02	4.50	47.10	13.94	2.79	34.05	6.82	1.56

注:1. 从事土地经营的农户阶层未全入表,地主、富农、中农、贫农等4类农户用地百分比之和不等
于100。

2. 平均数、总平均数系根据相关实数计算得出。

资料来源:1—13. 据华东军政委员会土地改革委员会编:《江苏省农村调查》,1952 年印本,第38、
44—45、39、45—46、82、107—108、116、122、133—134、141—142、153、158—159、160—161、
165—167、173—174、178、183—184 页;14—16. 据华东军政委员会土地改革委员会编:
《山东省、华东各大中城市郊区农村调查》,1952 年印本,第 127—130、132—134、160—
161、172 页;17—27. 据华东军政委员会土地改革委员会编:《浙江省农村调查》,1952 年
印本,第 28、83—84、87—88、97—98、133—134、139—140、152—155、164、168—170、172、
188—189、192、197—198、200、209—212 页;28—41. 据华东军政委员会土地改革委员会
编:《安徽省农村调查》,1952 年印本,第 46—47、81—82、92—93、96、101—102、114—115、
120—121、128—130、131—132、135—136、139—142、146—150、153—157、167—170、173—
174 页;42—46. 据华东军政委员会土地改革委员会编:《福建省农村调查》,1952 年印本,
第 21—24、27—30、33—34、60—63、69、73—74、91、97—98 页。

纵览表 12-50、表 12-51,各阶层农户的土地使用和经营规模差异颇
大,各地情况亦不尽相同。两表所列 5 省 36 县 87 乡(村),以经营规模大
小而言,地主居首的 11 乡(村),富农居首的 64 乡(村),中农居首的 12
乡(村),富农经营规模居首的乡(村)占调查总数的 73.56%。按省和地

区平均计算,也是富农经营规模最大。地主尤其是中农经营规模居首,多属例外,有其特殊原因。如浙江嘉兴高照、塘汇两乡,地主经营规模明显超过富农和其他阶层,乃因该处土地肥沃、平坦成片,商品经济和商业性农业均较发达,地主倾向雇工经营,经营地主构成地主的主体。高照乡地主使用的 1252.13 亩土地中,经营地主占 980.7 亩;塘汇乡南阳等 4 村 34 户地主中,19 户是经营地主;①安徽宣城金象村,中农土地经营规模最大,为全村平均数的 2 倍,乃因该村出产宣纸,地主、富农占有大部分竹林、纸槽,雇工造纸,而农田绝大部分出租,很少直接经营②。上海郊区 4 村,其中 2 村没有地主、富农,另外 2 村的地主,出租土地的比重分别达 93.22%和 88.27%,18 户富农中,8 户是"半地主式富农",也是大部分土地出租,所以中农经营规模最大。③

　　各阶层农户的经营规模及其使用土地占总面积的比重,因调查范围和统计数据所限,只能部分反映南北两地若干区域的情况。表 12-51 数据显示,除部分地区(如福建)外,各阶层农户经营规模大小及其差异,两地差距不甚悬殊。南北地主户均经营面积分别为 17.56 亩和 15.95 亩;富农分别为 26.37 亩和 30.63 亩;中农分别为 13.95 亩和 15.39 亩;贫农分别为 6.83 亩和 9.81 亩。南北同阶层农户的经营规模差异大致为10%—20%,最大为 30%,不算悬殊。从播种面积和土地产量观测,北方农户的经营规模不比南方农户大,或许更小。

　　农户经营规模的差距主要还是在农户内部不同阶层之间。同一地区不同阶层之间的农户经营规模排位及差距,南北两地大体相近。除了少数例外,总的情况是,富农、地主、中农、贫农 4 类农户的经营规模依次递

---

①　华东军政委员会土地改革委员会编:《浙江省农村调查》,1952 年印本,第 85、100—101 页。

②　该村 11291.4 亩竹山中,地主富农占 6183 亩;71 套纸槽中,地主富农占 39 套,分别相当全村竹林、纸槽的 54.76%和 54.93%。地主富农占有的 1344.2 亩和 401.93 亩土地中,分别有 91.82%和 94.53%出租。见中共皖南区党委农委会:《宣城县周王区金象村调查》,见华东军政委员会土地改革委员会编:《安徽省农村调查》,1952 年印本,第 140—143 页。

③　华东军政委员会土地改革委员会编:《山东省、华东各大中城市郊区农村调查》,1952年印本,第 127—140 页。

减:富农经营规模最大,地主次之,约相当于富农的2/3或1/2强;中农比地主经营规模略小或二者相近,约相当于富农的1/2强;贫农经营规模最小,约相当于中农的1/2弱或2/3弱,相当于富农的1/4强或1/3弱。总的来说,无论南北,除经营地主和部分富农外,各阶层农户的经营规模都很小,部分中农和全体贫农尤甚。

农户经营规模尤其是广大贫苦农民的经营规模越来越小,最根本的原因是人口增加、不断分家析产,农民贫困加剧、生产能力和劳动生产率不断下降。加上土地买卖频繁,产权归属和地块分割零碎,各家土地相互交错、插花。租佃关系也越来越复杂,往往出租者一主多佃,佃耕者一佃多主。这些都直接制约农户经营规模。

土地产权零散、复杂,地块分割细碎,不同业主的细碎田丘、地块相互穿错、插花,是农民保持(不用说扩大)原有经营规模的重大障碍。事实上,农户经营规模往往同田丘、地块面积成正比。表12-52所反映的情况有一定的代表性。

表 12-52　浙江嘉兴塘汇乡各阶层农户经营规模与地块分割示例(1949 年)

项目 成分	姓名	使用土地 (亩)	分散程度 (块数)	每块面积(亩)		
				最大	最小	平均
经营地主	蒋瑞亮	74.00	9	26.95	4.00	8.22
富农	钱子芳	48.60	11	10.00	2.00	4.42
大佃农	庄国仁	74.2	14	13.00	2.50	5.30
佃富农	毕竟成	82.50	14	11.00	3.50	5.89
佃富农	葛阿南	47.00	10	8.00	3.00	4.70
佃富农	陈掌法	70.00	11	15.00	4.50	6.36
中农	姚金才	18.65	7	5.00	0.83	2.66
中农	姚有宾	14.10	6	3.40	0.30	2.35
中农	张茂松	11.35	6	2.50	0.80	1.89
贫农	姚胜元	11.13	6	5.50	0.30	1.86
贫农	李宝全	8.26	5	4.00	0.30	1.65
贫农	吴海泉	6.20	5	3.50	0.50	1.24

资料来源:华东军政委员会土地改革委员会编:《浙江省农村调查》,1952年印本,第119—120页"各阶层使用土地分散情况表"。

经营规模和地块分割,明显分为两种类型,地主、富农的经营规模和地块面积相对较大,而中农、贫农的经营规模和地块面积都很小。表12-52中6户地主、富农(含大佃农)合计耕作面积396.3亩,分作69块,平均每块5.74亩,最大的一块近27亩;6户中农、贫农合计耕作面积69.69亩,分作35块,平均每块1.99亩,最大的5.5亩,最小的只有0.3亩。贫农的经营规模和地块面积更小,3户贫农的耕作面积只有25.59亩,还不及经营地主蒋瑞亮一块地的面积。地块分割也愈加细碎,16块地平均只有1.6亩。地主、富农使用的土地因块大、成片,邻近住地,便利耕作管理,如抽水灌溉时,不受过水等各种限制,亦可将田亩间不必要的田塍拆除,这样并成大块后使用,既便利耕作,又增加耕地面积。而中农、贫农使用的土地,分割细碎,交错插花,有的还离家弯远,窄小、分散的农地也无法正常耕种。①

农户经营规模缩小的一个重要原因是农民贫困加剧,缺乏耕牛、农具,被迫高价租牛,或以人工换牛工,或以人拉犁,或干脆以锄(钉耙)代犁,犁耕倒退为锄耕。江苏吴县堰里乡鹤金村,因农民异常贫困,无力购置耕畜和大农具,全村耕畜、犁耙绝迹,耕田多采用钉耙人工翻耕。一些贫苦农民甚至连四齿钉耙也没有,只能通过"伴工互助"的形式,以人工换钉耙。值得注意的是,不仅经营规模小,又无力购置耕畜、犁具的中农贫农雇农采用锄耕,该村户均经营规模达16.42亩、有力置备耕畜犁具的9户富农,也不再饲养耕畜,以价格更低廉的钉耙换取贫苦农民劳力进行锄耕。② 虽然锄耕的劳动生产效率远低于牛耕,但生产成本反而降低了。正因为如此,犁耕不断被锄耕取代。在某些地区,农户经营规模异常狭小,劳力大量过剩,农民不仅养不起牛,而且养牛很不经济,牛耕完全消失,锄耕成为土地耕作的主要甚至唯一模式。如浙江绍兴鉴湖乡第二村,共152户、168个劳动力,耕种1125亩土地,仅有6头耕牛(包括2头小牛),可耕田300亩左右,其余825亩(占73%)全用人力。按当地耕作习

---

① 如该乡大佃农单宝生,为便利耕作经营,将自有的6亩远田出租给贫农沈慕仁耕种,自己另行租入5.2亩土地,而贫农沈慕仁因缺田,只好每天跑远路渡河耕作。

② 华东军政委员会土地改革委员会编:《江苏省农村调查》,1952年印本,第176页。

惯,牛力犁耕每个男劳力可种田 12—15 亩;纯人力锄耕只可种 8 亩。虽然后者的劳动效率只相当于前者的 53.3%—75%,不过即使纯人力锄耕,全村 1125 亩土地,也只需要 140.6 个劳力,尚有 27.4 个劳力剩余。[1] 杭县山桥乡第二村的情况更为典型,全村共 179 户、1275 人,耕种 1631 亩田地(其中水田 1320 亩),因人多地少,劳力过剩,养牛不经济,全村没有一头耕畜。该村有 206 个男劳力、71 个男半劳力、157 个女劳力、42 女半劳力,平均每个男动力耕种土地 8 亩(该地妇女不参加农业劳动),劳力供应绰绰有余。从劳动力的实际使用和雇佣调剂情况看,除家庭劳力外,全村共出雇长工 8 人、短工 6193 个工日,而本村仅雇入长工 4 人、短工 1915 个工日,50%的长工、近 70%的短工出雇在外村、外地。可见该村劳动力过剩程度。[2] 在这种情况下,耕牛显然已成为多余,有的虽然部分采用犁耕(耙、耖、耥等),也是用人力而不是畜力,牛耕蜕变为"人耕"。

在农民缺乏耕畜、农具尤其是犁耙、水车、禾桶、钉耙等大型或基本农具的情况下,耕作模式、劳力使用、劳动组织和协作等,也相应发生某些变化,并形成某种常态。如上揭江苏吴县鹤金村的"伴工互助",除了劳力互助,更多的是劳力换农具(钉耙)。一些地区农民缺牛,买不起大耕畜,或牛只弱小不成犋,或有牛但无犁耙,需要两三家或三五家合伙协作,这在华北一些地区谓之"搁犋",参加者互称"犋伙计"。"搁犋"只限于畜力协作,劳力还是各干各的。完全无牛的农户,若采用犁耕,一般多向地主、富农或有牛户租用。租牛有多种形式、方法,按天或按面积计算租金,或用人工换牛工(一般 3 个人工换 1 个牛工)。一些地区地主、富农出租耕牛,多以时期(租年)或租牛户耕作面积(包耕)计算,牛由租户负责饲养,出租母牛所生小牛归牛主。这类耕牛出租通常订有契约,并有中人。另外还有自己不种田,养牛专门用来替人犁田。在北方一些地区谓之"卖套",南方称为"包做牛工",有的还有类似行会的组织,在福州郊区后屿叫作"牛福",他们于每年春耕前及秋收后各聚餐一次,议定牛工价格,

① 华东军政委员会土地改革委员会编:《浙江省农村调查》,1952 年印本,第 131 页。
② 华东军政委员会土地改革委员会编:《浙江省农村调查》,1952 年印本,第 188—194 页。

阻止其他村庄的牛工进村揽活犁田。① 缺乏耕畜农具的贫农、雇农和部分中农,多以换工的方式进行劳力调剂和协作。如江苏昆山小漊乡,农户换工谓之"伴工"。该乡的特点是,"伴工多,雇工少",伴工极为盛行,有70%的农户"互雇伴工"。伴工主要是缺乏农具的贫农、雇农及一部分中农,以劳动力交换富农及富裕中农的多余农具使用。这样,贫农、雇农固然解决了农具问题,但富农也比雇工更方便。②

(二) 各式农场的发展变化和经营状况

带有资本主义性质的各式农场,开始产生于20世纪初,20年代至30年代初曾有较大发展;日本全面侵华战争期间,农场发展处于停滞和萎缩状态,除抗日战争后方建有若干农场(不少属于"难民农场")外,其他地区大部分农场尤其是原来国民党政府所设公营农场及同国民党政府有关的私营农场均遭破坏。日本投降后,一些地区的农场一度有所恢复和发展。被日本侵略者劫夺的农场全部收回,被日本侵略者破坏的农场部分开始恢复,一些地区并建立不少新场。不过好景不长,随着国民党军队节节败退,国民党统治区通货恶性膨胀,市场萧条,经济崩溃,绝大部分农场同城市工厂、商店一样停产、倒闭。

农场的生产经营模式多种多样。农场有公营、私营之分,土地来源有自有、租赁之别,规模大小不一,经营也有集中统一经营和分散招佃收租两种基本模式,或者两者兼用,如同部分经营地主和富农一样。所不同的是,不再以家庭为生产和消费单位,除某些难民农场和农业试验场外,是一种相对完全的资本主义商品生产。不过同欧美资本主义租地农场比较,仍有很大的区别。在土地的占有和使用方面,虽然有一部分中小农场是租地经营,但更多的还是认领、价买官公荒地、闲地或使用自有土地,纯粹的资本主义租地农场只占少数,大部分农场的收益中包含了地租剥削的成分。这同自富农和经营地主是一样的。即使是租地农场,在近代农

---

① 华东军政委员会土地改革委员会编:《福建省农村调查》,1952年印本,第52页。
② 华东军政委员会土地改革委员会编:《江苏省农村调查》,1952年印本,第163页。

村封建制度下,租地农场缴纳的地租也仍然是封建地租,而非作为平均利润余额的资本主义地租。就这一点而言,仍然不能称之为真正的资本主义农场。

1. 各式农场的发展及其变化

带有某种资本主义性质的农场是城乡资本主义发展的产物,也是城乡资本主义发展的标志。因此,资本主义性质农场的发生发展,主要集中在大中城市周边地区和商业性农业相对发展的地区。一些主要生产蔬菜、瓜果、鸡鸭、禽蛋、牛奶,直接为城市服务和依附于城市的资本主义集约型中小农场,几乎全部集中在城市近郊;那些从事农业、林业、牧业的大中型农场,因并非直接或单一为城市服务,加之城市近郊人多地少,土地供应紧张,地块零碎,土地使用极度分散,一般离城市特别是大城市较远,不过大多仍然在城市经济辐射圈之内。[①]

资本主义农场的兴起和发展主要是在第一次世界大战前后和20世纪20年代。进入20世纪30年代尤其是1937年日本全面侵华战争爆发后,农场的发展更完全停滞和呈现衰退状态。沦陷区的农场,则不是被日本侵略者劫夺,就是被战火和敌伪破坏,仅在部分抗日战争后方地区,在放荒招垦或安置难民的过程中,新建若干农场。

破坏、摧毁或劫夺是日本侵略者对农场采取的两种基本手段,凡日军侵略魔爪所到之处,大小农场不是被其劫夺,就是被严重破坏,甚至完全被摧毁。如江苏无锡周泾村和吴江庞山湖农场的土地先后被敌伪霸占,吴江庞山湖农场占有湖滩地万余亩,1933年开办,定名"模范灌溉实验农场",日本全面侵华战争初期,被吴江"维持会长"王联卿侵占,1943年被县伪政权接收,改名"庞山湖实验农场";[②]松江大有农场创办于1923年,日本全面侵华战争期间,遭敌伪破坏,"损失很大";[③]句容取名"中华三育

---

① 有关大中城市效区资本主义中小农场的发生、发展和分布状况,见《中国近代经济史(1895—1927)》,本卷不赘。

② 华东军政委员会土地改革委员会编:《江苏省农村调查》,1952年印本,第358页。

③ 华东军政委员会土地改革委员会编:《江苏省农村调查》,1952年印本,第362—363页。

研究社"的教会农场,开办于1924—1925年,日本全面侵华战争期间,"房屋设备,全部毁于炮火";①镇江三益农场的桑树被日军砍伐,焚毁殆尽;金坛茅麓公司的树木、房屋、家具被敌伪毁遗无几。②

河北宁河县(今天津滨海新区),20世纪二三十年代建有多家大中型农场,均被日本侵略者以种种方式劫夺。周学熙、朱启钤于1920年筹建的开源垦殖公司茶淀农场,有22691亩土地,开荒种稻,并设有3座蒸汽抽水站。因排水不畅及水旱灾害为虐,1935年售与河北省棉产改进会,改行试验推广优良棉种,1937年改称"冀东第一农事试验场茶淀农场筹备处"。1940年为"中日实业公司"所占,改种水稻;该县"华北水利委员会崔兴沽模范灌溉试验场",系1932年华北水利委员会筹建,简称"华北模范灌溉试验场",有地4875.83亩,为国内首个从事北方滨海地区灌溉试验的场所,并取得一定经验,1941年被日本侵略者强占,改称"华北垦业公司崔兴沽农场",实行租佃制,种植水稻千亩,所收稻谷全部缴交"米谷统制协会",充作日军军粮,而配给佃农杂粮;该县还有开办于1930年的久大农场(又称"久大公司置产部"),有土地14600亩,种植旱田作物,因与邵姓有土地纠纷,1936年邵姓怀愤将土地卖与日本钟渊纺绩株式会社,农场随即消失。③

日本全面侵华战争期间,除了战争破坏和日伪劫夺,也有若干农场的建立。在抗日后方的垦荒过程中,国民党政府为了安置难民和复员、伤残军人及其眷属,同时便于统制,一些地区的垦荒生产,不少是以农场、垦殖场、合作社等形式进行的。国民党政府规定的垦殖方式有国营、省营、民营(包括农户、农业合作社和特许之机关团体)三种:对私有荒地,采取强制租佃于垦户、强制出卖与垦户、强制征收等办法,限期开发;公有荒地则分配垦户耕作,垦竣后即无偿取得所有权。不过并非垦户私有和从事个体耕作。国民党政府明确规定,"垦区管理机关得于垦区内采用集团农

① 华东军政委员会土地改革委员会编:《江苏省农村调查》,1952年印本,第368页。
② 华东军政委员会土地改革委员会编:《江苏省农村调查》,1952年印本,第341页。
③ 天津市汉沽区地方志编修委员会编:《汉沽区志》,天津社会科学院出版社1995年版,第297页。

场制,经营难民垦殖"。同时关于移垦难民的登记、照料、衣食、医药以及垦区内治安、住所、水利、生产资金、技术指导、教育卫生等项,均有详细规定。如此,国营、省营垦区内难民垦荒的基本形式就是"集团农场制"。不过这类"集团农场制"难民、荣军垦殖或军民屯垦,初时大都采用"垦区"的名称,1939年国民党政府即计划于川、陕、康、滇、桂、湘、甘等省境内,选择适于移垦的荒区,设置国营垦区,包括1942年前先后成立的陕西黄龙山、黎坪,江西安福,甘肃岷县,西康西昌5个垦区,四川东西山屯垦实验区,1942年新设的四川雷马屏峨垦区、四川金佛山垦殖实验区、甘肃河西屯垦实验区、贵州六龙山垦区等,总计14处(其中筹设的河南伏牛山垦区因豫湘桂战役爆发而撤销),除江西、福建各1处外,其余全部在西部地区。这类垦区或是农场,直接以农场的形式垦营,或在垦区之下再设农场。其中办得最为成功的陕西黄龙山垦区,位于陕西省中部宜川、洛川、黄陵、宜君、白水、韩城、郃阳等县交界,1938年3月设立,原为陕西省营,1939年5月改为国营。垦区总面积500万亩,至1942年7月底止,共有垦民29500人,垦地178886亩,作物种植面积共计134954亩,有耕牛5849头。另外,农林部还直接设立了第一、二、三、四等4个国营农场,依次设于湖南宜章、四川峨边、贵州平坝和广东英德。其中第二农场,因垦荒规模扩大,1942年2月改办为"雷马屏峨垦区",规定年内收容垦民100人、垦兵600人,到1942年7月底已收垦民90人,垦地1527.6亩。后因该垦区业务与荣军垦殖相近,复将其并入军政部荣誉军人垦殖团办理,以节省人力物力。[①]

在一些地区的省营、民营(包括特许之团体机关)、官商合营移垦或"荣军"移垦中,也都有不同名称和形式的农场或农场型生产团体。在云南,富滇新银行与中国农业银行、中国农民银行、交通银行投资创办的"蚕业新村",在开远草坝开辟6万亩桑园,广植桑树,建筑蚕室,集中经营养蚕制丝;贵州西南垦殖公司办有蛮子洞第一农场,除了种植粮食作物

① 中国第二历史档案馆编:《中华民国史档案资料汇编》第5辑第2编,财政经济(8),江苏古籍出版社1997年版,第219—221、223页。

外,又开辟苗圃 20 余万亩,专播经济林木种子,广植油桐、胡桃、板栗及梓木等。[1] 湖南在垦荒过程中,省参议会议长为建设新南岳,发起组织南岳垦殖公司,额定资本 100 万元,中央认股 50 万元,省府 30 万元,剩余 20 万元为民股,后因工程过巨,增股 50 万元。[2] 陕西的垦荒生产,经营方式有省营、民营、军营、地方经营 4 类,经营形式不少是农场(包括农场性质的垦殖场)或合作社,其中省营有陕西省沔山垦区办事处;民营有沔山垦牧合作社、更生村垦殖合作社、华北慈善联合会、宝鸡移垦委员会、渭滩垦殖合作社、郿扶难民工垦委员会、长安草沔垦殖合作社;军营有第八战区沔山军垦处、第八战区渭滩军垦处、第一战区官佐眷属安顿区办事处、荣誉军人管理处十八教养院垦殖场等。1941 年在甘肃天水小陇山地方也举办了军垦实验区,到 1942 年 7 月底,有荣誉军人 580 人,开垦荒地 3580 亩,作物栽培面积 815 亩。[3] 这类垦殖机构,有的本身就是合作社或垦殖场。垦殖场即是农场,也有的是管理机构,下面有农场或合作社,如郿扶难民工垦委员会下有"郿扶第一集体农场"。1940 年,江西在吉安设有"江西省垦殖处固江办事处",垦荒 200 余亩,以开设农场的方式安置国民党伤残军人 200 余名。[4] 1941 年、1942 年又在广昌相继设立下兰垦殖场、头陂垦殖场,合计垦荒 1181 亩,安置沦陷区难民 272 户、550 人。[5] 浙江有三衢垦牧公司,资金 40 万元;广东省银行为提倡农林垦殖,于 1939 年投资 500 万元,筹设农林垦殖场 4 处,拟植桐 1000 万株,后将 4 场合并为连山林场及大旗林场,已垦面积 337766 市亩,植桐 4554953 株。1942 年该行又增设龙归垦区,垦殖龙归至乳源一带荒山,于次年春遍植油桐;广西建有镇民、新生、八桂、广西银行、合山、露塘、南山等垦殖公司或垦殖社(场)。某些官商合营或主持人有特殊背景的垦殖农场或垦殖公司,规

---

① 陆和健:《抗战时期西部农垦事业的发展》,《民国档案》2005 年第 2 期。

② 中国第二历史档案馆:《中华民国史档案资料汇编》第 5 辑第 2 编,财政经济(8),江苏古籍出版社 1997 年版,第 223 页。

③ 陆和健:《抗战时期西部农垦事业的发展》,《民国档案》2005 年第 2 期。

④ 江西省吉安县县志编纂委员会编:《吉安县志》,新华出版社 1994 年版,第 154 页。

⑤ 姚瑞琪:《广昌县志》,上海社会科学院出版社 1994 年版,第 225 页。

模庞大。如云南有官商合办的华西垦殖公司,成立于 1939 年,资金 1000 万元,由经济部、川、滇两省政府、中、中、交、农四行各认 100 元,其余 300 万元,"由国内党政领袖、殷商及海外华侨募集"。该公司曾在云南建水创设实验垦区①;由四川军界耆宿吕汉群创办的"中国抗建垦殖社",采用股份有限公司形式,计划规模亦不小。该社拟在四川马边建立垦区。重庆设总事务所,垦区设分区事务所,并制定了招致难民办法和详细的工作计划大纲,圈占荒地 69.7 万亩,不过虎头蛇尾,开垦面积仅 4%。② 另外,一些地方的人犯移垦,更是采用集体农场的形式。只是上述各类农场、合作社未必全部具有资本主义的性质。

抗日战争时期,国民党后方地区国营和公营农场(垦场)的整体情况,缺乏完整和准确统计数据。1948 年国民党政府农林部垦殖司在统计全国垦殖状况时,曾编有《中国之垦殖》初稿,数据有较明显的缺失,整体质量不太高,不过仍是目前能够见到的相对可靠的整体规模数据,尚有一定参考价值。现将其连同民营垦场一起汇总,见表 12-53。

表 12-53　江西、四川等 17 省公营民营垦场、垦民、
垦地统计(1948 年调查)

项目 省份	垦场(个)			垦民(人)			垦地(亩)		
	公营	私营	小计	省份	总计	公营占 比(%)	省份	总计	公营占 比(%)
江西	18	63	81	安徽	81097	99.81	四川	389595	5.38
四川	6	24	30	陕西	68705	99.19	安徽	203523	99.83
西康	6	6	12	四川	28827	11.13	云南	104148	0
广东	4	8	12	江西	12247	85.05	陕西	104120	93.63
陕西	4	5	9	新疆	6007	100.00	江西	67761	59.01
广西	5	2	7	云南	5589	0	西康	31409	22.57
湖北	3	2	5	湖北	5422	49.98	湖北	24832	51.55
贵州	3	1	4	福建	4506	100.00	甘肃	16184	100.00

---

① 中国第二历史档案馆编:《中华民国史档案资料汇编》第 5 辑第 2 编,财政经济(8),江苏古籍出版社 1997 年版,第 223、224 页。

② 陆和健:《抗战时期西部农垦事业的发展》,《民国档案》2005 年第 2 期。

续表

项目 / 省份	垦场（个）			垦民（人）			垦地（亩）		
	公营	私营	小计	省份	总计	公营占比（%）	省份	总计	公营占比（%）
云南	0	4	4	西康	1636	56.72	广西	15163	71.34
甘肃	3	0	3	甘肃	1256	100.00	浙江	13300	0
安徽	1	2	3	广西	1225	100.00	新疆	10000	100.00
浙江	0	2	2	广东	1074	70.48	广东	7589	83.20
宁夏	0	2	2	河北	727	100.00	贵州	6895	53.59
河北	1	0	1	贵州	516	88.37	河北	2316	100.00
福建	1	0	1	江苏	80	0	福建	1400	100.00
新疆	1	0	1	宁夏	20	0	江苏	800	0
江苏	0	1	1	浙江	0	0	宁夏	450	0
总计	56	122	178	—	218934	82.80	—	999485	43.24

资料来源：朱玲主编：《中国农业现代化中的制度实验：国有农场变迁之透视》，经济管理出版社 2018 年版，第 43 页。表中总计数据系引者计算。

如表 12-53 所示，17 省有各类公营农场（垦场）56 处，占 178 处公私农场（垦场）的 31.46%；有垦民 181277 人，占垦民总人数的 82.80%；共垦地 432177 亩，占垦地总面积的 43.24%。这 3 组数据均有不同程度的缺漏，其中垦地面积缺漏最大。《中国之垦殖》材料显示，江苏、浙江、江西、河南、陕西等 5 省共垦地 395.63 万亩，全部垦地超过 1000 万亩。估计各类公营农场（垦场）的垦地面积应在 400 万—500 万亩上下。

除了采用农场形式集中垦荒生产，一些地区也利用原有耕地，开设农场、林场、农林场，或农场形式的农业实验场、农业推广所。如浙江缙云，1938 年筹设县农场，租用民田、民地，进行稻麦品种试验和良种繁育。1941 年与县林场合并，称县农林场。[①] 绍兴县于 1936 年筹设县农场，下设东湖稻麦部，1938 年场部迁至东湖；新昌、诸暨两县，均在 1940 年开设县农林场。[②] 江西泰和，因省政府迁驻，1940 年省建设厅在该县建实验养

[①]　缙云县志编纂委员会编：《缙云县志》，浙江人民出版社 1996 年版，第 146 页。

[②]　任桂全：《绍兴市志》，浙江人民出版社 1996 年版，第 442 页。

鱼场,有鱼池 53 口,以养鱼苗为主,并负责水产技术的研究和推广。^① 福建松溪,1937 年设县立农林场,引进推广水稻、小麦、棉花良种,兼行育苗,1942 年在城关门设分场。^②

同时,更多的县区或学校、机构建有各种名目的农林试验场、苗圃、示范农场等,其中不少兼有农场的色彩和经营方式。随着新式农场的发展、扩散,加上各县农林试验场经费无不短绌,兼具农场性质和经营内容的农林试验场、苗圃越来越多,农林试验场的营利性增强,试验性减弱,农林试验场和农场两者之间差距不断缩小。事实上,在一些地区,农业试验场、农业推广所、苗圃同农场、林场、农林场的名称或牌子是经常互换的。如福建永春,1937 年辟地 60 亩,筹设县立苗圃场,主营育苗、造林,兼种杂粮、蔬菜,饲养畜禽,3 年后改为县立农场。^③ 明溪县于 1939 年设县立农场,除了育苗,还种植水稻、甘薯以及马铃薯等蔬菜。1943 年改称"县立农林场",土地扩至 140 亩。1945 年贷款垦荒 150 余亩,12 月复改称"明溪县农业推广所"^④。江西贵溪,1939 年创建县立农场,有耕地数十亩,林地 150 余亩,1942 年改称"贵溪县农业推广所"^⑤。广西贵县,1936 年将"贵县农林试验场"改称"贵县农场"。^⑥ 也有的名称重叠使用,或同时挂两块牌子。如浙江龙游,有县公营苗圃一处,称"苗圃农场",面积 2 亩,树苗多为乌桕、桑树,共约 9000 余株,据说"管理尚佳"。^⑦ 江西弋阳,1935 年筹设县农场,以农业为主,附带育苗。1940 年改称江西农业院弋阳农作物推广所和弋阳农林场,"两块牌子,一套人马";^⑧广西贵县,1945 年创立小江农场,创建时指定该场同时成立"农业推广所",一场两牌。^⑨

---

① 康臣纬:《泰和县志》,中共中央党校出版社 1993 年版,第 442 页。

② 松溪县志地方志编纂委员会编:《松溪县志》,中国统计出版社 1994 年版,第 136—137 页。

③ 梁天成:《永春县志》,语文出版社 1990 年版,第 151 页。

④ 陈秉怡:《明溪县志》,方志出版社 1997 年版,第 179 页。

⑤ 李寅生:《贵溪县志》,中国科学技术出版社 1996 年版,第 231 页。

⑥ 罗甫琼:《贵港市志·农业志》,广西人民出版社 1993 年版,第 417—418 页。

⑦ 华东军政委员会土地改革委员会编:《浙江省农村调查》,1952 年印本,第 70 页。

⑧ 花象太:《弋阳县志·农业志》,南海出版社 1991 年版,第 323 页。

⑨ 罗甫琼:《贵港市志·农业志》,广西人民出版社 1993 年版,第 418 页。

　　1945 年抗日战争胜利后,各式农场进入一个短暂的恢复和发展阶段,日本侵略者劫夺、强占的农场得以收回,遭战争破坏和日军摧毁的农场开始着手恢复,并成立了若干新农场。

　　在江苏,松江大有农场,原来设备齐全,沦陷期间被日伪破坏殆尽,损失很大。抗日战争胜利后,房屋和生产设备得到修缮、添置,恢复了生产能力;被敌伪侵夺的吴江庞山湖农场,由国民党政府"长江水利委员会"接收,初步恢复生产。①

　　抗日战争胜利后,还建立了一些新农场。1946 年,湖北省复兴委员会在荆门开办沙洋曳引机(拖拉机)训练班,同时从事垦荒,以资示范,并在沙洋、十里铺辅助兴办集体农场。② 次年,荆门开办孔家坪合作农场,租地 1800 亩,另有湖面 300 亩,以农为主,兼养鱼捕鱼。③ 在江苏,1946 年南汇周浦中学开办实验农场,有地 20 亩,进行蔬菜示范栽培。④ 1947 年先后建有丹阳练湖农场、吴江平沙湖农场和无锡陆园农场。位于丹阳县城西北角的练湖淤滩,清朝康熙之前曾垦为熟田,康熙中叶废田还湖,后又日渐淤塞,1936 年前曾决定浚湖垦田,日本全面侵华战争期间工程停顿,至 1947 年年底,当地人士发起组织"浚垦委员会",捐募、贷款 200 余亿元法币,与江苏省复耕队合作,利用机器开垦,取名"练湖合作农场",共有土地 4410 亩。⑤ 平沙湖农场场址是位于吴江城西南 30 多里的太湖淤积地,面积约三四千亩,1945 年有国民党军官意图仗势霸占,后被当地地主周思谋等夺得,成立了这家合作农场,土地原来大部分为农民所占有、耕种,因地势低洼,时有湖水泛滥之虞,农民出地,缴费修堤,成为合作农场的成员。⑥ 无锡陆园农场也是股份合作制农场。有人见当地桃树

---

　　①　华东军政委员会土地改革委员会编:《浙江省农村调查》,1952 年印本　第 358、361、363 页。

　　②　荆州地区地方志编纂委员会编:《荆州地区志》第 8 卷,农业,红旗出版社 1996 年版,第 197 页。

　　③　湖北省荆门市地方志编纂委员会编:《荆门市志》,湖北科学技术出版社 1994 年版,第 304 页。

　　④　薛振东:《南汇县志》,上海人民出版社 1992 年版,第 283 页。

　　⑤　华东军政委员会土地改革委员会编:《江苏省农村调查》,1952 年印本,第 366—367 页。

　　⑥　华东军政委员会土地改革委员会编:《江苏省农村调查》,1952 年印本,第 357—358 页。

产量较好,获利颇丰,于是申请集股办场。农场集股方式有二:一是土地股,由当地农民以土地投资入股,计有土地股 76 股,投入土地 37.72 亩(另租入 10 亩,合计 47.72 亩);二是现金股,主要是教职员及城市工商业者所投入,计 275 股。土地、现金合计 351 股,当年投产、种植杂粮。① 在河北,1948 年 2 月有茶淀难民合作农场的筹建,由河北垦业农场茶淀农区从太平村一带拨给土地万亩,在全省招"难民"(逃亡户)526 人,当年 6 月垦荒 4200 亩,种水稻 2000 亩,高粱、玉米 2200 亩,实收稻谷 87550 公斤(高粱、玉米因碱绝收),为期大约 1 年。② 这大概是这期间有据可查的大中型公立农场中,开办时间最晚、见效最快、寿命最短的一家。1949 年 1 月淮海战役结束后,江苏一些政治嗅觉较灵敏的地主(尤其城市地主)富户,预感即将土地不保,一些同国民党政府关系较密切的私营农场,无心经营,开始遣散职工,紧缩农场范围;但与此同时,也有部分地主将土地转向农场,试图借此维持其封建剥削,因此苏南地区又产生了不少徒有名称的虚假农场。③

20 世纪三四十年代,由于特殊的历史条件和社会环境,农场内部结构发生明显变化。20 世纪 30 年代前,带有资本主义性质的农场主要是私人农场。而三四十年代新建或留存下来的农场,公立农场明显增加。据 1950 年对苏南地区 105 个农场的调查,虽然从农场数量看,公营农场 30 个,占 28.57%;私营农场 75 个,占 71.43%,仍以私营农场为主。但从农场持有的土地面积看,105 场共有土地 93465.92 亩,其中公营农场有地 57748.32 亩,占 61.79%,私营农场有地 35717.6 亩,占 38.21%。公营农场已明显超过私营农场。④ 农场的这种内部结构及其变化,因地区而异,总的来说,越是大中城市及周边地区,私营农场所占比重越大;反之,离大中城市较远的地区,则私营农场所占比重下降,公营农场比重上升。

① 华东军政委员会土地改革委员会编:《江苏省农村调查》,1952 年印本,第 364—366 页。
② 天津市汉沽区地方志编修委员会编:《汉沽区志》,天津社会科学院出版社 1995 年版,第 298 页。
③ 华东军政委员会土地改革委员会编:《江苏省农村调查》,1952 年印本,第 341 页。
④ 华东军政委员会土地改革委员会编:《江苏省农村调查》,1952 年印本,第 341—342、344 页。

在苏南地区,离上海、苏州等大中城市较近的松江、苏州两个地区,53 个农场中,私营农场 47 个,占 88.68%,公营农场 6 个,仅占 11.32%;离大中城市相对较远的镇江、常州两个地区,45 个农场中,私营农场 26 个,占 57.78%,公营农场 19 个,占 42.22%。从农场土地看,地区差别更大。位处上海周边的松江地区,农场土地 7596 亩,其中私营农场占 94.37%,公营农场仅占 5.63%,苏州地区的农场土地中,私营农场亦占 57%,公营农场占 43%,而常州地区的 32936 亩农场土地中,公营农场占 91%,私营农场只占 9%。无锡县的农场土地中,公营农场亦占 80.57%,私营农场只占 19.43%。[①] 其他地区,公营农场的数量、土地所占比重一般比苏南地区高。从全国范围看,这一时期的农场,无论农场数量还是土地,均以公营农场为主。

2. 各式农场的生产经营状况

20 世纪三四十年代,农场的生产经营受到诸多因素的影响和制约,农场类型、土地来源、土地利用、经营模式、经营范围、耕作制度,多种多样。类型有公营、私营之分,土地来源有自有、租赁之别,土地有面积大小、肥瘠之差异;土地使用和耕作经营,或雇工耕种,或招佃收租,或二者兼行并施;经营范围,或只限某一项目单一生产、养殖,或进行较大范围的综合经营;耕作范式,或精耕细作,采行集约型经营,或广种薄收,采行粗放型经营,如此等等。不同地区不同农场,或同一地区不同农场之间,千差万别。

资料显示,农场生产经营的范围和模式,直接受到地方经济结构、发展程度特别是市场条件的制约。通常在一些大中城市近郊或周边地区,因对蔬菜、瓜果、肉蛋、牛奶和其他副食品等的市场需求旺盛,商业性农业较发达,农产品商品化程度较高。但是人多地少,土地开垦无遗,供应紧张,使用分散,地价亦高,农场难以开发或聚集大面积的成片土地进行大规模的综合性经营。因此,大中城市周边地区尤其是近郊或市内,农场以

---

① 华东军政委员会土地改革委员会编:《江苏省农村调查》,1952 年印本,第 344—346 页。

私营农场为主,公营农场很少;持有土地和经营规模,则以中小型农场尤其是小型农场居多,生产经营的基本模式是雇用工人进行单项或单一集约经营的菜园、果园、养殖场、蜂场和营利性花园等专业化农场。

这种情况以上海郊区表现得最为明显。如前述苏南 105 个农场中,私营农场 75 个,占 71.43%,上海周边松江、奉贤、青浦、南汇、嘉定等 5 县 23 个农场中,私营农场 20 个,占 86.96%。[①] 这些农场分别专门生产蔬菜、水果、禽蛋、花卉等产品,直接供给城市需要。如上海江湾一带的几家鸡场,所产鸡和蛋全供本市居民,鲜蛋和童子鸡则大部分供应外国侨民;奶牛场的鲜奶销场更是基本上限于租界。

城市市区、近郊区农场以及果园、菜园、花园等专业化农场,由于使用土地、经营规模有限,为了提高土地和资金利用率,增加盈利,都是采用雇工集约经营。如苏南苏州、昆山、太仓、上海附近的小型农场,往往采用"集约经营方式"[②],其集约化程度更高于邻近地区的经营地主、富农。农场生产也都使用长工和短工,但单位面积雇工人数往往比经营地主和富农多。在南方水田区,地主、富农通常 10—15 亩雇用一名长工,但不少农场则是 6—7 亩雇用一名长工。如浙江南浔,种植果树的湖阳公司,40 亩地雇有 6 名长工;有地 13 亩的南浔南林果园和有地 12 亩的震泽醒农场,各雇有 2 名长工,这 3 家农场农忙时都还加雇短工;有地 20 亩的震泽紫阳种植园雇有 3 名长工。[③] 广东大埔裕园永兴公司,在进行集约化经营时,30 余亩果园,雇有 10 余名长工进行管理。[④] 每名长工的耕作面积只有 3 亩。

与市内或近郊农场不同,离城市市区稍远的郊区,农场类型及生产经营,会发生某些微妙的变化。表 12-54 反映的是 20 世纪 40 年代末南汇县公私农场的大致情况。

---

① 华东军政委员会土地改革委员会编:《江苏省农村调查》,1952 年印本,第 344—345 页。

② 华东军政委员会土地改革委员会编:《江苏省农村调查》,1952 年印本,第 354 页。

③ 孙云蔚:《浔震两地之桃园调查》,《农林新报》1932 年总第 288 期,第 329—333 页。

④ 国立中山大学农科学院:《广东农业概况调查报告书续编》上卷,1933 年印本,第 23 页。

表 12-54 20 世纪 40 年代末江苏南汇县公私农场情况统计

项目\n创建年份	场名	场址	土地面积（亩）	产权及经营	经营范围及项目
民国初年	南汇县立农场	南门外	20—33	公立	繁殖稻棉良种,试种蔬菜品种,培育树木及饲养畜禽
1920	三林农场	浦东三林塘	50	私营	桃园
1924	绿荫蔬菜场	航头	5	私营	蔬菜栽培
1930	大中农场	下沙大中厂内	50	私营	蔬菜栽培、养猪
1933	浦东垦殖集体农场	三墩	1000	私营	改良棉业、养鱼
1934	示范棉场	朱店镇	14	公立	繁殖棉种
1937 年前	江苏棉作试验场南汇分场	周浦白曲	56	公立	棉作、轧花等
1937	生园农场	南汇城内	8	私营	林苗、养兔
1946	周浦中学试验农场	周浦镇	20	公立	蔬菜示范栽培
1946	福庆农场	严路	140	私营	改良棉业及水稻
1947	梅村农场	—	—	私营	
1947	中建农场	书院顾家荡	1034.3	私营	以棉业为主的种植业
1947	李园农场	新场镇西	30	私营	蔬菜、养鱼
1948	夏森试验农场	—	40	私营	香料、瓜果

资料来源:薛振东:《南汇县志》,上海人民出版社 1992 年版,第 283 页。

如表 12-54 所示,20 世纪 40 年代末,南汇共有各式农场 14 个,其中私营农场 10 个,公立农场 4 个,分别占 69.23% 和 30.77%。占地和经营规模,绝大部分为小型农场,但也有两个占地千亩的中型农场。在经营范围和产品市场导向方面,也是多样性的,并非单为城市服务,为城市居民提供某种产品,大致分为三类:一是直接为城市服务,从事种植或养殖,为市民提供蔬果、苗木或副食品,这类农场有 6 家;二是进行农林专项或综合试验与品种繁育,或作物改良与常规种植、养殖并重,这类农场有 5 家;三是常规农作物种植及产品加工,这类农场最少,只有 2 家。就经营目的和市场定位而言,一、三两类农场很简单、明确,第二类农场比较复杂,它是作物种植试验、品种改良和商业性种植、养殖的混合体，或以前者为主，或以后者为主，或两者并重，或通过使用和推广良种，推销产品，扩大效益等，不过基本上都是一种商业行为，并非单纯的农业试验和良种培育推广。南汇公私农场经营范围和性质的这种多样性，是农场经营从城市（特别是大城市）市区、近郊、郊区到普通乡村所呈现的一种过渡形态，是由南汇作为上海郊区县的特殊地理位置决定的。

在广大农村地区，公私农场的土地使用、经营模式，又有所不同，情况更是多种多样。如表 12-55 所示，反映了一些地区（主要是南方地区）若干公营农场的发展沿革与经营状况。

表 12-55　山东、江西等南北 9 省 22 县农场发展沿革与
经营状况撷要（1878—1949 年）

地区＼项目		名称	成立年份	创办者	土地面积（亩）	经营范围	沿革及经营状况提要
1	山东无隶	县办苗圃	1878	林芳春（知县）	67	育苗造林	苗有侧柏、刺槐、杨树、榆树、栎树等，光绪间建第二苗圃，1921 年划分为 6 个苗圃，各圃均有专人看管
2	江西广昌	农业试验场	1907	县政府		农林兼营	种植棉、麻、蓝靛、苏豆、果木等
3	江西吉安	吉安农林试验场	1910	县政府	70（垦荒）	农林园艺综合经营	种植果树、油桐、蔬菜、草子、花卉等
4	江西吉安	江西第一糖业试验场	1917	农商部	110	植蔗榨糖	种植甘蔗
5	江西吉安	江西蚕桑局	1925	省政府	150	蚕桑	植桑，抗战时由南昌乐化迁至吉安城内
6	湖南永兴	新生农林场	1926	县政府	560	林木园艺	有森林、果园、花圃等，职员有主任、文书、事务员、技师、场务等 25 人
7	广西龙州	龙州林场（又称省辖镇南林垦区）	1926	省政府	621	植杉造林	初有林地 238 亩，1933 年迁新场，面积 421 亩，育苗种地 8 亩。因管理得当，杉木长势良好，至 1947 年树高 20—30 米，直径 20 厘米

续表

项目 地区	名称	成立年份	创办者	土地面积（亩）	经营范围	沿革及经营状况提要
8 广东清远	县立第一模范林场	1932	县政府	6000余	植树造林	用栽植、播种、压条等方法植树，1934年造林804亩，有桉、合欢、桐、松、杉、牛屎木等
9 广西鬱林（今玉林）	六万垦殖区附属垦殖林场	1932	省政府	6000	以植树造林、松杉为主	建设六万山垦殖区的附属垦殖林场，有林面积6000亩，房屋300多平方米，场员数十人
10 四川广安	农事试验场	1932	杨森（二十军军长）	300	饲养牛羊，栽培果树，进行农业试验	引进英国乳牛数头（供其取奶食用），甘肃绵羊、成都麻羊800余只，不久死光，另拟办果树栽培、农作试验，均无实绩，1935年二十军奉命出川，经费不济，1937年6月停办
11 广西邕宁	明阳垦殖场	1933	县建设局	—	招佃垦殖（由初时的官督商办改为地方官办）	1909年广西提督龙济光用滇人曹有明、龙伯乾，集资2万元，办济福公司，领地垦荒，耕丁以栽撤营兵充之，民国后，因匪乱停办。1933年县饬建设局接办，招佃百余人垦殖
12 广西贵县	贵县农场	1933	县政府	600余	农林作物试验	1933年县建农林试验场和独山农场，1936年试验场改称贵县农场（独山农场继续竣垦），并另选新址，有肥田600余亩，1939年交省办，改名"广西省第四区联合农场贵县分场"，1940年退回县办，改名"贵县竹根农场"，因人力不足，部分耕地出租
13 江西弋阳	弋阳县农场	1935	—	—	以农业为主，附带育苗	1940年改称"江西农业院弋阳农作物推广所和县农林场"，两块牌子，一套人马，有职工20人
14 浙江绍兴	绍兴县农场	1936	县政府	—	以种植稻麦为主	场部在府山，下设东湖稻麦部，1938年场部迁东湖

项目\地区		名称	成立年份	创办者	土地面积(亩)	经营范围	沿革及经营状况提要
15	福建永春	县立农场	1937	县政府	60	农林养殖综合经营	初为县立苗圃场,育苗、造林、3年后改为县立农场,种植杂粮蔬菜、养畜禽,1949年停办
16	福建松溪	县立农林场	1937	县政府	67+40多	农林综合经营	引进推广水稻、小麦、棉花,育苗,67亩由罗汉寺庙产拨充,1942年在城关设分场,有水田40多亩,解放前夕因经费无着停办
17	浙江缙云	缙云县农林场	1938	县政府	租民田68.66+地4.93	以稻麦品种试验和良种繁育为主	租用民田16.66亩、地4.93亩,进行稻麦品种试验和良种繁育,1939年另租田26亩,在胪膛分设良种繁殖区,1941年与县林场合并,称县农林场,职工7人
18	四川阆中	四川省稻麦改良场阆中分场	1938	—	—	良种繁育	试验繁殖小麦、水稻良种
19	福建明溪	县立农场	1939	县政府	140+153(垦荒)	农业园艺综合经营兼育苗	地29亩,工人4名,种植水稻、甘薯及马铃薯、蔬菜,1943年改称农林场,地扩至140亩,工人20名,1945年增至40人,贷款垦荒153亩,12月改称农业推广所,1946年缩小经营范围,工人限雇18人,新垦地悉数出租,解放前夕,濒临倒闭
20	江西贵溪	县立农场	1939	县政府	耕地数十亩	农林兼营	农场有耕地数十亩、林地150余亩,1942年改称县农业推广所,有职工21人
21	浙江新昌	新昌农林场	1940	县政府	—	—	场址在鼓山
22	浙江诸暨	诸暨农林场	1940	县政府	—	—	场址在平安乡,1948年迁至金鸡山脚

续表

地区\项目		名称	成立年份	创办者	土地面积(亩)	经营范围	沿革及经营状况提要
23	江西吉安	江西省垦殖处	1940	省政府	200	垦荒种植,安置伤残军人	在固江设办事处,安置国民党军伤残人员200余人,开荒地200亩
24	江西泰和	试验养鱼场	1940	省建设厅	鱼池19亩	养鱼苗试验,推广水产技术	抗战时省府迁泰和,在黄岗村建试验养鱼场,有鱼池53口,饲养鱼苗,并负责水产技术的讲座与推广
25	四川阆中	县农业推广所附设农林分场	1940	县政府	12	试验繁殖良种	试验繁殖小麦和水稻良种
26	江西广昌	下兰垦殖场	1941	—	485(垦荒)	集体垦荒种植,安置难民	安置沦陷区难民131户、401人
27	江西广昌	头陂垦殖场	1942	—	696(垦荒)	集体垦荒种植,安置难民	安置沦陷区难民141户、149人
28	四川金堂	中国农民银行园艺场金堂分场	1943	中国农民银行	186	果园经营	有良种果树1500余株
29	广西贵县	小江农场	1945	县政府	60余	农场经营兼农业推广	创建时指定该场同时成立"农业推广所",一场两牌
30	江西广昌	农业推广所	1946	县政府	95	农业推广	业务有名无实
31	湖北荆门	沙洋集体农场	1946	省复兴委员会	—	推广先进农具,垦荒种植	民国时,省实业公司在荆州东门内开办农业试验场,1946年省复兴委员会在沙洋开办曳引机(拖拉机)训练班,同时从事垦荒,以资示范,并在沙洋、十里铺辅助兴办集体农场

项目\地区		名称	成立年份	创办者	土地面积（亩）	经营范围	沿革及经营状况提要
32	湖北荆门	荆门江家坪合作农场	1947	荆门县	1800（租入）	种植养殖渔业（有湖面3000亩）综合经营	设理事、监事会，年分粮食20.3万吨，棉花360公斤，养母猪20头，育肥肉猪600公斤，捕鱼1600公斤，后因内战停办
33	福建永春	县立农业试验场	1948	县政府	70	经营果园为主	有工人7名，1949年停办

资料来源：1. 山东省无棣志县史志编纂委员会编：《无棣县志》，齐鲁书社1994年版，第147页；2、26、27、30. 姚瑞琪：《广昌县志》，上海社会科学院出版社1994年版，第225页；3、4、5、23. 江西省吉安县县志编纂委员会编：《吉安县志》，新华出版社1994年版，第154页；6. 永兴县地方志编纂委员会编：《永兴县志》，中国城市出版社1994年版，第332页；7. 龙州县地方志编纂委员会编：《龙州县林业志》，广西人民出版社1993年版，第438页；8.《清远县志》第5卷，林业，广东人民出版社1995年版，第201—202页；9. 陈国河：《玉林市志》，广西人民出版社1993年版，第276页；10. 四川省广安县志编纂委员会编纂：《广安县志》，四川人民出版社1994年版，第349页；11. 广西壮族自治区邕宁县地方志编纂委员会编：《邕宁县志》，中国城市出版社1995年版，第359页；12、29. 罗甫琼：《贵港市志·农业志》，广西人民出版社1993年版，第417—418页；13. 花象太：《弋阳县志·农业志》，南海出版社1991年版，第323页；14、21、22. 任桂全：《绍兴市志》（第二册）第13卷，农业，浙江人民出版社1997年版，第1037页；15、33. 梁天成：《永春县志》，语文出版社1992年版，第151页；16. 松溪县地方志编纂委员会编：《松溪县志》，中国统计出版社1994年版，第136—137页；17. 缙云县志编纂委员会编：《缙云县志》，浙江人民出版社1996年版，第146页；18、25. 四川省阆中市地方志编纂委员会编：《阆中县志》，四川人民出版社1993年版，第371页；19. 陈秉怡：《明溪县志》，方志出版社1997年版，第179页；20. 李寅生：《贵溪县志》第4卷，农业，中国科学技术出版社1996年版，第231页；24. 康臣纬：《泰和县志》，中共中央党校出版社1993年版，第442页；28. 四川省金堂县志编纂委员会编：《金堂县志》，四川人民出版社1994年版，第196页；31. 荆州地区地方志编纂委员会编：《荆州地区志》第8卷，农业，红旗出版社1996年版，第197页；32. 湖北省荆门市地方志编纂委员会编：《荆门市志》，湖北科学技术出版社1994年版，第304页。

表12-55中33个农场、农林场，除了湖北荆门江家坪合作农场，全部为公营农场。农场、农林场所在地区和地理环境，除了"江西蚕桑局"抗日战争时由南昌乐化（今新建县中部）迁入吉安城内，其余都在农村；建场时间最早1878年（光绪四年），最晚1948年，其中26场建于1832年或以后，18场建于1937年或以后。但不论建于何时，除四川广安农业试验场于1936年6月停办、湖北荆门江家坪合作农场"因内战停办"外，其他各场都至少存续到内战中期或1949年解放前夕，可以从较长时间观察这

些农场、农林场的经营状况及其变化。

总的情况是,无论农场性质、土地来源、农场规模、经营状况,多种多样,但又不同于城镇郊区农场的特点。

按设场目的和生产经营性质:一是以谋利为目的、按农场模式经营的苗圃、农业试验场、农业推广所;二是带有资本主义性质的农场或林场、垦殖场;三是垦荒生产自给,安置伤残军人和逃亡难民,以前二者为主,且二者内部,机构、名称经常变化,或者一个机构两块牌子。农场的土地来源,除浙江缙云县农林场、湖北荆门江家坪合作农场租用民田、民地外,全部为官地,而且相当部分是荒产。开荒生产、植树造林是这一时期兴办公营农场的主要目的和任务。农场规模大小悬殊,有土地面积可查的 27 个场,最大的 6000 余亩(林地),最小的 12 亩,相差 500 倍,27 场平均 698亩。若剔除两家面积各 6000 亩的林场不计,25 场平均 273 亩,规模不大。农场经营范围,除育苗、果园、良种繁育、鱼苗饲养等专项经营外,更多的是综合经营。经营范围不限于农业、林业和养殖业,还包括农业试验、良种繁育和农业推广等。土地使用和经营模式,大致分为三种:雇工集中经营;招佃收租;自耕自食。其中以第一种模式为主,招佃收租有 3 家,一家招佃垦荒,另外两家因经费困难或人力不足,缩小经营范围,将新垦地或部分耕地出租。安置难民和伤残军人的三家则完全自耕自食,既不雇工,也不出租。第三种模式的农场经营是特殊历史条件下的产物。耕作经营范式,集约粗放不一,农场集约,林场(苗圃、果园除外)粗放。从少数有人员、劳力配置可查的农场情况看,多为集约型经营。福建明溪县立农场是典型例子。该场初时有地 29 亩,工人 4 名,种植水稻、杂粮、蔬菜,人均耕作面积 7.25 亩;1943 年土地扩至 140 亩,工人 20 名,人均耕作面积 7亩;1945 年工人增至 40 人,新增加的 20 人,实际用于贷款垦荒,人均耕作面积不变;1946 年缩小经营范围,工人限雇 18 人,于是将新垦地悉数出租,自营地仍为 140 亩,人均耕作面积 7.78 亩,始终没有超过 8 亩,明显低于当地单位劳力耕作面积。[①] 该省永春县立农业试验场,有地 70 亩,

---

① 福建当地人多地少,农业经营高度集约,通常每个劳力的耕作面积为 8—10 亩。

工人 7 名,人均耕作面积 10 亩,以经营果园为主,集约化程度也是相当高的。某些农场只有职工总数,而无工人数,不过仍可大致窥测其耕作经营范式。江西贵溪县立农场有耕地数十亩、林地 150 余亩,农林兼营,以农业为主,有职工 21 人。若以工人 14 人、耕地 50 亩左右计算①,人均耕作面积(含林地)14.3 亩左右,亦属集约化经营。户均、人均耕作面积十分狭窄的难民和伤残军人合作农场,则只能加大劳力投入、提高集约化程度,才能维持场员生活。

以上所反映的只是公营农场、农林场的土地使用和经营情况,除一家合作农场外,完全没有涉及私营农场。这是受资料局限所致。前述苏南地区 105 家农场中,有土地使用和经营情况资料的计 56 家,其中公营农场 21 家,私营农场 35 家,可借以弥补上述 33 家农场资料的缺陷。现将苏南 56 家农场按其土地占有、使用和经营情况,分类见表 12-56。

表 12-56　苏南 56 家农场土地来源和使用情况统计(1949 年)

项目 农场类别		佃田雇工经营			自田雇工经营			自田雇工经营兼出租			大部分或全部招佃收租		
		场数	佃入(亩)	自田(亩)	场数	自田(亩)	佃入(亩)	场数	雇工(亩)	出租(亩)	场数	出租(亩)	自营(亩)
公营农场		1	61.00	31.00	11	26839.02	0	5	2918.50	406.50	4	14173.8	4774
私营农场	独资	0	0	0	1	40.00	0	2	2220.00	73.00	1	1033.00	67
	合股	1	21.33	0	4	4959.73	67	2	331.49	65.43	1	1246.2	0
	宗教	0	0	0	1	380.00	0	1	34.70	23.30	0	0	0
	学校	0	0	0	1	41.50	0	0	0	0	0	0	0
	不明	4	3049.66	1775.02	14	3432.00	0	0	0	0	2	53.0	0
	小计	5	3070.99	1775.02	21	8853.23	67	5	2586.19	161.73	4	2332.2	67
总计		6	3131.99	1806.02	32	35692.25	67	10	5504.69	568.23	8	16506.0	4841
备注		1. 另有 49 场经营模式不详(占有或使用土地 28517.219 亩)。2. 私营农场中,有 1 场自田自营、佃田、出租三者兼用(自田自耕 68.49 亩,佃入 30.57 亩,出租 56 亩),计入"自田雇工经营兼出租"栏,并从其出租土地中扣除佃入土地,出租地以 25.43 亩计算。												

资料来源:据华东军政委员会土地改革委员会编:《江苏省农村调查》,1952 年印本,第 350—351 页"苏南区各县公私营农场几种类型统计表"改制。

———————

①　假定按工作于生产第一线的工人人数占职工总人数 2/3 计算(据对苏南 11 家私营农场的调查,共有职工 330 人,其中工人 222 人,占 2/3 强。见华东军政委员会土地改革委员会编:《江苏省农村调查》,1952 年印本,第 352—353 页),则工人为 14 人。

如表 12-56 所示,无论公营农场还是私营农场,其土地占有和土地使用,都大致分为四种类型:第一种,农场没有或只有少量土地,只能全部或大部佃入土地进行雇工经营。这类农场类同农业资本家,计有公营农场 1 家,私营农场 5 家,共 6 家,占 10.71%。第二种,基本上自地自种,全部或大部分为自有地的雇工经营。这类农场类同带有某种资本主义性质的自富农或经营地主,计有公营农场 11 家,私营农场 21 家,共 32 家,占 57.14%。第三种,农场占有的土地雇工直接经营,但有部分土地出租。这类农场类同部分土地出租的自富农或经营地主,计有公营农场、私营农场各 5 家,共 10 家,占 17.86%。第四种,农场占有的土地大部分或全部招佃收租。这类农场等同出租地主,计有公营农场、私营农场各 4 家,共 8 家,占 14.29%。这其中第三、四种两种尤其第四种情形,在城市郊区农场中是罕见的。

至于农场的土地占有和使用面积,56 家公、私农场共占有土地 64918.19 亩,平均每场 1159.25 亩,共佃入土地 3229.56 亩,出租土地 18074.26 亩,自田加上佃入地、扣除出租地,实际使用土地 50073.49 亩,场均 894.17 亩,相当于占地面积的 77.13%,在总体上类同部分土地出租的自富农或经营地主。

当然,这是就整体而言,具体到各个农场,差异悬殊,公营农场和私营农场比较,情况也不一样。21 家公营农场共有土地 49142.82 亩,平均每场 2340.13 亩。21 场共佃入土地 61 亩,出租土地 14580.3 亩,自田加上佃入地、扣除出租地,实际使用土地 34623.52 亩,场均 1648.74 亩,相当于占地面积的 70.45%。35 家私营农场共有土地 15775.37 亩,平均每场 450.72 亩。35 场共佃入土地 3137.99 亩,出租土地 2493.93 亩,自田加上佃入地、扣除出租地,实际使用土地 16419.43 亩,场均 469.13 亩,相当于占地面积的 104.08%。苏南公、私营农场比较,公营农场占地面积较大,但实际经营面积只相当于占有面积的 7 成;私营农场占有面积较小,但实际经营面积超过占有面积。这说明公、私营农场比较,公营农场的封建色彩更为浓厚。一些大的公营农场沿用封建租佃制度进行经营,如吴江庞山湖农场,全场 8600 余亩稻田,全部经由少数人包租,再分散转租给农民耕种。抗日战争胜利后,该场由"扬子江水利委员会"接收,拟将包租田收回雇工自种,遭到农民反对(因土地多原为农民所有),只得一部分沿用"包租耕种制",一部分采用"雇工包种制"。除自耕224.37亩(包括试验田)外,其余仍按人口重新分租给农民,具体办法是20—50岁的,男每人10亩,女每人5亩;15—20岁的,男女各3亩。租额为总产量的37.5%,另加机器戽水费(1949年为每户42.5斤稻谷)。① 原有经营模式未有改变。

经营范围和项目,因所处地理位置和规模大小不同,各场互有差异。一些在上海、苏州等大中城市附近的小型农场,往往以集约经营的方式,专项或综合生产蔬果、园艺作物,供应市民需要;一些距离城市稍远、较大的农场,则往往以生产粮食、工业原料或供应国内外市场的某些经济作物为主,如镇江四益农场的蚕桑,上海中华农场的薄荷,及其他农场的小麦等;一些位处山地、湖滩的农场,则因地制宜,大多经营苗圃、林场、茶园,种植一般农作物,据调查,此类农场"所占数量很大,为农场中的主要部分";另外还有部分农场,种植花卉、香料、果树,这类农场"所占面积不大"②。就总体而言,或从所占土地面积来看,农场生产经营的主要内容,还是粮食作物、经济作物、一般农产品和经济林木。

公私农场的经营管理、经济效益,好坏参差,优劣互见,情况多样。资料显示,公营农场中,成效明显的只占少数。广西龙州林场、浙江缙云农场要算是其中少有的佼佼者。前者"因管理得当",经营20余年,树木成林,大树参天;后者租用民田民地,进行稻麦品种试验和良种繁育,成立1年后,另租民田,分设良种繁殖区,后与县林场合并为农林场,稳步发展。③ 山东无隶县办苗圃、广东清远县立第一模范林场、广西玉林六万垦殖区附属垦殖林场也都不错。其余大多一般,或情况不详。更有部分农

① 华东军政委员会土地改革委员会编:《江苏省农村调查》,1952年印本,第360—361页。
② 华东军政委员会土地改革委员会编:《江苏省农村调查》,1952年印本,第354—355页。
③ 缙云县志编纂委员会编:《缙云县志》,浙江人民出版社1996年版,第146页。

场机构臃肿,管理混乱,经营无方,业务有名无实;或经费短缺,人手不足,农场规模萎缩,经营衰退;或苟延残喘,半死不活,最后停办、倒闭告终;或一度有所发展,但兴衰、顺逆无常,最终亦难逃破产倒闭的厄运。创办于1932年的四川广安农事试验场,先后引进英国乳牛数头(供其取奶食用)、甘肃绵羊、成都麻羊800余只,但不久全死光;另拟办果树栽培、农作试验,亦均无实绩。1935年二十军奉命出川,经费不济,1937年6月停办,前后不过5年。① 福建永春县立农场,1937年开办时初为苗圃场,育苗、造林,1940年后改为县立农场,扩大规模,除育苗、造林,还种植杂粮、蔬菜,饲养畜禽,至1949年亏折停办。②

相较而言,大部分私营农场的组织架构相对精干,经营管理比当地一般农民科学、合理,经济效益较好,如湖北荆门江家坪合作农场成立仅一年,即取得粮棉渔畜全面丰收佳绩,可惜旋即因内战停办;江苏无锡陆园农场,经营桃园,耕作管理和农场收益均优于当地一般农户,对桃树的栽培、经营比当地农民好,整地立畦,桃树布植合理,施肥、修剪等较科学,尤其是有当地农民所没有的嫁接技术,因而产量较高,质量较好,收益较丰。在桃树旺产期,每亩最多产桃约20担,一般12—14担,如每担以5斗米计算,最多售米10担,一般6—7担,除去工本2.51石,可获利3.5—4.5石左右。③ 松江大有农场,以培植苗木为主,兼种水稻、蔬菜,1947—1949年3年均有盈利。④ 另据对镇江四益、上海中华两场1949年的收支调查,均为盈余。⑤ 当然,由于某种原因也有亏折的,如丹阳练湖农场,因新垦土地,所需工本较大,以致亏欠。1949年收入2088.98石,支出3657.499石,亏蚀1568.51石。⑥ 亦有农场生产状况比不上当地农民。如句容中华三育研究社附属农场,据其负责人称,"农场生产,不及一般

---

① 四川省广安县志编纂委员会编纂:《广安县志》,四川人民出版社1994年版,第49页。
② 梁天成:《永春县志》第7卷,农业,语文出版社1992年版,第151页。
③ 华东军政委员会土地改革委员会编:《江苏省农村调查》,1952年印本,第365—366页。
④ 华东军政委员会土地改革委员会编:《江苏省农村调查》,1952年印本,第363页。
⑤ 华东军政委员会土地改革委员会编:《江苏省农村调查》,1952年印本,第356页。
⑥ 华东军政委员会土地改革委员会编:《江苏省农村调查》,1952年印本,第356页。

农民",全年收入(稻、麦及豆等计算),只能维持农场内职工三五个月的薪水(据工人说,可维持 10 个月左右),其余需社方补助。不过工人的劳动成果并不限于农场收获,因"农场工人不但在田里做,还要帮做社内如筑路等其他工作"[1]。

三、抗日战争后方农业局部及不平衡 发展和战后农业的整体衰萎

这一时期国民党统治区农业和农村经济的发展变化,明显分为两个阶段,各有不同特点。抗日战争期间,在大后方和国民党其他控制区,抗日战争前期和中期,国民党政府采取了多方面的政策措施,一些地区的农业生产有不同程度的恢复与发展:部分荒地被开发或垦复,耕地面积恢复或扩大;因提倡和推广冬作,提高复种指数,增加土地产量(主要是全年总产量),部分地区的作物结构发生某些变化,大麦小麦种植由北向南扩展,加上豌豆、蚕豆、豇豆、绿豆种植的推广,一定程度上缓解了春末夏初青黄不接的饥荒困境;棉花种植由东往西延展,四川、贵州、云南一些原来无棉少棉地区,开始植棉,部分满足了军民需求。但抗日战争中期后,随着货币贬值和田赋征实、征借政策的推行,农民破产,外逃逋赋,后方农业转趋衰微。

抗日战争胜利后,无论抗日后方还是原沦陷区,农业均未能得到恢复,而是转趋或加速衰萎。原伪"满洲国"和关内沦陷区尤为突出。日本侵略者在东北、东蒙和关内占领区烧杀、劫掠、蹂躏分别长达 14 年和 8 年之久,这些地区的农业生产、农业资源、农业生产设备和农户家庭财产均遭严重甚至毁灭性的劫掠、破坏,生产资金、耕畜农具、农业劳力极度短缺;农村山穷水尽、满目疮痍,农民缺吃少穿、精疲力竭,亟须轻徭薄赋,休养生息,医治战争创伤。然而,国民党蒋介石为了发动和支

---

[1] 华东军政委员会土地改革委员会编:《江苏省农村调查》,1952 年印本,第 369—370 页。

持内战,不仅没有采取任何措施与民休息,帮助农民摆脱困境,集中人力、物力恢复农业与农村经济,而是继续摊派苛索,抓丁拉夫,敲骨吸髓,一般农户既无米下锅,又无劳力种地,深陷绝境,农业加速衰退。随着国民党蒋介石在战场上节节败退,统治区域不断缩小,财政日益拮据,经济加速恶化,物价飞涨,货币变成一堆废纸,农民和农村经济濒临破产。

（一）抗日战争后方农业的局部及不平衡发展

抗日战争时期特别是抗日战争前期和中期,国民党中央和一些政府推行了若干农业政策和措施,包括鼓励垦荒,增加耕地;兴修农田水利,扩大灌溉面积;提倡和推广越冬作物种植,提高复种指数和土地产量;成立农业试验场所,试验、推广作物和畜禽优良品种;开展合作运动,通过合作社发放贷款,解决农民资金困难,减轻商人和高利贷盘剥;等等。使一些地区的荒地被开发,农业生产获得不同程度的恢复和发展。当然,这种恢复和发展是局部的、不平衡的。

土地是农业生产的基础条件。1937 年日本全面侵华战争爆发时,正值 20 世纪 30 年代中国农业恐慌结束不久,一方面,损失惨重的农民尚未喘过气来,新荒耕地尚未垦复,更遑论老荒和其他宜耕荒地的垦辟;另一方面,北部、东部农业和工商业发达地区,大片土地沦陷,大批工厂企业、机关学校西迁,加上难民,西部和后方其他地区人口骤增,粮食和轻工业原料供应的压力空前加剧。恢复和发展农业生产实属当务之急,垦复新老荒地,开发宜耕荒地更是刻不容缓。西部一些地区垦殖系数更低,宜垦荒地更多,据内政部 1934 年的统计,陕西省有荒地 36838824 亩,甘肃 6035894 亩,宁夏 1391308 亩,青海 8253658 亩,新疆 29030300 亩,云南 12112407 亩,四川 112465350 亩,西康 1130000 亩,贵州 16996275 亩,广西 64611840 亩,合计 288865856 亩。[①] 因此,抗日战争期间的荒地开垦主要推行于西部地区,取得某些成效。

[①]　施珍:《成长中之中国垦殖》,《中农月刊》1945 年第 6 卷第 9 期。

西北地区,陕西垦荒开展较早,形式多样,设立于 1938 年 3 月的黄龙山垦区初为省营,1939 年 5 月改为国营,垦区规模宏大,成效显著,到 1944 年 7 月,共招收垦民 58400 余人,垦发荒地 33.1 万余市亩,收获作物产量 76.1 万余市石。① 甘肃于 1941 年 11 月开办岷县垦区,垦地面积约 10 万亩,除部分已由土著耕种外,可垦地约 5 万亩,并在天水举办军垦实验区,选定荒地约 1 万亩,有垦民和荣誉军人 1084 人,至 1942 年 7 月底,已垦地 2580 亩。同年 5 月,农林部在甘肃酒泉东部成立甘肃河西屯垦实验区,荒地面积约 1417.5 万余亩,预计当年招收垦民 400 人、垦兵 600 人。1942 年 7 月,青海由中央拨款 100 万元,马步青率部 3000 人前往柴达木盆地进行屯垦,可垦面积约 50 万亩,其中 10 万亩稍事整理,来春即可播种。② 1942 年,国民党政府还计划在豫、皖、湘三省受水灾损失地区,调移人民 20 万人,分送西北各地,从事垦殖工作,并考虑奖励中央公务人员赴西北开垦计划,凡现任中央公务人员前赴垦荒者,得享停职或留薪优待,以五年为期,第一年付全薪,以后逐年递减。所垦土地的所有权,即属开垦者。③ 新疆省政府也于 1944 年招募河南省难民约 1 万人入省垦荒。④

西南诸省的荒地开垦,四川于 1941 年 11 月成立东西山屯垦实验区,设有 5 个垦场,至 1942 年 7 月底,已清荒地 3122 亩,垦地 1320 亩,种植面积 1170 亩。⑤ 还有雷马屏峨和金佛山两个国营垦区,均开设(或改办)于 1942 年,同年 7 月底已招垦民 861 人,垦地 4407.6 亩。西康于 1941 年成立西昌垦区(次年改为屯垦实验区),设有两处垦场,有荒地 60.6 万亩,

---

① 陆和健:《抗战时期西部农垦事业的发展》,《民国档案》2005 年第 2 期。
② 中国第二历史档案馆编:《中华民国史档案资料汇编》第 5 辑第 2 编,财政经济(8),江苏古籍出版社 1977 年版,第 220、221、224—225 页。
③ 中国第二历史档案馆编:《中华民国史档案资料汇编》第 5 辑第 2 编,财政经济(8),江苏古籍出版社 1977 年版,第 225 页。
④ 陆和健:《抗战时期西部农垦事业的发展》,《民国档案》2005 年第 2 期。
⑤ 中国第二历史档案馆编:《中华民国史档案资料汇编》第 5 辑第 2 编,财政经济(8),江苏古籍出版社 1977 年版,第 221 页。

至 1942 年 7 月,已招垦民 247 人,垦地 1910 亩。① 在云南,有垦务委员会办理的开蒙垦殖局,华西垦殖公司的建水羊街坝实验区,富滇新银行的蚕业新村。贵州设有铜仁六龙山屯垦区,到 1944 年,该区有垦民 146 人,荣誉军人 383 人,开垦荒地 2605 亩。此外,还有农业改进所设立的平坝模范农村。②

抗日战争期间,整个西部地区的垦荒面积,据国民党政府农林部统计,截至 1945 年年初,该部直属垦区共招收垦民 6.8 万余人,荣誉军人 2700 余人,垦地 44 万余亩;各省垦务机关团体有垦民 20 余万人,垦地 200 余万亩。③ 另据估计,包括国营、省营、民营以及政府倡导下的自发开垦在内,约为 1000 万亩。④

中南、东南诸省,国民党中央和地方政府在其控制区内,也采取多项措施垦发荒地。河南有 1939 年开办的邓县垦区,面积 4.3 万亩,先后收容难民近万人;在湖南,1939 年农业改进所主办沅芷垦区,垦地 21879 亩。1942 年又在沅江设立"湖田管理处",开垦湖田。其他各县也都积极开荒,常宁一县即垦荒 5000 余亩;湘西靖县荣誉军人垦殖区,累计垦辟荒山万亩,种植稻麦、杂粮、油桐等。计有荣誉军人万人、眷属数百人,无妻者多与当地苗女通婚,"故人口日增"。江西在 1938—1942 年间,先后设立吉安、泰和、吉水、万安、南丰、南城 6 大垦殖区,以及省直属吉安凤凰墟、高塘、吉水竹埠、太湖沿溪渡、安福坪湖等 27 处垦殖场,容纳垦民 48816 人,1942 年又计划增设 15 处垦场和南侨垦殖团。浙江有保民垦殖运动,在衢县设有三衢垦牧公司,江山赈济会办有难民垦荒,不过由于宜垦荒地不多,加上其他原因,垦荒面积有限。福建垦殖开始于 1940 年,设有垦务总所,主管全省垦殖事务,下设崇安、建宁、泰宁、德化、宁洋、清流 6 个垦务所,以及邵武试验垦区,提倡集体耕作,并附设农

①　中国第二历史档案馆编:《中华民国史档案资料汇编》第 5 辑第 2 编,财政经济(8),江苏古籍出版社 1977 年版,第 221 页。

②　陆和健:《抗战时期西部农垦事业的发展》,《民国档案》2005 年第 2 期。

③　秦孝仪主编:《革命文献》第 102 辑,1985 年台北印本,第 22 页。

④　陆和健:《抗战时期西部农垦事业的发展》,《民国档案》2005 年第 2 期。

具制造厂。截至 1941 年 6 月底,全省有垦民 1467 户、5758 人,配垦面积 40729.95 亩,垦发 23950.27 亩。此后着重开发闽西,1942 年计划增设邵武、将乐、宁化、顺昌等垦务所,又拟于南靖设立侨民垦区,选招归侨 50 户、250 人,垦殖荒地 500 亩。广东垦殖,有官办、民间团体和农民个体等形式。截至 1941 年,官办、民间团体以及各县督导人民垦荒共约 56.98 万亩,植桐 455 万余株;1941 年 12 月至 1942 年 6 月,由省地方当局核准放垦的荒地荒山共 189938 亩,据说其他已垦而未依法申请及正在办理者,"当一倍于此数"。广西除抗日战争前设办的五林六万垦区和柳州广西水利垦殖实验外,抗日战争爆发后,有移桂难民垦殖处主办的桂林大埠良丰十里墟、桂林大沙乡、大中乡红景山垦区,安徽难民垦殖团开发的临桂县万正乡垦区,难民垦殖工艺场主办的良丰红木桥垦区,均由赈委会拨款,容纳垦民 1379 人,开垦面积计平地 7980.1 亩,水田 1792 亩。另有桂林、临桂等 16 县各垦殖公司所垦土地 20 余万亩,临桂、象县、柳江等 41 县放荒给农民垦发的 184772 亩,各县乡村"公垦"4 万余亩。合计开垦面积约 43 万余亩。同时,广西省政府还先后拨款和组织归侨从事垦殖:1942 年拨款 50 万元,接管良丰难民垦殖工艺场,安顿归侨,并在雒容成立侨民垦殖场,在龙州独山设归侨村,以合作和自费垦殖两种方式垦种,每人均以领垦 30 亩为原则。后者垦殖 3 年后,可以取得土地所有权。① 以上有限资料、数据显示,中南、东南诸省,到 1942 年前后,新垦荒地约 200 万亩。加上资料缺漏部分,应在 500 万亩以上。

抗日战争期间的后方土地垦殖,除了扩大耕地面积,最主要和直接的功效,还是因地制宜(视各地荒地数量、人地比例而定),妥善解决了人数众多的难民和退伍军人、伤残军人的安置难题。日本全面侵华战争爆发后,随着国土的不断沦陷,大批难民流往后方,战争初期仅流往西部地区的难民就达 900 万人,中南、东南诸省国民党政府控制区的难民人数更

---

① 中国第二历史档案馆编:《中华民国史档案资料汇编》第 5 辑第 2 编,财政经济(8),江苏古籍出版社 1977 年版,第 222—224 页。

多;抗日战争也使退伍军人和伤残军人的数量加速扩大。庞大的难民和退伍军人、伤残军人不仅成为社会的沉重负担,而且直接影响社会的治安、稳定和城乡居民正常的生产、生活,情况相当严峻。通过土地垦殖,安置难民和退伍军人、伤残军人,为其创造条件,自力更生、自食其力,减轻国家和社会负担,安定后方秩序,并还为社会创造财富,向政府缴纳田赋、盈利,有力地支援了抗日战争。

水利是农业的命脉。抗日战争期间,国民党中央和某些地方政府对后方农田水利较前重视,农田水利建设有所进展,陕西在这方面取得的成效尤为显著。1930年,杨虎城主持陕政后,特聘陕籍水利专家李仪祉任建设厅长,主持水利事务。李仪祉就任当年冬天即开始实施酝酿了十多年的引泾灌溉工程,兴修泾惠渠,并于1932年6月竣工放水。同月陕省水利局成立,转任局长的李仪祉,"鉴于陕省灾情之重,农村破产之惨,为图根本补救,拟定兴修水利为施政方针"[1],又着手修建洛惠、渭惠和梅惠3渠。

抗日战争期间,陕西关中地区新兴的农田水利工程有黑惠渠、沣惠渠、泔惠渠和涝惠渠,与战前开工修建的泾惠、渭惠、洛惠、梅惠4渠合称"关中八惠"。汉中兴建的大型农田水利工程主要有汉惠渠、褒惠渠和湑惠渠。[2] 陕北地处黄土高原,尤为干旱少雨,而农田水利则较关中、陕南落后,没有大规模的灌溉工程。抗日战争前,省水利局已开始着手规划陕北水利,抗日战争期间,陕北兴修的较大规模的灌溉工程主要有织女渠和定惠渠。织女渠被视为"陕北以科学方法开办水利之先驱"[3]。抗日战争前后,陕西灌渠兴修情况见表12-57。

① 西安市档案馆编印:《陕西经济十年》,1997年印本,第224页。
② 计划中有牧惠渠,位于西乡县,可灌田1万亩,但未及施工(王宝善:《陕南农业论文集》,陕西省农业改进所陕南农场1944年印本,第6页)。1952年7月编制的《陕西省水利事业五年(1953—1957)计划轮廓(修正计划)》,西乡牧惠渠亦是重点工程。
③ 陈靖:《陕北水利纪实(上)》,《陕西水利季报》1940年第5卷第3、4期,第24页。

表 12-57　抗日战争前后陕西省兴修农田水利
工程概况(1930—1950 年)

地区	水渠别	水源	灌溉县域	施工日期	放水日期	灌溉面积(千市亩)	干支渠长度(公里)	兴建单位
关中	泾惠渠	泾河	泾阳、三原、醴泉、高陵、临潼	1930.10—1935.4	1932.6	730	273.98	渭北水利工程委员会
	洛惠渠	洛河	蒲城、朝邑、平民	1934.3—1950.4	1947.12	500	83.61	泾洛工程局
	渭惠渠	渭河	郿县、扶风、武功、兴平、咸阳	1935.4—1937.12	1936.12	600	177.80	省水利局
	梅惠渠	石头河	郿县、岐山	1936.10—1938.6	1938.7	132	121.87	泾洛工程局
	黑惠渠	黑河	盩厔	1938.9—1942.12	1942.4	160	55.78	泾洛工程局
	沣惠渠	沣水	鄠县、长安、咸阳	1941.9—1947.5	1947.5	230	48.44	省水利局
	泔惠渠	泔河	礼泉	1943.5—1944.2	1944.4	3	5	省水利局
	涝惠渠	涝河	鄠县	1943.7—1947.10	1947.9	100	22.43	省水利局
汉中	汉惠渠	汉江	勉县、褒城	1938.12—1942.12	1941.7	110	41.11	省水利局
	褒惠渠	褒河	褒城、南郑、城固	1939.9—1942.8	1942.6	140	55.31	省水利局
	湑惠渠	湑水河	城固、洋县	1941.9—1948.5	1948.5	160	41.3	省水利局
陕北	织女渠	无定河	榆林、米脂、绥德	1937.8—1938.12	1939.4	11	18	省水利局
	定惠渠	无定河	横山、榆林	1941.4—946.10	1943.9	40	34	省水利局
总计	13	—	27	—	—	2916	978.63	—

资料来源:《陕西省水利局主要人员调查表及水利概况等统计材料汇集(一)》,陕西省水利局档案,
陕西省档案馆藏,档号:96-1-96-1,第 17 页;石涛:《抗战前后陕西农田水利建设研究》,
《中国经济史研究》2017 年第 2 期。

　　如表 12-57 所示,包括抗日战争前开始兴建的泾惠、洛惠等 4 条灌渠
(其中 3 条的工程延至抗日战争或抗日战争后)在内,抗日战争前后陕西
共兴建大小灌渠 13 条,总长(含支渠)979 公里,灌溉农田达 27 县 291.6
万市亩(到 1945 年,实际竣工的灌渠灌溉面积为 133.9 万市亩)。灌渠兴
建单位,除泾惠渠为渭北水利工程委员会,洛惠、梅惠、黑惠 3 渠为泾洛工

程局外,其余均为省水利局,集中了人力、财力、设备和管理协调,提高了效率,加快了工程进度。在垦殖成效较好的武功县,还在垦荒过程中修筑了全长20余公里的4道水渠,引渭水分段灌溉,种植水稻。① 在关中、陕北一些地势较高、不易修渠引水灌溉的地区和陕南丘陵山区,水利部门因地制宜,组织农民掘井、挖塘、筑池,兴建小型水利工程,也初见成效。同时,陕西在灌渠的管理保养、日常防护、灌溉配水、水费收缴等方面,制定和形成了公平合理、完备配套和切实可行的规章制度。还在泾惠渠建设阶段,李仪祉即拟具了《泾惠渠管理管见》《泾惠渠管理章程拟议》,完成了灌渠管理的初步设想和规划。在此基础上,各灌渠系统逐步形成了专业管理和群众管理相结合、官民合作的管理体制,在管理局(官方代表)的统一管理下,干渠、支渠划分若干"段""斗"②,交由群众管理,从上至下形成从省水利局、全灌渠管理局、渠段管理处到水老、斗长、渠保的完整管理系统,从而保证了整个灌渠农田灌溉的顺利运作③。

在其他地区,抗日战争期间未见大中型农田水利工程的兴建,仅农林部通过督导、拨款、贷款等方式,协助一些地区兴建和修补若干小型农田水利工程。湖南于1941年11月调遣专员督修各县塘坝,至1942年4月,修建完成水塘17543口,水坝5481座,灌溉面积达16152755亩。④ 1944年湖北已报验的21县,共完成水井1213口、堰坝1424座、蓄水库29座、沟渠969道、涵闸4座、池塘1245口、堤埝13座、生产水车935架,受益面积292590亩。⑤ 1942年四川兴建完成的各项大小型工程,灌溉农

---

① 张俊华:《抗战时期陕西垦荒事业探析》,《佳木斯职业学院学报》2015年第2期。

② 各干渠或支渠逐段设有放水进入农渠、农田的引水口,谓之"斗口",简称"斗"。段设"水老"一人,管辖若干斗口;斗设"斗长"(又称"斗夫")一人,管辖若干村庄;村设"渠保"一人,统受管理局指挥监督。渠保由各村农民公举,或轮流充任;斗长由该斗渠保公举;水老由该段斗长公举。

③ 石涛:《抗战前后陕西农田水利建设研究》,《中国经济史研究》2017年第2期。

④ 国民党政府行政院编纂:《国民政府年鉴·地方之部》第一回第七章,湖南省,1943年印本,第93页。

⑤ 国民党政府行政院编纂:《国民政府年鉴·地方之部》第三回第六章,湖北省,1946年印本,第5页。

田而有增益者计 33.5 万亩。① 另外,1943 年拨发小型农田水利工作督导费 145 万元,协助福建、广东、甘肃、山西、湖南等省,督导民众自动兴修,并介绍贷款,计推动小型工程修筑,灌溉农田 130 余万亩。1944 年复拨各省施工督导费 570 万元,并于四川、湖南、广西、江西、广东、福建、贵州、湖北、浙江、陕西、甘肃、河南、新疆、山西 14 省,另筹垫头贷款 1900 余万元,又由农民银行统筹小型农田水利款 8900 余万元,分配于四川、西康、湖北、湖南、广西、贵州、云南、广东、福建、江西、安徽、浙江、河南、陕西、山西、甘肃、宁夏 17 省,依照《非常时期强制修筑塘坝水井暂行办法》,督促各省推进 1944 年度兴修小型农田水利工程。② 不过因为时间短、时局变化,多未付诸实施,收效不彰。

在开垦荒地、增加耕地面积的同时,一些地区冬春作物和棉花等经济作物的种植得到推广,土地复种指数和土地全年总产量,以及棉花产量都有所提高。

对农业生产和土地利用,国民党政府规定,禁种罂粟,限种烟草、糯稻,改种糯稻为粳稻,提倡和推广冬耕,种植越冬和夏季作物、双季稻、再生稻,由此提高复种指数,减少农地休闲。贵州省明确规定,除严厉禁种鸦片外,"各县所有耕地,一律不准休闲",并以十分之七八之耕地栽种食用作物。据称 1939 年的食粮生产,较上年可增加 2/10。③ 广西计有水田面积 1900 余万亩,1200 余万亩种植一季稻,估计其中至少 60%(约 750 万亩)适于种植越冬作物,而实际利用(栽培小麦)的仅 30 余万亩,只占4%,1939 年推广冬作,增加冬作面积 40 万亩,增产 32 万担;四川 1939 年和 1940 年,因春夏少雨,发生粮食恐慌,四川省和中央粮食管理局合作,于 1940 年、1941 年先后办理冬季增产和夏季增产,种植洋芋、春荞、甘薯等杂粮作物近 1000 万亩。广东省推广冬作成绩更大。1939 年广东 54 县冬耕总面积为 4869607 亩,收获杂粮 25477815 担。1940 年全省冬耕总面

---

① 郑起东:《抗战时期大后方的农业改良》,《古今农业》2006 年第 1 期。

② 国民党政府行政院编纂:《国民政府年鉴·中央之部》第三回第一编,第十二章,农林,1946 年印本,第 6 页。

③ 张肖梅:《贵州经济》,中国国民经济研究所 1939 年刊印本,第 A17 页。

积为 11523456 亩,收获杂粮 56799419 担;湖北则既推广冬作,也推广夏作。1941 年两者分别为 568584 亩和 25897 亩,1942 年分别增至 694174 亩和 794672 亩。据估计,1941 年后方 19 省①推广冬作和夏作面积 22985910 亩,增产粮食 42620745 担,占全部增产措施所获粮食产量的 45.62%。1942 年国民党政府在各省实施农业推广督导制度,各地冬作和夏做进一步推广:湖南省各县市成立粮食增产总督导团,扩大粮食增产范围,1941—1944 年间,每年增产粮食由 600 万石增至 800 万石;四川设粮食增产总督导团,推广冬季增产粮食作物 2003265 亩;1942 年,后方 19 省推广措施面积 40938088 亩,较 1941 年增加 78.10%,增产粮食 43265591 担,较 1941 年增长 1.51%。② 据 1944 年统计,后方冬作面积比战前增加 20%,约计 5000 余万市亩。尤以粤、闽、桂等缺粮省份,成效最著。③

通过荒地垦殖和推广越冬及夏季作物种植、提高复种指数,不同程度地增加了后方地区的耕地面积和耕地作物种植面积。如 1941 年西南 5 省推广冬耕面积 847 万余亩,利用荒隙地 243 万余亩,利用夏闲田 315 万亩,减糯改粳 139 万亩,推广再生稻 3.6 万亩,合计 1547.6 万亩。④ 除"减糯改粳"不会引致作物种植面积发生变化外,其他几项都是实际增加耕地或耕地作物种植面积,总计扩大作物种植面积 1408.6 万亩。在整个后方地区,1941 年推广再生稻和双季稻,利用冬闲、夏闲土地等项面积 4232 万亩;1942 年、1943 年分别为 1469 万亩和 3353 万亩。⑤ 这都相应增加了同等数量的耕地作物种植面积。抗日战争前同抗日战争期间比较,后方地区战前 7 年作物种植面积年平均为 65940 万市亩,战时 1938—1945 年的作物种植面积,各年依次为 65607 万市亩、66366.3 万市亩、67357.3 万市亩、68218.8 万市亩、69768 万市亩、71033.6 万市亩、71994 万市亩、

---

① 19 省为四川、湖南、广东、广西、云南、江西、福建、浙江、西康、陕西、河南、甘肃、青海、山西、绥远、宁夏、安徽、贵州、湖北。
② 郑起东:《抗战时期大后方的农业改良》,《古今农业》2006 年第 1 期。
③ 中国国民党中央委员会党史委员会编印、秦孝仪主编:《中华民国重要史料初编·对日抗战时期》第 4 编第 3 册,中国国民党中央委员会 1981 年刊本,第 658 页。
④ 封昌远:《最近全国粮食增产工作概况》,《中国农民》1942 年第 4 期。
⑤ 吴伟荣:《论抗日后方农业生产的发展》,《近代史研究》1991 年第 1 期。

71275.2 万市亩,8 年平均为 68951.9 万市亩。[1] 抗日战争期间,除 1938 年低于战前 7 年的平均数、1945 年略低于 1944 年外,其余 6 年均逐年增加,1944 年最多达 6000 多万亩。战时 8 年平均,作物种植面积超过战前 7 年平均数的 5%。

在调整农地使用、增加粮食生产、优化粮食结构的同时,后方地区的棉花和蚕桑种植也在扩大,棉花和蚕丝产量有所提高。

日本全面侵华战争爆发后,华北、华东和华中产棉区相继沦陷,棉花严重短缺。西南地区多无植棉习惯,而且相当一部分地区秋季多雨,不适宜植棉。四川全省战前年产皮棉仅 40 万担左右,贵州、云南棉花产量更少。发展棉花生产成为后方农业的迫切任务。为此,国民党政府在陕西、新疆两地发展棉花生产的同时,重点在四川等地扩大棉花种植,设立植棉指导区、特约棉种繁殖场、棉种管理区、标范棉田和轧花厂,培育和推广良种,将良种与土种隔离,防止混杂,并发放植棉贷款,扩大植亩面积尤其是良种种植面积,增加棉花产量。1938—1941 年,西南后方各省共推广"斯字""德字""脱字"等优质棉种 438.5 万市亩,至 1942 年,推广面积达 604.2 万市亩,占后方棉花种植面积的 21.3%。[2] 在推广优良棉种的过程中,植棉面积也有所扩大。1943 年,陕西、四川、河南、湖北等省共增加棉田面积 250.98 万亩,增产皮棉 67.77 万担。[3]

抗日战争期间,后方部分地区的蚕桑业,也有不同程度的发展。日本全面侵华战争爆发后,江浙粤鲁皖等主要蚕桑区相继沦陷,蚕丝来源几近枯竭,对外贸易、国防军备、国计民生损失惨重。为此,国民党政府采取多种措施,协助后方一些省区恢复和发展蚕桑业。如在四川设立蚕丝改良场和乐山蚕丝实验区;在云南设立蚕桑改进所;在湖南、广东、河南、西康分别设立蚕桑改良场;在四川、云南、西康分别设立示范丝厂;1943 年制订四川实施蚕丝增产五年计划,将桑苗及改良蚕种运至新疆繁殖推广;农

---

[1] 吴伟荣:《论抗日后方农业生产的发展》,《近代史研究》1991 年第 1 期。

[2] 吴伟荣:《论抗日后方农业生产的发展》,《近代史研究》1991 年第 1 期。

[3] 国民政府行政院编纂:《国民政府年鉴·中央之部》第二回,第十二章,1944 年印本,第 5 页。

林部复于 1944 年组织蚕丝委员会,与第三战区司令长官部合办苏浙皖蚕丝业复兴委员会,又在四川、西康、云南、广东、广西、湖南、河南等省组织蚕丝生产。① 广东在珠江三角洲蚕桑区沦陷后,着手发展西江、北江流域蚕桑业,1939 年建立乐昌蚕丝育种场和连县、阳山两个天蚕试验场,育制蚕种,推广栽桑,以期拓展新的蚕桑区域。②

这些机构、单位成立,相关措施的推行,在部分地区取得成效。四川全省 1936 年产丝 8000 市担,1939 年产丝 2.5 万市担,1940 年产丝 2.93 万市担,分别比 1936 年增加 2.12 倍和 2.66 倍。③ 广东省战前四年生丝平均产量为 36569.25 担,战初四年为 42196.5 担,较战前增长 15.39%。④

从整体上看,综合数据资料显示,抗日战争后方地区,粮食单位面积产量、粮食和农作物总产量都有轻微增长。表 12-58 是战时后方小麦等 3 种主要粮棉作物的亩产量统计。

表 12-58　战时后方小麦、粳稻、棉花亩产量统计(1937—1944 年)

(单位:市斤/亩)

作物 \ 年份	1937	1938	1939	1940	1941	1942	1943	1944	平均*
小麦	125	183	173	169	132	159	141	169	158
粳稻	316	362	369	311	325	313	306	—	328
棉花	22	27	32	28	25	22	26	—	25

注:* 小麦系 1938—1944 年 7 年平均数;粳稻、棉花系 1938—1943 年 6 年平均数。
资料来源:吴伟荣:《论抗日后方农业生产的发展》,《近代史研究》1991 年第 1 期。

从表 12-58 中可知,战时后方地区小麦、粳稻、棉花等 3 种主要粮棉作物的单位面积产量,较 1937 年均有轻微增加。其中小麦和棉花亩产量,各年均较 1937 年为高,粳稻情况有所不同,亩产量在 1938 年、1939 年

① 郑起东:《抗战时期大后方的农业改良》,《古今农业》2006 年第 1 期。
② 广东经济年鉴编纂委员会编:《广东经济年鉴》(1940 年)上册,广东省银行经济研究室 1941 印本,第 E25、G86 页。
③ 郑起东:《抗战时期大后方的农业改良》,《古今农业》2006 年第 1 期。
④ 据许道夫编:《中国近代农业生产及贸易统计资料》,上海人民出版社 1983 年版,第 270 页表 5"广东省生丝产量(1933—1941 年)"计算。

超过 1937 年并达到高峰后,大幅波浪式回落,除 1941 年亩产略高于 1937
年、1944 年情况不详外,其余 3 年均低于 1937 年产量,只是因为有 1938
年、1939 年的高峰产量拉伸,战时平均亩产量仍能达到 328 斤,略高于
1937 年的 316 斤。

由于战时后方地区耕地面积扩大、单位面积产量提高,粮食、棉花和
农作物总产量相应上升。表 12-59 大致反映了战时后方 15 省粮食和农
作物总产量的变化状况。

表 12-59　战时后方 15 省粮食产量和农作物总产量统计(1938—1945 年)

(单位:千市担,战前 7 年=100)

项目 年份	稻谷	麦类	玉米	高粱	豆类	粮食作物产量		各类农作物 总产量	
						千担	指数	千担	指数
战前 7 年平均	789121	252713	59527	32506	85415	1435331	100	1590632	100
1938	806501	293249	70371	33997	91338	1572006	109	1717882.56	108
1939	820238	289722	71293	34299	99531	1543745	107	1749695.2	110
1940	663210	286941	67039	31264	90779	1395637	97	1574725.68	99
1941	684153	238917	68533	29665	79454	1375818	96	1542913.04	97
1942	672169	299092	58496	24044	89834	1386241	98	1527006.72	96
1943	642761	280238	64899	28055	81796	1388033	98	1558819.36	98
1944	709018	340651	67340	27467	72810	1539717	106	1686069.92	106
1945	818887	295868	72631	29449	78436	1400568	99	1574725.68	99
战时 8 年平均	727117	290585	67575	29780	85497	1452742	101.2	1631988.432	102.6

注:表中稻谷包括粳稻和糯稻,麦包括小麦和大麦,豆类包括豌豆和蚕豆,农作物总产一项系由主要
　　粮食总产加上油菜籽、棉花、花生、芝麻、大豆、小米等农作物产量数字而得。
资料来源:据中央农业实验所档案四二四(474)和许道夫编:《中国近代农业生产及贸易统计资料》
　　第 20—77 页数字计算得出,转自吴伟荣:《论抗日后方农业生产的发展》,《近代史研究》
　　1991 年第 1 期。

表 12-59 数据显示,按时段年均产量计算,战时后方粮食产量和各
类作物总产量均微量超过战前 7 年的年均产量。如以战前 7 年的年均产
量为 100,则抗日战争期间 8 年粮食年均产量为 101.2,各类主要作物年
均总产量为 102.6。粮食作物以外的作物年均产量增幅略大于粮食作
物,不过两类作物的增幅都相当微小。由于粮食作物及其产量在各类农

作物及其产量占着绝大比重,也就决定了两类作物及其产量的变化走势。因此,战时粮食作物产量、各类农作物总产量的变化趋势基本一致,都是战时开头两年明显增长,随即连续 4 年大幅回落至战前水平以下,直至 1944 年反弹,回升超过战前水平,但 1945 年又旋即下降至战前水平以下。各主要农作物种植面积伸缩、产量升降不一,情况多种多样。但农业产量增长大多限于前期,后期增长的情况和地区不多见。其中广西三江县,从 1941 年开始推广优良品种,改良栽培方法,增加肥料,兴办水利,开垦荒地,防止病虫害,防止积谷损耗,并督饬尽量利用林隙及河岸地带,多种杂粮,以弥补粮食之短缺。据 1943 年统计,全县直接增产达 25685 市担,间接增产 1470 市担。[①] 不过这类后期增产的地区并不普遍。

就整体而言,抗日战争期间后方地区的农业生产确有某种程度的恢复和发展,基本上满足了军民食粮和部分工业原料的需要。作为后方国民经济核心支柱的农业,为战时后方经济的正常运行提供了一个坚实的支点,有力支援了全国的抗日战争。据国民党政府属下中央农业实验所对战时后方主要粮棉产品供需状况所作的分析、估算,若干主要粮棉产品的供需态势,见表 12-60。

表 12-60 战时后方地区主要粮棉产品供需状况估算
(1938—1945 年)
(单位:千市担)

项目\作物	粳稻	小麦	大麦	玉米	高粱	甘薯	豌豆	棉花
一般需求量	726315	169160	85553	59527	32506	216049	41295	4832
实际生产量	643519	209729	89363	66533	29665	277096	42217	5381
最大生产量	855357	237980	102301	78365	38282	319244	52234	6856

原注:表中一般需求量据战时平时需要情形填入;实际生产量由 1941 年或 1942 年材料填入;最大生产量选择 1938 年、1939 年材料填入。涵盖地区,河南缺 64 县,湖北缺 30 县,浙江缺 21 县。
资料来源:据吴伟荣:《论抗日后方农业生产的发展》,《近代史研究》1991 年第 1 期改制。

---

① 三江侗族自治县地方志编纂委员会办公室编:《三江县志》(民国),1946 年修,2002 年翻印本,第 226 页。

如表 12-60 所示,各种农作物产量和供需状况不尽相同。在一般情况下,细粮粳稻和粗粮高粱求大于供,特别是粳稻,短缺近 9%。这同国民党政府推广冬耕、夏作有关。种植小麦、大麦、豌豆等,用于粳稻的人工、劳力、肥料减少,土地无冬闲,全年总产量提高,但水稻单产下降,导致粳稻供不应求。高粱求过于供,则同酿酒和邻近沦陷区的地方常遭日伪流窜破坏,以便追剿游击队、抗日群众有关。至于小麦、大麦、玉米、甘薯、豌豆、棉花等,基本上供给不缺,少数作物(如甘薯、玉米)还有较大数量的富余。据统计,抗日战争时后方人口约为 21607 万人,相当于战前全国人口的 45%[①],居民粮食需求量极大,但人均占有的口粮仍超过战前水平。据估算,1931—1937 年,全国年人均占有粮食(成品粮)501 市斤,扣除牲畜、种子和其他用粮,人均口粮为 353 市斤,而战时后方年人均占有粮食为 644 市斤,人均口粮为 472 市斤,分别超过战前 28.5% 和 33.7%。[②]

战时后方地区农业虽有某种程度的恢复和发展,不过速度缓慢,农业增长幅度很小,各省和省内地区间也很不平衡,只是一种局部的、断续而不稳定的短暂发展。其发展速度和增长幅度,战时 8 年平均同战前 7 年比较,粮食作物产量仅增长 1.2%,各类作物总产量仅增长 2.6%,增幅十分微小。各年的农业产量的增减状况,战时 8 年中,5 种主要粮食作物只有 1938 年、1939 年产量超过战前平均水平(另 1944 年的麦类、玉米,1945年稻谷、麦类、玉米产量超过战前平均水平),其余都在战前平均水平以下,农业某种程度的发展更多的是在抗战初期;在地区上,农业发展比较明显的区域,大多局限于陕西、四川、湖南、广东、广西若干州县,其他除个别地方外,农业发展甚微。

战时后方农业发展的上述局限性和地区不平衡性,除了不同时段、不

---

① 据统计,1936 年全国人口为 47809.95 万人。见刘克祥、吴太昌主编:《中国近代经济史(1927—1937)》上册,人民出版社 2010 年版,第 809 页。

② 战前全国数据见刘克祥、吴太昌主编:《中国近代经济史(1927—1937)》上册,人民出版社 2010 年版,第 809 页;战时后方数据据国民党政府中央农业实验所统计。见吴伟荣:《论抗日后方农业生产的发展》,《近代史研究》1991 年第 1 期。

同地区面临的战争形势、气候年成、财政经济状况外,主要还是源于国民党中央和地方政府制定、推行的政策措施尚欠得当、有力,后期甚至蜕变为地主豪富的谋利手段。

　　开垦荒地和推广冬耕,本是战时国民党政府农业“增产”的核心措施,但在一些地区,实际上不是未能切实执行,就是实行过程中走样、变质,甚至让地主豪富借机扰民、敛财。垦荒原拟农民领垦为主,兼行“扶持自耕农”。但实行时在一般垦区,多被“公司”把持,甚至名为垦殖,实则抢购、囤积土地,坐待土地涨价,或招佃分垦,收取高额地租。如华西垦殖公司凭借政府和银行的优惠条件,在滇越铁路中点以半圈占半价买的手段,占得耕地10余万亩,边囤地待涨,边以类似租佃的方式招民领种;各省凡有大规模水利工程完成的区域,也即有垦殖公一类组织,其用意亦复相同;另有很多私荒,往往被豪绅以垦荒名义承领,但并不耕种,甚至捏词领照,或收买废契,伪造契约,霸占土地。各地的普遍情况是,“荒地无人耕,耕好有人争”,纠纷迭起。① 结果,强悍狡黠者视侵夺他人垦熟地为致富捷径,懦弱良善者视垦荒为畏途,有的地区垦荒“档案倒是堆积如山,而荒地还是荒地。名不符实,收效甚微”②。

　　同样普遍的情况是,许多发展农业的政策措施并未真正贯彻执行,即使贯彻执行,也主要满足国民党和大地主、大资产阶级的一己私利,不能惠及广大贫苦农民。如举办农业贷款,无论农民银行、农业金库还是其他商业银行,其目的无不是追求利息。因此往往以“殷实可靠”的地主富户为主要对象,而与大多数贫苦农民无缘。即使受贷,也是先经联保主任、保甲长、亲友及其他富户之手,最后到达贫苦农民手中时已变成高利贷。而且,放款机关为加速本金周转,增收利息,往往不愿发放生产贷款,以致失去了“农贷”的意义。 些地区设立农业仓库,举小粮食抵押贷款,贫苦农民因无大量粮食抵押,也无缘获得押款,农业仓库徒给地主富户以粮

　　① 中国第二历史档案馆编:《中华民国史档案资料汇编》第5辑第2编,财政经济(8),江苏古籍出版社1997年版,第225—226页。
　　② 商有光:《推进贵州垦殖事业与解决地权之商讨》,《抗建半月刊》1939年第1卷第2期。

食囤积操纵之机。① 在广西,佃农和半佃农占农户总数的2/3,而他们获得的农贷只占1/3,其余2/3则落入富有者和高利贷者手中。② 农民不仅得不到贷款,没有资金,且因抓丁拉夫,导致劳力严重短缺。据统计,到1942年止,西南各省农户中,在征调兵役后,农民家庭完全没有壮丁的农户,四川占16.2%,贵州占52.5%,云南占22%,广西占21.4%;因征调工役而完全失去壮丁的家庭,四川占14.9%,贵州占31.7%,云南占25%,广西占8.8%。③ 既无资金,又缺劳力,其结果是农户经营面积缩小,耕作质量和土地产量下降,农业生产衰退。

同时,抗日战争爆发后,农民的田赋和其他捐派负担明显加重。湖北均县,一亩地的田赋至少在一元以上,差不多一年收成的一半;四川仪陇,"地硗土瘠,赋税特重,附加尤多";西北苛杂名目之多,更为"全国之冠"。官吏的贪污中饱,也十分惊人。有人统计,政府要老百姓负担一块钱,但老百姓要出20块钱才能完事。④ 1941年国民党政府相继实行田赋征实、征购和征借后,农民的田赋负担又进一步加重。据国民党政府的官方统计,征实粮额一般占土地收入的15%,实际往往高达20%以上,再加上田赋征购、征借和带征县级公粮等,高者往往占土地收获量的一半以上。但土地所有者的实际负担还远不止于此。官吏胥役的摊派、浮收、勒索以及完赋者长途运送所花食宿费用,其数量更大于"正供"。连国民党政府也不得不承认,"政府得谷一石,而人民之负担为二石或三石"⑤ 普通自耕农的情况更惨。除本身田赋外,往往还要加上大地主转嫁的田赋。结果,有的自耕农被迫出卖子女或其他物产,购粮以纳赋,有的被迫贴契照于门而逃亡他乡。佃农的经济状况也恶化了。地主以田赋征实、征购、征借为由,竭力提高地租,原来收钱的改收实物,正租之外又增加押租和附租,以

---

① 《新蜀报》1940年9月14日;韩克信:《普安农贷鸟瞰》,《中国农村》1939年第5卷第11、12期合刊,第22—23页。

② 辛涛:《大后方农民离开土地的问题》,《新华日报》1940年7月15日。

③ 吴伟荣:《论抗日后方农业生产的发展》,《近代史研究》1991年第1期。

④ 童常:《抗战中的西北民生问题》,《中国农村》战时特刊第19期;国民参政会川康建设视察团编:《国民参政会川康建设视察团报告书》,1939年印本,第350页。

⑤ 彭雨新、陈友三等:《川省田赋征实负担研究》,商务印书馆1943年版,第98—99页。

致广大佃农被榨得一贫如洗。

农民经济状况恶化,农业生产不能正常进行和发展,还由于抗日战争全面爆发后,大批官僚、地主、商人、富户转往后方,将其游资投向土地,导致一些地区土地兼并加剧,地价上涨,地租也随之加重。到1940年前后,西南重庆、成都、昆明、贵阳等后方城市周围的农地价格,都上涨了一倍至几倍,地租也水涨船高。如璧山丁家坳的地价上涨了120%,地租也涨了一半。成都周围的地租也涨了。① 随着土地兼并的加剧,一些地区出现了地权进一步集中的趋势。中农的比重下降,丧失生产资料的雇农增加。据统计,陕西、甘肃、青海、宁夏、河南、湖北、四川、云南、贵州、湖南、江西、浙江、福建、广东、广西15省,长工人数1937年为929万人,1938年为950万人,1939年为969万人;农户雇用的短工工人天数1937年为7.11亿工,1938年为7.74亿工,1939年为8.7亿工。长工、短工均呈逐年增加趋势。② 农民丧失其他农业生产资料的情况也日益严重。如鄂北一带,农民为完纳捐税和田租,常常被迫抵押或出卖耕牛。1938年一年中,在偷盗、抵押、出卖形式下,被宰杀的耕牛竟占耕牛总数的40%—50%。加上征发壮丁、灾荒死亡等原因而出现的农业劳动力的缺乏,最后又导致了土地的荒芜和农业的衰退。农业生产力的破坏和农村经济的凋敝,随之造成农民生活和农村治安的急剧恶化,各处盗贼蜂起,城乡居民无法正常生产和生活,这又反过来进一步加剧了后方农业生产和农村经济的恶化。

(二) 战后全国农业的急速衰萎和濒临崩溃

抗日战争胜利后,直至1949年国民党蒋介石败走台湾,无论抗日后方还是沦陷区,农业均未能得到恢复,1948年后更是加速崩溃。

1945年8月日本帝国主义投降时,中国特别是东北和关内沦陷区的农民、农业、农村惨遭日军烧杀、劫掠、破坏、蹂躏长达14年和8年之久,

---

① 沈志远:《过去一年的中国经济》,《反攻》1940年第8卷第1期。
② 中国第二历史档案馆编:《中华民国史档案资料汇编》第5辑第2编,财政经济(8),江苏古籍出版社1997年版,第215页。

蒙受损失无以数计:耕地荒芜,或被完全毁坏,其中不少是无法复原的永久性或半永久性毁坏,耕地面积大幅下降;男女劳力或被日军杀戮,或战死沙场,或死于日军苦役,或被抓往日本、异国,因冻饿、劳累、疾病、折磨丧命,或体弱多病及残废。惨死病废者众,劫后余生者寡,生产劳动力极度短缺;农村屋舍或被炸塌烧光,或被拆建炮楼岗哨,大多仅剩残垣断壁、碎砖土坯瓦片,农户男女老幼多无处栖身;耕畜大多或被日军、日本浪人劫杀饱肚,或被运往日本国内,或被劫为军用,下落不明,一些地区的壮实牛马驴骡几近绝迹,即使残留少量老弱病畜,亦往往单只或病弱不成犋,不能拉犁;农具或连房舍一同被焚毁,或被日军充作柴薪,或残破而无力修补添置,绝大部分农户不是农具绝迹,就是残缺破损,无法配套;口粮、衣被、种子、肥料等,亦无一不缺。另外,树木森林被盗伐烧毁,河流淤塞,堤坝崩塌,塘堰干涸,农田水利废弛,生态环境和农业资源、农业生产条件,无不急剧恶化,农业生产形势异常严峻,农民处于水深火热之中。

面对这种极其恶劣和严峻的环境,国民党中央和地方政府并未轻徭薄赋,与民休息;更未能采取任何有效措施,帮助农民恢复和发展农业生产。相反,国民党蒋介石为了发动和支持内战,苛捐杂税不断加重,农民愈加亏折;又到处抓丁拉夫,农业劳力愈加匮乏。农民往往既无米下锅,又无劳力种地,农业生产条件进一步恶化,农业愈益衰退、萎缩。

1. 农业生产条件的进一步恶化

战后农业生产条件进一步恶化,突出表现为农政废弛,水利失修、窳败,耕畜、农具、肥料、种子严重短缺。

农田水利灌溉方面,无论原来基础如何,各地的普遍情况是,水利失修,河流淤塞,堤坝崩塌,塘堰干涸,灌溉农具残破、短缺,土地灌溉面积下降,水旱灾荒频密。安徽泗县,明初至民国数百年间,先是濉河改道入泗,农田被淹,潴水成湖,洪涝严重。乾隆年间曾经治理,境北淹地变为沃壤。此后水利废弛,水患年甚一年。光绪十年(1884年)曾兴工治理,但因中法战争爆发而搁置。1915年和1933—1937年又两次治理,排水条件一度有所改善,但终因治理标准偏低,加上战争破坏,水利条件继续恶化,"大河淤小,小河淤平",以致全县大部分地区旱涝灾害频见。① 山东利辛,因黄河年久失修,多次泛滥,南侵夺淮,境内西淝河深受其害,河床淤积,堤坝溃决,雨量稍大即平满外溢,"大雨大灾,小雨小灾,无雨旱灾"②成为常态。湖北黄梅县,"大部分土地,由于水利失修,易涝易旱"③。安陆的情况是,"水利条件差,多数农田'望天收'"④。有些地区虽有水源,但灌溉工具不足。江苏武进马杭乡等3乡(村)共有田近万亩,只有打水机一部半、水车184架,仅可灌溉7700亩,其余2200余亩则无法或不能及时灌溉。⑤ 浙江金华,水车是"不可或缺的重要农具",但因价格昂贵,一般农民无力添置,如坛里郑村150户贫农仅仅有水车18架,缺少情况相当严重。⑥ 一些丘陵山区,因森林毁坏,水土流失,水旱灾荒频率陡增。如浙江衢州地区,因农民生活贫困,无力保养,致桐林、竹山、薪炭林破坏甚多,影响水土保持,所以水、旱灾害连绵不断。⑦

耕畜、农具、肥料短缺的情况尤为普遍。日本全面侵华战争前,多数地区的耕畜、农具本不充裕,不过亦有部分地区耕牛农具不成问题。日本全面侵华战争期间,不论哪类地区,耕畜、农具均大幅减少,形成严重短缺。抗日战争胜利后和内战期间,社会环境未得改善,农民少有养殖、添置,国民党军队又任意宰杀和流窜破坏,加上在不同阶层之间,分配、占有极不均平、合理,以致短缺程度愈益严重。

浙江衢县,耕牛在抗战前原本足够使用,战时经敌寇两度流窜及国民党军队任意宰杀,加上疫病伤亡,农民无力添购,耕牛数量大减,耕作不得已多以人力代替牛力。⑧ 周边龙游、江山、开化等地,更是"耕牛尤感缺

① 泗县地方志编纂委员会编:《泗县志》,浙江人民出版社1990年版,第102页。
② 利辛县地方志编纂委员会编:《利辛县志》,黄山书社1995年版,第125页。
③ 黄梅县人民政府编:《黄梅县志》,湖北人民出版社1985年版,第54—55页。
④ 湖北省安陆市地方志编纂委员会编:《安陆县志》第4卷,农业,武汉出版社1993年版,第122页。
⑤ 华东军政委员会土地改革委员会编:《江苏省农村调查》,1952年印本,第52页。
⑥ 华东军政委员会土地改革委员会编:《浙江省农村调查》,1952年印本,第179页。
⑦ 华东军政委员会土地改革委员会编:《浙江省农村调查》,1952年印本,第54页。
⑧ 华东军政委员会土地改革委员会编:《浙江省农村调查》,1952年印本,第60页。

乏"。有的战前耕牛已感不足,战后愈加严重。衢县等 4 县历年耕牛变化情况如表 12-61 所示。

表 12-61　衢县等县耕牛情况变化(每百家农户养牛头数)
统计(1936 年、1948 年、1949 年)　　　　　　　(1936 年＝100)

项目　　县别	1936 年				1948 年				1949 年			
	水牛		黄牛		水牛		黄牛		水牛		黄牛	
	头数	指数	头数	指数	头数	指数	头数	指数	头数	指数	头数	指数
衢县	33	100	17	100	20	60.6	5	29.4	18	54.5	9	52.9
龙游	17	100	21	100	11	64.7	16	76.2	10	58.8	14	66.7
江山	13	100	10	100	13	100	10	100	12.8	98.5	9.4	94.0
开化	32	100	22	100	—	—	—	—	17	53.1	11	50.0
简单平均数	23.75	100	17.50	100	14.67	61.77	10.33	59.03	14.45	60.8	10.85	56.86

资料来源:华东军政委员会土地改革委员会编:《浙江省农村调查》,1952 年印本,第 53 页。

　　统计显示,4 县每百农户饲养耕畜数量变化,1936 年、1948 年、1949 年 3 个年份比较,除衢县 1949 年每百农户饲养黄牛比 1948 年增加 4 头、开化 1948 年情况不详外,其他各年都在减少。其中衢县、江山两县,1949 年的水牛、黄牛只相当于 1936 年的一半或一半稍多一点。1949 年与战前比较,4 县平均计算,每百农户饲养的水牛和黄牛,分别减少了 9 头和 7 头。4 县计 25 万户,以农民占 80% 计算,20 万户农民总计减少水牛 1.8 万头、黄牛 1.4 万头,共 3.2 万头。无论战前耕牛是否充足,到 1949 年时无不短缺。[①]

　　其他一些地区,耕畜也大都减少。浙江松阳据 1946 年调查,有水牛 1333 头,黄牛 4712 头,较之战前"大为减少",不敷应用。[②] 湖北安陆,日军侵占期间,耕畜多遭日军抢劫,加上国民党军队的破坏,1938—1948 年间,累计损失耕牛 3.8 万头,1946—1947 年,耕牛只剩 2.2 万头。[③] 在湖

---

　　① 华东军政委员会土地改革委员会编:《浙江省农村调查》,1952 年印本,第 53 页。
　　② 华东军政委员会土地改革委员会编:《浙江省农村调查》,1952 年印本,第 80 页。
　　③ 湖北省安陆市地方志编纂委员会编:《安陆县志》第 4 卷,农业,武汉出版社 1993 年版,第 123—124 页。

南,耕牛也十分缺乏,据衡阳、长沙、永州、常德、益阳、邵阳等县调查,平均每户占有耕牛数,地主 0—0.4 头,富农 0.7—1 头,中农 0.5—1 头,贫农 0.1—0.2 头,雇农一般全无耕牛。[①] 除地主(一般很少直接经营土地)、富农耕牛充裕或基本够用外,部分中农和全体贫农、雇农耕牛无不短缺。

据 1951—1952 年对河南、湖北、湖南、江西、广东、广西等中南 6 省 97 县 100 个乡的典型调查,耕牛数量、农户占有比重及其变化,见表 12-62。

表 12-62　河南等中南 6 省 97 县 100 乡耕畜占有
及数量变化(1936 年、1948 年)

项目 省别乡数	年份	户数 (户)	耕畜数 (头)	户均 (头)	各阶级(阶层)占有耕畜百分比(%)					
					地主	富农	中农	贫农	雇农	其他
河南 14 乡	1936	5657	4084.04	0.72	11.85	6.17	57.85	22.46	0.39	1.28
	1948	6567	4358.33	0.66	11.55	7.15	51.38	27.60	0.28	2.04
湖北 20 乡	1936	9759	4391.32	0.45	6.22	5.12	53.77	32.78	0.34	1.77
	1948	11565	4434.01	0.38	6.82	6.36	46.71	37.29	0.28	2.54
湖南 15 乡	1936	9841	2634.12	0.27	6.32	4.73	58.30	26.31	0.37	3.97
	1948	10640	3071.49	0.29	8.43	5.57	60.03	21.59	0.13	4.25
江西 14 乡	1936	7334	2614.26	0.36	4.88	6.08	52.79	32.54	0.90	2.81
	1948	8106	2099.59	0.26	8.42	7.27	47.26	32.03	0.57	4.45
广东 15 乡	1936	8483	2225.25	0.26	11.42	5.89	55.22	25.27	0.18	2.02
	1948	9186	2798.31	0.30	11.41	8.34	52.05	25.57	0.25	2.38
广西 22 乡	1936	8564	5929.80	0.69	15.50	8.58	54.02	19.21	0.79	1.90
	1948	10425	7026.03	0.67	14.02	7.15	52.14	22.27	0.76	3.66
总计 100 乡	1936	49638	21878.79	0.44	10.28	6.39	55.14	25.59	0.52	2.08
	1948	56489	23787.76	0.42	10.60	6.96	51.39	27.41	0.43	3.21

注:总计栏的户数、耕畜数系按细数加总得出,与原资料总数(见该书第 2、20 页)略有出入。

资料来源:据中南军政委员会土地改革委员会编:《中南一百个乡调查统计表》,1953 年印本,第 2、10、12、14、16、18、20、26、34、36、38、40、42、44 页综合计算、编制。

———————————

① 李芝发:《湖南农业志》,湖南省农业厅 1958 年征求意见稿,第 12 页。

如表 12-62 所示,1948 年同 1936 年比较,按省范围计算,6 省 100 乡中,江西 14 乡的耕畜数由 2614.26 头减至 2099.59 头,下降了近 20%。其余 5 省 86 乡,耕畜尚有不同程度的增加,6 省 100 乡总计,耕畜数也是增加的。从 21879 头增至 23788 头,增加了 8.73%。不过这并不等于单个农户使用的耕畜数量会相应增加。因大部分地区的户均耕畜数量并非增加,而是减少。6 省 100 乡中,4 省 70 乡的户均耕畜数量减少。6 省 100 乡总计,户均耕畜从 0.44 头微降至 0.42 头,减少了 4.45%。同时,耕畜在不同阶级(阶层)农户中的分配,地主、富农的比重从 16.67% 升至 17.56%,而中农、贫农、雇农的比重从 81.25% 降至 79.23%,一般农户家庭减少的耕畜数量就更多了。

由于耕畜数量持续下降,耕畜普遍短缺是战后各地农业面临的严重问题。少数地区,按耕地面积计算,畜力基本够用,但因分配不均,贫苦农户的耕畜严重短缺。如江苏吴县姑苏乡,除富农外其余各阶层农具及耕畜均感不足。如以耕地计算,富农平均每 27.71 亩有耕牛一头,中农每 39.61 亩有耕牛一头,贫农、雇农则需 140.70 亩才有耕牛一头。通常一头耕牛能耕地 30 亩左右(包括戽水),则中农有 1/4 的土地需靠人力耕种、戽水,贫雇农有 8/10 的土地须靠人力耕种戽水。[1] 浙江嘉兴高照乡,从全乡看,耕牛基本上不缺,但从各阶层分配情况看,中农以上各阶层大多够用或有剩余,贫农以下各阶层则"普遍缺牛,一般以人工来换牛工"。[2] 上述江苏武进马杭乡等 3 乡(村),有田近万亩,仅有牛 197.5 头,可耕田近 6000 亩,其余 3900 多亩,全靠人力耕种。而这些耕牛绝大部分为地主、富农所占有。[3] 吴县保安乡,共 1575 户,使用土地 13698 亩,只有 32 头牛、53 具犁,其中贫农 742 户,使用土地 4412 亩,只有 3 头牛、2 具犁。"贫苦农民用手力翻田地极为普遍"。[4] 安徽濉溪,地主、富农农具齐

① 苏南区农委会:《吴县姑苏乡农村情况调查》(1950 年 7 月调查),《江苏省农村调查》,1952 年印本,第 188 页。
② 华东军政委员会土地改革委员会编:《浙江省农村调查》,1952 年印本,第 92—93 页。
③ 华东军政委员会土地改革委员会编:《江苏省农村调查》,1952 年印本,第 52—53 页。
④ 华东军政委员会土地改革委员会编:《江苏省农村调查》,1952 年印本,第 165、170 页。

全,耕畜有剩余,而一般中农与贫农,农具大多残缺不全、耕畜不足,贫农尤为突出,土地翻种须靠人力或以人力换牛力才能解决。[1] 铜陵东家店村,中农、贫农也大多缺牛。[2] 浙江余姚潮界乡第二村共有耕牛 39 头,缺少耕牛 55 头,亦即短缺 58.51%。以中农、贫农所缺最多。[3] 丽水县城 16 个保(另有 2 保情况不详)共 872 户,虽有耕牛 602 头,但中农、贫农极度短缺。770 户中农、贫农中,既无自养又无租牛耕田的纯无牛户达 624 户,占 81.04%。[4] 建德菴口乡顾家村、黄里坪村共有牛 77 头,缺牛 20 余头。"中农、贫农均感不足"。[5] 福建古田七保村,共 269 户,使用土地 3314.67 亩,有耕牛 72 头,但分配极不均平,两户富农(用地 60.7 亩)占有 14 头,而 178 户贫农(用地 1765.61 亩)只有 15 头,平均 11.87 户、117.71 亩才有 1 头牛。[6] 湖南南县,据 1952 年对同仁乡的调查,50%以上的农户无耕牛。[7]

犁、耙、锄、镐、钉耙等基本农具同样大幅减少,普遍短缺。浙江龙游,1949 年同往年比较,犁耙、锄头、四齿耙、水车等主要农具无不大减,情况见表 12-63。

表 12-63　龙游县每百家农具数统计(往年,1949 年)

(单位:件,往年=100)

项目 农具别	每百家占有农具数				价格 (斤米)
	往年		1949 年		
	实数(件)	指数	实数(件)	指数	
犁	30	100	20	66.67	100
锄头	300	100	200	66.67	70

---

[1]　华东军政委员会土地改革委员会编:《安徽省农村调查》,1952 年印本,第 74 页。
[2]　华东军政委员会土地改革委员会编:《安徽省农村经济》,1952 年印本,第 119 页。
[3]　华东军政委员会土地改革委员会编:《浙江省农村调查》,1952 年印本,第 206 页。
[4]　华东军政委员会土地改革委员会编:《浙江省农村调查》,1952 年印本,第 234—235 页。
[5]　华东军政委员会土地改革委员会编:《浙江省农村调查》,1952 年印本,第 175 页。
[6]　华东军政委员会土地改革委员会编:《福建省农村调查》,1952 年印本,第 73—74、79—80 页。
[7]　《南县志》编委会编:《南县志》,湖南人民出版社 1988 年版,第 103 页。

续表

项目\农具别	每百家占有农具数				价格（斤米）
	往年		1949 年		
	实数（件）	指数	实数（件）	指数	
耙	30	100	20	66.67	150
四齿耙	100	100	60	60.00	40
水车	28	100	25	89.29	600

资料来源：华东军政委员会土地改革委员会编：《浙江省农村调查》，1952 年印本，第 67 页。

1949 年同往年比较，各种农具约减少 1/10 至 1/3 不等。

前揭河南、广东等中南 6 省 97 县 100 乡，情况变化同耕畜相仿，详情见表 12-64。

表 12-64　中南 6 省 97 县 100 乡主要农具占有及数量变化（1936 年、1948 年）

项目\省别乡数	年份	户数（户）	农具数（件）	户均（件）	各阶级（阶层）占有农具百分比					
					地主	富农	中农	贫农	雇农	其他
河南 14 乡	1936	5657	6899.60	1.22	12.52	6.88	59.93	18.86	0.34	1.47
	1948	6567	7073.60	1.08	12.30	7.05	56.51	21.64	0.10	2.40
湖北 20 乡	1936	9759	18489.47	1.89	5.96	5.24	47.99	38.10	0.68	2.03
	1948	11565	18506.04	1.60	6.35	6.11	44.43	39.83	0.60	2.68
湖南 15 乡	1936	9841	16214.66	1.65	6.20	4.20	54.54	29.87	0.56	4.63
	1948	10640	18185.17	1.71	7.98	5.34	55.50	25.81	0.47	4.90
江西 14 乡	1936	7334	12906.93	1.76	5.01	5.21	48.69	36.61	0.87	3.61
	1948	8106	15113.74	1.86	6.22	5.40	44.54	36.99	1.60	5.25
广东 15 乡	1936	8483	9418.93	1.11	4.27	4.42	50.26	37.58	0.81	2.66
	1948	9186	11733.16	1.28	7.32	5.90	45.31	37.02	0.88	3.57
广西 22 乡	1936	8564	13982.40	1.63	9.09	7.03	53.16	27.27	1.40	2.05
	1948	10425	15646.06	1.50	10.00	5.87	49.83	30.43	1.06	2.81

续表

省别乡数 \ 项目	年份	户数（户）	农具数（件）	户均（件）	各阶级（阶层）占有农具百分比					
					地主	富农	中农	贫农	雇农	其他
总计 100 乡	1936	49638	77911.99	1.57	6.79	5.38	51.73	32.43	0.80	2.87
	1948	56489	86257.77	1.53	7.94	5.83	48.88	32.80	0.83	3.72

资料来源:据中南军政委员会土地改革委员会编:《中南一百个乡调查统计表》,1953 年印本,第 2、10、12、14、16、18、20、26、34、36、38、40、42、44 页综合计算、编制。

如表 12-64 所示,从各省、乡总体数据看,农户的农具还是增加的,主要农具从 1936 年的 77911.99 件增至 1948 年的 86257.77 件,增加了 10.71%。不过从户均占有的农具数量看,增加的只有 3 省 44 乡,减少的为 3 省 56 乡。6 省 97 县 100 乡合计,户均占有农具从 1.57 件微降至 1.53 件。同时,同耕畜一样,农具在不同阶级(阶层)农户中的分配,地主、富农占有的比重上升,而中农、贫农、雇农的比重下降:前者从 12.17% 升至 13.77%,后者从 84.96% 降至 82.51%。一般农户占有的农具数量原来就十分有限,现在更少了。

农具总数、单个农户的农具数减少,农具在各阶级(阶层)中的分配,越来越不合理,作为农业生产者主体的中小农户特别是贫苦农户,农具的短缺状况越来越严重。

江苏武进湖塘区等三个区乡(村),轧稻机、抽水机、水车等主要农具大多为富农、中农所占有。富农每 2 户有水车一部、11 户有轧稻机一架;中农每 4 户有水车一部、68 户有轧稻机一架;而贫农每 30 户才有水车一部、216 户有轧稻机一架,耕牛、农具"异常缺乏"。[1] 吴县保安乡,742 户贫农仅有 3 头耕牛和 2 架犁。[2] 无锡堰桥乡,牛、驴等耕畜为数极少,仅某些村庄间或有一二头。[3] 在这些地区,大部分农户已经无法采用牛力犁耕。

在那些基本或勉强延续牛力犁耕的地区,犁耕农具亦往往残缺不全,无法配套,无法进行完整的犁耕。浙江余姚潮界乡第二村的中农、贫农、

---

[1]　华东军政委员会土地改革委员会编:《江苏省农村调查》,1952 年印本,第 52 页。
[2]　华东军政委员会土地改革委员会编:《江苏省农村调查》,1952 年印本,第 170 页。
[3]　华东军政委员会土地改革委员会编:《江苏省农村调查》,1952 年印本,第 131 页。

雇农,不是完全没有犁具,就是残缺不全,不能配套。78 户中农使用土地 867.57 亩,有犁 23.5 架,但只有 1 架耙,仅为需求量的 1/10;96 户贫农、雇农,使用 379.91 亩土地,更仅有 1 牛 1 耙,完全没有犁,只能锄耕犁耕混搭,有条件采用犁耕的仅限于部分富裕农户。[①] 该县南留乡第 10 村,贫农、雇农的犁、耙、稻桶等基本农具,也都不同程度地短缺。[②] 安徽一些地区的情况相仿或更为严重。该省同南方许多地区一样,水田犁耕分犁、耙、耖等三个步骤,须相应置备犁、耙、耖三种农具配套。但在一些县、乡(村),犁、耙、耖往往数量不足,且残缺不全,各阶层更分配不均,贫困农户短缺尤甚。广德梅溪村 367 户,使用 1775.93 亩土地,有 115 张犁、57 架耙、64 架耖,耙、耖已明显不足。具体各个农户,因分配不均,数量不足、残缺不全的问题更加严重,佃中农、贫农和佃贫农,不仅犁具数量少,耙尤为短缺。34 户佃贫农仅有 1 架耙,68 户纸工(使用土地 67 亩)仅有 2 张犁,而 36 户雇农(使用土地 199 亩)则犁具全无。[③] 南陵戴镇村,富农、中农农具尚算齐全,或"勉强够用",而贫农、雇农农具"最为缺乏"。152 户贫农仅有 34 张犁、7 架耙、5 架耖,47 户雇农则仅有 1 张犁。[④] 宣城金象村的情况是,地主、富农和中农犁耙基本配套,但耖不足或极度短缺,贫农不仅耖极度短缺,犁、耙亦严重不足。107 户雇农(占农户总数的 16%,使用土地占 2%)则犁、耙、耖全无。[⑤]

安徽皖北一些地区的情况更为严峻。濉溪古西乡,由于人多地少,又多为下等地。农民既缺土地,更缺农具。该乡除地主富农"农具齐全"

① 华东军政委员会土地改革委员会编:《浙江省农村调查》,1952 年印本,第 197、206—207 页。

② 华东军政委员会土地改革委员会编:《浙江省农村调查》,1952 年印本,第 216 页"南留乡第十村各阶层占有耕牛、农具统计表"。

③ 华东军政委员会土地改革委员会编:《安徽省农村调查》,1952 年印本,第 120—121、125—126 页。

④ 华东军政委员会土地改革委员会编:《安徽省农村调查》,1952 年印本,第 176—177 页。

⑤ 该村共有锄头 841 把,按全体农户(不计造纸工人、手工业者和其他村户)平均每户 1.5 把,地主、富农、中农、贫农、雇农依次户均 1.7 把、2.5 把、1.6 把、1.5 把和 0.7 把。见华东军政委员会土地改革委员会编:《安徽省农村调查》,1952 年印本,第 145 页。

外,一般中农与贫农的农具大多残缺不全,其中尤以贫农为最。表 12-65
具体反映了该乡各阶层农户的农具占有情况。

表 12-65　安徽濉溪古西乡各阶层农户土地使用
和农具占有情况(1949 年)

项目 成分	户口 (户)	人口 (人)	使用土 地(亩)	农具占有(件)					
				耩	大车	小车	犁	耙	锄头
地主	24	123	292.3	5.5	3.5	0	4.6	4.6	18
富农	42	244	1371.4	22	13.5	1	23.5	23	65
中农	303	1641	6430.1	114.85	81.65	11	130.8	151.4	402
贫农	645	2792	5806.0	69.8	20.5	25	77.5	82.5	438
雇农	3	11	4.9	0	0	0	0	0	2
其他	5	19	0	0	0	0	0	0	0
总计	1022	4830	13904.7	212.15	119.15	37	236.4	261.5	925

注:农具数据中的小数系同外乡亲友合用。
资料来源:据华东军政委员会土地改革委员会编:《安徽省农村调查》,1952 年印本,第 70—71、74—
　　　　75 页综合整理编制。

　　数据显示,农具短缺是各阶层农户的普遍问题,地主、富农所谓"农
具齐全",实际只是相对于中农、贫农而言。因为即使富农也不能做到每
户都有耩子、大(小)车和犁、耙。中农特别是贫农、雇农的农具"残缺不
全",其严重程度更令人难以想象。645 户贫农,使用 5806 亩土地,而农
具少得可怜。价格、效率较高的大车、小车固然罕见,平均 30 户左右才有
一架,不可或缺的耩子、犁、耙,也要 8—9 户才有一件。就是锄头,也不是
每户都有,要 1.47 户才摊到一把。至于 3 户雇农,唯一的工具就是两把
锄头。他们虽然使用 4.9 亩土地,不仅无法独立耕作,即使外出佣工,假
若雇主要求雇工自带锄、镰等小型农具,连出卖劳力的条件也没有。

　　2. 以副补农的强化和农家商业性副业生产的萎缩

　　耕牛、农具以及种子、肥料短缺,生产规模缩小,耕播违时、经营粗放,
加上租税苛重,作为农民主业的农业,产量日减、收入大降,农民衣食无
着,生活极其艰难。在单靠农业无法生存的情况下,只能全家男女老幼从

事各种家庭副业,以弥补农业的不足。随着农民生产规模不断缩小和加速贫困化,"以副补农"的传统农业生产经营模式进一步强化。

无论农业、副业,大都分为自给性和商业性两个部分。清末民初以降,商业性部分明显扩大,自给性部分相对缩小。日本全面侵华战争和战后时期则呈逆向发展。一方面,农业生产和农民家庭经济萎缩,越来越大比重的农副业生产只能满足或无法满足家庭成员的直接需要(其中食粮需求又处于压倒一切的地位),而往常销往市场的农副产品因港口封锁、对外贸易大减,国内市场购买力下降,产品没有销路,导致商业性农副业萎缩,自然经济回潮;另一方面,到1948—1949年国民党大陆政权覆灭前夕,工农业生产大幅衰退,金融枯竭,纸币化水,市场交易空前萎缩,粮食成为农村市场交换的主要甚至唯一媒介,货币交换蜕变为物物交换,商业性农副业生产蜕变为自给性生产,商品经济倒退为自然经济。

近代时期以来,"以副补农"的传统农业生产经营模式一直呈现不断强化的态势。战后短短4年间,由于国内政治形势的急剧变化,经历了"以副补农"迅速强化,到副业由商业性变成自给性,最后急剧衰退、萎缩的全过程。

江苏无锡张村区,地狭人稠,人均耕地不足1亩,以往因土地肥沃,且临近县城,肥料劳力充沛,土地产量较高,农民尚可勉强度日。但在日本全面侵华战争和战后期间,遭日军蹂躏和国民党政府横征暴敛,农业生产力被摧残破坏,农业产量"渐行降低",生活日见艰难,农民除大量离村、进城谋生外,留在村内的农民尤其是中农和贫农,只能依赖副业维持。据对该区寺头乡4村1保的调查,农村副业(包括种菜、捕鱼、养蚕等)及农业外其他生产收入,在农户收支中占很大比重。从事副业生产的中农,副业收入可维持约4个月的生活,贫农可维持5个月。因此有些农民进而重副轻农,谓"种田是阿末条路,只要有点办法,总勿会在家"[1]。该县坊前乡,由于长期遭受封建剥削,人多地少,土地使用分散,农业收入不足以维持生活,因而从事各种副业以补助生活者颇多,占总户数的86.03%。

---

[1]　华东军政委员会土地改革委员会编:《江苏省农村调查》,1952年印本,第96页。

因该乡因接近城市,副业生产不仅支撑农户家庭经济,不少副业(如砖坯、养蚕、绣花等)直接为城市工商业服务,也对城市有着极大的依附性。[①] 武进城郊茶山乡,地少人多,单靠土地收入不够维持生活,大多兼营其他副业。其户数占总户数的85%。[②] 昆山太平乡的情况是,耕牛农具缺乏,劳动力剩余,农民必须依靠其他生产以补助家庭开支。除了打短工、做手艺、小贩,全乡90%以上的农户在冬季农闲时都从事纺织。[③] 吴江震泽、严墓两区,农民养蚕以弥补农业收入之不足,收茧缫丝出售,换回一部分食粮,以防荒灾;同时购买肥料,用于稻田,增加农业产量。[④] 苏北南通袁桥,一家只有2—3亩地,"吃不饱,饿不死",进大生纱厂做工的也极少,只能从事其他副业。除了做瓦木匠、铁匠、竹匠、园桶匠外,几乎家家纺纱织布,十家之中八家有小木织机。农民所种棉花,一部分卖给纱厂,另一部分自纺土纱、自织土布。[⑤] 南通城东李观音堂一带,约一个人种一亩田。也是"田上收入不够吃用,就织布",差不多家家纺纱,或卖给人家,或自家织土布。[⑥]

浙江衢县白渡乡,共有土地7740亩、1662个劳动力,剩余372个劳力。贫农、雇农的剩余劳动力达50%。为了生存,贫农、雇农除了出雇长工,主要副业有打扇子、养猪、种菜、磨豆腐、养蜂等,因打扇子成本最低,最为普遍,女孩长至6岁即要学打扇,俚语云:"娜妮会打扇,便有衣服穿。"战前养猪亦极为普遍,但因需要本钱大,战后衰落。[⑦] 衢县山多地少,稻米、杂粮产量本已不足自给,自日本全面侵华战争以来,屡经日军及国民党政府摧残榨取,农民生产资金缺乏,又水利失修,病虫害肆虐,产量

①　华东军政委员会土地改革委员会编:《江苏省农村调查》,1952 年印本,第 123 页。

②　华东军政委员会土地改革委员会编:《江苏省农村调查》,1952 年印本,第 42 页。

③　华东军政委员会土地改革委员会编:《江苏省农村调查》,1952 年印本,第 157 页。

④　华东军政委员会土地改革委员会编:《江苏省农村调查》,1952 年印本,第 383 页。

⑤　姚谦编著:《张謇与近代南通社会:口述实录(1895—1949)》上册,方志出版社 2010 年版,第 83 页。

⑥　姚谦编著:《张謇与近代南通社会:口述实录(1895—1949)》上册,方志出版社 2010 年版,第 85—86 页。

⑦　华东军政委员会土地改革委员会编:《浙江省农村调查》,1952 年印本,第 150—151 页。

大减,粮食短缺愈甚,1949 年达 13.78%,需赖副业和土纸、木材、柴炭、植物油(桐油、柏油、青油、茶油等)、橘子等土特产(这些土特产亦是副业产品)换回粮食。① 余姚潮界乡第二村,人多地少,又深受地主剥削,贫苦农民单靠土地不能维持生活,都经营其他副业。② 松阳西南山乡,山峦绵亘,稻田很少,粮食不敷自给,但山间产竹,农民用其造纸,作为副业,借以弥补生活之不足。③ 丽水佃农,田质低劣的,每亩年产谷仅百斤左右,往往赔本,全赖副产收入以作弥补。④

福建、广东、四川等地,一般农户经营规模更小,单靠农业更难生存。福建福州郊外鼓山区一带,一个耕种 5 亩自田的 5 口之家,一年约缺口粮 1000 斤谷子,若是对半分租的佃农,则短缺半年的粮食。基本求生办法,一是多种供城市消费的商品性作物;二是从事手工业和充当手艺人。⑤ 在广东,因田地数量太少,"所有生产量,根本不足维持一家之生计",故贫苦农民或"薄有田地者,往往于耕作之暇兼为雇工,以为补给"⑥。所述系日本全面侵华战争期间的情况,副业项目也只限于佣工。战后时期,土地供应更为紧张,农业产量也更难维持生计,更需要副业的补充和支撑。当然,副业也不限于佣工一项。在广东一些地区,蚕桑,种植蔬菜、果树,饲养猪、鸡、鸭、鹅和养鱼等,都是农家重要副业。四川綦江,农户"土地经营规模越小,农民想获得副业的动机愈大,副业愈占重要地位"⑦。

在某些地区,副业在农户特别是中农、贫农、雇农的家庭收入中占有

---

① 华东军政委员会土地改革委员会编:《浙江省农村调查》,1952 年印本,第 58—59、60、62 页。

② 华东军政委员会土地改革委员会编:《浙江省农村调查》,1952 年印本,第 207 页。

③ 华东军政委员会土地改革委员会编:《浙江省农村调查》,1952 年印本,第 315 页。

④ 华东军政委员会土地改革委员会编:《浙江省农村调查》,1952 年印本,第 230 页。

⑤ 福建省农民协会:《福州市鼓山区农村调查》(1950 年春),《福建省农村调查》,1952 年印本,第 31—32 页。

⑥ 广东经济年鉴编纂委员会:《二十九年度广东经济年鉴》,广东省银行经济研究室 1941 年印本,第 B35 页。

⑦ 上海中国地政学院编纂:《民国二十年代中国大陆土地问题资料》第 53 册,(台北)成文出版社 1977 年版,第 26866 页。

相当大的比重,甚至取代农业成为主业。江苏无锡张村区,大部分农民的夏收夏种生产资金和部分日常生活费用,都仰给于蚕桑副业,故有"吃自田里来,用由养蚕得"之语。① 浙江嘉兴塘汇乡南阳村和花鱼村,副业和其他收入占全村总收入将近20%。不过从事副业的基本上限于中农、贫农,他们从事副业的收入占全村副业收入的96.5%,而地主(包括经营地主)、富农(包括大佃农、佃富农)的副业收入仅占全村副业收入的3.5%。在中农、贫农的家庭收入中,副业自然占了很大比重。在南阳村,中农、贫农的家庭收入中,副业分别占15.8%和45.1%,在花鱼村,副业分别占18.5%和37.4%。② 前述临安、孝丰、于潜、分水、富阳、昌化、安吉等7县,部分农户主要以副业为生。7县154848户中,21963户(占14.2%)"以经营副业生产为其生活的主要来源"③。江苏武进,不少农户以副业为主要生活来源。焦溪区从事编蒲包的人数占全区人口的43%,以编蒲包为主要生活来源者占31.5%;遥观乡以烧制砖瓦为业的占全乡人口的70%。④ 吴县姑苏乡,从事泥水匠、木匠等手艺的贫农、雇农和部分中农,通常一年做工100天,工薪超过一般贫农的农业净收入。⑤ 苏北南通旧城南门外,段家坝到狼山一带,田少人多,不仅要"种田加织布才能勉强生活",而且"家家织布为主,种田为次",副业取代农业成为主业。⑥ 浙南庆元、龙泉、景宁3县因山多耕地少,大部分农户除耕耘少量田地外,以外出替人种植香菇为主要生活来源。3县种植香菇者约五六万人,庆元东区则全部皆是。每年九十月间,除留下老幼看家,全家男女均前往福建、赣南、广东等地种植香菇,直至次年清明前后方才返乡。⑦ 福建古田山多

---

① 华东军政委员会土地改革委员会编:《江苏省农村调查》,1952年印本,第104页。
② 华东军政委员会土地改革委员会编:《浙江省农村调查》,1952年印本,第127页。
③ 华东军政委员会土地改革委员会编:《浙江省农村调查》,1952年印本,第13—14、25页。
④ 华东军政委员会土地改革委员会编:《江苏省农村调查》,1952年印本,第37、53页。
⑤ 华东军政委员会土地改革委员会编:《江苏省农村调查》,1952年印本,第189页。
⑥ 姚谦编著:《张謇与近代南通社会:口述实录(1895—1949)》上册,方志出版社2010年版,第227—228页。
⑦ 华东军政委员会土地改革委员会编:《浙江省农村调查》,1952年印本,第27、31—32页。

田少,农户经营面积狭窄,七保村 1/3 以上的劳力过剩,因而严重缺粮,完全无法靠农业为生。全村 258 户中,缺粮户达 150 户(占 58%)。粮食从收割时起,能吃到次年阴历年的计 100 户(占 39%)。为了活命,这些农民不能不廉价出卖劳力,或离乡背井,外出谋生。当然更多的是在家从事各种副业。农民把"剩余下来劳动力尽量利用来增加各方面的收入"。挑脚,同山主合伙砍伐松柴(所得和山主二八分成,砍者得 8 成),打草鞋,饲养猪、羊、鸡、鸭等,都是增加收入的手段。[①] 福安南塘保,农户耕作面积异常狭小,而地租高利贷剥削极其残酷,农民除制糖、饲养畜禽,只能靠卖柴、挑担、打短工、织草席、打草鞋,"以补贴农田经常收入的不足"[②]。

战后农民家庭副业同战前一样,仍然大致由自给性生产、商业性生产和劳力出雇等三部分组成。20 世纪二三十年代,由于城乡商品经济、商业性农业和富农经济的发展,加上地权愈趋集中和农民贫困化,商业性生产和劳力出雇在农民副业中所占比重上升,自给性生产相应下降。日本全面侵华战争爆发后,由于工农业生产和城乡商品经济发展停滞、衰退,社会购买力萎缩,市场萧条,加上农民衣食和资金严重短缺,农民家庭副业结构出现新的变化走向,商业性生产萎缩,自给性生产比重上升。至于劳力出雇,情况比较复杂:一方面,农民土地短缺,经营规模愈益狭窄,劳力更加过剩,佣工人数增加;另一方面,商业性农业、富农经济和经营地主或经营性地主萎缩,雇工农户及其雇工数量减少,雇佣劳动供大于求,实际雇佣数量未必增加,甚至减少。即使雇佣数量增加,但雇工工资下降,一些地区的童工更只管饭而无工资。因此,佣工收益在农家副业收入中所占比重不一定上升,甚至下降。

江苏吴江六都乡后港村,农民以养蚕为主要副业,养蚕历史已有百年以上。每家都有养蚕工具,养蚕经验也很丰富,1950 年 7 月有调查称,"特别是近四、五年来,养蚕事业益见发展"[③]。该县震泽、严墓两区,日本全面侵华战争期间,灾祸迭起,蚕业一落千丈,桑树被砍伐当柴卖。至日本

---

① 华东军政委员会土地改革委员会编:《福建省农村调查》,1952 年印本,第 84—85 页。
② 华东军政委员会土地改革委员会编:《福建省农村调查》,1952 年印本,第 65 页。
③ 华东军政委员会土地改革委员会编:《江苏省农村调查》,1952 年印本,第 382 页。

帝国主义战败投降,"养蚕业又为大家注意了"。过去大都只养春蚕,从1948年起开始养秋蚕,但因秋季桑树多虫,育秋蚕者仍很少。且因解放前夕丝茧销路不畅,农民养蚕兴趣减低,故"蚕桑业已不如以往那样兴盛"①。

战后蚕桑,作为某些地区农家的主要商业性副业生产,除个别地方短暂维持外,大多节节衰微。江苏无锡坊前乡,养蚕是中农、贫农的主要副业,养蚕数量占总数的83.57%。农户养蚕规模,战前最多的每户养蚕10张左右,一般的五六张,战后减退至三五张,到1949年,养蚕最多的仅6张,一般在2张以下。②减少了约一半到4/5。在武进,蚕桑作为全县范围的主要商业性副业,因战后丝价一蹶不振,这项副业大衰,过去全县每年用蚕种达18万张,战后仅4万张,各处桑树亦多半被砍伐。③浙江嘉兴塘汇乡南阳、花鱼两村,原来副业和其他收入中,养蚕缫丝占有相当大的比重。但自遭受帝国主义的破坏后,日趋凋敝,1938年一斤蚕茧值8.5升米,至解放前夕每斤只值2.3升米,收入和地位陡降。④前述嘉兴塘汇乡,蚕桑在农家副业中占有相当大的比重,自遭受帝国主义的破坏后,"日趋凋敝"。⑤在浙江全省,作为农户主要副业产品的蚕茧产量和收购量,1949年同1936年比较,从89万担和64.97万担减至19.59万担和9.09万担,分别下降了77.99%和86.01%。⑥广东南海,1910年全县桑地面积29.76万亩,按当时亩桑产茧41.86公斤算,全县茧产量当在1.2万吨以上。20世纪30年代经济危机期间,蚕桑生产严重衰退,1935年桑地减至8万亩。日本全面侵华战争期间,蚕桑生产更遭浩劫,桑地抛荒或改种其他作物,1946年,桑地仅8377亩,只相当于1935年的10%和1910年的2.8%。抗日战争胜利后,蚕桑生产一度有所恢复,但因时局不稳,通货膨胀日益严

① 华东军政委员会土地改革委员会编:《江苏省农村调查》,1952年印本,第303—384页。
② 华东军政委员会土地改革委员会编:《江苏省农村调查》,1952年印本,第125—126页。
③ 华东军政委员会土地改革委员会编:《江苏省农村调查》,1952年印本,第53—54页。
④ 华东军政委员会土地改革委员会编:《浙江省农村调查》,1952年印本,第126—127页。
⑤ 华东军政委员会土地改革委员会编:《浙江省农村调查》,1952年印本,第127页。
⑥ 华东军政委员会土地改革委员会编:《浙江省农村调查》,1952年印本,第303页。

重,加之连年灾荒,蚕桑产量极低。到1949年,亩桑产茧10公斤,只有1910年的23.9%。全县产茧357吨,只相当于1910年的2.98%。①

其他农家商业性副业生产,也大都明显衰落,或被自给性副业所取代。

浙江嘉兴塘汇乡南阳、花鱼两村,原来副业和其他收入中,除了养蚕缫丝,饲养湖羊亦占有相当大的比重。湖羊既可积厩肥,又可繁殖小羊,羊毛、羊皮可以出卖,价钱亦好。但战后羊毛、羊皮销路都不大,养羊业顿形萎缩。② 浙江衢县,农村副业有制麻绳、制扇、制草鞋、烧砖瓦、烧陶瓷、造纸、榨油、饲养家畜,其中以制扇、制草鞋、饲养猪羊最为普遍。战前平均每一农户养猪一头,战后猪肉销路欠佳,又因缺乏饲料,因此产量锐减。羊群数量亦陡降。具体情况见表12-66。

表 12-66　浙江衢县家畜数量变化趋势统计产量
比较(1936年、1948年、1949年)

(单位:头,1936年=100)

项目 畜别	1936年		1948年		1949年	
	实数	指数	实数	指数	实数	指数
猪	62270	100	51250	82.30	29840	47.92
山羊	8980	100	3950	39.98	1200	13.36

资料来源:华东军政委员会土地改革委员会编:《浙江省农村调查》,1952年印本,第60页。

1949年同1936年比较,猪的数量下降了一半多,羊群的降幅超过8成半。

衢县周边龙游、江山、常山、开化、遂昌等县,情况大同小异。表12-67从1936年和1949年两个节点,反映出战前、战后农家畜禽养殖业的兴衰变化。

① 南海市地方志编纂委员会编:《南海县志》第14卷,农业,中华书局2000年版,第576—577页。
② 华东军政委员会土地改革委员会编:《浙江省农村调查》,1952年印本,第126—127页。

表 12-67　浙江衢州地区饲养畜禽统计(1936 年、1949 年)

(单位:只,1936 年=100)

项目\县别	猪				鸡				鸭			
	1936 年		1949 年		1936 年		1949 年		1936 年		1949 年	
	实数	指数	实数	指数	实数	指数	实数	指数	实数	指数	实数	指数
衢县	62270	100	29840	47.92	213200	100	239500	112.34	35900	100	39200	109.19
龙游	80000	100	50000	62.50	180000	100	170000	94.44	50000	100	6000	12.00
江山	32120	100	34160	106.35	212150	100	182690	86.11	32470	100	21420	65.97
常山	38420	100	29510	76.81								
开化	30000	100	8000	26.67	200000	100	60000	30.00	10000	100	2500	25.00
遂昌	13980	100	12580	89.99	157500	100	35160	22.32	2550	100	2310	90.59
总计	256790	100	164090	63.90	962850	100	687350	71.39	131190	100	71430	54.45

资料来源:华东军政委员会土地改革委员会编:《浙江省农村调查》,1952 年印本,第 53—54 页。

1949 年同 1936 年比较,除江山的猪、衢县的鸭,数量有轻微增加外,其他无不明显下降。6 县合计,猪、鸡、鸭的数量依次下降了 36.10%、28.61%和 45.55%。没有入表 12-67 的羊、鹅的数量变化基本相同。两者分别从 1936 年的 10730 只、16830 只减至 1949 年的 2450 只、13780 只,分别下降了 77.13%和 18.12%。

除了饲养畜禽,各县有多种商业性副业生产,如榨油、制糖、造纸、伐木、砍柴、制扇、制靛等。原来相当兴盛,产品大多销往外地,不仅农民赖以为生,亦是相关各县经济的重要支撑。战后时期,因市场需求、农民生产能力或生产资源萎缩,大都急剧衰落。6 县过往的土特产输出中,以土纸和油类的价值最大,最盛时二项折米达 581122 石以上,占土特产输出总值 80%以上。20 世纪 40 年代末,衰落特甚,土纸输出仅及盛时的 1/5,油类也降至 1/2 以下。其他占输出比重较大者如木材、木炭、木柴等,估计约值米 10 万石左右;柑橘、竹笋、红糖等,常年输出约值米 5 万石左右,盛年达 10 万石,战后亦大减。如龙游制糖最盛时植蔗面积约 1800 亩,年产糖 50 万斤;战后台糖充塞市场,且农村日益凋敝,植蔗面积大减,1949

年植蔗面积仅约 340 亩,产红糖 10 万斤,输出约 8 万斤,值米约 4 千石;土纸产量由最盛时的 20 万担减至 1949 年的 5 万担;柏油产量由最盛时的 2.5 万担减至 1949 年的 5000 担。总计 1949 年 6 县土特产输出约折米 353038 石以上,尚不及盛年的 50%,下降了一半以上。①

在福建古田七保村,作为农家重要副业的烟叶种植业、麻布业、木材业和红面业,或因农户资金缺乏、销路滞塞转产,由商业性生产转为自给性生产,或完全停歇。过去烟叶销路较好,尽管地租苛重,租种烟叶的田地仍不少,凡有耕地的农户几乎都会种植,全村烟叶收入仅次于稻作。战后烟叶滞销,产量大减,只相当于过去的 1/3,原来的烟地多改种番薯,"商品作物减少了,口粮作物在逐渐增加中",番薯产量增加了一倍;麻织业原是从事人数最多的副业,几乎每家都有麻布机,妇女老幼都能织麻。麻线、麻布除自用外,亦供出口外销。战后出口消失,产品仅供自用;林竹业和木材业在副业中原来也占重要地位,除油桐、油茶、毛竹、茶叶等经济林种植、经营,还有木材砍伐、运销。以往木材大都经过水路运往福州销售,因沿途关卡、水闸肆意摊派苛索、重租敲诈,生产者获利甚少,加上海口被敌人封锁,销路停滞,业务陷入停顿状态;过去该村红面业也很兴盛,各阶层都兼营此业,全村有面埕 30 多家,产品行销上海、天津、北京一带,日本全面侵华战争爆发后停歇,一直未曾恢复。② 手工业产品市场销售萎缩、农民家庭经济衰败,也直接导致农村手工业从业人员和登门服务的手艺人纷纷失业。如福州郊区前溪村,1941 年 102 名手工业者和手艺人中,1949 年 7 月前,继续从业的只剩 22 人,失业率为 78.43%;到是年 8 月后,从业的只有 4 人,其余 98 人不是失业就是转业。③

3. 农业生产的全面衰退和农村经济的濒临崩溃

经历 8 年和 14 年日本帝国主义侵略战争及殖民统治的烧杀奸淫、蹂躏洗劫,农民、农业和农村经济惨遭劫难,农业资源、生产设施、农副产品、

① 华东军政委员会土地改革委员会编:《浙江省农村调查》,1952 年印本,第 54、56—57、69 页。
② 华东军政委员会土地改革委员会编:《福建省农村调查》,1952 年印本,第 84—85 页。
③ 华东军政委员会土地改革委员会编:《福建省农村调查》,1952 年印本,第 55 页。

村落屋舍、家什财物等，被毁坏、攫夺殆尽，直接导致全国农业生产的大破坏、大衰退和农村经济的崩溃。

战后时期，农业生产条件急剧和全面恶化，广大农民特别是作为农业生产者主力的中农、贫农、雇农，耕畜、农具和口粮、资金严重短缺，导致原本最起码的简单再生产也无法继续进行，或只能在愈加恶劣和不断萎缩的条件下勉强维持。

调查资料显示，众多农户因为耕畜、农具和种子、口粮、资金严重短缺，即使缩小原本已十分狭小的经营规模，仍因没有耕畜，农具短缺、残破，连沿袭两千余年牛耕都无法保留，不得不退回到人力锄耕。江苏吴县保安乡，742 户贫农仅有 3 头耕牛和 2 张犁，因而"用手力翻田地极为普遍"[①]。该县姑苏乡，中农有 1/4 的土地须靠人力耕种、戽水，贫雇农有 4/5 的土地须靠人力耕种戽水。[②] 武进政成乡的 7049.94 亩水田中，4379.94 亩"须靠人力耕种"[③]。浙江嘉兴塘汇乡南阳、花鱼两村，300 户贫农耕种的 2708 亩水田，因只有 1 头牛、只得"以劳力代畜力，以铁铲代犁耙，从事耕种"[④]。安徽濉溪古西乡，645 户贫农，耕种的 5806 亩土地中，2281 亩"须靠人力或以人力换牛力来解决"[⑤]。这些缺乏耕畜、犁具的贫困和中小农户，减缩经营规模，因陋就简，以人力锄耕取代传统的牛力犁耕，无论劳动强度、生产效率、耕作的集约程度，两者不可同日而语。人力锄耕不仅劳动效率和耕作质量降低，耕作粗放，而且往往延误农时，土地收获下降。如浙江松阳，许多农民，尤其是贫农，因为自己没有耕牛，"往往使耕作失时，以致影响产量"[⑥]。

还有相当一部分中小和贫困农户，既无耕畜、犁具，又无锹、锄、耙（四齿耙）等替代锄耕农具，只有向地主、富农和其他富裕农户租借，或以人力换取畜力、农具，方能维持耕作。如福建龙岩，76%的农户因负穷养

① 华东军政委员会土地改革委员会编：《江苏省农村调查》，1952 年印本，第 170 页。
② 华东军政委员会土地改革委员会编：《江苏省农村调查》，1952 年印本，第 188 页。
③ 华东军政委员会土地改革委员会编：《江苏省农村调查》，1952 年印本，第 53 页。
④ 华东军政委员会土地改革委员会编：《浙江省农村调查》，1952 年印本，第 123 页。
⑤ 华东军政委员会土地改革委员会编：《安徽省农村调查》，1952 年印本，第 74 页。
⑥ 华东军政委员会土地改革委员会编：《浙江省农村调查》，1952 年印本，第 80 页。

不起耕牛,或立约常年租牛(年租稻谷 100 公斤),或犁田时临时租牛,或以人工换牛耕。[①] 上揭安徽濉溪古西乡有部分贫农,也是以人力换牛力来完成耕作。江苏武进湖塘区等三个区乡(村),没有耕牛、农具的贫苦农民,都是用人力兑换,"以补生产工具之不足"[②]。

在那些仍然延续牛耕或仍以牛耕为主的地区,要么只限于情况较好的中农以上农户。如江苏武进梅港乡三保,耕牛系中农以上农户所有和使用,情况稍差的中农及其以下农户,就只能用锄头翻土,"故生产较困难"[③]。要么向地主、富农和其他富裕农户租借耕畜、犁具,或以人力换取畜力、农具,方能维持耕作。如上揭安徽濉溪古西乡有部分贫农,就是以人力换牛力来完成耕作。浙江嘉兴高照乡,贫农以下各阶层普遍缺牛,一般以人工换牛工,三个人工换一个牛工。[④]

不过更多的是用粮食交换和租借,或租借与人工换牛工并行。浙江义乌佛堂镇,每届春耕,贫农、雇农都是租牛耕种,或以人工换牛工。[⑤] 建德莶口乡顾家、黄里坪两村,中农贫农耕牛均感不足,地主富农将其多余耕牛出租。[⑥] 在金华,没有水车的农户,都是以每石田 40—50 斤的租谷向地主租借。[⑦] 在开化,贫苦农民无力养牛,也置不起犁具,故犁具多由农民于租牛时一并向牛主租用。[⑧] 四川犍为,农户面积小者,或数家共养一牛,或竟不养,至需用时,向他人租借,租价每日 4 角,并给饲料。[⑨]

随着农民的加速贫困化、无牛化和耕牛租赁对人工换牛工的逐渐替代,耕畜、犁具加速向地主、富农集中,耕畜、犁具的租赁也在发生量和质

① 龙岩市地方志编纂委员会编:《龙岩市志》第 11 卷,农业,中国科学技术出版社 1993 年版,第 245—246 页。

② 华东军政委员会土地改革委员会编:《江苏省农村调查》,1952 年印本,第 52 页。

③ 华东军政委员会土地改革委员会编:《江苏省农村调查》,1952 年印本,第 133 页。

④ 华东军政委员会土地改革委员会编:《浙江省农村调查》,1952 年印本,第 93 页。

⑤ 华东军政委员会土地改革委员会编:《浙江省农村调查》,1952 年印本,第 159—160 页。

⑥ 华东军政委员会土地改革委员会编:《浙江省农村调查》,1952 年印本,第 175 页。

⑦ 华东军政委员会土地改革委员会编:《浙江省农村调查》,1952 年印本,第 179 页。

⑧ 华东军政委员会土地改革委员会编:《浙江省农村调查》,1952 年印本,第 73 页。

⑨ 上海中国地政学院编纂:《民国二十年代中国大陆土地问题资料》第 53 册,(台北)成文出版社 1977 年版,第 27110 页。

的变化。一些地区的地主、富农不再满足于出租自用有余的耕畜、犁具，赚取额外收益，而是购置多头甚至数十百头耕畜，用以出租谋利。地主、富农继垄断土地之后又垄断了耕畜、犁具，牛租成为地租以外的另一重要剥削手段。这又进一步加剧农民的贫困和农业生产的衰退。

肥料短缺、匮乏，是战后农业加速衰退的突出表现，也是衰退的重要原因。农民厩肥减少，除了丧失和无力饲养耕畜，猪、羊等家畜，鸡、鸭、鹅等家禽的数量下降，同样导致厩肥大减。同时，畜禽数量减少，导致家庭成员食物中的动物蛋白和家庭副业收入大大减少，这又不仅使粪便肥力下降，而且家庭生产和生活资金缩减，无力购买商品肥料。国民党某些地方政府曾举办肥料贷款，以解决农民缺肥和无力购买肥料的问题，也以失败告终。如浙江开化，因肥料缺乏，国民党政府时曾举"折款贷肥"，但多被地主、富农侵占，再以高利贷转放给农民。"农民缺肥的问题不仅不能解决，且更加严重。"[①]

这样，由于生产资金缺乏和枯竭，各阶层农户尤其是下中农和贫农、雇农，使用肥料的种类和数量、用于置办肥料的资金，均持续下降。福建古田七保村，以往农民施用肥料的种类较多，一般有盐、粪、鸡毛、猪毛、头发、牛骨、烟梗、稻草、灰、桐油饼等，还有施用肥田粉的。战后却只用普通肥料，连盐和牛骨也少了。贫农、雇农的肥料使用量比以前约减少1/3。肥料在生产资金中只占很小的比重。据调查，当地洋田、山田每亩生产资金分别折合稻谷142.6斤和148.7斤，肥料为25斤和27.5斤，分别占17.53%和18.49%。而且这些数字"都在不断下降"，农业生产"在益加粗放的情况下进行"[②]。江苏吴县保安乡，各阶层农户生产投资，包括种子、雇用人工、肥料等，依富农、地主、中农、贫农的顺序递减，富农为折合稻谷157.5—163.4斤，地主108.3—157斤，中农、贫农分别只有17.5—75斤和7.7—24.3斤。贫苦农民为生产而垫支的成本，除种子为固定不可少者外，主要包括肥料在内的其他成本"已降低到几乎等于零了"[③]。

---

① 华东军政委员会土地改革委员会编：《浙江省农村调查》，1952年印本，第73页。
② 华东军政委员会土地改革委员会编：《福建省农村调查》，1952年印本，第81页。
③ 华东军政委员会土地改革委员会编：《江苏省农村调查》，1952年印本，第171页。

从施用肥料的种类、数量看,同样依地主富农、中农、贫农、雇农的顺序递减,浙江衢县白渡乡,地主富农施用石灰,每亩在 120 斤以上,中农 100 斤左右,雇农、贫农仅有 60 斤左右;地主、富农的饼肥用量,每亩在 20—30 斤之间,中农用量相仿,而雇农、贫农多无力施用;地主、富农及中农均大量使用人粪、牛粪、猪粪等,雇农、贫农则大多无力饲养牲畜,厩肥更为缺乏,人粪也无力购买。①

肥料不仅是作物正常生长不可或缺的营养,而且其施放及数量多寡,还同田地耕耘的集约程度成正比。肥料越少,耕耘越粗放,作物生长条件越差。浙江衢县,一般水田翻耕,均为耕三次、铲三次、施肥三次。铲田次数是由肥料多少决定的,如只铲而不施肥,水田便会短劲而减产。雇农、贫农因缺乏耕牛、农具,缺少肥料,水田一般仅能耕一次、铲二次,被迫粗放应付。同时,贫农、雇农因肥料缺乏,土地利用率和复种指数亦相应降低,一些能种三季的好田,也只能种两季,耕作经营加速粗放、衰退。② 同时,因不施肥,土壤团粒结构被破坏,土地日益板结、贫瘠。如陕西旬阳,地租苛重,佃农异常穷困,既无力施肥,也不愿施肥,不顾水土流失,"种一季收一季,掠夺性地利用耕地"。结果"地块由肥变瘦,越种越薄"③。

耕畜、农具、肥料和生产资金的严重短缺,生产和耕作能力不断下降,加上自然灾害和水冲沙压、日本帝国主义的侵略和蹂躏、国民党政府抽丁抓夫和战争破坏,以及瘟疫疾病肆虐,农村人口大量死亡,劳力严重不足,导致耕地荒废,一些地区的荒地增加,耕地面积下降。

湖南桂阳樟市乡,人口大量死亡,劳动力急剧减少,形成"人少地多"的局面,与地主阶级的残酷剥削和使农民经济更趋衰微,耕畜、农具、肥料俱减,而又灾害连绵,结果相当一部分田地,或因受灾,需要较多肥料才能

---

① 华东军政委员会土地改革委员会编:《浙江省农村调查》,1952 年印本,第 150—151 页。

② 华东军政委员会土地改革委员会编:《浙江省农村调查》,1952 年印本,第 150—151 页。

③ 旬阳县地方志编纂委员会编:《旬阳县志》,中国和平出版社 1996 年版,第 158 页。

种植庄稼;或因塘坝坍塌干涸,缺水灌溉;或因靠近山边,被山泥冲积堵塞,无力清理修复,只能任其荒废。这样,荒地日益扩大,到 1949 年,共占全乡现有田地的 13.94%。① 江西玉山,民国后期,"政局动荡,成批劳力外流,大片土地荒芜",全县耕地面积从 1936 年的 425070 亩缩减为246700 亩,减少了 42%。② 山东长清,全县耕地从 1934 年的 85.42 万亩,减至 1946 年土地改革前夕的 70.74 万亩,下降了 17.2%。③ 吉林通化,1937 年有耕地 58.5 万亩,1945 年后,因为全面内战,劳动力减少,5.1 万亩耕地撂荒,1947 年全县耕地面积降至 53.4 万亩,减少了 8.72%。④1947 年,广东抛荒耕地达 75%,江苏为 60%,安徽、湖南等省也在 30%以上。⑤

战后时期,农业生产环境和条件恶化,农民加速贫困破产,生产和再生产在越来越恶劣和萎缩的条件下进行,导致单位面积产量和总产量大幅下降。各个地区的农业生产环境、条件及其变化,不尽相同,但包括粮食作物、经济技术作物在内的农业产量大幅下降的整体趋势并无二致。

江苏常熟,因受战争的破坏和国民党政府日益残酷的榨取,农民缺乏生产资金,施肥减少,农业产量普遍下降。如塘墅乡,稻米、小麦亩产量,战前一般分别为 2 石 2 斗和 1 石 8 斗,解放前分别减至 2 石和 1 石 5 斗;董滨乡分别从 2 石和 1 石 5 斗减至 1 石 5 斗和 1 石 2 斗。⑥ 江苏无锡云林乡,因税捐苛重,无力垡田,加以虫灾肆虐,水稻产量不断下降:1935 年亩产稻米 2 石 2 斗;1943 年减至 1 石 9 斗至 2 石;1948 年再减至一石七八斗。⑦ 13 年间,亩产量降低约 2 成或以上。上揭湖南桂阳樟市乡,由于地主阶级的残酷剥削与国民党政府的税捐苛敛,劳动力大量死亡,耕地面积

---

①　中南军政委员会土地改革委员会调查研究处编印:《中南区一百个乡调查资料选集·解放前部分》,1953 年印本,第 47—48 页。

②　汪凤刚:《玉山县志》,江西人民出版社 1985 年版,第 218 页。

③　曹维新:《长清县志》,济南出版社 1992 年版,第 92 页。

④　通化县地方志编委员会编:《通化县志(1877—1985)》,吉林人民出版社 2002 年版,第282 页。

⑤　刘克祥、陈争平:《中国近代经济史简编》,浙江人民出版社 1999 年版,第 671 页。

⑥　华东军政委员会土地改革委员会编:《江苏省农村调查》,1952 年印本,第 57 页。

⑦　华东军政委员会土地改革委员会编:《江苏省农村调查》,1952 年印本,第 112 页。

缩小,全乡农业产量急剧下降,解放前夕同战前比较,单位面积产量减少20%,总产量减少35%。[1] 安徽黟县,1934年全县粮食总产量1262万公斤,1949年仅1079.18万公斤,减少14.49%。[2] 肥西粮食平均亩产,1933年为165.5公斤,1949年降至91.7斤,降幅达44.6%。[3] 歙县1947年全县稻谷总产量36575吨,1949年只有28504.2吨,两年下降了22.07%。[4]

浙江开化的基本情况是,农作物的耕种面积与产量,均历年下降,表12-68是1949年全县主要农作物种植面积、产量同1940年比较统计。

表12-68　浙江开化主要农作物种植面积及产量统计(1940年、1949年)

项目 作物别	1940年			1949年			1949年相当于1940年的 百分比(%)		
	种植面积(亩)	总产量(千担)	每亩产量(斤)	种植面积(亩)	总产量(千担)	每亩产量(斤)	种植面积(亩)	总产量(千担)	每亩产量(斤)
水稻	173430	523	300	166821	416	250	96.19	79.54	83.33
小麦	21000	25	120	10000	10	100	47.62	40.00	83.33
大麦	6300	10	150	4000	5	120	63.49	50.00	80.00
玉米	37000	110	300	30000	66	220	81.08	60.00	73.33
甘薯	15000	75	500	10000	40	400	66.67	53.33	80.00
大豆	13000	20	150	15000	15	100	115.38	75.00	66.67
油菜籽	24000	15	70	22000	11	50	91.67	73.33	71.43
总计/简单平均数	289730	778	—	257821	563	—	80.30	61.60	76.87

资料来源:据华东军政委员会土地改革委员会编:《浙江省农村调查》,1952年印本,第74—75页统计表整理、改制。

---

[1]　中南军政委员会土地改革委员会调查研究处编印:《中南区一百个乡调查资料选集·解放前部分》,1953年印本,第47—48页。
[2]　黟县地方志编纂委员会编:《黟县志·农业志》,光明日报出版社1989年版,第147页。
[3]　肥西县地方志编纂委员会编:《肥西县志》,黄山书社1994年版,第104页。
[4]　歙县地方志编纂委员会编:《歙县志》,黄山书社2010年版,第265页。

　　1949 年同 1940 年比较,水稻、小麦和大豆、油菜籽等 7 种粮食和油料作物,除大豆种植面积轻微增加外,其余 6 种作物的种植面积和总产量、单位面积产量,以及大豆的总产量、单位面积产量,都大幅下降。其中小麦、大麦的总产量只分别相当于 1940 年的 40% 和 50%,大豆的种植面积虽然增加,但总产量和单位面积产量分别下降了 1/4 和 1/3。7 种作物合计,种植面积和总产量、单位面积产量依次减少 19.70% 和 38.40%、23.13%。

　　某些地区或某种(类)作物,种植面积虽未大幅减少,甚至略有增加,但单产、总产仍然明显下降。如表 12-68 中的大豆,种植面积由 1.3 万亩增至 1.5 万亩,但总产由 2 万担减至 1.5 万担,单产由 150 斤减至 100 斤,分别下降了 25% 和 33.3%。浙江龙游的豆类作物,1936 年的种植面积为 71530 亩,1949 年增至 72520 亩,扩大 1.38%,而总产、亩产分别从 12.16 万担、170 斤减至 7.125 万担和 100 斤,分别下降 41.41% 和 41.18%。玉米种植,1936 年和 1949 年都是 2300 亩,而总产、亩产分别从 5520 担和 240 斤减少到 3680 担和 160 斤,分别下降 1/3。[①] 衢县、龙游、江山、常山、开化、遂昌等 6 县,1936 年的水稻种植面积为 1685544 亩,1949 年为 1683194 亩,只减少 0.14%,但总产、亩产分别由 4800766 担和 285 斤减少到 4186580 担和 249 斤,分别下降 12.79% 和 12.63%。[②] 湖南茶陵粮食产量,1949 年同 1940 年比较,播种面积从 404031 亩增至 512153 亩,扩大 26.76%,但亩产量从 144 公斤减少到 105 公斤,故总产量从 5.81 万吨降至 5.36 万吨,下降 7.75%。[③] 湖南 1936 年的水稻种植面积为 3477.72 万亩,1949 年为 3490.15 万亩,大体持平,并微量增加。但总产和亩产分别从 1936 年的 144.72 亿斤和 416 斤降至 1949 年的 113.42 亿斤、324.97 斤,分别下降 21.63% 和 21.88%。该省 1936 年棉花种植面积为 736160 亩,总产皮棉 258005 担,亩产 35 斤,1949 年种植

---

　　① 华东军政委员会土地改革委员会编:《浙江省农村调查》,1952 年印本,第 65 页。
　　② 华东军政委员会土地改革委员会编:《浙江省农村调查》,1952 年印本,第 50 页。
　　③ 湖南省茶陵县地方志编纂委员会编:《茶陵县志》,中国文史出版社 1993 年版,第 119 页。

面积达 90 万亩(1946—1948 年均超过 100 万亩),而总产量陡降至 14 万担,每亩产量亦只有 15.6 斤,总产和亩产分别下降 45.74% 和 54.57%。[①]

粮食作物同经济作物比较,自给性(或以自给为主)作物同商业性(或以市场销售为主)作物比较,经济作物或商业性作物产量下降的幅度更大。棉花、蚕桑、烟草、糖蔗等,大都如此。

湖南,棉花总产和亩产降幅比水稻大一倍以上。浙江衢州地区,土棉、美棉、烟草种植及产量,都大幅下降,具体情况见表 12-69。

表 12-69　浙江衢州地区棉花烟草种植及产量统计(1936 年、1949 年)

(1936 年 = 100)

项目 作物别	1936 年			1949 年					
	种植面积(亩)	总产量(千担)	亩产量(亩)	种植面积(亩)		总产量(千担)		亩产量(亩)	
				实数	指数	实数	指数	实数	指数
土棉	2400	144	60	800	33.33	20	13.88	25	41.67
美棉	4200	336	80	1400	33.33	42	12.50	30	37.50
烟草	800	100	125	300	37.50	45	45.00	150	120.00

资料来源:华东军政委员会土地改革委员会编:《浙江省农村调查》,1952 年印本,第 65—66 页。

棉花无论土棉、美棉,因种植面积和亩产量都在减少,总产量下降幅度最大。种植面积下降 2/3,而总产量的下降幅度超过 85%,只剩下一个零头。烟草的变化情形稍异,亩产量略有提高,从 1936 年的 125 斤增至 1949 年的 150 斤,但因种植面积大幅缩减,总产量亦减少一半以上,降幅远大于粮食作物。

山东烟草种植和产量的下降幅度更大。表 12-70 是山东烟草种植面积和产量统计。

---

① 李芝发:《湖南农业志》第一分册,湖南省农业厅 1958 年征求意见稿,第 136、393 页。

表 12-70　山东烟草种植面积和产量统计(1935—1949 年)

(1936 年 = 100)

项目\年份	种植面积(亩)		烟草产量(斤)			
			总产量(斤)		每亩产量(斤)	
	亩数	指数	实数(斤)	指数	实数(斤)	指数
1935	401614	97.84	80322800	128.93	200	131.58
1936	410495	100.00	62300000	100.00	152	100.00
1941	129649	31.58	15178933	24.36	117	76.97
1942	107904	26.29	11732672	18.83	109	71.71
1948	215842	52.58	39520111	63.44	183	120.39
1949	144732	35.26	16524110	26.52	114	75.00

资料来源:据华东军政委员会土地改革委员会编:《山东省、华东各大中城市郊区农村调查》,1952
年印本,第 99 页统计表整理、改制。

　　从战前 1935 年、1936 年到 1949 年,山东烟草的种植面积和总产量、
单位面积产量均呈波浪式下降。1948 年,种植面积和总产量、单位面积
产量虽从 1942 年的低谷轻微反弹,但 1949 年再次陡降,种植面积和总产
量、单位面积产量依次只有 1936 年的 35.26%、26.52% 和 75%。

　　蚕桑方面,江苏武进过去农户以蚕桑为主要副业,蚕桑亦为该县之主
要副业,战后丝价一蹶不振,蚕桑业大衰,农村桑树"多半被砍伐"。过去
全县每年用蚕种达 18 万张,1949 年仅 4 万张,不到原来的 1/4。① 苏州太
湖东山,原有桑田约有 1 万亩以上,解放前后只剩 5585.632 亩;1940 年最
高产桑叶 20 万担,1949 年减至 10 万担,减少了一半。② 无锡云林乡,
1935 年时茧价高,农民重视蚕桑,无心种麦,施肥"垩桑不垩麦",亩产桑
叶 14—16 担,能养两张蚕种;1949 年每亩仅产叶 7—8 担,只能养 1 张蚕
种,普遍降低一半。③ 广东南海,20 世纪 30 年代经济危机期间,蚕桑生产
严重衰退,桑从 1910 年的 29.76 万亩减至 1935 年的 8 万亩。日本全

① 华东军政委员会土地改革委员会编:《江苏省农村调查》,1952 年印本,第 54 页。
② 华东军政委员会土地改革委员会编:《江苏省农村调查》,1952 年印本,第 386—
388 页。
③ 华东军政委员会土地改革委员会编:《江苏省农村调查》,1952 年印本,第 113 页。

面侵华战争期间,蚕桑生产更遭浩劫,桑地抛荒或改种其他作物,1946年,桑地仅8377亩。此后短暂复苏,但因时局不稳,通货膨胀日益严重,加之连年灾荒,旋即加速萎蔫,1949年仅有桑地3.5万亩,只相当于1935年的43.75%、1910年的11.76%。[1]

作为制糖原料的甘蔗种植,近代时期持续衰萎,日本全面侵华战争和战后期间尤甚。广东南海,1937年的甘蔗种植面积约2万亩,1949年仅10650亩,只剩一半,总产25292吨。[2] 浙江龙游,糖业最盛时,植蔗面积约1800亩,年产糖50万斤;1949年仅约340亩,产糖10万斤,分别只有原来的1/5或以下。[3]

总之,战后农政废弛,农业生产环境和条件空前恶化,农民愈益穷困,生产能力下降,单位劳力耕作面积和农户家庭经营规模愈益狭小,农业生产全面衰退。在一些地区,一方面人多地少,耕地紧缺;另一方面因缺少耕畜、农具,被迫以人力代替畜力,锄耕代替犁耕,人挑肩扛代替车拉驴驮,生产劳动效率下降,导致耕地抛荒;在耕土地则因缺少肥料、资金,耕作由集约转趋粗放,复种指数和土地利用率逐年降低,不仅耕地面积和作物播种面积缩减,而且土壤变得瘠薄、板结,作物单产和全年总产量大幅下降。农户收入大减,而支出猛增,地租、田赋、苛捐杂税有增无减,又外加牛租(包括用牛人工)、水租、农具租等新增开支。一减一增,农民的生产和生活资料愈加匮乏,即使不断萎缩的简单再生产也无法延续,完全陷入了绝境。

---

[1] 南海市地方志编纂委员会编:《南海县志》,中华书局2000年版,第576—577页。
[2] 南海市地方志编纂委员会编:《南海县志》,中华书局2000年版。
[3] 华东军政委员会土地改革委员会编:《浙江农村调查》,1952年印本,第68页。